U0516674

國家高層次人才特殊支持計劃（編號W03070150）和復旦大學人文社會學科傳世之作學術精品研究項目"西北中國疆域化的歷史進程"（編號2020CSZZ002）階段性研究成果

國家古籍整理出版專項經費資助項目

二十四史研究資料叢刊

金史詳校

上

〔清〕施國祁 撰
陳曉偉 點校

中華書局

圖書在版編目(CIP)數據

金史詳校/(清)施國祁撰;陳曉偉點校. —北京:中華書局,
2021.9
(二十四史研究資料叢刊)
ISBN 978-7-101-15309-5

Ⅰ.金… Ⅱ.①施…②陳… Ⅲ.①中國歷史-金代-紀傳體
②《金史》-注釋 Ⅳ.K246.404.2

中國版本圖書館 CIP 數據核字(2021)第 164469 號

書　　名	金史詳校(全二冊)
撰　　者	〔清〕施國祁
點 校 者	陳曉偉
叢 書 名	二十四史研究資料叢刊
責任編輯	劉　學
出版發行	中華書局
	(北京市豐臺區太平橋西里 38 號　100073)
	http://www.zhbc.com.cn
	E-mail:zhbc@zhbc.com.cn
印　　刷	北京瑞古冠中印刷廠
版　　次	2021 年 9 月北京第 1 版
	2021 年 9 月北京第 1 次印刷
規　　格	開本/850×1168 毫米　1/32
	印張 23¼　插頁 4　字數 473 千字
印　　數	1-2000 冊
國際書號	ISBN 978-7-101-15309-5
定　　價	95.00 元

目　録

上　册

前言:施國祁與金源史學

　　施國祁,字非熊,號北研,湖州南潯人。與邢典、楊鳳苞並稱"南潯三先生"。施氏生卒年未見明確記載,有學者考證爲乾隆十七年(1752)生,卒於道光三年(1823),享年七十二歲①。其説可從。他勤奮一生,專注於金源史學,研讀金史,"廿餘年來,雨窗鐙夕,手此一編,讀凡十餘過"(金史詳校卷首自序)。清儒學案和清史稿文苑傳均有施國祁小傳②,從一定程度説明後人對他的治學成就頗爲肯定。周子美廣泛搜集諸種資料,於1940年撰成施北研年譜一卷,這是迄今爲止最爲詳贍的研究成果③。後來亦有學者略論及施國祁生平④。本文擬在上述論著的基礎上重新檢討相關文獻,以期讀者對

① 周子美施北研年譜,收入南潯人物珍稀年譜,浙江攝影出版社,2018年,第8、18頁。承蒙南潯區圖書館陸劍先生惠賜資料,謹致謝忱。
② 徐世昌等編纂,沈芝盈、梁運華點校清儒學案卷一一九鐵橋學案鐵橋交游施先生國祁,中華書局,2008年,第4731頁。清史稿卷四八六施國祁傳,中華書局,1977年,第44册,第13420頁。
③ 周子美施北研年譜,第8—22頁。
④ 參見王耘清代金源史學家施國祁生平小考,哈爾濱師範大學社會科學學報2018年第2期。

施國祁及其金史研究成績有一番全面瞭解。

目前所見最早記述施國祁履歷的文獻，要數道光南潯鎮志。該書卷七人物志"文學"云：

> 施國祁，字非熊，號北研。烏程庠生，工詩文，矻矻窮年，自少至老，手未釋卷，其好學蓋出天性也。尤熟于金源時事，著有金源札記、又札、金史答問三種，湖城楊拙園明經見而代付厥氏，元遺山詩集箋注同里蔣枕山慨然付梓。年逾七十而卒，無子，其侄寶蕃能善守，以世其家。①

這部南潯鎮志於道光二十年纂修完成，雖然成書時間與施國祁生活年代最爲接近，然而敘述內容略顯簡陋。最權威而翔實的施國祁生平記載出自咸豐南潯鎮志，以後諸書皆因襲之。該書卷一三人物志敘述如下：

> 施國祁，字非熊，號北研。縣學生，好學不倦。南潯備志。工詩古文，善填詞。志稿。尤熟于金源事實，嘗病金史蕪雜，擬考正之，有所得，輒爲紀錄。年逾四十，遂棄舉子業，專力以著書自任。攬茝山房漫記。積二十餘年之久，南潯備志。書成，名曰金史詳校。繼以卷帙繁多，乃列舉條目爲金源劄記。又以其餘緒作元遺山集箋、金源雜興詩。漫記。家極貧，少嘗授經于外，中年忽樂市隱，寓於潯北。南潯備志。爲人經理生業，設吉貝肆，市中有一樓，

---

① 道光南潯鎮志卷七，南林叢刊影印本，杭州古舊書店，1982年，第1冊，第4葉a。

顏曰吉貝居，孫燮南潯三先生傳。所著書多成于其中。嘉慶己巳秋，不戒于火，著述盡付一炬，今所存者大半出于記憶補録之餘耳。卒年七十餘，無子。南潯備志。①

該南潯鎮志"始於咸豐丙辰（1856）之季秋，至戊午（1858）仲冬書成"，據主持纂修者汪曰楨交代："纂述之始，先事搜訪，凡史籍方志雜説，以至家集、譜牒，流覽之書二千五百餘册，刺取彙編爲潯輯四十大册，既乃隳括以成此志。"②足見汪曰楨搜集資料之廣泛豐富，施國祁傳即爲明證，它是根據南潯備志、志稿、攬苴山房漫記、南潯三先生傳綜合寫成的。

這裏也介紹一下這四種文獻的概況。

第一種，據汪曰楨題精廬小集圖六十四韻記載，沈登瀛（號柳橋）"撰南潯備志、南潯藝文補、南潯著述總録及南林鄉先輩私祀録等書，惜中年遽卒，未竟其緒"③。此外，咸豐南潯鎮志著述記述沈登瀛作品説："南潯備志四册，稿本，存"④。由此可見，南潯備志是一部未刊稿本。沈登瀛撰有施北研先生傳，所幸仍然存世⑤，此當即南潯備志之史源。理由是，若將咸豐南潯鎮志施國祁傳引沈登瀛南潯備志四條與施北研先生傳比較，可見兩者内容完全相同。其中值得注意的是，施北研先生傳有云"及秋病痢，不二日即卒，年七十有□"，本

① 咸豐南潯鎮志卷一三人物志二，第 25 葉 b—第 26 葉 a。
② 咸豐南潯鎮志卷首汪曰楨題識，第 5 葉 b—第 6 葉 a。
③ 汪曰楨玉鑑堂詩集卷五題精廬小集圖六十四韻，吳興叢書本，第 5 葉 a-b。
④ 咸豐南潯鎮志卷三〇著述二，第 14 葉 b。
⑤ 沈登瀛施北研先生傳，深柳堂文集（不分卷），叢書集成續編影印適園叢書本，第 194 册，第 755—756 頁。全文收入本書末附録中。

來闕文之處,經過南潯備志輾轉因襲,最後改寫作"卒年七十餘"。

第二種,所謂志稿,即南潯志稿。咸豐南潯鎮志著述著錄此書,董恂撰,"二册,稿本,存"①。後來有多種方志都徵引該書。例如,同治湖州府志輿地略風俗烏程"自婚嫁競尚華侈而溺女之風遂盛",以及輿地略蠶桑"近時多有往嘉興一帶買繭歸繅絲售之者,亦有載繭來鬻者",均注明源自董恂南潯志稿②。

第三種,攬茝山房漫記,作者是"烏程范白舫明經鍇"③,范鍇號白舫,與施國祁交好往來,禮耕堂詩集卷二有詩寄范白舫楚中④。

第四種,孫燮南潯三先生傳,據這個題名,可知該傳所記當爲施國祁、邢典、楊鳳苞三人事迹。

總之,汪曰楨竭力搜訪施國祁事迹,上述四種文獻皆涉及於此,最終融匯爲一篇翔實的人物傳記。

前引道光南潯鎮志人物志和咸豐南潯鎮志人物志所載施國祁傳都談及著述經歷,而對於施氏作品的具體詳情則另有專門記載。按道光南潯鎮志藝文志云:

施國祁,周易考異、金史詳校、金源札記、金源又札、金史答問、元遺山詩集箋注、蔣炳刊。文集箋注、遺山年

① 咸豐南潯鎮志卷三〇著述二,第15葉b。
② 同治湖州府志卷二九輿地略,第6葉a;卷三一輿地略,第9葉b。
③ 丁紹儀聽秋聲館詞話卷二,同治八年(1869)刻本,第16葉a。
④ 施國祁禮耕堂詩集卷二,第14葉a。

譜、吉貝居暇唱、禮耕堂詩文集、禮耕堂外集、金源雜興詩、言情簫譜詞_{施綺舟浥江樓詩稿附}。①

上述文獻僅僅著録施國祁作品名稱,顯然太過簡略。汪曰楨編南潯鎮志著述詳述其寫刊存佚如下:

> 施國祁,見人物傳。周易考異,佚。金史詳校十卷,寫本,存,汪曰楨校録。金源劄記二卷,刊本,存,辛未自序。金源又劄一卷,刊本,存。史論五答一卷,刊本,存,即金史答問。禮耕堂叢説一卷,寫本,存,汪曰楨編録。元遺山詩集箋注十四卷,刊本,存,卷首爲原序、例言、本傳、墓銘、世系、年譜,卷末爲附録、補載,實十六卷。范志云蔣炳刊。元遺山文集箋注,佚。金源雜興詩八卷,寫本,存。吉貝居暇唱一卷,刊本,存,自序。禮耕堂詩集三卷,寫本,存,許旦復校寫。禮耕堂文集,未見。禮耕堂外集一卷,寫本,存。禮耕堂文外集一卷,寫本,存。言情簫譜詞。未見。②

以上內容是汪曰楨根據實際情況的統計結果,金史詳校、禮耕堂叢説爲其親自校理。此外,據施北研跋歐庵詩鈔後小注云:"亡弟有詩名浥江樓遺稿。"根據該跋語上文"母氏夢亡弟爲東海録事,予作東海篇"的綫索③,今檢施國祁禮耕堂詩集卷一,確實有一篇東海篇,亦有小注說明,大意與上文

---

① 道光南潯鎮志卷九,南林叢刊影印本,第 1 册,第 4 葉 a。
② 咸豐南潯鎮志卷三〇著述二,第 6 葉 a-b。
③ 楊鍾羲編雪橋詩話餘集卷六,求恕齋叢書本,第 12 葉 b。

同①。亡弟指百谷，"生于乾隆癸酉十月廿五日，卒于丁酉正月七日，年二十有五"②。據此可知，言情簫譜詞附録的浥江樓詩稿即其弟施綺舟（百谷）的遺稿。

施國祁諸種著作中校勘金史者，金史詳校（嘉慶十六年，1811年，會稽章氏刻本）、金源劄記（嘉慶十七年，潯溪吉貝居藏板）、金源又劄（嘉慶二十一年，潯溪吉貝居藏板）皆已刊行傳世。經筆者通盤核對，確認後兩者即從金史詳校中摘録成編。惟有金源雜興詩八卷未刊，黃丕烈跋歸潛志云："丁丑夏五，浙江湖州之南潯人施北研先生來余家，小住五日，與談金源事，如瓶瀉水，無一留停。蓋北研以老諸生，不利舉業，積數十年精力，究心於金源一代事迹，故能如是也。所著有金史詳校、元遺山詩文箋、金源雜興等著。余見其後二種。"③1940年，周子美編撰完成施北研年譜，稱"據南潯鎮志著述門所載，加以考訂板本存佚"，文獻調查結果如下：

周易考異，未成。

金史詳校十卷，同治間汪曰楨校録，光緒六年庚辰會稽章氏刊本，卷末附史論五答一卷，又廣雅書局刊本。

金源劄記二卷，嘉慶辛未自序，潯溪吉貝居刻本，此書又有趙之謙刻巾箱本。

金源又劄一卷，嘉慶丙子刊本。（此書共七十三條）

---

① 施國祁禮耕堂詩集卷一，第4葉b。
② 施國祁禮耕堂詩集卷一哭百谷弟二十首，第1葉b。參見周子美施北研年譜，第12頁。
③ 劉祁歸潛志，崔文印點校，中華書局，1983年，第192頁。

　　禮耕堂叢説一卷,汪曰楨校録,光緒湖州叢書刊本,清宣統三年上海國學扶輪社鉛字排印本。

　　元遺山詩集箋注十二卷,詩集道光初年蔣炳刊本。

　　文集箋注二十六卷,文集未刊,已佚。

　　金源雜興詩八卷,已佚。

　　吉貝居暇唱一卷,嘉慶丙子刊本,光緒湖州叢書刊本,清宣統三年國學扶輪社鉛字排印本。

　　禮耕堂詩集三卷,許旦復校寫,稿本存適園張氏,北京圖書館藏傳抄本,萬潔齋周氏均有傳抄本。

　　禮耕堂外集一卷,詩十四首,有傳抄本附詩集後。

　　禮耕堂文集,已佚。

　　禮耕堂文外集,已佚。

　　言情簫譜詞,已佚。①

　　這就是迄今爲止施國祁著述的存佚情況。據吳藕汀透露説,"周子美先生曾將施北研年譜寄來,原以施國祁所著金源記事詩(即金源雜興)尚未發現,不欲問世。奈何年已八十有八,急思整理印行以了却心頭事"②。今見年譜云金源雜興詩"已佚",從中可知周氏尋訪此書未果。

　　儘管如此,我們仍能從相關記載中窺測金源雜興詩的基本面貌。按沈登瀛施北研先生傳記載金源雜興詩撰寫之緣由和體例云:"又以金源僻佐,其典章制度,既莫能詳,遺文佚

————————

獻，尤無論矣。且後人偏袒南宋，紀載多誹謗之詞，因仿南宋雜事詩例，作金源雜興詩八卷，詳爲之注，大旨紀遺佚，辨誣僞，以詩繫事，以事存詩而已。"①值得注意的是，金史詳校、史論五答及金源劄記都曾參證和引用過金源雜興詩，現輯錄如下：

金史詳校卷一太祖紀贊語"金有天下百十有九年"云："詳金源雜興太祖建元詩注。"

卷一太宗紀天會十三年"正月丙午朔日有食之"條云："並詳金源雜興大明曆詩注。"

卷三上天文志"日薄食"條云："案此條，今止校與宋不合事，其小合者別詳金源雜興大明曆詩注。""月食"條云："案月食較日食差輕，故宋志有而此志不書者，並從省。惟本志有而宋志無者俱載。亦詳金源雜興本詩注。"

卷八上孟浩傳"惟浩與彀兄彀、王補、馮煦、王中安在"條云："詳金源雜興黨錮詩注。"

卷八下洪輝傳"作普天大醮七日"條云："案雲光集王處一事。見金源雜興皇嗣詩注。"

卷八下怤隣傳"亳州太清宮"條云："案滹南集太乙度師事。亦見雜興詩注。"

史論五答答一"而數百年讀書人多惡視金源，左袒南宋，每得無稽之野史"小注云："其尤謬者，鈔本無名氏

---

① 沈登瀛施北研先生傳，深柳堂文集（不分卷），第 755 頁。

竊憤、南遷二録。予金源雜興第二卷僞書詩中深斥之，即刊本宇文懋昭大金國志亦不可盡信。"以及"作粘罕對證，其誣可立辨矣"小注云:"予雜興第一卷粘罕誣獄詩注已略言之。"

答二云:"第石湖究以使事未實，此詩竟不經進改本以呈，是條辨正，已與劉一止苕溪集、陸放翁劍南集等詩辨略，載入金源雜興第一卷齊國劉豫詩注矣。"

金源劄記卷上衞紹王紀"改武定軍節度"條云:"案改官見章宗泰和七年丁卯，當有奉詔受蒙古貢幣不禮請兵等事，紀文諱耳。"小注云:"詳金源雜興本詩注。"

綜上所見，金源雜興詩第一卷有粘罕誣獄詩注、齊國劉豫詩注，第二卷有僞書詩，而太祖建元詩注、大明曆詩注、黨錮詩注、皇嗣詩注未知具體卷數，而衞紹王紀"改武定軍節度"條和忒隣傳"亳州太清宮"條則不知詩篇題名。通過以上三書引注所見十一條佚文，可知金源雜興當是以詩文繫事，按照專題分類，集中筆墨辨析金源一朝的重大史事。

毫無疑問，施國祁校勘金史力求窮盡文獻，廣泛徵引宋金元相關史料，謹以交聘表補注爲例，他自述所引用書目:

> 校讀之暇，因取宋史及北盟會編、繫年要録、弔伐録、中興禦侮録、思陵録、合璧事類、文獻通考、武陵舊事(按:當作武林舊事)、遼地志、河朔訪古記、靖康前録、節要、靖康紀聞、庶人實録、汴都記、遺史、宣和録、靖康要盟録、時政紀、雲麓漫鈔、攻媿集、苕溪集、桯史、征蒙記、

回鑾事實、大金國志、文定集、澗泉日記、圖經、神麓記、中州集、墨林快事、愧郯錄、二老堂雜志、敗盟記、隸釋、朝野雜記、蘆浦筆記、齊東野語、歸潛志、誠齋集、蘭亭續考、老學庵筆記，并宋臣諸使錄燕雲奉使錄、茅齋自敘、宣和奉使錄、松漠紀聞、北征紀實、奉使行程錄、清波雜志、城下奉使錄、山西軍前和議錄、建炎通問錄、紹興甲寅通和錄、奉使雜錄、館伴日錄、隆興奉使審議錄、北行日錄、海野詞、攬轡錄、乾道奉使錄、絕妙好詞、北轅錄、奉使執禮錄、重明節館伴語錄、燕谷剽聞、奉使記、使燕錄、使金錄。等書考而正之，庶使議戰議和，稍見端委。

這份書單可見施國祁用功之勤，但他却自謙"所恨書多借鈔，搜采不博"。各種記載都表明，施氏家貧，由於自家藏書並不豐富，校勘所需大量書籍主要依靠借閱才能獲得，其中要數劉桐（號疏雨）貢獻最大。咸豐南潯鎮志人物志綜合兩浙輶軒錄補遺、潯輯、感逝吟、攬茞山房漫記、南潯備志諸書而成之劉桐傳云："好交游，善談藝，銳志聚書，積至十餘萬卷，凡宋槧及精寫本不惜兼金羅致。插架之富，自天一閣、瓶花齋而外，莫之及也。……當是時，里中如楊鳳苞、施國祁、邢典、張鑑、范鍇諸人，各擅才識，然皆苦貧無書，大半藉桐所藏，始得考訂撰述，施及後進，流風未艾，桐之功爲不細云。"[1]據記載，范鍇著有南潯劉氏眠琴山館藏書目四卷[2]。具體說到施國祁借書之經歷，氏著禮耕堂詩集載哭劉疏雨八首有小注

---

[1] 咸豐南潯鎮志卷一三人物志二，第27葉a-b。
[2] 咸豐南潯鎮志卷三〇著述二，第9葉a。

云:"予校金史,多從君借書。"①還明確提到,"眠琴售書時,余止暫假三朝北盟會編一書,擬再勘會交聘表一過。"②此外,據施國祁元遺山詩集箋注例言云:"是書劉疏雨眠琴山館有之,借校箋本。……眠琴山館又藏元刻曹益甫至元庚午本,有段成己序。"③劉桐藏書之富,施國祁亦有描述:"君家藏書數萬卷,書畫亦數百軸。眠琴山館,君讀書之所。"④由此可見,劉桐眠琴山館的藏書爲施國祁校正金史提供了最基本的保障。

我們討論施國祁事迹問題,不得不提的是那場"己巳寓災"所遭受的巨大損失。沈登瀛施北研先生傳敘述此書原委說:"己巳之秋,不戒于火,其著述盡付一炬。今所存者,大半多出于記憶補録之餘。"己巳即嘉慶十四年。施國祁痛心不已,遂作詩長號十四首詳細描述這番慘狀,謂"十月十五日,鄰屋火延及寓樓,藏書盡燼"。當時現場十分緊急,而施國祁仍不忘拼力搶救書籍,"倉卒中就案上手取舊唐書全部并北盟會編四大帙出,付救者。再入時,黑煙塞屋,火花逸入腋下,不能植立。忽爲有力者挽挾而出,初不知其爲何人也,而唐書遺去三册,會編忘取二帙,遂成殘本矣"。施氏藏書樓苦心經營十四年之久,可惜這場火災,"焚去藏書約四千餘卷","焚去借書約三千餘卷"⑤。

---

① 施國祁禮耕堂詩集卷二,第15葉a。
② 施國祁禮耕堂詩集卷二長號十四首,第19葉b。
③ 施國祁箋注元遺山詩集箋注卷首,道光二年南潯瑞松堂蔣氏刻本,第8葉b、第9葉a。
④ 施國祁禮耕堂詩集卷二哭劉疏雨八首,第15葉a。
⑤ 施國祁禮耕堂詩集卷二長號十四首,第19葉a-b。

　　據筆者核查,金史詳校卷首序言寫作時間署作"辛未春日",即嘉慶十六年,成書時間雖然在火災之後,然而僅僅相隔兩年,照此推測,這部書的初稿本有可能免此厄運,否則在如此短的時間內怎能重新整理成書? 有兩條綫索值得注意,金史詳校卷五宋交聘表上"舊藏副墨,一炬而空"云云,及施國祁長號有謂:"予鄙著三種,幸有蔣君蓉邨早來攜去,止燒副本數册。"①這兩條記載提示我們,己巳寓災焚毁者多爲施國祁著作副本及大量的校讎用書,而金史詳校原稿極有可能是蔣氏借閱的三種著作之一,或有幸逃脱這場災難。此外,日本静嘉堂文庫現藏金史詳校施國祁手寫稿,全五册,藍格,十二行,每行二十三字,有大量作者增補文字,並不是謄清稿②,嗣經筆者比對,汪曰楨於同治己巳(1869)四月至同治癸酉(1873)四月校對金史詳校當根據這部稿本。通觀全書,這顯然是經過長久積累所作,絶非朝夕間能够重新輯録而成。總之,從這部書稿内容來看,亦可佐證上述觀點。

　　施國祁研治金源史學,最能體現其心血之處,就是統攬金史,總結出纂修體例和版刻問題:"原其病有三:一曰總裁失檢,凡七科;一曰纂修紕繆,凡六科;一曰寫刊錯誤,凡七科。"今將諸條目摘録如下:

　　　　總裁失檢:紀載非體、顛倒年月、傳次先後、附傳非例、複漏世系、濫傳可削、一事數見。

①　施國祁禮耕堂詩集卷二,第20葉a。
②　承蒙苗潤博告知金史詳校稿本現存日本静嘉堂文庫,謹致謝忱。

　　纂修紕繆:文無限斷、年次脱誤、互傳不合、闌入他事、文筆稚累、本名疊見。

　　寫刊錯誤:脱載無考、倒脱重刊、小字誤大、大字誤小、脱朔、月訛日訛、字訛。

上述三大類二十個條目皆舉證具體事例詳加説明。論及金史詳校之成就,張元濟評價説:“竭廿餘年之力,讀十餘過,始觀厥成。宏博精審,洵稱傑作。”①今天最通行的中華書局點校本金史諸卷校勘意見,即主要依賴金史詳校完成②。這便是最有力的證明。

　　儘管成績很大,但這裏必須指出,施國祁誤校史文的例子也大量存在。現擇要舉例説明:

　　第一,理校偶有失當。陳垣指出理校法之得失:“此法須通識爲之,否則鹵莽滅裂,以不誤爲誤,而糾紛愈甚矣。故最高妙者此法,最危險者亦此法。”③施國祁大量採用理校之法,衆多意見都頗有見地,但也難免存在過當之處。例如,金史百官志翰林學士院下翰林待制條云:“銜内帶‘知制誥’。”④金史詳校卷四指出:“‘帶’上當加‘不’。”這顯然是根據該段上文翰林學士承旨條“銜内帶‘知制誥’”文義做出的判斷,實際却是錯誤的。據三朝北盟會編卷二四五引范成大攬轡録記載金朝大定年間官制:“承旨至直學士帶‘知制誥’,待制至應

① 張元濟施氏詳校所據爲後印本,校史隨筆,商務印書館,1990年,第106葉b。
② 金史出版説明,中華書局,1975年,第1册,第7頁。
③ 陳垣校勘學釋例,中華書局,2004年,第133頁。
④ 金史卷五五百官志一,第4册,第1246頁。

奉帶‘同知’。”①此處翰林待制銜内的“同知”即“同知制誥”。例如，元好問雷希顔墓銘記述希顔歷官云：“轉應奉翰林文字、同知制誥、兼國史院編修官。”②據此可知，“銜内帶知制誥”中的“帶”下闕一“同”字③。再舉一例，金史訛古乃傳敘述訛古乃皇統元年（1141）之仕履，“以功授寧遠大將軍，豪剌唐古部節度使”④。由於“豪剌”僅此一見，施國祁便遽下結論，認爲“豪”當作“迭”。其實，若把唐古部的歷史追溯至遼代，上述疑問便能迎刃而解。據遼史營衛志記載，聖宗三十四部中有鶴剌唐古部，“節度使屬西南面招討司”⑤。契丹小字耶律仁先墓誌第9—10行介紹耶律仁先的履歷⑥：

鶴剌　　唐古之　　度　　使

　　檢遼史耶律仁先傳謂重熙間“改鶴剌唐古部節度使”⑦，據此知契丹小字 即指遼朝漢文文獻中的“鶴剌唐古”。

① 徐夢莘三朝北盟會編，上海古籍出版社，1987 年，第 1760 頁。
② 周烈孫、王斌校注元遺山文集校補卷二一，巴蜀書社，2012 年，中册，第 845 頁。
③ 參見王曾瑜關於金朝翰林待制以下帶“同知制誥”銜的考辨，宋史研究論叢第 6 輯，河北大學出版社，2005 年，第 296—297 頁。
④ 金史卷六八訛古乃傳，第 5 册，第 1599 頁。
⑤ 遼史卷三三營衛志下，中華書局點校本二十四史修訂本，2017 年，第 2 册，第 444 頁。
⑥ 劉鳳翥契丹小字解讀四探，第三十五屆世界阿爾泰學會會議記錄，臺北聯合報國學文獻館，1993 年，第 551 頁。
⑦ 遼史卷九六耶律仁先傳，第 5 册，第 1535 頁。

金史所見"豪刺唐古部"蓋即遼代"鶴刺唐古部"①。

　　第二,未能徹底追索原始文獻。例如,金史時立愛傳敍述先人事迹曰:"父承謙,以財雄鄉里,歲飢發倉廩賑貧乏,假貸者與之折券。"②金史詳校卷七指出:"'謙'當作'諫'。程卓使金錄:時諫,墓在縣東北二里。本遼人,金贈鎮東節度使兼侍中。金李晏時立愛墓誌銘:公父諱承諫,積累巨萬,發倉貸人,每折其券,負郭沮洳,常阻行路,創石爲界,人得平步,善慶攸鍾,是生我公。案遼史拾遺引新城縣志本此。"按嘉定四年(1211)十一月五日至次年二月一日,程卓充賀金國正旦國信使,據路途見聞編成使金錄一書。程敏政編新安文獻志卷三四雜著收錄該書全文③,後來亦有若干種單行本流傳。可是,筆者通檢使金錄全文,並未見其引述時立愛墓誌銘,遑論"承諫"一名。結果却發現,厲鶚遼史拾遺地理志補注南京道新城縣"白溝河"條注釋引據程卓使金錄,而時立愛墓誌銘及時承諫墓的兩條信息則出自何濟新城縣志④。原來施國祁因襲遼史拾遺,却將兩書記載混爲一談。

　　以上僅列舉三個比較典型的案例,原書的相關問題參見本書針對金史詳校的校勘内容。

　　由於金史詳校卷帙較多,作者施國祁家境貧困,很難有

---

① 參見陳曉偉釋金史"豪刺唐古",民族研究 2014 年第 1 期。愛新覺羅烏拉熙春、吉本道雅新出契丹史料的研究,松香堂書店,2012 年 12 月,第 132 頁。
② 金史卷七八時立愛傳,第 6 册,第 1775 頁。
③ 程敏政輯,新安文獻志卷三四,何慶善、于石點校,黃山書社,2004 年,第 1 册,第721—735 頁。
④ 厲鶚遼史拾遺卷一四地理志四,廣雅書局叢書本,第 16 葉 a。

足够的財力刊印,只能將個别條目摘録出來,題作金源劄記和金源又劄,於嘉慶十七年、二十一年付梓。施國祁去世後,汪曰楨積極籌劃金史詳校刊刻事宜,該書卷首題記云:"己酉(1849)初校寫本兵燹無存,此爲第二次校寫之本。"同治己巳四月迄同治癸酉四月己酉校録,卷首、卷末及卷一至十的卷尾均注明具體的校寫時間和地點。據牌記云"會稽章氏刊,庚辰五月懿榮題",知該書刊刻於光緒六年(1880)。後來,廣雅書局又據汪曰楨校録本重新刊印。

　　施國祁二十年讀一書,金史詳校不愧爲校勘學領域的傑作!我們更希望這種學術精神對金史研究現狀有所激勵。

　　　　　　　　　　　　　　　　整理者陳曉偉
　　　　　　　　　　　　　　　　二〇一九年七月二日

整理説明

　　我們這次整理金史詳校，以續修四庫全書影印會稽章氏刻本爲底本，參校廣雅書局叢書本，並且覆核日本静嘉堂文庫所藏施國祁稿本。

　　整理凡例如下：

　　一、全面覆查本書所據南京國子監本金史（簡稱"南監本"），凡誤字均遵從底本改正。

　　二、施國祁原書參校之吳門蔣槐堂藏"元本"，實爲據至正本翻刻的洪武本，書中夾雜大量補版葉。涉及諸版本關鍵異文處，本次整理在校勘記中稍作辨析。

　　三、在整理過程中，逐條核對本書引文，查找原始文獻，遇有文字訛誤而導致文義不通者，予以訂正。

　　四、對施國祁論斷的失誤之處進行深入考證。

　　本人初涉金史，力有不逮，整理中必定有不少疏漏，期待學界的檢驗和指正。最後鄭重感謝本書責編劉學花費的心血。

陳曉偉

二〇二〇年十一月十二日

金史詳校卷首

　　金源一代，年祀不及契丹，輿地不及蒙古，文采風流不及南宋。然考其史裁大體，文筆甚簡，非宋史之繁蕪；載述稍備，非遼史之闕略；敘次得實，非元史之訛謬。廿餘年來，雨窗鐙夕，手此一編，讀凡十餘過，校勘小詳，楮墨漸積，成書計十卷。不揣固陋，敢希問世，聊序卷端，以誌歲月。附題長句云："閑消我有肆簾風，寓墨金源舊事叢。野史功臣慙褚補，圭齋靜友悔劉通。書鈔冷局讎難徧，字訂訛傳擬未工。長此一編深篋底，敢言載筆附群公。"辛未春日，北研識。

例　言

　　金史有元至正四年甲申祖刻本，即江浙板，又明嘉靖、萬曆南、北兩國子監本，迨國朝有康熙二十五年重修北監本，乾隆四年武英殿本，又有奉旨改譯本，每卷後附考證數則，其改定處精核詳盡，並行畫一，遵守毫無遺憾。惟是佔畢既久，間有一得，不忍自棄，録存以備芻蕘之采。

余先讀南本，次校北本及諸本，又從吳門蔣槐堂借校元本。因爲之辨體裁，考事實，訂字句，得其訛謬衍脱顛倒諸處約四千餘條，録本以藏，名曰詳校。其間各本皆訛者，則曰某字當作某。各本互訛者，以南本爲主，則曰某字，元作某，是，北作某，是；或云某字，元作某，非，北作某，非。各本俱脱者，則曰當加某字。各本互脱者，亦以南本爲主，則曰元有某字，元無某字；或云北有某字，北無某字。各本俱衍者，則曰某字當削。各本上下文顛倒者，則曰某當改入某。

凡局官修史，成非一時，體例不同。作非一手，優劣互見。傳非一刻，亥豕不免。原其病有三：一曰總裁失檢，凡七科；一曰纂修紕繆，凡六科；一曰寫刊錯誤，凡七科。今分類摘出，略見大例于卷首。

總裁失檢

紀載非體。章紀泰和四年“前代帝王”云云，當入禮志八。又五年“時宋殿帥”云云，當入僕散揆傳。完顏匡傳“其遺詔”云云，當入衛紀。徒單鎰傳“自中都”云云，當入官志兵部。

顛倒年月。哀紀天興二年三月辛巳官奴一段①，刑志承安二年一段，又泰和二年一段。

傳次先後。六十八卷阿魯補傳當次骨赧傳後。七十四卷文傳當次京傳前。七十八卷劉蕚傳當次劉筈傳後。九十一卷移室懑傳當入忠義蒲睨傳後。九十二卷盧庸傳當次一

---

① “三月”原闕，今據金史卷一八哀宗紀下補。

百四卷蒲察移剌都傳後。九十五卷蒲察通、粘割斡特剌、程輝及九十六卷黃久約四傳當次八十八卷移剌道傳後。九十六卷梁襄傳當次九十七卷韓錫傳後。一百二十二卷黃摑九住傳當次上卷宋扆傳前。又烏林荅乞住、陀滿斜烈、尼厖古蒲魯虎三傳當次上卷高錫傳後。又兀顏畏可傳當次本卷完顏六斤傳前。又兀顏訛出虎傳當次本卷從坦傳前。又粘割貞傳當次本卷納合蒲剌都傳後。一百三十一卷方技馬貴中、武禎、李懋、胡德新四傳當在前，劉完素、張從正、李慶嗣、紀天錫、張元素五傳當在後。

附傳非例。宗本傳後附蕭玉，當入佞幸。僕散揆傳後附抹撚史扢搭，當入忠義。撒合輦傳後附強伸，當入忠義。奴申傳後附崔立，當入叛臣。張覺傳後附張僅言，當附敬嗣暉傳後。

複漏世系。宗強傳子阿瑣，阿瑣傳又云"宗強之幼子"。石土門傳子思敬，思敬傳又云"神土懣之子"。阿离合懣傳子斡論，晏傳又云"阿离合懣次子"。宗雄傳子按荅海，按荅海傳又云"宗雄次子"。阿离合懣傳末"賽也子宗尹"，後失載宗寧、斡論子宗道，宗寧傳云"阿离合懣之孫"，宗道傳云"訛論之少子"。夾谷謝奴傳末不言子查剌，查剌傳父謝奴下不言自有傳。烏延蒲轄奴傳子查剌，查剌傳又云"蒲轄奴子"。

濫傳可削。蕭拱傳止敘彌勒穢事。尤虎筠壽傳止敘毬杖細事。完顏闇山傳事不類，據贊，似本無此傳。烏古論禮傳止敘官爵。

一事數見。四見者，撒合輦中京，見哀紀正大四、五年、撒合輦傳、赤盞尉忻傳、陳規傳。三見者，賜亮生日，見海陵紀、悼平后傳、大興國傳。辯論廢立，見海陵紀、胙王元傳、唐括辯傳。按察大王，見海陵紀、胙王元傳、張通古傳。女直進士，見世宗紀大定二十六年、夾谷衡傳、尼厖古鑑傳。戶部鄧儼，見章紀明昌元年、鄧儼傳、徒單鎰傳[1]。章宗遺詔，見衛紀、元妃傳、僕散端傳。至一事兩見者，不勝枚舉，其文或大同小異，或並存一削，各見本文。

纂修紕繆

文無限斷。左企弓、虞仲文、曹勇義、康公弼四傳多雜遼事。張中彥、宇文虛中、王倫三傳多雜宋事。宗望、闍母傳語在宋事中。張邦昌傳，宋史有傳。僕散忠義傳“是爲宋孝宗”。宜志三一“金格”。移剌蒲阿傳十二“金軍”[2]。白華傳三“金軍”、一“金制”。國用安傳二“金朝”。

年次脫誤。夾谷謝奴、田灝、溫迪罕蒲睍、納蘭綽赤四傳全不紀年。王伯龍傳紀年皆誤。徒單四喜傳錯記一年。

互傳不合。章紀明昌五年“語載琪傳中”，馬琪傳不載，乃見河渠志。又泰和二年“事載從彝傳”，霍王從彝傳無文。河渠志漕渠“事見漕渠”，乃見盧溝河。胥鼎傳“語在德升傳”，烏古論德升傳無此語。王政傳“子遵古有傳”，遵古乃附見子庭筠傳。窩斡傳“語見鶴壽傳”，鶴壽附見鄆王昂、溫迪

---

[1] 今檢金史卷九九徒單鎰不見鄧儼事，按本書卷四九食貨志四鹽大定二十九年(1189)十二月有“戶部尚書鄧儼等”，“左諫議大夫徒單鎰則以乾辦爲便”云云。

[2] 今檢金史卷一一二，“金軍”凡十一見，即完顏合達傳二、移剌蒲阿傳九，總計仍不足十二。

罕蒲睹傳，忠義列傳乃紇石烈鶴壽。王浩傳“三人有傳”，忘去宋九嘉、劉從益。

闌入他事。斡魯傳入酬斡事。宗望傳入遼和尚、道溫事。納合椿年傳入紇石烈良弼事。蘇保衡傳入傅慎微事。李復亨傳入趙秉文事。完顏綱傳入承裕、完顏匡、尤虎高琪事。

文筆稚累。海紀“迪輦阿不者，蕭拱也”。衛紀“胡沙虎，紇石烈執中也”。食貨志“如不欲食啖”。斡魯古傳“闍哥，亦宗室子也”。宗雄傳“以宗雄等言其地可種藝也”。劉昂傳“李純甫故人外傳云”。路鐸傳四“頃之”。僕散端傳“頃之”、“無何”、“未幾”見一行中。烏古論慶壽傳三“頃之”，兩“未幾”，一“久之”。官志大宗正府一段五“泰和六年”。訛可傳四“初”字。

本名疊見。彌勒傳一百六十字，八“彌勒”。李上達傳二百餘字，八“上達”。馬諷傳二百六十字，八“諷”。趙元傳三百七十字，十“元”。石抹卞傳四百字，十二“卞”。楊邦基傳四百字，十三“邦基”。賈少沖傳四百餘字，十一“少沖”。張九思傳五百餘字，十二“九思”。徒單恭傳六百七十字，二十三“斜也”。亨傳七百八十字，二十八“亨”。闍母傳一千二百字，三十五“闍母”。斜卯阿里傳一千三百字，三十四“阿里”。蕭裕傳一千四百字，三十九“裕”。斡魯傳一千六百字，四十四“斡魯”。彀英傳一千八百字，四十四“彀英”。武仙傳二千字，六十七“仙”。宗弼傳二千二百字，五十二“宗弼”。紇石烈志寧傳二千六百字，四十八“志寧”。宗翰傳二千七百字，

六十二“宗翰”。宗望傳二千九百字,六十二“宗望”。紇石烈
執中傳三千字,四十九“執中”。紇石烈良弼傳三千餘字,五
十七“良弼”。徒單克寧傳四千餘字,九十“克寧”。

寫刊錯誤

脱載無考。選志“王安石”上。劉頍傳“魯誼對”下。李
英傳十策少一。

倒脱重刊。地志,息州襃信、新蔡,北本脱一行。禮志雜
儀“世宗聖壽”,倒刊一行。李愈傳“言甚荒唐”上,脱刊一行。
天文志“丙午月犯”,重刊一段。官志“提舉權貨”,重刊一條。
又南、北二本總目,尾頁删去校勘十人姓名。禮志原廟及宗
磐傳並有空白一頁,官志“倉場司”後失刊尾頁五行,幸元刊
本具存,得以考補。

小字誤大。地志,慶州“北至”二十八字,又泰州“北至”
二十二字。食志鹽,“山東舊課”二百六十字。儀衛志,天德
黄麾仗下“水罐”二十二字①。官志,御史臺“以上”十二字;又
都水監“分治”十三字,“興定”二十八字;又大理寺“自少”十
九字;又讞察使“南遷”二十字。

大字誤小。地志廣寧注“鎮六寨四”。官志都巡河注“大
定”十三字,又縣君注“金格”一百三十七字。

脱朔。太祖收國元年七月戊辰朔。遼考、宋紀。天輔五年
六月癸巳朔。同上。太宗天會九年五月丙申朔。考異云。熙宗
天會十四年八月丙申朔。集禮。海陵貞元元年二月庚申朔。

---

① “水罐”原作“水碻”,今據金史卷四一儀衛志上改。

推得。十二月乙卯朔。同上。世宗大定十六年二月丁丑朔。莊嚴寺牒。十七年八月戊辰朔。三清觀鐵盆記。章宗承安三年三月戊戌朔。推得。哀宗正大七年七月庚寅朔。合達傳。天文志，承安五年十一月癸丑朔，紀。又皇統三年正月己丑朔，紀。又貞元元年十二月乙卯朔，推得。又閏月乙酉朔，同上。又大定十一年八月癸卯朔，紀。又大安三年正月乙酉朔。紀。五行志，皇統三年五月丁巳朔，紀。又大定四年七月戊申朔。紀。

月訛日訛。皇統元年三月，又二年四月，又四年十月、十一月。貞元二年四月。正隆二年十二月。大定三年九月，又五年三月，又六年三月。明昌五年二月。承安四年十一月。天眷二年二月乙未，三月丙辰。天德二年十一月乙丑。正隆元年閏月庚寅。大定十四年四月戊子。泰和三年三月壬申朔。大安二年正月庚戌，十二月辛酉。

字訛。如"史""吏"、"獻""憲"、"幹""斡"、"兀""元"、"部""都"、"賾""頤"、"祈""祁"、"穫""獲"、"嘉""喜"、"左""右"、"大""太"、"下""上"、"比""北"、"蒲""滿"、"秦""泰"、"洺""洛"、"州""川"、"洶""灟"、"官""宮"、"丞""承"、"日""曰"、"寇""冠"、"鞠""鞫"、"授""受"、"傅""傳"等，皆連篇屢錯，至于干支、方名、數目及傳訛之一二見者，難更僕數。若字畫偏旁積誤，大抵開卷即見，頁頁都有，無從細校矣。

金史詳校卷一

卷　首

進金史表　不披往牒　"不",歐陽玄圭齋集作"弗"①。

其得國也　"得",集作"立"。

若置郵而傳令　"令",集作"命",是。

嘗循初而汔終　"汔",集作"迄"。

天會有吞四海之勢　"勢",集作"志"。

勁卒擣居庸關　"卒",集作"兵"。

南搤其吭　"搤",集作"扼"。

席卷雲朔　"雲",集作"河",非。

通宋人以偪河淮　"以偪",集作"而逼"②。

冒萬險　"險",集作"死",非。

---

① "玄"原避清諱作"元",今回改。
② 今檢圭齋文集卷一三進金史表作"以逼",與本表同。

爰及世祖　　“爰及”，集作“及我”。

勞來遺黎　　“來”，集作“徠”。

撤武靈之舊趾　　“撤”，集作“徹”。

若此貞符　　“貞”，集作“真”。

變故多而舊史闕　　“史”，北監本作“吏”，非。

耆艾没而新説訛　　“訛”，集作“譌”。

修史官員　朝請大夫　　“請”，北作“議”。

目録上

世祖簡翼皇后　　“簡翼”已作“翼簡”。_{禮志}禮志

董魯　　當加注“孫劾者”。_{本傳}本傳

麻頗注子謾都訶　　“訶”當作“本”。北作“謾都”，無“本”字，非。又“謾都”下當加注“孫惟鎔”。

昂注本名吴都①　　“吴都”已作“烏特”。

宗賢　　案史目兩傳同名者，如此宗賢名阿魯，與七十卷宗賢名賽里；七十六卷杲名斜也，與八十四卷杲名撒离喝；七十六卷襄名永慶②，與九十四卷内族襄名唵；七十二卷婁室，與一百十九卷完顔婁室大、小、中三人；七十三卷阿鄰，與一百三卷完顔阿鄰姓郭；八十八卷移剌道名趙三，與九十卷移剌道名按，皆重見。惟六十五卷昂名吴都，與八十四卷昂名奔睹；六十六卷撻懶，與七十七卷撻懶名昌，亦同名列傳者。而總目、子目皆作奔睹、撻懶，傳始作“昂”、“昌”字。猶之兩

---

① 按金史卷六五卷目作“吴都補”，本傳作“吾都補”。

② “卷”字原脱，今據金源又劄補。

目之撻懶、内族襄,而傳乃作"特進撻懶"、"丞相襄"。並係總裁未能畫一。

　　喜　已作"喜",元作"喜"。

　　注本名阿里　元本"里"下有"剌",與世紀補合。

　　留可　當加注"詐都"。_{本傳}

　　冶訶注子阿魯補　"子"字當削,"阿魯補"三字當升作大字。_{本傳}

　　元　已加注"本名常勝"。

目録下

　　宗翰注子斜哥　"子"當作"孫"。

　　左企弓　虞仲文注曹勇義康公弼附　左泌注弟淵姪光慶　當併作一條,作"左企弓注虞仲文、曹勇義、康公弼附,子泌、淵,孫光慶"。

　　撻懶　當作"昌",注"本名撻懶"。_{本傳}

　　劉萼　當改次劉筈後。

　　張中孚　"中",北作"仲",非。

　　光英　此後當加"元壽"。_{本傳}

　　奔睹　當作"昂",注"本名奔睹"。_{本傳}

　　烏延查剌　當改"子查剌",注于上"烏延蒲轄奴"下。

　　内族襄　當加注"本名唵"。

　　王賁　當加注"弟質"。

　　温迪罕締達　當加注"子二十"。

許古① 　當加注"陳嵒附"②。

古里甲石倫　　當加注"粘葛全周附"。

内族思烈　　當加注"王仲澤附"。

紇石烈牙吾塔　　當加注"康錫附"。

賽不　　"賽"上，北有"完顏"二字，與子目合。又當加注"楊居仁附"。

蒲察官奴　　當加注"冀禹錫附"。

國用安　　當加注"張介附"。

武仙　　當加注"移剌瑗附"。

胡沙補　　當加注"撒八"。

特虎雅　　"雅"字當削。太祖紀天輔四年五月："完顏特虎死焉。"忠義本傳："特虎，雅撻瀾水人。"案雅撻瀾水，見婁室碑及謝庫德傳。總目乃誤以水名連作人名耳。即牙塔懶猛安，見納坦謀嘉傳。

僕忽得　　此後已加"酬斡"。

温迪罕蒲睨　　已加注"鶴壽等"。

訛里也　　已加注"閭孫、史大等"。

鄩陽　　此後已加"石古乃"。

九住　　已加注"莘果速"。

齊鷹揚　　當加注"楊敏中等"。

尤甲法心　　當加注"温迪罕咬查剌等"。

從坦　　已加注"郭用"。

────────

① "古"原作"可"，今據金史目錄下及卷一〇九許古傳改。
② "嵒"原作"哥"，今據金史卷一〇九陳嵒傳改。

女奚烈斡出　已加注"王謹"。

梁持勝　已加注"賽不等"。

移剌阿里合　已加注"孔祖湯"。

完顔陳和尚　已加注"斜烈"。

楊兀衍　"兀"，北作"沃"，是。又已加注"劉興哥等"。

姬汝作　當加注"楊鵬"。

禹顯　已加注"張邦憲等"。

馬慶祥　已加注"胥謙等"。

烏古孫奴申　已加注"阿虎帶等"。

蔡八兒　已加注"毛佺等"。

溫敦昌孫　已加注"胡失打"。

劉完素　張從正　李慶嗣　紀天錫　張元素　馬貴
中　武禎注子元　李戭　胡德新　當作"馬貴中、武禎子元、
李戭、胡德新、李慶嗣、紀天錫、劉完素、張元素、張從正"。案
本傳序次，馬貴中等當在前，劉完素等當在後。又完素等五
人世次亦紊，今考定如此。又案完素守真，元素潔古，海、世朝
人；從正子和，衞、宣朝人。明王禕忠文贈葛仲正序云："説者
以爲醫學視時盛衰，而爲損益。守真、子和值金人强盛，民悍
氣剛，多用宣洩之法。其衰也，兵革之餘，民勞志困，潔古、明
之即李杲，金末人，元史有傳。多加補益之功。"其論似是，而時代
則非，承此目之誤也。明人讀古書心最粗，略據總綱輒肆妄
論，義烏已啓其端矣①。

_____

① 贈葛仲正序文"説者"云云，非明人王禕語。按黄溍金華黄先生文集卷三（轉下頁注）

秉德　已加注"本名乙辛"。

紇石烈執中　已加注"本名胡沙虎"。

總一百三十五卷　此後元本有"校勘臣彭衡、臣倪中、臣麥澂[①]、臣岳信、臣楊鑄、臣牟思善、臣卜勝、臣李源、臣揭模、臣丁士恒",計四行,凡三十四字。

卷一

世紀

曰白山部　北魏書勿吉傳:"國有大水,闊三里餘,名速末水。南有徒太山,魏言'太白'。"

混同江亦號黑龍江　洪皓松漠紀聞:"長白山,在冷山東南千餘里,黑水發源於此,舊名粟末河,契丹德光破晉,改爲混同江。"齊召南水道提綱松花江下云:活同几河即混同江,有四源,出黑山之西麓。黑山在長白頂之東北百四十里。其源又合數水,西北曲而南流四百餘里,有松嘎里烏喇,即松花江,自南來會,即古名混同江也。案金源本黑水部,此江又出黑山,當時土人或有"黑龍"之稱,自與塞外無涉,故史文止云"亦

（接上頁注）八江浙官醫提舉葛公墓誌銘曰:"公所著書,大旨以爲醫當視時盛衰。劉守真、張子和輩值金人强盛,民悍氣剛,故多用宣洩之法。及其衰也,兵革之餘,饑饉相仍,民勞志困,故張潔古、李明之輩多加補益之功。"知語出黃溍,王禕引據之。葛氏墓誌銘撰於後至元三年(1337)前,當與金史目録所列諸人本傳序次無涉。

① "澂"原作"微",誤。檢至正初刻本金史目録作"澂",百衲本宋史目録校勘者亦同。按永樂大典卷二三四二模字韻梧字目引古藤志云:"麥澂,字元瀅,南雄府人。中奉大夫、集賢侍講學士敬存先生猶子。以史館較勘出身,改虎賁司教授,遷靜江路知事。至正二十三年,以儒林郎同知本州。二十五年,陞奉訓大夫,知州改調賓州。"今據改。

號”耳。而楊賓柳邊紀略辨兩江源流，相去甚遠，以駁紀誤，非矣。提綱又云：“黑龍江，即古漠北之黑水靺鞨、室韋所居，其上源即元時斡難河。自喀爾喀西界內小肯忒山東麓東北曲流，合支水五十餘，約行二千餘里，至昂衣得河，始名黑龍江。又東北復東南流，合支水百餘，約行四千餘里，而松花江自西南來會。”據此知上源道里殊絶，若二江一名，史官不應遺誤至此。

始祖　居完顏部僕斡水之涯　“斡”當作“幹”。

獲耶律謝十　“獲”當作“殺”。太祖紀

乃使梁福斡荅剌　“斡”當作“幹”。

獻祖　五年增謚獻祖　“獻”，北作“憲”，非。

昭祖　天會十五年追謚成襄皇帝　“五”當作“四”。案大金集禮載，天會十四年八月丙申朔，禮官庚戌上議，丙辰禮成。禮志亦云“丙辰，奉上九代祖妣尊謚、廟號”，則在十四年，無可疑者。紀中自此後並云“十五年”，至后妃傳，凡書追謚，無一言十四年者。皆訛。

景祖　乃留石顯於邊地　“留”，石顯傳作“流”，非。

先遣同斡　“斡”當作“幹”。

善啄物　“啄”，北作“喙”，非。

遼咸雍八年　“八”當作“十”。

世祖　肉脤咽死矣　“脤”，元作“張”。

歡都在破烏春等　“在”當作“往”。

天會十五年　“五”當作“四”。

肅宗　大安八年自國相襲位　此下當加“年五十一”。

二年癸酉　案是歲爲遼道宗大安九年,肅宗襲位,始自稱元,故變文書之。下穆宗、康宗稱元同。

伐尼厖古部　元作“泥厖”,北作“泥龐”。

肅宗卒　此下當加“年五十三”。

天會十五年追謚穆憲皇帝　“五”當作“四”。“帝”下當加“廟號肅宗”。

穆宗　諱盈歌　案高麗史,明孝七年,東女直太師盈歌來朝。

遼重熙二十一年癸巳歲生　“一”當作“二”。

乃援創　“創”,已作“槍”。

特賜物來　“特”,元作“持”,是。

穆宗卒　案穆宗卒于癸未歲,遼史天祚紀在乾統元年辛巳歲,訛。趙氏陔餘叢考據遼史駁此紀,亦非。

天會十五年　“五”當作“四”。

康宗　乾統五年癸未　“五”當作“三”。

十一年癸酉　“酉”已作“巳”。

附世紀年表

辛酉,宋真宗天禧五年,遼聖宗太平元年。景祖生。

己卯,宋仁宗寶元二年,遼興宗重熙八年。世祖生。

壬午,宋慶曆二年,遼重熙十一年。肅宗生。

癸巳,宋皇祐五年,遼重熙二十二年。穆宗生。

辛丑,宋嘉祐六年,遼清寧七年。康宗生。

戊申,宋神宗熙寧元年,遼道宗咸雍四年。太祖生。

甲寅,宋熙寧元年,遼咸雍十年。景祖卒,世祖襲。

乙卯，宋熙寧八年，遼大康元年。太宗生。

壬申，宋哲宗元祐七年，遼大安八年。世祖卒，肅宗襲，始稱元。

甲戌，宋紹聖元年，遼大安十年。肅宗三年卒，穆宗襲，稱元。

癸未，宋徽宗崇寧二年，遼天祚乾統三年。穆宗十年卒，康宗襲，稱元。

癸巳，宋政和三年，遼天慶三年。康宗十一年卒，太祖襲，稱元。

卷二

太祖紀

仁明莊孝　當作"睿神莊孝仁明"。集禮

世祖與臘醅麻産戰於野鵲水世祖被四創疾困　當作"景祖與謝野字葷戰於拔里邁濼，旋師至部，疾困"。案世紀，世祖野鵲被創，在遼道宗大安六年庚午，太祖生於戊申，計年已二十有三，安得有下文"坐太祖于膝，循其髮而撫之，曰：'此兒長大，吾復何憂。'十歲，好弓矢。甫成童，即善射"等語，決爲景祖甲寅年事，乃遼咸雍十年，時太祖方七歲，始合。

以財殺人　"財"，北作"賊"，非。

衆曰吉　"衆"下，元有"皆"字，是。

撫諭斡忽急賽兩路　　"急"當作"忽"①。斡魯古傳

遣宗斡止之　　"斡"當作"幹"。

且稱帝因勸進　　當作"且勸進因稱帝"。

蕭乣里　　"乣",元作"糺"。

方壞陵道　　"陵",元作"凌"。

斡魯敗遼兵　　"魯"下當加"古"字②。

斬統軍婁實于陣　　斡魯古傳及遼史天祚紀皆作"實婁"。

收國元年乙未,宋徽宗政和五年,遼天祚天慶五年　　**七月戊辰**　　此下當加"朔"。據遼朔考,宋徽紀下八月同。

弟斜也爲國論勃極烈　　"論"下當加"昃"。案昊本傳作"昃勃極烈",撒改傳作"國論昃勃極烈",乃以昃而兼國論者。

八月戊戌　　此下當加"朔"。

熙宗天眷二年以黄龍府爲濟州　　地志作"三年"。

徑渡如前　　此下當加"命加古撒喝攻保州"③。

二年丙申,宋六年,遼六年。　　**韋室**　　當作"室韋"。

兀惹　　"兀",北作"元",非。

天輔元年丁酉,宋七年,遼七年。　　**拔顯州乾懿豪徽成川惠等州皆降**　　案紀下文七年正月,宜、錦、乾、顯、成、川、豪、懿等州皆降,與遼史屬國表保大三年正月"遼興軍、宜、錦、乾、顯、成、川、豪、懿等州降金"合。此則謀夏録所云"焚掠成、懿、

---

① 按金史卷二太祖紀下文云:"斡忽、急塞兩路降。"卷七一斡魯古勃堇傳作"急賽"。知"急"字不誤。

② "字"原脱,今據廣雅書局叢書本補。

③ "加古撒喝"之"加"字原脱,今補。按此據金史卷一三五高麗傳云:"收國元年九月,太祖已克黄龍府,命加古撒喝攻保州。"本書卷二太祖紀作夾古撒喝。

豪、惠等州，又破乾、顯等州”，乃僅遭殘毀，已降復叛耳。亦見斡魯古傳。

是月宋使登州防禦使馬政至願界下邑　五十二字，當改入二年閏月“以國書來”文下。徐夢莘三朝北盟會編：宋徽宗政和七年丁酉八月，郭藥師等渡海空回①，至次年戊戌重和改元四月二十七日，始遣馬政等行，八月四日，下海，閏九月九日，達北岸，二十七日，至金人所居。案太祖實錄當略載交宋事，而史官修帝紀，必詳其始，偶見會編始於丁酉，即錄繫此年末，而不知適先一年。又會編所紀年月，明白可據。紀下諸誤仿此改正②。又本文已錄次年閏月，下不再列，後並仿此。

二年戊戌，宋重和元年，遼八年。　“二年”，誤作“三年”，北作“二年”，不誤。

使散覩如宋至得者有之　二十三字，當改入下十月“各以所部爲千戶”文下。案會編，重和元年，女真發勃海一名李善慶、熟女真一名小散覩、生女真一名勃達三人，齎國書，以十二月二日至登州。且紀下三年六月散覩還自宋，若如宋在正月，無因留滯年餘之久。

命間哥　“間”已改“闍”，與元本合，北作“聞”，非。案闍哥即闍母，會編作蟾目大王，乃音之轉耳。

三年己亥，宋宣和元年，遼九年。　正月　案遼屬國表，正月，

---

① “郭藥師”原作“高藥師”，今據廣雅書局叢書本改。

② 金源劄記卷上太祖紀云：“紀下散覩、馬政、李菫辭列、趙良嗣五條仿此，別詳交聘表。”按共計僅四條，脫“曷魯”條。

"金遣烏林答贊謨持書來迎册禮"①。紀略。

宋使馬政及其子宏來聘　十字當削。案會編,宣和九年三月,宋止遣呼延慶用登州牒去,別無使事,且政、宏之使,自在明年九月,與紀四年十二月事合,非此時事。

宋使還　三字當削。

復遣孛堇辭列曷魯等如宋　十一字,當改入四年七月"上至自伐遼"文下。案會編,宣和二年七月丙辰,金遣斯剌、習魯、大迪烏來許燕地,九月戊午,辭,宋差馬政及子擴隨行,十一月丙寅至三年正月,金復遣曷魯、大迪烏來議夾攻,十一月,曷魯自海上歸。會編尚詳,曷魯往來凡兩次。紀文主簡,連下二月宋還文,凡一次。兹故略其中間,特從其首尾改訂之。

四年庚子,宋二年,遼十年。　二月辭列曷魯還自宋　"二月"當削,下七字當改入五年末"赴闕"文下。説已見上。

宋使趙良嗣王暉來議燕京西京地　十四字,當改入本年四月文下。案會編,宣和二年三月六日,良嗣等奉使,二十六日泛海,四月十四日抵薊州關下。紀不合先書。又桯史云:"予讀北遼遺事,見良嗣與王瓌使金,隨軍攻遼上京,城破②,有詩云:'建國舊碑胡月暗,興王故地野風乾。回頭笑向王公子,騎馬隨軍上五鑾。'"即此。

九月燭隈水部至以叛　二十一字,當改入五年七月"帥師

① 今檢遼史卷七〇屬國表原文,"答"字原闕,今補;"謨"原作"謀",今據改。
② "城"字原脱,今檢桯史卷五趙良嗣隨軍詩有,據補。

而西”文下。案忠義傳,酬斡、僕忽得二人往鼈古河籍軍,被殺,乃謀取中京耳。紀,上方取上京回,安得即有籍軍事,必在五年,余睹既降,決議親征之後。

戊寅命斡魯至以討寔里古達　“戊寅”當作“十月”。十九字,當改入五年十一月文上。

五年辛丑,宋三年,遼保大元年。　正月斡魯至餘悉撫定　“正月”當削,“斡”下二十一字當改入六年正月“遂下澤州”文下。案上年命討事既改入本年十月,此亦應改入下年,且據斡魯傳亦云:“討平師還,即從都統杲襲西京。”尤合。

六月癸巳　此下當加“朔”。遼考

十一月辛丑　“一”當作“二”。案遼朔考,十一月壬戌朔。安得有辛丑、甲辰、戊申等日。

六年壬寅,宋四年,遼二年。　降奚部　“部”,北作“都”,非。悉已撫定　“已”,元作“以”。

三月　案遼屬國表:三月,群牧使謨魯斡歸金,殿前點檢耶律高八歸金。紀略。

是月遼秦晉國王耶律捏里即位于燕　“是月”當作“丙子”。案遼紀、會編爲三月十七日。

金肅西平二郡　“西平”當作“河清”。案杲傳亦作“西平”,而遼地志西京道有金肅州、河清軍。宋史夏國傳:先是金人遣使夏國,許割天德、雲内、金肅、河清四軍。弔伐録,天輔七年三月,宋回書云:“夏國自去歲已輒占金肅、河清兩軍。”

是月耶律捏里卒　“是月”當削。案遼紀、會編爲六月二十四日，即上文辛亥。

敗契丹奚漢六萬　　"漢"下當加"兵"。

七年癸卯，宋五年，遼三年。　田顯　"顯"當作"顥"①。本傳

戊午　案弔伐録，三月戊午，"命馬同權管勾燕京事，將以其地付宋故也"。紀略。

耶律麻哲余睹吴十鐸剌等謀叛　"哲"下當加"告"。希尹、余睹傳。案遼屬國表，天慶六年四月，族人痕孛、鐸剌、吴十、撻不也、道剌、酬斡、平甲、盧僕古、闥离剌、韓七、吴十、那也温、曷魯十三人皆歸金國。其鐸剌，當即弔伐録使宋之耶律鐸剌，亦稱王度剌者。惟其中有兩吴十。從金人文字，即胡什乃異稱。此文下止杖鐸剌，不及吴十，至後熙紀天眷二年六月復書吴十謀反，未審與此吴十爲一人？爲兩人？

上召余睹從容謂之曰至吾不汝疑　八十字，當削，改作"上召余睹戒諭之"。案文全與余睹傳複。

余睹皆戰慄不能對　"皆"當作"等"。余睹傳

宋使盧益　此上當加"丙寅"。弔伐録

七月　此下當加"阿買勃極烈辭不失薨"。本傳

戊申上崩　遼天祚紀書於保大四年，非。

寧神殿　此上當加"建"。

天會三年三月上尊謚曰武元皇帝　案禮志作"十二月二十五日，上謚曰大聖武元皇帝"。考異云

---

① "顥"原作"灝"，今檢金史卷八一田顥傳，及遼史卷二九天祚皇帝紀三保大三年（1123）二月皆作"顥"，據改。

贊　金有天下百十有九年　案目録,金九帝,起太祖收國元年乙未,盡哀宗天興三年甲午,百二十年。此復言百十有九年者,乃蒙古史臣削去哀宗天興甲午十日耳。紀、録未免矛盾。又他書或稱百十有八年者,以丁酉爲元,稱百十有七年者,以戊戌爲元。詳金源雜興太祖建元詩注①

卷三

太宗紀

拏懶氏　"拏",元作"挐"。

收國元年十月　"十"已作"七",與元本合。

天會元年癸卯,宋宣和五年,遼保大三年。　其以便宜從事　"其以",北作"以其",非。

二年甲辰,宋六年,遼四年。　興中府降　案此在十月,遼天祚紀,八月,國舅詳穩撻不也、筆硯祗候察刺降金。又屬國表,九月,建州降金。紀並略。

詔以米五萬石給撻懶實古迺　案二傳皆不載。

三年乙巳,宋七年,遼五年,二月亡。　宋遣使賀即位　六字當加作"辛丑朔,宋遣使賀即位",改入後六月文下。案此宋使,紀文附正月末。第考許亢宗奉使行程録,三十五程至和里間寨,時當仲夏,又言榜額曰乾元殿。而紀下三月乃云"始建乾元殿",皆不得繫正月末可知。又據交聘表,辛丑,宋許亢宗賀

---

① "源"原作"元",今改。

即位。夫辛丑爲六月朔，遼朔考、宋徽紀並同，則與仲夏乾元殿合矣。若宋紀在宣和六年七月，乃宋人命使之日，不足據。

婁室獲遼主　案會編引北征紀實定爲粘罕所獲，而以亡遼録、茅齋自敘等書爲非，乃傳聞之訛。

分授所徙烏虎里迪烈二部　"烈"下當加"底"①。

破宋河東援兵于汾河北　此下當加"壬戌，上太祖尊謚"。禮志

四年丙午，宋欽宗靖康元年。　始朝日　此下當加"夏遣使來賀"。表

董才　秀水閒居録云："政和末，契丹燕雲叛。有董厖兒者，率衆爲劇寇。蔡京領三省，遂招厖兒，許以燕地王之。厖兒上表自號'扶宋破虜大將軍'。董才後歸朝，賜姓名趙詡者是也。"據此紀，是才又嘗降金，賜姓完顏氏矣。

問宋取首謀平山童貫譚稹詹度及張覺等　案弔伐録，又有李石②、衛甫、趙仁彦。

宗望許宋修好　此上當加"丙子"。表

攻下隆德府　此上當加"乙卯"。宋紀

大敗宋人於西都谷　"人"，元作"兵"，是。

---

① 按金史卷七二習古迺傳云："以厖葛城地分賜烏虎里、迪烈底二部及契丹人。"卷三太宗紀天會二年(1124)閏三月己丑云："烏虎里、迪烈底兩部來降"。據此補"底"字。然卷五海陵紀天德四年(1152)十一月辛丑作烏古迪烈部，貞元元年(1153)閏十二月癸卯作烏古迪烈司招討，卷四四兵志亦作烏古迪烈部。卷二四地理志上云："烏古迪烈統軍司，後升爲招討司。"遼時此部有稱迪烈得、敵烈德、迪烈德、迭烈德者，契丹小字石刻作 (契丹字)、(契丹字)，詞尾原字 (契丹字) 係複數詞綴，"得"、"德"、"底"與其對譯，故可省譯詞尾，徑稱迪烈部。

② "李石"原作"李應"，今據大金弔伐録卷上次事目劄子改。

錢伍百萬　"伍",元作"五",是。

蕭仲恭使宋還以所持宋帝與耶律余睹蠟書自陳　案會編云:"又與遼梁王書爲粘罕游騎所得。"

宗翰伐西京　"伐",元作"發",是。

閏月　案靖康紀聞拾遺,金天會四年閏八月,而中國乃閏十一月,蕃漢不同如此。然此紀仍閏十一月,紀聞誤。

敦勸農功　此下當加"是歲,始建尚書省"。官志、韓企先、張通古傳

五年丁未,宋高宗建炎元年。　高麗王遣使來賀　"王"已作"夏",與元本合。

立宋少宰張邦昌　"少"當作"太"。本傳

趙州降阿里刮徇地濬州　當作"阿里降趙州,蒙括徇地濬州"[1]。

六年戊申,宋二年　斡魯入馮翊　案婁室碑云:子七人,次斡魯,迭剌部節度。亦見石古乃傳,與列傳者不同。

七年己酉,宋三年　以南京留守韓企先　"南"當作"西"。本傳

以麟府豐三州降　案豐州即天德軍,屬西京路;麟、府二州,自五年割以與夏,此復受降,至熙宗皇統六年以邊地賜夏國,乃復與耳,亦見張奕傳。

破晉寧軍至盡殺之　六十九字,當作"破晉寧軍,殺其守

---

[1] 按金史卷七七撻懶傳云:"蒙刮取趙州,阿里刮徇下濬、澶、恩及高唐。"知阿里刮取濬州,且奪"刮"字,而蒙刮取趙州。

徐徽言及統制孫昂等"。案此段與婁室傳複①，且文繁，非紀體，是實録未删之稿。又於金紀而詳宋事，與元史太祖紀二十二年所載金臣愛申死事同。乃史官失于限斷之故。再考宋高紀，建炎三年正月，粘罕陷徐州，守臣王復及其子倚死之。劉昌詩蘆浦筆記詳載其事，在徽言前一月，而紀不書，於粘罕何諱，於晉寧何詳，甚矣，史事之難也。又粘罕自前年會濮後，宋紀詳載其犯東平，降濟南，陷襲慶等事，是年正月降徐州，復又載其趨淮甸，至泗州，犯楚州，過揚子橋入真州，焚揚州，陷京東諸郡等事，本傳亦載一二，紀皆不書。夫國家於强臣悍帥，申其罪當不没其功，乃粘罕反謀未著，熙宗既不明正厥辜，而史臣於實録中盡削其闢土開邊之績，何以取信後世哉。至元人修紀，尤不足責。

三月己卯朔　案宋高紀，是年閏八月，今從此月朔順推至九月丙午朔，得二百八日，有閏無疑，事略不書。

高貞罷　"貞"當作"楨"。本傳

拔离速等襲宋主于揚州　案彀英傳，此下有拔离速追宋孟后於江南，彀英趨潭州等文。紀略。

治寧州　"寧"上當加"會"②。

八年庚戌，宋四年。　詔曰婁室至其戮力焉　三十八字，當改作"詔從之"。案文與睿紀複。

---

① "段"原作"傳"，今據金源劄記卷上太宗紀改。

② 按金史卷二四地理志上曷蘇館路條云："天會七年，徙治寧州。"此曷蘇館路治所當在東京路，寧州蓋沿襲遼時舊稱。參譚其驤金代路制考，中國歷史地理論叢第1輯，第106—109頁。

九年_{辛亥,宋紹興元年。} 撫定鞏洮河樂西寧蘭廓積石等州 <u>睿紀</u>、<u>阿里補傳</u>同,<u>樂州</u>、<u>廓州</u>乃宋地,見<u>杲</u>、<u>昂</u>、<u>高彪</u>等傳。

五月 當是丙申朔。_{考異云}

十年_{壬子,宋二年。} 聞鴨緑混同江暴漲 "緑",<u>元</u>作"渌"。

分遣鶻沙虎等十二人 "二",<u>元</u>作"三"。

十一年_{癸丑,宋三年。} 趙楞誣告其父昏德公謀反楞及其壻劉文彥伏誅 <u>蔡鞗北狩行錄</u>:癸丑六月二十四日,<u>近王楞</u>、駙馬都尉<u>劉文彥</u>首告謀反於<u>金國</u>,鞗是日聞之於<u>莘王植</u>①、駙馬都尉<u>宋邦光</u>,徑令立聞達太上,太上驚惶,未以爲然。翌日,遣渡河,以詢虛實。既濟,則千户<u>李董按打曷</u>者已陳兵河濱,二逆般發,往彼帳前矣,盡得其所陳之詳。鞗歸,太上即令親屬及一行臣僚合議,<u>徐王棣</u>以病不能出,餘皆預,已聞有不測之議,至是皆悚慄。鞗曰:"吾儕前日不死國難,二帝播遷,已有愧於前人,不意逆黨出於至親至愛之間,捐軀效命,正在今日。鞗身以<u>貫高</u>自處,願諸公盡力,以徇急難,少有退避者,神明殛之。"言詞慷慨,坐皆泣下,莫不感奮。至七月中旬,彼遣兩使前來勘問。太上遣<u>植</u>同<u>鞗</u>往,來使欲太上渡河辨。又遣<u>徐王棣</u>、<u>宋邦光</u>再往。至則尚執前議,乃請<u>淵聖</u>及<u>信王榛</u>、駙馬都尉<u>向子宬</u>②、内侍<u>王若沖</u>同<u>鞗</u>往實之,再三力

① "於"字原脱,今據<u>北狩行錄</u>補。
② "宬"原作"辰",今據<u>北狩行錄</u>改。

懇，彼使方許。明日，至行宮側，就儓所寓之地而問焉。群臣
力拒，往反詰問。三日之間，二賊氣折，自承誣枉。案上，復
遣前使以諭太上[1]，一面處置。太上曰："二子悖逆，案告微
臣，天倫之屬，豈忍爲之。"使曰："若如此，自有宣命，並死
之。"案紀載此事不見他傳，故補注之。

　　十二年甲寅，宋四年。　遣使來賀　此下當加"以韓企先爲
尚書右丞相"。本傳

　　十三年乙卯，宋五年。　正月丙午朔日有食之　案宋高紀
紹興五年作"正月乙巳朔，日食"，不合。宋、金兩史所載日食
互失者有之，不同月者有之，並詳金源雜興大明曆詩注。不同朔者
止此年。據宋日官陳得一言："日食八分半，虧在巳初。"其言
卒驗。則乙巳朔[2]，確有可憑，不應金國於丙午日，復有日食
之理。第據熙紀，是年正月庚午即位，集禮載爲二十五日，則
丙午朔，又無可疑者。蓋是時，遼日已失，金曆未頒，雖宋術
小密，而張致遠尚有"十二月失進小餘，四月進作大盡"之語。
則此數月之異同，不若闕疑爲是。又苗耀神麓記，吳乞買患
中風，天會十三年乙卯歲正旦，近侍扶掖而行，見佛在東方，
從日出而現，從者皆仰而瞻禮間，吳乞買問汝等見甚，皆云：
"佛像在日傍雲間。"言未訖，吳乞買昏仆。案此非佛見，乃日
食耳，近侍諱其説。亦一證。

----

① "復"原作"彼"，今據北狩行録改。
② "乙巳"原作"己巳"，今據金源劄記卷上太宗紀改。

卷四

熙宗紀

<u>天會</u>十三年乙卯,_{宋紹興}五年。甲戌詔中外詔公私禁酒癸酉遣使　當作"癸酉,詔公私禁酒。甲戌,詔中外遣使"。

九月壬申　案<u>宋高紀</u>,是年閏二月。又據<u>集禮</u>,壬申爲九月二日,則知朔在辛未。自此逆數至正月丙午朔,得二百六十八日,有閏無疑。

皇姊蒲察氏爲惠昭皇后　案此后,<u>史</u>不列傳。

十四年丙辰,_{宋六年}。　"十四年"當提行。

上尊謚曰欽獻皇后　"獻",傳作"憲"①。

八月　當是丙申朔。<u>集禮</u>

爲齊劉豫回謝并生日正旦使　此下當加"平章政事完顏忠薨"。<u>本傳</u>

十五年丁巳,_{宋七年}。　"十五年"當提行。

宗翰薨　案考異據<u>本傳</u>以爲卒於十四年者,非也,亦由紀文失提行之誤。

叔祖暈　案<u>世祖諸子傳</u>提綱,次室<u>尤虎氏</u>生<u>沂王查剌</u>。<u>宗室表</u>同。紀下<u>天眷</u>二年七月甲午"<u>咸州詳穩沂王暈</u>坐與<u>宗磐</u>謀反,伏誅",即此。

---

① <u>金史目錄</u>、卷六三本傳卷目及正文皆作"憲"。按<u>大金集禮</u>卷六追謚后<u>欽獻皇后</u>條云:"<u>天會</u>十四年二月五日,上<u>欽獻皇后</u>尊謚。威德悉備曰'欽',聰明睿知曰'獻'。"則與<u>熙宗紀</u>合。

十月乙卯　案是年正月癸亥朔,至次年正月戊子朔,順數得三百八十五日。又是月有乙卯,而下文十一月丙午,反在前九日,推得十月必閏。而宋高紀紹興七年亦無文,大抵皆事略不書。

天眷元年戊午,宋八年。　立裴滿氏爲貴妃　松漠紀聞作"徒單氏",非①。而會編,紹興十二年,皇太后回許金劉皇后首飾,則又以爲移刺矣。

八月甲寅朔頒行官制　金國聞見録,天眷元年奏請定官制劄子:竊以設官分職,創制立法者,乃帝王之能事,而不可闕者也。在昔致治之主,靡不皆然。及世之衰也,侵冒放紛,官無常守,事與言戾,實由名喪,至於不可復振,逮聖人之作也。剗弊救失,乘時變通,致治之具,然後煥然一新。九變復貫②,知言之選,其此之謂矣。太祖皇帝聖武經略,文物度數,曾不遑暇。太宗皇帝嗣位之十二載也,威德暢合,萬里同風,聰明自民,不凝於物,始下明詔,建官正名,欲垂範於將來,以爲民極。聖謨宏遠,可舉而行,克成厥緒,正在今日。伏惟皇帝陛下,上承孝德,欽奉先猷,爰命有司,用精詳訂。臣等謹按當唐之治朝③,品位爵秩,考覈選舉,其法號爲精密。尚慮

---

① 此處謂松漠記聞作"徒單氏",當係誤引文。按金史卷六三后妃傳上云:"熙宗悼平皇后,裴滿氏。熙宗即位,封貴妃。天眷元年,立爲皇后。父忽達拜太尉。"今檢松漠記聞無"徒單氏",有云:"皇后裴摩申氏,后父小名胡搭。"三朝北盟會編卷一六六此事繫於天眷二年(1139)。裴摩申與裴滿,忽達與胡搭皆係同名之異譯,則見兩書相合。

② "變"原作"辨",今據三朝北盟會編卷一六六引金國聞見録(以下簡稱會編引金國聞見録)及松漠記聞卷下天眷元年奏請定官制劄子原文改。

③ "治"字原脱,今據會編引金國聞見録及松漠記聞卷下天眷元年(1138)奏請定官制劄子原文補。

拘牽,故遠自開元所記,降及遼宋之傳,參用講求,有便於今者,不必泥古,取正於法者,亦無徇習。今先定到官號、品次、職守,上進御前,以塵乙覽,恭俟聖斷①,曲加是正。言順事成,名賔實舉,興化阜民,於是乎在。凡新書未載,並乞姑仍舊貫。徐用討論,繼此奏請。臣等顧惟虛薄,講究不能及遠,以塞明命是懼。儻涓埃有取,伏乞先次頒降施行。答詔曰:"朕聞可則循,否則革,事不憚於改爲。言之易,成之難。政或譏於欲速,審而後舉,示將不刊②,爰自先皇,已頒明命,順考古道,作新斯人。欲端本於朝廷,首建官於臺省,豈止百司之職守,必也正名,是將一代之典章,無乎不在。能事未畢,眇躬嗣承,懼墜先猷,惕增夕屬,勉圖繼述,申命講求。雖曰法唐③,宜後先之一揆,至於因夏,固損益之殊途。務折衷以適時,合於今而累歲④,庶同乃繹,僅至有成⑤,掇所先行,用孚衆聽。作室肯構,第遵底法之良⑥,若網在綱,庶弭有條之紊。自餘款備,繼此施陳。已革乃孚,行取四時之信,所由適治,揭爲萬世之常。凡在見聞,共思遵守。"翰林學士韓昉撰詔書

---

① "俟"原作"侯",今據會編引金國聞見録及松漠記聞卷下天眷元年奏請定官制劄子原文改。

② "示將不刊爰自先皇"原作"爰示不刊自先皇帝",今據會編引金國聞見録及松漠記聞卷下天眷元年奏請定官制劄子原文刪乙。

③ "雖"字原闕,今據會編引金國聞見録及松漠記聞卷下天眷元年奏請定官制劄子原文補。

④ "而"原作"日",今據會編引金國聞見録及松漠記聞卷下天眷元年奏請定官制劄子原文改。

⑤ "僅至有成"原作"僅有成書",今據松漠記聞卷下天眷元年奏請定官制劄子原文改。

⑥ "底"原作"祗",今據會編引金國聞見録及松漠記聞卷下天眷元年奏請定官制劄子原文改。

曰："皇祖有訓，非繼體者所敢忘，聖人無心，每立事於不得已。朕丕承洪緒，一紀於茲，祇遹先猷，百爲不越。故在朝廷之上，其猶草昧之初。比以大臣力陳懇奏，謂綱紀之未舉，在國家以何觀①。且名可言，而言可行，所由即事，蓋變則通，而通則久，以用裕民。宜法古官，以開政府，正號以責實效②，著儀而辨等威。天有雷風，詞命安得不作，人皆顏、閔，印符然後可捐。凡此數條，皆今急務③，禮樂之備，源流在茲，祈以必行④，斷宜有定，仰惟先帝，亦鑒微衷⑤。神豈可誣，方在天而對越，時由易偶，若易地則皆然。是用載惟，殆非相反。何必改作，蓋嘗三復於斯言，皆曰可行，庶將一變而至道。乃從所議，用創新規。維茲故土之風⑥，頗尚先民之質，性成於習，遽易爲難。政有所因，姑宜仍舊，漸祈胥效⑦，翕致大同。凡在邇遐，當體朕意，其所改創事件，宜令尚書省就便從宜施行。"

改燕京樞密院爲行臺尚書省　　案趙元傳：齊國廢，置行臺省於汴，又徙大名，再徙祁州。此殆自祁徙燕耳。

---

① "家"字原闕，今據會編引金國聞見録及松漠記聞卷下天眷元年奏請定官制劄子補。

② "正"原作"改"，今據會編引金國聞見録及松漠記聞卷下天眷元年奏請定官制劄子原文改。

③ "今"原作"因"，今據會編引金國聞見録及松漠記聞卷下天眷元年奏請定官制劄子原文改。

④ "祈"原作"期"，今據會編引金國聞見録及松漠記聞卷下天眷元年奏請定官制劄子原文改。

⑤ "鑒"原作"監"，今據會編引金國聞見録及松漠記聞卷下天眷元年奏請定官制劄子原文改。

⑥ "維"原作"惟"，今據會編引金國聞見録及松漠記聞卷下天眷元年奏請定官制劄子原文改。

⑦ "祈"原作"期"，今據會編引金國聞見録及松漠記聞卷下天眷元年奏請定官制劄子原文改。

以奕爲平章政事　　案奕,宗室表無名。集禮,皇統元年,
上尊號,侍中三員,平章奕攝。又五年九月,平章奕攝中書
令,奉册。亦見勗傳,與列傳名三寶者不同。

省燕中西三京平州東西等路州縣　　案地志,三京州縣省
併,並無天眷之文,多屬皇統元、二、三三年事,而紀下皇統年
絕無此語。其文乃見於此,殆是年有詔,至皇統始行之。又
遼志析津府下有玉河縣,檀州下有行唐縣,金志無之。地志,
薊州遵化縣注遼景州,順州密雲縣注遼檀州,皆不見改併年
月。又許亢宗行程録云:“州原是石城縣,金國新改爲清州。”
地志,灤州下亦不見改降文。據此燕京獨無,當屬史官脱略。
又平州,地志屬中都路,文云:“天會十年,徙軍帥司治遼陽。
貞元元年,併隸中都。”亦見習古乃、王倫等傳。遼陽文下云:“十
年,改平州爲東南路都統。天德二年,改本路。”則自天會壬
子平州分東、西路,至海陵天德庚午乃廢東路,貞元癸酉併廢
西路矣。

奠獻于乾元殿　　案地志上京注:“天眷元年,更名皇極
殿。”下皇統三年三國使遥賀,即此。

新宫成　　案地志,朝殿,天眷元年建。

二年己未,宋九年。　　二月　當削。案正月壬午朔,乙未乃
十四日。

三月丙辰　“三”當作“二”。案三月辛巳朔,安得有
丙辰。

以誅宗磐等詔中外　　洪皓金國聞見録:宋、充諸王之誅,
韓昉作詔曰:“周行管叔之誅,漢致燕王之辟,兹惟無赦,古不

爲非。豈親親之道,有所未宏,以惡惡之心,是不可忍。朕自惟沖昧,猥嗣統臨①。蓋由文烈之公,欲大武元之後,得之爲正,義亦當然。不圖骨肉之間,有懷蜂蠆之毒。皇伯太師、宋國王宗磐,族爲諸父,位冠三師。始朕承祧,乃緊協力,肆登極品,兼縉劇權,何爲失圖,以底不類。謂爲先帝之元子,常蓄無君之禍心,昵信宵人,互爲姦黨,坐圖問鼎,行將弄兵。皇叔太傅、領三省事、充國王宗雋爲國至親,與朕同體,内懷悖德,外縱虚驕。肆己之怒,專殺以取威。擅公之財,市恩而惑衆。力擯勳舊,欲孤朝廷。即其所爲,濟以同惡。皇叔虞王宗英、滕王宗偉、殿前左副點檢渾覩、會寧少尹胡什剌、郎君石家奴、千户尤孛离、古楚等,競爲禍始,舉好亂從,逞躁欲以無厭,助逆謀之妄作。意所非冀,獲其必成②。先將賊其大臣,次欲危其宗社。造端累歲,舉事有期。早露端倪,每存含覆。第嚴禁衛,載肅禮文,庶見君親之威,少安臣子之分。蔑然不顧,狂甚自如。尚賴神明之靈,克開社稷之福。日者叛人吴十,稔心稱亂,授首底亡。爰致克奔之徒③,乃窮相與之黨。得厥情旨,孚於見聞,皆由左驗以質成,莫敢詭辭而抵讕。欲申三宥,公議豈容,不頓一兵,群兇悉殄。於今月三日,已各伏辜,并令有司除屬籍訖。自餘詿誤,更不躡尋,庶示寬容,用安反側。民畫衣而有犯,古猶欽哉④。予素服以如

① “猥嗣統臨”原作“嗣統□臨”,今據會編引金國聞見録原文改補。
② “獲”原作“護”,今據會編引金國聞見録及松漠記聞卷下宋充諸王之誅詔原文改。
③ “克奔”原脱,今據會編引金國聞見録及松漠記聞卷下宋充諸王之誅詔原文補。
④ “古猶”原脱,今據會編引金國聞見録及松漠記聞卷下宋充諸王之誅詔原文補。

喪,情可知也。"案三王官封不合,宗磐傳作"太保",宗英傳作"滕王",宗偉傳作"虞王"。且宗雋難作,宗磐傳中明言赦其弟斛魯補等九人,則宗英、宗偉不與此禍,洪録直載詔文,不詳時事①。子邁容齋三筆同。又此詔紀、傳皆不載,故補。

　　烏達捕　"捕"當作"補"。

　　諸路廉問　當作"廉問諸路"。

　　三年庚申,宋十年。　　六月陝西平　案宋高紀,是年閏六月癸酉朔,從紀上四月乙巳朔,順至下七月癸卯朔,得一百十八日,中必有閏。且據撒离喝傳,六月,敗宋兵于涇州。與宋紀"閏月丙子,犯涇州,守臣曲汲棄城去"事合。則陝西之平,的在閏月,史文略耳。

　　乙卯宗弼遣使奏河南陝西捷　案宋高紀:紹興十年七月乙卯,金人攻潁昌府,岳飛遣將敗之。壬戌,飛以屢奉詔班師,遂自郾城還,軍皆潰,潁昌、蔡、鄭諸州皆復爲金有。據此安得七月乙卯奏捷,且計其遣使日,又當在月初矣,似爲史官失實。曰否,蓋撻懶植檜於宋,宗弼陰持之,且流言擬於河南再立少帝,以劫制高宗,故金牌急腳之召,久已密諜聞之,先期奏捷,機事已露。至次年畫淮時,詭語龍虎阿鲁保云:"檄書投宋月餘,心神不寧。"及聞酈瓊之論,檜爲老儒,自守不暇,喜爲知言等事,皆此老設疑自秘,終不説明,善求者其合觀兩史哉。

　　詔撫諭陝西五路　案睿紀、宗翰傳同。五路者,指永興、

①　"不詳時事"句下,金源劄記卷上熙宗紀云"誤矣"。

秦鳳、熙河、涇原、環慶而言。若鄜延一路爲婁室所取者,不煩撫諭。

右丞相蕭慶　“相”字當削。

爲右副元帥　此下當加“是年,宗強封衞王”。

皇統元年辛酉,宋十一年。　正月辛丑朔高麗夏遣使來賀案交聘表,壬寅夏,使請上尊號。紀略。

庚戌群臣上尊號　集禮,七日,遣上京留守奭告天地社稷,析津尹宗強告太廟。上公以太師宗幹,太尉以裴滿胡塔,司徒以平章昂攝;中書令二員,正韓企先,外以待制曷攝;侍中三員,平章奕、左丞勗、左宣徽劉筈攝;右丞蕭仲恭,攝門下侍郎;參政李德固,攝中書侍郎;銀朮可等四員,攝中書舍人;趙端甫二員,攝給事中。

戊午上親祭孔子廟　此上當加“三月”。孔璠傳。案宋高紀,三月庚子朔,此乃十九日。張賁東京記云:“掘地得斷碑,有‘下瞰臺城儒生盛于東觀’十字,皆漢文,字畫莊楷。蓋國學碑也。”與此事合。地志失載。

退謂侍臣曰至不可不勉　四十四字,又見禮志及孔璠傳,文小異。

自是頗讀尚書論語　孔璠傳有左氏傳、諸史、通曆、唐律。

紀王宗強薨　“紀”當作“衞”。傳、表

兼侍中　此下當加“太保”。宗弼傳

二年壬戌,宋十二年。　命伐高麗　當作“加封高麗”。傳、表

宋使曹勛　“曹勛”當作“何鑄”。表及宗弼傳

　　壬辰以皇子生赦中外　　案會編,元帥第七書:"今年二月
二十四日,赦罪。"集禮二十八日,紀"壬辰",與集禮合。

　　遣左宣徽使劉筈以袞冕圭册册宋康王爲帝歸宋帝母韋
氏及故妻邢氏天水郡王并妻鄭氏喪於江南　　"筈"下當加"禮
部尚書宗表","歸"上當加"左副點檢賽里、都轉運使劉褕
等"。宋高紀,紹興十二年,金遣完顔宗賢、劉褕護送梓宫,高
居安護送皇太后來①。

　　戊午立子濟安爲皇太子　　集禮:三月十七日,命左丞勖
告宗廟,都點檢常勝告天地社稷,就赴慶元宫行禮②,并差待
制高士談攝太常卿,提控祭告禮儀。給賞,吏部尚書充都點
檢常勝與特進,賜誥太傅宗弼銀絹二百兩匹,讀誥丞相韓企
先總領裁定禮數,平章昂、平章奕各一百五十兩匹③。

　　丙寅　　此上當加"四月"。案上文"戊午",集禮爲三月二
十五日。又宋高紀,四月甲子朔,此爲三日。

　　十二月　　此上當加"宋遣使謝封册誓詔"。案上文三月
止載"劉筈",脱去宗表、賽里、劉褕等。五月乙卯,賜宋誓詔,
使人不書姓名。下文十二月止書"庚午,宋遣使謝歸三喪及
母韋氏",漏去十一月兩謝册詔,以兩使作一使,似宋竟不報
謝封册誓詔者,其果然乎?考宋高紀,紹興十二年八月万俟
卨④,九月王次翁,洪适隸釋三公山碑後云:"先公太師以使事,爲北方所

　　① "居"原作"辰",今據宋史卷三〇高宗紀七紹興十二年(1142)四月丁卯改。
　　② "慶元宫",大金集禮卷八皇統二年誥授儀作"上京"。
　　③ "各"字原脱,今據大金集禮卷八皇統二年誥授儀改。
　　④ "十二年"原作"十三年",今據宋史卷三〇高宗紀七改。

留。<u>紹興</u>癸亥,政地<u>王次翁</u>使至<u>燕</u>。先公隔垣牆與驛中人語,爲覘者所得。"
即此使時事。兩報謝使,不言何事,兩傳亦無明文。<u>李心傳</u>繫年
要錄云:一爲正使參政<u>万俟卨</u>,副使防禦<u>邢孝揚</u>;一爲正使參
政<u>王次翁</u>,副使節度<u>錢愐</u>。<u>會編</u>云:"<u>金</u>人送梓宮及太后來,
使副十一人。"且併<u>次翁</u>、<u>孝揚</u>二使爲一事,凡皆爲國諱也。
要之,<u>万俟</u>一使斷爲謝封册誓詔者,蓋愐以一人兩使,<u>卨</u>亦一
人兩謝耳。此諱在<u>宋</u>人宜然,而紀文亦上脱下漏,抹去謝使,
令人不解。夫<u>金</u>人尚夸詞,在實錄必當全書,紀皆如此。豈
<u>圭齋</u>故<u>南</u>人,爲前朝惜名分耶。今考補之如此。又<u>會編</u><u>紹興</u>
八年云:"先是,上幸海道,得開圖書匠<u>舒通</u>,能刻金、銀、銅、
鐵圖書,取鏤塵白字。上喜之,鑄金爲印,令刻白字爲璽。由
是士大夫皆用白字圖書。至是遣使來,有鑄金成寶,文曰'御
前之寶',乃白字也。<u>舒通</u>之刻,豈偶然耶。"案此金寶,即<u>金</u>
人册<u>宋康王</u>之一物。<u>會編</u>不載於此年,而預記于<u>張通古</u>詔諭
使中,亦諱筆也。

　　三年癸亥,<u>宋</u>十三年。　　五月丁巳朔　此上當加"閏月癸
巳,月掩軒轅左角星①"。<u>天文志</u>。又當加"置<u>黄沁</u>都管勾"。
<u>地志</u>。

　　庚辰太原路進獬豸并瑞麥　<u>五行志</u>作"丙寅"②。
　　諡太皇太后曰欽仁皇后　<u>集禮</u>:八月,翰林待制<u>高士談</u>

---

① "星"字原脱,今據<u>金史</u>卷二〇<u>天文志</u>補。
② <u>金史</u>卷二三<u>五行志</u>皇統三年(1143)七月云:"丙寅,<u>太原</u>進獬豸及瑞麥。"按<u>金史五行
志</u>係<u>元</u>朝史官所作,史源多取自諸帝實録,而據<u>熙宗實録</u>成文者,卷四<u>熙宗紀</u>皇統三
年七月云:"丙寅,上致祭<u>太皇太后</u>。庚辰,<u>太原路</u>進獬豸并瑞麥。"知史臣删"上致祭
太皇太后庚辰"等字而湊成<u>五行志</u>史文,然節録失當,"庚辰"誤作"丙寅"。

撰謚册文。

日有食之　此下當加“改葬陳王希尹,追贈儀同三司、邢國公”。_{本傳}

四年_{甲子,宋十四年。}　十有二莖莖皆七穗　八字當削。案與五行志複。

五月辛亥朔次薰風殿　案上二月、下九月皆云“上如東京”,中間無至自東京語。即此次殿是也。地志上京路注有薰風殿。

九月乙酉　當作“己酉朔”。案上六月辛巳朔,順推得。

十月　當削。案下文乙卯、辛酉、癸酉,皆在九月。

十一月壬辰　“一”字當削。案下文“甲辰,地震”,五行志尚云“十月”。

至東京　此下當加“是歲,始定始祖以下十帝陵號”。_{世紀}

五年_{乙丑,宋十五年。}　初用御製小字　案集禮,皇統元年賀表云:“代上古結繩之治,造金人合契之書。”至此年始頒用。

十月辛卯增謚太祖　“十”下當加“一”。案禮志云“三日”。

閏月　案禮志云:“是歲,閏十一月”。宋高紀同。

丁巳敕　此下當加“是歲,罷遼東漢人、渤海猛安謀克承襲制”。_{兵志}

六年_{丙寅,宋十六年。}　殺宇文虛中及高士談　案中州集,士談有丙寅刑部詩,即此。

以許王破汴睿宗平陝西鄭王克遼及婁室銀尤可皆有大功並爲立碑　二十八字當改作"許王宗望破汴,冀王宗輔平陝西,鄭王斡魯克遼,及莘王婁室、蜀王銀尤可皆有大功,並爲立碑"。案許王指宗望,鄭王指斡魯。破汴不止宗望,尚有宗翰;克遼不止斡魯,尚有斜也、宗幹。據宗翰是時或以陰謀不録,而斜也、宗幹何緣被削,且有功如婁室、銀尤可者尤不止此兩人,豈此五人外,餘皆已立碑耶? 殊不可解。諸傳皆不載立碑事。然考大定詔書云:"其未立碑者,立之。"即今婁室一碑,巋然故在東海上,事非無稽矣。文内不稱伐宋,而稱破汴者,良爲睿宗平陝西故也。此録蓋進於大定史臣之手,并冀王字亦追改之,又婁室、銀尤可亦受王封,今俱失載,未免義不該而文不備,故改訂之如此。

七年丁卯,宋十七年。　翰林待制邢具瞻　中州集有詩,即撰天眷三年九月駕幸燕京導引曲者。見樂志。

高鳳廷　集禮:皇統五年增謚太祖,"六月二十二日①,差吏部員外郎高鳳廷造匣盝牀"。即此。

行臺右丞相劉筈右丞蕭仲恭爲平章政事　案筈傳不載。

八年戊辰,宋十八年。　以左宣徽使稟爲尚書左丞　案海紀,天德元年十二月罷。非韓州刺史名亶者。

九年己巳,宋十九年。　隨辦入室宫門　"室",元作"至",是。

改葬於峨眉谷仍號思陵　周必大思陵録:淳熙十五年十

---

① "二十二日"原作"二十九日",今據大金集禮卷三追加謚號上改。

二月癸酉，諜報，金人制曰：“朕惟熙宗孝成皇帝，以武元嫡孫，受文烈顧命，作其即位，十有五年。偃兵息民，中外安乂。而海陵庶人亮，包藏禍心，覬覦神器，陰煽奸黨，遂成篡逆。而又厚加誣詆，降從王封。亮既得志，肆其兇殘，不道之極，至於殺母，神怨人怒，自底誅滅。惟皇天眷佑於我家，肆予一人，纘承先緒，暴其罪惡，貶爲庶人，仍黜其殯於兆域之外。仰惟熙宗，位號宜正，是以間者稽合禮文，升祔太室，復加美諡，尊而崇之。惟是葬非其所，蓋嘗憮然。爰命有司，卜地涓日，奉遷梓宮，於十月初八日備禮，葬於思陵，庶幾有以慰在天之靈也。大定二十八年十一月日。”熙宗即亶也。案此制紀不載，故補注之。

　　贊　馴致其道　“道”，北作“禍”。

卷五

海陵紀

年十八　“八”當作“九”。

拜尚書右丞　“右”當作“左”。熙紀

拜平章政事　此下當加“封岐王”。案世宗紀，大定二十年，上曰：“岐國用人。”禮志，十九年詔：“岐國王亮。”海陵后傳：“初封岐國妃。”合喜傳詔曰：“岐國失道。”張仲軻傳：“封岐國王。”

　　十一月拜右丞相　熙紀：十一月辛丑，爲左丞相，十二月乙卯，爲右丞相。

天德元年己巳,宋紹興十九年。　　會編:皇統九年十二月二十日,登位,改元,敕。尚書省牒刑部門下:"朕惟太祖武元皇帝,神武應期,奄有四海。以公存心,天下大器,授于太宗。文烈厭代,不忘先遜,憑王宣命①,屬之前君,以繼洪業,十有五年。而昏虐失道,人不堪命,宗族大臣,叶心救之,久而弗悛,遂仰奉九廟之靈,已從廢黜,亦既殂殞。宗族大臣,咸以太祖經營締構,所由垂統,推戴眇躬,嗣臨天下。朕以宗社之重,義不獲已。爰受命之初②,兢兢若淵冰,未知攸濟,尚賴股肱三事,文武百寮,同心輔翼,以底於治。宜布惟新之令,以宏在宥之恩。可從皇統九年十二月十一日改爲天德元年。於戲!嗣守丕基,休於宗祐,永綏縣宇,尚軫黎元,咨爾多方,體予至意。"案紀不載,故補。

爲尚書左丞　　此下當加"戶部尚書張浩爲參知政事"。本傳

追謚皇考　　集禮:二年正月,興聖宮行禮,以太師勗充奉冊寶大禮使。

二年庚午,宋二十年。　　正月辛巳　　此下當加"以名諱告諭宋、高麗、夏國"。表

癸巳尊嫡母徒單氏及母大氏皆爲皇太后　　集禮,直學士劉長言撰冊文,禮部員外郎王競篆寶。案癸巳乃正月十五日,集禮作"二十五日",誤。

群臣上尊號曰法天膺運睿武宣文大明聖孝皇帝　　"睿武

---

① "王"原作"几",今據三朝北盟會編卷二一六改。
② "爰"下原衍"於"字,今據三朝北盟會編卷二一六刪。

宣文”當作“睿文宣武”。集禮

三月丙戌宋高麗遣使賀即位　十二字當削。案宋高紀，是年三月丙戌，始遣賀即位使。紀文不合亦書是日。斷係史官率錄宋史，以致訛及宋交聘表，并訛及高麗交聘表。

周本國王　“本”，已作“宋”，與元本合。

六月丙午朔高麗遣使賀即位　“高”上當加“宋”。見上。

參知政事張浩丁憂起復如故　案金國聞見錄云：“凡丁家難者，不以文武高下，未滿百日皆差①。”海陵貞元元年十月，命父母喪，聽假三日，著令。章宗泰和五年，制司屬丞凡遭父母喪，止給卒哭假，爲永制。此紀下文三年蕭玉，正隆元年僕散師恭，三年李通，同假三日。世宗紀，大定六年石琚，四十五日，紇石烈良弼起復如故。章紀，承安元年夾谷衡，二十日，六年僕散端，七十六日。大抵朝廷要職，紀載如此。至隨朝幕職州縣官，皆聽其解官行服，傳載不等，略與宋同。

以禮部尚書蕭裕爲參知政事　“裕”，元作“玉”，與本傳合。

九月甲午立惠妃徒單氏爲皇后　集禮：九月二十一日甲午，詔立后，令有司擇日備禮施行。侍讀劉長言撰冊文，禮部員外郎王競篆寶。至十月九日，始行冊禮。案紀及后傳但據下詔月日，故與禮志受冊月日不同。

尚書左丞相劉筈罷　“左”，元作“右”，是。

乙丑命庶官　“乙”，元作“己”，是。

---

① “百”字原脱，今據鄱陽集卷四跋金國文具錄劄子補。

詔去群臣所上尊號　案<u>交聘表</u>,三年九月,<u>夏</u>使請不去尊號。<u>紀</u>略。

三年<u>辛未</u>,<u>宋</u>二十一年。　爲<u>宋</u>生日使　"宋"上當加"賀"。

上命徒單貞至矾里罕妻宮中　"矾",北作"矾","罕",已作"等"。六十四字,當改作"上納<u>宗本</u>子<u>莎魯啜</u>妻等於宮中。"案文與<u>諸嬖傳</u>複。

杖壽寧縣主徐輂　<u>諸嬖傳</u>作"什古"。

四年<u>壬申</u>,<u>宋</u>二十二年。　二月丁卯立子<u>光英</u>爲皇太子　<u>集禮</u>:二月二日,受册。命學士<u>劉長言</u>撰册文,直學士<u>施宜生</u>書篆册寶,平章<u>徒單恭</u>告天地,平章<u>蕭裕</u>告宗廟,左丞相<u>思忠</u>攝太尉,右丞相<u>大臬</u>攝司徒,充册使副,<u>蕭裕</u>攝侍中,奉寶、讀寶。參政<u>蕭玉</u>攝中書令,奉册、讀册。

迪輂阿不者<u>蕭拱</u>也　八字當削。

恭之兄定哥至而并罷恭　四十五字當削。案文與<u>徒單恭</u>傳複。

<u>貞元</u>元年<u>癸酉</u>,<u>宋</u>二十三年。　二月庚申　此下當加"朔"。

僕散師恭　"師",已作"思"。

西京兵馬　此下當加"都監"。

持环校　當作"持杯珓"。

十二月　此下當加"乙卯朔"。案<u>天文志</u>,乙卯不云"朔",今推得。

太白經天　案<u>紀</u>在閏月癸巳日下,<u>天文志</u>作"乙酉"。

<u>蕭懷忠</u>　"懷忠"當作"好胡"。

二年<u>甲戌</u>,<u>宋</u>二十四年。　<u>張暉</u>　本傳作"<u>赤盞暉</u>"。

蕭好胡　此下當加"賜名懷忠"。

丙戌幸大興府　此下當加"四月"。案上文二月甲申朔，則丙戌不得繫三月下。

遣薦含桃于衍慶宮　此下當加"辛卯，以工部尚書耶律安禮等爲賀宋生日使"。案此據交聘表。至安禮傳云"冬，爲歲元使"，非也。考胡礪傳即得。

蕭頤　"頤"，北作"頤"。案頤，天德二年使宋。見交聘表①。即作西湖行記者。

十一月戊辰上命諸從姊妹至裸逐爲戲是月初置惠民局高麗遣使謝賜生日　四十九字，當改作"十一月戊辰，高麗遣使謝賜生日。是月，初置惠民局。"案交聘表，高麗謝賜在戊辰日，此紀戊辰謝賜，本自連接爲海陵記注原文，無緣中間闌入他事②，且卧内裸逐，可限以日乎？此必大定史臣迎合竄入者，更雜置惠民局一事以彌縫之，而痕迹益露。又興定末，賈益謙有言："自海陵被弑，世宗大定二十餘年，禁近能暴海陵蟄惡者，輒得美仕，故當時史官修實錄多所附會。"在海陵固爲下流之歸，而鄭子聃輩不得辭其責矣。

三年乙亥，宋二十五年。　蕭頤　"頤"，北作"頤"。

以左司郎中李通爲賀宋生日使　"通"下當加"等"。

僕散師恭　"師"，北作"思"。

① "見交聘表"，今檢金史卷六〇交聘表上天德二年（1150）未載遣使賀宋正旦事，亦無蕭頤。按宋史卷三〇高宗紀七紹興二十年（1150）十二月己巳有云："金遣蕭頤等來賀明年。"

② "闌"原作"濫"，今據金源劄記卷上海陵紀改。

　　册諡永寧皇太后曰慈憲皇后　　集禮，十月，侍講學士胡礪撰諡議，翰林學士施宜生撰諡册文，禮部侍郎王競篆寶。

　　木冰　"木"上當加"雨"。志。"木"①，北作"薦"，非。

　　正隆元年丙子，宋二十六年。　　群臣奉上尊號曰聖文神武皇帝　　集禮：貞元三年十一月，太師思忠等上表，奉上"奉天崇運至孝大明淵謀睿斷聖文神武"之號，蒙諭，從上省去十二字，餘從所請。

　　庚辰御宣華門觀迎佛　　法苑珠林出胎部引瑞應經云②："太子四月八日夜明星出時生。"又佛所行讚云："於三月八日菩薩從右脇生。"過去現在因果經："二月八日，夫人往毗藍尼園，見無憂華，舉右手摘，從右脇出。"今謂世代既遙，譯人前後，直就經文，難可論辨。考求外典，如似可見。春秋云："魯莊公七年，即周莊王十年，四月辛亥，恒星不見，星隕如雨。"檢內外典，以四月爲正也。案此庚辰乃二月八日，周正之四月，即今之二月。故遼志云："二月八日爲悉達太子生辰。"③金承遼俗，亦以二月八日觀迎佛。即于是年十一月癸巳，禁

<hr>

①　"木"原作"本"，今改正。

②　"出胎部"原作"降胎部"，今據法苑珠林卷九出胎部校量部第八引文改。卷八降胎部引因果經亦有此説而文不同。

③　此條史料不足據。按遼史卷五三禮志六歲時雜儀，正旦條至臘辰日條皆取自契丹國志卷二七歲時雜記。又契丹國志歲時雜記抄撮武珪燕北雜記而成，兩書皆謂佛誕日四月八日。又考應曆十五年(965)重修范陽白帶山雲居寺碑云："風俗以四月八日，共慶佛生。"及壽昌四年(1098)易州興國寺太子誕聖邑碑、咸雍八年(1072)特建佛頂尊勝陀羅尼幢亦稱四月初八慶佛生。知四月八日爲遼朝佛誕日無疑。今檢元史卷二七英宗紀一延祐七年(1320)十二月己巳、卷二〇二釋老傳及輯本析津志歲紀門等書，大都城於每歲二月八日迎佛，踵金源故俗耳。故疑元朝史官編修遼史禮志時據本朝風俗將契丹國志"四月八日"臆改作"二月八日"。

之。至章宗承安四年二月庚午復行此事。紀載止此。而契丹國志仍書四月八日,松漠紀聞載生日佳辰,亦云四月八日。此殆承宋俗故也。又珠林納妃部引因果經云:"太子年大,父王敕下餘國,却後二月八日灌太子頂,皆可來集。"又出家部引因果經云:"爾時太子心自念:我年已至十九。今是二月,便是七日①。思求出家,今正是時。"然紀文止云"觀迎佛"耳,與遼志生辰義別,其爲出胎②、納妃、出家皆無不可。

　　庚寅　案甲辰後、已巳前,安得有庚寅,必有訛。

　　二年丁丑,宋二十七年。　追降景宣皇帝爲遼王　世紀補作豐王③。

　　温敦斡喝　"斡",北作"幹",非。已改正。

　　初禱銅錢　"禱",元、北並作"鑄",是。

　　十二月辛未　"二"當作"一"。案下文又有十二月。

　　高助不古等　案史中如太祖紀大藥師奴,世宗紀盧萬家奴、李蒲速越,五行志高朵剌,兵志張那也,宇文虛中傳杜天佛留,高彪傳召和失④,高楨傳馮僧家奴,李石傳雛訛只,完顏福壽傳張謀魯瓦等,皆以漢姓而用本名者。趙氏陔餘叢考,内地人

----

① "便"原作"復",今據法苑珠林卷一一出家部離俗部第二引文改。

② "出胎"原作"降胎",今改正。

③ 按大金集禮卷四追加謚號下雜録云:大定二十年(1180)三月,有司奏請:"景宣皇帝於閔宗時追謚,正隆二年四月,海陵庶人批劄'贈太師、追封遼王'。"與此正合。且金史卷四熙宗紀天會十三年(1135)九月壬申已稱"皇考豐王",則此時實降封爲遼王。卷一九世紀補景宣皇帝有云:"海陵弑立,降熙宗爲東昏王,降帝爲豐王。"蓋即天德二年(1150)二月事。

④ "失"原作"式",今據金史卷八一高彪傳改。按金史卷五海陵紀正隆三年(1158)十二月乙卯稱作高召和式。

作蒙古名，亦此例。

三年戊寅，宋二十八年。子矧思阿不死　“子”上當加“皇”。“死”當作“薨”。

户部尚書李通　“户”當作“吏”。本傳

遷中都屯軍一猛安於南京　“一”當作“八”。案曹望之傳：“詔賈牛萬頭給按出虎八猛安徙居南京者。”移剌愿、阿魯罕傳同。

四年己卯，宋二十九年。　雖親老丁多　“多”當作“單”。

爲賀宋生日使　案宋高紀，是年閏六月。自上文三月丙辰朔，順數至次年正月庚辰朔，得三百二十五日，中必有閏。

祈宰　“祈”當作“祁”。

五年庚辰，宋三十年。　宿州防禦使耶律翼　此上當加“翰林學士施宜生使宋，泄機事，烹死”。本傳

見田間穫者　“穫”，北作“獲”，非。

步軍都指揮使　“都”下當加“副”。

六年辛巳，宋三十一年。　癸丑命參知政事李通　“丑”，元作“巳”，是。案命通諭宋使語，又見通本傳。

習泥　此下當加“烈”。尭傳

僕散師恭　“師”，北作“思”。

白彦恭　“彦恭”即“彦敬”。

完顔瞉亨　“亨”已作“英”。

殺右將軍蕭禿剌　“右”下當加“衛”。

徒單合嘉　“嘉”已作“喜”，與元本合。

敗宋兵於蔚子橋　　"蔚"，阿鄰傳作"渭"①。

猛安韓棠　　"棠"當作"常"。

宋人攻秦州臘家城德順州克之　　"克"當作"陷"。表

完顏元宜等　　"完顏"當作"移剌"。傳

使小底妻室　　"妻"，元作"娶"，是。

乃詔降爲海陵庶人　　案世宗紀在大定二十一年正月，此紀略。

卷六

世宗紀上

諱雍　　此下當加"初諱褎，更"。集禮，大定九年正月，省奏："檢討到唐會要該②：古不諱嫌名，若'禹'與'雨'是也。後世廣避，故諱同音，別無迴避相類字典故。今御名同音已經頒降迴避，外有不係同音相類字，蓋是誤犯，只合省諭，各從正音。餘救切二十八字，係正字同音，合迴避。尤救切十六字，不係同音，不合迴避，敕旨准奏。"案此名迴避字不概見，特不可因十四年三月更令後竟削初名。

――――――――

① 金史分別作蔚子橋、渭子橋，皆誤。據建炎以來繫年要録卷一九三紹興三十一年（1161）十月丙辰云："左武大夫、建康府駐劄御前破敵軍統制姚興與金人戰于尉子橋，死之。先是王權既屯昭關，將士猶有欲戰之心，權引兵先遁，金以鐵騎逌及尉子橋，興以所部三千人力戰。"三朝北盟會編卷二三五引野叟續録云：紹興三十年十月，"統領姚興與金人戰于尉子橋，歿于陣"。景定建康志卷一四建康表十、及卷四四祠祀志引省劄皆作尉子橋。

② "該"原作"云"，今據大金集禮卷二三御名改。

天輔七年癸卯歲生於上京　　“歲”下當加“三月一日”。
張棣正隆事迹云：“裦乃太祖第三子，潞王宗輔之子，亮之從
弟。名裦，字彥舉，乙巳三月一日寅時生，小字忽辣馬，即位
後改名雍。”案事迹作乙巳生，則在太宗天會三年矣，非也。
考習不失傳得之。

　　自長安率兵　　“長”當作“常”。案常安，見上文，即地志
東京瀋州挹婁縣。諸嬖傳葛温官常安令，即此。

　　改元大定辛巳，宋紹興三十一年。　　下詔暴揚海陵罪惡數十
事　　神麓記：“亮初刷國中女真、五國、烏熱、鐵黎、勃海、契
丹、漢兒軍，自備衣甲、鞍馬、弓箭、刀槍、軍需、餱糧、車牛、奴
婢遠來，沿邊道途艱辛，不肯前行，皆共謀曰：‘皇帝無道，遠
犯南朝，未知勝負，難以歸國，我等豈能就作失家之鬼乎。不
若從此就近，徑往東京，與勃海酋豪，册立留守葛王爲主。’衆
云：‘亦是太祖武元之孫，有何不可。’於是歲十月間，入東京
留守府，求見大王，纔出廳事①，盡呼萬歲。既即位②，乃下詔
曰：‘前皇帝乃太祖嫡孫，受文烈遺命，嗣膺神器，十有五年，
內撫外寧，近安遠至，雖晚年刑戮過甚，而罪不及民。前岐國
王亮位叼宰相，不思盡忠匡救，敢行篡弑。自僭竊以來，昏虐
滋甚，是用列其無道，昭示多方。一，前來皇叔元帥曹國王③，
自先朝以親賢當任，止因篡位之初，自懷恐懼，無故殺害。
一，前來太宗受太祖遺命，不忘至公，傳位前君，諸子並當職

①　“廳事”，三朝北盟會編卷二三三引神麓記無“事”字。
②　“既即位”，三朝北盟會編卷二三三引神麓記前有“册”字。
③　“來”字原脱，今據三朝北盟會編卷二三三引神麓記補。

任,止因篡位懷懼,將太宗子太保、國王阿魯、中京留守胡里
不、留守阿里剌、判宗正胡里加①、滕王胡沙②、霍王胡束、郇王
神徒馬、蔡王烏也八人子嗣等七十餘口,並以無罪,盡行殺
戮。一,開國功臣晉國王孫、領行省楚國王阿辛,止因篡位疑
懼,將阿辛兄弟子嗣三十餘口,及駙馬丞相斡古剌並宗室海
州刺史等五十餘口③,並以無罪殺戮。一,左副元帥、國王撒
海累建功勳,止因篡位之初,自懷疑懼,計構遙設以白礬書,
假令宮外拾得,令其誣告,并其子御史大夫沙只并子孫三十
餘口,及太祖親弟遼越國王男平章孛急弟兄子姪一百餘口④,
兵部尚書毛里弟兄子嗣二十餘口,太皇太妃并子任王喂何⑤,
並以無罪殺戮。一,太祖長女公主兀魯哥係曹國王親姨⑥,因
篡位無故殺害。一,故西京留守蒲馬甲爲是至親⑦,自懷疑
懼,無故殺害。一,開國功臣皇叔太師長子韓王,臨民清正,
忌其聲譽,令家人誣告,勘問不承,故意殺害。一,應係開國
功臣,祖宗時已經封贈王爵,無故盡行追奪。一,會寧府係興
王之地,所建宮殿,無故折毀。一,中都大內營造,殫竭民力,
又復折毀南京大內,再行修蓋,窮奢極侈,土木之功,前所未

---

① “判”字原脫,“加”原作“嘉”,今據三朝北盟會編卷二三三引神麓記補改。
② “滕王”,三朝北盟會編卷二三三引神麓記作“宰相”。
③ “並”字原脫,今據三朝北盟會編卷二三三引神麓記補。
④ “孛急”原作“孛古”,今據三朝北盟會編卷二三三引神麓記改。
⑤ “太皇”原作“太王”,今據三朝北盟會編卷二三三引神麓記改。“喂何”原作“喂阿”,
　　按金史卷五海陵紀天德二年(1150)十月辛未曰:“殺太皇太妃蕭氏及其子任王偎
　　喝。”“偎喝”與“喂何”同名異譯,今據改。
⑥ “姨”原作“姊”,今據三朝北盟會編卷二三三引神麓記改。
⑦ “至親”,三朝北盟會編卷二三三引神麓記作“親弟”。

有。一，因伊小兒病死，却將乳母并二醫人盡行誅戮。一，宋國講和之後，臣禮不闕，頓違信誓，欲行吞并。醫人陳諫，更不循省，便行誅戮。一，皇叔曹王殺後，嬸母國妃納於宮中，及姊妹姑姪等并應命婦有容色者，恣行烝淫。一，亡遼豫王子嗣三十餘口，天水郡王子嗣一百餘口，並以無罪，橫遭殺戮。一，嫡母太后曾言不可南征，手自賊殺，其大逆無道，古今未聞。一，德宗嫡孫節度使母妻子弟，并太師梁王兒孫婦①，曹王次夫人并子，及韓國夫人并兒孫婦等，並以無罪，盡行誅戮。一，樞密使、北京、西京留守因北征回，並加族誅，宰相亦被鞭撻。其餘過惡，不可備舉。前錄數條，稔於聞見，遂致天怒人怨，衆叛親離。朕方留守東京，遵養時晦，四方豪傑，將士吏民，咸懷怨苦，無所控告。自遠而至者，數十萬衆。日來赴愬，再三敦請，不謀同辭，咸以太祖皇帝嗣孫止予一人，歷數有歸，不期而會。朕推誠固讓，至於再三，請者益堅，辭不獲已，俯徇群情，勉登大寶。臨御之始，如履春冰。宜推肆眚之恩，以布維新之令，大赦天下，改正隆六年爲大定元年。十月八日昧爽以前，除殺祖父母、父母不赦外，罪無輕重，已結正、未結正、已發覺、未發覺，咸赦除之，内外大小職官，並與覃恩，仍委尚書省條奏施行。”

　　詔遣移剌札八　宋孝紀：紹興三十二年十月甲申，“契丹招討蕭鷗巴來奔”。即此人。

　　使後家奴等　“後”當作“石”。案阿璹傳、璋傳並作

––––––––––

① “梁王”原作“國王”，今據三朝北盟會編卷二三三引神麓記改。

“石”，元本誤“石”爲“后”，明人復改“后”爲“後”。

追尊皇考幽王爲皇帝　　案世紀補，封潞、冀、許三王，不封幽。

群臣上尊號曰仁明聖孝皇帝①　　集禮：上尊號十二字，止受四字。

李柔立死之　　此下當加“窩斡攻臨潢，尹温迪罕移室懣被執，死之”。本傳

十二月　　此下當加“甲辰，次海濱縣”。神土懣傳

二年壬午，宋三十二年。　　振賜山東百姓粟帛　　“東”下當加“臨潢”。蘇保衡傳

前户部尚書梁球　　族帳部曲録：“廣寧府人，石琚榜及第，亮時爲户部尚書。葛王立，復爲户部，極有才。”案球，亦作録。紀、傳錯見，未知孰是。

壬子以太保左領軍大都督奔睹爲都元帥　　案紀失書入見日。

詔降蕭玉敬嗣暉許霖等官　　“霖”下當加“高懷貞”。本傳

平章政事移剌元宜　　“移剌”當作“完顔”。傳

温敦尢突剌等與窩斡戰敗于勝州　　“勝”上當加“東”。案東勝州，地近西夏，突剌此兵以防契丹兵西突耳，與思敬屯駐同，故窩斡傳不載②。

---

① “仁明聖孝皇帝”當誤。按大金集禮卷二帝號下大定七年册禮云：“大定元年十月日，上即位東京，大赦改元，十一月十六日，有司奉表備禮，上尊號聖明仁孝皇帝。”金史卷八七僕散忠義傳載大定五年（1165）正月與宋國書曰：“姪宋皇帝睿，謹再拜致書于叔大金聖明仁孝皇帝闕下。”據此，尊號作聖明仁孝皇帝。

② 此“勝州”即遼東京舊地（今懷德鎮東北），非西京路東勝州。參余蔚中國行政區劃通史遼金卷，復旦大學出版社，2012 年，第 201—202 頁。

以右丞相晏　　"右"當作"左"。

紇石烈志寧爲元帥左監軍　　"左"，元、北並作"右"，是。

右副元帥庚寅　　當作"庚寅，右副元帥"。

契丹老和尚降　　案窩斡傳有兩老和尚，此爲<u>五院部人</u><u>那也</u>①。

元帥右都監徒單合喜　　"右"，<u>元</u>作"左"。

元帥右監軍徒單合喜等　　"右"，<u>元</u>作"左"。

十二月　　此下當加"辛未，以吏部郎中<u>完顏達吉不</u>體究<u>陝西利害</u>"②。<u>交聘表</u>、<u>西夏傳</u>

廉察宣諭東京北京等路　　此下當加"詔頒新定官制"。<u>北使録</u>③，<u>大定</u>二年十二月詔書，略云："建官咸則於<u>三代</u>，分職仍總以六卿。宣化邇遐，服采内外。卑高以敘，名位有倫。舊或舛差④，理宜增換。冗散者并其任，繁劇者益其聯。悉命

---

① 降<u>金</u>之<u>老和尚</u>似非<u>五院部人那也</u>。按<u>三朝北盟會編</u>卷二三三引<u>神麓記</u>載<u>世宗</u>即位詔云："<u>契丹老和尚</u>等，昨因簽差南征，遂致叛反。敕書到日，并許徑至附近官司投首，並許原免，依舊復業。"<u>金史</u>卷九一<u>溫迪罕移室懣傳</u>：<u>世宗</u>即位，賜手詔曰："兩次遣人招誘討都監<u>老和尚</u>，去人不知彼之所在，久而不還。兼<u>老和尚</u>不知朕已即位，卿可使人諭以朕意。如來降，悉令復舊，邊關之事，可設耳目。"兩書相合，知此<u>老和尚</u>因<u>海陵</u>簽差南征而叛<u>金</u>，爲<u>世宗</u>招撫對象。據<u>金史</u>卷一三三<u>窩斡傳</u>云："<u>正隆</u>五年，<u>海陵</u>徵諸道兵伐宋，使牌印燥合、<u>楊葛</u>盡徵<u>西北路契丹</u>丁壯。……議立<u>豫王延禧</u>子孫，衆推都監<u>老和尚</u>爲招討使，<u>山後</u>四群牧、<u>山前</u>諸群牧皆應之。"<u>老和尚</u>係<u>豫王延禧</u>後嗣，頗有聲望，且官居<u>西北路</u>招討都監，恰與<u>神麓記</u>及<u>溫迪罕移室懣傳</u>所及者身份相合，蓋即<u>大定</u>二年(1162)八月丁亥歸降者。

② "<u>完顏達吉不</u>"，此據<u>金史</u>卷一三四<u>西夏傳</u>"仍遣吏部郎中<u>完顏達吉不</u>體究<u>陝西利害</u>"云云。按<u>金史</u>卷六一<u>交聘表</u>中<u>大定</u>三年<u>西夏</u>欄作"<u>完顏達吉</u>"，卷一三三<u>窩斡傳</u>作"吏部郎中<u>完顏達吉</u>"，其名當無"不"字。

③ 即<u>三朝北盟會編</u>卷二四五引<u>范成大攬轡録</u>。

④ "<u>舊或舛差</u>"原作"舊式參差"，今據<u>三朝北盟會編</u>卷二四五引<u>攬轡録</u>改。

司存，革從允當。其新定官制，令尚書省鏤板施行"。又當加
"是歲，復遼王爲景宣皇帝"。集禮

三年癸未，宋孝宗隆興元年。　庚寅高麗夏遣使來賀萬春節
案庚寅乃二月二十九日，此兩國使臣到闕日也。其實賀節
在三月壬辰朔，下五年、六年同。

魏子平等九人　"九"當作"七"。案曹望之傳，魏子平、
李滁、李愿、移剌道、完顏兀古出、夾谷阿里補及望之，止七人。

以太子詹事完顏守道　此下當加"拜參知政事兼太子少
保"。本傳

河南路都統奚撻不也叛入于宋　即宋賜名蕭琦者。考
異云。

宋人攻破宿州　清波雜志云："隆興改元夏，符離之役，
王師入城，點視府庫，金有一千二百兩，銀二萬兩，絹一萬二
千匹，錢二萬五千貫，米豆共六萬餘石，布袋十七萬條。見符
離記。"即此。

六月庚申朔日有食之　集禮：大定三年六月一日，日食，
尚書省奏請依舊典故，太陽虧蝕，有司預奏，皇帝不視事，百
官各守本司，不治務，過時乃罷。自後以爲常式。

爲襲封衍聖公　此下當加"甲寅，詔市馬夏國"。表

癸巳　此下當加"九月"。案據交聘表文。又下文丁酉
爲重九日，知九月己丑朔，癸巳乃五日。

九月丁酉　"九月"當削。

十月　此下當加"壬戌，增上睿宗尊謐"。集禮

十二月丁丑臘　集禮：三年十二月二十一日，臘享，命平

章事元宜攝太尉，參政石琚攝司徒。

以爲尚書右丞　此下當加"是歲，山東、河南、陝西始徵軍須免役錢"。食志。又當加"都元帥、太保昂薨"。本傳。

四年甲申，宋二年。　罷路府州元日及萬春節貢獻　集禮，敕旨："隨處府州軍供納正旦生辰禮物，并運司每貢正旦生辰禮物綾羅三千三十段，今後並行免進。"

宋之失信　"之"，北作"人"，非。

二月丁巳　此下當加"朔"。

十月癸亥朔　"亥"已作"丑"。

張弘信等二十四人①　案食志云"十三人"，乃專數正使，紀則兼副言也。

五年乙酉，宋乾道元年。　正月辛亥朔　"亥"，北作"卯"，非。

三月戊申萬春節　"三月"當削。案此亦賀使到闕日也。上文正月辛亥朔，則戊申尚屬二月。

壬申群臣奉上尊號曰應天興祚仁德聖孝皇帝　此上當加"三月"。集禮：大定五年正月，表上"應天興祚仁文義武聖明至孝"。至三月，始改"應天興祚仁德聖孝至明"，詔去"至明"二字。七年正月，始行受册禮。

十二月己丑　此下當加"臘"。

高麗遣使賀尊號　此下當加"甲辰"。案紀例，高麗、西夏賀貢謝別使，即隨正旦、生辰使同至，每先一二日入見。

六年丙戌，宋二年。　三月壬寅　"三月"當削。案表，三月

---

① "弘"原諱作"宏"，今改。

甲辰朔,則壬寅尚屬二月,乃使人到闕之日也。

甲寅　此上當加"三月"。

次涼陘　揚伯雄傳:"涼陘,徼巡果有疏虞。"即此。

七年丁亥,宋三年。　受尊號册寶禮　集禮:六年十月九日,翰林直學士張景仁撰册文,禮部侍郎劉仲淵書篆册寶。七年正月八日,遣皇子大興尹許王告天地,判宗正英王文告太廟,右丞相良弼奉册禮。

越王永中進封許王　當作"許王永中進封越王"。本傳

監修國史　"史",北作"使",非。

十一月乙丑朔　玉海:"乾道二年夏,日官以紀元曆推得丁亥歲十一月朔值甲子,有裴伯壽者言統元曆推是朔當進作乙丑,於是改而正之。"案此朔爲大明曆不用紀元之始。

八年戊子,宋四年。　行皇太子册禮　此下當加"改賜名允恭"。本傳。集禮:翰林侍講張景仁撰册文,禮部侍郎劉仲淵篆寶。太子坐金麒麟、金浮圖交椅,金鍍銀栲栳圈靠背。

己巳以引進使高希甫爲夏國生日使① 　"己巳",表作"丁卯"。

上嘗命左衛將軍大磐至出磐爲隴州防禦使　六十三字,當改作"出左衛將軍大磐爲隴州防禦使"。案文複見大磐傳。

及命圖畫功臣於太祖廟　"及"當作"又"。

九年己丑,宋五年　詔改葬漢二燕王於城東　中州一卷,蔡珪有辨,是也。

———

① "夏"原作"下",今改正。

移剌道廉問山東河南　此下當加"河北"。案本傳有"景州刺史、濬州司候、真定縣令等皆屬河北路"。

提點司天臺馬貴中爲高麗生日使　此上當加"丙辰"。表

有攬中官物　"中官"當作"官中"。

辛丑獵于近郊　"丑"下當加"臘"。

十年庚寅，宋六年。　閏月庚辰　"庚辰"當作"乙未"。表

爲賀宋生日使　此下當加"丙戌，宋遣使來祈請，詔不許"。表

與盜官中物論同　"論同"，北作"同論"，是。

十一年辛卯，宋七年。　以天水郡公旅櫬依一品禮葬於鞏洛之原　宋史趙雄傳：七年，雄至金，金世宗謂曰："汝國捨靖康帝靈柩，而請鞏洛山陵，何也？如不欲靖康帝之柩，我當爲汝國葬之。"是也。

高麗國睍　此上當加"丁卯"。表。"睍"，元作"晛"，是。

徒單合嘉虁　"嘉"當作"喜"。

己巳以尚書刑部侍郎　案下文夏生日使，表云"丁卯"，此在丁卯前，則非己巳也，當爲"丁巳"或"己未"之訛。

近侍局使　此上當加"丁卯"。表

癸巳群臣奉上尊號曰應天興祚欽文廣武仁德聖孝皇帝　集禮：十月五日，太尉李石表請南郊議上尊號，不允。十一月二十一日，復請之，學士張景仁撰册文，待制王彥潛篆寶。

以習爲政　此下當加"丁卯，高麗表求封册"。表

卷七

世宗紀中

十二年壬辰,宋八年。　河北河東山西陝西　"山西",元作
"山東",是。

官長不法　"官長"當作"長官"。

遣使來賀　此下當加"夏使賀尊號"。表

以陝西統軍使璋　"使",北作"奴",非。

癸丑獵于近郊　"丑"下當加"臘"。

十三年癸巳,宋九年。　三月癸巳朔萬春節　集禮:"閏正
月十三日,奏請自來萬春節,止斷屠宰一日。今檢到宋會要,
承天節禁屠七日,乾元節三日。今請萬春節禁斷三日。從
之。"案上文六年四月詔月朔禁屠宰。十二月詔每月朔望、上
七日毋奏刑名。八年十月,命山陵以朔望致祭,朔則用素,望
則用肉。而此禁屠三日不書者,紀略也。

六月　案禮志,六月二十三日,奉安昭德后廟主。紀略。

以宿直將軍胡什賫爲夏國生日使　"胡什賫",表作"崇
肅",乃涉十四年文誣。紀、表二十一年八月,胡什賫賀宋生
日。宋孝紀作完顏寰。或疑胡什賫即崇肅,一人二名,非也。
此人不見于宗室表,與宗固子同名,乃別一人。

十一月　此下當加"甲午"。表

十四年甲午,宋淳熙元年。　甲辰上更名雍　集禮:三月四
日,禮部尚書張景仁進入更名典故。五日,宰臣奉敕旨檢擬

字樣。十一日，奏定“於容切”字，命學士撰詔。制曰：“天子
之名，貴難知而易避。人君之德，當寬御以簡臨，以其字有於
協音，是使語涉於觸諱。若因循而不改，則過誤以誰無。朕
甚憫焉，期無犯者。今更名，仍令所司擇日告天地、宗廟、社
稷、五嶽。其舊名更不須迴避，布告中外，咸使聞知。”

　　戊子以樞密副使　　“子”當作“寅”。

　　甚如有疾　　“甚”，元作“其”。

　　十五年_{乙未,宋二年。}　　正月_{此下闕七月}　案紀文自正月至
六月並闕。今據志、表、傳等文考補十三則於後。

　　甲申朔　　宋史曆志，乾道九年，局官言：乾道十年頒曆，
十二月已定作小盡，十一年正月一日注“癸未朔，畢是月”。
崇天、統元二曆算得甲申朔，紀元、乾道二曆算得癸未朔，今
乾道曆正朔小餘，約得不及進限四十二分，是爲疑朔。更考
日月之行，以定月朔大小，推之，當是甲申朔。今曆官弗加精
究，直以癸未朔注正月，竊恐差誤①，請再推步。於是俾皇甫
繼宗監視，皆以是年正月朔當用甲申。十年十二月合作大
盡，請依太史局詳定之。案宋乾道十一年即改元，淳熙二年
爲世宗是年乙未歲，紀上七年十一月乙丑朔，金人已不用紀
元法，況於十三、十四兩年日食加時先天之後乎，則此朔與宋
同無疑。

　　宋夏遣使來賀　　案交聘表，宋使蔡洸、趙益，夏使李嗣
卿、白慶嗣。至於高麗，是年王皓被趙位寵之亂，所遣生日回

---

① “竊”原作“切”，今據宋史卷八二律曆志十五改。

謝、橫賜回謝、賀正旦、進奉萬春節等使，皆阻不通，故不書。

詔五品職事官謝見皇太子　案顯宗紀，當在正月。

上如安州春水　案趙興祥傳，安州春水召赴萬春節。傳不言月，亦不知還都何日。

新宮成　案曹望之傳及下文"九月幸新宮"云云，知當成於是月，如再遲，或違農作矣。又此宮當爲城北離宮，初名太寧。十九年五月戊寅幸。二十年四月，火①。後更寧壽、壽安。二十一年四月壬申、二十三年四月壬戌、二十六年四月己未、二十八年三月甲寅、二十九年七月甲戌、明昌二年四月辛卯，並幸。至明昌二年四月庚子，改名萬寧宮者。地志云十九年建，訛。

三月壬午朔始朝日　禮志"朝日儀"：大定二年罷②。是年，言事者謂今正旦并萬春節，宜定拜日之禮，有司奉敕以月朔拜日，宜遵古制，殿前東向拜，詔姑從南向。案史例，雜儀不入紀，此已廢而復舉者，宜書重其始也。

萬春節宋夏遣使來賀　案宋孝紀，淳熙元年十二月壬戌，遣吳琚等賀金主生辰，夏必同。交聘表亦失載。

冊長白山神爲興國靈應王　案禮志，三月，奏定封冊儀物，遣使詣會寧府③。王寂拙軒集有送張子固奉命封冊長白山詩，即此。

四月丙寅月食敕有司今後每遇太陽太陰虧蝕並免朝參

---

① "火"原作"大"，今據金源劄記卷上世宗紀改。
② "二"原作"一"，今據金史卷二九禮志二改。按金源劄記卷上世宗紀作"二"。
③ "遣使詣會寧府"下原衍"行禮"二字，今檢金史卷三五禮志八云："十五年三月，奏定封冊儀物，冠九旒，服九章，玉圭，玉冊、函、香、幣、冊、祝。遣使副各一員，詣會寧府。行禮官散齋二日，致齋一日。"知"行禮"當從下文，今據刪。

案集禮,四月十五日敕旨。

戊辰大享於太廟　禮志,三月戊申,奉安武靈皇帝及悼皇后①。前期一日,奏告於太廟十一室。至四月十七日,夏享太廟,同時行禮。案紀上三年,奉安睿宗,行奏告禮。紀例不書,止書十月大享,因仍之。

五月上如金蓮川　案烏古論元忠傳,今夏幸景明宮。紀下九月戊子,至自金蓮川。考金人上陘,率於五月,故書。

七月丙申高麗奏趙位寵亂路梗不通請由定州入許之案見交聘表。

以南京留守王蔚爲參知政事　案王蔚傳,拜參政,懇辭,不許。紀下十七年十一月罷,而傳止書年,不可以月。

武靈時　當作“海陵時”。

左丞相言　“言”當作“辯”。

言及可喜等　“言”當作“辯”。

皇姑梁國公主　“公”上當加“大長”。

十六年丙申,宋三年。　二月庚寅皇子濟王　“二月”當爲丁丑朔。莊嚴寺牒。“濟”當作“幽”。永成傳。

三月丙午朔日有食之是日萬春節改用明日　集禮,十五年四月十五日,敕旨今後每遇太陽太陰虧蝕,並免朝參。十六年三月,萬春節,職事官進到銀香合,奉敕旨四品以下官並免②,三品以上官依例交納。

---

① “奉”原作“奏”,今據廣雅書局叢書本及金史卷三三禮志六別廟改。

② “免”字原脫,今據大金集禮卷二三聖節補。

四月　此下當加"大享於太廟"。禮志

山東兩路蝗　當作"中都、河北、山東、陝西、河東、遼東等十路旱蝗"。案此據五行志文改訂，然下文十七年免租稅十路，有西京無中都。十八年再免，有河南無西京，皆不盡合。

十七年丁酉，宋四年。　三月辛丑朔宋高麗夏遣使來賀　"朔"下當加"萬春節"。"賀"下當加"以雨罷"。歸潛志：大定十七年三月朔，萬春節，諸國使人入見，而大雨作。大宗伯張公問郭子通曰："禮當何如？"子通曰："哀公問孔子曰：'諸侯朝于天子而不得見者有四，雨霑服失容一也。'"張公曰："此非使臣之事。"子通曰："彼國主之來，尚不得見。況其臣乎？"少頃，有敕放朝，士大夫服其知禮。案郭子通神道碑，李晏撰。

大雨河決　此下當加"白溝"。志

八月　當爲"戊辰朔"。三清觀鐵盆記

壬申以監察御史　此下脱人名。

朕甚惡之　"惡之"，元作"不取"，是。

付烏古里石壘部蓄收　"收"當作"牧"。

方許承襲　此下當加"己卯，祫享于太廟"。志

十八年戊戌，宋五年。　正月丙申朔　案是年，上拜日於仁政殿，始行東向禮。紀略。

壬戌如春水　案下文石城、玉田皆有行宮，時未立名，故不書地。

次管壯　"壯"當作"莊"。

爲橫賜高麗使　"高麗"當作"夏國"。案表下有謝使。

及烏古里石壘部轉户　案上文十七年正月，西北路契丹

民户其嘗叛亂者已行措置。_{此指濟州,見唐括安禮傳。}其不與叛亂及放良奴隸,可徙烏古里石壘部,令及春耕作。十月,以羊十萬付烏古里石壘部蓄牧,其滋息以予貧民,即此所賑之轉户也。十九年,賑西南部民,亦是。

　　十月庚寅朔　宋曆志,淳熙五年,"金遣使來朝賀會慶節,_{表,正使張九思,副使宗室崇蘆。}妄稱其國曆九月庚寅晦爲己丑晦,接伴使檢詳丘崈辨之,使者詞窮。"丘崈傳同。案太宗紀天會十三年正月丙午朔,宋作乙巳朔。昭德后傳,大定十九年十一月甲寅,宋作乙卯朔。此兩朔難詳也。世宗紀,大定七年十一月乙丑,此宋依金朔。十五年正月甲申,此金同宋朔。至太祖紀天輔元年十二月,遼考甲寅朔,宋作戊申,非。哀紀天興二年九月癸卯朔,宋作壬寅,是。此兩紀互有刊訛,皆與此不同。考是年,宋孝紀十月辛卯朔下仍書辛亥金使賀生辰。夫辛亥乃金朔之二十二日。校宋朔先一日自爲會慶正節①,_{宋辛卯朔,以壬子爲正節。}則金使仍不改金朔矣。宋史志、傳未免夸詞。又考能改齋漫録云:"神宗元豐元年戊午,閏正月,而遼國閏在十二月,議者以兩朝賀正爲疑。臺臣言正朔爲大,賀正爲小。兩閏不同,不過本朝之使先期賀正于彼,彼國之使後期賀正于此。料彼必不肯改以就此,則本朝亦豈得改而就彼乎。"據此則知,兩國使人各用本國閏朔,固舊例也。又考玉海云:"淳熙五年,推九月庚寅晦,北使來賀會慶節者,仍己丑晦也。"即此。

―――――――――

① "先"原作"光",今據金源劄記卷上世宗紀改。

近間趙承元何故再任　"間"，元作"問"，是。

除名而復用也　"復"，元作"後"，非。

十九年己亥,宋六年。　己酉以升祔閔宗　此上當加"戊申,有事于太廟"。世紀補、樂志

癸未還都　"都"，北作"郡"，非。

二十年庚子,宋七年。　詔有犯罪　"有"，元作"月"，非。

詔徙遥落河移馬河兩猛安　兵志在二十一年三月。

己亥河決衞州　案河志不言何月,下文有"秋霖暴漲",必不在冬季水涸之候。紀書於十二月,似訛。

辛丑獵于近郊　"丑"下當加"臘"。

卷八

世宗紀下

二十一年辛丑,宋八年。　貧不能耀者貸之　"貸"，北作"貨"，非。

鄭達卿　"達"，北作"大"，非。

三祖三宗　當作"二祖二宗"。志

杖一百　"一"，元作"二"。

爲夏國生日使　案紀自九月至十二月皆闕。天文志同。月食一條別見。今考補三條於後。

九月水災免中都路租　案此據食志補。

十一月以魏貞吉等爲賀宋正旦使　案此據宋孝紀補。

以□□□爲高麗生日使① 　案此依紀例補。

二十二年壬寅,宋九年。 　此下當加“正月壬申朔,宋、高麗、夏遣使來賀”。案紀闕正、二月事,今依紀例補。

放良人奴 　“人”,元作“之”,是。

右丞相致仕石琚薨 　“致仕石琚”當作“唐括安禮”。“薨”下當加“以平章政事烏古論元忠爲右丞相”。選志、本傳。又當加“以南京留守移剌道爲平章政事”。本傳。案紀例,宰相致仕不書薨。紇石烈良弼傳云:“致仕,還鄉,卒。”而紀仍書薨於十八年六月,例似不同,不知紀於良弼左相未經書罷,故用在任例“薨”。此文竟明言致仕,有是理乎? 審之,乃史官録本失去唐括安禮薨事,而見琚薨亦在是時,遂添入“致仕”二字,以填四字空格,而不知其非例也。考上文十八年八月以右相完顏守道爲左相,是良弼在任書薨之證。此年右相乃烏古論元忠以平章進補者,紀文脱耳。考下文二十三年之罷,即得此安禮在任書薨之證也。又元忠、道二條無月可考,故連綴於後。

子慎思 　此下當加“十六”。徒單貞傳

癸丑獵近郊 　“丑”下當加“臘”。“獵”下當加“于”。

二十三年癸卯,宋十年。 　以尚書右丞張汝弼攝太尉致祭于至聖文宣王廟 　集禮,省差直學士呂忠翰充亞獻,待制任個充終獻。又二十二年十二月十三日,奏立宣聖廟碑,亦見

---

① 據高麗史卷二〇明宗世家二明宗十二年壬寅(大定二十二年,1182)正月戊子云:“金遣耶律仲方來賀生辰。”知所闕之人係耶律仲方。

集禮。紀略。

辛丑更定奉使三國　此上當加"四月"。五行志

六十以上者　此上當加"詔致仕官年"。

不以任數多少　"以",北作"論"。

以同簽大宗正事　"正",北作"政",非。

婆盧大等　"大",元作"火",是。

自以不道　"不",元作"失"。

二十四年甲辰,宋十一年。　在城隨關　"關"當作"闕"。

不以文德感之安能復于古也　"之",元作"化"。"安",元作"不"。

二十五年乙巳,宋十二年。　正月乙酉朔　此下當加"上在上京"。案海紀,天德二年正月①,以遣還三國賀使,故不書朔。是年權停三國賀使,亦可不書朔。若書朔,不應無文,直接"丁亥"字。

移置于率督畔窟之地以實上京　"窟",元作"窑"。"京"下當加"丙寅,封混同江神爲興國應聖公"。集禮,十三日。

補一官　此下當加"癸酉,封護國林神爲護國嘉蔭侯"。集禮,二十日。

甚欲成醉　"成",北作"沈",非。

慷慨悲激　"激",北作"咽",非。

次天平山好水川　當作"次撒里乃地,改名曰天平山好水川"。志

---

① 按金史卷五海陵紀天德元年(1149)十二月乙亥云:"宋、高麗、夏賀正旦使中道遣還。"

人胸中明暗　　"人"，北作"其"，非。

不許用網及速撒海　　案"速撒海"，國語解物象失載，未詳。

以西夏小邦　　"夏"，北作"下"，非。

二十六年丙午，宋十三年。　　但令稍通古今　　"令"，北作"今"，非。

前一親軍　　"前"，北作"爾"，是。

幸永安宫　　"永"當作"壽"。

以客省使李磐　　黃圖雜志云："金明威將軍同知宣徽院事上輕車都尉隴西郡開國伯食邑七百户李磐神道碑，其文中順大夫、同知中都路轉運使、輕車都尉、廣陵郡開國伯、食邑七百户高德裔撰并書。磐字仲安，玉田人，墓在縣城東北。"案寰宇訪碑録，碑乃明昌三年立。又璋傳，磐即大興少尹李天吉子。族帳部曲録："李天吉，燕人，姿豐美，長髯。狀元胡勵榜及第，亮時知雍州①，復爲大興尹。葛王立，除刑部侍郎。"奉表如東京，賀世宗即位者。

北京轉運使以贓除名　　"使"下脱人名。

九月庚子　　"九月"當削。案下文重見九月。

參知政事馬惠迪曰至欲不使再窺邊境耳　　四十九字，當削。案文與馬惠迪傳複。

以刑部尚書　　"刑"，北作"邢"，非。

庚申立右丞相原王璟爲皇太孫　　集禮，十一月十七日制

---

① "知雍州"原作"□州"，今據三朝北盟會編卷二四五引族帳部曲録補。

云："蓋天下大器,可不正其本歟,而世嫡皇孫所謂無以易者。"是也。

二十七年丁未,宋十四年。　升爲令　"升",北作"永",非。

皇太孫受册敕　集禮,二十六年十二月七日,"差撰册文并書篆册寶官二員,右諫議黄久約,修撰党懷英"。案王寂拙軒集丁未肆告詩即此。

而不舉忠正之人　"不",北作"特",是。

丁丑獵于近郊　"丑"下當加"臘"。

二十八年戊申,宋十五年。　三月丁酉朔萬春節　全真教祖碑云:"世宗知重陽王先生道德高明,二十八年二月,遣使訪其門人,應命者丘處機、王處一也。命丘主萬春節醮事,職高功。五月,見於壽安宫、長松島,講論至道,聖情大悦,命居於官庵。又命塑純陽、重陽、丹陽三師像於官庵正位。丘屢進詩曲,其詞備載蟠溪集中。八月,懇辭還山。"

命隨朝六品外路五品以職事官　"以"下當加"上"。

補充學士院職任　"任",北作"仕",非。

命建女直大學　"大"當作"太"。

以鷹房使崇虁　"房"當作"坊"。表

安武軍節度使　此上當加"丙申"。表

禁糠禪瓢禪　耶律楚材湛然居士集西游録序:"西域九十六種,此方毗盧①、糠、瓢、白經、香會之徒,釋氏之邪也。"張昱輦下曲:"肩垂緑髮事康禪,淡掃蛾眉自可憐。出入内門妝

---

① "此"原作"北",今據湛然居士集卷八西游録序改。

飾盛,滿宮爭迓女神仙。"案此習至<u>蒙古</u>始盛。

　　以改葬熙陵　　"陵"當作"宗"。

　　二十九年己酉,<u>宋</u>十六年。　　三月辛卯朔上尊謚。<u>禮</u>志作
"四月乙丑"。

金史詳校卷二

卷九

章宗紀一

始習本朝語言文字　"文",元作"小",是。

遺滕王府長史臺御院通進膏　"臺",世紀補作"再興"①。
"膏",元作"膏",世紀補作"阿里剌"。

稱謝於慶和殿　"和",北作"賀",非。

二十九年己酉,宋淳熙十六年。　癸亥始聽政　此下當加
"遣吏部侍郎徒單鎰使宋告即位"。案紀及表、傳皆失載。據
宋光紀補。

丙午以祔廟禮成大赦　案世紀補,五月甲午,顯宗追謚,
後與世宗同祔廟。而紀不書者,尊帝統也。

————————

① "臺",百衲本作"臺",是。本書底本南監本因其翻刻所據洪武覆刻本補版葉誤作
　"臺"而再訛。

復與奴主男女　　"主",元作"生",是。

爲御史太夫　　"太",元作"大",是。

詔諸有司身承應人　　"司",元作"出",是。"身",北作"凡",非。

當選有德行學問之人　　"學",北作"孝",非。

詔有司請親王到任各給錢二十萬　　案永中傳,章宗即位,"與諸弟各賜金五百兩、銀五千兩、錢二千貫、重幣三百端、絹二千匹,再賜永中修公廨錢三百萬"。

知登聞檢院孫鐸　　"知"上當加"同"。本傳

甲戌乙酉太后幸壽安宮　　"乙酉",元作"奉皇",是。

丁亥次寶坻　　"亥",元作"未",是。

密州進白雉　　"白"下當加"鵺白"。五行志

仍罷巡鹽使　　"罷"下當加"西京、解州"。志

明昌元年庚戌,宋光宗紹熙元年。　　王尉　　"尉"當作"蔚"。

敕外路求世宗御書　　"世"當作"顯"。案滏水集顯宗御書藏秘閣銘云:"越我顯考,天章奎畫,光賁於臣庶之家。有司其募上,凡諸金帛,宜視所獲。"即此。

二月　　案此月,宋乙酉朔,見袁文甕牗閒評,正合。

遣諸王　　"遣"下,元有"諭"字,是。

寒食給假五日　　集禮,天眷二年五月十三日,詳定所奏:准元正、冬至、寒食各節休務三日,上元、立春、秋社、上巳、端午、立秋、重陽一日。皇統五年四月,敕旨夏至、中元、下元各

三日①，人日、中和節、七夕、春分、立夏、立冬各一日。天德二年十月，敕自旬假外，年節前後各一日，清明、冬至各一日，其餘並不給假。大定二年閏二月九日，奉敕清明與假三日。二年十一月奏定②，元日、寒食前後各一日，冬至、立春、重五、立秋、重九各一日。癸辛雜志別集引續夷堅志："縣上火禁，升平時禁七日，喪亂以來猶三日。相傳火禁不嚴，則有風雹之變。社長輩至日就人家以雞翎掠竈灰，雞羽稍焦卷，則罰香紙錢。有疾及老者不能冷食，就介公廟卜乞小火，吉則然木炭，取不煙。不吉則死不敢用火，或以食曝日中，或埋食器於牛馬糞窖中，其嚴如此。戊戌歲，賈莊數少年以禁火日飲酒社樹下，用柳木取火溫酒。至四月，風雹大作，有如束箱柳根者在其中，數日乃消。又言：火禁中，人雖冷食，無致病者。"案集禮載列朝節假，寒食三日。第考續夷堅志，縣上火禁七日，喪亂後猶三日。而此文令假乃給五日，比他節似重，未詳其制，惜無他書可互證也。

　　五品以下　"下"，元、北並作"上"，是。

　　乙巳擊毬於西苑　"乙"，元作"己"，是。

　　祁雨于社稷　"祁"，元、北並作"祈"，是。

　　復祁雨于太廟　"祁"，元、北並作"祈"，是。

　　以祁雨　"祁"，元、北並作"祈"，是。

　　幸壽慶寺　"壽慶"已作"慶壽"，與元本合。

---

① "三"原作"二"，今據大金集禮卷三三休假改。
② "二"原作"三"，今據大金集禮卷三三休假改。

户部尚書鄧儼等曰至上是履議　一百十五字當削。案文
與鄧儼、徒單鎰傳複。

讓蔭兄弟子姪者　"姪"，北作"侄"，非。

諭之曰至毋但附合於尚書省　四十六字當削，改作"宣
諭"。案文與王脩傳複。

二年辛亥,宋二年。　劉禹錫　"禹"，北作"宗"，非。

禁以太一混　"混"下已加"元"，與元本合。

每十五日一朝　"日"當作"月"。

三年壬子,宋三年。　閏月　案張行簡傳,劉道用新曆,明
昌三年不置閏,以閏月爲三月。即此。

亦及事　"亦",北作"不",是。

胡光謙　甘水仙源録劉祖謙仙蹟記云:"玉峰老人胡光
謙爲傳。"即此。

賜同州人妻　"人妻",元作"貞婦",是。

丙辰旱災　元作"丙寅以旱災",是。

以本職提刑　"刑",元作"舉",是。

安便優逸　"優",北作"擾",非。

張汝猷　"猷",北作"猶",非。拙軒集送張仲謀使三韓,
即此。

癸丑獵于近郊　"丑"下當加"臘"。

賀正旦　此下當加"是歲,改封并王永中爲鎬王"。本傳

卷十

章宗紀二

四年_{癸丑,宋四年。}　董師中等上書切諫　諫語見五行志。

夏四月丁酉朔幸興陵崇妃第是日始舉樂　案是日,章宗始釋孝懿皇后喪服,必以蔡王從彝立爲趙王執輦後,故有此幸。紀略耳,説詳泰和二年。

親禘于太廟　滏水集禘禮慶成頌,即此。

亦率六學諸生　六學者,國子學、太學、府學及女直亦有三學。

以久雨禜　案金石文字記有潞州五龍祠明昌癸丑祈晴碑,亦是。

釋奠孔子廟　滏水集有頌。

及河北十六謀克之地　"北"下當加"西路"。志

五年_{甲寅,宋五年。}　蔡州文商　滏水集遺安先生王逸賓碣云:所與游皆知名士,如文商伯起輩十餘人。拙軒集與文商伯起二帖,一云:"某啓,伯起足下,去歲竊食趙郡,略當南北之衝,蔡下舊人往來如織。時蒙惠教,少慰懸懸。某舊年嘗見中山王昭老,稱頌伯起高才博學,恨未能識。韶護純音,思欲趨前飽聽而不可得,其傾想向慕爲何如哉。丙午冬,某自地官出守蔡州,終日兀然,如坐井底,閉門却埽,謝絶交親,分爲凍蟄枯枿,無復有飛榮之望,其況可知。會足下自潁、汝歸,袖刺踵門,修桑梓之敬。某亦喜聞其來,倒衣出迎,都不

省屐齒之折也。已而握臂促膝，説有談空，至領會將無同處，了不知賓主誰何，顧此樂豈可與俗兒語耶。某自改官，餘人例皆旅退，獨足下與鄭秀才相陪信宿，翌日解攜，靳靳不忍訣去，此情未易忘也。所需重陽牡丹詩并真定有春庵記，併録附呈，可發千里一笑。偶緣承乏，出使遼右，鱗沈羽斷，時閲足下詩文，拊卷三歎，如對晤語。汝南最得春先，寒温未一，尤宜以道自重。"一云："適承告墨，具審勿藥有期，良多欣慰。汝、蔡相去，千里而近，力疾道路間，可量艱苦，腦疽作發，大槩服餌金石。或祖父嘗嬰此疾，傳之遺體，自餘出於不意者，又非當理可度，當付儻來也。某家藏秘方，自宋日名公士大夫，累取大效。近歲親舊，凡患腦背瘡者，亦嘗用之，多得平復，今如法修合，謹封送大劑及録本方，併希檢入。"遺山集東坡樂府引參以文伯起小雪堂詩話。

　　幸城南別宫　案此即建春宫，屬大興縣，承安三年賜名者。

　　丁酉　此上當加"二月"。推得

　　二月甲辰　"二月"當削。

　　丙戌以天壽節宴椒光殿　案章宗本生於七月二十七日。此七月丙戌，正二十七日也。下承安二年七月戊辰同，至九月一日、十月十五日，乃移節也。

　　凡從官及承當人　"當"，元、北並作"應"，是。

　　以河東南北提刑使　"北"下當加"路"。

　　語載琪傳中　當作"語載河渠志"。

　　六年乙卯，宋寧宗慶元元年。　以出師遣禮部尚書　"遣"，北作“遺”，非。

粘割胡上[1]　“上”當作“土”。

承安元年丙辰，宋二年。　至自軍前　“前”，北作“中”。

審決免獄　“免”，元作“冤”，是。

庚寅詔復市　“寅”下當加“雨”。

自今長老太師　“太”，元作“大”，是。

特滿郡牧　“郡”當作“群”。

大赦改元　此下當加“魯王永功進封鄆王，兖王永成進封豫王”。本傳

十二月丙午　此下當加“朔”。

二年丁巳，宋三年。　辛丑宋主以母后喪遣使告哀　十二字已削。

代左丞省襄　“省”，北作“相”，是。

胥克又乘之以侵暴　“克”當作“吏”。

建普天大醮　全真教祖碑：“承安丁巳六月，章宗再詔王處一至闕下，特賜號體玄大師，及賜修真觀一所。十月，召劉處元至，命待詔天長觀。”

無奏刑　“刑”下當加“名”。

劉頍　“頍”，元作“䫉”[2]。

詔集六品以上官　“六”當作“四”。移剌益傳

① “割”原作“罕”，今據廣雅書局叢書本改。

② 此條承安二年（1197）七月己未“西上閤門使劉䫉”，按金史卷一一章宗紀三泰和元年（1201）五月戊寅作“東上閤門劉䫉”，卷七八劉䫉傳：“䫉字元矩。以大臣子孫充閤門祗候，……累遷西上、東上閤門使。”“頍”誤。

粘割譌持剌　"譌"當作"斡"。

以樞密使兼平章政事襄知大興府事胥持國爲樞密副使權參知政事行省于北京　"興"當作"名"。_{持國傳。}三十三字,當改作"以知<u>大名府</u>事<u>胥持國</u>爲樞密副使、權參知政事,佐樞密使兼平章政事<u>襄</u>行省于<u>北京</u>"。案文倒敘不順,又"大名"誤作"大興",據兩傳改。

分遣官於東西北路河北等路中都一節鎮　"北路"當作"北京"。"一",元、北並作"二",是。

十一月甲辰冬至　案宋統元曆作"癸卯"。_{江氏説}

無禁樵採　此下當加"□□以<u>奧屯忠孝</u>等爲賀宋正旦使"。案紀及表、傳皆失載,據宋寧紀補。

十二月己巳朔　"己",北作"乙",非。

上官瑜　"瑜",元作"瑜",是。案食志作"瑜"。

稱皇叔豫王而不名　此下當加"是歲,<u>韓王永濟</u>進封<u>衞王</u>"。_{衞紀}

卷十一

章宗紀三

三年_{戊午,宋四年。}　三月戊戌　此下當加"朔"。

始権醋　"始"當作"復"。_{食志}

宰相遇雨可循殿廡出入　集禮原廟云:"比准儀注,定到入内城門,非時雨雪,許自執小油傘。"

庚子后宣徽使　此上已加"五月"。"后",元、北並作

“右”,是。

五月壬寅　“五月”已削。

請開榷場於轄里裊　“裊”,食志作“尼要”。

四年己未,宋五年。　楊伯通　此上當加“參知政事”。

封崇國公　“崇”,宗浩傳作“榮”。

敕尚書　此下當加“省”。

詔學校仍舊　案元史裕宗傳,嘗曰:“吾聞金章宗時[1],有論太學生廩費太多,章宗謂養出一范文正公[2],所償顧豈少哉。其言甚善。”即此,紀失書。

以久雨令大興府祈晴　王若虛滹南集焚驢志云:“歲己未,河朔大旱,遠邇焦然。未幾而雨,彌月不解,歲卒以空。”案與此紀五月以旱禱雨、六月雨足報謝、七月以久雨祈晴正合。

乙未敕京府州縣　“未”已作“酉”。

丙申　此上已加“十一月”。“丙”,北作“甲”,非。

十一月甲寅　“十一月”已削。

五年庚申,宋六年。　癸卯定進納粟補官之家　此上已加“閏月”。“進”字當削。

以知大興府字下　“下”,元作“卞”,是。

己敕諸路按察司　“己”下,北有“未”,是。

八月　此下當加“辛卯,宋前主惇殂”。表

---

[1]　“吾”原作“我”,今據元史卷一一五裕宗傳改。
[2]　“出”字原脫,今據元史卷一一五裕宗傳補。

天壽節宋高麗遣使來賀　　"麗"下已加"夏"。

東至胡烈公　　"公",元作"么",是。案獨吉思忠傳作"么",或即兵志之移剌虯。

以國使院編修官　　"使"已作"史"。

以河南路統軍使充等　　"充"當作"兗"。案交聘表作"兗",宋寧紀作"充",非。

泰和元年辛酉,宋嘉泰元年。　　敕官司私文字　　"私"上當加"公"。

六月己卯　　"卯"下已加"朔"。

更定右選　　"右",北作"古",非。

以二分之一　　"二",元作"三",是。

宜尚其價　　"尚",北作"償"。

辛亥敕尚書　　"書"下,元有"省",是。

五十二卷　　"二",刑志作"三"。

二年壬戌,宋二年。　　幸芳苑觀燈　　"芳苑",地志作臨芳殿①,然顯紀亦但云芳苑。"燈"下當加"辛酉,天長觀災"。案王鶚重修大天長觀碑文云:"泰和壬戌正月望日,焚燬。"今據補。下文三年五月作太極宮,十二月,賜天長觀額爲太極宮,即此。

甲子蔡王從彝母充等太師卒詔有司定喪禮葬儀事載從彝傳　　"蔡王從彝母"五字當削。"充等太師",元作"充等大師",四字當改作"興陵太妃"。"事載從彝傳"五字當削。霍

————————

① "殿"原作"苑",今據金史卷二四地理志上改。

王從彝傳:"本名阿懭,母田氏早卒,溫妃石抹氏養爲己子。大定二十五年,封宿國公,加崇進。二十六年,賜名瓚。章宗即位,封沂王。明昌元年,諭旨有司曰:'豐、鄆、瀛、沂四王府各賜奴婢七百人。'四年,詔追封故魯王永功爲趙王,以從彝爲趙王後。承安元年,爲兵部尚書,改封蔡。四年,除秘書監。泰和五年,賜今名。八年,封霍。貞祐二年,薨。"張暐傳:"霍王從彝母早死,溫妃石抹氏養之,明昌六年,溫妃薨,上問從彝喪服。暐奏:'慈母服齊衰三年,桐杖布冠,禮也。從彝近親,至尊厭降與臣下不同,乞於未葬以前服白衣絹巾,既葬止用素服終制,朝會從吉。'上從其奏。"錢氏考異云:"'充等太師'當是'充華太妃'之訛。案官志有充儀、充容、充媛,無充華之名,乃太子諸王妃號。從彝傳亦未載此事,惟張暐傳云云,或即指此事。然暐所議者,慈母服制,案溫妃卒時,從彝已出後執輦,章宗之間乃疑出後而歸服所生之制,故暐對有'近親厭降絹巾素服'之文。非葬禮。且明昌與泰和相隔六七年,未可合爲一事也。從彝本充華田氏所生,案從彝與鄆、瀛二王不同母,傳文可考,諸子提綱因諸姬田氏順文及之耳,其母亦不封充華。暐傳既云早卒,何以其卒轉在溫妃之後,尤爲矛盾。"章紀,明昌四年四月丁酉朔,"幸興陵崇妃第。是日,始舉樂。"官志宣徽使下崇妃位提控注:"世宗夫人。"又典衛司注:"大定二十九年,世宗才人,寶林位各設。泰和五年閏八月,以崇妃薨罷。"世宗諸子提綱:"昭德后生顯宗、趙王執輦。"越王永功傳:"子福孫,賜名璐,初爲興陵崇妃養子。"賈鉉傳:"泰和二年,興陵崇妃薨,上欲成服苑中,行登門送喪之禮,以問鉉,鉉對曰:'故宋嘗行此禮,古無是也。'遂已。”案考異止舉張暐傳温妃，未檢及賈鉉傳崇妃事，宜其年分不合，迄無定論。蓋崇妃爲世宗夫人，以無出，不見於世宗諸子目中，即昭德后及兩元妃傳皆不附載，遂失其姓。稱“崇”者，亦用大定禮官議上太祖蕭妃之號耳。其在章宗時應爲太皇太妃，謚後稱“崇”，始卒稱“太”是也。惟考從彝傳云“追封故魯王永功爲趙王，以從彝爲趙王後”，“永功”二字乃“孰輦”之譌，其決非永功者，駁説別見本傳。孰輦爲昭德后所生，封趙王見宗室表及世宗諸子傳目。竊意昭德薨後，崇妃必養孰輦爲己子，如太祖崇妃蕭氏之養任王偎喝，世宗元妃李氏之養豫王永成。至孰輦卒，復養永功子福孫，亦似爲孰輦立後。然傳言，初爲養子者，不終之謂。緣章宗明昌四年推顯宗母弟之恩，以福孫爲同祖昆弟，其屬稍疏，故改命同父昆弟。從彝爲孰輦後，爲之幸第、舉樂無可疑者。惜此事傳文譌略耳，紀例帝妃、王妃皆不書薨、卒，故温妃卒，明昌六年不書。此特書卒者，以興陵諸妃提控有位、典衛有司，而章宗欲成服送喪，大貴重之故也。“蔡王從彝母”五字累句，當削。從彝傳無詔定喪禮葬儀之文，“事載從彝傳”五字虛設，亦當削。“充等太師”，考異謂“充華太妃”之譌，第太皇太妃卒後，不合尚帶内職，且不祔陵名，與顯宗諸妃有嫌，皆非例也，故訂定如此。又霍王從彝有三母，本傳早卒之田氏，生母也。張暐傳議服之温妃石抹氏，即本傳養子之慈母也。賈鉉傳是年書薨之崇妃，爲趙王孰輦之慈母，即從彝出後之太妃，庶祖母也。前引二傳以證錢考，後列紀、志、傳五條，以終鄙説。

更泰和宮曰慶寧長樂川曰雲龍　中州集，章宗有雲龍川泰和殿五月牡丹詩。

八月丙申鳳凰見于磁州　　"月"下當加"甲午,皇子生"。案兹隣傳無日,據傳下文"癸酉滿百日"推得,紀書於丁酉日下,非也。又五行志,鳳凰見亦在丙申,續夷堅志作"四年六月"①。

皇子生　三字當削。

獵近郊　　"近"上,北有"于",是。

獵用辰　　"獵",元、北並作"臘",是。

庚辰初命外官　　"辰"已作"申",與元本合。

三年癸亥,宋三年。　　三月壬申朔　當作"己巳朔"。案正月辛未朔,則三月安得壬申朔,今據天文志癸未月食爲十五日改。

及朝資歷在刺史以上　　"及"下當加"隨"。

五月壬午以重五拜天射柳　　"午"當作"申"。案宋寧紀四月己亥朔,推得五月當戊辰朔。

雨澤分數　　"澤",北作"水",非。

進世宗實錄　　"世"當作"顯"。案考異云"一事重出",非也。

卷十二

章宗紀四

四年甲子,宋四年。　　諭外方使人不得佩刀入宮　　即高麗

---

① 今檢續夷堅志不載此事,實見於周密癸辛雜識別集卷下鳳凰見條。

傳梨刀事。

水冰　“水”，元作“木”，是。

女奚列　此下當加“元”。表

詔刺史州郡無宣聖廟學者並增修之　案刺史州係籍生，例附於京府，故率有未立廟學之處，其已立而略見於志者，如沃州、天會間，趙某建。寧海州、皇統中建。鈞州、貞元中，太守完顏守信建。邳州、宋承縣學，金改州建。滕州、宋縣學，金改州建。僕州，州人史仲謙建。又略見於碑刻者，如涿州、大定二十七年立。綏德州、泰和元年新修。鈞州，泰和三年重修。多在此年前，各州必不止此，故云增修。

詔定前代帝王至從之　七十四字，當改入禮志。考異云

尚書右丞完顏匡罷　“右”當作“左”。

罷惠川高三州　“高”下當加“遂”。志。“三”當作“四”。案三州乃承安升置，與遂州不同。紀上文不載始置，此獨書罷，且其文已詳地志中①，似可削。

咸寧　“咸”疑作“威”。案志撫州下不書罷②。

全安　“全”當作“金”。案志屬泰州。

罷限錢法　“法”，北作“發”，非。

以殿前古副都點檢　“古”當作“右”。

五年乙丑，宋開禧元年。　自太和三年　“太”，元作“泰”，是。

---

① “地志”原作“他志”，今予改正。

② 此條誤校。據金史卷二六地理志下京兆府云：“咸寧，倚。本萬年，後更名。泰和四年廢，尋復。”正與此章宗紀泰和四年（1204）六月戊申條罷咸寧相合，知“咸寧”不當作“威寧”，亦與志撫州條無涉。

宋人入漣水縣　案宋寧紀,五月甲申,鎮江都統戚拱結弓手李全焚漣水縣。李全始此。

時宋殿帥郭倪至新置弓箭手　一百三十八字,當改入僕散揆傳。案文不應傳略而紀反詳。

典衞司　此上當加"罷"。志

攻洛南之固縣　"固"當作"故"。

六年丙寅,宋二年,蒙古太祖元年。　遣御史大夫孟鑄　"大夫"當作"中丞"。傳

遂罷宣撫司　"撫",北作"府",非。

以張貞　"貞",元作"真"。

完顏王喜　完顏綱傳作"王善"。

妨本職　"妨",北作"以",是①。

撲散端　"撲",元作"僕",是。

甲子獵于近郊　此下當加"以□□□爲高麗生日使"。案表亦脱載,據謝使補。

乙丑初設都提控急遞鋪官　"丑"下當加"夏使謝封册"。表

七年丁卯,宋三年,蒙古二年。　季爽圍壽州　"季",元、北並作"李",是。

赦鳳成西和階山五州　案紀上六年十一月丙午,克西和

---

① 金史卷一二章宗紀四泰和六年七月丁亥云:"敕翰林直學士陳大任妨本職專修遼史。"揆諸文義,"妨"與"專修"語義相諧,不當作"以"。按泰和八年磻溪集序作者陳大任,署銜作"翰林學士、中順大夫、知制誥兼國子司業、輕車都尉、潁川縣開國伯、食邑七百户、賜紫金魚袋",國子司業即其本職。

州,十二月壬子,克成州,辛酉,入鳳州,獻階州。惟山州未見
"克"、"獻"等文。完顏綱傳上云四州,下又云五州。遺山集
王擴碑亦云獻五州。而宋史吳曦傳云:開禧二年,"遣客姚淮
源獻階、成、和、鳳四州于金。三年正月,引金兵入鳳州,以四
郡付之,表鐵山爲界。"慶元黨禁亦云:"二年四月二十六日丁
丑,遣客詣金,獻關外四州。"並無五州之文,則紀語恐不實。
又歸潛志:劉昂上平西詞亦有"洗五州煙瘴"之句,惜李心傳
西陲泰定録、張革誅吳録、毛方平丁卯實編、郭土寧平叛録諸
書皆未見。

　　四川安撫使安丙遣四和州安撫使李孝義　"四川"上當
加"宋"。"四和"當作"西和"。"李孝義",宋史本傳作李
好義[1]。

　　戊午烏古論誼　"烏"上當加"以"。

　　兼左副元帥定國公　"左副"當作"都"。"公"下當加
"行省于汴"。

　　攻下蘇嶺關　"蘇"當作"鵲"。

　　丙午詔策論進士　"丙"當作"戊"。案此重書"丙午",
必訛。

　　八年戊辰,宋嘉定元年,蒙古三年。　把面海　"面",元、北並
作"回",是。

　　左司郎中劉昂通州刺史史蕭監察御史王宇吏部主事曹

---

[1] 按宋史卷四七五吳曦傳稱誅吳曦,"會李好義與兄好古、李貴等皆有謀"。又卷四〇
二李好義傳云:"好義夜饗士,麾衆受甲,與好古、好仁及子姓拜決于家廟。"以行輩派
字推知,其名當作好義。

元史部員外郎徒單永康太倉使馬良顯順州刺史唐括直思白坐與蒲陰令大中私議朝政皆杖之①　"曹元"下當加"戶部員外郎李著，監察御史劉國樞，尚書省都事曹溫，雄州都軍馬師周"。孫鐸傳。案坐事十一人外，復有參政賈鉉、本傳。宗室從郁，見劉昂傳②。紀亦失載。又賈鉉傳云："與審官院掌書大中漏言除授事。"劉昂傳亦云掌書，不云縣令。考之鉉降節度，大中遷縣令，自屬七年冬事。此八年正月復記受杖諸人事，兩人不受杖故也。

宰臣上表謝罪　案上下文不知所謝何罪，大約是大中案內。

日暈三重　"三"，北作"二"，與天文志合。

閏月　宋志：開禧三年，大理評事鮑澣之言："統天曆來年閏差③，願以諸人所進曆，令秘書省參考頒用。"秘書監曾漸言："來年閏差，其事至重。今年八月，便當頒曆外國，而三數月之間急遽成書。願以衆曆參考，擇其與天道最近且密者頒用④，庶幾來年置閏不差。"直齋書錄解題："開禧曆三卷，鮑澣之撰。開禧三年，詔附統天曆推算，當時緣金人閏月與本朝不同，故於此曆加五刻。天道有常，而造術以就之，非也。"案此爲宋曆差，而改從金閏四月者。考宋高紀建炎三年閏八月，太宗天會七年無；又紹興五年閏二月，天會十三年無；又

---

① "太倉使"，原脫"倉"字，今補。
② "見劉昂傳"句下，金源劄記卷上章宗紀云："案柏鄉縣尉蘭君碑後有皇叔觀察使從郁詩刻，見河朔訪古記。即此。"
③ "統天曆"原作"統天術"，今據宋史卷八二律曆十五改。
④ "頒"原作"經"，今據宋史卷八二律曆十五改。

十六年閏六月,熙宗天眷三年無;又二十九年閏六月,海陵正隆四年無;宣宗貞祐四年閏七月,宋寧紀嘉定九年無;宋理紀寶慶三年閏五月,哀宗正大四年無;又紹定三年閏二月,正大七年無;又熙宗天會十五年十月應有閏,而宋高紀紹興七年亦無。推其甲子皆得三百八十四五日,大抵無事,不書。惟宋寧紀慶元六年閏二月,章宗承安五年無,此非無事,自是癸卯文上脱載。太宗天會四年閏十一月,宋欽紀靖康元年同,而紀聞拾遺作閏八月,乃丁氏誤記。又三國時吳用乾象,魏用景初,而蜀漢仍用四分,故閏朔多不合。北魏正始元年閏十二月,梁天監三年閏次年正月。蜀王衍丙戌年閏正月,後唐曆閏上年十二月。周世宗顯德五年閏七月,南漢閏六月。遼聖宗開泰九年閏二月,宋曆閏十二月。宋神宗元豐元年閏正月,遼閏上年十二月。大抵三光分曜之時,置閏或殊。至宋、金兩朝,疇人寫擬,尤不敢自恃,是以陰相附和,以示符同,故與他朝異也。

此乃更始　“此乃”,北作“自此”,非。

遣使分路捕蝗　此下當加“詔御史分理冤獄”。案見遺山集王擴碑。

以副都點檢完顏侃　“副”上當加“左”。表

崩於福安殿　滏水集有挽詞。

年四十一　此下當加“十二月,遣裴滿正如宋告哀,遣蒲察知剛賜宋遺留物,遣使如宋告即位”。案三使皆據宋寧紀補。

卷十三

衞紹王紀

乃以衞王子按陳　"陳"，永蹈傳作"辰"。案地志，東京蓋州遼辰州，以與"陳"同音，更。當以"陳"字爲是。

已而改武定軍節度使　案改官見章紀泰和七年二月。當有奉詔受蒙古貢幣不禮請兵等事①。紀文諱耳。

匡等傳遺詔立衞王　此下當加"其遺詔略曰：'皇叔衞王，承世宗之遺體，鍾厚慶於元妃，人望所歸，歷數斯在。今朕上體太祖皇帝傳授至公之意，付畀寶祚，即皇帝位於柩前。載惟禮經，有嫡立嫡，無嫡立庶，今朕之内人見有娠者兩位，已詔皇帝，如其中有男當立爲儲貳，如皆是男子，擇可立者立之。'"案據完顏匡傳文，此詔不合載匡傳。本考異說。

大安元年己巳，宋嘉定二年，蒙古太祖四年。　大赦　此下當加"追尊皇妣李氏爲光獻皇后。"傳。案衞王記注亡失，今從王百一采摭外，更據傳録及宋紀考補二十六條。

初章宗遺詔至願削髮爲尼　八十字，當削。案文與李元妃、僕散端傳複。

三月　此下當加"宋使來弔祭"。案宋寧紀，使爲曾從龍。

四月　此下當加"宋使來賀即位"。案宋寧紀，使爲宇文

---

① 金源劄記卷上衞紹王紀云："詳金源雜興本詩注。"

紹彭。

　　幸海王莊臨奠魯國公主　"公"上當加"長"。案世宗元妃李氏傳葬於海王莊。烏古論元忠傳，"世宗以長女妻之，後封魯國大長公主"。章宗時爲大長公主，衞王時，當稱長公主。

　　宋遣使來賀　此下當加"遣使賀宋生辰"。宋紀

　　十月歲星犯左執法　"月"下當加"丙寅"、"熒惑"。志

　　十一月平陽地震　"月"下當加"丙申"。志

　　自西北來　此下當加"遣使賀宋正旦"。宋紀

　　進封兄越王永功爲譙王　"越"當作"鄆"。傳。"譙王"下當加"宛王永升爲夔王"。傳

　　爲太保　此下當加"是歲，以皇子胙王從恪爲右丞相，左丞孫即康、右丞獨吉思忠同爲平章政事，以知興中府承暉爲御史大夫"。各傳。又當加"始稅間架"。王維翰傳

　　二年庚午，宋三年，蒙古五年。　正月庚戌朔　"戌"當作"寅"。案宋寧紀，上年十一月辛卯朔，據改。"朔"下當加"宋遣使來賀"。案宋寧紀，使爲費培。

　　沒於蜀中　"蜀"，元作"濁"，是。志亦作"濁"。

　　地大震　此上當加"乙酉"。志

　　以禮部侍郎耿端義爲參知政事　案端義傳，不官禮侍，其拜參政在貞祐元年十一月。

　　北方有黑氣　此上當加"壬申"。志

　　宋遣使來賀　此下當加"遣使賀宋生辰"。宋紀

　　清倉　"倉"當作"滄"。

　　十一月　此下當加"遣使賀宋正旦"。宋紀

十二月辛酉朔日有食之　疑作"乙卯朔"。案是年日食,宋在六月丁巳朔,紀在此朔下者,不足校。蓋王百一采摭司天災異十六條中,必載此食,而失其月朔,不能定。若用"是歲"云云例加入,未免形陋,故用古人歲終書閏例注入,以爲月雖差而年尚合,且因比年災異太多,此食反視爲故事耳。養新録引李氏云:"此朔當在前一年。"其說實本監本天文志。特文下災變多屬二年,則志中"元"字乃"二"字之訛。要之,止定辛酉爲元年十二月朔則可,而日食反差一年。此乙卯,上據宋紀九月丙戌朔,下據本紀三年正月乙酉朔改爲疑朔,實則史文此十字皆可削也①。

不得傳說邊事　此下當加"是歲,譙王永功進封越王"②。傳三年辛未,宋四年,蒙古六年。　有大風　此上當加"乙亥"。志有黑氣　此上當加"辛酉"。志

四月我大元太祖　元本"大元"提行,"太祖"又提行。北無"我"字,是。

參知政事奧屯忠孝爲尚書右丞　案忠孝傳,止兼禮部尚書,並無參政、右丞等拜。傳言參政在貞祐初。此時殆一拜即罷,而傳略之耶。抑此紀有訛耶。

————————

① 按金史卷一三衞紹王紀云:大安二年(1210)四月,"北方有黑氣,如大道,東西亘天"。十二月辛酉朔,"日有食之"。卷二〇天文志云:"衞紹王大安元年四月壬申,北方有黑氣如大道,東西竟天,至五更散。十二月辛酉朔,日食。"紀、志紀事相同,繫年則相差一年。按衞紹王紀贊、西夏傳及玉堂嘉話卷八金史條皆稱衞紹王實錄無,或闕,金史本紀雜抄諸家日錄或據口述修成,紀事繫年未必可信。天文志則有所本,蓋即司天提點張正之寫災異十六條,此處作"元年"是,"辛酉朔"不誤。
② "進"原作"追",今據金史卷八五永功傳改。

十月　此下當加“己卯”。志。案己卯當是十月朔。

熒惑犯壘壁陣　此上當加“癸巳”。志

泰州刺史朮虎高琪　“泰”當作“秦”。傳

十一月　此下當加“遣使賀宋正旦”。宋紀

懷來　當作“媯川”。志

初徒單鎰至上乃大悔　七十七字，當削，案文與徒單鎰傳複。

胡沙責授咸平路兵馬總管　案承裕傳亦除名，迨至寧元年始兼總管。

萬戶俋頭　爲納蘭氏，見李英傳。

屯古北口　此下當加“詔中都、西京路及滄州並免今年賦稅①。”程卓使金錄

僕散端罷　此下當加“是歲，平章孫即康致仕，以賈益謙爲參知政事”。傳

崇慶元年壬申，宋五年，蒙古七年。　正月朔　“月”下當加“己酉”。

以御史大夫福興爲參知政事　案紀書此在三月下，五月又書參知政事福興爲尚書左丞。考承暉傳，行省宣德，承裕敗績於會河，亦坐除名，則兩拜皆當在大安二年。此疑誤。

參知政事孟鑄爲御史大夫　案鑄傳止云至寧元年復爲御史中丞，其參政、大夫皆無考。

武安軍節度使致仕賈鉉　“武安”當作“安武”。傳。案鉉

_____

① “滄州”上原衍“清”字，今據使金錄刪。

起復參政,本傳無文。

流華滿野 "華"當作"荸"。

七月 此下當加"辛未"。志

萬秋節 此下當加"宋遣使來賀"。案宋寧紀,使爲傅誠。

不設宴 此下當加"遣使賀宋生辰"。宋紀

十一月 此下當加"遣使賀宋正旦"。宋紀

謝封册 此下當加"是歲,命參知政事梁瑪、翰林承旨張行簡同修章宗實録。"張行信傳

至寧元年癸酉,宋六年,蒙古八年。 正月 此下當加"癸卯朔,宋遣使來賀"。案宋寧紀,使爲應武。

王維爲參知政事 "維"下當加"翰"。傳。"事"下當加"左丞徒單公弼爲平章政事"。傳

將兵備邊 此下當加"敗績"。傳

福海男 三字當削。

都統石古乃 "都統"當作"護衛"。傳

烏古論奪刺順天軍節度使 此下當加"蒲察六斤橫海軍節度使"。傳

并其子皆殺之 "并其子皆"四字當削。

胡沙虎者紇石烈執中也 十字當削。

順天軍節度使 "使"上當加"副"。

銖轄 "銖"當作"鈐"。

贊 張承旨家于本 "于"當作"手"。

卷十四

宣宗紀上

甲辰即皇帝位　此上當加"九月"。衞紀

又判永定彰德等軍　"定"下當加"汾陽"。耿端義傳

九月乙巳朔　"九月"、"朔"三字當削。

改元貞祐癸酉,宋嘉定六年,蒙古太祖八年。　前所更名三字"三",元作"二",是。案指"從嘉"二字。

張行信上封事　此上當加"甲寅"。傳

詔贈死事裴滿福興及鄱陽石古乃官　案紀書死事不立傳者,福興之外,又有户部郎中魏琦、貞祐四年十月①。諸城軍官任福、興定元年五月。潞州都統馬甫、十二月。錦州元帥劉仲亨、二年五月。沂州提控齊信、六月。葭州刺史紇石烈王家奴、三年三月。合河縣令喬天翼、八月。泗州提控王禄、五年正月。鳳翔萬户完顏醜和尚、元光二年四月。并興福,凡十人失書,贈卹者六人。此下當加"暴執中過惡,削其官爵,詔中外"。傳

以橫海　此下當加"參知政事胥鼎罷"。傳

兼前職　此下當加"遣禮部郎中粘割貞等詣大元乞和"。傳。又當加"夏人陷鞏州,節度使夾谷守中死之"。案此文據

---

① "十月"原作"六月",今據金史卷一四宣宗紀上及金源又劄改。按"魏琦"注"貞祐四年十月"下,金源又劄引歸潛志云:"魏户部琦,字民英,弘州順聖人。少工詞賦,擢高第,爲鄠陽令,有治行。南渡,爲南京留守判官,遷户部員外郎、郎中,以材幹稱。貞祐末,北兵犯潼關,行部軍前,至洛陽,見殺。朝廷官其子焉。"

表補。又據本傳,改涇爲鞏①。

二年甲戌,宋七年,蒙古九年。　　命僕散安貞等爲諸路宣撫使　案諸路可考者,安貞山東路、本傳。奥屯襄北京路、本傳。完顏弼陝西路、本傳,副使烏古論兗州。武都河東路、本傳,俄以胥鼎代南路。烏古論禮河東北路、本傳。蒲鮮萬奴東京路、副使完顏海奴,見鐵哥等傳。惟裴滿子仁,見安貞傳,不詳何路。

以備録用　此下當加"右丞相徒單公弼,罷"。傳

以都元帥承暉爲平章政事　"平章政事"當作"右丞相"②。傳

封申國公　此下當加"佐皇子留守中都"。傳

遷衛紹　此下當加"王"。

以按察轉運使高汝礪　"按察轉運使"當作"户部尚書"。傳

寶鎮閤災　"閤",元作"閣",是。

曲赦山東路　此上當加"戊辰"。傳

鉤鈴星　"鈴"當作"鈴"。

三年乙亥,宋八年,蒙古十年。　　右副元帥蒲察七斤以其軍降於大元　"右"上當加"大元兵下通州"。完顏六斤、石抹明安傳。

---

① 按金史交聘表作涇州正確,校改有誤。詳見本書卷九夾谷守中傳條辨證。

② 金史卷一〇一承暉傳云:"貞祐初,召拜尚書右丞。……進拜平章政事,兼都元帥。"指宣宗紀貞祐元年(1213)十二月丁酉"尚書右丞承暉進都元帥兼平章政事"。按滏水集卷一二廣平郡王完顏承暉碑云:"貞祐二年,王以都元帥行省事於中都,左丞掾多副之,委以軍事。"金史卷一〇四高霖傳:貞祐二年,"知大興府事,俄權參知政事,與右丞相承暉行省于中都。"按,金末濫設省,貞祐二年,承暉所任蓋即中都行省平章政事。宣宗紀此文語焉不詳,但不誤。

案元太祖紀作"金元帥寅荅虎、烏古論以城降"，訛。

宋遣使來賀　此下當加"大元兵徇霸州，中丞李英兵敗，死之，盡失所運糧"。傳

李華　"華"當作"革"。

前年京兆治中李友直私逃華州結同知防禦使馮朝河州防禦判官郝遵甫平涼府同知致仕楊庭秀水洛縣主簿宿徽等團集州民號忠義扈駕都統府相挺爲亂殺其防禦判官完顏八斤及城中女直人以書約都統楊珪爲府兵所得珪諱之請自效誘友直等執之麾所招千餘人納仗阬諸城下時京師道路隔絕安撫司以便宜族友直等至是以狀聞乃贈八斤及被害官軍十餘人各一官賻錢三百貫夏四月癸巳河東宣撫使胥鼎言利害十三事長勝軍都統楊珪伏誅①　一百八十五字當改作"初，京兆治中李公直韓玉傳、中州集並作公直，此紀作友直，訛。至華州，結同知防禦使馮朝、河州防禦判官郝遵甫、平涼府同知致仕楊庭秀、水洛縣主簿宿徽等團集州民，號'忠義扈駕都統府'，謀舉兵入援。其防禦判官完顏八斤及城中女直人有不從者，公直殺之，以書約都統楊珪，爲安撫使所得，遂誣以謀反，命珪誘執之②，盡族公直等，阬其衆。時京師道路隔絕，至是以狀聞，贈八斤及被殺十餘人各一官、賻錢三百貫。夏四月癸巳，河東宣撫使胥鼎言利害十三事，爲公直等辨誣，鼎傳十三事中有讞獄一條，蓋即指此事。長勝軍都統楊珪伏誅"。案文中"私逃"、

① "言"字原作"陳"，今據南監本改。
② "命珪誘執之"，金源劄記卷上宣宗紀作"命珪襲取之"。

“挺亂”、“便宜”、“伏誅”等語，前後抵牾。蓋始以安撫之蒙蔽，並遭誣陷，繼以宣撫之申奏，方正罪名，此乃實錄未刪之稿，漫鈔入紀者。此事惟略見於韓玉傳，紀以諸人無傳，故載筆小詳，而前奏失於改正，一似公直等果謀反矣。今考定如此。又韓玉傳云：“公直一軍行有日矣，將有違約，國朝人有不從者，輒以軍法從事。京兆統軍便謂公直據華州反。”即指擅殺判官及女直人事，當時以此爲謀反實據者也。楊珪雖誅，而是年陝西安撫使完顏達吉不，副使烏古論，兗州統軍使完顏合打不聞，因此獲譴，公直等俱無贈卹，而韓玉牽連亦未省釋，殆以是歟。又公直以下諸人事狀多佚，惟楊庭秀事散見於紀、志及他書碑碣者，尚可考。庭秀，字德懋，華州人，爲大定中進士。中州集本傳。由進士出令高陵，入官補闕，由補闕改修撰，由修撰出刺澤州，由刺史遷平涼府同知，致仕。其在諫垣，請轉對、移聞①，章紀承安四年六月丁丑。類集聖訓，又十二月辛酉。編次日曆。又五年閏二月丁未。在詞垣，奏定州縣聽訟條約。刑志承安五年十二月。咸蒙道陵俞允，克稱厥職，刺州政績雖不傳，第寺碑所述，硤石山福嚴禪院記，潛研堂金石文跋尾續引之。隱然以文吏自附，許安仁、李仲略當亦不甚相下。至致仕後，復能團義鄉郡，奮勇勤王，晚節尤可尚。夫金國自大安、貞祐以來，四境交兵，圍燕竄汴，中原不知誰屬，忠義之士誠有不容坐視者，故讀其成皋道中詩云：“九關欲上虎豹怒，三徑未埽

_____

① 按金史卷一一章宗紀三承安四年（1199）六月丁丑云：“右補闕楊庭秀言：‘自轉對官外，復令隨朝八品以上、外路五品以上及出使外路有可言者，並許移檢院以聞。則時政得失，民間利病，可周知矣。’從之。”據此，“移聞”當作“以聞”。

松菊荒。崧少雲煙聊駐馬，漢唐宮殿兩亡羊。"實與韓温甫檄語韓玉傳及中州集。同挾悲憤之氣。惜乎！時會不齊，竟遭誣陷，與李公直等駢首族滅，士論冤之。他若龍泉碑文，秋澗詫爲奇作王惲題陽城北龍泉寺詩後云:"萬松亭廢久，重拂短碑看"①。注:碑爲大定間澤州刺史楊庭秀撰，真奇作也。又如高陵縣、灝靈門等碑、法輪寺詩，書撰並出一手，其文章字畫自負尤不淺，而史載闕如，故引所見附志之。

平時可以　"以"，元作"耳"，是。

從事郎　"事"，元作"仕"。

艾國公　"艾"，元作"芮"，是。

遂止　此下當加"大元兵克曹州"。馬驤傳

徵弓箭丁內外京官　"丁"已作"于"，與元本合。

亡夫告身　"夫"，元作"失"，是。

遇土寇　"遇"當作"過"。

特遷三官升正五品職　九字當改入上"招徠民户至五萬"文下。案此賞粘割斛鄰復立冀州功也。

行中書省　"中"當作"尚"。

其不可大用者　"不"已作"才"，與元本合。

乙酉監察御史　"乙"已作"己"，與元本合。

掠城武　"城"，元作"成"，是。案地志作"成"。

及差委官　"差委"，元作"委差"。

---

① "廢久"原作"久廢"，"重拂"原作"手拂"，今據秋澗先生大全文集卷一三午憩陽城北龍泉寺改。

平原　元作“平涼”，是。

杖之八十　此下當加“以參知政事高汝礪爲尚書右丞”。傳

以秋稼未獲　“獲”已作“穫”，與元本合。

設潼關提控總領軍馬等官　此下當加“己巳，以左諫議大夫把胡魯等爲賀宋生日使”。表

護治鞏國公按春第　“春”當作“陳”。案永蹈傳，子按春已賜自盡。泰和七年，詔以衛王子按辰爲後，奉其祭祀。當封國公，傳略耳。“按辰”，當從衛紀作“按陳”。官志有提控鞏國公家屬，次在衛、鎬後者，即此。

按春所爲不慎　“春”當作“陳”。

按春尋以不法　“春”當作“陳”。

黜衛紹王母李氏光獻皇后尊謚神主在太廟畫像在衍慶宮並遷出之　“衍”當作“啓”。案世宗元妃李氏傳無畫像事，且衍慶宮在中都，是年五月已爲蒙古所破，何由有九月衍慶遷出之文，在南京者自名啓慶。

東鹿　“東”，元、北並作“朿”，是。

能募民進糧五十石以上　“十”，元作“千”，是。案募糧事又見高汝礪傳，乃在興定三年。

出爲集義軍節度使　“義”當作“慶”。

召中奉大夫　“奉”當作“議”。

上與尚書左丞汝礪　“左”當作“右”。

庚辰　此下當加“以拱衛直都指揮使蒲察五斤等爲賀宋正旦使”。表

亦以官絲　"絲",北作"紓",非。

□□勞民　"勞"上已加"戒勿"。與元本合。

陀滿胡土門　"門"下已加"進官三階,再任",與元本合。此下又當加"是歲,以皇子濮王守純爲樞密使"。傳

四年丙子,宋九年,蒙古十一年。　正月　此下當加"乙卯朔,宋使賀正旦"。表

侯摯進尚書右丞　此下當加"吏部尚書李革爲參知政事"。傳

太原元帥監軍　"監"上,元有"左",是。

招其民降比者　"比"已作"北"。

得四千三百三餘人　元作"四千三百餘人",是。北作"四千三百三十餘人",非。

詔免逃户租　"逃"上當加"陝西"。

請遣官勸農　"勸",元作"勛"。

大元兵圍太原　"太原"當作"平陽"。胥鼎傳

任國公瑋薨　即豫王永成子。

温撒可喜　"撒",元作"撒",是。

比商販粟①　"比",元作"北",是。

水星晝見于奎　"水"已作"歲",元作"木"。

候事定　"候",元作"俟"。

壬戌賜張行信寶券二萬貫重幣十端旌其議禮之當　二十一字當改入下十二月"李革罷"文下。傳

————————

① "粟"原作"米",今據南監本改。

攻防州　　"防"當作"坊"。

以中尉衛完顏奴婢等　　此上當加"乙未"。_表。"尉衛"當作"衛尉"。

攝大尉　　"大",元作"太",是。

河南行省胥鼎　　"南"當作"東"。_傳

以運軍上衣糧者　　"上",北作"士",是。

戶部郎中魏琦　　歸潛志:"魏戶部琦,字民英,弘州順聖人。少工詞賦,擢高第,爲鄱陽令,有治行。南渡爲南京留守判官,遷戶部員外郎、郎中,以材幹稱。貞祐末,北兵犯潼關,行部軍前,至洛陽見殺,朝廷官其子焉。"

大元兵至沔池　　"沔"當作"澠"。

進所獲馬馳　　"馳",元作"駞",是。

卷十五

宣宗紀中

興定元年_{丁巳,宋十年,蒙古十二年。}　三月戊寅　　此下當加"朔"。

降葛仲　　葛仲即葛鐵槍,見元史肖乃台傳。

權知真定府事　　此下當加"是月,起復禮部尚書張行信權參知政事"。

官給其種　　"種",北作"糧",非。

各司察之　　"司"當作"伺"。

尚書右丞蒲察移剌都棄官擅赴京師　　"尚書右丞"當作

“上京宣撫使”。案移剌都自上京逃歸，故以爲罪。若書“右丞”，則本宜在京師，不見其罪矣。

下沔城縣　“沔”當作“渚”。

壬午從宜移剌買奴　此上已加“十一月”。

楊雲翼榮之　“榮”當作“禜”。

元帥左監軍蒲察五斤進右副元帥權參知政事充遼東行省　案文二十六字，與完顏阿里不孫傳不合，疑訛。

二年戊寅，宋十一年，蒙古十三年。　元本、北本“二年”提行，是。

李雄韜　“李”，北作“季”，非。

獲歸國人言大元兵圍夏王城　案文知此事當在丁丑年。元太祖紀即載於十三年戊寅，非也。

辛亥張行信　“張”上當加“參知政事”。

殊不知方闕乏時①　“知”，元作“思”，是。

長春節　此下當加“免朝賀”。

上京行省蒲察五斤表左監軍哥不靄誣防州宣撫副使紇石烈按敦將叛而殺之　案此事不見列傳，惟完顏阿里不孫傳伯德胡土戕殺阿里不孫，監軍溫迪罕哥不靄與上京留守蒲察五斤所遣使二人合謀，召胡土誅之，哥不靄進一階，亦與此文迥不相合。此云防州無其地，紇石烈按敦無其人，誣叛而殺無其事，當必有訛。

夏四月壬寅朔蒲察五斤　“蒲”，北作“捕”，非。

---

① “方”原作“當”，今據南監本改。

完顏素闌　"闌"當作"蘭"。傳

部落堝　"部",元作"步"。

黃楓阿魯荅　"楓",元作"摑",是。北作"稛",非。宋李全傳黃摑者,即阿魯荅,為經歷官,是也。

集兵應州飛枛　"枛"已作"狐",與元本合。

更審處之　"審",北作"深",非。

有司議贈卹　此上當加"詔"。

治京獄冤因　"因"當作"囚"①。

勢連及帥府　"勢"下當加"必"。

用點檢承玄言　"玄"當作"立"。傳

江北行省　"江"當作"河"。

詔河北行省完顏霆　"省"下當加"遣"。

招撫使田琢　此上當加"詔"。

侍郎郎中員外郎　七字當削。

防刺長官　此下當加"充"。

勾當官　此下當加"充"。

權石都監　"石",元作"右",是。

甲申河東南路　"河"上當加"詔"。

納合蒲剌都　"蒲",北作"滿",非。

敗夏人於質孤保　"保"當作"堡"。

嵐州元帥古里甲完復河東　"嵐"上,元有"與",是。

---

① 按金史卷一五宣宗紀中興定二年(1218)六月丁巳云:"上以久旱,諭宰臣治京獄冤。因及京城小民,中納石炭,既給其價,御史劾以過請官錢,並繫之獄,有論至極刑者,欲悉從寬宥,何如?"揆諸文義,"因"字實屬下文,非"囚"之誤。

“甲”下當加“石倫”。案此族無顯人,時人止呼其氏,史文因之,與石家奴止書蒲察同。

　　三年己卯,宋十二年,蒙古十四年。　上濠州香山村之捷　“濠”,北作“壕”,非。

　　諭宣徽　此下當加“院”。

　　元帥右都監承立　“右”當作“左”。

　　擒統制李申之　申之有詩,見歸潛志。

　　破宋人於海林關　“海”當作“梅”。

　　閏三月　當作“閏月”。案史例書閏不計數,況上文已有三月。

　　付嵐州帥古里甲　此下當加“石倫”。

　　破葭州之通泰砦　“泰”當作“秦”。

　　陷其西南偶　“偶”當作“隅”。

　　詔赴遼東等處　“赴”當作“付”。

　　撫諭其軍民　此下當加“是月,益都總領張林以青、莒、密、登、萊、濰、淄、濱、棣、沂、寧海、濟南十二州叛入於宋。”宋李全傳

　　置東西南三路行三司　“東”上當加“京”。

　　遣徒單思忠以地震　“以地震”三字當改入“遣”字上。

　　西京行三司　“西京”當作“京西”。

　　邢洛　“洛”,元作“洺”,是。

　　貸之　此下當加“是月,右丞賈益謙進左丞”。傳

　　完顏仲　此下當加“元”。傳

　　真定招撫使武仙請給金銀符　“武仙”二字當改入“請

給”下。案<u>仙</u>是年以防禦兼同知，安得稱“招撫”，其招撫使恐尚屬<u>惟宏</u>。

以樞密副使<u>僕散安貞</u>同簽院事訛可行院事于<u>河北</u>　案此文與兩傳皆不合。

尚書以希隆罰輕　“書”下當加“省”。

誅<u>高琪</u>　此下當加“壬申，雨水冰”。<u>志</u>。又當加“詔移文<u>夏國</u>”。<u>傳</u>

卷十六

宣宗紀下

四年<u>庚辰</u>，<u>宋</u>十三年，<u>蒙古</u>十五年。　進官一階　此下當加“是月，左丞<u>賈益謙</u>罷”。又當加“封<u>滄州</u>經略使<u>王福</u>等爲九公，皆兼宣撫使，賜‘宣力忠臣’，總帥本路兵馬、官吏、賦稅，便宜行事”。<u>苗道潤傳</u>。又當加“<u>夏</u>人公移語不遜，詔詞臣草牒折之”。<u>傳</u>

寇<u>樂陵</u>監山　“監”已作“鹽”，與<u>元</u>本合。

橫海節度使　“海”下當加“軍”。

<u>完顏畏可</u>　“完”當作“兀”。

<u>山東</u>民僑居者募壯士五百人　“募”字當改入“山東”上。

使<u>大元</u>　此下當加“是月，右丞<u>侯摯</u>致仕”。<u>傳</u>

戍江　“戍”已作“成”，與<u>元</u>本合。案<u>遺山集濮州</u>碑云成<u>侯江</u>，即此。

進<u>章宗</u>實錄　<u>滏水集</u>有進呈表。

又犯靈臺第一星　“臺”下當加“北”。

山東東路軍户徒許州　　“徒”,元、北並作“徙”,是。

詔柴茂權元帥左都監　　“都監”當作“監軍”。

五年辛巳,宋十四年,蒙古十六年。　　拓南京諸河　　“拓”,元作“括”,是。“河”,元作“州”。“河”下,志有“灘”字。

南伐事軍　　“軍”,元作“重”,是。

詔諸道共集蔡州　　“共”,元作“兵”,是。

及監官　　“監”下當加“當”。

改授西省節制　　“授”,元作“受”,疑作“陝”。

張子英　　“子”,北作“于”,非。

隨處士民　　“士”,元作“土”,是。案“土民”對下“客户”而言。

以寬士民　　“士”,元作“土”,是。

有能墾闢閒田　　“闢”,北作“開”,非。

孛朮魯合往　　“往”,元作“住”,是。

元光元年壬午,宋十五年,蒙古十七年。　　壬午遣官　　“午”已作“子”,與元本合。

即濫乘者　　“即”,北作“有”,是。

防州刺史　　“防”當作“坊”。

西面節度使　　“西面”未詳,元作“西西”,亦訛①。

壬辰詔　　“辰”已作“申”。

就糧屯　　此下當加“是月,參知政事把胡魯罷”。傳。又

---

① 本處吳門蔣槐堂元本實爲洪武覆刻本補版葉,今覆核即作“西西”,洪武覆刻本原作“平西”。按,“平西節度使”,貞祐四年(1216)十月升河州爲平西軍。

當加"元帥右都監完顏合達遷左監軍,權參知政事,行省事于京兆"。傳

宋人以事兵　"事",元作"重",是。

輒杖左右司　"杖",北作"授",非。

掠碻山縣之劉村　此下當加"壬戌,長春節,免朝賀"。

諸監官　"監"下當加"當"。

七月　"七"上,元有"秋",是。

以左古警巡使　"古",元、北並作"右",是。

下榮州之胡壁堡　"榮"當作"滎"。案即滎河縣①。

權元帥元帥右都監　下"元帥",北作"府"。案當削一"元帥"字,"府"字亦衍。

攻鳳翔　此下當加"是月,把胡魯進右丞"。傳

二年癸未,宋十六年,蒙古十八年。　甲寅上謂宰臣人有才堪任事至上以爲然　五十五字,當削。案文與高汝礪傳複。"臣"下當有"曰"。

完顏醜和　此下當加"尚"。

京東總帥　此下當加"牙吾塔"。

有護衛二人私語　案此等事已見於魏鄭公、宋仁宗。

章宗秋還　"還",元本空缺,"還"上宜加"獵"。

并以納合六斤　"斤"當作"哥"。

---

① 此據金史卷二六地理志下河中府云:"滎河,貞祐三年升爲榮州。"今考和刻本重編群書類要事林廣記乙集卷三江北郡縣河東南路條作"榮州",小注云"刺史"。又元史卷一一九木華黎傳:壬午年十月,"過晉至絳,拔榮州胡瓶堡,所至望風歸附,河中久爲金有,至是復來歸。"金史卷一六宣宗紀下元光二年(1223)五月丙午云:"復河中府及榮州。"知榮州不誤。並參成化山西通志卷一建置沿革榮河縣條。

銀青榮禄大夫　　"榮",北作"光",非。

權御史中丞師安石等　　案傳無"權"字。

沔池　　"沔"當作"澠"。

十一月己亥　　此下當加"朔"。

謚大行　　滏水集有謚議、哀册。又歸潛志,潘翰林仲明,宣宗玉册、哀册皆其筆。

贊　北顧有道之朝　　"有道",北作"大元",非。

卷十七

哀宗紀上

正大元年甲申,宋嘉定十七年,蒙古太祖十九年。　　上始視朝　此下當加"右丞把胡魯拜平章政事"。傳

平章政事荆王守純罷判睦親府　　當作"英王守純進封荆王,罷平章政事,改判睦親府"。

以延安帥臣　　"延安"當作"京兆"。

行尚書省事于京兆　　"京兆"當作"延安"。

賜詞賦進士王鶚以下五十人及第　　案遺山集御史孫公表:"是年,詞賦及第,並授奉直大夫。"而宣宗貞祐三年,進士第一,乃授奉直。則此當更優,紀略耳。

上以心喪　　"心",北作"新",非。

詔諭百官　　王惲玉堂嘉話:李翰林欽叔一日與杜仲梁在茶肆中,有司召公甚急,公曰:"無他,多是要撰文字。渠留此勿去,少當即來。"已而果至,曰:"爲戒諭百官草詔。"適當筆

者應奉程天翼，程初入供職，有猝不易稱者。公遂立草五百餘字，允協事宜，甚稱上意。其辭曰："朕新即大位，肇親萬幾，國事實爲未明，政統尤懼多闕。尚賴爾文武多士，内外庶僚，上下同心，始終戮力。以副遺大投艱之託，共成興滯補廢之功。然而養資考者每務以因循，嗜閑逸者或託於疾病，因之積弊，習以成風。事至於斯，朕將何賴①？蓋嘗深惟百姓勤勞之意，尚能不忘累聖涵養之仁。服田力穡而以給租庸，輓粟飛芻而不憚征繕。況爾等身膺高爵②，身享厚恩③？夫有國乃可以有家，而爲臣亦猶之爲子，未有國不安而家可保，必須臣竭力而君以寧。加之事屬方殷，時丁多故，舊疆待乎恢復，强敵期于削平④。正當經營之秋，難行姑息之政。朕既夙宵軫念，庶幾弘業以昭功，爾其朝夕在公⑤，豈宜玩歲而愒日。夫湯刑以儆具位，周典以正百官。兹出話言，以爲明訓。掌刑者有法可奉，毋使有冤抑之情；典選者有格可循，毋妄求疏駮之節。錢穀當審知取予，毋吝於出納之間；臺諫當指陳是非，毋涉於細碎之事。司農以敦本察吏，不可苟且而曠職司⑥；牧民以扶弱抑强⑦，不可聚斂而營私計。至於大而分閫，小而掌兵，固當志殄寇仇，日闢土宇。受朝廷之託，必思報

---

① "賴"原作"稱"，今據玉堂嘉話卷四改。
② "況"原作"凡"，今據玉堂嘉話卷四改。
③ "身"原作"世"，今據廣雅書局叢書本及玉堂嘉話卷四改。
④ "于"原作"以"，今據玉堂嘉話卷四改。
⑤ "其"原作"等"，今據玉堂嘉話卷四改。
⑥ "司"上原衍"名"，今據玉堂嘉話卷四刪。
⑦ "民"原脱，今據玉堂嘉話卷四補。

國,念功臣之後,常恐辱先。又豈可平居或冒于糇糧①,臨事或生於畏懼? 視郡縣之官,忘分於彼此;役部伍之卒,不計於公私? 凡我有官,所當共戒。其敬遵於邦憲,務恪慎於官箴。享富貴於當年,垂功名於身後。且賞罰期於信必②,而功罪貴乎正明。兹誠前代之良規,亦我祖宗之已事。今當仰法③,要在決行。嗚呼! 任賢使能,周室果聞於興復④;綜名核實,漢家遂致於肅清。公勤者賞不敢私,弛慢者刑兹無赦,各勤爾職,明聽朕言。故兹詔示,想宜知悉。”案哀紀正大元年二月、八月無文,二年二月、三月、六月、十一月、十二月,三年二月、九月、十二月,四年四月、九月,五年十月,六年正月、四月、六月,七年二月、三月、四月、九月、十一月、十二月,八年二月、三月、六月、八月皆無文。因疑瞻思帝紀之失載。又白撒傳,元光後至正大初闕四年事。合喜傳,凡闕七年事。女魯歡傳,凡闕八年事。亦疑壬辰雜編之脫文。要之,皆非也。蓋自宣宗末造,開封府報衙聲已在百官朝拜之後,張行信、許道真言事皆不及前,弛慢之風積習既久。況是時蒙古西征,宋兵亦罷,中原無事,文恬武嬉,坐俟國亡,毫不知怪。此詔爲哀宗勵精圖治之始,欽叔代言,確能指出掌刑、典選數條,並及養資考、嗜閑逸諸弊,可謂切中朝臣利病,惜乎徒託空言,無補國是,紀、傳皆不採,故補注之。

---

① “或冒于糇糧”原空作五字格,今據玉堂嘉話卷四補。
② “信必”原作“必信”,今據玉堂嘉話卷四乙正。
③ “仰”原作“伸”,今據玉堂嘉話卷四改。
④ “果”原作“固”,今據玉堂嘉話卷四改。

桓州刺史　"桓"當作"恒"。案<u>西京</u><u>桓州</u>失去已久,此爲<u>盩厔縣</u>所改者。

上欲彰先帝之過　"欲"上當加"不"。

二年<small>乙酉,<u>宋理宗寶慶</u>元年,<u>蒙古</u>二十年。</small>　今稱帝以和"帝",北作"弟",是。

三年<small>丙戌,<u>宋</u>二年,<u>蒙古</u>二十一年。</small>　討反賊萬家奴　"家"當削。

以禮部尚書楊雲翼等爲益政院説書官　案此官自<u>楊之美</u>外,可考者<u>呂造</u>、<u>完顏奴申</u>、<u>蒲察世達</u>三人。

遣中大夫完顏履信爲弔祭夏國使　"中"下當加"奉"。"信"下當加"等"。<small>表。</small>"使"下當加"是年,以工部尚書<u>師安石</u>爲左參政"。<small>傳</small>

四年<small>丁亥,<u>宋</u>三年,<u>蒙古</u>二十三年。</small>　辛亥朔　三字已削。

獲馬八千　案牙吾塔傳作"三千"。"千"下當加"是月,召<u>合達</u>還朝,拜平章政事"。<small>傳</small>

大元兵平德順府　"府"當作"州"。

徵夏税二倍　此下當加"四月丙申,詔群臣議<u>陝西</u>事"。

五月丁丑①　案<u>宋理紀</u>,閏五月己卯朔,從是日丁丑順推至六月戊申朔,計三十有二日,中必有閏。

進士第　此下當加"是月,<u>夏國</u>亡"。案<u>西夏傳</u>,<u>正大</u>三年七月,<u>德旺</u>死。明年,<u>王晛</u>二年。<u>夏國</u>亡。<u>交聘表</u>,是年,"<u>夏</u>遣精方甌匭使<u>王立之</u>來,未復命,國亡。"<u>元太祖紀</u>二十二年

---

① "五"原作"正",今據南監本改。

丁亥六月，“夏主李睍降”。宋史夏國傳，丁亥秋，爲大元所取，夏國亡。

工部尚書師安石　“工部尚書”當作“參知政事”。傳

進之定遺訓　“之”，北作“大”，是。

外臺監察御史　案完顏匡傳，“章宗立提刑司，專糾察黜陟，當時號爲‘外臺’”。

詔贈德順府死事愛申馬肩龍等官　“府”當作“州”。

五年戊子，宋紹定元年，蒙古戊子年。　陁蒲胡土門　“蒲”，元作“滿”，是。

烏古論不魯剌　“不”當作“石”。奴申傳

禱於上清宮　此下當加“右丞赤盞畏忻罷”。傳

減其工三之二　“二”當作“一”。白華傳

充國信使　“充”下當加“大元”。

六年己丑，宋二年，蒙古太宗元年。　馳喻蒲阿　“喻”當作“諭”。

三月乙亥忠孝軍總領陳和尚有戰功授定遠大將軍平涼府判官世襲謀克　三十字當改入七年“還京兆”文下。

后抹冬兒　“后”，元、北並作“石”，是。

八月　此下已加“丙申”。

十月　此下已加“乙未朔”。

十二月　此下已加“乙未”。

七年庚寅，宋三年，蒙古二年。　還京兆　案宋理紀，是年閏二月，自六年十月乙未朔，推至是年七月庚寅，得二百九十五日，中必有閏。

七月　此下當加"庚寅朔"。合達傳

權樞密副使　此下當加"中丞完顏素蘭爲參政,行省于京兆"。傳

十月　此下已加"己未朔"。

八年辛卯,宋四年,蒙古三年。　元本"八年"提行,是。

棄京兆遷居民於河南　張禮游城南記薦福塔續注:"貞祐乙亥,塔之纏腰尚存。辛卯遷徙,廢蕩殆盡,惟磚塔存焉。"又三壇續注:"西北有唐贈户部尚書楊貞公瑒廟碑。楊氏苗裔,泰和間尚盛,人呼爲廟坡楊。辛卯遷移後無聞焉①。"又元醫之居續注:"興定辛巳間,尚爲元氏之居②,遷徙後無聞焉。"

而樞密院議以逸待勞　"樞密"已作"東省",與元本合。

上諭之曰至惟不負吾民可也　六十八字,當削。案文與合喜傳複。

天興元年壬辰,宋五年,蒙古四年。　以便召問　此下當加"下詔求言,于東華門接受陳言文字"。錄大梁事

行元帥府事　此下當加"于許州"。古里甲石倫傳

起近京諸邑軍家屬　"邑",元作"色",是。

次盧氏　此上當加"大元兵"。

分隸諸帥　"帥",北作"師",非。

劉益比其子戰死　"比",元作"叱",是。

①"後"字原脱,今據游城南記補。
②"之居"字原脱,今據游城南記補。

楊仁　"仁"上當加"居"。

乙丑將相受保城爵賞　"丑"已作"巳"，與元本合。

國用安　"用安"已作"安用"。

保忠廟　"保"，元、北並作"褒"，是。

飛虎軍士　"士"，北作"事"，非。

又益兵五十人　"十"，元、北並作"千"，是。

虎顏思烈　"虎"，元作"完"，是。

壬子　當改入上"中京"文上。元本無此二字①。

行京都路尚書省事　"都"，元作"東"，是。

戊寅　二字當削。案戊寅即下九月朔，此訛。

卷十八

哀宗紀下

軍士殺鄭門守者出之　"之"，元作"奔"，是。

庚辰起上黨公張開及臨淄郡王王義深廣平郡王范成爲元帥　"庚"，元作"壬"，是。"臨淄"當作"東平"。白華傳。"廣平"當作"膠西"。同上。"范成"下，元有"進"，是。

---

① 按金史卷一七哀宗紀上云：天興元年(1232)八月，"辛亥，完顏思烈遇大元兵于京水，遂潰，武仙退保留山，思烈走御寨。中京元帥左監軍任守貞死之。合喜棄輜重奔至鄭門，聚兵乃入。甲寅，免合喜爲庶人，籍其家以賜軍士。"南監本、北監本及殿本"中京元帥左監"下皆有"壬子"二字。按是月己酉朔，辛亥第三日，壬子第四日。據卷一一三赤盞合喜傳，天興元年"八月己酉朔，駐於近郊，候益兵乃進屯中牟古城。凡三日，聞思烈軍潰，即夜棄輜重馳還，黎明至鄭門，聚軍乃入"。知合喜逃至鄭門恰在壬子，次日甲寅貶爲庶人。紀文"壬子"當屬下文，作"壬子，合喜棄輜重奔至鄭門"。

范乃速　　"范"已作"蒲",與元本合。

賜越王　　三字已削。元有"越王"二字,無"賜"字。

賜兗王用安　　"用"上已加"完顏"。

杖殺孝婦于省門　　此下當加"是月,以强伸爲中京留守,行元帥府事"。_傳

期以十二月一日入援　　此下當加"是月,復起白撒爲平章政事兼右副元帥"。_傳

權興寶軍節度使　　"興寶"當作"寶昌"。

遣近侍郎白華問計　　"郎",北作"即",是。

鞏昌元帥完顏忽斜虎至自金昌爲上言京西三百里之間無井竈不可往東行之議遂決　　"昌"下當加"請西幸,便白撒"。案忽斜虎主西幸,白撒主東行,據此文似東行之議出於忽斜虎矣,非也,乃脱文耳。

二年_{癸巳,宋六年,蒙古五年。}　丁酉上哭祭戰死士于河北岸　　"丁"已作"巳",與元本合。

完顏忽土出　　"忽",女魯歡傳作"胡"。

女魯權不可　　"權"當作"懽"。

馬軍都元帥　　"馬軍"已作"軍馬",與元本合。

張節　　"節"上當加"大"。

裴蒲阿虎帶　　"蒲"已作"滿",與元本合。

講議蒲察琦　　此下當加"户部尚書完顏珠顆"。_{崔立傳}

癸酉　　崔立傳作"壬申"。

庚午至歸德　　"庚午"已削。

二百八十餘人　　女魯歡傳作"七百人"。

以忠孝寧爲亂　　“寧”,元、北並作“軍”,是。

辛巳官奴真授參知政事至謀誅官奴　　七十六字,當改入下“俱亡入宋”文下。“巳”,元作“卯”,當作“亥”。“自古無不忘之國”,“忘”,元作“亡”,是。“辛”上當加“五月己酉,宣奴敗大軍于王家寺”。傳。案官奴傳,真授參政在五月五日己酉王家寺戰勝之後,不合反在四月前,乃錯簡耳。

俱亡入宋　　此下當加“是月,前譙縣尉王進等復亳州”。

烏古論蒲鮮　　婁室傳作“忽魯”。

至浙水　　“浙”,元作“淛”,是。宋理紀,七月敗武仙於浙江。

婁室行省院于息州　　案與傳不合。

設四隅和糴宮　　“宮”當作“官”。

九月癸卯朔　　當作“壬寅朔”。案下文庚戌爲重九,則癸卯非朔也。宋理紀亦壬寅朔。

十月戊辰更造天興寶會　　“辰”已作“寅”。北無“會”字,非。

獨此爲介介爾　　“爾”,元作“耳”。

三年甲午,宋端平元年[1],蒙古六年。　　帝自縊于幽蘭軒　　此下當加“年三十七”。

贊　宣宗南度　　“度”已作“渡”。

---

[1] “元”字原脱,今據補。

卷十九

世紀補　元本有"補"字,南、北本脱。"補"下,北注"追尊"二字。

景宣皇帝　集禮,天會十三年,奉上謚號,乾文閣直學士蔡靖攝門下侍郎,乾文閣待制吴激攝中書舍人。

改葬興陵　此下當加"皇統五年,增謚允恭克讓孝德元功佑聖景宣皇帝"。

降帝爲豐王　"豐",海紀作"遼"①。

睿宗　本諱訛里朵　案宋史作窩里喎。

魁偉尊嚴　此上當加"帝"。

宋馬括兵　此上當加"六年正月"。紀

北拔离速至揚州　"北"當作"比"。

或宗輔宗翰宗尹中　"翰"當作"幹"。

降甘泉等三堡　"三",杲傳作"二"②。

甘嵯　"嵯"已作"谷"。

慕洧　"慕",西夏傳作"暴"③。

十三年　此下當加"五月甲申"。紀。案集禮,五月十一日廢務。

世宗即位追上尊謚　"追"下當加"謚簡肅皇帝,大定三

---

① 詳見本書卷一海陵紀正隆元年(1156)、二年追降景宣皇帝爲遼王條辨證。

② 今核金史卷八四杲傳,南監本作"二",至正初刻本作"三"。

③ 今核金史卷一三四西夏傳,南監本作"暴",至正初刻本作"慕"。

年九月加"。紀

　　改葬于大房山　昂傳"爲敕葬使"。即此。

　　顯宗　按百官以禮勿以儲以生驕慢　"按"已作"接"。"儲以",北作"儲位",是。

　　四年　此下當加"六月己巳,帝有疾,世宗往視"。紀

　　受册謁謝太廟服常朝服乘馬　案禮志"皇帝恭謝儀":降輦升輅,未嘗乘馬。乃大定七年後之制,此則指五年三月上尊號時事,尚在前也。

　　庚戌受皇太子册寶　"戌"當作"辰"。紀。"受"當作"授"。集禮:七年十二月一日,命侍講學士張景仁撰册文,禮部侍郎劉仲淵書册篆寶。五日,差工部侍郎張仲愈提點儀仗。二十五日,命右丞相良弼告天地,樞密使志寧告宗廟,平章政事守道攝侍中,奉寶、讀寶,右丞石琚攝中書令,奉册、讀册。

　　隋王惟功　"惟"已作"永"。

　　十一月丁亥　此上當加"十一年"。

　　十二年十月　"二",元作"三",是。

　　十四年四月　此下當加"戊辰,有事于太廟,帝攝行祀事"。紀

　　上却之　"上",北作"帝",是。

　　或能留一二年　"一",北作"三"。

　　謂諸侍中曰　"侍中"已作"中侍"。

　　帝冬獵　案集禮守國儀:皇太子起居表問圍獵事如何,敕旨來往日數,從太子所欲。又釋重玉有從顯宗皇帝幸龍泉

寺詩刻,是也。

二十五年正月乙酉　此下當加"朔"。紀

張僅言　"僅",北作"謹",非。

贊　太子之猛安也　"子",元作"祖",是。

宗翰請立熙宗宗望不敢違　"翰"當作"輔"。"望",元作"翰",是。

舊史稱濬宗　"濬",元作"睿",是。

金史詳校卷三上

卷二十

天文志　元本"天文"下注"日薄食煇珥雲氣,月五星淩犯及星變"。

日薄食　案此條,今止校與宋不合事,其小合者別詳金源雜興大明曆詩注。至煇珥雲氣,兩國紀、志多不合,不敢校也。

太祖　案宋徽紀政和五年七月戊辰朔,日食,收國元年不書。又重和元年五月壬午朔,天輔二年不書。

天輔　六年春二月庚寅朔　宋宣和四年二月不載。

七年秋八月辛巳朔　宋同。遼天祚紀保大三年不載。案金初本遼曆,豈有不合者,乃遼紀脫耳。

天會　十三年正月丙午朔　宋高紀作"乙巳朔",詳本紀。

斜角交行　案宋高紀紹興七年二月癸巳朔,熙紀天會十五年不書。

天眷三年七月癸卯朔　宋紹興十年不載。

皇統　四年六月辛巳朔　宋紹興十四年不載。

乙亥朔日食　案宋紹興十七年十月辛卯朔，皇統七年不書。

丙戌白虹貫之　"之"，北作"日"，是。

海陵敕自今日食皆面奏不須頒告中外　十六字當削。案文與海紀複。

正隆　六年　案宋紹興三十一年正月甲戌朔，海紀不書。

大定　七年四月戊辰朔　宋孝紀乾道三年不載。

北方微有赤氣　"微"，元作"徵"。

承安三年正月己亥朔　宋寧紀慶元三年不載。案濟南集太乙三代度師蕭公墓表①："承安改元，日食，正旦，父老懼災，請師作醮于神霄宮。"即此。

五年十一月癸丑日食注宋史作六月乙酉朔　"丑"下當加"朔"。紀。注八字當削。案是年即宋慶元六年，日食宋、金不同月者凡三，是年十一月，大安二年十二月，正大五年十二月，宋皆作六月。又志注他史，無此例。即此志，大安二年、正大五年亦並無注。

泰和三年　案宋嘉泰三年四月己亥朔，章紀不書。

六年　二月壬子朔　案章紀不書，宋開禧二年二月亦不載。

---

① "墓"字原脱，今據濟南遺老集卷四二補。

大安元年　“元”當作“二”。紀

十二月辛酉朔　“辛酉”，疑作“乙卯”。詳本紀。案宋嘉定三年作“六月丁巳朔”①。

經月乃已　案宋嘉定四年十一月己酉朔②，衞紀不書。

貞祐元年　十二月　“二”已作“一”。

四年　閏七月壬午朔　宋嘉定九年閏月不載。

興定　二年七月庚午朔　宋嘉定十一年七月不載。

正大二年二月甲寅　已作“正月甲申”。

省前有氣　“省”當作“日”。

四年　案宋理紀寶慶三年六月戊申朔，哀紀不書。

五年十二月庚子朔　宋紹定元年作“六月壬寅朔”。

日有兩珥　案宋紹定六年九月壬寅朔，天興二年不書。

京索之間雨血十餘里　九字當削，改入五行志。案此異不得順文雜入天文類。

月食　案月食較日食差輕，故宋志有而此志不書者，並從省。惟本志有而宋志無者俱載。亦詳金源雜興本詩注。至五星凌犯變等，尤屬參差不合，不敢臆校。

皇統　三年正月己丑　“丑”下當加“朔”。紀

至五月壬戌始滅　此下當加“六月”。

太白經天　案太白附日而行，惟早晚見於東西，若見於午位爲經天，其餘方位則但書晝見。見漢書楚元王傳孟康注

---

① 此條及上大安元年(1209)條詳見本書卷二衞紹王紀大安二年十二月辛酉朔日有食之條辨證。

② “己”原作“乙”，今據宋史卷三九寧宗紀三改。

及草木子。

十二月乙卯朔太白經天丙子月食閏月己亥太白經天
二十二字當削。案文爲貞元元年事，而重書於天德四年，乃
史官誤錄失刪，妄加甲子，以欺後人者。

　　貞元二年　"二"，北作"元"，是。

　　十二月乙卯　"卯"下當加"朔"。

　　庚午月食　宋志不載。

　　閏月乙酉　"酉"下當加"朔"。

　　二年　三月辛巳月食①　元無"月"字。宋志不載。

　　十一月甲子月食　宋志不載。

　　正隆　三年　二月己卯　"己"當作"乙"。宋志

　　辛巳月食　"辛"當作"乙"。宋志不載。

　　四年　十二月　"月"下當加"甲子"。

　　海陵問司天提點馬貴中曰至無兵兵起　九十六字，當削。
案文與馬貴中傳複。

　　六年七月乙酉月食　宋志不載。

　　先是海陵問司天馬貴中曰至南伐遇弑　一百五十一字當
削。案文與馬貴中傳複。

　　大定　四年　十一月丙申月食既　宋志作"五月"。

　　六年　六月太白晝見辛巳經天　當作"六月辛巳，太白
晝見"。紀

　　十一年　八月癸卯　"卯"下當加"朔"。紀

① "月"，南監本原作"日"，誤。

十一月甲子太白晝見　此上當加"十五年"。紀

二十一年　二月甲子　"二月"當作"三月"。

注以下史闕　當加"十一月丁亥,月食"。案曆志序云："二十一年十一月望,太陰虧食,遂命司天校曆。"宋志淳熙八年十一月丁亥同,今據補。

辛巳夜月食既　"夜"字當削。

歲星犯軒轅太星　"太",北作"大",是。

丁丑月掩卯　"卯",元、北並作"昴",是。

明昌元年　十二月乙未月食　宋志作"十一月",訛。

二年　十二月戊子木金相犯　案張行簡傳云:校劉道用新曆,"二年十二月十四日,金木星俱在危十三度①,道用曆在十三日,差一日"。即此。

三年　四月丁巳月食　宋志作"乙巳",訛。案張行簡傳云:"校是夜月食,時刻不同。"即此。

四年　九月戊申月食　"申"當作"寅"。宋志不載。

五年十月癸卯月食　宋志作"九月",訛。

承安　二年　二月　己未　月食既　宋志作"七月",訛。

三年正月甲寅月食　宋志不載。

泰和元年十一月辛酉月食　宋志不載。

三年　六月戊戌　紀作"己亥"。

四年九月乙亥月食　宋志不載。

---

① "星"原脫,今據金史卷一〇六張行簡傳補。

五年　八月己巳月食　“八”當作“閏”。

七年正月　辛卯月食　宋志作“壬辰”。

八年正月丙戌月食　宋志作“二月”，訛。

大安　三年正月乙酉　“酉”下當加“朔”。

崇慶元年　當作“至寧元年”。紀

貞祐　三年七月　己卯月入畢　紀作“戊寅”。宋志作“辛卯”，訛。

天有流星　“天”字當削。

興定　二年　其先如塔狀　“先”，北作“光”，是。

十月庚申　紀作“癸亥”。

十一月壬子月食既　“一”當作“二”。宋志

三年　十一月乙巳月食　“乙巳”當作“丙午”。案志中月食不同，有在十五日者，天德三年二月丙辰，貞元二年十一月甲子，正隆五年正月甲午，六年七月乙酉，大定四年十一月丙申，十六年三月庚申、九月丁巳，十九年正月甲戌，二十三年五月己卯，明昌元年六月丁酉、十二月乙未，二年六月壬辰，四年九月戊申，承安元年八月壬戌，二年二月己未，三年七月庚戌，泰和元年十一月辛酉，三年三月癸未，五年三月壬申，閏八月己巳①，七年正月辛卯、七月戊子，大安元年六月丁丑、十月乙亥，貞祐二年二月庚戌、八月丁未，興定元年十二月戊午，二年六月乙卯，四年五月甲辰，元光元年三月癸未，是也。在十六日者，天會十一年十二月丙戌，十三年十一月乙酉，貞元元年十二月庚午，二年三月己巳，大定二十九年十二月辛丑，明昌三年四月丁巳，五年十月癸卯，承安三年正月甲寅，五年五月庚午，泰和二年五月己未，四年九月乙亥，八年正月丙戌，貞祐四年二月己亥，興定三年五月庚戌，是也。

———————————

① “己巳”原作“乙巳”，今據金史卷二〇天文志改。

在十四日者。<u>正隆</u>三年二月乙巳，<u>大定</u>二十二年十一月辛巳，二十六年三月壬辰，<u>貞祐</u>三年八月辛丑，四年閏七月乙未，<u>興定</u>二年十一月壬子，是也。此日據<u>宋志</u>作“丙午”，上溯癸巳朔，亦當爲十四日。若作“乙巳”，則十三日矣，有是理哉。

六年　四月癸亥月食　“四”當作“三”。<u>宋志</u>

正大　三年十一月　癸酉五星並見於西南　<u>宋理紀</u>、<u>天文志</u>，<u>寶慶</u>二年皆不載。<u>楊雲翼傳</u>有五星聚井辨一篇，即此。

凡四十有八日　案自閏九月二日至十月一日，止三十日耳。

哀宗曰　“哀”，北作“京”，非。

卷二十一

曆志上

序　司天<u>楊級</u>始造大明曆　案自<u>遼統和</u>以後，中曆<u>金源</u>，下及<u>元至元</u>以前，北中沿用<u>祖沖之大明</u>曆，然大明其號，非其術也。<u>級</u>法當起演紀上元庚寅，距今<u>天會</u>五年丁未三億八千三百七十六萬八千六百五十七年。<u>直齋書錄解題</u>云：“<u>金大明曆</u>一卷，<u>大定</u>十三年所爲。積年三億以上，其拙可知。”是也。案<u>大定</u>十三年，乃指<u>趙知微</u>重修之年，非謂<u>級</u>造曆在<u>大定</u>也。

因宋紀元曆而增損之也　<u>宋徽紀崇寧</u>五年五月丁未，頒<u>紀元</u>曆。<u>遼曆志</u>閏考：“<u>乾統</u>六年，宋用<u>紀元</u>曆。”<u>玉海</u>：<u>崇寧</u>二年，“命<u>姚舜輔</u>等復造新曆，視<u>崇天</u>減六十七刻”。<u>元曆志</u>序：<u>許衡</u>等以謂金雖改曆，止以<u>宋紀元</u>曆微加增損，實未嘗測驗於天。李謙曆議以大衍、宣明、紀元、統天、大明、授時六曆考驗冬至日刻疏密四十九事,紀元、大明所定冬至甲子無不同者,惟陳太建丁酉略差耳。

乃命司天監趙知微重修大明曆十一年曆成　"十一"當作"二十"。案元李謙曆議所校冬至刻法,如承安二年之甲辰,泰和三年之乙亥,正大七年之丁酉,大明仍屬後天,則趙術亦非密合。

明昌初司天又改進親曆　"明昌初"當作"泰和中"①。"親"當作"新"。

事遂寢　案張行簡傳,泰和六年,秘書監進太一新曆②,詔校之。楊雲翼傳:"司天有以太乙新曆上進者,摘其不合者二十餘條"。序略去。

步氣朔　紀元同。

演紀上元甲子距今大定庚子二十年八千八百六十三萬九千六百五十六年　此趙知微重修曆元也,乃就楊級所定曆元,斷取近距之元用之,以省布算之繁,其實與級曆無異也。

---

① 此處明昌紀年不誤。按金史卷一〇六張行簡傳云:"司天臺劉道用改進新曆,詔學士院更定曆名,行簡奏乞覆校測驗,俟將來月食無差,然後賜名。詔翰林侍講學士黨懷英等覆校。懷英等校定道用新曆:明昌三年(1192)不置閏,即以閏月爲三月;二年十二月十四日,金木星俱在危十三度,道用曆在十三日,差一日;三年四月十六日夜月食,時刻不同。道用不曾考驗古今所記,比證事迹,輒以上進,不可用。道用當徒一年收贖,長行彭徽等四人各杖八十罷去。"司天改進新曆"蓋指劉道用新曆。考金史卷一二五黨懷英傳:"明昌元年,懷英再遷國子祭酒。二年,遷侍講學士。明年,議開邊防濠壍,懷英等十六人請罷其役,詔從之。遷翰林學士。"及孔氏祖庭廣記卷三崇奉雜事,明昌六年,"敕翰林學士黨懷英撰修廟碑文及書丹篆額"。據此,懷英於明昌二年至六年前任翰林侍講學士,亦知覆校道用新曆當在明昌間。
② "一"原作"乙",今據金史卷一〇六張行簡傳改。

元曆志，"六百五十六"作"七百五十七"，乃距至元辛巳之積年，故較多一百一年，非有誤也。

日法五千二百三十分　金、水曆度法同。

歲實　紀元作"朞實"。金、水曆率同。

通餘　紀元無。而用大衍法中盈分數三一八五五，以一二乘之，即與通餘合。猶之以一二除通餘，亦與中盈分合也。

朔實　紀元同。

通閏　紀元作"歲閏"，見步發斂下。金源百二十年，凡四十四閏，每章得七閏弱。

歲策　紀元作"歲周"。

朔策　紀元同。五禮通考云："强於崇元，弱於正光"。

氣策　紀元同。

六十秒　"十"下當加"六"。

望策　紀元同。步交會交望同。

四十五秒　當作"五十"。

象策　紀元作"弦策"，"步月離"象策同。紀元，"中盈分"列此下。

二分　"二"當作"一"。

二十二秒半　當作"二十五"。

没限　紀元同。

三十秒　"十"下當加"四"。

朔虛分　紀元同。

旬周　紀元同。

紀法六十　紀元同。

秒母九十　　紀元無。

步卦候　　紀元作"步發斂"。

候策五　　紀元同。

卦策六　　紀元同。

貞策三①　　紀元作"土王策"。紀元此下有"歲閏",即上通閏;又有"月閏",即十二歲閏也。惟閏限,大明無此法。考紀元,閏限以月閏減朔實,得數,則以十二除通閏,即得月閏,以減朔實,亦得數,爲大明閏限也。

辰法二千六百一十　　"十"下當加"五"。紀元作"六日"。此即半日法。步晷漏半法同。

半辰法　　紀元作十二日。

刻法　　紀元作十日。

辰刻八　　紀元作四乘半辰法,見步晷漏。

半辰刻四　　紀元作二乘半辰法。

秒母一百　　紀元作"六十"。

二十四氣卦候　　紀元同。本大衍法,宋應天曆同。

小暑至　　北作"麥秋至"。案大衍作"小暑"。庚午元曆同。

步日躔　　紀元同。

周天分　　紀元同。五禮通考云:"强於明天,弱於乾道。"

歲差　　紀元同。五禮通考云:"七十五六年而差一度。"

秒母一萬　　紀元"一百"。

---

① "策"原作"法",今改正。

周天度　　紀元同。

象限　　紀元同。紀元此下有乘法、除法二則。與崇天曆同。

二十四氣日積度及盈縮　　紀元無，本應天法。

大寒　　盈一萬二千九百二十九　　"二十"，元作"七十"，是。

驚蟄　　益七百三十七　　"三十七"，元作"三十九"，是。

盈二萬三千二百一十六　　"一"，元作"七"，是。

清明　　盈二萬三千七百七十六　　"七百"，元作"二百"，是。

立秋　　末一百八十六二十六二十六　　"二十"，元皆作"一十"。

白露　　縮二萬三千三百七十六　　"三百"，元作"二百"，是。

霜降　　損三千四百五　　"五"下當加"十三"。

立冬　　縮一萬□千六百九十九　　空格，元有"七"字，是。

小雪　　縮一萬一千九百　　當作"一萬二千九百七十九"。

二十四氣中積及朓朒　　紀元同。

立春　　益一百二十五　　"二"當作"三"。

穀雨　　損一百二十五　　"二"，元作"三"，是。

小暑　　經分四千三百四十六　　"四十六"，元作"九十四六十"。

益二百二十二　　"二十"當作"三十"。

大暑　　經分一百三十　　"一"，元作"三"，是。

立秋　約分一十七　　"一",元作"二",是。

霜降　經分一千九百三十三五　　"五",元作"十二"。

爲每日盈縮朒積　　"朒"上已加"朓"。

赤道宿度　　紀元同。

右北方七宿九十四度秒六十八　　"六十八",紀元作"七十二"。

胃十五度　　"度"下當加"半"。

右東方七宿七十九度　　此行之後當加六十一字,云"諸曆赤道宿次,就立全度,頗失真數。今依宋朝渾儀校測距度,分定太、半、少,用爲常數①,校之天道,最爲密近。如考唐,用唐所測;考古,用古所測:即各得當時宿度"。案赤道宿度文後必有總結數語,如下文黄道宿度後即有"前黄道"云云一段,此曆例也。本志脱刊,今從紀元文中采補,若據文内有"宋朝"字,疑爲大明原文。此説未是。蓋"宋"字乃"本"字之誤刊,然在紀元固非,在此志適合也。

命起赤道虚宿七度　　庚午元曆作"六度"。

右北方七宿九十四度　　紀元作"九三度太"②。

右西方七宿八十二度太③　　紀元作"八十四"。

鬼二十度半　　"十"字當削。

右南方七宿一百九度少　　紀元無"少"。

然可步曜　　"然"下當加"後"。案此本大衍原文,觀天曆

---

① "用"原作"曆",今據宋史卷七九律曆志十二紀元曆改。
② "度"字原脱,今據宋史卷七九律曆志引紀元曆補。
③ "二",今核南監本作"二",百衲本作"三"。

亦有之。

知其所在　此下當加"如徑求七曜所在，置所在積度，以前黃道宿積度減之，爲所在黃道宿度及分[①]。"志例

注餘依術算　"依"，北作"以"。

太陽黃道十二次入宮宿度　紀元無，本觀天法。

步晷漏　紀元同。

中限　紀元作"二至限"。紀元此下有象限、象度二法。

冬至初限　紀元同。

夏至初限　紀元同。

地中晷景　紀元岳臺同。庚午元曆作永安，即中都。

周法　紀元無。

內外法　紀元無。

半法　紀元無。

日法四分之三三千九百三十二半日法四分之一一千三百七半　二十六字當作小字，注入"半法，二千六百一十五"文下。

昏明分　紀元同。

昏明刻二刻　紀元作兩昏明分。紀元此下有辰刻八，半辰刻二法。

餘其入末限也　"其"當作"爲"。

二十四氣陟降及日出分　紀元無。

大暑　末一　"一"，元作"二"，是。

---

① "黃"字原脫，今據宋史卷七九律曆志引紀元曆補。

秋分　日出秒十六　元作"九十六",是。

小雪　日出秒七十一　"一",元作"九",是。

二分前後陟降率　紀元無。

十五日陟一　元"一"下注"一"字。"陟一"當作"陟四"。

如出分四之一已下　"出分"當作"日法"。庚午元曆

餘爲内分　"内",北作"外",非,已改。

即得逐更及明中　"明",元、北並作"門"①,非。"中"下已加"星"。

卷二十二

曆志下

步月離　紀元同。

轉中分　"中"當作"終"。紀元作"轉周分"。

秒六千六十六　"千",元作"十",非。

轉終日　紀元作"轉周日"。

轉中日　紀元同。

朔差日②　紀元同。紀元此下有望策。

象策　紀元作"弦策"。

秒母　紀元同。

---

① 本書引元本(洪武覆刻本補版葉)作"門",南監本亦同,洪武覆刻本作"明"。
② "日"上原衍"一"字,今刪。

上弦　紀元同。

望　紀元同。

下弦　紀元同。

月平行度　紀元同。

分秒母　紀元同。

七日初數　紀元同。

十四日初數　紀元同。

二十一日初數　紀元同。

二十八日初數　紀元同。

轉定分及積度朓朒率　紀元同。本應天曆。

十七日　一千一百三十六　“一百”，元作“二百”，是。

十八日　一千一百五十八　“一百”，元作“二百”，是。

十九日　一千一百八十一　“一百”，元作“二百”，是。

二百四十六度　“四十”，元作“三十”，是。

二十三日　一千二百八十四　“二百”，元作“三百”，是。

二十六日　朒一千二百一十四　“一十”，元作“二十”，是。

凡月行所交注立夏後青道半交在立春之宿　“立夏”上當加“立冬”。

又注異如黃道赤道相交　“異”當作“正”。

步交會　紀元同。

交終分　紀元同。

交終日　紀元同。

交中日　紀元同。

交朔日二　紀元同。

交望日　紀元同。

秒母　紀元同。紀元此下有交率、交數二法。

交終二百六十三度七千九分三十六秒　"二"當作"三"。

交中　紀元同。

交象　紀元同。

半交象　紀元同。

日蝕既前限　紀元作"陽曆限"。

日蝕既後限　紀元作"陰曆限"。

月食限　紀元同。

月食既　紀元同。

分秒母　紀元同。

置定朔望加時入交汎日注每日夜準此求　當作"每日夜半準此求之"。庚午元曆

以所入氣日積益率　"積"當作"損"。

即爲食甚日行積度及分　此下當加注"先以食甚中積經分爲約分,然後加減之,餘類此者,依而求之"。據庚午元曆。

求日食爲交前後定分　"爲"當作"去"。

氣刻一差定數　"一",元作"二",是。

滿定用分西一　"西"當作"而"。

步五星　紀元同。

木星周率　紀元同。下四星同。紀元此下有周差。下火、土同。

曆率　紀元同。下同。

曆度法　紀元無。下同。

周日　紀元同。下並同。

曆度　紀元同。下並同。

曆中　紀元同。下並同。

曆策　紀元同。下並同。

伏見　紀元同。下並同。

火星　夕伏　四十一度　"一"，元作"八"。

策數一　益一千一百率　"率"，元作"六十"，是。

策數九　二十五度七十　"七十"下，元有"六"。

土星　晨退　空度二十二八　元作"二十八"。

金星　合日　紀元同。下水星同。

水星　晨伏夕見　紀元同。

夕伏晨見　紀元同。

順加退減太陽盈縮差　"順"下，北有"在"，非。

順在盈曆　北無"順在"二字，非。

注其順退所在盈縮　"順"，北作"顯"，非。

元祐時尚書右丞蘇頌與昭文館沈括奉敕詳定渾儀法要　案沈括上渾儀議在熙寧七年，不與蘇頌同時。考異云。曲洧舊聞：元祐四年三月己卯，銅渾儀成，蓋蘇子容所造也。子容因其家所藏小樣而悟於心，常恨未究算法，欲造其器而不果。晚年爲大宗伯，於令史中得一人，深通算法，乃授其數，令布算，參考古人，尤得其妙，凡數年而器成。大如人體，人居其中，有如籌象。因星鑿竅，依竅加星，以備激輪旋轉之勢。中星昏曉應時，皆見於竅中。星官曆翁聚觀駭歎，蓋古未嘗有也。<u>子容</u>又圖其形制，著爲成書上之，詔藏於秘閣。<u>紹聖</u>初，<u>蔡卞</u>以其出於<u>元祐</u>，議欲毀之。<u>晁美叔</u>力争，求<u>林子中</u>爲助，得不廢。

設十字水趺　　"趺"，北作"跌"，非。

始於韓張衡　　"韓"，<u>元</u>作"漢"，是。

卷二十三

五行志

序　猶有星埜之説　　"有"，北作"在"，非。"埜"當作"野"。

覺而太戚　　"太"，<u>元</u>作"大"，是。

斡帶伐高麗　　"帶"已作"賽"，<u>元</u>作"塞"。

丁未上候遼軍還至斡結濼　　"丁"上當加"十二月"。^紀

天會　十年　　"十"下當加"一"。^紀

十三年五月　　"五"已作"四"，與<u>紀</u>合。

三月辛丑大雪　　此下當加"七月，<u>北京</u>、<u>廣寧</u>蝗，<u>陝西</u>饑"。^紀

燕西東二京　　"二"當作"三"。

三年陝西旱　　案志不書時月，<u>熙紀</u>不載。而文下書五月貢瑞麥，明年正月進嘉禾。<u>紀</u>並同。則"陝西"字似訛。

五月丁巳　　"巳"下當加"朔"。^紀

十月甲辰地震　　"地"上當加"河朔"。^紀

進三角牛　　"牛"已作"羊"，與<u>紀</u>合。

貞元二年五月癸丑　"二"當作"三"。<u>紀</u>

三年十二月己丑　"三年"當削。

海陵問司天馬貴中等曰至則有烈風及物之災　五十八字,當削。案文與<u>馬貴中</u>傳複。

海陵下詔南征　此下當加"時有童謠云:'正軍三匹馬,簽軍兩量鞋。郎主向南去,<u>趙老</u>送鐙臺。'"<u>煬王江上録</u>

三年二月丙申　"二"當作"三"。<u>紀</u>

八路蝗　此下當加"五月乙卯,<u>中都</u>蝗"。<u>紀</u>

是歲有年　"有"上當加"大"。

六月甲辰　"六月"已削。

七月戊申又震　"申"下當加"朔"。"震"下當加"十月丁丑朔,又震"。

宛平張孝善有子曰合得　癸辛雜識別集:<u>大定</u>中,<u>宛平張孝善</u>男假尸還魂①。引實録云。即此。

大寧宮門火　"大"當作"太"。

四月庚子亦如之　此下當加"癸丑,地生白毛"。<u>紀</u>

進嘉禾二本　此下當加"六莖"。<u>紀</u>

京師地微震　"微"字當削。<u>紀</u>

六月曹州河溢　"六月"當削。"溢"下當加"十月辛丑,<u>沁州</u>、<u>丹州</u>進嘉禾"。

二月地生白毛　"月"下當加"癸丑"。

命有司祈晴　此上當加"癸未"。

① "善"字原脱,今據癸辛雜識別集下假尸還魂補。

邢洛深冀 "洛"已作"洺"。

六年八月 "六年"已削。

鼇跌 "跌",元作"趺",是。

泰和二年八月丙申磁州武安縣鼓山石聖臺有大鳥十集於臺上 癸辛雜識別集引續夷堅志"鳳皇見"云:"金泰和四年六月,磁州武安縣南鼓山北石聖臺鳳皇見。鳳從東南來,衆鳥周圍之,大者近內,小者在外,以萬萬計。地在屯區邨,邨民懼爲官司所擾,謀逐去之①,驅牛數十頭,擊柝從之。牛未至二里,即有鷟鳥振翼而起,翼長丈餘,下擊二水牯,肉盡見骨,水牯即死。於是衆始報官。鳳皇高丈餘,尾作鯉魚狀,而色殷,九子差小,翼其傍。鳳爲日景所照,則有二大鳥更迭盤旋庇蔭之,至日入則下。留三日,乃從西北摩空而上。縣中三日無鳥雀。鳳去後,人視其處,有鯉魚重五六十斤者,食餘尚有數頭。臺傍禽鳥糞兩溝皆滿,小禽不敢飛動,餓死者不可勝計。邨民疑臺下有異,私掘之三尺餘,石罅中直搜金劍一,取不能盡,擊折得其半。以火煅,欲分之,劍見火,化金蟬散飛而去。"案文與史志小異,又年月不同,故錄。

十一月丁卯陰木冰 "丁卯"當作"癸酉"。紀

凡三日 此下當加"十二月己丑朔,新平等縣蚜蚄蟲生"。紀

五年夏旱 案紀無文。

八年四月甲午 "四"當作"閏"。紀

① "之"字原脫,今據癸辛雜識別集下鳳凰見條補。

六月戊子　　“月”，北作“子”，非。

大安元年徐沛界黃河清　　案衛王紀在二年，與此不合。第紀文爲王鶚采撫者，不足據。

吹清夷門關折　　“清夷”已改“通玄”。

二月戊午　　“二”，元作“三”，是。

宰相皆非其言　　“言”，元作“才”。

時斗米有至萬二千者　　“千”下，北有“錢”，是。

宣宗貞祐元年　　當別提行。

團圝冬　　圝，北作“戀”，非，當作“圞”。

冬黃河自陝州界至衛州八柳樹清十餘日　　案是年爲貞祐二年甲戌。進金史表：“世皇毓聖質於乙亥，蚤一歲而黃河清。”指此。

三年二月戊午　　“二”已改“三”。

五月河南大蝗　　“五”當作“四”。紀

四年正月戊辰　　案紀，興定四年正月壬辰朔，無戊辰，當爲戊戌、甲辰、戊申之譌。

五年三月以久旱　　“三”當作“二”。紀

二月雷而雪　　“而”當作“雨”。紀

鈞州陽邑盧氏　　“邑”當作“翟”。

五月大寒如冬　　“月”下當加“辛卯”。

閏八月己未有箭射入宮中　　“八”當作“九”。此十一字當改入下“蒲乃速震死”文下。

國家將瓦解矣　　此下當加“三年正月己酉，京、索之間雨血十餘里，是日亡”。案此從天文志改出，無庸再録，因上下文須有加字,故補。

卷二十四

地理志上

序　越鹽川堡　"川",北作"州",非。

建五京_{上京路會寧}、_{東京路遼陽}、_{北京路大定}、_{西京路大同}、_{南京路開}_封　案考異引大金國志云:"京都六,留守司五。上等二處,中等四處。"既云五留守,安得有六處耶,不知中都大興自屬總管府,故直云"建五京"。又此文與考異殊有不合處,非敢立異,本無事於操戈,不欲苟同,或難逃於撼樹,平心論之,但求公是爾。

置十四總管府_{咸平路咸平}、_{中都路大興}、_{河北東路河間}、_{河北西路真定}、_{山東東路益都}、_{山東西路東平}、_{大名路大名}、_{河北北路太原}、_{河東南路平陽}、_{京兆路京兆}、_{鳳翔路鳳翔}、_{鄜延路延安}、_{慶原路慶陽}、_{臨洮路臨洮}　案官志云:"大興府尹兼領本路兵馬都總管,車駕巡幸,則置留守。"可知總管其常,留守其暫置也。

是爲十九路　案考異引國志,十四總管有臨潢,無大興,以爲多臨潢一路,可合二十之數。非也。史志止十九路,臨潢即北京,自與大定府同爲一路,此志據大定後,已罷路,降總管而爲散府矣。俗本於二十路中復有熙河、秦鳳等字,尤謬。

散府九_{北京路廣寧府}、_{興中府}、_{臨潢府}、_{南京路歸德府}、_{河南府},_{河北西}_{路彰德府},_{山東東路濟南府},_{河東南路河中府},_{鳳翔路平涼府}　案考異引國

志,散府八處,史云九者,并臨潢數之。此説是也。又志文中山府亦稱定州,而復府無年可考,未免疑節鎮爲散府。第國志、選志皆言定州,志文似訛。

節鎮三十六隆州利涉、蓋州奉國、義州崇義、錦州臨海、瑞州歸德、懿州寧昌、全州磐安、興州寧朔、泰州德昌、豐州天德、撫州鎮寧、奉聖州武定、朔州順義、應州彰國、蔚州忠順、雲内州開遠、平州興平、雄州永定、保州順天、鄧州武勝、許州昌武、蔡州鎮南、冀州安武、滄州橫海、邢州安國、定州定武、衞州河平、密州安化、萊州定海、徐州武寧、兗州泰定、汾州汾陽、代州震武、嵐州鎮西、絳州絳陽、潞州昭義、懷州沁南、同州定國、鄜州保大、邠州靖難、涇州彰化、鞏州通遠　當作“四十二”。案本志各路下凡四十二州,而圖經、國志皆言三十九,與選志節鎮舉合。蓋彼據大定之制,此則以泰和末爲斷,故多全①、興、蔡三州。序作“三十六”,不合。

防禦郡二十二肇、陝、亳、陳、壽、鄭、潁、宿、泗、清、洺、澤、沂、棣、博、德、孟、華、秦、隴、河　當作“二十一”。案路下州數與國志同,惟“蔡”當作“壽”,與選志同,蓋壽乃是衞耳。序作“二十二”,不合。

刺史郡七十三信、韓、澄、濱、貴德、復、利、建、慶、弘②、净、桓、昌、宣德、武、寧邊、東勝、通、薊、易、涿、順、灤、霸、安、安肅、睢、單、唐、裕、嵩、汝、息、蠡、莫、獻、深、景、威、沃、磁、祁、滑、濰、濱、海、淄、登、濟、邳、曹、恩、濮、開、忻、石、管、隰、吉、解、澤、遼、沁、商、虢、乾、耀、德順、丹、坊、環、寧、原、洮、蘭、會　當作“七十六”。案路下州數七十六,止多昌、息、裕三州

① “全”原作“金”,今據上文及金源劄記卷上地理志改。
② “弘”原避清諱作“宏”,今回改。

耳。國志有撫、遂、壽三州,而無恒、昌、息、裕四州。作“七十三”,非也。

軍十有六來遠、鈞、莒、寧海、滕、泰安、平定、葭、隩、寧化、岢嵐、保德、鎮戎、保安、綏德、積石　國志同。十六軍,大定二十二年皆升爲州。

縣六百三十二　當作“六百三十九”。案國志併作“六百八十三”。第考本志,上京六、咸平十、東京十七、北京四十二①、西京四十一。本四十,改入一縣。中都四十九,南京一百五,本一百八,削三縣。河北東路三十,河北西路六十,本六十一,削一縣。山東東路五十一,本五十三,削改二縣。山東西路三十七,大名路十九,本二十,削一縣。河東北路三十八,本三十九,改出一縣。河東南路六十五,本六十九,削四縣。京兆三十七,本三十六,加一縣。鳳翔三十三,鄜延十六,慶原十九,臨洮十五。統校多七縣。

是以金之京府州凡百七十九　當作“一百八十三”。案考異引國志數合,以爲足訂史誤,未必然也。

縣加於舊五十一　案太祖一,涿州之新城。太宗二,肇州之始興、廣寧之閭陽。熙宗十一,濟州之利涉、咸平之新興、清安、遼陽之宜豐、瀋州之章義、遼濱、雙城,復州之化成,大定之武平、三韓、臨潢之長寧。海陵不詳,世宗十五,遼陽之曲江、宜春②、净州之天山、撫州之柔遠、大興之寶坻、薊州之永濟、涿州之定興、霸州之信安、保州之滿城、安州之葛城、唐州之桐柏、獻州之交河、保德之保德、保安之保安、綏德之清澗。章宗二十二,咸

---

① “四”原作“西”,今據金源劄記卷上地理志改。
② 據金史卷二四地理志上,曲江、宜春置於大定七年(1167),皆屬會寧府。此誤。

平之玉山，蓋州之秀巖，錦州之神水，廣寧之望平，全州之安豐，大定之靜封，臨潢之盧川、寧塞，興州之宜興，撫州之集寧、豐利、威寧，宣德之宣平，桓州之清塞，雲內之雲川，涿州之奉先，平州之撫寧，安州之渥城，清州之靖海，濱州之利津，真定之臯平，太原之徐溝。衛王不詳。統校得五十一縣，合。

雖貞祐興定危亡之所廢置　案宣宗朝各路州升防禦爲節鎮者八，亳、宿、解、澤、沁、華、秦、河。升刺史爲防禦者六，通、汝、嵐、保德、管、德順。升縣爲府一，霸州信安爲鎮安府。升縣爲州二十八，石城巖州、化成金州、懷仁雲州、馬邑固州、山陰忠州、渾源渾源州、靈丘成州、定安定安州、延津延州、孟津陶州、永成永州、獲鹿鎮寧州、林慮林州、永平完州、蘇門輝州、孟縣孟州、樂平臯州、五臺臺州、繁峙堅州、霍邑霍州、翼城翼州、涉縣崇州、沁源穀州、韓城楨州、鼇屋恒州、西寧西寧州、定西定西州、南陽申州。升寨爲州一，西張寨爲晉州。升鎮爲縣三，厥塢鎮升永固縣①、桃園鎮升淮濱縣、陽門鎮升陽門縣。降州爲縣一，莫州降鄚亭縣。升州爲府一，絳州升晉安府。皆入注中。至衛王大安，改景州爲觀州。崇慶縑山縣升鎮州。間事亦皆不改正文，因志例以泰和爲斷也。又志文南陽下遺云申州及鎮平縣，加入。太原下誤書晉州。改去。又睢州有儀封縣，鞏州升鞏昌府，皆在正大間。沛縣改源州，在天興間，志並無文。補入。又耀州下失載富平縣。補入。

其所不載則闕之　案此志當引元和郡縣志、太平寰宇記校之，第不若宋歐陽忞輿地廣記沿革尤爲切近。

上京路　國朝張賁白雲集東京記云："寧公臺西南六十里曰沙嶺，嶺東十餘里，有古城焉。土人相傳曰東京，蓋金祖

_____

① "塢"原作"涸"，今據改。

故都也。道中遠望，其上常有雲氣變幻，如樓臺宮闕狀。稍近之，鬱鬱葱葱，又如烟井廬舍，萬家屯聚。即而視之，無有也。故城甃石爲基，土墉高丈許，無復雉堞，頹然短垣也。圍環可三十里，城門、石路、車轍宛然。南門内故址，似宮殿三重，前一重規模宏敞，礎方廣三尺餘，計一十有六，後二重無存焉。殿南向，正中，無馳道。東西二闕門，階墀陛城，層級可辨。前列五臺，今高二丈許，似京師鳳闕遺制。後別有小城，似宮禁。左右石井二，白石甃砌，八角形。明堂以外，九陌三衢，依稀可識。旁石壘，如部落軍伍所舍，或官署環列如拱，故内今宮室無存，敗瓦亂礦，在榛莽中，時有丹碧琉璃錯出，間雜存漢字款識，土人取以爲玩。掘地得斷碑，有‘下瞰臺城儒生盛於東觀’十字，皆漢文，字畫莊楷，蓋國學碑也。想像當時，建國荒漠，重學崇儒如是。城外大河繞城而東，有圯橋亂石横亙水中。城南有古寺，鏤石爲大佛，高丈有六尺，風雨侵蝕，苔蘚斑然，而法相莊嚴，鏤鑿工巧，今墮其首。好事者裝而復之。前有石浮屠，八角形。郭外平曠數十里，其西七八里許，有石磧數區，各周環三四里，似屯兵芻牧之所。旁有古墓，石方丈者數版。掘地得石獸，白如玉。西南十餘里有長溪，芰荷、菱芡産焉。夏秋之交，芙蕖紅敷數十里，燦若雲錦，翠鳥野鳧，迴翔上下，土人盪小舟採蓮，浮游如畫，緣溪而上三四十里，瀑布，土人曰水海，水聲砰訇聞數里，不知源所自出也。余考金史云，以遼陽爲東京。又云五國城，去遼東北千里爲黃龍府，寧江州諸處，金祖所發迹，故址無存焉。此地或言朝鮮故都，或言金元分封處，無有辨者。而土人指爲東京,大率金祖起家在焉。因表爲京,其以遼陽爲東京之説誤也。今其地往往獲古錢,皆徽、欽間製,其爲金人故迹無疑也。蓋松花江以東,風土形勝之美,莫若東京云。"柳邊紀略:"寧古塔西南六十里沙蘭南有舊城址。天東小記作火茸城。大與今京城等,内紫禁城,石砌女牆,下猶完好,内外街道隱然①,瓦礫徧地,多金碧色,土人呼爲東京。而中原流寓者都指爲金之上京②。"故盛京志作金上京,恐未是。案金之上京,當在寧古塔之西,混同江之東,以今道里計之,應在色出窩稽左右,而色出窩稽嶺上土城,今人指爲金之關門,安知非是。然則沙蘭之金碧猶存者,其殆熙宗天眷以後之北京矣。案金人以束沫江北爲上京,江南爲東京。其始稱南京者,在上京之南也,後稱東京者,在諸京之東也。歷元及明,上京之名漸泯,概指爲東京而已,不足辨也。盛京志以沙蘭爲上京,無可疑者。紀略疑沙蘭爲天眷後之北京,竟作臨潢府,非也。

海陵貞祐二年 "祐"已作"元"。

防禦一 此下當加"刺郡一"。考異云

鎮二 "二",北作"一",非。

契丹之周特成也 "成"已作"城"。

注天眷元年安太祖以下御容 "元"已作"二"。

注太廟社稷皇統三年建 案熙紀皇統八年閏八月丙寅,太廟成。

---

① "街"原作"階",今據柳邊紀略卷一改。
② "而"字原脱,今據柳邊紀略卷一補。

會寧府　案二字當取天會、寧江之義。志中書四至者，會寧府、恤品路、慶州。三至者，蒲與路、泰州。二至者，合懶路、胡里改路。一至者，浄州、桓州、集寧縣也。

肇州　遂建爲州　此下當加“十三年，置錢帛司”。

五年置漕運司　見烏古論仲溫傳。

後廢軍　案此廢即在承安末，泰和初，故仍書防禦，不與全、興、蔡三州同例。

貞祐二年復陞爲武興軍節鎮置招討司　見紇石烈德、烏古論德升傳。

縣一　此下當加注“天德二年降長春州爲縣，來屬，承安三年罷”①。

注有鴨子河　撒改傳，破遼師於此。紇石烈德傳，去州五里。

隆州　遂名黄龍府　許亢宗奉使行程録：黄龍府爲契丹東塞，南有勃海，北有鐵離、吐渾，東南有高麗、靺鞨，東有女真、室韋，東北有烏舍②，西北有契丹、回紇、党項，西南有奚。案此説亦大概言之。

嫌與山東路濟州同　案此“濟”字去聲，山東之“濟”上聲，音雖異，字畫則同也。

陞爲隆安府　亦作龍安，見蒲察移剌都傳，中州集五卷馮延登有道中詩。

----

① 此據金史卷二四地理志上泰州長春條，云：“天德二年降爲縣，隸肇州，承安三年來屬。”

② “東北”，三朝北盟會編卷二〇引宣和乙巳奉使行程録作“北”。

蒲與路　即扶餘之訛。

合懶路　即元合蘭府。

注有移鹿古水　見五行志。

押懶猛安　案事見習室傳，作"耶懶猛安"。志無耶懶路，即西京耶剌虬。

注耶懶又書作押懶　七字當削。

曷蘇館路　徙治寧州　"寧"上當加"會"。

胡里改路　即元萬戶府，明都司，今寧古塔地。

咸平府　縣八　案元地志云：金咸平府，"領平郭、安東、新興、慶雲、清安、歸仁六縣，兵亂皆廢，元初因之"。其安東或即銅山，而榮安、玉山兩縣，不詳沿革。

新興注有范河　"有"上已加"南"。

慶雲注建檀州密雲後更名　北無"檀"字，非。"名"下當加"金因之"。

韓州　本渤海鄭頡府　"鄭"已改"鄭"，與遼志合。

柳河　見世宗紀大定十年五月。

注有拘河　"拘"，元作"狗"。

東京路府一　元無"府一"二字。大金集禮二十一卷，東京大清安寺貞懿皇后功德碑。

刺郡四　"四"當作"五"。考異云

縣十七　案數本十九縣，以雙城、秀巖二縣已廢，不在內。

遼陽府　府曰遼陽　四字當改入下"更爲東京"文下。

注後置兵馬都部署司天德二年改爲本路都總管府後更置留守司　二十六小字當升作大字，接入"以鎮高麗"文下。

後仿此。

遼陽注東梁河國名兀魯忽必刺俗名太子河　案必刺,乃金人"河"稱。下堨樓注清河,國名叩限必刺。長泰注龍駒河,國言喝必刺。撫州,梅堅必刺、興州作梅堅河,蒲查傳同。王敦必刺。推此西京詳穩之撒合輦必刺,及永德傳把魯古必刺,永成傳盆買必刺,永升傳按出虎必刺,徒單鎰傳蒲魯吉必刺,完顏伯嘉傳訛魯古必刺,僕散端傳火魯虎必刺,完顏仲元傳洮委必刺,完顏蒲刺都傳按出灰必刺㞾①,完顏阿里不孫傳泰申必刺,烏林荅與傳納鄰必刺,烏林荅暉傳作納鄰河。完顏合達傳吾改必刺,凡屬猛安謀克者皆是。又徒單貞傳忒黑闢刺,章后傳同②。"闢"即"必"聲之轉。至歡都傳有鼊刺水,殆自爲水名耳,此稱與"阿鄰,山也"義同,國語解失載。

石城　此下當加注"遼開州開遠縣,某年更名"。案注不載始置,似仍遼舊。遼志東京道遼陽府開州文云:"唐薛仁貴征高麗,與其大將溫沙門戰於熊山,擒善射者於石城,即此。統縣一,開遠,本柵城地。""柵"即"石"字音轉,當取此爲注。

澄州　本遼海軍　"軍"已改"州",與遼志合。

析木注遼銅州　"銅",北作"同",非,已改。

瀋州　後爲昭德軍置節度　"後"當作"金"。"度"下當加"後更爲顯德軍"。案昭德爲太祖謚號,又爲世宗后廟號,

---

① "灰"原作"虎",今據金史卷一〇三完顏蒲刺都傳改。
② 按金史卷六四后妃傳下云:"顯宗孝懿皇后,徒單氏。其先忒里闢刺人也。"校勘記疑"里"作"黑"。此當稱顯后傳。

皆當避者①。紇石烈桓端傳稱顯德軍節度。元地志瀋陽路
"金爲昭德,更爲顯德"是也。世宗紀大定元年,盧萬家奴稱
顯德軍,係是追改。又桓端傳稱"節度",則明昌改刺後,貞祐
當復升。志略。

　　與通貴德澄三州　　通州沿革未詳。

　　縣五　　"五"當作"四"。"四"下當加注"舊有雙城縣。
遼雙州,保安軍也。皇統三年,降爲縣,章宗時廢"。

　　垠樓注遼舊興州興中軍常安縣　　"興中"當作"中興"。
遼志。案常安縣,名見世宗紀,遼志無此縣。

　　雙城　　正文及注大小二十字並當削。案此志斷以泰和,
則廢縣不得大書列名。上文路下總數已削此縣,故依廣寧、
懿州等舊縣例,移注上文爲合。

　　貴德州　　奉集注懷遠軍　　"遠",遼志作"衆"。

　　蓋州　　本高麗蓋葛牟城　　遼志無"葛"字。

　　以與陳同音　　"陳"下當加"州"。

　　縣四　　"四"當作"三"。"三"下當加注"建安縣大寧鎮,
明昌四年陞爲秀巖縣,泰和四年廢,貞祐四年復置"。

　　秀巖　　正文及注大小二十五字並當削。案建安縣下已
云"鎮一,大寧",則秀巖縣必不應重列,移注上文爲合。

　　復州　　遼懷遠軍節度　　"遠",遼志作"德"。

---

① 據金史卷六四昭德皇后傳云:"章宗時,有司奏太祖謚有'昭德'字,改謚明德皇后。"
知須避"昭德"二字而更謚號爲明德。大金集禮卷四雜錄:大定四年(1164)八月五日
批降:"始祖以下帝后尊謚內相連兩字,亦合回避"。據此,昭德軍改號顯德軍或始於
大定四年。

降爲刺史　此下當加注"有合厮罕關",見齊傳。

化成注遼蘇州安復軍　北盟會編:宣和二年,趙良嗣使金,四月,抵蘇州關下。即此蘇州。

注降爲縣　此下當加"更今名"。

來遠州下　此下當加"刺史"。

舊來遠城　遼兵衞志"邊戍":來遠城宣義軍營八。即此。

升爲軍　案官志總管府云:"惟婆速路同知都總管兼來遠軍事。"志略。

後升爲州　北無"升"字,非。

婆速府路　元志婆娑府。

北京路　領節鎭七刺郡三　案考異云:"當作節鎭八,刺郡二。"未是。義、錦、瑞、懿、全、興、泰爲七鎭,利、建、慶爲三刺,無可疑。

堡五十六　四字,元本無。

大定府　遼中京　"中京"當削。

大定注七金山　遼兵衞志:"統和二十三年,城七金山,建大定府。"游幸表:清寧十年九月,幸七金山。

富庶注有沁河　"沁",元作"心"。

松山注遼松山州　遼志作松江州,非。

神山注遼太祖俘蔚州之名置　"名"當作"民"。遼志。"置"下當加"皇統三年廢州,來屬"。

承安二年嘗置惠州　案章宗升縣爲州,以旋廢不書者凡四,如此與三韓之高州、宜民之川州、寶坻之盈州皆入注。

三韓注泰和四年廢　案元太祖紀九年甲戌,貞祐二年。

“高州盧琮^①、金朴降”。則高州後當復置。志略。

利州　遼統和十六年置　遼志作“二十六年”。

義州　遼宜州天德三年更州名　金石後録宜州廳峪道院復建藏經千人邑記^②,皇統八年七月立。

錦州　遼載云:大廣濟寺在城内,金高璉有記。

瑞州　本來州　“本”下當加“遼”。遼志:時以女直五部來歸。故云。

瑞安注唐來遠縣地　“地”,北作“也”,非。

海陽　遼志作海濱,非。考異云

海濱　遼志作海陽,非。同上

注海平軍　遼志作平海。

廣寧府　鎮寧軍節度使　六字當削。

縣三注舊有奉玄縣　“玄”,當作“先”。遼志

注改爲鍾秀縣　案官志,公主縣號有“鍾秀”。元志廣寧府望平縣云“至元六年,省鍾秀入焉”文。此下失載何年廢,何年復置。

注鎮六寨四　四小字當空一格,升作大字。

鎮二注歡城遼西　正文及注大小六字當改入下廣寧注文下。

鎮寨二　“鎮”字當削。

注兔兒窩　案圖經,沙河至兔兒堝五十里^③,兔兒堝至梁

<hr>

① “琮”原作“瑞”,今據元史卷一太祖紀改。

② “建”、“經”二字原脱,“記”原作“紀”,今據錢大昕金石後録卷七補改。

③ “五十”原闕,今據三朝北盟會編卷二四四金虜圖經補。

魚務三十五里。

　　望平　鎮一　“一”當作“二”。

　　閭陽　鎮一　“一”當作“二”。

　　寨二注大斧山　官志,大定二十二年,置巡檢司。

　　懿州　案遼志有二懿州,此乃隸東京道,爲越國公主所置,非上京道者。志略。

　　興中府　重熙十一年　遼志作“十年”。

　　興中注本唐柳城地　遼志作漢柳城。

　　興城注隸錦州　案文脱載來屬年月。

　　注有桃花島　圖經,楊家館至桃花島四十里[1],桃花島至童家莊四十里。

　　宜民注嘗名白川州天禄五年去白字　案文“五年”未是,辨見潛研堂金石文跋尾。

　　建州　永霸　遼志作永康。

　　全州　盤安軍節度使　“盤”當作“磐”[2]。案遼志,東京道淥州下豐州,渤海置磐安郡[3],故縣四,一安豐。名取此。

　　黑河鋪　“鋪”,北作“舖”。

　　嘗僑置于薊州　“薊”當作“平”。案合達傳,貞祐三年[4],

---

① “楊家館”原作“揚州館”,今據三朝北盟會編卷二四四金虜圖經及松漠記聞卷下改。

② 按金史卷一〇章宗紀二承安二年(1197)六月甲寅云:“置全州盤安軍節度使,治安豐縣。”及滏水集卷一一姬平叔墓表云:“泰和八年冬十有一月丙辰,盤安軍節度副使姬公平叔。”知“盤安軍”是,“磐”字誤。下同。

③ “磐安郡”誤。按遼史卷三八地理志東京道二淥州云:“豐州。渤海置盤安郡,故縣四:安豐、渤恪、隰壤、硤石,皆廢。”

④ “三”原作“二”,今據金史卷一一二完顏合達傳改。

臨潢避遷,與全、慶兩州之民共壁平州。此即僑置也。臨潢平州同。薊州無文。

安豐注承元元年十月改豐州鋪爲安豐縣 "承元",元作"承安",是。"鋪",北作"舖"。

注三年置全州盤安軍節度使治 "三",元作"二",是。"盤",元作"磐",是。

臨潢府下總管府地名西樓遼爲上京國初因稱之 二十字當改作"臨潢府,散,下。地名西樓,遼爲上京,國初因置總管府"。案國志誤以此府爲總管,遂致上疑大興爲留守,下疑定州爲中山散府,左右牽配不合,不知此自屬散府,與廣寧、興中同。惟官志注仍作"總管",乃舊制,非泰和時。

大定後 "定"當作"安"。

注有撒里乃地 "有"當作"即"。

注皇統九年嘗避暑於此 案熙紀無文。

注有合曩追古思阿不漠合沙地 "有"當作"即"。

長泰注有撒里葛覩地 "有"當作"即"。

慶州 有祖州 "祖"上當加"遼"。

遼太宗穆宗懷陵北山有遼聖宗興宗道宗慶陵 案以下句"北山有"云云例之,"遼太宗"上必有脫文。拙軒集:"慶州北山之麓,遼山陵在焉,俗謂之三殿。二十年前嘗爲盜發,所得不貲,是所謂厚葬以致寇者,歎而成詩云:'珠襦適足賈身禍,金盌傳聞出世間。慚愧漢文遺治命,瓦棺深葬霸陵山。'"

北至界二十里南至盧川二百二十西至桓州九百東至臨潢一百六十 二十八字當降作小注。"九百"當作"九十"。

興州　本遼北安州興化軍興化縣　遼志無興化縣。

三猛安隸焉　此下當加"泰和四年,廢"。

縣二注又有利民縣承安五年以利民寨升泰和四年廢十九字當削。

興化注丞安五年　"丞",元作"承",是。

泰州昌德軍節度使　"昌德"當作"德昌"。遼志及諸傳

本契丹二十部族牧地　太祖紀:天輔五年,命分諸路猛安謀克民萬户屯泰州,以婆盧火統之。即此。食志、本傳同

隸上京　此下當加"東北路招討司"。案兵志,自烏古迪列移置者。

以舊泰州爲金安縣隸焉　案婁室、宗雄等傳皆云金山縣,兵志亦云"分司金山"。"焉"下當加"後廢"。

北至邊四百里南至懿州八百里東至肇州三百五十里二十二字當降作小注。

縣一注舊有金安縣丞安三年置尋廢　"丞",元作"承",是。十二字當削。

邊堡　堡置户二十　"二"當作"三"。

西京路府二領節鎮七刺郡八　"二"當作"一"。案此路府、州止十六,與上數不合。考異云刺郡當作'七'。則節鎮仍作"八"矣,非也。惟改德興府爲節度,改桓州節度爲刺史,則合。

縣四十　"十"下當加"一"。

注天會三年建太祖原廟　九字當改入上"大定五年"文上。

大同府注地簞　　"簞"，元作"蕈"，是。天下金石志王琪復宿山寺碑[1]，在大同山陰縣。又邊元忠墓碑，大同府。

大同注金因之　　"金"，北作"今"，非。

注平城　　"平"，北作"于"，非。

注如渾水　　學古錄興雲橋記云："按舊記，大同古平城[2]。如渾之水，循其城東而南行，亦名曰御河。朝會轉輸，東趨京師，必踰是焉[3]。自元魏至于唐，河流分合不同。歲久，沿革不能詳焉。"案宇文虛中興雲橋記天會十三年，邊元忠興雲橋記大定二十二年，並見學古錄。

注有遼帝后像在華嚴寺　　見世宗紀大定六年。

宣寧注大定八年　　"大"，北作"永"，非。

天城　　當作"天成"。遼志

白登注本名長清　　"清"，遼志作"青"。

豐州　　居易錄："豐州南有空城，城中浮圖一，六角七級，高矗天半。南向，篆書顏額曰'萬部華嚴經塔'。第七級壁上大書'金大定二年奉敕重修'。多金元人題字，墨蹟如新。"

置西北路招討司　　"北"當作"南"。

富民注神山　　北無"山"字，非。

---

① "復宿山寺碑"原作"後宮山寺碑"，以字形相近致訛，今據天下金石志卷三大同府條改。按湛然居士文集卷一三云："請聰公和尚住山陰縣復宿山疏。"小注："世傳文殊顯化再宿于此山，故得名。"崇禎山陰縣志卷二山川形勝云："佛宿山，縣南三十五里。金王拱碑云：'文殊大師留宿處。'山下出水，名何家泉。又名覆宿山，俗名草垛山。"

② "古"原作"名"，今據虞集道園學古錄卷九興雲橋記改。

③ "是焉"原作"此"，今據道園學古錄卷九興雲橋記改。

　　弘州^①　　□襄陰村　　空缺一字,元、北皆作"本"。

　　浮州　以天山縣升　　"縣"當作"場"。

　　天山注舊爲摧場　　"摧",元作"推",當作"榷"。

　　桓州下威遠軍節度使軍兵隸西北路招討司明昌七年改
置刺史

二十六字當改作"桓州,下,刺史。國初置威遠軍節度,隸西
北路招討司。明昌七年改"。案遼志無此州,其以節度爲國
初置者,據下昌州降隸文云。

　　縣一　　此下當加注"舊有建昌縣,天輔七年置"。

　　注在京陘　　"京"已作"涼"。

　　注有殿　　"殿"字當削。

　　注皆大定二十年命名　　"二十年"當作"八年"。紀

　　注有查沙　　"查"當作"杳"。

　　撫州　遼秦國大長公主建爲州　　案遼公主聖宗第二女
巖母董,封秦晉長公主,清寧初,加大長公主。蕭胡覩、蕭惠
二傳皆云尚主,不載建州事。又地志無撫州,若上京道頭下
軍州徽州宣德軍爲景宗女秦晉大長公主建,乃在宜州北二百
里,北至上京七百里,非其地矣。

　　治柔遠　元志:"興和路,金置柔遠鎮,後升爲縣。又升
撫州,屬西京。"是也。

　　宋葛斜忒渾　　即温迪罕斡魯補傳宋葛斜斯渾。

　　縣四注有旺國崖　中堂紀事:辛酉三月十五日,至察罕

――――――――――――――――――――――――

① "弘"原避清諱作"宏",今回改。

腦兒。按地志，濼野，蓋金人駐夏金蓮、涼陘一帶，遼人曰旺國崖。

威寧　見元史劉伯林傳。

德興府晉新州遼奉聖州武定軍節度國初因之　十九字當改作"奉聖州，中，武定軍節度使。遼改晉新州置，國初因之"。案此州若作府名，則與提綱總數終不合。況本志以泰和爲斷，若大安以後之改，更止合附載於後。如觀州仍書景州之例，志家未能畫一。德興府，元志作興德府，非。

縣六　"六"當作"五"。案龍門，明昌三年割隸宣德州。此後更無來屬之文，不當并數。

德興注有涿鹿定　"定"當作"淀"。

繪山注陞爲鎮州　見高琪傳。

望雲　見世宗紀大定六年。

注本望雲川地　北無"望"字，非。

龍門　正文及注大小三十九字並當削。

昌州　"州"下當加"下，刺史"。

宣德州　縣二　"二"當作"三"。

宣平注嘗駐此地也　此後當加"龍門"，并加注"晉縣，國初隸弘州[1]，後隸奉聖州，明昌三年來屬。有慶寧宮，行宮也，初名泰和宮，泰和二年，更今名，五年，以提舉兼龍門令"。

朔州　貞祐三年七月嘗割朔州廣武縣隸代州　十六字當削，改作"晉舊名，遼升節度"。

---

[1] "弘"原避清諱作"宏"，今回改。

縣二　"二"當作"三"。

鄱陽注大和嶺　"大",北作"太",是。

注霸德山　婁室傳,西南二十里築城。即此。

馬邑注又曰桑乾河　此後當加"廣武",并加注"貞祐三年七月,割隸代州"。案志例不合據貞祐事改去一縣,故州下從削,縣下從加。又案此太原廣武,見漢書地理志[①],與滎陽廣武不同。

應州　彰國軍節度使　此下當加"軍兵隸西南路招討司"。兵志。天下金石志,高汝礪墓碑在應州。

渾源注貞祐二年　"二",北作"三",非。

蔚州貢地簟　"簟",元作"蕈",是。

廣靈注遼析靈仙置　案遼志云:"後唐分興唐縣置。"即靈仙也。

靈丘注陞爲成州　見宣紀貞祐二年十月。

雲內州　鎮一注寧仁　"仁",遼志作"人"。

雲川注本曷董館　案歡都傳,"阿注阿,遼人流之曷董城"。

寧邊州　國初置鎮西軍　當作"遼鎮西軍,國初因之"。

陞爲防禦　案石倫傳,興定間又有同知節度姚里鴉鶻。則不止防禦,志略。

東勝州　國初置武興軍　當作"遼武興軍,國初因之"。

---

① "地理志"原作"地里志",今據漢書回改。

有古東勝城　　元志：張仁愿築三受降城①，東城南直榆林，後以東城濱河，徙置綏遠峰南，今東勝州是也。案金初屬西夏，後復取之。

烏古里部族節度使　　案奧屯襄傳亦作"紇詳穩"。

群牧十二處　　案兵志，天德間五群牧，後增爲九，大定置七群牧。此乃承安中數。

斡獨椀　　亦作曷魯椀、合魯椀。

改爲斡覩只　　見守能傳。

蒲速斡　　兵志：承安三年改爲板底因。遼營衞志：興隆曰"蒲速盌"，應天后置長寧宮②。

耶魯椀　　兵志："耶盧椀在武平縣，臨潢、泰州之境。"亦作耶魯瓦。遼營衞志：興盛曰"耶魯盌"，世宗置積慶宮。

紇斡　　亦作迪斡。

歐里本　　兵志亦改板底因③。亦作歐里不。

特滿　　兵志在撫州，見宗亨傳。

蒲鮮　　紀作"蒲思衍"。

注承安四年刱置　　"四"當作"五"。紀

中都路　　遂改爲中都　　張匯金節要云："燕山之地，易州之西北乃金坡關，昌平之西乃居庸關，景州之東北乃松亭關，順州之北乃古北口，平州之東乃榆關，榆關之東即金人來

---

① "築"字原脱，今據元史卷五八地理志一補。
② "寧"原作"春"，今據遼史卷三一營衞志上改。
③ 按金史卷四四兵志禁軍條云："甌里本，承安三年改爲烏鮮烏魯古。"非板底因，蓋沿襲上文蒲速斡改板底因事致誤。

路也。”

刺郡九　案考異云:“‘九’當作‘十’。”非也。蓋遂州泰和四年廢爲縣,志失改定耳。“刺”下,元有“史”字。

鎮七　元無此二字。

注曰彰義　圖經作新益。

注曰光泰　案圖經無此門名,而曹益甫北宮詩有“光泰門邊避暑宮”之句。日下舊聞考云:“或即會城崇智之別稱。”

注前殿曰泰安　“泰”已作“大”。北行日録:大安殿十一間。朵殿各五間①,行廊各四間,東西廊各六十間。中起二樓,各五間,左曰廣祐,右曰弘福②。殿上鋪大花氈,中一間又加以佛狸毯。主座七寶爲之。榻後照屏畫龍,頂爲大金龍盤其上,餘十間皆結罘罳。頂小栱,三層,皆以金爲小龍,間置其中,曲折皆釘以繡額壁柱衣。繡幨中各有龍。露臺三層,兩傍各爲曲水,石級十四,最上層中間又爲澀道,亦覆以氈。

注改福壽殿曰壽安宮　此下當加“二十九年,更仁壽宮名隆慶”。案移刺履傳:“移梓宮壽安宮。”全真教祖碑:大定二十八年五月,丘長春見上於壽安宮,秋澗有題樗軒壽安宮賦西園詩後跋,皆是。而攻媿集益公碑云:金主避暑壽安宮,過上京北。考集禮,天德二年,册太祖崇妃於壽安宮。則上京亦有之。

注後更爲寧壽　未詳。

---

① 此句上原衍“中起二樓各五間”七字,今據樓鑰北行日録刪。
② “弘”原避清諱作“宏”,今據改。

　　注又有撒合門　元一統志:"舊城中東南、西北二隅坊門之名四十有二:<u>西開陽坊</u>、<u>南開遠坊</u>、<u>北開遠坊</u>、<u>清平坊</u>、<u>美俗坊</u>、<u>廣源坊</u>、<u>廣樂坊</u>、<u>西曲河坊</u>、<u>宜中坊</u>、<u>南永平坊</u>、<u>北永平坊</u>、<u>北揖樓坊</u>、<u>南揖樓坊</u>、<u>西縣西坊</u>、<u>棠蔭坊</u>、<u>薊賓坊</u>、<u>永樂坊</u>、<u>西甘泉坊</u>、<u>東甘泉坊</u>、<u>衣錦坊</u>、<u>延慶坊</u>、<u>廣陽坊</u>、<u>顯忠坊</u>①、<u>歸厚坊</u>、<u>常寧坊</u>、<u>常清坊</u>、<u>西孝慈坊</u>、<u>東孝慈坊</u>、<u>玉田坊</u>、<u>定功坊</u>、<u>辛市坊</u>、<u>會仙坊</u>、<u>時和坊</u>、<u>奉先坊</u>、<u>富義坊</u>、<u>來遠坊</u>、<u>通樂坊</u>、<u>親仁坊</u>、<u>招商坊</u>、<u>餘慶坊</u>、<u>郁鄰坊</u>、<u>通和坊</u>。西南、東北二隅,舊坊門之名二十:<u>東曲河坊</u>、<u>東開陽坊</u>、<u>咸寧坊</u>、<u>東縣西坊</u>、<u>石幢前坊</u>、<u>銅馬坊</u>、<u>南薊寧坊</u>、<u>北薊寧坊</u>、<u>啄木坊</u>、<u>康樂坊</u>、<u>齊禮坊</u>、<u>爲美坊</u>、<u>南盧龍坊</u>、<u>北盧龍坊</u>、<u>安仁坊</u>、<u>鐵牛坊</u>、<u>敬客坊</u>、<u>南春臺坊</u>、<u>北春臺坊</u>、<u>仙露坊</u>。"案此四隅六十二坊,爲<u>金源</u>中都各坊之名。<u>王鶚天長觀碑</u>文云:"<u>燕京會仙坊</u>有觀曰<u>天長</u>。"<u>甘水仙源錄</u>:<u>丘長春</u>居<u>燕</u>,有<u>廣陽坊</u>居人貨其居者,貿之,爲<u>長春</u>別館。

　　大興府上晉幽州遼會同元年陞爲南京府曰幽都仍號盧龍軍開泰元年更爲永安析津府天會七年析河北爲東西路時屬河北東路貞元元年更今名　六十字,當改作"<u>大興府</u>,上。<u>晉幽州</u>,<u>遼</u>爲<u>析津府</u>。<u>天會</u>七年,屬<u>河北東路</u>,置<u>盧龍軍</u>節度。<u>海陵貞元</u>元年改曰<u>永安府</u>,二年更今名。置府尹,兼領本路兵馬都總管都轉運司,車駕巡幸,則置留守司"。案志文顛竄疏漏不可讀。"<u>析津</u>"文上"<u>永安</u>"二字,初疑衍文,考諸

――――――――――

① "忠"原作"中",今據<u>元一統志卷一大都路坊郭鄉鎮</u>條改。

他書，得數事焉，知爲海陵所立府名①。元好問續夷堅志云：海陵天德初，當作"貞元初"。又玉堂嘉話：燕京展築南城，在海陵天德二年，見蔡無可大覺寺碑。卜宅于燕，建號中都，易析津府曰大興。始營造時，得古錢地中，文曰"永安一千"。朝議以爲瑞，乃取長安例，地名永安，改東平中都縣曰汶陽，志東平府汶上縣注："本名中都，貞元元年更。"河南永安縣曰芝田，志河南府芝田縣注："宋名永安，貞元元年更。"中都永安坊曰長寧。元一統志舊燕城六十二坊，有常寧坊。又元耶律楚材庚午元曆步晷漏篇云："冬至永安晷漏。"又世宗紀大定十三年語宰臣曰："海陵遷都永安。"是貞元首改永安，確有明據。緣海陵此名改止年許，而史家於本紀貞元元年漏去此事，直書"改燕京爲中都，府曰大興"，二年遂無復改之文。幸此志刊本顚竄之中，尚有未盡抹去之字，稍可援據，乃悟志文貞元元年更名者永安也，大興縣注中貞元二年更名者，大興也。且其文例全與各京路首府敘述不同，尤屬疏率，爰疏其沿革並詳官制，以考定其文如此。

　　宛平　天下金石志有戒壇波離尊者碑，燕都游覽志同。觀音徙像石刻，大定十七年，見日下舊聞。

　　安次　定覺寺、古營寺、團城寺、寧國寺、大悲禪院等碑，見舊聞。

　　寶坻　新建縣記碑，劉晞顔撰，見舊聞。

　　注陞置盈州　見官志"諸巡檢"。

　　良鄉注有料石岡　海紀貞元元年封靈應王，即此。

---

① "府名"，金源劄記卷上地理志作"之號"。

薊州　遼置上武軍① “上”已作“尚”，與遼志合②。

注産栗　二字當移注“易州户四萬一千五百七十七”文下。

注又有永濟縣至未詳何年廢　二十一字，當削。

豐潤　“潤”當作“閏”。考異云：“朱彝尊據清類天文分野之書，洪武元年改‘閏’爲‘潤’。今金元史雕本‘閏’旁均著‘水’，非也。”韓天企碑，崇慶二年立，見舊聞。

注泰和間置　四字當削，改作“舊永濟務，大定二十七年升爲縣，大安初以避諱，改今名”。案以志例泰和爲斷，此縣泰和時尚名永濟。則志中正文仍當標永濟，而豐閏之名附見注中，乃合。

平峪　舊聞考引問奇集云：“‘峪’，讀作‘裕’。”張侯建廟學記碑，見舊聞。

涿州　范陽注有湖梁河　“湖”當作“高”。後漢將軍清河張公墓石，明昌六年，見舊聞。

固安　贈儒林郎清河張君墓碑，見舊聞。

新城　行程録：自雄州過巨馬河三十里，到新城縣。即此。

定興　石湖集定興詩注：“舊黄村，新建爲縣，井邑未成。”即此。

注有巨馬河　“巨”，北作“日”，非。

---

① “置”原作“志”，今據南監本改。
② 按遼史卷四〇地理志四作尚武軍。今檢大康二年（1076）王敦裕墓誌，烈祖經、次祖紹皆知尚武軍州事。知此作“上”誤。

順州　李暘重修學記,泰和元年,見舊聞。

縣二　“二”,北作“一”,非。

密雲注遼檀州　王政傳,歷檀州軍事判官。

灤州　因置節度使　“節度使”當作“刺史”。

石城　行程錄:自韓城鎮五十里,至北界清州,州原是石城縣,金國新改爲清州。案志失書升州及改降年月。又是時,宋人於玉田縣築一州,以通使人之路,亦曰清州。

雄州　輿地廣記屬河北路。

賜名易陽郡　“賜”當作“宋”。

容城　行程錄:舊容城縣,附歸信縣寄理,自壬寅冬,於河北岸創築新壘。即此。

霸州　廣記屬河北東路。

遼益津郡　四字當作“宋永清軍”。案弔伐錄,天會四年十一月,宋主與河北、河東兩路交地使,敕河北路,未有霸州。史高彪傳:伐宋還,屯河朔,破敵於霸州。宗望傳:天會四年,伐宋還,命將屯安肅、雄、霸、廣信之境。闍母傳同。又玉海“境外州軍”云:“永清軍,燕山府。”清類天文書云:“政和三年,升永清郡。靖康初,入金,天會七年,置信安軍,屬河間路。貞元二年,屬中都。”方輿紀要云:“永清縣,石晉没於契丹,周世宗復取之。宋初爲霸州,景祐二年,併入文安,金復置。”以上厲氏遼史拾遺所引,并云:“永清自周世宗復取後,已入南朝。宋史政和三年,賜霸州郡名永清,不當存遼志。”亦一證。

益津注大定三十九年① 　“三”，元作“二”，是。

保州　貞祐二年　“祐”當作“元”。

縣二　“二”當作“三”。

滿城注以清苑縣塔院村置　此後當加“遂城”，并加注“宋廣信軍，天會七年改遂州，置刺史，隸河北東路，貞元二年改屬中都，號龍山郡。泰和四年廢爲遂城縣，來屬。貞祐二年仍置州。有光春宮行宮，有遂城山、易水、漕水、鮑河”。

安州　元志：保定路新安縣，金置新安州渥城縣。續夷堅志：“燕南安州白羊淀，南北四十里，東西七十里。有石刻云‘天荒地亂，莫離此淀，有水食魚，無水食麵’。”即此。

遂州　正文及注大小八十二字並當削。

卷二十五

地理志中

南京路　領節鎮三防禦八刺史郡八　案考異云：“防當作‘七’，刺當作‘九’。”說未必。然考鄧、許外，升蔡州，鎮三固是，而陝、亳、陳、鄭、潁、宿、泗外，升壽州，則防當作八。睢、單、唐、嵩、汝、鈞外，升息、裕二州，則刺亦當作八。錢氏蓋失檢壽州耳。

縣一百八　“八”當作“五”。案洧川，貞祐年置。睢寧，興定年置。長垣，泰和年改屬開州。大書列縣，例皆

---

① “益”原作“孟”，今據南監本改。

不合。

鎮九十八　元無此四字。

注丹鳳北曰舟橋　“舟”當作“州”。

注又南有丹堰　“又南”，北作“南又”，非。“堰”下，元有“又南曰沙堰”五字，是。

注次曰福寧殿　“福寧”當作“寧福”。宣志、故宮記

注院北曰翠峰　“翠”上當加“湧”。

注長生西曰浮玉殿　“浮”，北作“俘”，非。

注東壽聖宮　“東”下，元有“則”字，是。

開封府　提刑司　三字當削。

置統軍司　此下當加“明昌四年，提刑司自許州遷置”。

縣十五　“五”當作“三”。

祥符注寒泉河　“河”，廣記作“阪”，疑“陂”字之訛。

泰康　廣記屬拱州。

中牟　鎮四注嗣田　“嗣”當作“圃”。

杞注正隆後更今名　“正隆”當作“大定”。案圖經尚稱雍丘，非正隆更名也，當是大定十四年後避諱所改。

鎮一注圍城　“圍”，北作“圍”，非。

鄢陵　鎮一注馬棚橋　“棚”，九域志作“欄”。

尉氏　鎮二注朱家曲宋樓　“朱”，九域志作“米”。“樓”下當加注“貞祐二年，置惠民倉，興定二年，陞置洧川縣”。案本志，州縣既斷以泰和，則自大安後所廢置者，止應附見本注，不合大書列名，闌入計數之限。考異云此志數終不合者，如此下大書洧川及泗州，大書睢寧之類是也。今俱

改訂,後仿此。

扶溝注有祁耶山洧水白亭　廣記在鄢陵下。

陳留注有皇柏山　廣記"柏"作"桓",非。

延津　廣記爲酸棗縣①。

注貞祐三年七月升爲延州　"祐",北作"元",非。"州"下當加"以原武、陽武隸焉"。_{元志}

洧川　正文及注大小二十五字並當削。

長垣　二字當削。案此縣爲泰和改屬,見大名路開州,此不應複載。

封丘　廣記有黑山、白溝河、封丘臺、黃池。元志:"金大定中,河水淹沒,遷治新城。"案河灌封丘,在明昌五年。元志微訛,本志亦失載遷治事。

睢州　襄邑注古襄牛地　廣記,宋襄陵鄉。

考城注宋隸南京　"南"當作"東"。

注葵丘有黃河　"有"當改入"葵丘"文上。

注改爲通安堡　此下當加注"正大中置儀封縣,割考城、襄邑、東明三縣隸焉,以古儀地在此,故名。"案此據秋澗集儀封廟學碑補。又哀紀天興二年,有縣令魏邦彥②。

柘城注古株林首土地在焉　"土",元作"止",是。

歸德府散中宣武軍　案考異云:"'軍'下當有'節度'。"

---

① 按宋史卷八五地理志一開封府云:"延津,畿,舊酸棗縣,政和七年改。"輿地廣記蓋於政和間成書,故稱酸棗。

② 今檢金史卷一七哀宗紀下天興二年(1233)無此事。按本卷天興元年八月己未有云"前儀封令魏璠上言",璠字邦彥。參見王逢梧溪集卷六題金故翰林修撰魏公狀表後有序。

非也。歸德係散府稱尹者，前興中，後河南，文例如此。

睢陽　元苑溟帝嚳祠碑云："睢陽南四十五里，有岡阜，蟠踞爽塏，實古高辛氏之墟。上有古城，城有古丘，丘之陽有帝嚳之祠。祠有二碑，其一宋開寶六年，其一金崇慶元年。聞之故老，石刻尚多，皆毀於金季。"

寧陵　廣記屬拱州。

下邑　河南志作"夏邑"，非。廣記作"下"，不誤。

鎮一注會亭　圖經：鄪陽至會亭三十七里，會亭至穀熟縣八十里。

穀熟　鎮二注洛陽　九域志作濟陽。

楚丘　廣記屬拱州。

壽州下刺史　"刺史"當作"防禦"。

泰和六年六月升爲防禦　"泰"上當加"本刺史"。

陝州　保平軍節度　"平"，元志作"義"，非。

陞爲節鎮　此下當加"軍曰西安"。賽不傳、趙思文碑。

陝注莫河　"莫"當作"黄"。

靈寶注稠桑澤　"澤"當作"驛"。

鄧州　穰城　宋志無"城"字①。

鎮四注順陽　順陽，廣記爲縣。

南陽注清泠水　此下當加注"正大三年升爲申州，分内鄉縣地，立鎮平縣屬焉"。案元志：南陽府，金升爲申州，有南

---

① 按和刻本重編群書類要事林廣記乙集卷三江北郡縣南京路鄧州條作"穰城"，元史卷一六一劉整傳云："先世京兆樊川人，徙鄧州穰城。"知金時當稱穰城。

陽、鎮平二縣。元好問遺山集南陽縣署上梁文云："改隸新
州。"夾谷土刺銘云："正大三年，初置州，輙公爲刺史。"房周
卿、齊壽之、張昉亦刺申州。王國綱、王鸚皆同知申州。西夏
王立之，申州人。蒲阿傳：申、裕兩州已降。元郭德海傳：癸
巳，取申、唐二州。又合達傳："會大軍於鎮平。"宋理紀：淳祐
五年四月，鈐轄王雲襲鄧州鎮平縣。又遺山集有鎮平縣齋感
懷、覓酒、寄筆、書事、寄家等詩，有自鎮平罷歸西山樂府。嘉
靖河南志：南陽府西七十里爲鎮平縣①，東至南陽縣界四十
里，西至内鄉縣界五十里，南至鄧州界四十里，北至南陽縣界
五十里。

　　内鄉注縣耳山　　"縣"當作"熊"。九域志

　　注浙水　　"浙"當作"淅"。

　　唐州　泌陽　鎮一注明陽　　"明"，元作"胡"。

　　比陽注有大明湖　　九域志作大胡山。

　　湖陽　鎮一注羅集　　"集"，元作"渠"。

　　桐柏注柘河　　"柘"，北作"石"，非。

　　裕州　方城　廣記屬唐州。

　　注有方山城　　當作方城山。

　　鎮一注平臺　　"平"，元作"青"。

　　葉注石塘河　　"塘"，九域志作"城"。

　　舞陽　廣記屬潁昌府。

　　鎮二注北舞　　明昌三年置倉。

---

① "南陽府西"下原衍"南"字，今據嘉靖河南府志卷五疆域志南陽府條删。

河南府　雒陽郡　九域志作河南郡。

縣九注正隆郡志有壽安縣紀録皆無　案九域志、廣記、宋志皆有壽安縣。世宗紀大定二年二月："敗宋兵於壽安縣。"蒲察斡論傳：宋人據壽安縣。集禮"縣主號"：大定七年，改壽安爲慶雲。殆廢於是年耶。又廣記，壽安縣有錦屏山、鹿蹄山。此志，二山在宜陽縣下。宜陽當即壽安改立。

洛陽　廣記有河南，此志無，當省入此。

澠池　"澠"已作"澠"。案通史惟李愈傳作"澠"，餘無不訛作"澠"者，大率寫書人以行狎致誤。放翁云："近世士大夫所至，喜刻書版，而略不校讎，錯本書滿天下，大誤學者，不如不刻之愈也。"此注澠河乃作"澠"。

注澠河　此下當加注"後升爲韶州，置司候司"。案本志無文，據元志陝州文補。

登封　廣記有潁陽，此志無，當省入此。

孟津　即宋河清。

鎮一注舊有河清鎮後廢　案廣記、宋志皆有河清縣。金節要云：粘罕寇西京，翟進扼河清，白磊不得渡。即此。烏林荅胡土傳云："縣廢爲鎮"。特未詳何年月。

芝田注有輾轅山　"轅"，元、北皆作"軒"，非。

注青龍山　"山"，廣記作"河"。

宜陽　即宋壽安。

鞏注有侯山九　"九"下當加"山"。

嵩州　宋志屬河南府，未詳沿革。

汝州　秋澗集禮部趙思文集序："至元丙子，余考試河南,道出臨汝,館望崧樓者再宿,歷覽後園,總爲陳迹,所謂汝海虛舟者,於蒼煙老樹間,巋然獨存。因得防禦趙公亭記於壁間,披讀久之,想見承平官府之盛。"嘉靖河南志:"香遠亭,在州治後圃。金大定中烏古論知州事時建,亭前有荼蘼三株,宋子初取蘇子由'無風香自遠'之句名之,因作記。"

梁注紫邏山　"山"當作"川"。

郟城注宋隸許州　廣記屬潁昌府。此云許州,非。

寶豐　廣記有龍興,或即所改。

許州　忠武軍　此下當加"承安四年罷兼副統軍"。李愈傳[1]

長社　廣記屬潁昌府。

郾城　廣記屬潁昌府。

長葛　廣記屬潁昌府。

臨潁　廣記屬潁昌府。

襄城注泰和七年來屬　見烏古論慶壽傳。

鈞州　升爲州仍名潁順　元志作順州。

陽翟　廣記屬潁昌府。

注三封山　"封",傳作"峰"[2]。

亳州　戶六萬五百三十五　見溫迪罕達傳。

鄭　鎮一注鄭陽　圖經:永城縣至鄭陽三十七里,鄭陽

---

[1] 今檢金史卷九六李愈傳不載此事。按本書卷一一章宗紀三承安四年(1199)四月壬午云:"詔同州、許州節度使罷兼陝西、河南副統軍。"

[2] 兩名互見。按秋澗先生大全文集卷二六許昌道中望三封山:"大河失險已無金,不待鈞臺一雪深。十萬選鋒同日死,西風吹恨滿遥岑。"而遺賢金臺集卷一三峰山歌云:"鈞州陽翟縣南有山,曰三峰。"即作三峰山。

至會亭三十七里。

陳州　鎮安軍　此下當加“天興二年,改軍名曰金興”。見粘割奴申傳。

商水注本激水　“激”,元作“潊”,是。

蔡州　西平注都艾陂　“都”,元作“鄧”,是。

平興　九域志:有汝水、葛陂。遺山集蘇彥遠銘有陽步店。

息州　真陽注泰和八年來屬有淮水汝水石唐陂　“有淮”以下八小字,北本脱。

褒信注本隸蔡州泰和八年來屬有汝水葛陂　正文及注大小十七字,北本脱。汝水、葛陂,九域志作淮水、汝水。

新蔡注本隸蔡州泰和八年來屬　正文及注大小十二字,北本脱。案北本係脱刻一行,每行二十一格,計共脱大字四,小字三十三。

鄭州　河陰　廣記屬孟州。

氾水　廣記屬孟州。

潁州　宋順昌府　“府”,玉海作“軍”。

泰和　廣紀作萬壽,九域志同。

宿州　臨渙注肥山　“山”當作“水”。

鎮三注柳子鄲澤　“鄲”當作“蘄”。圖經:宿州至蘄澤六十里,蘄澤至柳子五十里,柳子至永城縣六十里。

蘄注鄲水　“鄲”,元、北皆作“蘄”,是。

鎮一注靜安　圖經:靈壁至靜安六十里,靜安至宿州六十里。

泗州　縣四　"四"當作"三"。

淮平注以宋有盱眙軍　"有"，北作"爲"，非。

臨淮　鎮四注青陽　圖經：臨淮至青陽八十里，青陽至虹縣八十里。

睢寧　二大字當改作注"有睢寧"三小字，上接翟家灣，下接興定二年。説已見上。

注以桃園置　九域志①，淮陽軍宿遷縣有桃園鎮。葉水心集蔡知閣銘：楚州"有效用張映②，聚衆越淮，自稱元帥，謀取桃園寨"。宣紀：元光元年七月，紅襖賊襲古城、桃園，官軍破之。九月，牙吾塔報桃園、淮陽之捷③。哀紀：正大三年五月，永州桃園軍失利。國用安傳："執桃園帥吳某等八九人下獄。"

河北東路　河間府　河間　鎮三注策城永寧　九域志作束城④、永牢。

獻州　更今名　"更"上當加"以與南京壽州同"。

清州中　此下當加"防禦"。案選志部選有清州防禦使常德輝。

興濟注來屬　此下當加注"置河倉"。河志

滄州　橫海軍節度　"橫"，元志作"臨"，非。

---

① "志"字原脱，今補。
② "映"原作"焕"，今據水心文集卷一七蔡知閣墓誌銘改。
③ 此爲元光二年(1233)事。
④ "束"原作"東"，今據元豐九域志卷二河北路瀛洲河間條改。

南皮注永濟河　　“河”當作“渠”①。

景州　　案此爲觀州，因大安更名，故仍稱景州，不與章宗所改隆、蓋、瑞、吉四州同例，是也。

東光注有永濟渠　　“渠”，北作“河”，非。

河北西路　府三　　“三”當作“二”。

節鎮二　　“二”當作“三”。

縣六十一　　當作“六十”。

鎮三十三　　當作“三十二”。

真定府　　廼賢河朔訪古記：真定府城中，定遠門東街，飛雲樓之東，有臨濟寺。寺乃臨濟祖庭，其靈塔則金世宗所建也。又真定府治西街居民舍下有一井，極甘美，曰真一泉。金章宗嘗取惠山泉與此水較之，其味大勝，章宗曰“真一潤二”，遂以名其泉云。

鎮三　　“三”當作“二”。案北鎮既置阜平，不應仍存鎮數。

欒城　　歸潛志有蔡珪縣令遺愛碑。

獲鹿注有草山　　“草”，九域志作“平”。

行唐注有玉女山　　“山”，北作“仙”，非。

鎮二注嘉祐北鎮　　“二”當作“一”。“北鎮”二字當削。

阜平注以北鎮置　　“北”上當加“行唐之”三字。

元氏　　天下金石志有樊倫試劍石頌。

---

① 按文獻通考卷三一七輿地考三滄州條云：“南皮，漢縣，有大小台山、永濟河、潔河。”元史卷六四河渠志一御河條云：“永濟河，在清池縣西三十里，自南皮縣來，入清州，今呼爲御河也。”知稱永濟河者，無誤。

沃州　升爲慶源府　"慶"，玉海作"德"。河朔訪古記：
州衙前有金刺史趙温諤碑樓。

蓋取水沃火之義　周煇清波雜志：金改吾趙州爲沃州，
蓋取以水沃火之義。識者謂沃字從"天"、"水"①，則著國姓，
中興之讖蓋章章云。

平棘　訪古記：趙州城南平棘縣境通津有大石橋，曰安
濟。長虹高跨通衢，上分作三道，下爲環洞，兩堍復爲兩洞，
製作精偉，闌楯刻蹲獅，纖巧奇絶。華表柱上，宋臣使金者刻
題甚多，不能盡讀。有刻曰："連鵬舉使大金，至絶域，實居首
選。宣和六年八月壬子題。"又趙州城西門外，平棘縣境有永
通橋，俗謂之"小石橋"。方之南橋差小，而石工之製，華麗尤
精。清、洨二水合流橋下，此則金明昌間趙人衰錢而建也。
建橋碑文，中憲大夫致仕王革撰。橋左復有小碣，刻橋之圖，
金儒題詠，併刻於下。

注有洨水　"洨"，北作"淩"，非。

柏鄉　訪古記：柏鄉縣城中通衢，居民簷下，有柏鄉縣尉
蘭君碑一通。君名儼，字望之，金明昌間尉柏鄉②，有遺愛，民
伐石立碑，潞州進士張璨製文。將樹碑時，皇叔觀察使完顏
從郁適朝京還，因題詩一章於碑後，云："鄉材皆願識將軍③，
事簡將軍少出巡。白酒不酤誰犯禁，黃雞無禍得司晨。問者

---

① "識"原作"説"，今據清波雜志卷一二改。
② "金明昌"，河朔訪古記卷上常山郡部原文作"唐會昌"。
③ "材"原作"村"，今據河朔訪古記卷上常山郡部改。

撫幼非干譽,止社停巫豈慢神①。數尺去思碑上語,後官知勸
可書紳。"鄉人并刻其詩於碑後。

邢州　唐山注有堯山　"堯",北作"克",非。案石湖集
唐山詩注云:"即堯山,金主之父名宗堯,改山名。"然止改縣
名,非改山名也。定州、汝州皆有堯山。

洺州　永年　鎮一注西臨洺　圖經:邯鄲至臨洺鎮四十
里,臨洺至沙河縣三十五里。

廣平注本魏縣大定七年更　"縣"下當加"隸大名府"。
"更"下當加"名來屬"。案此即大名之魏縣,當削彼存此。

宗城　廣記屬大名府。

成安　廣記屬大名府。

彰德府　訪古記:彰德路府治,"後園有休逸臺基,面山。
亭基,金節度完顏熙載作養素堂其上②,今廢,其碑尚存"。

縣五　"五"當作"四"。

安陽　訪古記:"陶唐廟,在安陽縣西北六十里乞伏村。
舊有金應奉翰林文字、同知制誥趙秉文所撰碑一通,並書
篆額。"

鎮三注天祐　"祐",元作"禧"。

注豐樂　"樂",北作"藥",非。圖經:相州至豐樂鎮三十
里,豐樂至磁州三十里。

林慮注升爲林州　許有壬圭塘小藁公生明堂紀:彰德屬

---

① "慢"原作"嫚",今據河朔訪古記卷上常山郡部改。
② "養素堂"原作"養高樓",今據河朔訪古記卷中魏郡部改。

州曰林州，治西北有公生明亭，圮廢已久。金承安間朱黻石刻，故存。

注置元帥府　宣紀興定四年内族惟良。

注洹山　“山”當作“水”。

輔巖　正文及注大小十一字並當削。案已見上注。

磁州　滏陽　鎮四注臺城　圖經：磁州至臺城鋪三十里，臺城至邯鄲縣三十里。

邯鄲注有邯山　“邯山”，北作“邢山”，非。

中山府宋府天會七年降爲定州博陵郡定武軍節度使後復爲府

二十六字當改作“定州，定武軍節度。本宋中山府，天會七年降爲定州，後復爲府”。案國志及選志皆云定州，據此順文，未免疑鎮爲府，今依德興府例改。

永平注升爲完州　見苗道潤傳及續夷堅志。

曲陽注劇　案本志縣下注“劇”字，首見於此。後沂州臨沂、密州諸城，濟南長清，寧海文登，絳州正平、曲沃同，他縣不載，未免罣漏。又世宗紀，大定二十七年詔置錢監於此。志亦略。又章宗有水寶巖漱玉亭詩。

濬州　嫌與宗雋音同　“雋”當作“峻”。案此乃熙宗避景宣嫌諱，與宗雋何涉？且“濬”、“雋”亦非同音。

衛州　蘇門注升爲輝州　見從坦傳。

注置山陽縣　“置”上當加注“以懷州修武重泉村”。

注百門波　“波”當作“陂”。

胙城　廣記屬滑州。

注興定四年以修武縣重泉村置縣來隸　十五字當削。案所置即山陽縣,當併入上注。

滑州　廣記屬東京。

本南京屬郡大定六年割隸大名府　案太宗紀:天會四年正月,下濬州,渡河,取滑州。二月,以二州與宋。弔伐録:是年十一月,畫河議定。河北路指揮有濬無滑,以地在河南故也。河渠志:大定八年,河決李固渡。至十年,宋使范成大至金,有舊滑州詩,注云:"在濬州側積水中,爲河所淪已久。"而此乃六年割隸,其間淪河改置,并南北分屬,皆無可稽。惟考大金國志熙紀云:皇統五年九月,"河決李固渡,漂居民五千餘家"。又上文衛州胙城縣注云:"本隸南京,海陵時割隸滑州。"始知此州早陷於皇統,復置於海陵,至大定始改屬河北耳。又圖經云:"胙城至沙店河南鋪四十五里,沙店至滑州四十里,滑州至濬州二十五里。"則滑在河北矣。蓋棣自正隆後歸宋者,與海陵置州似合。又禹貢錐指云:"宋史隆興再請和,以成大充金使,孝宗隆興之元、二即金世宗之三、四。"是誤以范使在三、四年,欲與本文六年割隸合,未免失檢。"割隸大名府"下當加"明昌三年來屬"。案來屬事已互見上衛州文内,終未明了,故補。

白馬　鎮二注衛南　"南",北作"内",非。

山東東路爲京東東路治益都　"爲"上當加"宋"。"治益都"三字當削。齊乘:皇統八年置益都、濟南二府,立山東東路統軍司于益都,轄十三州,濰、淄、密、莒、寧海、登、萊、沂、海、濱、棣、清、滄。

縣五十三　"三"當作"一"。

益都府　鎮海軍　"鎮"上當加"宋爲"二字。齊乘：益都府城內，其西金統軍司衙也，有榮鎮、中和二堂。金太常卿范拱作中和堂記。又齊記補：天會中，北城頹廢，移州治南陽城爲府。又普照寺在府東北隅美政坊，古名皇化寺，僞豫改名，大定碑刻存焉。

置南青州節度使　南青州未詳，疑有訛。

縣七　"七"當作"六"。

臨朐注洱水　"洱"當作"沮"。

注般水　此下當加注"貞祐四年四月，分置穆陵縣"。

穆陵①　正文及注大小十五字並當削。

臨淄注斗山天齊淵　"斗"當作"牛"。齊乘：古天齊觀在城內，大定間，道士楊善淵建三清觀。

樂安　此下當加注"宋名千乘，天眷中改"。

濰州　齊乘：金人有修城記。又城北玉清宮，丘長春弟子尹清和建，有石刻。

昌邑　齊乘：皇統中有題名。

濱州　宋軍事　"軍"上當加"渤海郡"。

利津注明昌三年十二月以永和鎮升置　案食志：明昌三年六月，以濱州渤海縣永和鎮去州遠，恐藏盜及私鹽，可改爲永豐鎮，刱設巡檢。據此，十二月當復升爲縣。

蒲臺　金石表，縣東南太清觀，有真人郭志空詩碑。

_____

① "穆"原作"移"，今據改。

霑化　　鎮三注永科　"科"當作"和"。

海州　　秋澗集雜著王西溪云：遺山録册中言："東平范尊師庵内見化飯王先生，説渠海州爲吏時[1]，歲貢糟薑、糟蟹、海棠。海棠出州東，入海八百里夷島，島是龍宮地，生海棠。作矮樹，花色深紅，大如茶盌面百葉，香韻殊絶。開時可持一月久[2]，既衰不落而萎。每歲島中移百本入海州御園，明年再移百本，而以先所移種者供御[3]。每花一金籤牌記之，腳花乃得入州官民家[4]。每一花必三葉承之，重九開。"居易録云："昔人謂唯昌州海棠有香，不知海州，然云開於九月，當別一種，非西府、垂絲之類。"案文州下失載貢産。

縣五　　"五"當作"四"。案州屬止四縣。

莒州　　廣記，莒縣屬密州。

大定二十二年　　"二十二"當作"二十三"。

戶四萬三千二百四十　　"三"，北作"五"，非。

日照　　鎮一注濤洛　"濤"，北作"河"，非。

沂水　　廣記屬沂州。

棣州　　廣記屬河北東路。

商河　　廣記作滴河，疑訛。

濟南府　　宋濟州　濟州，元、北皆作齊州，是。

齊河　　通志：宋以禹城縣之耿濟鎮，改置齊河。金大定

---

[1]　"時"原作"者"，今據玉堂嘉話卷八改。
[2]　"持"原作"待"，今據玉堂嘉話卷八改。
[3]　"種"字原脱，今據玉堂嘉話卷八補。
[4]　"腳"字原脱，今據玉堂嘉話卷八補。

八年,升鎮爲縣。

　　濟陽　考異引元于欽齊乘云:“金初,劉豫割章丘之標竿鎮及臨邑封圻之半,置濟陽縣。大定六年,當是泰和八年,或爲大安初①。避金主允濟諱,改曰清陽。允濟遇弒,復舊名。衛王事迹,史失其傳,以濟陽、永濟之例推之,則濟南府亦當改易。”案齊乘之言,臆説也。本志濟陽注中無明文,若真諱改,則下文濟州與曹州之濟陰、清州之興濟、孟州之濟源,亦應在改例,何皆無之? 惟大安詔書本有“與朕名不連續不必别改”之旨。此本唐太宗連諱“世民”二字詔語。非若永濟務、永濟縣連名之改豐潤也。考異引此并疑及濟南,未免過信臆説。

　　淄州　淄川　鎮三注金嶺　“嶺”當作“城”。案章紀,泰和六年,宋人入金城。執中傳,駐金城朐山。即此。

　　注顔袖店　“袖”當作“神”。

　　長山　天下金石志有懷范樓碑,泰和中立。

　　注有長白山　長白山亦見魏書韋馥傳。潛邱劄記云。

　　鄒平　鎮三注介東　“介”當作“齊”。通志,阜昌中,於鄒平縣之趙巖口置齊東鎮。

　　萊州　即墨注有牢不其天室等山　元作“有牢山不其山天室山”,是。

　　招遠　通志,天會中,始於羅峰鎮置縣。

　　登州　福山　通志:阜昌中,始於兩水鎮置縣②。

① “是泰和八年或”原脱,今據廿二史考異卷八四金史一補。
② “兩”原作“西”,按齊乘卷三般陽府路登州福山縣云:“舊爲兩水鎮,屬登州。金僞齊阜昌二年置福山縣,屬登州。”今據改。

黄　天下金石志有縣尹陳□蘆山真君碑①。

棲霞　通志:皇昌中,始於陽疃鎮置縣。

寧海州　牟平　廣記屬登州。

文登　廣記屬登州。

山東西路　東平府　東阿　通志,天會中,徙治新橋鎮。

汶上　天下金石志有洸河橋碑。

濟州　徙治任城縣　元志:金遷州治,以河水淹没故也。

嘉祥　通志:皇統中,始析鉅野山口鎮置縣。正隆初,圮於水,徙治橫山之南。大定十五年,又徙治於萌山下。廣記無。

徐州　彭城　鎮三注陞爲永固縣　見禹顯傳②。

邳州　下邳注冰水　"冰"已作"沭"。

蘭陵注本承縣　廣記屬沂州。

注徙治土婁村　此下當加注"興定中,置嶧州"。元志

滕州　升爲滕陽州　"滕",北作"勝",非。廣記屬徐州,無滕陽名。

沛　廣記屬徐州。

注郭水　"郭",元作"漷",是。"水"下當加注"天興間,升源州"。國用安傳。

博州　廣記屬河北東路。

---

① 按六藝之一録卷九八引古今碑刻記云:"蘆山真君廟碑,金陳尹撰,在登州府黃縣西南。"

② 按金史卷一二三禹顯傳未言永固縣。其後張邦憲傳即云:"登正大中進士第,爲永固令。"當作"見張邦憲傳。"

聊城注有莊山　“莊”,元作“茌”,是。

茌平　廣記:本漢縣,唐貞觀省入聊城。通志,天會中置。

兗州　廣記屬京東東路。又兗州屬有鄒縣,未詳沿革。

寧陽注舊名龔縣　“龔”下當加“丘”。

泰安州　萊蕪　廣記屬兗州。

新泰　廣記屬沂州。

德州　安德注有隔津河　“隔”,元作“鬲”,是。

德平　廣記云:故鎮省入安德。未知何年立。

曹州中刺史　此下當加“國初作防禦”。合住傳

大定八年城爲河所没　中州集癸册李獻甫河上之役詩:“新築河隄要策勳,萬人採盡北壖薪。青青好借曹州柳,舊是中原一段春。”注“曹陷没已久”。又康元弼傳,改築北原。

定陶注獨狐山　“狐”已作“孤”,與元本合。

東明　廣記屬東京。

注徙河北冤句故地　案廣記曰冤亭縣。

注後以故縣爲蘭陽儀封　案儀封已見上,蘭陽未詳,或疑黃陵之譌。

金史詳校卷三下

卷二十六

地理志下

大名府路　縣二十　當作“十九”。

貞祐二年十月置行尚書省　十一字當改入下“兼漕河事”文下。

大名府　天雄軍　案元志云：“金改安武軍。”則與冀州軍名同，誤也。

附近十二猛安　案烏延吾里補傳：“曷懶路人，徙大名路。”是也。若納蘭胡魯剌、烏林荅與等，似爲大定後所徙者，與此正隆時事不同。

兼漕河事　此上當加“泰和六年”。

縣十　“十”當作“九”。

大名　廣記無。

鎮一　案此下脱注鎮名。

魏縣　二字當削。案此縣即廣平，已見上洺州，不合兩存。

南樂　廣記屬開德府。

朝城　廣記屬開德府。

開州　宋開德府　廣記屬河北東路。

濮陽注鮒鰓山　"鰓"當作"鰅"。

觀城　廣記作宗城，屬大名府。未知何年改。

長垣　廣記有濮水、刁河。

河東北路　天會六年析河爲南北路　"六"當作"七"。"河"下已加"東"。

縣三十九　"九"當作"八"。

太原府　蒼潤軒跋有王庭筠書太原重修廟學記。

平晉　廣記無。

徐溝　廣記無。

壽陽注洞過水　此下當加注"興定四年正月，割西張寨置晉州"。

晉州　正文及注大小十六字並當削。案大書"州"字非例，提行非式。又廣記有府州府谷一縣，麟州新秦、銀城、連谷三縣，豐州不統縣，此志並無文，不知何年廢。

忻州　"忻"，北作"祈"，非，已改。

平定州　大定二年　當作"二十二年"。

汾州上　此下當加"節度使"。

西河注比二山　"二"，元作"干"，是。

石州　舊昌化軍刺史①　"刺史"二字當改入"舊"字上。

興定五年復隸晉陽從郭文振之請也　十五字當削。案文振傳,與古里甲蒲察分治諸州,故有改隸事,與州郡割屬不同。

孟門注舊名定胡　"名",北作"各",非。

葭州　寨八　案婁室傳,晉寧所部九寨。晉寧,宋作葭蘆寨,殆併此而九。廣記有臨泉、定胡二縣,此志屬石州。

注通泰寨通泰堡　"泰"並作"秦"。

代州　八月罷　此下當加"三年七月,以朔州廣武縣來屬"。

縣五　"五"當作"四"。

五臺注升爲臺州　見郭文振傳。

鎮二注興若　"若"當作"羌"。

廣武　正文及注大小十字當削,案文已詳朔州。

繁時注升爲堅州　見伯嘉、文振傳。

隩州　河曲　廣記無。

寧化州　寧化　宋志同,廣記無寧化縣②。

嵐州下　此下當加"節度使"。

合河　案元志云:"金升興州。"志略。

保德州　保德,廣記無。

---

① 據元史卷五八地理志一石州條云:"唐初改離石郡爲石州,又改昌化郡,又仍爲石州。宋、金因其名。"大元混一方輿勝覽卷上冀寧路石州條謂郡名昌化。及宋史卷八六地理志二亦云:"石州,下,昌化郡,軍事。"知昌化軍當作昌化郡。

② 按輿地廣記卷一九河東路下寧化軍云:"太平興國四年,析嵐州地置寧化縣。五年,於縣置軍,領寧化一縣。熙寧三年,縣廢,後復置。崇寧三年,又廢。"

河東南路　縣六十九　"九",元作"八",當作"五"。

平陽府　臨汾注天會六年定臨汾爲次赤餘並次畿　案赤畿止見此縣,志略不備。又此縣,廣記作"望"。

霍邑注升爲霍州　見胥鼎、賈邦憲傳。

隰州　縣六　"六"當作"五"。廣記有溫泉,無仵城。此志溫泉屬石州。

隰川　"川",北作"州",非。

注石樓山　此下當加注"興定五年正月,陞仵城鎮,置爲縣"。

仵城　正文及注大小十六字並當削。

吉州下　此下當加"刺史"。

鄉寧　廣記無。

河中府　河東注汭水　"汭",北作"内",非。

滎河注有黃河　"黃",北作"苗",非。

河津　當即廣記龍門。

絳州上　此下當加"節度使"。案此爲晉安府,以興定所改,故仍稱絳州,不與章宗之改相州同例,是也。

縣八　"八",元作"七",是。

絳注絳水　此下當加注"興定四年十月,於汾河之西徙置平水縣"。

平水　正文并注大小二十四字並當削。廣記無。

解州芮城注宋隸陝州　案宋志,平陸、夏二縣亦隸陝州。

聞喜　觀妙齋跋有改修董池神記,天眷元年立,賈葵撰,滕裯書并題。

澤州　軍曰忠昌　見張開傳。

潞州上　此下當加“節度使”。

昭德軍節度使　“昭德”當作“昭義”，亦作“昭毅”，廣記作“隆德”。

兼潞南遼沁　“南”下當加“澤”。

潞城注潞水　北作“路水”，非。

黎城注故壺關口　當作“壺口關”。

遼州　縣四　“四”當作“三”。

遼山　鎮一注及廢舊芹泉鎮　此下當加注“貞祐四年復，升平城爲縣，更名儀城”。

關一注黃澤　北本無“澤”字，脱，已增。

儀城　正文及注大小二十八字並當削。

沁州中　此下當加“刺史”。

軍曰義勝　見張開傳。

懷州上　此下當加“節度使”。廣記屬河北西路。

縣四　“四”當作“三”。

山陽　正文及注大小二十字並當削。

孟州上　此下當加“防禦”。廣記屬京西北路。

宋濟源郡節度　“節”上當加“河陽軍”。玉海

京兆府路　案史稱陝西者，兩路之名，志列京兆者，五路之號。金自收宋永興、秦鳳、熙河、涇原、環慶、鄜延六路，至皇統二年，始併秦鳳、熙河爲熙秦路，見奔睹、僕散忠義、龐迪等傳。又併涇原、環慶爲慶原路，見張中彥傳。乃稱四路。元志宋爲六路，金併四路。大定二十七年，復分熙秦爲鳳翔、臨洮兩路。此志

五路本之。其稱五路者,惟見石抹元毅傳,餘傳或稱諸路,如張中孚、傅慎微等傳。或稱一路。如統軍、提刑、宣撫、都統、按察等文,上皆是。而海陵天德二年置轉運司,始分陝西爲東、西兩路,如丁暐仁、程輝、李偲、賀揚庭、李完等傳。大定十七年,詔免十路租税,亦作兩路,大安三年,簽兩路軍,崇慶元年,東路,元光元年,西路,正大四年,東、西路。大抵明昌以後,諸列傳未有目及五路者,其東西界至無明文。惟官志百官俸給從九品文内,有東路德順州、西路原州之説。約略如此。

　　宋爲永興軍路　　廣記云漢改。

　　曰鄜延　　此下當加"大定二十七年,定爲五路"。

　　縣三十六　　"六"當作"七"。

　　京兆府　　陝西東路轉運司　　案宋兩轉運使,一爲永興軍路,鄜延、環慶屬焉;一爲秦鳳,涇原、熙河屬焉。

　　興平　　秋澗集雜著興平閣本説①:"古今名臣畫像,皆曰興平閣本。興平,京兆縣名,而曰閣本,予初不解其旨②。近襄陵吉仲和過予,覩壁間李衞公、東坡等像,曰此正興平縣學所臨者。嘗聞諸進士武功張徽君美云:'金大定間,某人自秘書郎出宰兹邑,悉取平日竊模秘府真像而圖形焉③。故有閣本之目。'"案此乃逸事,頗雅馴,故附入。

　　涇陽　　金石後録:觀音像下題字,大定十四年。又鐘銘,十七年,鄭時舉撰,正書。

---

① "説"原作"記",今據秋澗先生大全文集卷四四改。
② "予"字原脱,今據秋澗先生大全文集卷四四補。
③ "模秘"原作"摹内",今據秋澗先生大全文集卷四四改。

臨潼注渭戲　　"渭"字當削，"戲"下當加"水"。金石後錄：九陽鐘銘，大定二十一年柴震撰，正書。

雲陽　宋屬耀州。

櫟陽　鎮一注栗邑　　"栗"當作"粟"。明昌三年置倉。

鄠注牛首　此下當加"山"。

咸陽　金石遺文有張浹咸陽縣令題名記，大定五年，在縣後宇壁，楷亦可觀。

乾州　醴泉　宋屬京兆。

武亭　宋屬京兆。

同州中　此下當加"節度使"。

後改安國軍節度使①　　案安國與邢州軍名同。考圖經及王翛傳②、宣紀元光元年十一月皆仍作"定國"，惟李復亨傳作"安國"，其改名前後未詳。"使"下當加"承安四年罷，兼副統軍"。

注舊貢圓筋繭耳羊　大金國志："關西羊出同州沙苑，大角虯上，盤至耳，最佳者爲臥沙細筋。"秋澗集員先生炎傳扇尾羊詩云："馮翊青草香芊綿，柔毛食飽飲苦泉。臥沙稀肋瓊筋細，帶霜小耳春繭圓。扇尾一方移種類，風頭萬里搖腥羶③。吾生本無食肉相，不煩浼手愁烹煎。"

馮翊　鎮二注并藍　當作"并監"。

---

① "後"原作"復"，今改。

② 今檢金史卷一〇五王翛傳無定國軍。該傳謂明昌三年（1192）"特授定海軍節度使"，疑以此致誤。"及王翛傳"四字當刪。

③ "頭"原作"行"，今據秋澗先生大全文集卷四九改。

朝邑　鎮四　净安寺鐘款有魯苑,不書於志,沿革未詳。

韓城注升爲楨州　見合達、世勣、斡出等傳。

耀州　縣四　"四"當作"五"。

鎮二　此後當加"富平"。案宋志,永興軍路耀州富平縣。元志,奉元路富平縣。遺山集朝散胡公碑有富平主簿。考此州下不見改革,不應脱載。又廣記有淳化縣,宋志無,本志入邠州。

同官　鎮一注黄堡　周煇清波雜志:嘗見北客言,耀州黄浦鎮燒瓷,名曰"耀器",白者爲上,北客用以分茶。

華州中　此下當加"防禦"。

下邽　明昌三年,置武定鎮倉。本志但有素化、新市二鎮,不載武定。

鳳翔路　治秦州　此下當加"皇統二年,隸熙秦路。大定二十七年,更今名"。

寨十六鎮十六　元作"寨十四,鎮十五"。非。

虢　鎮一注陽平　廣記作平陽。

盩厔注升爲恒州　見紀元光元年及蒲察合住、李癮驢傳[1],楊奐、昝千户等碑[2]。

扶風注漳山　"山",廣記作"川"。

德順州　國初隸熙秦路　"秦"當作"河"。

---

[1]　李癮驢金史無傳,按該書卷一六宣宗紀下元光二年(1223)正月戊午云:"授癮驢恒州刺史。"

[2]　"昝"字疑誤。按遺山先生文集卷二九千户喬公神道碑銘謂"公亦受定遠大將軍、恒州刺史",蓋指此碑。

升爲節鎮軍曰隴安　見西夏傳完顔阿鄰。

隴平　宋志作隴干，元志同。

通邊　宋志作通遠。

平涼府　舊爲軍　案文此下脫載升府年月。

大定二十六年來屬　八字當改入上“後置陝西西路轉運司”文上。“六”當作“七”。

潘原注桐城山　“桐”，元作“銅”。

鎮戎州　廣記有高平寨，無縣。

大寧二十二年　“寧”當作“定”。

秦州下　此下當加“防禦”。

元光二年　當作“貞祐三年”。

貞祐三年　當作“元光二年”。

成紀　廣記有天水縣併入。

治坊　“治”已作“冶”。

西寧注升爲西寧州　遺山集有西寧州同知張公碑。

秦安　寨二注弓　元“弓”下有“門”，是。

隴州下　此下當加“防禦”。

汧陽注愉麇澤　“愉”當作“隃”。

隴安注泰和八年以隴安寨升　案九域志、廣記已有之。殆金初曾降寨乎。

鄜延路　延安府　門山　寨四注置第五副將　見貞祐三年九月及楊沃衍傳。

丹州　宋咸寧軍事　“寧”下，元有“郡”，是。

綏德州　清澗　寨十注懷寧　遺山集馮延登碑有廟學，

白公墓表有主簿。元志，延安路綏德州有懷寧縣。志脱載置縣年月。

　　鄜州下　此下當加"節度使"。

　　康定軍節度　"康定"當作"保大"。案九域志、廣記、玉海、宋志皆作"保大"。

　　置保大軍節度使　七字當削。

　　洛交注有疏屬山　"山"下當加"黑水"。

　　米脂谷　弔伐録此下有大谷、米谷、開元堡、臨夏寨、聖塔谷、威戎城、萬安川、珍羌寨、盧關川、杏子堡、鵓鴿谷①、萬全寨、木場口。

　　威延寨　"延"當作"邊"。弔伐録此下有麥州堡、定邊軍、賀家原、阿原堡、木瓜堡。

　　踰九星原　弔伐録此下有通歸堡、定戎堡、卧山臺、興平城、巢寨谷②、曙雞嶺、秦市川。

　　威川寨　弔伐録此下有賀羅川、賀羅口③、板井口、通關堡。

　　略古蕭關　弔伐録此下有秋山堡④、綏戎堡、鍬钁川口中路堡、鍬钁川堡、西安州、山前堡、水泉堡、定戎寨、亂山子。

　　通懷堡　弔伐録此下有打乘川、征原堡。

　　慶原路舊作陝西西路　此下當加"皇統二年併宋涇原、

① "鴿"原作"鵠"，今據大金弔伐録卷下與楚計會陝西地書、楚回書改。
② "巢寨谷"原作"巢谷寨"，今據大金弔伐録卷下與楚計會陝西地書、楚回書乙正。
③ "賀羅口"原脱，今據大金弔伐録卷下與楚計會陝西地書、楚回書補。
④ "山"原作"川"，今據大金弔伐録卷下與楚計會陝西地書、楚回書改。

環慶兩路置”。案“舊作”乃指國初事，天德後始改置於平涼。志略。

縣十九　“十九”，元作“十八”，非。

寨十六　“十六”，元作“二十二”，非。

慶陽府　慶陽軍節度　廣記無此五字。

環州　通遠注荅子平　“荅”，元作“塔”，是。

寨六注定邊　宋志作“縣”，金當降寨。

注浜德烏偷　“浜”當作“濱”①。“偷”已作“倫”。

寧州　仍加“西”字。此上當加“以與河北東路寧州即蠡州。同”。案志中各州名加改者，下必注明。如上京路濟改隆州，嫌山東路濟州同。又東京路辰改蓋州，與南京陳州音同。又河東南路隰加“南”字，與北京隰州即瑞州海濱縣。同。又澤加“南”字，與北京澤州即大定神山縣。同。又遼加“南”字，與東京遼州即瀋州遼濱縣。同。又懷加“南”字，與臨潢懷州見慶州境內。同。是也。若中都潞縣升通州，河北西路更通州為瀋州，同在天德三年，自無庸注，惟此與河北東路壽州改為獻州失注，故補②。

邠州中　此下當加“節度使”。

淳化　廣記屬耀州。金石後錄有雲寂院鐘題字。

永壽注宋隸醴州　未詳。

原州　彭陽注有大胡河　“胡”，元作“湖”。

涇州中　此下當加“節度使。宋”。

---

① “浜”、“濱”兩字皆誤，當作“洪”，即通遠縣洪德寨。
② “故”原作“改”，今據金源又劄改。

本治涇州　　“州”當作“川”。

臨州路　縣一十五　　“五”，元作“三”，非。

城七　　“七”，元作“六”，是。

臨洮府　後更爲德順軍　　玉海作“保順”。

康樂　案宋志作康樂寨。遺山集蒲察公銘有康樂知寨。在泰和前。關中金石記重修州學碑，泰和改元立，亦稱寨。志脫載升縣年月。

洮州下　此下當加“刺史”。廣記有臨潭縣。

蘭州　廣記有五泉、金城二縣。

鞏州　爲通遠軍節度使　　此下當加“正大中，升爲鞏昌府”。案遺山集馮延登碑：“元光初，遷鞏昌軍節度副使。”完顏仲德傳，正大六年，“移知鞏昌府”。亦見徒單兀典傳。元志，鞏昌府，宋置鞏州，金爲鞏昌府。大抵元光改軍，正大升府耳。又僕散端傳，興定元年，奏置行元帥府於鞏州，從之。

定西注升爲州　　見楊沃衍傳。

會州　廣記有會寧、敷川二縣。

縣一注舊有會川城　　元志，鞏昌路會州，“金置寶川縣，陷於河西，僑治州西南百里會川城，名新會州”。

河州　軍曰平西　　見楊沃衍、蒲剌都傳。

卷二十七

河渠志

兩河悉界劉豫　　齊乘：宋南渡後，劉豫導灤水東行，入濟

水故道，爲小清河，經高苑縣北，至樂安縣入海。案豫事當在
天會間，志文略去，今補。

遷徙無定　夷堅志：“黃河之南陽武下埽，在汴京西北，
數爲湍潦所敗。每一修築，至用丁夫數十萬工。金皇統中，
嘗決溢，發卒塞之，朝成夕潰。汴守募能投水者探水底。一
漁叟自言能潛伏一晝夜，遂命備牢醴，先祭河神，然後遣之
入。半日而出曰：‘下有長蛟爲害，故埽不能堅，非殺之不
可，須得寶劍乃濟。蛟方熟寢於百丈之淵，斬之易也。’守取
鎮庫古劍付之①。將入，又言曰：‘願集衆舟於岸滸以相俟，至
于水變赤色，則令至中流。’及期水赤，漁攜蛟首，奮而登舟，
洪流陡落，即時埽寧。守欲奏以武爵，辭不受，多與金帛，亦
辭。旋踵而死，守爲立祠於其處，請於朝，封爲四將軍。以爲
龍女三娘之子，塑像立於旁，靈應甚著。訪之漁家，無有知
者②，亦不曾詢其姓。識者疑爲神云。”大金國志：皇統五年，
河決李固渡，詔起曹、單、拱、亳及應天府五郡民修之。凡役
二萬四千夫，五十四日畢工。齊乘：金皇統中，縣令高通改小
清河由高苑縣南長沙溝，至博興，合時水，又東北至樂安，由
馬車瀆入海。中州集劉迎河防行云：“南州一雨十六日，所至
川源皆泛溢。黃河適及秋水時，夜來決破陳河隄。”又云：“大
梁今世爲陪京，且要築隄三百里。鄭爲頭汴爲尾，準備他時
漲河水。”案此詩爲正隆時事，與上皇統三則，志文略去，

_____

① “古”原作“寶”，今據夷堅甲志卷二陽武四將軍改。
② “有”字原脱，今據夷堅甲志卷二陽武四將軍補。

今補。

設黃沁都巡河官一員於懷州以臨之　地志，皇統三年，置黃沁河隄都大管勾司。即此。官志云“未詳何年罷”。

又特設崇樞上下埽都巡河官　“樞”，元作“福”，是。案官志作“福”。

以河道積淤　“淤”，北作“於”，非。

三月拜宗敘　此上當加“十年”。紀

而寂視被災之民　“被”，北作“破”，非。

往行戶部事　“戶”當作“工”。傳

黜寂爲蔡州防禦使　案王寂字元老，有拙軒集行世。是年爲大定二十六年丙午，寂自被黜後，即於殘冬抵蔡任。集中思歸詩、初到蔡下詩可證。明年丁未三月，得赦音。世宗紀二十七年三月癸卯朔，萬春節，辛亥，皇太孫受冊，赦。集中萬春節宴罷述懷詩、丁未肆眚詩可證。至明昌元年，內召，集中有謝帶笏表。爲中都轉運，刑志明昌三年。致仕，章紀五年正月稱前。後攝禮部終。續夷堅志京孃墓一則。

於被災路分推排河耶　“河”當作“何”。

以河水入城　秋澗集烏臺筆補論塞絕沁水狀：嘗聞衞州土人云，大定二十七年，黃、沁北泛，潏没州城，水至浮圖第一級，此先事之驗也。

於是以南京府　“南京”當作“開封”。

胙城　案此以胙城爲開封所屬。地志，胙城屬衞州，注云：“本隸南京，海陵割隸滑州，泰和八年，復隸南京。”則大定時當屬滑州，不屬南京。豈大定六年滑州改屬大名之後，此縣曾復隸南京,而志略之耶①?

陝西　"西"已作"州",與元本合。

四府十六州之長貳　案四府者,開封、歸德、河南、河中也。十六州者,懷、同、衞、徐、孟、鄭、濬、陝、曹、滑、睢、滕、單、解、開、濟也,並合。

四十四縣之令佐　案上文延津、封丘、祥符、開封、陳留、胙城、杞、長垣、宋城、寧陵、虞城、孟津、河東、河内、武涉、朝邑、汲、新鄉、獲嘉、彭城、蕭、豐、河陽、温、河陰、滎澤、原武、氾水、衞、閿鄉、湖城、靈寶、濟陰、白馬、襄邑、沛、單父、平陸、濮陽、嘉祥、金鄉、鄆城,止四十二縣。今考四府中不帶倚縣者一,河南也。十六州中不得倚縣者七,同、鄭、濬、陝、滕、解、濟也,餘如濬之黎陽,陝之陝,皆倚縣,應有河防。又開封之陽武,曹州之東明、定陶,恩州之武城,皆舊設埽官者,必有脫載。

每工百五十文　"工"下,北有"錢",是。

緣北來水勢　"北"當作"比"。

水勢之溢　"之"當作"泛"。

築隄用二十萬工歲役五十日五年可畢此役之大古所未有　"二十"當作"二千"。案以此計之,每日當用八萬人。較之十二年六十六萬工,十八年六十九萬工,二十年一百七十九萬六千餘工,二十九年六百八萬餘工,相去甚遠。真大役也。若止二十萬工,不得云大役古所未有矣。

---

① 按金史卷八世宗紀下大定二十六年(1186)八月戊寅云:"尚書省奏,河決,衞州壞。命户部侍郎王寂、都水少監王汝嘉徙衞州胙城縣。"知大定二十六年胙城縣屬衞州,並無復隸南京事。

如今南岸 "今"當作"令"。

太府少監溫防 "防"當作"眆"。紀

皆勿令員闕 遺山集輔國康公碑,承安間,都水使者言於朝:"馬蹄堽河東北流,害田爲多,閉之則由徐州東南入海,所經皆葭葦荒穢之地"。案志,承安後河事全略,故錄。

貞祐三年壬申 "壬"上已加"十一月"。

三年四月 四字已削。

使北流德博觀滄之境 案趙秉文奏與此同,詳見本傳。

以備敵 僕散安貞傳,興定元年十月詔:"防河卒多老幼疲軟不勝執役之人,其令速易之。"案志略,故錄。

漕渠 若恩州之臨清歷亭景州之將陵東光清州之興濟會川獻州及深州之武強是六州諸縣 三十五字當改作"若滄州之清池、南皮,恩州之臨清、歷亭,景州之將陵、東光,清州之興濟、會川,獻州之樂壽,深州之武強,是六州諸縣。"案文止五州,係脫載,據地志補。

事見漕渠 "漕渠"當作"盧溝河"。

令官籍監户 "官",元作"宫",是。

承按五年 "按",元、北並作"安",是。

各支本色 孫鐸傳:泰和末年,上言:"民間鈔多,宜收斂。秋夏税本色外,盡令折鈔。"選志,貞祐三年[1],上詔監試

---

[1] 此謂"貞祐三年"誤。今檢金史卷五一選舉志一原文云:"特賜經義進士王彪等十三人及第,上覽其程文,愛其辭藻,咨歎久之。因怪學者益少,謂監試官左丞高汝礪曰:'養士學糧,歲稍豐熟即以本色給之,不然此科且廢矣。'"此事繫於興定二年(1218)至五年間。考歸潛志卷五云:"王翰林彪,字武叔,大興人。貞祐五年,經義魁也。"及金史卷一四宣宗紀上貞祐四年(1216)正月己巳云:"尚書右丞高汝礪進左丞。"據此,當爲貞祐五年以後事。

官曰："養士學糧，歲稍豐熟，即以本色給之。"牙吾塔傳：近抵宿州，例以楮幣折支，自今願支本色。合達傳：上登承天門犒軍①，全給月俸本色②，異恩也。蓋自楮鈔通行，而粟麥乃有本色之目。此名始於承安中，明昌以前無，是也。

　　乃命都水監承　"承"，元作"丞"，是。

　　縣三十三　當作"三十四"。案下文所列實三十四縣。

　　上命天津河巡河官　"上"，元作"止"，是。

　　如有驚　"驚"，元作"警"，是。

　　定國節度使　"國"下當加"軍"。

　　由大慶關渡入河　"渡"，北作"度"，非。

　　可漕三千餘萬斛　"千"當作"十"。

　　時又於靈壁縣潼郡鎮　案地志，靈壁縣無潼郡鎮名。

　　盧溝河　積淬成淺　"積"，北作"精"，非。

　　二十五年　"五"當作"六"。紀

卷二十八

禮志一

序　悉載宋故禮器以還　"還"當作"南"。

　　復收嚮所遷宋故禮器以旋　"旋"當作"北"。

　　爲何如也　案章紀，泰和三年四月己未，"命吏部侍郎李

---

① "上"字原脱，今據金史卷一一二完顏合達傳補。
② "全"原作"令"，今據金史卷一一二完顏合達傳改。

炳、國子司業蒙括仁本、知登聞檢院喬宇等再詳定儀禮”。衞紀,大安二年四月,“校大金儀禮”。志並略。

張瑋 “瑋”,元作“暐”,是。

僅集禮若干卷 案今所傳本四十卷。

禮存亦不復紀 “存”上,北有“雖”。

南北郊 當闕西地 “酉”上,當加“之”。

攝太尉 紇石烈良弼。傳

亞終獻官 顯宗亞獻。紀

監察御史 “察”,北作“祭”,是①。

監禮博士 李晏。傳

太常卿 敬嗣暉。傳

光禄卿 北無此三字,非。

郊社丞 “丞”上當加“令”。

及皇帝版位 王涇大唐郊祀録雜儀云:“凡郊廟行事,版位皆黑質赤文,天子方一尺二寸,厚三寸。太子方九寸,厚二寸。公卿以下方七寸,厚一寸半。皆題某官某品位。奉禮郎先設之。”案官志,奉禮郎掌設版位,其制當與唐同。

及致齋之日 “及”,北作“方”,非。

上丑二刻 “丑”,元作“水”,是。

陳設 諸執事官於其後 “官”下當加“位”。

又設監察御史二員 “察”當作“祭”。

又設奉禮郎於壇南 “郎”下當加“位”。

① 按大金集禮卷一一皇帝祭皇地祇於方丘齋戒作“監祭御史”。

於壇上第一等　“上”，北作“土”，非。

於壇第二等　“壇”下當加“上”。

外官一百六座　“六”下當加“十”。

第一等内官　“一”當作“二”。

第二等每陛　“陛”當作“位”。

第三等每位蜃尊二内壝内外每辰概尊二　十七字，當改作“第三等内壝内每位蜃尊二，内壝外每辰概尊二”。

於饌幔内　“於”，北作“在”，非。

又設皇帝洗位　“位”，元作“二”。

及第二等分獻官盥洗位　“盥”，北作“二”，非。

韭菹　“韭”，北作“薤”，非。

登皆大羹　“大”當作“太”。

韭菹　“韭”，北作“薤”，非。

醢醢次之　“次之”二字當削。

登大羹　“大”當作“太”。

大尊　“大”當作“太”。

壺尊　“壺”，元作“壺”，是。

蜃尊實以汎齊　“汎”當作“沈”。

奠玉幣　乃奏拜訖俟侍中升壇詣盥洗位　“訖俟”，北作“拜訖”。“詣”上，北有“請”。

奠鎮圭玉弊並如儀　“弊”，元作“幣”，是。“儀”上，北有“上”，是。

進熟　皇帝乃詣昊天上帝神座前　“乃”下當加“執大圭”。

諸神位酌尊所　"諸"當作"詣"。

贊引引第二等第三等内壝内外衆星位分獻　"贊引"當作"贊者"。"獻"下當加"官"。

殿中監進大圭　此下當加"皇帝執大圭升壇上,至飲酒位,侍中進爵,皇帝搢大圭"。案文上下不接,係脱刊一行,擬補。

卷二十九

禮志二

方丘儀陳設　皆有坫　"坫",北作"坫",是。下"坫"字並同。

内壝内外　北無"外"字,是。

内壝内外　北無下"内"字,是。

又設第一分獻官　"一"下當加"等"。

登實以大羹　"大"當作"太"。

皆左實明水右實玄酒皆尚醖代　十三字當削。案文見下總結,此複。

蜃尊實以汎齊　"汎"當作"沈"。

省牲器　分别太常卿　"卿"下當加"丞"。

監禮祭　"祭"上當加"監"。

奠玉幣　詣壇樂作肅寧之曲　"肅寧之曲"四字當削。

贊者引第二分獻詣盥洗位　此下當加"搢笏"。

詣於首位神座　當作"詣首位神座前"。

進熟　皆二骨一　“皆”，北作“背”，非。“一”當作“以”。案據時享文。

實以籩豆　“以”字當削。

俎右籩前　“右”，北作“在”，是。

左籩前訖　當作“俎在籩前訖”。

酌太尊之汎齊　此下當加“樂作太簇宮溥寧之曲”。集禮

大簇宮保寧之曲　“大簇”當作“太簇”。

就拜興拜興　當作“再拜訖樂止”。

酌著尊之醴齊　此下當加“樂作咸寧之曲”。集禮

次引終獻詣盥洗位　此下當加“搢笏”。

升壇正位　此上當加“執笏”。

執事以爵授分獻官酌以授執事者　“酌”上，北有“分獻”二字，是。

籩豆各一　“籩豆”二字當削。

壇北諸瘞坎　“壇”上當加“詣”。“諸”，北作“詣”，非。

朝日夕月儀　大定二年以無典故罷　案世宗紀，是年正月朔日食，故罷。而北行日録：正月一日巳初，“大安門廷下，百官排班朝日，太子爲班首，四拜，約近三百餘人”云。事在大定十年，則志云罷者乃暫罷，非永罷也。

如常儀　案宣紀，貞祐元年閏九月戊辰朔，“拜日于仁政殿，自是每月吉爲常”。志略。

高禖明昌六年　章紀，二月己未。

卷三十

禮志三

金初無宗廟天輔七年八月太祖葬上京宮城之西南

“八”已作“九”。“城”，北作“室”，非。

汴京之廟　宋鄒伸之奉使紀略云：“丹鳳門中間禁路，兩
廊千步，廊盡處向東一屏墻，向南一大門，即太廟門①。內三
門，門上並畫蟠龍，殿宇二十五間，高大宏麗。兩傍修廊，東
西各開一門，與廊相通。蓋百官陪位，入此兩門甚便。殿上
十一室，盡榜金國祖宗謚號。每一室計三間，東邊一門，西邊
一窗，嵌一小石室，上下有石廣三丈，石門一合，可開閉，係藏
神主處。遇祭祀，迎神主出石室，祭畢復藏殿宇。”元文類楊
奐與姚公茂書：“今汴梁太廟法度②，敝家具有圖說。自己亥
春定課時，有告隱匿官粟者，親入倉檢視，而倉即太廟也。因
得考其制度焉。石室在西壁，正殿凡二十五間。始祖室三
間，內附祧廟神主五位，其石室皆在西壁，而近南牖。世祖二
間，內祔肅宗一位。穆宗二間，內祔康宗一位。太祖已下至
宣宗各二間，係八室，計一十六間。其神主石室並在西壁，東
西夾室各一間。凡有神主處，每一間門一牖一，門在左，牖在
右。已上共二十五間。”

---

① “門”字原脱，今據大金國志卷三三汴京制度引鄒伸之文補。
② “法度”二字原脱，今據國朝文類卷三七楊奐與姚公茂書補。

其世祖之龕六　"世"當作"始"。

出主於北墉下　"墉",北作"牖",非。

室次　裹以紅絹　"裹",元作"裏",是。

置北墉下　"墉",北作"牖",非。

濶二尺五寸　"濶",元作"闊",是。

畫純　"畫",元作"晝",是。

亦以紅絹裹之　"裹",元作"裏",是。

惟濶增一尺　"濶",元作"濶",當作"闊"。

冬則又添大虎皮褥二於繅上　"繅"下當加"席"。

附室次表

皇統太廟。始祖、德帝、安帝、獻祖、昭祖、景祖、世祖、肅宗、穆宗、康宗、太祖、太宗、徽宗。案此在上京,其室次未詳。

貞元遷燕,太廟十一室。始祖一、德帝、安帝始祧祔。獻祖一、昭祖一、景祖一、世祖一、肅宗一、穆宗一、康宗一、太祖一、太宗一、德宗一。案此在中都。

大定九代十一室。始祖一、德帝一、安帝一、獻祖一、昭祖一、景祖一、世祖肅宗穆宗一、康宗太祖太宗一、睿宗一,凡九代。始祖一、德帝、安帝祔。獻祖一、昭祖一、景祖一、世祖一、肅宗一、穆宗一、康宗一、太祖一、太宗一、睿宗一,凡十一室。案此中都太廟,在大定十九年以前者,與樂志"郊祀前朝享樂歌"合。德帝、安帝無詞,祔始祖也。熙宗無詞,未增室也。十九年後,增熙宗一,爲十二室。

明昌十二室。始祖一、德帝、安帝祔，復祧祔獻祖、昭祖。景祖一、世祖一、肅宗一、穆宗一、康宗一、太祖一、太宗一、熙宗一、睿宗一、世宗一、顯宗一。案此在中都。

大安十二室。始祖一、德帝、安帝、獻祖、昭祖祔。景祖一、世祖一、肅宗一、穆宗一、祧祔康宗。太祖一、太宗一、熙宗一、睿宗一、世宗一、顯宗一、章宗一。案此在中都。

貞祐遷汴十一室。始祖一、德帝、安帝、獻祖、昭祖祔。景祖一、世祖一、祧祔肅宗。穆宗一、康宗祔。太祖一、太宗一、熙宗一、睿宗一、世宗一、顯宗一、　章宗一。案此在南京，張行信言十七室者，兼數六祧廟也。

正大十一室。始祖一、德帝、安帝、獻祖、昭祖祔，復祧祔景祖。世祖一、肅宗祔。穆宗一、康宗祔。太祖一、太宗一、熙宗一、睿宗一、世宗一、顯宗一、章宗一、宣宗一。案此在南京。

禘祫　圖經云：“金人本無禘祫之禮。至亮徙燕後，議者多陳郊祀配天之事[1]，亮恥效中國舊制，令別論之。禮官進‘以三年一禘、五年一祫乃上古之制，禘取夏四月，祫取冬十月’。從之。”案夏殷以前有禘之祭，而其制未詳。漢唐以後有禘之名，而與祫無別。宋神宗諭廷臣議罷禘禮，是也。

又言海陵時每歲止以二月十月遣使兩享三年祫享　海紀，貞元元年十月，停祫祭。樂志，天德二年三月祫，貞元三年十一月祫。

---

[1] “郊祀”原作“東郊”，今據三朝北盟會編卷二四四金虜圖經改。

儀闕　宣紀,興定四年四月戊辰禘,元光二年十月己卯
祫。哀紀,正大三年四月親享。案志略,故録。

朝享儀大定十一年　案雜儀云:"世宗大定三年,行七十
二拜禮,至六年,減爲十六拜,仍存七十二拜之儀。"則是年當
一十六拜。而此文乃五十拜,或疑兩次位如儀之説,並屬具
文,減去十室四十拜,則尤不合矣。此篇雖以十一年冠首,中
間必參明昌儀注,非大定原文。

陳設大次殿　此下當加"門外"。案上宗廟云:"内垣之
南曰大次。"本文下云"皇帝出次,至東神門外"。

於每室内北墉下　"墉",北作"牖",非。

奉匜幣巾筐官　"幣",元作"槃",是。

乾籩　"籩",元作"蕸",是。

晨祼　二鼓柷　"二",元、北並作"工",是。

進熟　登歌樂作至尊彝所　八字當削。

以爵授進爵官　"官"上,北有"酒",是。

酌獻　詣飲福位　"詣"上,當加"請"。

時享　集禮:天德二年儀,四月禀定:"平章政事滕王攝
太尉,充初獻。□王宗睦攝司徒,行禮。吏部尚書烏里也攝
太常卿,亞獻。禮部尚書盧彦倫攝光禄卿,終獻。四月十五
日行禮。"

大樂局　當作"太樂令"。

掃除廟殿門之内外　此下當加"又設七祀柴燎於廟門之
外"。集禮

　　學士院定撰祝文　集禮：大定二年十一月呈稟①：昨檢到唐開元禮、宋正辭録，時享祝文，並用定本。今定撰到春夏秋冬臘五享祝文下項，蒙准行②。十一室通用祝文："維某年歲次甲子某月甲子朔某日甲子，孝曾孫嗣皇帝臣某某，謹遣具官臣姓名，敢昭告于始祖尊謚。皇帝、始祖妣尊謚③。皇后。伏以歲序伊始，品物咸新，有嚴太宮，聿修祀事，仰祈鑒格，永錫繁釐④，謹以柔毛、剛鬣、明粢、薌合、薌萁、嘉蔬、嘉薦、醴齊，虔恭齋栗，以備清祀，尚享。"今於康宗已下稱孝孫，於睿宗稱孝子，於熙宗止稱嗣皇帝，於別廟皇后言尊號。夏云'序當長養，化屬南訛'⑤。秋云'孟秋届序，萬寶順成'。冬云'元英首氣，閉塞成冬'。臘云'歲功云畢，樂兹嘉平'⑥。案天德祝文不詳。

　　捧出后主置於座　此下當加"每室神主各置定"。

　　俱自南東偏門入　"南"下當加"神"。集禮

　　詣廟殿東階下西向位　"位"，北作"立"，非。

　　次升豕及羊　"及"，元作"如"，是。

　　對舉入鑊　"入鑊"二字當削。

　　次升豕及羊　"及"，元作"如"，是。

　　出室户外比向立　"比"，元、北並作"北"，是。"立"當改作"再拜訖"三字。

---

① "大定"，據大金集禮卷三八沿祀雜録當作"天德"。

② "蒙"字原脱，今據大金集禮卷三八沿祀雜録補。

③ "尊謚"原爲正文大字，今據大金集禮卷三八沿祀雜録改作小注。

④ "繁"原作"蕃"，今據大金集禮卷三八沿祀雜録改。

⑤ "化"原作"代"，今據大金集禮卷三八沿祀雜録改。

⑥ "今於康宗已下稱孝孫"至"樂兹嘉平"原爲正文大字，今據大金集禮卷三八沿祀雜録改爲小注。

次引宮衞令　“衞”,北作“闈”,是。

卷三十一

禮志四

奏告儀　皆藉以筐　“筐”,元作“席”,是。

大定七年正月十一日　“一”當作“三”①。

告官以爵奉授奉爵酒官　北無上“奉”字,是。

皇帝恭謝儀　典瓚儀　“瓚”,元、北並作“贊”,是。

皇帝洗手訖　“洗”當作“帨”。

奏請執圭興　“興”上,北有“俛伏”,是。

奉爵酒官　“奉”,北作“奏”,非。

三祭酒　“祭”當作“啐”。

宮縣作　“作”上當加“樂”。

侍臣前承旨　“臣”當作“中”。

皇太子恭謝儀　由太廟西階　“階”當作“垣”。

薦新　八月羞以茨　“茨”當作“芡”。

制可　案章紀:泰和二年五月辛亥,“初薦新于太廟”。豈此禮久廢,且不附時享而特薦者,故云然耶?

---

① 按大金集禮卷二帝號下大定七年(1167)册禮云:“七年正月八日,遣皇子判大興尹許王告天地,判宗正英王文告太廟。十一日,皇帝服衮冕,御大安殿,右丞相紇石烈良弼等恭奉册禮。”“上册寶儀”小注亦云“正月十一日”。大金集禮卷二四敕詔御樓宣赦云:“大定七年正月十一日,上尊册,禮畢。”均與本文“大定七年正月十一日上尊號”及“前三日”云云相合。金史卷六世宗紀上大定七年正月壬子云:“上服衮冕,御大安殿,受尊號册寶禮。”按是月庚子朔,壬子爲十三日,此文繫年有誤。

功臣配享　詔以撒改辭不失斜也杲斡魯阿思魁忠東向配太祖位以粘哥宗翰斡里不宗望闍母婁室銀朮可西向配太宗位①　案諸功臣與傳合者，斜也杲、斡魯、阿思魁忠、斡离不宗望、闍母五人是也。而撒改、辭不失、粘哥宗翰、婁室、銀朮可五傳皆不書，更考斡魯古、蒲家奴兩傳，並云天德二年配享太祖，則不止十人。又東向配太祖，則西向當配太宗，既思海陵立制，不妨專主太祖，故宗望傳作太宗，闍母傳作太祖。

又以斜也斡魯撒改習失阿思魁配享太祖宗望闍母宗翰婁室銀朮哥配享太宗　“習失”當作“習不失”，“哥”當作“可”。案大定三年配享，惟撒改傳有明文，餘皆不書。第考宗雄傳，大定二年配太祖。亦不止十人。又習不失傳明言大定三年配太祖。蓋此文中二人之名始終互錯。下八年、十八年、明昌四年同。考異未檢及此，其兩辭不失云云者，不足據也。王彥潛撰婁室碑亦訛習失爲習不失，思敬傳同。

上命圖畫功臣於太祖廟　案志主配享兼及圖畫、爵、謚，惟撒改、宗雄、韓企先三傳，配位、封爵、贈謚、圖像四事全載。三書爵、謚、配者，宗翰、習不失、銀朮可、撒离喝也；爵、謚、圖者，習失也。兩書爵、謚者，宗望、闍母、斜也、希尹、斡魯古也；配、爵者，宗弼、婁室、阿离合懣也。止書爵者，完顏忠、劉彥宗也。全不書者，斡魯也。

乃定左廡　此上當加“十五年”。案世宗紀，圖像乃大定十四年十月詔文。故列傳多言十五年。

---

① “太宗”原作“太祖”，今據改。

皇伯　案志,自世祖以下之子孫始加伯叔、伯叔祖之稱於銜名上,自景祖以上之子孫止書銜名,蓋當時定制如此。

特進宗人辭不失　"辭不失"當作"習失"。傳

開府金源郡王習失　"習失"當作"辭不失"。傳

前燕京留守　"前"字當削。

十八年黜辭不失　"辭不失"當作"習失"。案習失傳所載二十人,與明昌序次合,習失果在數外。傳言凡二十一人,不言黜,乃知黜降非黜廢也。第考上文,習失本在韓企先下,亦不必言黜。

二十二年增皇伯太師遼王斜也撒改宗幹宗翰宗望其下以次列　"王"下當加"宗幹,其序"。案世宗之與斜也,乃皇叔祖,不合稱皇伯。又斜也等並已見上左右廡,不合言增。又此"撒改"下忽有宗幹名,而上文無之,始知皇伯太師遼王自屬宗幹,志文脫刊耳。蓋宗幹爲海陵之父,追尊帝號久矣,無由入圖配之列,世宗是年四月以削明肅詔中外,本傳追削後即封皇伯太師遼王,集禮云:"據衍慶宮舊容,擬改畫服色①。"世宗念功②,當必隨詔第功增入者,夫然後斜也本以右廡之二進列左廡之一,撒改退處右廡之一,宗幹左二,宗翰右二,宗望左三,所謂"其下以次列"也。下文明昌定次本此,習失傳同。

皇叔祖　案大定年之伯叔祖、伯叔,在明昌時當爲高伯叔祖、曾伯叔祖,不合悉仍舊稱。此志文脫略處。

---

① "畫"字原脫,今據大金集禮卷四雜錄補。

② "世宗"原作"世祖",今據金源劄記卷上禮志改。

宗幹斡魯　“魯”當作“本”。考異云。

毅武王習失　“習失”當作“習不失”。案傳謚忠毅,與撒改同,非也,此謚當爲明昌改定。

襄武王完顏銀尤可　本傳作“武襄”。

斡里古莊翼　當作“莊翼斡里古”。

完顏辭不失威敬　當作“威敬習失”。案傳謚威敏,與宗雄同,非也,此謚當亦明昌改定。

莊義王完顏婁室　“莊”,碑作“壯”。

莊明王闍母　案傳謚莊襄,與撒离喝同,非也,此謚當亦明昌改定。

金源郡武定王紇石烈志寧　案考異云:“百官志紇石烈例封廣平郡,志寧傳亦云封廣平郡王,此稱金源,疑誤。”非也。考志寧傳,十一年,北征還,封廣平郡王。世宗紀不書。更考七月宗敘薨後,志寧代征,往返約在十月。又言郊祀覃恩,進封金源郡王,不兩月間,以勞以恩再進封。夫封王,尊之也。廣平改金源,親之也。與程琢以功賜姓夾谷,奏請更賜完顏,見伯嘉傳。及移剌眾家奴賜姓完顏,夾谷清臣賜同本朝人同例。

著爲令　案志中僕散忠義謚武莊,紇石烈良弼謚誠敏,石琚謚文憲,皆失書。又李石、徒單克寧、紇石烈志寧、張浩①、紇石烈良弼、宗敘六人,皆明昌五年增祀。僕散忠義、石琚、唐括安禮、徒單合喜四人,皆泰和元年增配。不得概列

————————————

① “浩”原作“涉”,今據金源劄記卷上禮志改。

明昌四年下。又丞相襄、張萬公乃大安元年配享章廟，克寧復同時改配。僕散端、完顏承暉乃正大三年配享宣廟，則在南京。志并不書，並屬率略①。

　　寶玉　注皆方二寸　元作"自方三寸"。

　　相傳爲秦璽　秋澗集傳國璽記：悍案金集禮，玉璽一十五面，俱得之於宋內。受天璽者，宋紹聖間得之咸陽段氏，當時命禮部、翰林、太常等官考驗，實係漢前玉璽，遂以禮祇受。金亡，莫究所在。今所進玉色，校集禮所載，即此璽也。

　　注共三十五面　"三"，元作"二"，非。

　　注係水晶　案靖康要盟録：又有無字玉寶一，內省出納銀印一。

　　皇統五年始鑄金御前之寶一　集禮，二月二日施用。

　　高厚各四寸六分　此下當加"有半"。左光慶傳

　　及常例奏目　"目"，北作"日"，非。

　　廣長各加一分　案宣紀：貞祐四年二月，以金鑄"撫軍之寶"②，授皇太子。志略。

　　雜儀　後恐大豐　元作"復恐大豐"，是。

　　又以九月五日祫享　"九月五日"當作"十月七日"。案世宗紀，十月甲子大享。乃七日。

　　十年正月　此上當加"九年十月，詔宗廟之祭以鹿代牛"。案世宗因鹿代之令，故下文十年有更牛之問，九年紀文

---

① "略"原作"路"，今據廣雅書局叢書本、金源劄記卷上禮志改。
② "以"字原脱，今補。

不當略去。

未嘗用犢　　“未”當作“舊”。

右丞瑋　　即劉瑋。

上曰世宗聖壽高故殺其禮亦不立於位今當從禮而已二十二字當改入下“凡十六拜”文下。案此下“大定六年定晨裸行禮”至“凡十六拜”一百二字,皆劉瑋對語。此二十二字乃章宗答瑋語,其字數合刊本一行,書手倒寫在前故也。

貞祐二年　　“二”當作“四”。紀

爲修太廟使　　“修”下當加“奉”。紀

總七十九拜　　“九”當作“三”。案室次文,南京止十一室,裸獻每三,計六拜,十一室當六十六拜,合版位兩拜,飲福五拜,得七十三。

今升祔　　指昭聖皇后。

則徧及祧廟五室　　“五”當作“六”。案室次文,南京十一室,權祔肅宗於世祖室中,則并德、安、獻、昭、康五位,凡六室。

則爲九十二拜而已　　“二”當作“三”。案章宗時自始祖至顯宗凡十六位,每位減一拜,以減一百九拜,得九十三。

又皇帝　　“又”,北作“文”,非。

張行簡　　“簡”當作“信”①。考異云

大定三年　　“三”,北作“二”,非。

每室各五拜　　案自始祖至睿宗十三室,計六十五拜。

---

① 此係貞祐四年(1216)事。據滏水集卷一一張文正公碑,行簡薨於貞祐三年十二月十六日。

隨室酌獻讀祝畢兩拜　案自始祖至章宗十七室，計三十四拜。

卷三十二

禮志五

上尊謚　遣攝太尉皇叔祖大司空昺　集禮："司空昺攝太尉，左丞相宗翰攝中書令[1]，進册。左監軍谷神攝侍中，奉寶。郎君查剌、郎君阿古打攝中書令，奉册。西京留守高慶裔攝門下侍郎，讀寶。兵部侍郎烏魯、翰林學士韓昉攝中書侍郎，讀册。禮賓使末里等二員攝給事中。"

廟號徽宗　集禮："尚書令宗磐攝侍中，進寶。録尚書事宗幹攝中書令，進册。左丞相宗翰攝太尉[2]，郎君烏都不二員攝侍中，奉寶。左監軍谷神、郎君勖攝中書令，奉册。西京留守高慶裔，乾文閣學士蔡靖攝門下侍郎，讀寶。禮部尚書韓昉、樞密副承旨趙輪攝中書侍郎，讀册。金吾蕭慶攝給事中，舉寶。乾文閣待制吳激攝中書舍人，舉册。"

天原肇發　"原"當作"源"。

應變若神　此下當加"皇曾叔祖太師道口知言，智窮博識，始搆經營之力，卒成奄宅之勳"。案此文敍肅宗事，刊本因兩皇曾叔祖太師，止載穆宗一段，脱去此段。據集禮補。

---

① "左"原作"右"，今據大金集禮卷三追加謚號上天會十三年奉上太宗謚號改。
② "左"原作"右"，今據大金集禮卷三追加謚號上天會十三年奉上景宣皇帝謚號改。

只於慶元宮上册寶從之　集禮:"六月十九日,命禮部尚書、翰林承旨<u>宇文虛中</u>撰册文。二十二日,差應奉<u>王兢</u>造册寶,吏部員外郎<u>高鳳廷</u>造盝匣牀。九月二十五日,左丞相<u>宗弼</u>充大禮使。<u>會寧</u>牧<u>裴滿達</u>攝侍中,奉寶。平章<u>勖</u>攝侍中,讀寶。平章<u>奕</u>攝中書令,奉册。左丞<u>憲</u>攝中書令,讀册。右丞<u>蕭仲恭</u>、參政<u>李德固</u>攝引寶門下侍郎。同判<u>失盧果</u>①、吏部尚書<u>充</u>攝引册中書侍郎②。

奉上尊册寶　"尊"下當加"謚"。

御史臺摧班　"摧",<u>元</u>、北並作"催",是。

閤門唱百官皆再拜　"唱",<u>元</u>作"竭",非。當作"喝"③。

即御座簾降　"降",北作"侔",非。

十二月一日奏告如儀　集禮:"命□□<u>宗本</u>、左丞相<u>宗憲</u>、右丞相<u>蕭仲恭</u>充奏告獻官"。

大定三年　"大",北作"太",非。

二年八月一日　"二"當作"三"。

或十六字　"六"當作"八"。

即今睿宗皇帝更合增上尊謚　集禮:"直學士<u>劉仲淵</u>撰增謚議。九月一日,命禮部尚書兼翰林承旨<u>王兢</u>撰册文并書篆册寶。"

大尉行事制可　"大",<u>元</u>作"太",是。集禮:十月五日,

① "失"字原闕,今據<u>大金集禮</u>卷三追加謚號上<u>皇統</u>五年增上<u>太祖</u>尊謚補。
② "充"原作"允",今據<u>大金集禮</u>卷三追加謚號上<u>皇統</u>五年增上<u>太祖</u>尊謚改。
③ 今覆核本書引<u>元</u>本(<u>洪武</u>覆刻本補版葉)作"竭",南監本再誤作"唱"。百衲本影印<u>洪武</u>覆刻本作"喝"。

命户部侍郎曹望之、兵部郎中韓鐸編排儀仗。命右平章宗憲攝太尉，行禮。左平章元宜、左丞翟永固攝侍中①，奉寶、讀寶。右丞良弼、參政蘇保衡攝中書令，奉册、讀册。判宗正京、同判謀衍攝門下侍郎，引寶。勸農使按苔海、御史大夫李石攝中書侍郎，引册。

　　皇帝步詣册寶幄次　　“步”上當加“執圭”。案下有“搢圭”，知上當有“執圭”。

　　至大安殿下當中褥位　　此下當加“西向”。案文不言皇帝面向，擬補。

　　宣徽使奏皇帝搢圭跪捧册授太尉搢笏跪受訖執笏　　“奏”下當加“請”，“册”下當加“匣”，“太尉”下當加“太尉”，“訖”下當加“以册匣授中書令”。案文有此句，下文方可執笏。

　　宣徽使奏皇帝搢圭跪捧寶盝授太尉太尉搢笏跪受訖執笏　　“奏”下當加“請”，“訖”下當加“以寶盝授侍中”。

　　門下侍郎奉置於寶牀　　“奉”下當加“寶盝”。

　　十月一日　　集禮作五日。

　　完國公臣定顏宗憲　　“完”已作“定”，“定”已作“完”，並與元本合。

　　各奉册寶降幣　　“幣”當作“輅”。集禮

　　奉寶牀入自殿門　　“奉”下，北有“册”，是。

　　各就西北褥位　　“西”當作“面”。

　　今擬增上閔宗尊謚　　集禮：“十八年九月十六日，差吏部

---

① “左丞”原作“右丞”，今據大金集禮卷四追加謚號下大定三年增上睿宗尊謚改。

郎中楊鑄等監造册寶。十一月十九日,禮部尚書張景仁撰謚册議,吏部侍郎鄭子聃撰謚册文,直學士王彥潛書册篆寶。十九年三月十二日,差兵部侍郎胡薛、同知大興尹王佐編排儀仗。四月二日,差吏部尚書天錫于六日奏告太廟,户部尚書張仲愈告本廟。七日[①],命皇子趙王攝太尉。左相守道、右相石琚攝侍中,奉寶、讀寶。平章習顯、平章安禮攝中書令,奉册、讀册。"

　　四月乙丑　世宗紀作"三月辛卯朔"。

　　二月丁卯　章紀作"正月"。

卷三十三

禮志六

　　太宗天會二年　"太上"當加"原廟"。"二"當作"三"。

　　皇統七年　集禮,四月十一日。

　　東京御容殿成　集禮:七年八月,以東京御容殿工畢,命畢王宗哲等充奉送孝寧宮御容使副[②]。

　　世宗大定二年十二月詔以會寧府國家興王之地宜就慶元宫址建正殿九間仍其舊號以時薦享　三十九字當改入後"門曰崇聖"文下。集禮,十二月二十七日。又五年八月十一日,奏用原立宫門名額,從之。

---

① "七"原作"十",今據大金集禮卷四追加謚號下大定十九年奉上孝成皇帝謚號改。

② "孝寧宫",大金集禮卷二〇原廟上奉安原文作"慶元宫"。

　　天德四年有司言燕京興建太廟復立原廟　集禮:十月,命字菫胡剌姑、秘書少監楊丘忠充使副,送御容赴燕京,奉安於原廟"①。

　　宜止於燕京所建原廟行事　章紀,泰和元年十二月辛巳,"敕改原廟春秋祭祀稱朝獻"。

　　大定二年　集禮,十月十二日行禮。

　　五年　集禮,七月二十五日奏稟。

　　遣官奉安　集禮,引進使高瑞仙充使副。

　　班首降階復位　此下南、北本皆存空白一葉②。已補。今録於後:

　　　　同執事官再拜,訖,退。十五年二月,有司言東京開覺寺藏睿宗皇帝皂衣展裹真容③,敕遷本京祖廟奉祀,仍易袍色。明年四月,詔依奉安睿宗禮,奉安世祖御容於衍慶宮。前期,有司備香案、酒果、教坊樂。至日質明,親王宰執率百官公服迎引至衍慶宮,凡用甲騎百人、傘二人、扇十二人、香輿八人、綵輿十六人、從者二十四人、執事官二人、弩手控鶴各五十人、贊者二人、禮直官二人,六品以下官三十員公服乘馬前導。奉安訖,百官再拜,禮畢,退立宮門之外,迎駕朝謁。十六年正月,有司奏:"奉敕議世祖皇帝御容當於何處安置。臣等參詳衍慶宮即漢之原廟,每遇太祖皇帝忌辰,百官朝拜。今世

---

① 據大金集禮卷二〇原廟上奉安,"十月"上當補"天會四年"。
② "葉"原作"頁",今據廣雅書局叢書本改。
③ "睿宗"下,金源劄記卷下禮志有小注云"當作世祖"。

祖皇帝擇地修建殿位，庶可副嚴奉之意。"從之。乃敕於
聖武殿東西興建世祖、太宗、睿宗殿位。既而復欲擇地
建太宗殿于歸仁館，有司言："山陵太祖、太宗、睿宗共一
兆域，太廟世祖、太祖、太宗、睿宗亦同堂異室。今於歸
仁館興建太宗殿位，似與山陵、太廟之制不同。"詔從前
議，止於衍慶宮各建殿七間、閣五間、三門五間。乃定世
祖殿曰廣德、閣曰燕昌，太宗殿曰丕承、閣曰光昭，睿宗
殿曰天興、閣曰景福。十九年五月六日，奏告。七日，奉
安。執事禮官二人①，每位香案一、祭器席一、拜褥二、盥
洗一、大勺篚巾全。前一日，太廟令率其屬掃除宮內外，
又各設神座②。

凡二十行，行二十二字，計四百四十字，"又各設神座"與後葉
首"於殿上"文接③。

　　十五年二月　集禮，二十五日。

　　藏睿宗皇帝皂衣展裹真容　"睿宗"當作"世祖"④。

　　乃定世祖殿曰廣德　集禮，十八年十月三日奏定。

　　執事禮官三人　"三"，元作"二"，是。

　　奉安於天慶殿　"慶"當作"興"。

①　"二"原作"三"，今據百衲本及永樂大典卷一七〇八五噛字目廟字韻引金史改。
②　"座"原作"位"，今據百衲本、永樂大典卷一七〇八五噛字目廟字韻引金史及金源劄
　　記卷下禮志改。
③　"葉"原作"頁"，今據廣雅書局叢書本改。
④　按大金集禮卷二〇原廟上奉安云：大定十五年(1175)二月二十五日，"奏禀東京開覺
　　寺塔內世祖皇帝容儀，係皂羅衣展，繫幞頭，若擬于祖廟懸供"。引據廣雅書局叢書
　　本，然亦有版本作"睿宗"者。

二十一年閏三月　集禮，二十六日。

朝謁儀　當自提行。

立班以俟　集禮：品官每員引色衣從人一名，御溝內分左右排立。

奏請並宣徽使　北作“二宣徽使奏請”。

十九年舉安禮同　“舉”，元作“奉”，是。“同”下當加“宣宗貞祐三年七月丁丑，肅宗神主至自中都，奉安于明俊殿。己卯，明德皇后神主至自中都。八月庚子，太祖御容至自西京，奉安于啟慶宮。九月癸酉，朝謁世祖、太祖御容于啟慶宮，行獻享禮。甲戌，朝謁太宗、熙宗、睿宗御容，行享獻禮。”案志略，故補。

朝拜儀　簾降更衣引皇太子以下官　“引”上當加“典贊儀”。

大定五年　集禮，八月二十八日。

六年　集禮，八月。

十六年　集禮，四月二十二日。

別廟　十四年廟成　集禮，十三年閏正月二十一日，奏建別廟。三月十三日，差戶部尚書曹望之告太廟。十六日，啟土，差禮部郎中王中安告太歲。十月二十五日，上梁，差禮部郎中蒲察思烈祭土地。

十五年三月戊申　集禮，二十一日，命中丞劉仲誨造神主，王彥潛題寫，皇子趙王攝太尉，充初獻。禮部尚書張景仁攝司徒，刑部尚書梁肅攝侍中，太府監白鉢、少尹高居中充亞獻、終獻。勸農使莎魯古告廟。

差太理卿　“太”，元作“大”，是。

十七年十月　集禮，十四日己卯。

大定十九年四月　“大定”當削。集禮，四月二十日。

昭德皇后廟　“昭”當作“明”。下“昭”字同。見本傳及烏林荅暉傳①。

至幕次引親王百官　“引”上當加“禮直官”。

宣孝太子廟　建三門一　“三”當作“正”。

卷三十四

禮志七

貞元元年　“貞”上當加“社稷，皇統三年五月，始立社稷于上京”。

建社稷壇于上京　“上”已作“燕”。

太宮令入實罇罍以酒　“宮”，元、北並作“官”，是。

樂作太簇宮正寧之曲　“簇”當作“蔟”。下“簇”字並同。

西向跪奠爵訖　“西”，北作“面”，非。

樂作應鐘宮娛寧之曲　“鐘”，元作“鍾”，是。

少稷於故處　“稷”，北作“移”，是。

一遵唐宋舊儀　此下當加“宣宗貞祐四年二月甲辰，命禮部尚書張行信修奉社稷。三月己巳，遣預告。十月戊辰，

---

① 據大金集禮卷四雜録，大定四年(1164)八月五日批降：“始祖以下帝后尊謚内相連兩字，亦合回避。”然金史卷六四妃傳云：“章宗時，有司奏太祖謚有‘昭德’字，改謚明德皇后。”知章宗前仍稱昭德皇后，大定十九年尚未及避諱改稱明德皇后。

奉安"。

風雨雷師　祭雷神於位下　"神",北作"師",是。

嶽鎮海瀆大定四年　世宗紀,六月初定祭禮。集禮,六月二十一日。

祭東嶽於泰安州　"嶽"下當加"泰山"。集禮,大定二十一年正月十二日,奉敕旨東岳宮裏蓋來底五大殿①、三大門撰名。閏三月一日,奏定正殿曰仁安,皇后殿曰蕃祉,寢殿曰嘉祥,真君殿曰廣福,炳靈王殿曰威明,外門曰配天,東曰晨暉②,西曰圓景。二十二年四月二十一日,以修蓋東嶽廟告成,奏奉敕旨命翰林侍講楊伯仁撰碑。十月九日,又以中嶽、南嶽、北嶽重修廟宇,工畢,命待制黃久約,修撰趙攄,應奉党懷英定撰各廟碑文。寰宇訪碑錄,重修東嶽廟碑,楊伯仁撰,黃久約正書,大定二十二年四月,山東泰安。又苗□撰,苗□書,泰和六年五月。

東鎮于益都府　"鎮"下當加"沂山"。

南鎮會稽山　"稽",元作"稽",是。

祭中嶽于河南府　"嶽"下當加"嵩山"。集禮:大定十三年,送下陳言文字該:嵩山中岳乞依舊令本處崇福宮道士看守。禮部擬定,委本府於所屬揀選有德行名高道士二人看管,仍令登封縣簿、尉兼行提控,蒙准呈。續送到陳言文字該:隨處嶽鎮海瀆神祠係民間祈福處所,自來多是本處人家

---

① "裏蓋來底"上原衍"官"字,今據大金集禮卷三四岳鎮海瀆雜錄刪。
② "晨"原作"景",今據大金集禮卷三四岳鎮海瀆雜錄改。

占守,及有射糧軍指作優輕數,換去處,遇有祈求,邀勒騷擾,深不利便,乞選差清高道士專一看守。契勘岳鎮海瀆係官爲致祭祠廟,合依准中嶽廟體例,委所隸州府選有德行名高道士二人看管,仍令本地官員常切提控。外,其餘不係官爲致祭祠廟止合准本處舊來例施行,蒙准呈。十九年十月,看嶽廟道士告乞依舊例,差設百姓廟子人等勾當。本部擬依泰安軍講究到,設廟子七人,招召土居有物力不作過上戶充,於本廟收到火錢內,每月支錢三貫,二年一替,是爲長便。蒙批降,仰設道士十人管勾,如本處數少,於附近州府縣分選取,滿替依舊例。訪碑錄重修嵩嶽廟記,隨琳撰,蔡如葵正書,皇統五年十一月,范氏拓本。又碑,黃久約撰,郝史正書,大定二十二年十月,河南登封。又廟圖,正書,承安□年,同上。又記,趙亨元撰,楊仲通正書,范氏拓本。又記,李子樗撰,陳忠正書,正大六年九月,范氏拓本。

　　西瀆於河中府　　"瀆"下當加"大河"。

　　濟爲清源王　　考異云:以宋禮志考之,諸名皆仍宋舊,惟江瀆,宋爲廣源,此爲會源,或轉寫之訛。然章紀明昌六年十二月,明有加上"五鎮四瀆王爵"之文,豈別有"加上"之字,而史失之歟? 予家藏金時石刻有濟瀆靈應記,文稱"顯祐清源王"[1],碑立於正大五年,此四字王爵,或即明昌所上,或後來所加。訪碑錄,濟瀆靈應記,韓時舉撰并正書,正大五年二月,河南濟源。

────────

[1] "文"原作"史",今據廿二史考異卷八四金史一改。

卷三十五

禮志八

宣聖廟　二月　“二”當作“三”。

顧儒臣曰至使萬世高仰如此　二十七字，當削。案文已見熙紀及孔璠傳。

各一百二十三　“一”，北作“二”，非。

爵九十四　“四”當作“三”。

禮行三獻以祭酒司業博士充　案此文又見章紀明昌三年四月，似疑大定詳定中雜以明昌制度，然此文下言“本署官充樂工”，章紀則“改用太常樂工”，章紀又有春秋釋奠獻官法服、學官公服等制，而此文無之。其制自別。若世宗大定二十三年遣右丞張汝弼攝太尉致祭。集禮云：省差直學士呂忠翰、待制任侗充亞終獻官者。自是特祭于孔子，非例也。

分獻官二　“獻”，元作“奠”，是。

太平極致　此下當加“明昌三年四月，詔改定宣聖廟春秋釋奠及太常樂工執事官服制等。四年八月丁未，釋奠孔子廟，北面再拜”。案志例最重改制，且史中親祀，止熙宗及章宗兩人，皆不得以紀文已載而略之。

承安二年春丁章宗親祀　章紀不書。是年二月爲乙巳朔，三日丁未。

武成王廟　又躋楚王宗雄宗望宗弼等　案蒲察思忠傳，復有婁室、谷神等議。志略。

遼王賽也等　“賽”當作“斜”。考異云

諸前代帝王　而不請署　此下當加“四年詔定前代至從
之”。案文從章紀改出，因須加字，故復略載。

長白山大定十二年　集禮，二月三日。

十五年三月　集禮，二十三日。

遣使副各一員　集禮：咸平少尹夒室充使，宣判張國基
充副，封冊用八月二十日戊辰，如有妨礙，用二十四日壬申。

其冊文云　王庭筠傳，章宗曰：“近党懷英作長白山冊
文，殊不工。”即此。

明昌四年十月　紀在十二月甲寅，指封日也。

大房山　今遣某官某　集禮，差涿州刺史高季孫充冊
使，修撰趙攄充副使。

混同江大定二十五年　集禮，四月十三日。

執徐之歲　指二十四年甲辰。

彌億年　“年”上當加“萬”。

嘉蔭侯大定二十五年①　集禮，四月二十日。

遇月七日　“月”上脫載月數。

瀘溝河神　“瀘”當作“盧”。

大定十九年　集禮，十一月十七日。

昭應順濟聖后　大定十七年　集禮，十二月。

鎮安公　明昌六年八月　“八”當作“九”。紀

瑞聖公　明昌四年八月　“四”當作“六”，“八”當作

_____
① “侯”字原脫，今據南監本補。

“九”。

祈禜　啓道場祈禱　案宣紀，興定元年十一月丙戌，“遣侍講楊雲翼禜”①。志略。

拜天　以重五中元重九日　案太祖紀，收國元年五月甲戌，“拜天射柳，故事，五月五日、七月十五日、九月九日，歲以爲常”。海紀，貞元二年九月己未，“常武殿擊鞠，令百姓縱觀”。世宗紀，大定三年五月乙未，“以重五幸廣樂園射柳，命皇太子、親王、百官皆射，勝者賜物有差。上復御常武殿，賜宴擊毬，歲以爲常”。九月丁酉，“秋獵，以重九拜天于北郊”。十七年五月癸卯，“幸姚村淀，閱七品以下官及宗室子、諸局承應人射柳，賞有差”。顯紀十七年五月甲辰“侍宴常武殿”，即此。章紀，明昌元年五月戊午，“拜天于西苑。射柳、擊毬，縱百姓觀”。承安三年五月壬寅，“射柳擊毬，縱百姓觀”。泰和元年五月甲寅，“擊鞠于臨武殿，令都民縱觀”。三年五月壬申，“以重五，拜天，射柳，上三發三中。四品以上官侍宴魚藻殿”。七年五月己卯，“幸東園射柳”。宣紀，興定四年五月甲午，上擊鞠于臨武殿。如上，率於五月、九月，惟七月無考。

卷三十六

禮志九

國初即位儀　諳班孛極烈　“班”，元作“板”。

---

① “雲”字原脱，今據金史卷一五宣宗紀中補。

受尊號儀　大赦改元　案集禮有天德、貞元二冊儀。志略。

太定七年　"太",元作"大",是。

閣門報　"閣",元、北並作"閤",是。

閣門官　"閣",元、北並作"閤",是。

服衮冕以出　"服"上當加"皇帝"。

曲直甲蓋　"甲",元作"華",是。

鳴鞭説　"説",元、北並作"訖",是。

奏乾寧之曲　"乾"當作"泰"。樂志、集禮

儀使副　"儀"下當加"鸞"。

通事舍人　"人"下當加"二員"。

奏歸美揚功之曲　集禮作天保報上之曲,樂志同。

藉寶册褥位上少置　"寶册",元作"册寶",是。

閣門舍人　"閣",元、北並作"閤",是。

樂奏蕭寧之曲　"蕭"當作"和"。樂志、集禮

並進前取册匣升　案樂志注云:"册寶將升殿,皇太子自侍立位至降階①。"或以是年太子未受册,故通儀無文。而下文十四日肆赦儀,乃歷書皇太子褥位,何耶? 係脱載。

樂奏蕭寧之曲　"蕭"當作"和"。

於前楹立以俟　"立"上,集禮有"稍東"二字。

退於前楹稍西立　"西",集禮作"東"。

樂奏蕭寧之曲　"蕭"當作"和"。

---

① "至"字原脱,今據金史卷四〇樂志下補。

舁寶官亦退　案集禮,此下有皇太子儀。亦脱載。

致賀詞云云　集禮云:"誕膺徽號,光御珍圖,典儀告成,寰宇均慶。"

宣詞云云　集禮云:"勉從衆欲,昭受鴻名,禮文既成,與卿等内外同慶。"

并自東階　"并"當作"升"。

入自東房　"東"當作"西"。

服通天冠　"服"上當加"皇帝"。

儀使副等　"儀"下當加"鸞"。

奏景命萬年之曲　案樂志,此曲作萬壽無疆。又"聖德昭明"作"王道明昌"。又"保大定功"貞元舞名。作"功成治定"。皇統舞名。又"天贊堯齡"作"天子萬年"。又"萬國來同"貞元舞名。作"四海會同"。又"慶雲"作"嘉禾"。其名不同者,蓋樂志爲後來改定,"堯齡"之諱、"嘉禾"之改可見。又樂志有皇太子升殿賀,奏同心戴聖之曲。此儀無之,亦係脱載。

入自東房　"東"當作"西"。

元日聖誕上壽儀　案集禮,此爲"今減定拜數儀"。考北行日録,正月一日入賀,"凡五十七拜,五次舞蹈,二十五拜"。爲大定十年事,故與此不同。

有再拜　"有",元作"又",是。

大定六年　不必提行。

朝參常朝儀　天眷二年五月　集禮,十三日。

自宣徽閤門祗候　"徽"下當加"至"。

大定二年　　不必提行。

肆赦儀　　又設皇太子侍立褥位於門下稍東南向　“南”，元作“西”，與集禮合。

司天臺雞唱生於東闕樓之上　　“生”，集禮作“坐”。

躬謝禮畢　　案皇帝當自太廟回，已見上恭謝儀。

臣下拜赦詔儀　　同高几上　“高”當作“陛”。

卷三十七

禮志十

册皇后儀　　天德二年十月九日　集禮：十月二日，差待制王競篆册寶，兵部郎中劉仲延造匣盝，侍讀劉長言撰册文。命禮部尚書宗安告天地，特進按荅海告宗廟，太尉正員，司徒以思忠攝。十月九日，勤政殿發册，泰和殿受册。案十月九日乃發册日，故與海紀、后傳月日不同。

立於殿下東廊橫街北　　“街”當作“階”。集禮

宮縣作　　此下當加“乾寧之曲”。樂志

侍中臣言　　“臣”下當加“某”。

又設內命婦次於殿之左右　　北無“於”字，非。

宮縣作　　此下當加“昌寧之曲”。樂志

北向揖　　“揖”字已削。

內侍閤門引升座　　“引”下當加“后”。

奉册皇太后儀　　天德二年正月　集禮：正月，差禮部員外郎王競等造册寶印，禮部郎中胡礪等造匣盝牀，直學士劉

長言撰册文,王兢書篆册寶。命太師勖、太尉裴滿達充奉册太尉,太保宗本、右丞同古辯充奉寶司徒。

　　奉册唐殷國妃　　"唐殷",宗幹傳作"梁宋"。

　　詣別殿門外幄次　　"幄",北作"握",非。

　　又奉外辦　　"奉",元作"奏",是。

　　重行西向立定　　"西"當作"北"。

　　進至兩宮太后座前褥位　　"太"上,元有"皇",是。

　　舉册官單跪舉　　"舉"上,元有"對",是。

　　舉寶官單跪對　　"對"下,元有"舉",是。

　　迴寶西北向　　"西"當作"函"。

　　謹請皇帝詣兩宮皇太后前行稱賀之禮　　集禮:"本部擬,俟皇太后並升座①,即奏請皇帝於殿上稍南,西向侍立,至讀册寶訖,奏請行稱賀之禮。"案海陵不從,故改去。

　　册皇太子儀　　東宮官導從不乘馬　　案下文明言乘馬,此乃擬奏而不從者。

　　帥鸞儀司　　元作"帥儀鸞司",是。

　　其日兵部帥其屬　　"其日"二字當削。

　　並朝殿入次　　"殿"當作"服"。

　　舁册寶床臣以出　　"臣"已作"人",當作"匠"。

　　正旦生日皇太子受賀儀　　棲臺進酒　　"棲",元作"接",是。

　　師少皆再拜　　張行簡傳:"國朝皇子元正、生日,三師、三

---

① "座"原作"坐",今據大金集禮卷五皇太后皇后天德二年尊奉永壽永寧宮改。

公、宰執以下須領群官同班拜賀①，皇太子立受再答拜②。"
是也。

皇太子與百官相見儀　答揖如前　"如"，元作"同"。

迎送皆同　案顯宗紀，大定十五年，"詔五品職事官謝見
皇太子"。志略。

卷三十八

禮志十一

曲宴儀　分引出　案熙紀：天會十三年三月戊戌，"詔諸
國使賜宴，不舉樂"。十二月癸亥，"始定齊、高麗、夏朝賀、賜
宴、朝辭儀"。交聘表，大定二十六年正月，"以宣孝太子未燒
飯，詔權停三日曲宴禮，三國人使各賜在館宴"。

朝辭儀　唱各好去　"唱"，元作"喝"，是。

以景宗忌辰　"宗"當作"宣"。

中丞李宴　"宴"當作"晏"。

完顏居貞等　"居"當作"守"。

新定夏使儀注　人使館伴所牽攏官　"人"，北作
"又"，是。

皆裏帶　"裏"，元作"裹"，是。

賜宴於管　"管"已作"館"。

---

① "須"字原脱，今據金史卷一○六張行簡傳補。
② "再"原作"不"，今據金史卷一○六張行簡傳改。

且鞠躬　“且”，北作“齊”，是。

客省傳示來使辭日　“日”，北作“曰”。

人從立再如前儀　“再”下已加“拜”。

代以銀三錠　“錠”當作“鋌”。

卷三十九

樂志上

雅樂　則漢律所用指尺　“律”，元作“津”，是。

擇其諧者而用之　秋澗集盧龍趙氏家傳：司正府君子侃，字和之[1]，爲協律郎。金末南遷，校量鍾律，獨黃鍾抑而不揚。既至汴，林鍾復爾，雖更鑄尚然。歎曰：“八音與政通，陰陽消長所在，可以卜時之治忽，中興其不竟乎！”既而金亡。案金人議律甚少，史有曆志，惟無律志，至南渡尤略，故補。

故宋景靈宫之趾也　“趾”，元作“址”，是。

宗廟　酌獻　此下當加“始祖室”。

獻帝　“帝”當作“祖”。

其別廟昭德皇后　“昭”，北作“聖”，非。

樂舞名數　簫一　“一”，元、北並作“二”，是。

與親祠同　元史樂志樂服注云：“金太常寺掌故張珍所

---

① “字”原作“曰”，今據秋澗先生大全文集卷四八盧龍趙氏家傳改。

著<u>列代世範</u>載金制①：舞人服黑衫②，皆四襖③，有黃插口，左右垂之，黃綾抹帶，其衫以紬爲之，胸背二答、兩肩二答，前後各一答，皆綵色，繡二鸞盤飛之狀④，綴之於衫⑤。冠以平冕，亦有天板、口圈，天門納言以紫絹標背⑥，銅裹邊圈，前後各五旒，以青白硝石珠相間⑦。"案文不詳舞人服色制，恐未備，故錄。

皇帝受册寶　皇太子　已作"皇帝"。

御樓宣赦　撞黃鐘之鐘　"黃鐘"當作"黃鍾"。

郊祀樂歌　黃鐘宮昌寧之曲　"鐘"當作"鍾"。下"黃鐘"並同。

太吕宮昌寧之曲　"太"當作"大"。下"太吕"並同。

神寧之曲　"神"，<u>元</u>作"坤"，是。

理幣瘞血　"理"，<u>元</u>作"埋"，是。

圜鐘宮　"鐘"當作"鍾"。

方丘樂歌　林鐘宮再奏太簇角再奏　"鐘"當作"鍾"。"簇"當作"蔟"。下"林鐘"、"太簇"並同。

應鐘宮豐寧之曲　"鐘"當作"鍾"。

---

① "列"原作"疉"，今據<u>元史</u>卷七一禮樂志五樂服改。
② "服"字原脱，今據<u>元史</u>卷七一禮樂志五樂服補。
③ "皆四"原闕，今據<u>元史</u>卷七一禮樂志五樂服補。
④ "二"原作"儀"，今據<u>元史</u>卷七一禮樂志五樂服改。
⑤ "綴"字原闕，今據<u>元史</u>卷七一禮樂志五樂服補。
⑥ "絹"原作"綹"，今據<u>元史</u>卷七一禮樂志五樂服改。
⑦ "硝"原作"玉"，今據<u>元史</u>卷七一禮樂志五樂服改。

卷四十

樂志下

禘祫　夾鐘宮昌寧之曲　"鐘"當作"鍾"。下"夾鐘"並同。

罍樽在尸　"尸"，元作"户"，是。

承天之祜　"祜"，北作"祐"，非。

黄鐘宮三奏　"鐘"當作"鍾"。下"黄鐘"並同。

太簇徵二奏　"簇"當作"蔟"。下"太簇"並同。

應鐘羽二奏　"鐘"當作"鍾"。下"應鐘"並同。

傅碩肥腯　"傅"，元作"博"，是。

尊嚴廟祐　"祐"，元、北並作"祜"，是。

究馴俗嫩　"究"當作"化"。

朝享太廟　錫鑾戾止　"錫"，元、北並作"鍚"，是。

玄酒大羹　"大"當作"太"。

貽謀丕赫　"丕"，北作"不"，非。

夾鐘福寧之曲　當作"夾鐘宮福寧之曲"。

申錫厥後　案此樂歌爲大定十九年以前所奏，德帝、安帝無詞，已祧廟也。熙宗無詞，未增室也。

殿庭樂歌①　宮縣樂太簇宮泰寧之曲　"樂"已作"奏"。

四海太平　案此詞八句並不叶韻。

文武入　"武"當作"舞"。

---

① "樂歌"原無，今據南監本補。

如天强明　“明”,元作“名”,是。

登歌嘉禾之曲　案此曲舞名並與禮志不合,已見上。

靈覜杳來　“杳”,元作“沓”,是。

王道昌明之曲　案“昌明”當作“明昌”①。

册使入門昌寧之曲　“昌”上當加“奏”。

宮縣洪寧之曲　“洪”上當加“奏”。

宮縣泰寧之曲　“泰”上當加“奏”。

鼓吹導引曲　工歌迭奏升平曲　“迭”,元作“疊”。

練時廟見嚴昭報　“練”,北作“揀”。

卷四十一

儀衛志上

初國制　北本不提行,已改。

册皇太孫亦如之　案章宗泰和八年五月丁未,御應天門,備黃麾立杖,受宋獻賊臣首事,志略。

長壽幢一　此下當加“五人”。

第一部都尉三員　“三”當作“二”。案此加減與“半仗二千二百六十五人”適合。

長壽幢一　此下當加“五人”。

第一行五部　當作“五部第一行”。

第二行第一部　當作“第一部第二行”。

---

① “當”原作“上”,今據文義改。

钧容直三百六人注人員七　"七",元作"六"。

金輅下六十四人注控馬踏路回　當作"控踏路馬四"。

共百三十四人注押馬六人　四字當升作大字,移入下"象二十三人"文上。

鼓吹樂二　"二",元作"工",是。

㡢弩一注赤平巾幘　"幘",北作"績",非。

刀盾三十六注寶花衫　"花"上當加"相"。

折衝都衛三人　"衛"當作"尉"。

朱雀旗一五人注寶花衫　"花"上當加"相"。

引旗四人注寶花衫革帶大口袴　"花"上當加"相"。"袴"下當加"執弓矢"。

副竿二注寶花衫　"花"上當加"相"。

步甲隊　元本提行,非。

五百二十三人注侍御在外　案此數除去侍御二員正合。然上文明言攝官在內,此復在外,何耶?

簫二十四箶二十四　集禮無"箶二十四",疑脫寫[1]。

折衝都尉二人　"衝"下當加"果毅"。

第十隊五十二人　此下當加"折衝、果毅都尉二人"。

柯舒二十四　"柯"已作"哥"。案宋志作"哥舒",云"黑漆棒"。

引駕龍墀隊　"隊"上當加"旗"。

廣武節級一人注服同御馬　"御",元作"控"。

---

[1] 按大金集禮卷二七儀仗上行仗實有"箶二十四"。蓋此處所據版本有脫漏。

第六部二百七十二人注服牟花衫　"牟"，元作"皂"，是。

駕士九十四人注抹額　"額"當作"帶"。

水鑵二香毬一唾盂一嘶羅一手巾一御椅三人踏床一
二十二字當降作小注。"鑵"，元作"罐"，是。

夾輅大將軍二人　此上集禮有"管勾將軍"，注云"披簡
金甲"。

部押二人注皂袍　"袍"當作"帽"。

鎗二十五人　"鎗"已作"槍"。

銀鎗六隊　"鎗"已作"槍"。

鎗二十五人　"鎗"已作"槍"。

員一人注長行三十人　"長行"二字當削。

殿中侍御衞大將軍　"御"下當加"左右屯"。

中道後部鼓吹第二百二十人　"第"當作"等"。

卷四十二

儀衞志下

大駕鹵薄　内增控馬司圍挾馬司圍　"圍"已作"圉"。

次栲栳隊　草木子：元朝樂駕遵依金制，駕後用馬軍、栲
栳隊。是也。

皇太子乘金輅上疑其非禮　"金"當作"綴"。顯紀。"疑"，
北作"擬"，非。

長行一百八人注執金鎗　"鎗"，元作"槍"，是。

長行一百八人注服並如上銀槍　"銀"當作"金"。

殳义仗　北無"仗"，非。

掌輦注武弁　"弁"，北作"牟"，非。

象輅革車木輅　"車"當作"輅"。

通七千五百四十八人　玉堂嘉話："金道陵元會圖及郊天儀仗圖、郊天圓丘圖。曾聞某官説，當時掌禮者房千里，中外幾用三萬人，未知方澤制度與此何若?"案據此文，實止七千餘人①，則王説夸矣。

皇太后皇后鹵薄　案集禮作"大定十九年昭德皇后吉儀"。

次金吾衞折衝都尉一人注錦騰蛇　此下當加"銀梁金隱起帶"。

短戟五色氅注執者　"氅"當作"擎"。降作小注，在"執者"上。

戈五色氅注執人　"氅"當作"擎"。降作小注，在"執人"上。

夾一人　"一"當作"二"。

次左右相牙門　"相"，元作"厢"，是。

皇太子鹵簿　案集禮，大定八年儀。

誕馬四八人　"八"上當加"控攏"②。

筘六　"六"當作"四"。

朱團扇三紫曲蓋三朱團扇三紫曲蓋三　北本無下八字，是。

_____

① "七千餘人"，金源劄記卷下輿服志作"七千五百四十八"。
② "攏"原作"排"，今據大金集禮卷二八儀仗下皇太子鹵簿改。

司禦率府一人　"府"下當加"校尉"。

百官儀從　大理少府等官　"府"已作"卿"。

正八品　北本提行,非。

親王府文字　"字"當作"學"。

司屬丞　"司",北作"同",非。

卷四十三

輿服志上

三用銀褐黃青羅錦三色　"三用"當作"並用"。

革輅　"革",北作"黃",非。

耕根車　蓋三重　集禮作"二層"。

進賢車　並鳳　"並"下當加"繡"。

白鷺車　紅綾帶　"綾"當作"綬"。

羊車　二轅　此後當加"革車,屬車,依見有制度成造"。

大輦　帉錔　鶴林玉露云:"絲囊之制,以小鈴十繫之。按式名曰'帉錔',黃金、塗金、白金三等。"是也。

皇后之車　紅羅明金衣褥　此下當加"全"。

皇太子車　駕赤駔六①　"駔"當作"駓"。

高一丈七尺　此下當加"三寸"。集禮

輿服志中

目　祭服　此後當加"公服"。

────────────

① "六",據大金集禮卷二九輿服上皇太子車服,當作"四"。

與夫窄紫服展皂等事　　元無"服"字,是。

冕制　旒各長一尺二寸　　"各",北作"名",非。

有金鐸子二枚　　"枚",元作"梅",非①。

鎮圭　書鎮圭式樣　　"書",元作"畫",是。

大圭長以尺壹寸　　元作"長尺二寸"②,無"以"字,是。

四鎮山爲飾　　"四"上,元有"以",是。

皇后冠服　王母隊仙人　　當作"王母仙人隊"。

褘衣　領襈襈　　"襈"上當加"袖"。

明金帶腰　　當作"明金腰帶"。

大綬一長五尺　　"五"上當加"一丈"。

各長一丈五寸　　"丈"當作"尺"。

皇太子冠服　白襪　　"白",北作"曰",非。

臣下朝服　案集禮,貞元元年遷都燕京制。

雜花暈錦玉環綬餘並同　　此下北有注"三品舊無"四
小字。

祭服　然君冕服　　"君"下當加"臣"。

而唐孫茂道　　"而"字當削。

公服　一品玉帶　　趙興祥傳:海陵賜以玉帶,詔曰:"汝
官雖未至一品,可佩此侍立。"

當直則窄紫金帶　　世宗紀,大定二十五年五月,"命尚書
省奏事衣窄紫"。

---

① "梅"當從屬下文,作"梅紅綫款幔帶一",不誤。

② "二"原作"一",今據元本改。

輿服志下

并良間官八品以上　未詳。

卷四十四

兵志

序　旷列於篇　"旷"當作"臚"。

五年伐宋之役　"五"當作"四"。

調燕山雲中中京上京東京遼東平州遼西長春八路民兵　案文爲九路，若併東京、遼東、平州、遼西各一路，則又止七路矣。大抵仍遵舊而分併之①。

熙宗皇統五年　"宗"下當加"天眷三年，罷漢、渤海千户謀克"。案熙紀無文，從大臬傳補。且據下文皇統"又罷"語，知必係脱載。

宗正宗敬之族　"敬"已作"敏"。

按達族屬　按達即按荅海。

六年南伐　"六"上當加"正隆"。

乃散契丹隸諸猛安謀克　見世宗紀大定三年及完顏兀不喝傳。

有父兄俱亡充甲軍　"亡"當作"已"。

---

① 據三朝北盟會編卷一一一建炎元年(1127)七月十六日、建炎以來系年要錄卷九建炎元年九月壬辰及熊克中興小曆，此文當作"五年，伐宋之役，調燕山、雲中、中京、上京、東京遼東、平州、遼西、長春八路民兵，隸諸萬户，其間萬户亦有專統漢軍者"。原文"五年"無誤。東京、遼東當爲一路，此八路舊屬遼朝理財路。參康鵬金史兵志辨證二則，隋唐遼宋金元史論叢第三輯，上海古籍出版社，2013年。

十二年　　“二”，元作“三”。

上謂幸臣曰　　“幸”，元作“宰”，是。

以奴代者罪之　　見孛尤魯阿魯罕傳。

遷河北東路兩猛安　　此下當加“于大名、東平等路”。

按視其地　　“其”，北作“共”，非。

彼方之人　　“彼”，元作“被”，非。

以上京率胡剌溫之地　　世宗紀作“率督畔窟”。烏古論粘没曷傳“胡剌溫屯人”。

二十四謀克　　紀作“三十”。

曰迭剌部注改爲土魯渾凡石合節度使　　“凡”當作“札”。

西北西南之乣軍十　　“十”已削。

萌骨乣　　案地志，西京有移典乣，無萌骨乣。豈先爲移典，後改萌骨，抑刊訛耶？

承安四年上謂宰臣曰至然知之猶愈不知　　一百五十二字，當削。案文複見夾谷清臣傳。且此文上言進士，下言武舉，文氣本自連貫，中間忽雜以宋白所集武經，何爲哉，此史官濫鈔率筆。

强壯者皆刺其注缺　　案“缺”字，元本空白。

宗望及令罷還　　“及”當作“乃”。

環葭澳　　“澳”當作“隩”。

即此曹也　　案此即在京號“飛虎軍”者。見哀紀及白撒傳。外有陝西勇敢軍、衛紀崇慶元年[①]。華州長勝軍、宣紀貞祐三年。陝

[①] “崇慶元年”原作“大安三年”，今據金史卷一三衛紹王紀改。

州振威軍、興定元年。邳海決勝軍、興定三年。歸德義勇軍、興定五年。鐵瓦敢戰軍、僕散安貞傳。保德振威軍、古里甲石倫傳。洛陽憨子軍，強伸傳。又救駕軍，烏林荅胡土傳①。又熊虎軍、徒單兀典傳。陝州破敵軍、同上。徐邳義勝軍、承立傳。單州鎮安軍、粘合荊山傳。息州虎子軍、婁室傳。東平宣鋭軍、遺山集夾谷碑。陝西緋翻翅軍、完顏綱傳。仲元花帽軍、阿鄰黃鶴袖軍俱本傳。等，志皆略去。又宋季亦有神勇軍、勇信軍、獅子崖義士軍、湖南飛虎軍等號，不在禁廂兵數。

　　禁軍之制　真元　“真”，元作“貞”，是。

　　付太興府　“太”當作“大”。

　　置都副指揮使　“置”下當加“馬軍”。

　　省爲三千五百　此下當加“二十五年，定爲三千”。

　　承安四年增爲五千　“增”下當加“親軍”。案此非承“守衛軍”文，乃遥承上“親軍”文。

　　而置統軍司于山西河南陝西三路　“山西”當作“山東”。地志

　　正隆末復陞陝西統軍司爲都統府　案世宗紀，大定三年五月，罷河南、山東、陝西統軍司，置都統、副統。

　　置於應州　“應”當作“桓”。

　　置於桓州　“桓”當作“豐”。

　　小者有從宜之名　濟瀆靈應記有“宣差從宜經略使僕散桓端”②。

─────────────

① “烏”原作“兀”，今據金史卷一一一烏林荅胡土傳改。
② “差”，金石萃編卷一五八濟瀆靈應記作“權”。

元光間時　當作"又貞祐時"。

故時皆稱元帥爲總領云　養新錄："汪秀峰收得金官印一，曰'提控所菜字印，興定元年九月行宮禮部造'。興定者，金宣宗年號，其時中都陷没，南遷於汴，故有'行宮禮部'之稱。金史百官志屢見'提控'字，未有以提控爲專署者。'菜'字亦不知何義，當取周興嗣千字文編號耳。"案提控之名，史中如刊修、畫像、鎮撫、急遞諸門等文上，皆加此二字，乃屬虚文，非若提領、提舉、提點之爲實職。又熙宗、世宗有詳定、詳校所，章宗有講議所，宣宗有招賢所，雖暫立即罷，皆有官稱，惟提控所官不經見，今所印可據，知當日必有此稱，史文略耳。考移剌福僧傳云，乞敕"按察使專一體究，宣差提控嚴勒禁治"。計其時在泰和末年，已有此名，諒無所印。至貞祐南渡，兵力益弱，必倚此軍以爲重，以是禮部始有編號遞給等事。然此所乃專領義軍者，山寨招募，自相統攝，不屬州縣，與正軍不同，故有正官并領此軍者，則以對品兼充，有白身推領此軍者，授以對品官職。其級次，自謀克、千户、萬户、副統、都統、提控而上，凡六等。若詔授者，則加"宣差"字，領軍約四千八百人，總領"便宜"、"從宜"，又因事各殊其號，此制詳古里甲石倫、蒙古綱兩傳。惜此軍多勇猛兇悍、盗竊亡命之徒，且有乃滿、羌、渾雜其中，尤喜鷙很凌奪。初雖建功，卒以致敗，是以胥鼎請别立彈壓、訓練等官，李革、陳規請罷爲將帥，以畀州縣，其意深矣。今考其制，義軍都提控，貞祐二年設，以經略、節度、刺史充；副提控，以同知、節度、總管兼。都統正七品，副統正八品，萬户正九品，

千戶正班,謀克雜班。又案官志載入元帥府文下,惜未詳
備。故附考於此。

　　斡里保注保亦作本　即下甌里本。

　　薄速斡　即下蒲速椀。

　　詳穩脱朵　官志群牧注作"掃穩脱朵"①。

　　養兵之法　並增廩給　此下當加"四月,命增山東路泉
水、畢括兩營軍士廩給"。海紀

　　歲以羊皮三萬　"皮"字當削。

　　馬四疋芻藁　"藁",北作"菁",非。

　　春秋衣麤布一段　"秋"字當削。

金史詳校卷四

卷四十五

刑志　元無此行，非。

序　皇統頒制　圖經云："新制千餘條"。

或揆義制法　秋澗集上世祖皇帝書云："昔亡金大定間，尚書省奏順州軍判崔伯時受贓而不枉法，准制當削官停職。世宗曰：'受財不至枉法，以習知法律故也。所爲奸狡，習與性成，後復任用，豈能自悛？雖所犯止于追官，非奉特旨，無復録用。'"案世宗紀并志載詔旨甚多，而此文不見，故録。

其六賞主　"賞"當作"償"。

先是詔自今除名人子孫有在仕者並取奏裁　守能傳："居官犯除名，與世襲併罷之，非除名者勿罷，著於令。"案此令在十九年後，與此詔在十三年前者不同。

詔立春後立秋前及大祭祀月朔望上下弦二十四氣雨未晴夜未明休暇併禁屠宰日皆不聽決死刑　案此乃唐律文。

高禎　本傳作“高楨”。

坐受草畔卒財　“卒”,元作“子”,未詳。

骨赧答二十　“十”,北作“百”。

承安二年制軍前受財法至按虎阿虎帶失覺察各杖七十

五十七字當改入下“著於敕條”文下。“按虎”當作“按察”。

泰和二年御史臺奏至不可更矣　二百二十七字,當改入

下“詔以明年五月頒行之”文下。案文自改去兩段,則下三年

字可上接“命審定律令”文。蓋三年七月云云,見孫鐸傳,四

年七月云云,見賈鉉傳,皆明昌事。至五年正月直言明昌,尤

無可疑,此係鈔胥倒寫之訛。

麻安止　“止”,元作“上”,是。

工部郎中賈鉉　傳作“侍郎”。

明昌五年　“明昌”當削。“年”當作“月”。

承安三年　“承安”當削。

五年五月　“年”下當加“四月丙午,尚書省進律義。”紀

名曰泰和律義　文淵閣書目“宿”字號:泰和律令格式九

冊,缺。刑統賦一冊,缺。泰和新定律義十六冊,缺。

卷四十六

食貨志一

序　如不欲食啖　案文語意未明,何不亦云“初不事食

啖”,與下文一例。

監戶官戶　官志:宮籍監,掌內外監戶。典給署,并管

官户。

民間銅禁　“銅禁”，北作“禁銅”，是。

戶口　二月盡徙六州氏族富强工技之民於内地　紀在四月。

大定二年詔免二稅戶爲民　見李晏傳。

是年七月奏猛安謀克戶口至牛具五千六十六　正文及注大小二百四十三字，當削。案文複見牛頭稅下，此與上下文無涉，故削此存彼。

分括北路　“北”下當加“京”。

明昌六年十二月　“明昌六年”當削。

十二月奏天下戶七百六十八萬四千四百三十八口四千五百八十一萬六千七十九　案地志，天下戶數，統計九百八十七萬四千五百七。自上京至燕京百九十七萬八千六百七十，自南京至山東五百十九萬二千三百六十二，自大名至陝西二百七十萬三千四百七十五。亦係泰和末年數，見開封府。而浮於此數二百一十九萬有奇，未詳。

注戶增於大定二十七年一百六十二萬三千七百一十五口增八百八十二萬七千六十五　案上大定戶六百七十八萬九千四百四十九，口四千四百七十萬五千八十六，與泰和數計增亦不合。

所在爲虛戾　“戾”當作“矣”。

通檢推排　能推排中都物力　“能”當作“曾”。

除三百貫外　“貫”當作“萬”。

反分與貧者爾　“反”，北作“應”，非。

比舊減錢五十六百餘貫　　“十”，元作“千”，是。

吏部尚書賈執剛　　“吏”當作“户”。傳

定人户物力隨時推收法　　案此制已見上文承安二年。

卷四十七

食貨志二

田制　分行大興府山東真定府　　“東”下當加“路”。

及大興府平州路　　“路”字當削。

十年四月　　此上當加“九年四月，遣官詣諸路勸猛安謀克農”。紀

如皇后莊太子務之類　　九思傳作“皇后店”、“太子莊”。

沿路頓捨側近官地　　“捨”，元作“舍”，是。

以水害稼者振之　　“振”，北作“賑”。

計七十餘家　　九思傳作“三十”①。

收獲數多　　“獲”當作“穫”。下“獲”字同。

如長城燕子城之類者　　“燕子城”，九思傳作“燕樂城”。案此與西京撫州燕子城不同。癸辛雜識别集云：“保定府之西有易州，即郭藥師起兵處，在易水北。州東南有故城，土人號曰‘燕子城’。有人耕于城中，得小銅印數十枚。”

唐鄧潁蔡宿泗等處　　“唐”，北作“塘”，非。

---

① 今檢金史卷九〇張九思傳無此事。按卷八三納合椿年傳記該事云：“温都思忠子長壽、椿年子猛安參謀合等三十餘家凡冒占三千餘頃。”“九思傳”當作“納合椿年傳”。

則免稅八年　"稅"當作"租"。

賞銀絹十兩疋　"十",北作"一",非。

縣官於本等陞五人　"人"當作"階"。

安水磨油楸　"磨",元作"磨",是。

無人保識故用　"用",北作"爾",是。

分畀之　"畀",北作"界",非。

徙居河南者幾萬口　"萬"上當加"百"。傳

人日給粟一升　"粟"當作"米"。傳

猶支三百萬　"支"下當加"粟"。"萬"下當加"石"。案計每口給一升七合。

歲租纔一百五十六萬　"租"下當加"粟"。案租地二十四萬頃,徵一百五十六萬石,計每畝六升五合,倍徵則一斗三升。

四年省奏　"年"當作"月"。

租賦　二年二月尚書省奏　"二年"當作"十一年"。

朕聞國無九年之蓄　"九"當作"三"。

十七年三月　"十七年"當削。

有司止其數　"止",元作"上",是。

二十六年　此下當加"詔諸路"。

四月上封事者　"四"上當加"明昌元年"。

以宋謀和詔天下免河南山東陝西六路今年夏稅　"謀"當作"請"。"六"當作"五"。章紀同。

四年三月免陝西逃戶租　"三"當作"正"。紀

三年令逃戶復業者　"三年"當削。

四年十二月　"四年"當削。

京南司農鄉　"鄉"當作"卿"。

牛頭稅　四年詔內地諸路　"四"當作"五"。紀

卷四十八

食貨志三

錢幣　遂製交鈔　范成大攬轡錄："交鈔所者,金本無錢,惟煬王亮嘗一鑄正隆錢,絕不多,餘悉用中國舊錢,又不欲留於河南,故仿中國楮幣,於汴京置局造官會,謂之'交鈔',擬見錢行使,而陰收銅錢,悉運而北,過河即用見錢,不用鈔。鈔文曰:'南京交鈔所,准戶部符尚書批降檢會,昨奏南京置局①,印造一貫至三貫例交鈔,許人納錢給鈔,河南路官私作見錢用流轉。若赴庫支取,即時給付,每貫輸工墨錢十五文。七年納換,別給錢,以七十爲陌。僞造者斬,告者賞錢三百千。'前後有戶部管當令史、幹當官、交鈔庫使副書押,四圍畫雲鶴爲飾焉。"案此鈔爲海陵貞元南京所造者,與下文所載章宗初年中都所造之鈔小異。近又見宣宗朝貞祐寶券銅本,則爲陝西所造,其式載潛研堂跋尾、金石萃編二書。

文曰正隆通寶　案今所見正隆錢文曰"正隆元寶"四字,迴旋讀之,楷畫甚工。

前許院務得折納輕賫之物以便民　"賫",北作"賷",非。

---

① "昨"字原闕,今據攬轡錄補。

但在民間　“但”，北作“俱”。

斑駁黑澀不可用　見劉煥傳。

其錢文曰大定通寶　孔行素信齋類稿云：“大定錢背上有‘卯’、‘酉’字。”吾衍閒居録云：“大定錢每錢重一錢者爲真，惟‘酉’字在上者佳。”案今所見者，“大定通寶”四字上下左右讀之，背有“申”、“酉”字，校正隆差大，楷畫亦工。又比從友人處復見大定上申錢、下申錢、上酉錢、下酉錢①。又銀大定錢，色光白，輪郭較大，皆正書。又見“泰和重寶”，篆書，當五十者。

謂官司所用錢皆當以八十爲陌　“司”，元作“私”，是。案攬轡録以七十爲陌，在大定十年。

今阜通利用兩監　“用”當作“通”。

銀每鋌五十兩　北盟會編：宣和五年四月，定交賞軍銀，兀室遣人將到秤一連，云舊例交割銀五十兩五分者②，皆不曾受，直至五十一兩方受。宣和録：靖康元年十二月三日，金人需犒軍，金百萬鋌，銀千萬鋌。十五日，開封府等處鎔金銀共四千鑪，每鋌各五十兩。粘罕嘗云：“京城總七百萬户③，除高力下户，寧不出金銀一鋌耶。齊東野語紹興歲幣云：“歲前三日，先賣銀百鋌過淮呈樣。”案集韻：“鋌，待頂切。”説文：“銅鐵樸也。”史中多作“鋌”，惟禮志末“銀三錠”，鄱陽傳“銀一

---

① 按金源劄記卷下食貨志，“上申錢”注云“四年甲申”，“下申錢”注云“十六年丙申”，“上酉錢”注云“五年乙酉”，“下酉錢”注云“十七丁酉”。
② 金源劄記卷下食貨志小字注云：“分謂錢。”
③ “户”字原脱，今據三朝北盟會編卷九七引宣和録補。

錠”，皆“鋌”字之訛。蓋“錠”字乃<u>元</u>人所定者。

四年以户部言　“年”當作“月”。

令人便賚①　“賚”，北作“賫”，非。

四年欲增鑄錢　“四”當作“是”。

六年十一月　“六年”當削。

從遼東察司楊雲翼言　“察”上當加“按”。

大安二年潰河之役　“二”當作“三”。“潰”當作“會”。

交鈔之輕幾於不能市易矣　<u>程卓使金録</u>：嘉定四年十二月十四日，早頓<u>相</u>州城中，見印榜條理：“交易三貫以上，並用交鈔；如違，斷徒追賞。”注云：“罪止徒二年，賞錢五十貫。”

懷州舊鑄錢鉅萬　“鑄”當作“鐵”。

雖爲陝西若一體徵收　“爲”當作“然”。_傳

民因以銀鑄錢　“民”當作“可”。

定撓法失糾舉法　“舉”，北作“與”。

自一錢至四錢四等同見銀流轉　<u>元豐類稿本朝政要策</u>云：“以‘<u>開元通寶</u>’錢肉好周均者校之，十分爲錢，十錢爲兩。”又云：“以御書<u>淳化</u>三體錢，磨令與開元錢輕重等，定其法爲新式，頒之天下。”<u>宋</u>律曆志：“淳化三年，内藏庫使<u>劉承珪</u>言：‘太府寺舊銅式自一錢至十斤②，凡五十一，輕重無準。式自錢始，則傷於重。’請别制法物。至景德中，重加參定，而權衡之制益備。其法取<u>漢</u>志子穀秬黍爲則，廣十黍，而取絫，

_____

① “令人便賚”上原有“本”字，當從屬上文，今據<u>金史</u>卷四八食貨志三删。

② “十”原作“十五”，今據<u>宋史</u>卷六八律曆志一校改。

以氂、絫造一錢半及一兩等二稱。以御書眞、草、行三體淳化錢，較定實重二銖四絫爲一錢者，以二千四百得十有五斤爲一稱之則。"案此錢爲銖兩之名，宋制已改二銖四絫定一錢爲分兩之中數。而北盟會編載兀室稱式尚云"五十兩五分"。注"分謂錢"。五十兩十分，是初年未用宋法也。此文一錢、四錢及選志"武舉"條之"重七錢竹箭"，則皆從宋式。

卷四十九

食貨志四

鹽　臨潢之北有大鹽濼　案曹望之傳："設官權鹽，聽民以米貿易。"

惟置山東滄寶坻莒解北京西京七鹽司　案官志作"山東、寶坻、滄、解、遼東、西京、北京"爲是，本文似衍"莒"字，脫"遼東"字。

解鹽斤二百有五十爲一席席五爲套　案毛碩傳：陝西鹽引太重，請一引分作三四，以從輕便。計在海陵時。

沭陽縣　案地志無。

之五場　"之"當作"是"。

之二場　"之"當作"是"。

北京宗錦之未鹽　"未"已作"末"。

猛安所轄貧　此下當加"户"。

三月大鹽濼設鹽稅官　"三月"當削。

十二月以大理司直　"十二月"當削。

又濱州渤海縣永和鎮　地志，永和鎮屬霑化縣①。

乞陞爲從七品　“七”當作“六”。宜志

八小場　案上文莒場十二，除五場當爲七場，此云“八場”。下又云“十三場”，或滄州舊廢之海阜場復置耶，而志無文。

十一月尚書省議　“十一月”當削。

山東舊課至增爲二十八萬二百六十四貫六百八文　二百六十字，當降作小字注，入上“二分”文下。案文乃注明七司舊課、新增之細數，當爲小注，誤刊作大字。又此文言北京舊入二十一萬餘貫，考上大定二十九年歲額，止十萬餘貫。

則盡以申官　“申”，元作“中”，非。

八年七月詔沿淮諸榷場　“八年七月”當改作“是月”。

酒　以周歲爲滿　案毛碩傳：爲轉運使，上言商酒課河東積負至四百餘萬貫，請禁約酒官不得折准賒貸，惟收實錢。此爲海陵時事。

三年省奏　“三年”當削。

增各有差　“增”下當加“虧”。

朕日膳亦減省至不忍爲也　三十九字，當削。案文已見世宗紀，且與本文無涉。

歲獲銀三十六萬一千五百貫　“銀”當作“錢”。

歲獲四十萬五千一百三十三貫　“獲”下當加“錢”。

---

① 按金史卷二五地理志中山東東路謂濱州霑化縣三鎮爲永豐、永阜、永科，並無永和鎮。考元豐九域志卷二河北路濱州轄渤海縣九鎮有東永和，蓋即金永和鎮。又本文明昌三年(1192)六月孫即康“濱州渤海縣永和鎮”云云，知永和舊當隸屬渤海縣，是年十二月升置利津縣。

復設麴使司　世宗紀：大定十八年，命戍邊女直人許自造酒。二十年正月壬戌，命歲以錢五千貫造隨朝百官節酒。章紀：承安元年七月庚辰，賜諸王、宰執酒，敕有司以酒萬尊賜民縱飲。九月癸未，都人進酒三千一百瓶，詔賜北邊軍吏。胥持國傳：“張萬公曰：‘持國素行不謹，如貨酒樂平樓一事，可知。’上曰：‘此亦非好利。如馬琪參政私鬻省醞，乃真好利也。’”遺山集輔國碑文：京兆公使庫有官屬月酒。

茶　袋直銀二兩　“二”當作“一”。

諸征商　金國聞見錄：凡丁家難者，不以文武高下，未滿百日，皆差監關稅、商稅院①、鹽鐵場一年爲任，謂之優饒。其歲課倍增者，謂之得籌，每一籌轉一官，有歲八九遷者。近始有止法，不得過三官者。揀課額少處授之，或以家財貼納，只圖遷轉。其不欲遷者，除課利歲額外，公然分之。

三年詔　“三”當作“二”。

二年諭提刑司　“二”當作“三”。

金銀之稅　二十分取一爲稅　此下當加“五年，聽人射買寶山縣銀冶。九年，御史臺奏河南府以和買金銀，抑配百姓，且下其直。上曰：‘初，朕欲泉貨流通，故令行，豈可反害民乎。’遂罷之。十二年，詔金銀坑冶，恣民採，毋收稅。二十七年，尚書省奏，聽民於農隙採銀，承納官課。明昌二年，天下見在金千二百餘鋌，銀五十五萬二千餘鋌。三年，以提刑司言，封諸處銀冶，禁民採煉。五年，以御史臺奏，請令民採

---

① “院”原作“燒”，今據三朝北盟會編卷二二一引金國聞見錄校改。

煉隨處金銀銅冶,上命尚書省議之,宰臣議謂:'國家承平日
久,户口增息,雖嘗禁之,而貧人苟求生計,聚衆私煉。上有
禁之之名,而無杜絕之實,故官無利而民多犯法。如令民射
買,則貧民壯者爲夫匠,老稚供雜役,各得均齊,而射買之家
亦有餘利。如此,則可以久行。比之官役僱工,糜費百端者,
有間矣。'遂定制,有冶之地,委謀克縣令籍數,召募射買。禁
權要、官吏、弓兵、里胥皆不得與。如舊場之例,令州府長官
一員提控,提刑司訪察而禁治之。上曰:'此終非長策。'參知
政事胥持國曰:'今姑聽如此,後有利然後設官可也。譬之酒
酤,蓋先爲坊場,而後官榷也。'上亦以爲然,遂從之。墳山西
銀山之銀窟凡百一十有三。"案文三百七十二字,自下卷榷場
文後改入。其卷目可據,係胥手前脱後補者,因從後入前,故
詳載於此。集禮:銀山在墳山西北①,嶺南屬奉先縣,有銀洞
五十四處。嶺北屬宛平縣,有銀洞六十二處。據此則"百一
十有三"當作"百一十有六"。

卷五十

食貨志五

榷場　皇統二年　　"統"下當加"元年正月,夏國請置榷
場,許之"。紀

---

① "銀山在墳山西北"原作"墳山在銀山西北",今據大金集禮卷一八時享上攝行禮
乙正。

國初於西北招討司之燕子城北羊城之間嘗置之以易北方牧畜　二十六字當改入上"亦大有助於經用焉"文下。

前此以防姦細罷西界蘭州保安綏德二権場　"防"下當加"夏國"。"蘭"，元作"闌"，非。"二"當作"三"。

十二月禁壽州権場受分例　此上當加"二十二年"。世宗紀："刺史訛里也等受賕縱禁物出界，處死。"是也。

圓眼　"圓"當作"龍"。

金橘　"金"，續通考作"盧"。

秦州西子城場　"西"當作"非"。

歲三萬三千六百五十六貫　"歲"下當加"獲"。

金銀之税世宗大定五年至凡百一十有三　"金銀之税世宗大定"八字當削。"五年"以下三百七十二字當改入上卷，已見前。

和糴　十六年五月　"五"已作"九"。

而止得二百餘石　"二"，北作"三"。

比年以來　"比"，北作"北"，非。

常平倉　俟官錢羨餘日舉行　案章紀：承安二年十月，"以米千石賜普濟院，令爲粥以食貧民"。四年十月，"敕京、府、州、縣設普濟院，每歲十月至明年四月設粥，以食貧民"。此又常平之變法，乃愚民之術，不足爲善政。志文略去，是也。

水田　溉田四十餘畝　"十"，元作"千"，是。

區田之法　見嵇康養生論　"嵇康養生論"當作"氾勝之書"。書曰："上農區田法，區方、深各六寸，間相去七寸，一畝三千七百區，丁男女種十畝，至秋收區三升粟，畝得百斛。中農區田法,方七寸,深六寸,間相去二尺,一畞千二十七區,丁男女種十畞,秋收粟畞得五十一石。下農區田法,方九寸,深六寸,間相去三尺,秋收畞得二十八石。旱即以水沃之。"見後漢書劉般傳注。又曰:"湯有旱災,伊尹爲作區田,教民糞種,負水澆稼。區田,以糞氣爲美,非必須良田也。諸山陵近邑、高危傾坂,及丘城上,皆可爲區田。區田不耕旁地,庶盡地力。"見齊民要術。

河東及代州 "河"上,北有"又問"二字,是。

入粟鬻度牒 寺觀名額 滹南集清虛侯公銘:"大定二年,凡釋道之居無名額者,許進輸賜之。"寰宇訪碑錄云:南魯村廣嚴院記、洪明院牒、後峪村彼岸院記、大定二年二月。圓教院禮部牒、二年九月。泗州禪院并記、二年十月。妙因院牒、二年十一月。法明院牒、清淨院牒、二年十二月。敕賜萬壽院牒、普恩院牒、二年無月。勝嚴院牒、雍傅村福勝院記、三年正月。洪濟禪院牒、三年七月。靈泉觀牒、三年九月。寶峰院牒、三年十一月。福嚴禪院禮部牒、三年十二月。龍泉寺碑記、洪福院記、大明禪院牒、靈感寺牒、三年無月。洪福禪院牒、清涼禪院牒、四年四月。莊嚴禪院牒、四年五月。金石萃編跋云:"陝西牒凡十四,起於大定二年,迄四年。時世宗用兵契丹,暫行此制,想四年以後即停也。"洪福院牒、四年六月。福勝禪院牒、四年七月。龍泉院記、四年九月。正覺寺牒、四年十月。大雲敕黃碑、四年無月。普照寺敕牒碑、五年正月。白蓼村興國寺記、五年五月。普安禪院牒、五年八月。壽峰寺牒、五年十月。壽峰寺尚書禮部牒:尚書戶部差委京兆府發賣所,據本府長安縣豐邑鄉胡村古平等寺主僧祖安狀告,見住平等寺係是古寺,名額文字失去了當,別無執把，今已納訖合著錢數，乞立壽峰寺名額。勘會是實，須合給賜者，奉敕可特賜'壽峰寺'。牒至准敕，故牒。大定三年七月日，令史向昇押；主事安假權郭押；奉議大夫、行太常博士、權員外郎劉押；中散大夫、行員外郎李；宣威將軍、郎中耶律；侍郎；中奉大夫、禮部尚書、翰林學士承旨知制誥、修國史王；前住持、親教和尚、講百法論、勸緣沙門法才置額；同爲力管勾置額小師祖安。大定五年十月十五日，壽峰寺主、管勾勸緣沙門祖昇立石，宋壽隆刊。案"中散"，禮部九品下無此名，其名在内侍階中，疑"朝散"之訛。廣福院尚書禮部牒、七年八月。潛研堂金石文跋尾續云："澤州陽城縣海會院僧宗暉狀告，晉城縣周村社次西有舊下院佛堂一所，自來別無名額①。已納錢一百貫，乞立廣福院。勘合是實，奉敕可特賜'廣福院'，准敕故牒。大定三年十一月初六日。月日之下，有令史、主事二人押牒。後列銜五行，曰奉議大夫、行太常博士②、權員外郎劉，曰中散大夫、行員外郎李，曰宣威將軍、郎中耶律；曰侍郎；曰中奉大夫、禮部尚書、兼翰林學士承旨知制誥、修國史王。其署押者，惟員外郎劉一人。考其時任尚書者，彰德王競無競。郎中以下，名字不可考矣。侍郎不書姓者，闕員也。"惠濟院牒、七年十月。寶峰院記、十三年五月。清涼院敕牒、十四年五月。福勝院敕牒、十六年正月。半巖庵剏修大明禪院牒記③、十六年九月。敕賜存留寺碑、二十年七月。興教院敕牒、二十四年。隆昌寺牒、二十九年八月。重書旌忠廟牒并記、明昌五年。壽聖禪院牒、六年。仰天山文殊寺敕牒。七年正月。又日下舊聞引東安縣志：廣福寺，天會中建，大定三年賜額。又關中金石記：崇靈廟額，大定中賜。案前所録壽峰寺與廣福院牒同年，先給四月，後五行列銜盡同。潛研跋尾考定禮部尚書

---

① "自來"二字原脱，今據潛研堂金石文跋尾卷一八引廣福院尚書禮部牒補。
② "行"字原脱，今據潛研堂金石文跋尾卷一八引廣福院尚書禮部牒補。
③ "牒"字原脱，今據寰宇訪碑録卷一〇金補。

爲王競甚核,惟今考郎中耶律當即移剌道名按者。本傳,改禮部
郎中,從討窩斡,在大定二年。交聘表六年使高麗,猶稱"右司郎中"。遼國語
解云:"以契丹字書者曰移剌,以漢字書者曰耶律。"太常博士劉,當即劉
璣仲璋。本傳。此則潛研未檢及處。其云行博士、員外郎者,
官志散官高於職事帶"行"字是也。主事安假權郭者,與廣福牒
小異。官志禮部主事止二員,殆分掌其事,故有給假、有權領
耳。又考莊嚴院牒文有"南征"字,是與宋交兵。萃編云用兵
契丹,説似未確。又據志文,五年悉罷,而訪碑録所載五年後
逮明昌末,尚有十餘碑,因録止記末行立石之年,而略其前行
給牒之歲故也。

　　承安二年賣度牒師號寺觀額　　寰宇訪碑録:定州剏建圓
教院記、承安三年三月。魏夫人賜静應廟牒、四年五月。劉村洪福
院敕牒、泰和二年。玉泉禪院牒、大安元年。洞真觀敕牒并記、二
年十月。兩城山興國禪院牒、崇慶元年。賜興國洪法寺額牒、貞祐
二年九月。普照禪院敕牒碑、二年十月。岱岳觀敕牒、二年。神應
觀敕牒。四年。案訪碑録,自明昌迄貞祐皆有之。更考遺山集
竹林禪院記云:"院在永寧之白馬原。龍門僧廣以興造自任,
興定中,請於縣官,得今名。"則興定亦有之。蓋國家自承安
以後,財用不支,斂爲經費,著諸令甲,故自此文後不再及
之也。

　　以濟軍儲　　四字當削。

　　四年耀州僧廣惠言　　四年當作"八月"。紀

卷五十一

選舉志一　"一"字各本無,今補。

律科經義中選者　"義"當作"童"。

凡養士之地　府學亦大定十六年置凡十七處　案十九路除去<u>上京會寧</u>、<u>西京大同</u>也。<u>丁暐仁傳</u>:"同知<u>西京</u>留守,首興學校,明養士之法。"當在<u>大定</u>十六年之後。然<u>納合椿年傳</u>:"初置<u>女直</u>字,立學官於<u>西京</u>。"在<u>天眷</u>中。

遂加以五品以上官　"五",<u>元</u>作"王",非。

餘官之兄弟子孫　"子",<u>元</u>作"曾",非。

詩用毛萇注　"注"當作"傳"。

禮記用孔穎達疏　"孔"上當加"鄭玄注"。

史記用裴駰注　"裴",<u>元</u>作"崔",非。

新舊五代史　案章紀,<u>泰和</u>七年十一月,"詔新定學令内削去<u>薛居正</u>五代史,止用<u>歐陽修</u>所撰"。是時尚未削。

老子用唐玄宗注疏　"疏"字當削。

乃亡宋取周禮之六行孝友睦婣任恤加之中和爲八也　<u>宋史徽宗紀</u>,<u>大觀</u>元年三月甲辰,立八行取士科。

置節鎮防禦刺史州學六十處　"刺史"當削。案<u>遺山集壽陽縣學記</u>:"近代太學、國子學,外府、節度使、防禦州亦置學官,刺史州則係籍生附于京府。"又<u>官志</u>,刺史州無教授。且下文節鎮三十九,防禦二十一,適符六十之數。又章紀,<u>泰和</u>四年二月,"詔刺史,州郡無宣聖廟學者並增修之"。志文略去,而其初年無刺史州學益可見。

　　府學二十有四學生九百五人　“四”當作“五”。“五”當作“二十”。案京府五,總管府十四,散府九,共二十有八。據注中二十四府外,尚有<u>會寧</u>、<u>臨潢</u>、<u>大同</u>、<u>歸德</u>四府,<u>上</u>、<u>西</u>兩京以邊地不立,<u>臨潢</u>併入<u>大定</u>,亦無庸增,惟<u>歸德</u>一府不應無學,且計注中人數亦止八百八十,與本文不合,擬加<u>歸德</u>學一、生四十人方合。又<u>歸德</u>若定爲二十五人,則與本文九百五人正合,而與下文千八百人大數尚欠矣,故用<u>大名</u>、<u>京兆</u>等數。

　　注<u>彰德</u>府　當作“<u>中山府</u>”。案<u>章宗</u>初年,<u>彰德</u>府尚稱<u>相州</u>,<u>定州</u>尚爲<u>中山府</u>。

　　節鎮學三十九共六百一十五人　“一十五”當作“三十”。案注載十六州計不等數,合四百人,餘<u>隆</u>、<u>濱</u>、<u>辰</u>、<u>義</u>、<u>錦</u>、<u>宗</u>、<u>懿</u>、<u>泰</u>、<u>豐</u>、<u>桓</u>、<u>朔</u>、<u>應</u>、<u>蔚</u>、<u>雲内</u>、<u>平</u>、<u>雄</u>、<u>鄧</u>、<u>許</u>、<u>徐</u>、<u>嵐</u>、<u>鄜</u>、<u>涇</u>、<u>鞏</u>二十三州各十,統計多於本文一十五人。

　　注<u>絳定衞懷滄州</u>　“定衞”當作“<u>相</u>、<u>保</u>”。案“定”當爲“<u>相</u>”,見上。又是時<u>衞</u>爲防禦,未升節度,<u>保州</u>户九萬餘,合增三十之數。

　　防禦州學二十一共二百三十五人　“一”當作“二”。“三十五”當作“五十”。案注言<u>博</u>、<u>德</u>、<u>洺</u>、<u>棣</u>、<u>亳</u>五州,又云餘十六州,蓋指<u>肇</u>、<u>陝</u>、<u>陳</u>、<u>蔡</u>、<u>鄭</u>、<u>潁</u>、<u>宿</u>、<u>泗</u>、<u>清</u>、<u>濱</u>、<u>沂</u>、<u>孟</u>、<u>華</u>、<u>秦</u>、<u>隴</u>、<u>河</u>也。第據上文,<u>衞州</u>尚屬防禦,不應無學,若加一州十五人,得二百五十,統計與下文大數千八百人正合。又上文云“計州府户口,增養士數”,約以<u>地志泰和</u>户數核之,而節鎮中密户一萬，冀户三千，得二十五人，餘二十三州如鄖户六萬，蔚户五萬，懿、平、許、徐户皆四萬，僅各十人。防禦中，德户一萬，得十五人，餘十六州宿、華户五萬，陝、鄭、清、孟、秦户皆四萬，僅各十人。雖上溯明昌，相去一十五載，其繁簡當不甚相遠，而士數不倫乃如此，豈州郡風會固殊，抑兩志所載互訛耶，不可詳矣。

注博德洺棣亳　"博"上當加"衞"。案衞州户九萬餘，應在五州上。

女直學　當自提行。

以女直大小字譯尚書　"尚"當作"經"。

小學生　章紀：明昌四年，孔端甫爲小學教授。承安四年，罷小學官。中州集高有鄰傳：字德卿，數歲入小學。

如漢生制　此下當加"二十八年四月，命建太學"。紀

注餘如舊　此下當加注"泰和四年八月，命諸路學校生徒少者罷教授，止以本州、府文資官提控之"。

凡諸進士舉人　凡四試皆中選則官之　陵川集楷木杖笏行序云："金源以來，進士第例授楷笏，無則以槐代之。"秋澗集楷杖銘引云[1]：孔林之木，瓌異者多，尤異者，獨文楷耳。前朝製爲手板，以備新進士之儀，豈思其人，重其文，敬其手植之道與。

凡詞賦進士　案天會十年，會試題好生德洽民不犯上賦。范成大族帳部曲録。十二年，會試題天下不可以馬上治賦。

---

[1] "杖"原作"笏"，今據秋澗先生大全文集卷六六楷杖銘并引改。

王繪紹興甲寅通和録。天眷二年，會試題君子能進人之情賦。部曲録。皇統二年，會試題日月得天能久照賦。同上。天德三年，會試題天錫智勇正萬邦賦。同上。貞元二年，會試題尊祖配天賦、張景仁、翟永固傳。御題王業艱難賦。部曲録。正隆二年，會試題不貴異物民乃足賦、忠臣猶孝子詩、憂國如飢渴論。鄭子聃傳。五年，會試題事不避難臣之職賦、御題賞罰之令信如四時賦。任熊祥傳。大定三年，解試題建官惟賢天下治賦、府試題立政惟人不惟官賦①、省試題夙夜求賢務在安民賦、殿試題所以臨制則臣民畏服賦②。部曲録。十三年，御試題周德莫若文王賦。遺山集碑。十九年，御試題易无體賦。同上③。泰和六年，御試題日合天統賦④。賈鉉傳。大安元年，御試題獲承休德不遑康寧賦、省試題儉德化民家給之本賦、河東府試題聖人有金城賦。續夷堅志。至寧元年，御試題臣作股肱弼予違賦、成績紀太常詩。同上。又部曲録：王彦潛，亘時狀元，是年出文以足言行乃遠賦題。孫用康，亘時狀元，是年出仁爲道遠行莫能致賦題，未知何年。又中州集李端甫傳注："三王内恕及人榜。"未知爲試題否。

以遼宋之制不同　李世弼登科記云："詞賦之初，於經傳子史内出題。次又令逐年改一經，亦許注内出題，以書、詩、

---

① "惟人"原作"作人"，今據三朝北盟會編卷二四五引族帳部曲録改。

② "以"原作"治"，"畏"原作"咸"，今據三朝北盟會編卷二四五引族帳部曲録改。

③ 據滋溪文稿卷四金進士蓋公墓記載，"案登科記：大定二十二年三月二十日集英殿放進士七十六人。……是歲考士之法，以天地無私覆載爲賦，發倉振乏餒爲詩，正心以正朝廷爲論"。據例當補大定二十二年(1182)題目。

④ "日"原作"德"，今據金史卷九九賈鉉傳。

易、禮、春秋爲次①，蓋循遼舊也。經義之初，詔試真定府，所放號七十二賢榜。迨蔚州、析津，令易、詩、書、禮、春秋專治一經内出題，蓋循宋舊也。”

天德二年始增殿試之制　登科記序：“海陵天德三年，親試於上京。”松漠紀聞：“會試後，又置御試，已會試中選者，皆當至其國都，不復試文，只以會試敕殿庭唱第而已，士人頗以爲苦，多不願往，則就燕徑官之，御試之制遂絶。”案據紀聞所云，知殿試不始於海陵，惟上京親試則其始也。

三年併南北選爲一　登科記序：“貞元二年，遷都於燕，遂合南北通試。”

罷經義策試兩科　“試”當作“論”。

前朕自選一題　案是科御題爲易无體，見上。

試學士院官　“試”當作“充”②。

詔免鄉試　登科記序：“天德二年，詔舉人鄉、府、省、御四試中第。明昌三年③，罷鄉試，止三試中第。”

府試舊六處至則試於益都　四十五字，當削。案文歷敘試事不及路分，況下文自有府試之處一條，於本文殊爲駁雜，雖語意詳略互見，不如改併入後較爲明快。

平章政事守貞言　此上當加“四年”。

爲衆所推者　“者”字當削。

---

① “書詩”原倒，今據玉堂嘉話卷五金登科記序乙改。

② 按金史卷五一選舉志一曰：“試學士院官。大定二十八年，敕設科取士爲學士院官。”“試學士院官”係特定官職，“試”非除授之意。

③ “三年”原作“二年”，今據玉堂嘉話卷五金登科記序改。

一場放二狀元　案宋制第二、第三人皆稱"狀元"，元制蒙古、色目人爲"右榜狀元"，漢人、南人爲"左榜狀元"。

至宋王安石爲相　案文爲宰臣對上兼習本業語，此上必有脱文。五禮通考亦云

時宰臣奏至少則聽其闕　一百二字，當削。案下文人數自爲一條，此不必存。

策論進士　諸路設女直府學　北行日録：乾道五年十二月二十三日，宿保州，崇積倉道西有小門，榜曰"教女直學"。

其策曰　案女直試策，自此題外，又有二十五年問"契敷五教，皋陶明五刑"一題，見完顏匡傳，餘不可考。若國初真定榜策題上皇不道少主失信，非女直人也。

禮部尚書賈銘言　"銘"，元作"鉉"，是。

及疑難經旨爲問之制　此下當加"七年，詔策論進士免試弓箭、擊毬"。紀十二月。

凡考試官　松漠紀聞："府試差官取旨，尚書省降劄。知舉一人，同知二人。又有封彌①、謄録、監門之類。試闈用四柱，揭綵其上，目曰'至公樓'②。主文登之，以觀試。"

隸詞賦試院　"試"上當加"考"。

凡會試知貢舉官　承安五年　案下又有"承安五年"，必有一譌。

---

① "封彌"原作"彌封"，今據松漠記聞卷下乙正。
② "目"字原脱，今據松漠記聞卷下補。

凡府試策論進士　定以中京上京咸平東平四處　"中京"當作"中都"。

凡詞賦經義進士及律科經童府試之處　登科記序：天會改元,始試詞賦於東、西兩京,或蔚、朔、平、顯等州,或涼庭試。試期不限定月日,試處亦不限定州府。紀聞：分三路類試,自河以北至女真皆就燕,關西及河東就雲中,河以南就汴,謂之府試。大金國志：府試分六處,河北東西路、中都路於大興府,臨潢、會寧、東京等路於大定府,西京、河東南北路於大同府,大名路、山東東西路於東平府,南京等路於開封府,京兆、鄜延、慶原、熙秦等路於河中府①。案記序云不限州府,天會年試處也。紀聞三路,天眷後試處也。國志六路,天德年試處也。至下文,明昌初增三路,則上文所云上京、咸平府路試於遼陽,河東南北路試於平陽,山東東西路試於益都者是,約引諸書,較本文似爲詳備。

中都河北則試於大興府上京東京咸平府等路則試於遼陽府餘各試於其境　三十一字當削。案試大興者舊六之一,試遼陽者增三之一,無煩再述,而下又有各境之文,真屬無謂。

恩例　直赴鄉試　此下當加"貞祐三年,終場人年五十以上者,便行該恩"。登科記序

律科進士又稱爲諸科　紀聞云：有明經、明法科,然不擢用,止於簿尉,明經至於爲直省官,事宰相,持筆硯。案黃久約傳："孫必福五經出身,蓋諸科人。"

---

① "河中府"原作"京兆府",今據大金國志卷三五天德科舉改。

經童之制　紀聞云:“童子科止有趙憲甫,位至三品。”

制舉　案制科爲明昌所剏,而大定二十八年已有此詔,啓其漸矣。

宏詞科　案衞紀,大安元年五月,試宏詞。滏水集:興定二年五月十六日,有試宏詞詩。遺山集:正大元年五月,應宏詞有章宗鐵券行引、秦王擒竇建德降王世充露布、擬賀登寶位表、擬立東宮詔、擬除樞密使制、擬御史大夫讓樞密使表、擬除司農卿制、西山晴雪詩。中州集:魏搏霄,中明昌宏詞。史公奕,再中宏詞。梁持勝,宏詞中選。李欽叔,宏詞優等。盧元與郭黻、周詢、張復亨同試宏詞。又蕭貢傳:“詔詞臣作唐用董重質誅郭誼得失論,貢爲第一。”考本志,是科明昌元年剏立,在官六品以下許薦試,貢在明昌間爲翰林修撰,從六品。此亦當爲宏詞題也。

武舉　程試一反　“一”,元作“二”。

程試三反　“三”當作“一”。

遂權令各處就考之　案章紀,五年十一月,初定武舉格。志略。

貞祐三年同進士例賜敕命章服　宣紀:貞祐二年十一月,許諸色人試武舉。興定二年四月,特賜武舉溫迪罕繳住以下一百四十人及第。

試學士院官　按唐典　“典”上當加“六”。

卷五十二

選舉志二

凡門蔭之制　泰和二年定制　"二"當作"元"。紀

詔換文武官者蔭一人　案章紀,七年十月,詔應蔭之家,其正蔭未官而亡,許補蔭。志略。

凡進士所歷之階　復詔令後及第人　"令",元作"今",是。

泰和諸格進士及第　"諸格"已改"格諸",與元本合。

策中試選　已作"策試中選",與元本合。

女直進士　大定二十五年　"大定"二字當削。

恩榜　當自提行。

明昌五年　"明昌"二字當削。

并依本門户　"并",元作"並",是。

仍使應二舉　"二"已作"三",與元本合。

人恩例補蔭　"人"已作"凡",與元本合。

五任上縣令　"五"當作"十二"。

凡軍功　後吏格之所定　"之所"當作"更"。

省令史　正隆元年　"元"當作"二"。

除軍判節察判　"軍"當作"運"。

女直進士令史　秘書監置校勘　"置"當作"署"。

卷五十三

選舉志三

省通事大定二十年格　案世宗紀,二十年正月,定試令史格。

御史臺令史　難爲公選　"難",元、北並作"雖",是。

譯史四人　官志作"三人"。

樞密院令史　紹興甲寅通和録:金接伴官李聿興云:"本是密院令史,本朝令史皆以進士爲之①。"案此制在天會末年。

大定二十一年　"二十一"當作"十一"。

睦親府宗正府　"睦親府"三字當削。案文即下宗正府所改,不應複出。

大定二十一年　"二十一"當作"十一"。

凡内外諸吏員之制　乃召諸吏員於昌明殿諭之曰　孛尤魯阿魯罕傳:"貞元二年,試外路胥吏三百人補隨朝。"即此。

令省部試者尚少　"令"已作"今",與元本合。

凡右職官　元本提行,是。

明昌一年　"一"已作"三",與元本合。

檢法知法　元本提行,是。

以後則兩除一差　此下當加"承安四年,更定檢、知法條格"。紀

———

① "皆"原作"却",今據三朝北盟會編卷一六三引文改。

女直知法檢法　以省□□□統軍司令譯史書史內擬
空缺三字,元作"院臺部",是,北本削去空白,尤非。

省祗候郎君　三四從八品　"三四"當作"二三"。

內侍　月給奉八貫石　"奉"當作"俸"。

護衛　降作六品七品除　此下當加"承安四年,定改充
奉御格"。

筆硯承奉　後以避睿宗諱　"睿"當作"顯"。

隨局內藏四庫本把　當自提行。

卷五十四

選舉志四

凡吏部選授之制至天眷元年頒新官制　世善堂書目:
"金國官制,完顏勗撰。"疑偽。

蕭頤　"頤",海紀作"䫏"。

時清州防禦使　"清",北作"青",非。

當任酒使者　"當"當作"嘗"。

三考以下者仝前免之　"下"已作"上",與元本合。
"仝"當作"同"。

三年命汰不勝官者　"年"當作"月"。

凡省選之制　引至尚書省堂　"堂"上當加"都"。

今散官小者奏之　"今"當作"令"。

廉察之制　有廉能官復與差除之令　"能",元作
"罷",是。

今所察能　　"能"上當加"廉"。

十一年以同知山陽軍山和尚等清强　　"一",元作"二",是。"山陽"當作"城陽"。紀

王州郎君　　"州",元作"府",是。

三年以所廉察　　此上當加"明昌"。

明昌四年　　"明昌"當削。

隨長陞用　　"長",北作"常",非。

遂罷平倒別路除授之制　　"平倒"未詳。

舉薦　　當作"薦舉"。

則狠避賞罰　　"賞",元作"責",是。

功酬虧永之制　　及罷餘錢陞降不盡之數　　"錢",北作"前",是。

卷五十五

百官志一

序　統諸郡　　"郡",元作"部",是。

其官長皆稱曰勃極烈　　北盟會編:女直部落繁盛,共有三十頭領,每領有一姓,通有三十姓。其官名則以九曜二十八宿爲號,曰諳版勃極烈,大官人。孛極烈,官人。其職曰忒母,萬户;萌眼,千户;毛可,百人長①;蒲里偃,牌子頭。孛極烈者,統兵官也,猶中國言總管云。自五十户孛極烈,推而上

_____

① "百人長"原作"十人長",今據三朝北盟會編卷三改。

之，至萬戶字極烈，皆自統兵。

其次曰國論忽魯勃極烈　案此下脱書"國論昃、國論乙室"兩兼官。

阿舍吳迭之號　"阿舍"，國語解作"札失哈"。"吳"，元作"吳"。

至泰和七年　"和"下當加"元年，在仕官三萬七千餘員"。紀

若宣宗之招賢所　案此所即後改集賢院者，本志下文不載。今考貞祐元年十月甲寅置①。完顏寓傳東華門外。四年十月辛未，置官領事。興定元年二月癸丑，罷。

經略司　完顏蒲刺都傳：貞祐初，置東西面經略使，就充西面經略使，上言："新設經略移文西京、太原、河東取軍馬，大數並稱非臣所統。"州郡皆不欲屬經略使，遂罷官。烏林荅乞住傳：貞祐初，改興平軍，就充東面經略使，尋罷。地志：中都路平州，貞祐二年四月，置東面經略司。宣紀：貞祐二年八月罷。此以中都爲界，分東西面，乃大經略也。又貞祐四年六月，罷宣撫，更置經略使。張甫傳：興定二年，爲中都東路經略使。三年，張進爲中都南路經略使。靖安民傳：興定三年，詔瘸驢自雄、霸以東爲中都東路經略使，易州以西爲中都西路經略使，又西京路經略使劉鐸。此分路之經略也。又紀：貞祐四年九月代州醜和尚，興定元年四月孟州宋子玉、從坦，八月海州阿不罕。二年五月萊州轉奴。四年三月海州陳

---

① "甲寅"原誤作"壬子"，今據金史卷一四宣宗紀上改。

兒,四月祁州段增順,七月滄州王福,十一月黃陵岡石虎。元光二年八月邳州六哥。及列傳之仲元商州,阿鄰輝州,霆單州等,不一而足。此分州之經略也。案此司爲宣撫所改,又爲節度、招撫及知府事所兼,本志不載,故敘于此。

尚書省注親執奏自 “自”,元作“目”,是。

架閣庫 總掌察左右司大程官 “大程”未詳。

行臺之制 案太祖七年置中書省樞密院于廣寧,太宗天會二年七月移置平州,三年十二月移置燕京,見韓企先傳。此即行臺之始。又十五年置行臺尚書省于汴。蓋樞密院自在燕京,而上京已立尚書省,故于汴加“行臺”字也。又天眷元年以河南地與宋後,行臺省徙大名,再徙祁州,見趙元傳。志文略去。

吏部 制各闕之機要 “各”,元作“名”,是。

曰資德大夫 案光英、張汝霖傳皆有“崇德大夫”,殆其初名耶。

注舊曰奉德大夫 見上卷省令史文。

曰武略將軍 案移剌成、徒單合喜、徒單思忠、溫迪罕蒲里特、顏盞門都、烏古論三合等傳皆有武功將軍,爲顯宗未諱時官稱,第不知頒諱時,如武節、武德、武義、武略何者爲武功所改①。

————————————

① 按本卷武散官序列“正六品上曰武節將軍,下曰武德將軍。從六品上曰武義將軍,下曰武略將軍。”據三朝北盟會編卷二四五引攬轡錄敘述大定二年(1162)武散官系統,謂“武功、武德、武義等將軍”。及大金國志卷三四服色曰:“六品至七品,……武臣武功將軍至忠顯校尉。”知武節即武功,因避顯宗允恭嫌名改。參李鳴飛金代前期散官制度——以三朝北盟會編中的攬轡錄爲綫索,漢學研究第29卷第4期。

曰中良大夫注天德作中亮　當作“曰中亮大夫”，注“天德作中良”。案此海陵諱，無由創制時反用“亮”字。

而書于行止簿　石抹世勣傳“未籍行止中”是也。

准唐令作四善十七最之制　案舊唐書官志有二十七最，次序亦不同：一曰禮樂興行，唐在十四。三曰決斷不滯，唐在六。八曰明於出納，唐在二十一。九曰訓導有方，唐在十二。十曰檢察有方，唐在二十四。十四曰物價得實，唐在二十五。十五曰戎器完肅，唐在二十七。十六曰議獄得情，唐在九。

而定其甄擢焉　案章紀泰和八年十月辛卯，“以軍民共譽爲廉能官條附善最法”。志略。

以六事考之　滏水集葉縣學記引其語。

凡封王大國二十　集禮：天眷元年，定封大國二十：遼、燕、梁、宋、秦、晉、漢、齊、魏、趙、越、許、楚、魯、冀、豫、雍、兗、陳、曹。皇統五年十二月，奏定從上添入唐、殷、商、周爲二十四，餘仍舊。大定格：遼、梁、宋、秦、晉、漢、齊、趙、越、許、楚、魯、冀、豫、唐、兗、吳、蜀、陳、曹。案諸臣封二大國者：秦漢、勗，宗雄。周宋、勗，宗翰。遼燕、宗望。梁宋、宗幹。遼越、杲。梁晉。徒單恭。

并注舊爲漢　“漢”當作“晉”。

譙注舊爲殷　“殷”當作“許”。

次國三十　集禮：次國蜀、隋、鄭、衞、吳、韓、潞、豳①、瀋、岐、代、虞、徐、滕、薛、杞、原、邢、翼、豐、畢、鄧、鄆、霍、蔡、瀛、

___

① “豳”原作“邠”，今據大金集禮卷九親王改，下同。

沂、榮、英、溫。大定格：吳①、隋、鄭、衛、韓、潞、豳、濟、鄂、代、虞、徐、滕、薛、紀、原、邢、翼、豐、畢、鄧、郢、霍、蔡、瀛、沂、荆、榮、壽、溫。

岐　此下當加注“舊爲鄂”。

澤　此下當加注“舊爲虞”。

瀛注按金格葛當在此　“金”當作“今”。案此本皇統格，世宗紀：皇統間封葛王。蒲察阿虎迭傳：封葛王在海陵時。李師兒傳：“葛王，世宗初封，大定後不以封臣下，由是三等國號無葛。尚書省請於瀛王下附葛國號，從之。”此注指泰和格也。

英　案光英傳：天德間，英國改壽國。而此文英、壽並列者，因葛不以封故也。

小國三十　集禮：小國濮、濟、道、定、景、申、崇、宿、息、莒、鄴、邰、舒、淄、郕、宗、郾、譚、應、向、郇、密、胙、任、戴、鞏、葛、蕭、莘、芮。大定格：濮、濟、道、定、景、申、崇、宿、息、莒、鄴、邰、舒、淄、郕、宗、郾、譚、祀、向、郇、密、胙、任、戴、鞏、葛、蕭、莘、芮。

景注後改爲鄒　當作“鄒”，注“舊爲景，避諱改”。

昔　當作“息”。

萊注舊爲宗　蒲察通傳：本封宗，避諱作任。

郯　此下當改注“舊爲譚”。

管注興定元年改　當作“避諱改”。

___

① “吳”原作“蜀”，今據大金集禮卷九親王改。

載　當作"戴"。

封王之郡號十　金源、廣平、宗秀、偎可、宗賢、活女、晏、檽剟温敦思忠、李石、紇石烈志寧、徒單鎰、承暉。平原、李石。南陽、張中孚、張浩、内族襄。常山、内族襄。太原、平陽、東平、徒單克寧。安定、延安。克寧、僕散端。案十郡外,別有漆水、昂。河内、宗憲、思敬、赤盞暉、高楨。鉅鹿、宗憲、思敬。蘭陵、按荅海、石家奴、蕭仲恭。神麓大㚴。等,此乃正隆前封號。

封公主之縣號三十　樂安、益都。清平大名,宗幹女降。蓬萊、登州。榮安、咸平。棲霞、登州。壽光、益都。靈仙、蔚州。壽陽、太原,宗本女封。鍾秀、廣寧。惠和、大定。永寧、嵩州。慶雲、咸平,集禮大定七年奏改壽安爲慶雲。静樂、管州,宗弼女封。福山、登州。隆平、沃州。德平、德州。文安、霸州。福昌、嵩州。順安、懿州。樂壽、獻州。静安、深州。靈壽、真定,宗本女封。太寧、"太"當作"大"①,隰州。聞喜、解州。秀容、忻州。宜芳、嵐州。真寧、寧州。嘉祥、濟州,宗幹女封。金鄉、濟州。華原,耀州,集禮大定十四年奏改昌樂、永樂爲金鄉、華原。案公主縣號可考者五人,餘不著,史略耳。惟宗弼女永安縣主不在三十縣數,宗本女混同郡君,宗望女壽寧縣主,宗幹女永平縣主,不詳地屬,海陵所封昭寧公主、即壽寧。壽康公主即静樂。率取美名,如唐有常芬、唐昌,宋有福康、崇慶之類,亦非郡縣。又上號乃郡縣主名,若公主封國,史不著表,大約與封王大、次、小國名同,今附考之。如畢國、太祖女嫁烏古論訛論,見元忠傳。鄂國、宗峻女,集禮:大定七年,奉旨武靈皇帝妹鄂

---

① 金源劄記卷下百官志即作"大"。

國公主,依舊封是也。續通考以爲太宗女嫁奪阿憐,非。鄭國、熙宗女,嫁蒲察鼎壽,本傳。瀋國、熙宗女,嫁徒單繹,本傳。代國、熙宗女,嫁唐括辯,本傳。遼國、鄧國、並宗幹女,皆嫁蒲察阿虎迭,鄧國即慶宜公主,見本傳。梁國、宗幹女,嫁徒單貞,見孝懿及本傳。榮國、海陵女,嫁徒單阿里出虎,見本傳。楚國、睿宗女,嫁唐括德温,本傳。冀國、睿宗女,嫁烏古論粘没喝,本傳。魯國、世宗女,嫁烏古論元忠,見昭德及本傳。唐國、世宗女,嫁徒單思忠,本傳。吳國、世宗女,嫁唐括貢,本傳。宛國、世宗女,嫁烏林荅復,本傳。韓國、世宗女,嫁僕散揆,見永蹈、安貞及本傳。澤國、世宗女,嫁蒲剌都,見永蹈傳。息國、世宗女,嫁徒單公弼,本傳。衞國、世宗女,嫁蒲察蒲速烈,見蒲察通傳。薛國、顯宗女,嫁烏古論誼,見元忠傳。鄴國、顯宗女,嫁烏古論誼,即廣平公主封,本傳。邢國、顯宗女,嫁僕散安貞,本傳。岐國。衞王女,歸元太祖,見宣紀及合達傳。以上所生、所尚皆可考者,凡二十三人。其不可考者,有曹國、世宗女,見世宗紀大定十二年十一月,不詳所尚。豫國、世宗女,見昭德傳,不詳所尚。昇國、顯宗女,見章紀泰和二年四月,不詳所尚。温國、宣宗女,見續通考,不詳所尚。定國、景國、道國,皆嫁蒲察辭不失,見鼎壽傳,不詳所出。郜國、嫁烏林荅琳,見本傳,不詳所出。續通考云章宗女,不足據。梁國、似太祖或太宗女,世宗紀大定十五年十一月,節度使移剌毛得子殺妻而逃,上命捕之,皇姑梁國公主請赦,不許。十六年正月辛未,皇姑邀上至私第,諸妃皆從,宴飲甚歡,公主每進酒,上立飲之。十八年十月甲午,中丞劉仲誨、侍御史李瑜坐失糾察大長公主事,削官一階。烏古論元忠傳:十五年,知大興府事,有僧犯法,置獄,皇姑梁國大長公主屬使釋之。王儼傳,明昌二年,知大興府,禁僧午後不得出寺,一僧犯禁,皇姑大長公主爲請。紀、傳所載此主與宗幹女稱梁國者不同,所生、所尚皆不詳。寧國、似海陵女,見永元傳,所生、所尚皆不詳,且非國名,係刊訛。濮國、似世宗女，寰宇訪碑録：岱頂皇姑大長公主題名，明昌元年。所生、所尚未詳。沂國、宣紀興定三年閏三月薨，所生、所尚皆不詳。秦越、燕都游覽志云大定，未詳，恐係遼封。金花、名勝志云章宗女，未詳，恐係俗名。

    凡白號之姓　案白號、黑號二姓，自完顔、溫迪罕、已作溫特赫，亦作溫迪痕、溫特罕。夾谷、已作瓜爾佳，亦作加古、夾古。陁滿、已作圖們，亦作駝滿。僕散、已作布薩，宋作孛散。尤虎、已作珠格。斡勒、已作沃呼。把、已作卜。吾古孫、已作烏克遜，亦作烏古孫。裴滿、已作費摩。徒單、已作圖克坦。溫敦、已作溫都，亦作同。兀林荅、已作烏凌阿，亦作烏林荅。紇石烈、已作赫舍哩。納蘭、已作納喇，亦作納剌。孛尤魯、已作富珠哩，亦作不尤魯。阿勒根、已作珠勒根，亦作阿里侃。納合、已作納哈。石盞、已作塔實嘉，亦作赤盞。古里甲、已作瓜爾佳。抹撚、已作穆延，亦作没撚、抹顔、末撚。納坦、已作納塔。耨盌、已作諾延。和速嘉、已作哈薩喇。吾古論、已作烏庫哩，亦作烏古論。兀顔、已作烏雅，亦作烏延。女奚烈、已作鈕祜禄。獨吉、已作通吉。黄摑、已作洪果。顔盞、已作延扎。必蘭、已作必喇。尼厖窟、已作尼瑪哈，亦作尼厖古。愛申、已作愛心。唐括、已作唐古，亦作同古。蒲察、已作富察，宋史同。尤甲、已作珠嘉。蒙古、亦作萌古、忙古、萌骨、蒙括、朦國。粘割、已作鈕祜禄，亦作粘合、粘葛、粘哥。奥屯、已作鄂屯，亦作奥純、奥燉、奥敦。斜卯已作錫默，亦書作斜卯，見潞州五龍祠碑①。並見列傳者，凡四十

① 金石録補卷一三潞州五龍祠碑：“明昌癸丑，祈晴碑有上黨尉斜卯溫玉，竟作‘夕’傍，從‘阝’。”按老學庵筆記卷一曰：“謝子肅使虜回云：‘虜姓多三兩字，又極怪，至有姓斜卯者。’”女真進士題名碑第十一行𤲷甬夅(ʃaron)，證明其姓原當作“斜卯”。參見金光平、金啓孮女真進士題名碑譯釋。

姓。其無傳而附見紀、志、表、傳者，如斡準、已作旺扎，亦作斡轉，見賽不傳。阿不罕、已作阿布哈，亦作阿卜哈，見兀典傳。卓魯回、已作珠嚕輝，見石抹世勣、獨吉義傳。石敦、已作舒爾圖，見完顏匡傳。光吉刺、已作光嘉喇，亦作廣吉刺，見章紀承安元年，亦即弘吉刺，見元史。阿典、已作阿克占，亦作兀典，見承暉傳及交聘表大定十五年。蒲鮮、已作布希，見宣紀。把古、已作拜格，見宣紀元光元年。温撒已作斡色，見白華傳。又九姓。餘如移剌荅已作伊勒圖。特黑罕、會蘭、沈谷、塞蒲里、已作特輝罕、輝羅、徹木袞、賽密呀。卓陀、阿廝準、匹獨思、潘尤古、諳石剌、石古荅、綴罕、已作卓特、烏蘇占、博提斯、博爾濟克、烏實拉、舒古蘇、珠爾罕。阿迭、聶摸欒、已作阿達、尼瑪蘭。兀撒惹、阿鮮、已作烏蘇、烏新。温古孫、已作温都遜。撒合烈、吾塞、已作色赫哩、烏色。能偃、阿里班、兀里坦、聶散、蒲速烈、已作納雅、阿里、巴爾坦、尼沙、富色里。蒲古里、已作博和哩。斡雷、獨鼎、已作斡哩、都克塔。拓特、盍散、撒荅牙、阿速、撒剗、準土谷、納謀魯、業速布、安煦烈、已作托羅特、赫舒、沙達喇、阿蘇、薩察、卓多穆、納木都魯、雅蘇貝、額蘇哩。拿可、貴益昆、已作納克、古勒琿。梭罕、霍域、已作索歡、呼雅。蒲速、已作伯蘇。準葛、諳蠻、獨虎、尤魯、磨輦、益輦、帖暖、蘇孛輦已作珠格、愛滿、都克、塔哩、摩年、伊年、托諾、蘇伯林。等姓俱無所見，惟烏扎薩謝里忽傳。之與阿廝準，拏懶后妃傳之與納蘭，兀惹太祖紀收國二年。之與兀撒惹，散荅國語解。之與撒荅牙，烏孫傳目八十二卷訛論。之與温古孫、吾塞，或係聲音訛傳。又如傳目所載移剌、耶律、石抹之爲遼姓，伯德、瑶里之爲奚姓，大、高之爲渤海姓，固應不入此目，而世紀之蒲聶部，國語解之吾魯曰惠、都烈曰强等，皆不見于此目中，未詳何屬。又此姓當本完顔勰所撰女直郡望姓氏譜，是書世善堂書目載之。第考他目皆無，而此何以獨有，大抵有録無書，與焦氏國史經籍志同。

親王母妻封一字王者舊封王妃　　熙紀：皇統元年正月，“初定命婦封號。”此所云舊封，即指皇統格也。

承安二年敕王妃止封王夫人次室封孺人　　十七字當降作小字注，入上“次室封王夫人”文下。案是時永蹈、永中相繼罪死，章宗猜忌愈深，故降此敕，下文“郡王”、“國公”仍存舊格。據下注例改。

同管勾一員　　此下當加“從八品”。

戸部注承安二年復增　　“承”當作“大”。

禮部注凡試僧尼道女冠三年一次　　章紀：明昌元年六月敕。

注令史十五人　　党懷英有題名記。

兵部注此天興近鑑所載之制也　　河朔訪古記云“關西楊煥然有天興近鑑”是也。案史所引止一則。

注泰和六年　　此注已改與上注“所載之制也”相連屬。

注入鋪轉送　　此下當加注“自中都至真定、平陽置者，達于京兆。京兆至鳳翔置者，達于臨洮。自真定至彰德置者，達于南京。自南京分至歸德置者，達于泗州、壽州，分至許州置者，達于鄧州。自中都至滄州置者，達于益都府。”案文七十五字從徒單鎰傳改入。

刑部　　勘鞫　　“鞫”，北作“鞠”，是。

工部注貞祐五年　　案下有天德三年，此“貞祐”字必訛。

都元帥府注伐宋始置　　此下當加“天德二年改爲樞密

院,大定元年復置,六年罷爲院,泰和六年復置"。案改置惟天德有明文,大定、泰和據晏、十一月朔。志寧、十二月丙申。�五月戊子。三傳得之。

平南寇軍大將軍　"寇",元作"冠",是。

殄冠中郎將　"冠",元作"寇",是。

有建威折衝振武盪寇果毅殄寇虎賁鷹揚破虜之名　案兵志復有"虎威"、"振威"。

大宗正府　泰和六年改爲大睦親事　十字當削。案"宗正"改"睦親",上文一條已足,何必逐條注明,今一段之中五見泰和六年,何其不憚煩也。

泰和六年改爲同判大睦親事　十二字當削。

泰和六年改同簽大睦親事　十一字當削。

泰和六年改爲大睦親丞　十字當削。

御史臺　勘鞠官府公事　"鞠",北作"鞫",是。

以上官品皆大定十二年遞陞　十二大字當降作小注。

監察御史注參注諸色人大定二年八員　守貞傳:漢人四員皆進士,女直四員文資右職參注。

注兩司各添十二員　此下當加注"貞祐元年,減定爲十二員,興定四年,減四員"。

注御史臺令史　烏臺筆補:金制,令史一十人,分掌名頭,上臺機密房,掌察到應干公事①,下臺同。

注譯史三人　"三",選志作"四"。

————————————

① "干"字原脫,今據秋澗先生大全文集卷八三烏臺筆補補。

注内班祇二人　　"祇"上，北有"内"，是。

宣撫司泰和六年置陝西路宣撫使節制陝西右監軍右都監兵馬公事八年改陝西宣撫司爲安撫司山東東西大名河北東西河東南北遼東陝西咸平隆安上京肇州北京凡十處置司使從一品副使正三品　　八十二字當改作"宣撫司，宣撫使一員，正三品。承安三年，以提刑使兼。掌教習武事、鎮撫人民、譏察邊防軍旅、審録重刑。復改安撫，副使一員，正四品；簽事一員，正五品；判官一員，從六品；知事，正八品；知法，從八品。泰和六年，陞使，爲從一品。貞祐二年，置，併山東、大名、河北、河東、遼東、陝西、山西、中都、河南、北京凡十處。使，從一品，副使，正三品。"案此司，地志各路不載，且文體不類，無官品，無佐貳，一也。專擧陝西，徒單鎰傳：泰和六年，知河中府，兼陝西安撫使。僕散揆行省河南、陝西，元帥府雖受節制，實顓方面，上思用謀臣制之，由是陞宣撫使一品，鎰改知京兆府事，充宣撫使，陝西元帥府並受節制。不知前有上京、東京，下卷按察司下云："承安三年以上京、東京提刑司兼宣撫使勸農採訪事，爲官稱。副使、判官以兼宣撫副使、判官爲名。各設安撫判官一員、提刑一員，通四員。安撫判官銜内不帶'勸農採訪事'，令專管千户謀克。安撫使副内，差一員於咸平，一員于上京分司①。承安四年，罷咸平分司，使在上京，副在東京，各設僉事一員。"同時有河南、山東，章紀：泰和五年五月甲子，以平章僕散揆爲河南宣撫使，本傳同。耿端義傳：充山東安撫使。郭俁傳：泰和六年，充山東安撫副使，七年，遷宣副。張萬公傳：六年，起知濟南府、山東路安撫使。繼有西京、大名、河北，完顏伯嘉傳：大安中，同知西京留守，權本路安撫使。高竑傳：同知河南，充安撫使，同知大名，兼本

————————————

① "司"原作"使"，今據金史卷五七百官志三改。

路安撫使。徒單銘傳：大安三年，知大名府，陞河北東西、大名路安撫使。崇慶初，移知真定，復充宣撫。衛紀：崇慶元年五月，以南京留守僕散端爲河南、陝西安撫使。二也。又"山東東西"文下自屬貞祐後事，然數至北京，乃十一處，非十處。考之紀、傳，山東、宣紀：貞祐二年，命僕散安貞等爲諸路宣撫使。安貞傳：除山東路統軍、安撫等使。完顏阿鄰傳：改山東西路宣撫使，其餘顏盞天澤、完顏仲元、烏林荅與、完顏弼、完顏綱、孟奎皆爲副使。大名、烏古論慶壽傳：改大名府宣撫使，又必蘭阿魯帶爲副使。河北、完顏霆傳：從河北宣撫完顏仲元，又完顏阿里不孫、田琢爲副使。河東、烏古論禮、胥鼎、賈益謙、完顏伯嘉爲使，納蘭胡魯剌、斡勒合打、烏古論德升、陀滿胡土門爲副。遼東、蒲鮮萬奴、蒲察移剌都爲使，奧屯襄、完顏阿里不孫、海奴爲副①。陝西、石抹仲溫、完顏弼爲使，阿里不孫、完顏胡失剌、尼厖古蒲魯虎爲副。北京，奧屯襄、張致爲使。皆有之。而上京、咸平、元史亦稱萬奴爲咸平宣撫。即係遼東，若隆安、肇州使副都無可考，不知紀、傳自有山西宣撫，即西京、宣紀貞祐二年四月戊戌及田琢傳。中都宣撫、完顏仲元傳：爲永定軍節度兼本路宣撫使。河南宣撫宣紀：貞祐四年劉頖②。三處，三也。故改訂如右。又此條後當加"提刑司"一條，計大小一百四字云："提刑司，大定二十九年置，分九路，承安三年，併上京、東京爲一。兼勸農採訪事，屯田、鎮防諸軍屬焉。掌法令三十二條。使一員，正三品；副一員，正四品；判官二員，明昌元年陝西添一員。從六品；知事，正八品。知法三人，女直、契丹、漢兒各一。令史。三年改爲書史。承安四年，罷。"案此司

---

① "奴"原作"都"，檢金史卷一〇七張行信傳曰：貞祐四年（1216）二月，"時尚書省奏：'遼東宣撫副使完顏海奴言'。"今據改。
② "頖"原作"頗"，今據金史卷七八劉頖傳改。

見于地志各府下，諸傳可考者：劉仲洙中都、見順州廟學記。西京使，張萬公、李愈南京使，明昌四年自許州遷南京。蒲帶北京臨潢使，范楫副；移剌益、承暉東京咸平使，張亨、王啓河東南北使，董師中陝西東西使，賀揚庭山東東西使。又河北東西大名使，見李完傳。章宗承先志，置此司，諭令十月一入見，十五月一入朝，選官備官綦重焉，約及十年以諸司不職改罷。丞相襄請罷司，語最切。志遂略去此官，其實不可缺載也，今補。

勸農使司泰和八年罷貞祐間復置興定六年罷勸農司改立司農司　二十七字當改作"勸農使司，天會間置。太宗紀：九年五月，遣使諸路勸農。正使，從一品。以內族、外戚官尊者兼領，居中不出，亦行採訪，即選志宰相默察之法。紀、傳可考者，如徒單恭傳爲司徒，領三省事，兼勸農使。耨盌溫都思忠傳：貞元二年，拜太師，兼勸農使。海紀：正隆六年四月，詔百官先赴南京治事，勸農使從行。世宗紀：大定二年，以前勸農使移剌元宜爲御史大夫。烏古論粘沒曷傳①：世宗即位，遷右宣徽使②、勸農使。按答海傳：世宗即位，判大宗正事，改勸農使。唐括德溫傳：大定四年，爲勸農使，出爲西京留守。欽慈后傳：大定十九年，后族人勸農使莎魯窩請致仕。潞王永德：明昌五年，遷勸農使。承安二年，再任勸農使。移剌塔不也傳：貞祐三年，爲勸農使。副使，從二品。此則行司兼採訪，如移剌道傳：奉使河南，勸課農桑，密訪吏治得失。可考者：孛尤魯阿魯罕傳：遷勸農副使。若世宗紀：大定三年，詔戶部侍郎魏子平等九人分路勸農。章紀：明昌四年，遣戶部侍郎李獻可分路勸農，大定二十九年，復以提刑司兼之。遺山集剌史李楫碑，明昌元年，充山東東西路勸農副使。此皆暫行而即輟者。泰和八年，罷。章紀：八年十一月，初設三司，掌判鹽鐵、度支、勸農事。此改別見下文。貞祐

───────────────

① "曷"原作"喝"，今據金史卷一二〇烏古論粘沒曷傳改。
② "右"字原脫，今據金史卷一二〇烏古論粘沒曷傳補。

間,復置。可考者:<u>王晦傳</u>:<u>貞祐</u>初,遷侍讀學士,加勸農使。<u>侯摯傳</u>:南渡,轉勸農副使。<u>宣紀</u>:<u>元光</u>元年四月,勸農使訛可。是也。若<u>興定</u>四年詔參政<u>李復亨</u>、中丞完顏伯嘉勸農,亦暫行即輟者。<u>興定</u>六年罷,改立司農司。與下文小異,此改而即更者。案此官不載始置,不詳正副,皆屬脫誤,據紀、傳補。且自正、副使外,間歲復有別遣,是以<u>大定</u>十三年敕遣官煩擾,止令各管職官勸督①。<u>食志</u>。<u>貞祐</u>四年,請官不遣。<u>宣紀</u>。<u>明昌</u>五年,言者乞以長吏勸農。<u>食志</u>。<u>貞祐</u>二年,乞權罷勸農使,不行。<u>烏林荅與傳</u>。<u>興定</u>二年,詔州府官並充勸農。<u>宣紀</u>。此改制之由也。

　　司農司興定六年置　　即<u>元光</u>元年。<u>宣紀</u>:四月,置大司農司。<u>把胡魯傳</u>:六月,召爲司農司。

　　興定六年陝西并河南三路置行司農司　　"興定六年"四字當削。

　　三司　　<u>趙子砥燕雲録</u>:三司使,<u>契丹</u>麻九、<u>渤海</u>大變②、<u>燕</u>人張令言領。<u>地志</u>:<u>中都路平州</u>,天輔七年,以錢帛司爲三司③。<u>太宗紀</u>:天會九年,張忠嗣知三司使。案此國初承用<u>宋</u>制,與此不同,此則<u>章紀泰和</u>八年紇石烈子仁兼三司使。<u>李復亨傳</u>:<u>貞祐</u>中,行三司。<u>宣紀</u>:<u>興定</u>元年,<u>侯摯</u>爲三司使。是也。

　　管勾架閣庫注大定元年增一人　　"大"當作"興",元作"大安",亦非。

---

① "各"、"官"原脱,今據<u>金史</u>卷四七食貨志二田制補。
② "變"原闕,今據<u>三朝北盟會編</u>卷九八引燕雲録補。
③ "錢帛司","司"字原脱,今據<u>金史</u>卷二四地理志上補。

國史院注更擬女直一員　"直"下當加"漢人"。紀

女直漢人各四員　七大字當降作小注。

翰林學士院　分判院事銜內帶知制誥　"帶"上當加"不"①。

審官院注止令御史臺官論列　"止"，北作"上"，非。

太常寺　太廟署　當自提行，低一格，與"郊社署"等一例。

直長　此下當加"正八品"。

卷五十六

百官志二

殿前都點檢司　殿前左衛將軍　已別提行。案章紀：明昌三年三月設。志失載品從。

右衛同此　四字當削。

符寶郎四員　已別提行。案選志作"十二人"。

近侍局注大定十八年增二員　案上云泰和八年刱設，安

---

① 此校改有誤。據三朝北盟會編卷二四五引攬轡錄曰："承旨至直學士帶'知制誥'，待制至應奉帶'同知'。"此處"同知"即同知制誥。如遺山先生文集卷二一雷希顏墓銘云："轉應奉翰林文字、同知制誥。"建炎以來繫年要錄卷一四二紹興十一年（1141）十一月辛丑云："翰林待制、同知制誥邢具瞻。"及卷一六七紹興二十四年十二月乙巳云："中散大夫、守右諫議大夫、充翰林待制、同知制誥胡勵。"金石萃編卷一五六大定二十二年（1182）大金重修中嶽廟碑題作："中憲大夫、充翰林待制、同知制誥、上都尉、江夏縣開國子、食邑五百戶、賜紫金魚袋臣黃久約奉敕撰。奉政大夫、充翰林修撰、同知制誥、兼國史院編修官、驍騎尉、賜緋魚袋臣郝史書。承直郎、應奉翰林文字、同知制誥、兼國史院編修官、雲騎尉、賜緋魚袋臣党懷英篆額。"據上述諸例，知翰林待制、修撰及應奉翰林文字銜內皆帶同知制誥。

得<u>大定</u>增員,此"大定"上必脱始置之文。<u>泰和</u>乃刱設提點耳,下文如此者多仿此。

注奉御十六人至皆大定十二年更 三十八字,當削。案文已見選志。

尚輦局 典輿都轄 案<u>賈益謙傳</u>又有"典輿副轄"。

武器署 直長 二大字當降作小注。

宣徽院 舊名龍翔軍正隆二年更爲神衞軍 案兵志:<u>正隆</u>二年,選騎兵曰"龍翔",步兵曰"虎步"。五年,置驍騎、都副指揮使隸點檢司,步軍都副指揮使隸宣徽院。與此不合。

大定二年更名爲拱衞司都指揮使從四品注舊曰使 "都指揮"三字當削。注三字當削。

副都指揮使從五品注舊曰副使 "都指揮"三字當削。注四字當削。

儀鸞局注或兼少府監官 見<u>完顏綱傳</u>。

教坊 諧音郎從九品 案與吏部文不合,蓋吏部從九品上曰和聲郎,下曰和節郎,乃階名,此則官名也。

內藏庫 金銀庫都監正九品 此下當加"同監,從九品"。

內侍局 興定五年陞正八品 八大字當降作小注。

溫妃位提控 <u>溫妃</u>即<u>石抹氏</u>,見<u>從彝、張曄傳</u>。

典衞司注以崇妃薨 此下當加"罷"。

宮苑司 掌宮庭修飭 "飭"當作"飾"。

注泰和元年設 <u>元</u>已作"二",與紀合。

侍儀司注率捧案擎 此下當加"執"。

秘書監　著作局著作郎　已別提行。

筆硯局注舊名筆硯令史至改爲承奉　二十三字,當削。案文已見選志。

國子監　此下當加"天德三年置"。紀。案上京路有國學,見張賁東京記;歸德府有國學,乃宋舊,見女魯歡傳。又齋長,見章紀承安元年。

太府監　案完顔綱傳,兼尚食局官。志略。

丞二員　遺山集碑云:"改太傅監丞,兼職常四五。"在明昌初年。

左藏庫　已別提行。

少府監　裁造署注裁造匠六人針工婦人三十七人　十三字,北本與上注"明昌三年省"相連屬,是。

軍器監　軍器庫　案宣紀:興定三年三月①,河南路節鎮以上立軍器庫,設使、副各一員,防刺郡設都、同監各一員。志略

都水監　分治監專規措黃沁河衞州置司　十三大字當降作小注。

興定五年至皆同兼漕事　二十八大字,當降作小注。

街道司　北別提行,是。

都巡河官　其瀘溝崇福上下埽　"福",河志作"樞"。

兼建春官地分河道　"官",元作"宫",是。

注大定二年設滹沱河巡河官二員　十三小字當升作大

字,改入上"諸都巡河官"文上。又"二員"下當加"泰和六年,設天津河巡河官,隸都水監"。案十五字,據漕渠志補。

下六處河陰雄武榮澤原武陽武延津　"六",河志作"五"。案河陰非數,不合並數。

衞南都巡河官　崇福上崇福下　"福",河志作"樞"。

曹甸都巡河官　陵城　"陵",河志作"淩"。

南京延津渡河橋官　程卓使金録:十二月十二日,延津縣三十里至黄河。先過一小河,亦有小橋。至黄河浮橋,名天漢橋。用九十六巨舟,一舟十碇,每六舟一鋪。有人居守,設幕次于其側。

東置歸德　"置"下當加"于"。

諫院　皆從五品　"五",北作"四",非。

大理寺　自少卿至評事漢人通設六員女直契丹各四員十九大字當降作小注。

弘文院　此下當加"明昌五年置"。

登聞鼓院　此下當加"正隆二年置"。案章紀:大定二十九年二月,敕鼓院舊常鎖户,其令開之。

知登聞鼓院　此下當加"明昌元年置"。

登聞檢院　海紀:正隆二年十月,詔尚書省:"凡事理不當者,許詣檢院投狀,院類奏覽訖①,付御史臺理問。"世宗紀:大定二十六年,陳言文字詣檢院送學士院聞奏。孫鐸傳:二

---

① "院"字原脱,今據金史卷五海陵紀補。

十九年,詔凡上訴者,每朝日奏十事①。

記注院　明昌元年　　章紀:十月,以有司言登聞鼓院同記注院,勿有所隸。

集賢院　注受馬璘　"受"當作"授"。

衞尉司　此下當加"大定二十九年設"。

権貨務　此下當加"貞元二年置"。

注係中運司　"中"下當加"都轉"。案文或當日官稱如此,下南運司同。

交鈔庫　副使從八品　此下當加注"泰和七年,增一員"。

惠民司　此下當加"貞元二年置"。

修內司　注兵夫二千人　此下當加注"明昌五年,減一千人"。

都城所　及挻埴等事　此下當加注"明昌五年,減營造軍五百人"。

上林署注大定七年增一員　案上云"泰和八年刱",安得大定增員,必有脱誤。與前近侍局同。

同樂園　隸南運司　"南"下當加"京轉"。

提舉南京権貨司　此下當加"貞元二年置使,從六品"。案下卷"麴使"文後一則與此正複,蓋彼乃貞元所置,故官名、品從不同,今併入此,後文可削。

倉場司　注永豐倉儲倉　"儲"上當加"廣",元作"永豐

_____

① "朝"原作"朔",今據金史卷九九孫鐸傳改。

廣儲倉”，無上“倉”字，亦非。案“倉場”注文亂刻無次，<u>元本</u>亦同，無從校正。

八作左右院設官同上掌收軍須軍器　此條後，<u>元本</u>尚有四條，<u>南本</u>失刻尾頁，乃於此行末加“志第三十七”五字，遂使文脱無迹可尋，此後各本相承並脱，今據<u>元本</u>補録于後。

軍須庫<u>至寧</u>二年置。使，從八品。副，從九品。

典牧司<u>貞祐</u>年置。使，正七品。副，從八品。判官，正九品。

圉牧司<u>興定</u>二年置。使，正七品。副，正八品。判官，正九品。

提舉圉牧所<u>泰和</u>二年置，隸各路統軍司。<u>河南東路</u>、<u>河南西路</u>、<u>陝西路</u>皆設提舉、同提舉，<u>山東路</u>止設提舉。

以上脱文四條，共五行，計大小九十八字。“貞祐”下當有脱字。

卷五十七

百官志三

内命婦　曰八十一御妻　案上卷宣徽内侍局，<u>裕陵</u>有<u>惠妃</u>、<u>温妃</u>。<u>后妃傳</u>有。<u>章宗</u>有<u>端妃</u>、<u>慧妃</u>、<u>貞妃</u>、<u>靚儀</u>、<u>才媛</u>。<u>后妃傳</u>無。<u>昭聖后傳</u>有<u>昭華</u>。<u>顯宗</u>諸子傳有<u>充華</u>、<u>茂儀</u>、<u>婉儀</u>等。凡此皆東宫妃號，志並失載。

皇后位下女職注依隆慶宮所設人數大安元年定　“安”，<u>北</u>作“定”。案<u>熙</u>、<u>海</u>兩朝立后，其女職不詳，<u>世</u>、<u>章</u>兩朝不立后。據注云隆慶宮乃章宗母孝懿皇太后，似此制爲章宗時所定，"大安"固非，"大定"亦未必是也。

　　直閤一員　　此下當加"八品"。

　　秉衣一員　　此下當加"八品"。

　　諸駙馬都尉　正四品　此下當加"天眷三年定"。集禮：大定七年二月十三日奏，今制駙馬係正四品，娶郡主正六品上敘，娶縣主正七品上敘。

　　提控鞏國公家屬　　宣紀：貞祐三年九月，命司屬令和尚等護治鞏國公按春第。案即賽不子，見本傳。

　　太后兩宮官屬　閤正　　"閤"，元作"閣"，是。

　　副主藏　此下當加"從九品"。

　　副主廩　此下當加"從九品"，北有"正九品"三字，"正"字誤。

　　大興府　餘府尹同　四大字當降作小注。

　　惟留守不別置以總判兼之　十一大字當降作小注。

　　餘府同知同此　六大字當降作小注。

　　掌讞議參佐　　"讞"，元作"讅"，是。

　　分判吏部工案事　　"部"，元作"禮"，是。

　　勾稽省置文牘　　"置"已作"署"，與元本合。

　　女直司一員漢人司一員　十六字當降作小注。

　　餘都孔目官同此　七大字當降作小注。

　　知法二員　　"二"，元作"三"，是。

　　女直一員漢人二員　八大字當降作小注。

　　河東東西路　　"河東"當作"河北"。案女直教授與選志府州學二十二數同，其文不同者，河北東路、即選志冀州。大名、即開州。西南、西北兩招討。即豐州、西京。惟本文有河北西路，而選志無之，選志有河南，而本志無之，互有脫訛。又考紀、志、傳，猛安謀克女直人遷屯幾徧，惟河東兩路獨無，不知何故。

臨漢　“漢”，元作“潢”，是。

京城門收支器物使　以已上各門　北無“以”字，是。

管勾北太一宮同樂園　案同樂園有兩處，前上林署者在中都，中州集有詩。此則在南京者，見歸潛志。

按察司本提刑司，七字正文。承安三年，以上京、東京等提刑司併爲一提刑使，兼宣撫使勸農採訪事，爲官稱。副使、判官以兼宣撫副使、判官爲名。復改宣撫爲安撫，各設安撫判官一員、提刑一員，通四員。安撫司，掌鎮撫人民、譏察邊防軍旅、審錄重刑事。安撫判官則銜內不帶“勸農採訪事”，令專管千戶謀克。安撫使副內，差一員於咸平、一員於上京分司。承安四年罷咸平分司，使在上京，副在東京，各設簽事一員。一百四十八字敘提刑兼宣撫事，已改入上“宣撫”文内。承安四年改按察司。八字正文，見章紀。貞祐三年罷，止委監察採訪。十一字作注，宣紀不載，見郭俣、移剌福僧傳。使一員，正三品，掌審察刑獄、照刷案牘、糾察濫官汙吏豪猾之人、私鹽酒麴並應禁之事，兼勸農桑、與副使、簽事更出巡案。副使，正四品，兼勸農事。簽按察司事，正五品，六十四字正文。承安四年設。五字衍。判官二員，從六品，大定二十九年設。明昌元年，以陝西地闊，添一員。知事，正八品。承安三年，上京者兼經歷安撫司使。四

十五字指提刑使下判官、知事之兼職，已入提刑文内。泰和八年十一月，
省議以轉運司權輕，州縣不畏，不能規措錢穀，遂詔中都都轉
運依舊專管錢穀事，自餘諸路按察使並兼轉運使，副使兼同
知，簽按察並兼轉運副，添按察判官一員，爲從六品。七十五字
敘按察兼轉運正文。中都、西京路按察司官止兼西京路轉運司
事。十八字作注，入"依舊專管錢穀事"下。遼東路三字衍。惟上京按
察安撫使及簽事依舊署本司事。十七字作注，入"並兼轉運使"下。
遼東轉運使兼按察副使，同知轉運使兼簽按察司事，轉運副
使兼按察判官，添知事一員。知法二員，從八品。書史四人，書
吏十人，鈔事一人，公使四十人。右中都、西京並依此置。大小六十八
字敘轉運兼按察事，改加入下轉運司文内。陝西、上京兩路設簽按察
司事二員，上京簽安撫司事。二十一字衍。上京、東京等路至分
減存設。大小二百二十四字皆正文，見後。　　案此官前爲提刑所改，
中兼轉運，後併安撫，三官皆無明文，乃欲以一按察文中夾敘
三官，加以年次先後，路分、職品不等，致令文法雜亂無次，刊
本更訛注作正文[1]，使讀者茫無端緒，反復審之，稍得其要，今
故全録本文，逐條分疏，衍文削之，誤刻正之，別出者改之，而
復校正于後。當改作："按察司，本提刑司，承安四年，改按察
司，不兼採訪。貞祐三年罷，止委監察採訪。使一員，正三品，掌審
察刑獄、照刷案牘、糾察濫官汙吏豪猾之人、私鹽酒麴並應禁
之事，兼勸農桑，與副使、簽事更出巡按。副使，正四品，兼勸
農事。簽按察司事，正五品，泰和八年十一月，省議以轉運司

---

① "刊本"，金源劄記卷下百官志作"監刻"。

權輕，州縣不畏，不能規措錢穀，遂詔<u>中都</u>都轉運依舊專管錢穀事。<u>中都</u>、<u>西京</u>路按察司官止兼<u>西京</u>路轉運司事。自餘諸路按察使並兼轉運使，惟<u>上京</u>按察安撫使及簽事依舊署本司事。可考者，<u>徒單銘</u>、<u>蕭貢</u>爲<u>河東北路</u>，<u>烏林荅與</u>、<u>孟奎</u>爲<u>北京臨潢路</u>，<u>石抹元</u>、<u>移剌福僧</u>爲<u>山東西路</u>，<u>張行信</u>爲<u>山東東路</u>，<u>孫德淵</u>爲<u>河北西路</u>，<u>郭侯</u>爲<u>遼東路</u>，又<u>陝西東路</u>。<u>烏臺筆補</u>云：“按察兼轉運使，其意已爲按察[1]，中間一切欺隱不公事則不敢犯。早辰先與書史判按察司事[2]，次乃與同知、副使判轉運司事[3]。”副使兼同知，簽按察並兼轉運副，添按察判官一員，爲從六品。<u>上京</u>、<u>東京</u>等路按察使併安撫司使，正三品，鎮撫人民、譏察邊防軍旅之事，仍專管猛安謀克，教習武藝及令本土純願風俗不致改易。副使二員，正四品。簽安撫司事，正五品。簽按察司事，正五品。知事兼安撫司事，正八品。知法四人，從八品。書史四人，<u>上京</u>、<u>東京</u>書吏十八人，<u>女直</u>十二人，<u>漢</u>人六人。<u>中都</u>、<u>西京</u>，<u>女直</u>五人，<u>漢</u>人五人。<u>北京</u>、<u>臨潢</u>，<u>女直</u>三人，<u>漢</u>人五人。<u>南京</u>，<u>女直</u>二人，<u>漢</u>人七人。<u>山東</u>，<u>女直</u>三人，<u>漢</u>人七人。<u>大名</u>，<u>女直</u>三人，<u>漢</u>人六人，抄事一人，公使十人也。右按察使於<u>上京</u>，副使於<u>東京</u>各路設簽事一員，分司勾當。惟安撫司不帶“勸農事”，内知事於<u>上京</u>，自餘並於兩處分減存設。”案文自<u>上京</u>、<u>東京</u>等路以下言按察併安撫事，與上提刑兼宣撫文略同。考其時在<u>泰和</u>末，兼轉運後，在<u>貞祐</u>三年罷按察前，大抵<u>衛王</u>時制。

　　諸總管府　兼來遠軍事兵馬　“事”字當改入“兵馬”下。

---

① “已”原作“以”，今據<u>秋澗先生大全文集</u>卷八三<u>烏臺筆補</u>改。
② “書”原作“司”，今據<u>秋澗先生大全文集</u>卷八三<u>烏臺筆補</u>改。
③ “次”原作“午後”，今據<u>秋澗先生大全文集</u>卷八三<u>烏臺筆補</u>改。

分判兵案之事　　"兵"上當加"吏"。

注山東西路十五人大名十四人山東東路咸平府臨潢府各十二人曷懶路河北西路各十人婆速路十一人河北東路八人河東南北路京兆慶陽臨洮鳳翔延安各四人　　案文十六路,與地志十四府多曷懶、婆速兩路,且有臨潢無大興,大金國志同。自是本文舊制,志家止據此文,不知與泰和小異,致令大興府文內不敢下"總管"、"留守"字,皆由此也。

諸節鎮　兼本州管內觀察使事　　案此銜列傳中自夾谷清臣傳始。

注蒲與八　　"八"下當加"人"。

注行萊　　"行"當作"衞"。

注麟全　　"麟",元作"鄜",是。案麟州乃西夏地。

注下六人　　北作"下六十人",是。元作"下六十",無"人"字,亦非。

諸刺史州　注通登　　"登",元作"澄"。

諸京警巡院　警察別部　　"別"當作"所"。

注中都各三人　　"都"下當加"南北京"。

諸府節鎮録事　河朔訪古記云:"真定府録事司,國朝所建立,專理城內,城之外則真定縣所理。"案此自是金制已然,上文警巡亦同。考楊邦基傳,中都警巡張子衍以遇皇太子衞仗,立馬不去繳,得罪。亦自恃專理城內之意。

赤縣　尉四員正八品　　"八"當作"九"。

市令司　見劉焕傳。

注以左右警使兼　　"警"下當加"巡"。

都轉運司　知法二員從八品　此下當加“泰和八年，遼東轉運使兼按察副使，同知轉運使兼簽按察司事，轉運副使兼按察判官，添知事一員，知法二員，從八品。”書史四人，書吏十人，抄事一人，公使四十人。右中都、西京並依此置。案大小七十二字，據上按察使司文改入。

注省戶度判官各一員①　“戶”下當加“籍支”二字。案此謂戶籍判官、支度判官本各二員，今各省一員也，合稱“戶度”，不詞。

注三十萬貫以上三十五人　“三十五人”，元作“二十五人”，是。

山東鹽使司　使一員正五品　案儀衛志有“從六品，鹽稅使。正七品，鹽稅副使”。與此使正五品、副使正六品不同。

他司皆同　四大字當降作小注。

判官三員正七品　案儀衛志有從七品、從八品鹽判。亦不同。

中都都麴使司　使從六品副使正七品　案儀衛志有正八品、正九品酒使副。亦不同。

注一萬貫以上者　“一”，北作“三”，是。

提舉南京路權貨事從六品　十一字當削。案文已併入上卷。

鍍鐵院注乃兼軍器庫　“乃”，北作“仍”，是。

---

① “一”原作“二”，今據南監本改。

南京交鈔庫注毀舊主簿籍　　"主"當作"注"。

中都流泉務　勾當官一員　此下當加"興定元年六月，南京復置，十月，罷"。紀

中都左右廂別貯院　副使一正九　"一"下當加"員"，"九"下當加"品"。

拘收退朴等物　"拘"上已加"掌"。

漕運司注儌使科　"儌"當作"課"。

諸防刺州軍轄　案此員並見上防刺州文內。

諸巡檢　薊盈州界　盈州即寶坻縣。

西南都巡檢　不必提行。

諸州都巡檢使注陳潁　"潁"當作"穎"，北作"隸"，非。

散巡檢注泗潁　"潁"當作"穎"。

注升蔡州劉輝材　"材"，元作"村"，是。

提舉譏察使　南遷後陝西置於秦州河南置於唐鄧息壽泗五州　二十大字當降作小注。

公淮譏察使　"公"，元、北皆作"沿"，是。

諸邊將　掌提控部保將　"保"當作"堡"。

注鄜延九將慶陽十將臨洮十四將鳳翔十六將河東三將　案地志，鄜延四將，慶陽八將，臨洮二將。鳳翔、河東並不載。

統軍司注益都　二字當削。

分營衛視察姦　"分"下當加"屯"。"姦"下當加"宄"。

副統軍　案方傳有統軍都監。白彥敬傳，熙宗罷統軍，改招討。

招討司　注三處置西北路西南路東北路　案兵志：東北

路初置<u>烏古迪烈</u>,後置于泰州,又分司于<u>金山</u>。<u>宗浩傳</u>同。<u>西北</u>路置于<u>桓州</u>。<u>移剌子敬傳</u>:車駕至<u>曷里滸</u>,<u>西北</u>招討司圍於行宫之内,詔招討<u>斜里虎</u>可徙治界上。<u>西南路置于豐州</u>。<u>方傳</u>:除<u>西南</u>招討使,詔<u>高通</u>曰:"卿到<u>天德</u>。"

副招討使　案<u>方傳</u>、<u>子敬傳</u>皆有"招討都監"。

勘事官　案<u>移剌道傳</u>:<u>大定</u>十二年設。<u>曹望之傳</u>:毋得遣白身人徵斷。

諸猛安注謀克隸焉　四小字,北升作大字,是。

注達馬差役　"達",北作"撻",是。

諸部族節度使注右部羅大部族　"大"當作"火"。

諸禿里　<u>世宗紀</u>:<u>大定</u>十六年三月,復置<u>吾都椀</u>禿里。<u>刑志</u>:<u>大定</u>二十三年,有禿里乞取本部財物。<u>尼厖古鈔兀傳</u>:爲蕃部禿里。

諸群牧所　鳥解　"解"當作"鮮"。<u>地志</u>

卷五十八

百官志四

符制　始製金牌後又有銀牌木牌之制　<u>北行日録</u>:<u>金</u>法:金牌走八騎,銀牌三騎,木牌二騎,皆舖馬也。木牌最急,日行七百里,軍期則用之。<u>北轅録</u>:<u>金</u>接伴使各帶銀牌一面,樣如方響,上有蕃書"急速走遞"四字,上有御押。

百官之印　至正隆元年　案下有"天德二年",此"正隆"字必訛。

一品印方一寸六分半　金石萃編云：“靈巖寺滁公開堂疏後題月日中間有印，方二寸五分，文曰‘平章政事之印’。”考平章爲從一品，合方一寸六分有奇，豈大定時印，非復天德以前舊制耶。

官誥　元牙軸承安四年改之　當作“承安四年改元牙軸”。

大安加銀鏤無　北無“無”字，是。

五色羅十五幅　此下當加“犀軸”。

注金格一品至皆給本色錦囊　“金”當作“今”。一百三十七字，當升作大字。案上親王大字不應品官細書。

百官俸給　正三品　此下當加“朝官”。

從三品　此下當加“朝官”。

各給其半　此下當加“貞祐三年，致仕俸給減半。興定二年五月，增隨朝及承應人俸”。

正四品　此下當加“朝官”。

從四品　此下當加“朝官”。

公田四十四頃　當作“十四頃”。

正五品　此下當加“朝官”。

從五品　此下當加“朝官”。

正六品　此下當加“朝官”。

從六品　此下當加“朝官”。

正七品　此下當加“朝官”。

諸同知州軍　案移剌子敬傳：“同知遼州事，本廳自有占地，歲入數百貫，州官歲取其課，子敬曰：‘已有公田，何爲更取民田。'竟不取。"是也。

綿二十五兩　此下當作"職田五頃"。

從七品　此下當加"朝官"。

正八品　赤縣令諸劇縣令　二"令"字皆當作"丞"。

從九品　綿一十兩職田二頃　"二",北作"三",非。

諸埽物料場都監　"埽",北作"歸",非。

陝西東德州　"東"下當加"路"。"德"下當加"順"。

陝西西京　"京"當作"路"。

百司承應俸給　東宮入殿小底十貫石絹三匹　"三",北作"二",非。

秘書監揩書　"揩"當作"楷"。

諸職官上任　緦麻祖免　"緦",北作"思",非。

諸馳驛及長行馬職官日給　備葦二升　"備"當作"蒲"。

諸試護衛親軍　亦驗因程給之　"因",北作"回",是。

百姓夫　當作"民夫"。

諸隨朝五品以下職事官身故注統司　"司"上當加"軍"。

詔隨朝官承應人奉　"奉"當作"俸"。

減修內司所後軍夫之半　"後"當作"役"。

張行信　此下已加"言"。

二十四史研究資料叢刊

金史詳校

下

〔清〕施國祁 撰

陳曉偉 點校

中華書局

金史詳校卷五

卷五十九

宗室表

序　書名不書氏　<u>集禮</u>：<u>大定</u>三年[①]，太常寺擬得三從皇親不通姓外，其餘宗室及賜姓者並通姓氏，奉旨准奏。

祖免以上親皆有屬籍　<u>世紀</u>：<u>大定</u>十六年正月甲子，詔宗屬未附玉牒者並與編次。<u>章紀</u>：<u>承安</u>五年三月庚申，大睦親府進重修玉牒。

與安帝凡三人　"三"當作"二"。

<u>昭祖</u>孫<u>辭不失</u>　下格已加"<u>鶻沙虎</u>"。<u>真定</u>留守。

<u>宗亨</u>　當加注"本名<u>撻不也</u>"。

<u>宗賢</u>　當加注"本名<u>賽里</u>"。

<u>跋黑</u>　下格已加"<u>斜幹</u>"。

---

① "三"原作"二"，今據<u>大金集禮</u>卷九宗室改。

崇浩右丞相　"浩"下當加注"本名老"。"右"已作
"左"。又下格已加"天下奴宿直將軍"。

景祖曾孫宗翰普國王　"普"已作"秦"，元作"晉"，傳亦作
"晉"。

秉德　當加注"本名乙辛"。又據考異，此後行當加特
里、乣里二人。

斜哥　已加注"勸農副使"。元此格空缺。又後行當加
"盆買"。

宗憲　當加注"本名阿懶"①。

撒八　下格"賽里"二字，北本脱。

劾孫沂國公　"沂"已作"鄭"。

謾睹　當加注"襲猛安"。下格已加"掃合襲猛安"、"撒合
輦襲猛安"、"惟鎔本名没烈，邠州經略使"、"從桀鎮南節度副使"。案
加入四代，此世次添改作六横格。思敬行同。

賽也　後隔一空行當加"蒲里迭"。又蒲里迭下格當加
"鶻魯補"。據晏傳，兄子。

宗尹　當加注"本名阿里罕"。又下格已加"銀尤可襲猛
安"。

宗寧　當加注"本名阿土古"。

阿离合懑　各本在晏上格，已改入前二行賽也上格。

宗道　當加注"本名八十"。

冶訶魯補　"魯"上已加"阿"。

---

① "阿懶"原作"阿蘭"，今據金史卷七〇宗憲傳改。

世祖子幹帶　下空一格當加"活里甲"。

幹賽鄭王　"鄭"已作"衞"①。

宗永　當加注"本名挑撻"。

幹者　下空一格當加"耶魯"。

宗敍　當加注"本名德壽"。

查刺　熙紀作量。

鶴壽　當加注"本名吾都補"。

穆宗子晸　已改入後四行撒枕後。

撻懶　已改作"昌。本名撻懶。"。下格當加"幹帶、烏荅補"二人。

蒲察　案史文稱蒲察者多指石家奴,惟太祖紀收國二年四月從幹魯古討高永昌②。幹魯、完顏忠傳同。銀朮可傳:從銀朮可敗奚王霞末。杲傳同。兩事不見於石家奴傳,當即此。

康宗子謀良虎　已改作"宗雄本名謀良虎"。

余里也　下空一格,"蒲帶"二字當升上一格。

蒲帶上京路提刑使　"上"當改"北"。

桓端金紫光禄大夫　已改"金吾衞上將軍"。

太祖孫充代王　"充"下當加注"本名神土懣"。"代"當作"鄭"。

永元　已加注"彰德節度使"。

耶補　"補"下已加"兒"。

---

① 按金史卷六六朮魯傳曰:"從鄭王幹賽敗高麗于曷懶。"知幹賽亦封鄭王。

② "古"字原脱,今據金史卷二太祖紀補。

兖　當加注"本名梧桐"。

襄　當加注"本名永慶"。

袞　當加注"本名蒲甲"。

齊　當加注"本名受速",已加注"特進"。

京　當加注"本名忽魯"。各本京在文前一行,已改文前京後。

文　當加注"本名胡剌"。

亨　當加注"本名孛速"。

羊蹄　各本在亨後一行並格,已改入亨下一格。

宗傑　當加注"本名沒里野"。

阿懶　宗傑傳作"阿楞"。

撻懶　宗傑傳作"撻楞"。

宗雋　當加注"本名訛魯觀"。

宗强　當加注"本名阿魯"。

爽　下格已加"思列忠順軍節度副使"。

宗敏　當加注"本名阿魯補"。

襃　當加注"本名撒合輦"。

太宗子宗磐　當加注"本名蒲盧虎"。

宗固幽王　"固"下當加注"本名胡魯"。"王"下當加注"大定二年,改封魯王"。下格已加"胡里剌"。又"胡里剌"後行已加"京本名胡失來,金吾衛上將軍"。

宗雅代王　已加注"本名斛魯補,中京留守,改封曹王"。

阿魯補　已改作"宗偉本名阿魯補"。

斛沙虎　已改作"宗英本名斛沙虎"。案集禮:"天德二年四月,時享,平章政事滕王攝太尉初獻。"當是。

宗懿薛王　已加注"本名阿鄰,東京留守①,改封鄭王"。

宗本　當加注"本名阿魯"。下格阿里虎前行已加"莎魯剌"。

阿里虎　傳作"鎖里虎"。

宗美豐王　已加注"本名胡里甲,判大宗正,改封衛王"。

神土門鄆王　當加注"改封豳王"。

斛孛束霍王②　當加注"改封瀋王"。

斡烈蔡王　當加注"改封鄂王"。

宗哲畢王　已加注"本名鶻沙,益都尹,改封韓王"。案即集禮皇統七年充東京孝寧宮御容使者③。

宗順徐王　已加注"本名阿魯帶,改封隋王"。

北京留守卞　"卞",北作"下",非。

景宣子元　下格已加"育本名合住,大宗正丞"。

海陵子光英　當加注"本名阿魯補"。

世宗子永中　當加注"更名實魯剌"。

永功　當加注"更名宋葛"。

璹　下格已加"守禧"。

永成　當加注"更名婁室"。

永升　當加注"更名斜不出"。

永蹈　當加注"更名銀尤可"。

---

① "東"原作"中",今據金史卷七六宗本傳改。

② "束"原作"速",今據南監本改。

③ "孝寧宮",大金集禮卷二〇原廟上原文作"慶元宮"。

永德曹王　當加注"更名訛出"。"曹"已作"潞"。

顯宗子瓚　已改"從彝"。

琦　已改"從憲"。

阿古迺孫撻不也　各本在阿古迺行第三格,已改在次行第二格。

合住　各本在阿古迺次行第三格,已改在三行第二格。

余里也　各本在蒲速越後行並格,已改在蒲速越本行下一格。

布輝　各本在余里也後行並格,已改在蒲速越本行下二格。

保活里孫習失　後行當加"蟬蠹"。

思敬　下空一格當加"吾侃尤特明威將軍"。

婆盧火子婆速　當加注"特進"。

吾扎忽　已加注"節度使"。後行當加"斡帶"。

胡特字山　傳作"胡魯補山"。

什古　"古"下當加"迺"。

襄　下格當加"思烈中京留守"。

冶訶子阿魯補元帥右將軍　當移入骨赧後行。"將"當作"監"。

喜哥　當加注"宣武將軍"。

阿魯補子烏帶　此下已加"兀苔補、同知大興尹。烏也阿補筆硯祗候。"二格。

銀尤可拔离族子　各本在第二格,已改升第一格,"离"下當加"速"。"子"當作"弟"。

麻吉　各本□第二格,已改升第一格。

卷六十

宋交聘表上　案此表文成三卷,史官不過按年紀載,文簡事略,幾如土木衣冠,徒具形似而已。凡與宋兩朝百餘年間國勢之强弱①,兵盟之起伏,稱號之升降,銀幣之增减,書表之倨遜,禮物之隆殺,往還之月日,疆至之南北,使副之銜位,紀傳之異同,率有未詳,且多謬訛。雖于諸史外自創體例,而于本史中初無發明。校讀之暇,因取宋史及北盟會編、繫年要録、弔伐録、中興禦侮録、思陵録、合璧事類、文獻通考、武陵舊事②、遼地志、河朔訪古記、靖康前録、節要、靖康紀聞、庶人實録、汴都記、遺史、宣和録、靖康要盟録、時政紀、雲麓漫鈔、攻媿集、苕溪集、桯史、征蒙記、回鑾事實、大金國志、文定集、澗泉日記、圖經、神麓記、中州集、墨林快事、愧郯録、二老堂雜志、敗盟記、隸釋、朝野雜記、蘆浦筆記、齊東野語、歸潛志、誠齋集、蘭亭續考、老學庵筆記,并宋臣諸使録燕雲奉使録、茅齋自敘、宣和奉使録、松漠紀聞、北征紀實、奉使行程録、清波雜志、城下奉使録、山西軍前和議録、建炎通問録、紹興甲寅通和録、奉使雜録、館伴日録、隆興奉使審議録、北行日録、海野詞、攬轡録、乾道奉使録、絶妙好詞、北轅録、奉使執禮録、重明節館伴語録、燕谷剽聞、奉使記、使燕録、使金録。等書考而正之,庶使議戰議和,稍見端委。全祖望鮚埼亭集與杭堇浦論金史第一

---

① “凡”字下,金源劄記卷下交聘表有“夫”字。
② “武陵”,當作“武林”。

帖子：交聘表中，其於使事但書其人①，若以北盟會編諸書，取其節目之有關係者補入之，則旁行之譜，較不寂寞。所恨書多借鈔，搜采不博，加以己巳寓災，舊藏副墨，一炬而空。比年重加輯録，罣漏尤多，不足觀也。又今表擬以本文爲綱，諸書作注，必須改録全文，凡例中當削、當加、改入、改作等字，翻恐礙目，俱艱注入，故與紀、志、傳例及夏、高麗表文不同。又金源使聘顛末，自三國外，前與契丹，後與蒙古，亦大有争盟事在，初擬繫年補載表後，故取契丹國志、遼史拾遺、聖武親征録、北使記等書節鈔備採。自四史燬而底册亦亡，所可記者止有僧家奴、辭剌、乙里只②、塔忽之往來，其間若東懷國之封儀，龍駒河之召對，都付寒灰毒燄中，莫由詳考。痛定思之，幾於前塵影事，非不知拾殘可補，而心神不屬矣，可勝浩歎。

序　立梁楚　當作“立楚齊”。

或用借授　“用”，北作“月”，非。

始通好　宋史徽宗紀：政和三年二月甲午，“以遼、女真相持，詔河北沿邊防守”。

太祖　收國元年乙未，宋政和五年。

二年。丙申，政和六年。

天輔元年丁酉，政和七年。　八月，宋使高藥師等渡海空回。案表及紀皆以馬政請地在是年，弔伐録、大金國志同，殆忘其爲渡海空回

① “使”原作“史”，今據鮚埼亭集外編卷四二與杭堇浦論金史第一帖子改。
② 案“乙里只”實非人名。按元朝秘史作“額勒赤”（elěi），蒙古語義爲“使臣”，即“乙里只”異譯。元史卷一太祖紀太祖十年（1215）乙亥七月云：“遣乙職里往諭金主以河北、山東未下諸城來獻，及去帝號爲河南王，當爲罷兵。不從。”此處“職里”二字疑倒舛，當作“乙里職”，蓋即“乙里只”。

也。據徐夢莘三朝北盟會編改正。

二年戊戌，宋改重和元年。　　閏九月，宋遣登州防禦使馬政來聘，請石晉時陷入契丹漢地。會編：四月廿七日，遣馬政、呼延慶使女真。閏九月九日，下海。二十七日，至女真所居阿芝川淶流河，見其用事人，曰粘罕、阿忽、兀室，皆呼“郎君”。問遣使之由，政對以建隆買馬事，願通前好，共伐大遼，阿姑打與粘罕等共議數日。十月，遣散覩報聘于宋，所請之地，與宋夾攻，得者有之，本朝自取，不在分割之議。會編：女真發李善慶、小散覩①、勃達三人齎國書并北珠、生金、貂皮、人參、松子爲贄，同馬政來，於十二月二日至登州。

三年己亥，宋改宣和元年。　　會編：正月十日，李善慶等入國門，館於寶相院，與蔡京、童貫議事，詔皆補官。三月十八日，差趙良嗣、趙有開、王瓌充使，齎詔書、禮物與善慶等往聘。良嗣欲用國書，有開議用詔書，善慶以二者皆可，卒從有開議。至登州，有開死②。會得諜者妄言契丹與女真修好，遂罷行，僅差呼延慶等用登州牒遣李善慶等歸。宋禮志，金國聘使見辭儀，金使李善慶等來，遣直秘閣趙有開偕善慶等報聘，已而金使復至，用新羅使人禮。六月，宋遣呼延慶來，留之，至十二月，遣歸。會編：六月三日，呼延慶至軍前，國主責以中輟，拘留之。十二月二十五日，遣慶回，語云：“跨海求好，非吾家本心，共議夾攻，非吾求爾，爾家瀆我，我家報聘，乃欲結好。暨聞使回，不以書示我，而以詔詔我，已非其宜，本欲留汝，念非卿罪，如皇帝果欲結好滅遼，請示國書。若用詔書，斷難從也。”

四年庚子，宣和二年。　　四月，宋復使趙良嗣、王瓌以書來議燕京、西京地。會編：二月廿六日③，呼延慶回。三月六日④，詔趙良嗣、

① 三朝北盟會編卷二“覩”作“多”。
② “死”字原脱，今據三朝北盟會編卷四補。
③ “六”原作“一”，今據三朝北盟會編卷四改。
④ “六”原作“一”，今據三朝北盟會編卷四改。

王瓌往議夾攻契丹,并燕地歲幣等事,詔面約不齎書,惟付以御筆。趙良嗣燕雲奉使録:三月廿六日,登州渡海。四月十四日,抵薊州關下。會女真攻上京,良嗣自咸州會於青牛山,見於龍岡,致議約之意。大抵以燕京一帶本漢地,欲相約夾攻,女真取中京,本朝取燕京。約定議歲賜,良嗣許三十萬,却之,卒與契丹五十萬舊數。良嗣因問:"燕京一帶舊漢地,并西京是也。"國主云:"待拏了契丹阿适,也與南朝。"良嗣又言:"平、營、灤,本燕京地分。"高慶裔云:"今議燕京,此別是一路。"國主云:"言已定,更不可改。"緣軍上,不及遣使①,止付事目一紙:"女真兵自松林趨古北口,南朝兵自雄州趨白溝夾攻,不可違約。"護送東歸,過鐵州,復追回,遣楊朴諭云:"郎君們意思不肯將平州畫斷作燕京地,須看方便。"復與粘罕約六事云:"南兵不得過松亭②、古北、榆關之南,一也;地至以榆關爲界,二也;不可與契丹講和,三也;西京蔚、應、朔三州近南,將來舉兵先取,歸化、奉聖等州候拏了阿适交割,四也;將來本朝取了燕京,係官錢便除去,五也;事定後,當於榆關東設榷場,六也。"國主復與把盞云:"我從來不會脱空,今既將燕京許南朝,便我自取,也與南朝。"

七月,遣字菫辭列、曷魯等如宋。會編:七月十八日,差斯剌、習魯、高隨、大迪烏持國書來許燕地。其略云:"使人來議州城、銀絹,雖無國信,諒不妄言③。又將來舉兵,貴朝不爲夾攻,不能依得。"九月四日,良嗣引入國門,賜宴於顯静寺,館於同文館。七日,入見。八日,賜宴於童貫第。十八日,入辭。二十日,出國門,賜宴於顯静寺。王瓌充送伴使,差馬政持國書及事目隨去,子擴隨父行。又事目、國書云:"所言五代以後,所陷幽④、薊等舊漢地,即薊、涿、易、檀、順、營、平及山後雲、寰、朔、應、蔚、媯、儒、新、武皆是也。國書内盡許舊與契丹五十萬銀絹數,本爲幽薊一帶,便和西京地在内,不知怎生要許多銀絹。又約期夾攻,須大金兵馬到西京,大宋兵馬自燕京并應、朔州入,方

---

① "及"字原脱,今據三朝北盟會編卷四引燕雲奉使録改。

② "南"原作"北",今據三朝北盟會編卷四引燕雲奉使録改。

③ "諒"原作"良",今據三朝北盟會編卷四改。

④ "幽"原作"燕",今據三朝北盟會編卷四改。

是夾攻。若<u>大金</u>兵馬不到<u>西京</u>，便是失約，不能依得。”十一月，<u>宋</u>遣<u>馬政</u>及其子<u>擴</u>來聘。<u>會編</u>：<u>政</u>出國書、事目示之。國主不認所許<u>西京</u>之語，且言<u>平</u>、<u>灤</u>、<u>營</u>三州不係<u>燕京</u>所管。<u>政</u>不知原來傳言之詳及<u>平州</u>原係<u>燕</u>地，但對以唯唯。留月餘，不決，使往<u>粘罕</u>家議事畢，復遣使隨<u>政</u>等來。

五年辛丑，<u>宣和</u>三年。　正月，復遣<u>曷魯</u>如<u>宋</u>。<u>會編</u>：正月，<u>金</u>人差<u>曷魯</u>、<u>大迪烏</u>持書來議夾攻。二月十七日，至<u>登州</u>。先是<u>女真</u>往來皆主<u>童貫</u>，因<u>貫</u>討<u>方臘</u>未回，<u>登州</u>守臣久留<u>曷魯</u>等，不令入見。<u>曷魯</u>忿，欲出館徒步至京師，尋詔<u>馬政</u>、<u>王瓌</u>引詣闕。五月十三日，至京師，差權<u>邦彦</u>、<u>童師禮</u>館之。未幾，傳旨<u>邦彦</u>曰：“<u>遼</u>人已知<u>金</u>人海上往還，難復前議。”諭<u>曷魯</u>歸。<u>邦彦</u>慮失其歡①，留三月餘，復書付<u>曷魯</u>等，不遣使。八月二十日，發歸本國。十一月，自海上歸。十二月，<u>辭列</u>、<u>曷魯</u>還自<u>宋</u>。

六年壬寅，<u>宣和</u>四年。　四月壬辰，遣徒單<u>吴甲</u>、<u>高慶裔</u>如<u>宋</u>。<u>宋徽紀</u>：三月丙子，“<u>遼</u>立<u>燕王淳</u>爲帝，<u>金</u>人來約夾攻，命<u>童貫</u>爲<u>河北河東</u>宣撫使，屯兵於邊以應之，且招諭<u>幽</u>、<u>燕</u>”。<u>會編</u>：三月，<u>代州</u>奏得<u>金</u>人邊牒。准<u>大金彰國軍</u>牒：近<u>白水泊</u>擊散<u>契丹</u>放鶩行帳，<u>天祚</u>脱身北走。本國兵馬已到<u>山後平定州</u>縣占守訖，請<u>代州</u>戒守邊人員，不得輒引逃去人民，爲國生事。四月十日，<u>童貫</u>巡邊。次<u>雄州</u>，議進兵。五月，<u>金</u>遣徒<u>姑旦烏歇</u>②、<u>高慶裔</u>充通問使，持書來議軍事。先是<u>曷魯</u>等歸，不遣使，疑我有謀。又聞大兵屯邊，恐我徑取<u>燕</u>地，入界守關，故遣使來乘機措畫。九月三日，入國門。十一日，引見。上待<u>烏歇</u>等甚厚，禮過<u>契丹</u>數倍，而<u>慶裔渤海</u>人，尤桀黠，知書。雖外爲恭順，而較求故例無虛日，如乞館都亭驛，乞上殿奏事，朝廷請俟他日。<u>慶裔</u>遂出<u>契丹</u>例一卷，面證其非，請載國書爲據，不得已，皆從之。十八日，朝辭，差<u>趙良嗣</u>爲國書使，<u>馬政</u>及子<u>擴</u>送伴。事目云：“所議漢地，係<u>五代</u>以後所陷，<u>營</u>、<u>平</u>、<u>幽</u>、<u>涿</u>、<u>薊</u>、<u>檀</u>、<u>順</u>、<u>蔚</u>、<u>朔</u>、<u>應</u>、<u>雲</u>、<u>新</u>、<u>媯</u>、<u>儒</u>、<u>武</u>、<u>寰</u>等州，内<u>幽</u>州，今<u>契丹</u>所稱<u>燕京</u>，

① “慮”原作“屢”，今據<u>三朝北盟會編</u>卷五改。
② “旦”作“且”，今據<u>三朝北盟會編</u>卷七改。

其餘有契丹廢併及改正名號去處，俟收復訖，彼此畫定。"十月一日，良嗣與烏
歇等赴金軍前。馬擴茅齋自敘：八月，童貫軍退，聞劉延慶議持重，使金兵先入
居庸，收燕京，後以歲幣贖之。擴言："使女真入關，必招輕侮，爲患甚大。"遂
條上利害劄子。奉旨去濟南府等候。良嗣同取登州海路①，至青州。承御筆：
"據代州探報，金兵已到奉聖州，仰使人取代州路過界前去。"二十六日，良嗣
到金軍前。奉使錄：二十一日，過界，金國遣使迎勞，宿於應州。二十二日，見
元帥粘罕云："今來議事，與自家在上京時說的話煞別也。"遣副帥兀室接伴，
往奉聖州。二十六日，見國主，奉書傳達如儀。**十一月丙辰朔，宋遣趙**
良嗣來，許與燕京涿、易、檀、順、薊六州二十四縣②，議納每歲
銀絹，遣李靖等如宋。遼地志：南京析津府十一縣，析津、宛平、昌平、良
鄉、潞、安次、永清、武清、香河、玉河、漷陰。涿州四縣，范陽、固安、新城、歸化。
易州三縣，易、淶水、容城。檀州二縣，密雲、行唐。順州一縣，懷柔。薊州三
縣，漁陽、三河、玉田。奉使錄：是日，國主令與蒲結奴議事。蒲結奴言："去年
本朝專使理會公事，屯著人馬，專候回使，相約打滅契丹，却留我使人半年，滯
了軍期，更不遣回使，已是斷絶之意。此一段休說，更說一段，且如夾攻，本國
兵馬從正月已到中京，三月到西京，已受半年辛苦，貴朝才於五月出兵，慢慢地
占穩，更說甚夾攻③，此一段也休說。皇帝有指揮，去年不遣使，乃是失信，今
年五月出兵，亦不如約，便盡斷休說。而今特將已收下西京一路州縣與南朝，
請先交割，外爲契丹昏主猶領殘兵，不先取了燕京，不惟爲金國之患，亦恐與南
朝作過。皇帝已定親去取燕京了，却來商量，或與或不與，決在臨時，前遣元帥
就近代州議事，便是此意，已於王瓖處仔細道來，更不可改。"良嗣度其意，欲

---

① "同"作"因"，今據三朝北盟會編卷一〇茆齋自敘改。
② 按三朝北盟會編卷一一曰：宣和四年（1122）十一月一日丙辰朔，"阿骨打見趙良嗣，
　許燕京薊、景、檀、順、涿、易六州二十四縣，每歲要以契丹銀絹。遣李靖持書來"。并
　引燕雲奉使錄云："六州謂薊、景、檀、順、涿、易也。"據此，當有景州，燕京則係總稱，
　不應計入六州之數。
③ "更"原作"便"，今據三朝北盟會編卷一一燕雲奉使錄改。

以西京交割爲名，更改詳燕之議，對以説話翻變是甚道理，且燕京、西京交割，自有次第。次日，蒲結奴復云："初以南朝失信，斷絶無疑，緣南朝皇帝御筆親書，今更不論原約，特與燕京六州二十四縣漢地、漢民，其係官錢物，及奚、契丹、渤海、西京、平、灤州並不在許與之數。南朝自得，亦借路平、灤州以歸①。如我兵取之，亦如前約，更不論夾攻。"六州謂幽、薊、檀、順、涿、易也②。良嗣答："原約山前後十七州，今止燕京六州二十四縣，昨言西京、平、灤，今復不及，何也？且御筆事目，貴朝兵馬乘勝追襲，更不煩過關。今本朝果得燕地，分兵戍守，大國人馬，其敢專輒。"蒲結、兀室怒曰："汝未下燕，已拒我如此，是不欲通和耳。況汝兵近爲燕人擊散，若旬日未下，豈不仰我力耶。""皇帝更不説原約，只許燕京六州二十四縣，每歲要依契丹銀絹之數。"爭辨久之，揖良嗣退。次日，朝辭國主云："我已專遣人齎國書計議，速回來早了大事。"茅齋自敍：入朝辭相温云："已差李靖充大使，王永昌充副，撒盧拇充計議官，却於二國使留一員隨軍，恐貴朝軍馬入燕，把定關隘，本朝借路時，要得分辨。"良嗣對："以無例懇留使人。"擴應曰："若必欲留，願令大使歸報，某請留。"二十一日，金使李靖、王度剌、撒盧拇來議每歲銀絹。奉使録：二十五日，入見，靖等上殿。上令黃珣傳旨③，言西京、平、灤州地土不多，可就議定。著赴王黼處計議。尋詣黼第，出御前文字："所有西京、平、灤自合依約④。"撒拇與靖相看曰："却和西京、平、灤都要。來時，只聽得許燕京六州二十四縣，今却怎生了得。"黼曰："自來商議，本爲五代後所陷漢地。"撒拇曰："若和燕京、西京、平、灤州都要，方許契丹舊日銀絹，空費往來，和合不得。"黼曰："今來議事，須要説盡，只以燕京平、灤、營三州盡許契丹銀絹舊數，此亦相就之意，如燕京係官錢財漢人户口，西京畫斷，一一相就貴朝。只有平、灤一事，自可相從。"度剌曰："年

---

① "灤"字原脱，據三朝北盟會編卷一一引燕雲奉使録補。
② 據上文，"幽"當改作"景"。
③ "珣"作"晌"，今據三朝北盟會編卷一一引燕雲奉使録改。
④ "西京"，三朝北盟會編卷一一引燕雲奉使録作"幽薊"。

來所得契丹舊城①,好處惟是一箇燕京已許貴朝,平、灤等州,本國要作關口。”靖曰:“據靖所見,先將燕京六州二十四縣爲定,歲交契丹銀絹數,其平、灤別作一項。再覓去,或肯亦不可知。”黼曰:“此已委曲相就,若更分平、灤,豈有是理。”各上馬歸。會編:十二月二日,靖等朝辭。三日,差趙良嗣、周武仲使金。國書云:“所有營、平、灤、西京州縣,並係五代所陷地土,今依原約,務當曲允,歲交銀絹,並依契丹舊例。”六日,金兵入燕,遣馬擴歸報捷。十二月庚子,宋復遣趙良嗣來,許依銀絹,再求營、平、灤三州并西京地。不許,并要燕地賦稅,復遣李靖如宋。奉使録:到國主卓帳處,兀室傳言云:“寡人領兵到燕京城下,不見一人一騎。若堅要平、灤等州,和燕京都怕別了。”再與粘罕議事,粘罕言:“此事近上大人們都不肯,若更著緊,和燕京都別了。”又言:“我家自著兵馬取得,所以須要賦稅。肯時便肯,不肯即休,即不肯時,請勾退過界人馬。”

七年癸卯,宣和五年。　　會編:正月乙卯朔,金李靖等來議燕地賦稅。四日,入見。詔詣王黼第計議。黼云:“兩朝議事已定,今忽於原約外頓生賦稅一節,何故?”靖云:“本朝自用兵馬取得燕京,獻於南朝,所以要賦稅。黼云:“且如地稅,自燕中計脚乘到貴國,如何搬運?莫須以銀絹代之。”靖曰:“如此甚好,却省力,不知待著多少銀絹代賦稅。”得旨,令良嗣前去議定。五日,靖等朝辭。傳旨云:“所有平、灤、營三州地土不多,如朋友覓一物也,須與卿等到日,但子細奏知②。”靖稟去年歲幣。傳旨:“去年歲幣極無名,待將金帛爲賀功犒軍之禮。”靖等再三奏。上諭與去年歲幣,靖等踴躍,爲期日已近,乞免諸御筵。上許之。是日,良嗣、武仲充使,馬擴充計議,再往金軍前。國書云:“勉從所諭,今特許每歲加交銀絹,以代燕地賦稅。令良嗣前去定議,并契丹舊交銀絹。並令自今計議畢日爲始,所有遣使賀禮正旦生辰,發遣月日受理

---

① “年”上,據三朝北盟會編卷一一引燕雲奉使録,當補“九”字。
② “須與卿等到日但子細奏知”原作“須與他卿等子細奏知”,今據三朝北盟會編卷一三改。

去處①，其銀絹交割處所，分立界至等事，續議畫定。"正月己卯，宋使趙良嗣來議銀絹代燕地賦稅，并議課程，令以貨物充折。奉使録：開陳賦稅事，即非原約。惟主上聖斷②，特許別交銀絹，專遣某來定議。兀室云："此不難，據燕地所出稅賦并課程，計數兑换，自然不錯。"某對："國書止言稅賦，今併課程言之，豈有此理。"兀室出文字二件：一言稅賦二百年舊額，每歲緝錢四十萬，後來新額四百餘萬；一件通計課程六百萬貫，以多少銀絹代之。對以承平荒歉，豈可以此爲定③。兀室云："貴朝國書内既言別交銀絹，必有定數。"良嗣因出御筆，十萬許之。答云："十分未有一分④，燕稅六百萬貫，且如舊與契丹五十萬貫⑤，尚有五百萬貫，奉旨留四百萬貫養贍軍民，只收一百萬貫。"又以御筆二十萬許之。答云："尚不及前項之半，更要西京，如何了得。"遂除下西京，復以御筆二萬綾數許之。又云："今止要一百萬貫，已是恩義。猶待折些銀絹，作兩三番添展⑥，不若都休，請使副回去⑦，只依契丹舊供，勾退涿、易州兵馬。"又出燕京地圖云："居庸、金坡兩關，貴朝占據。古北、松亭、奚家族帳。自本國爲主，西京一節候，大事了可商量。"入辭，國主因言："古北、松亭自合本朝占據，今將古北與貴朝，松亭不可說著。使回，亟决，疾回，我欲二月十日巡邊。"良嗣請自留雄州，以書驛聞爲便，許之。二十七日，良嗣至雄州，以回書奏聞。二月六日，御前遞到國書及御筆處分代稅錢一百萬貫并銀絹等，今再求西京。國書云："今歲代稅，合要諸色，別有札目⑧。如依，即就起搬，年前并今歲合交銀絹。定於今年十月交割，准舊例分破五番，搬送平州路界交付。其疆封可自燕京，與平州界至畫立，賀正信使請先一日到闕，生辰人

① "理"原作"禮"，今據三朝北盟會編卷一三改。
② "惟"原作"特"，今據三朝北盟會編卷一三引燕雲奉使録改。
③ "此"原作"一"，今據三朝北盟會編卷一三引燕雲奉使録改。
④ "未"原作"來"，今據三朝北盟會編卷一三引燕雲奉使録改。
⑤ "十"原作"百"，今據三朝北盟會編卷一三引燕雲奉使録改。
⑥ "展"原作"去"，今據三朝北盟會編卷一三引燕雲奉使録改。
⑦ "去"原作"云"，今據三朝北盟會編卷一三引燕雲奉使録改。
⑧ "札"原作"禮"，今據三朝北盟會編卷一三改。

使以十月三日受禮外,賀貴朝生辰並依契丹發定月日到關,仍於穩便處起置榷場。"

二月癸巳,宋復遣趙良嗣來定議加歲幣代燕稅,并議畫疆,遣使賀正旦生辰及置榷場,復議西京等事。奉使錄:良嗣入見,傳言云:"百寮軍人都不肯許西京,惟皇帝要與貴朝,特與西京地土民户。只是金人廝殺,奪得西京不易,請特與賞設數目。"又云:"誓書須便了,此係萬年永遠,須説得重則好。"事目云:"今來良嗣等計議西京,特許與西京武、應、朔、蔚、奉聖、歸化、儒、媯等州并地土民户,其以西并北一帶接連山後州縣,不在許與之限。"又粘罕、兀室指示地圖云:"自寧邊州以西,横斜至西京之北,德州之南,及天德、雲内州云,此地分待與河西家①。"又言:"天德、雲内、德州及龍門、望雲縣要作夏國往來道路。"又言:"將來龍平州、松亭關及望雲縣及歸化州要作榷場。良嗣遂行。癸卯,遣銀尤可、鐸剌使宋,許與西京武、應、朔、蔚、奉聖、歸化、儒、媯等州,持國書并誓草往,及議西京賞設。屯伐錄答書云:今立草付國信使副,到請依草著誓,至日當議復盟。又劄子云:"今特許與西京武、應、朔、蔚、奉聖、歸化、儒、媯等州,并地土民户。其迤北一帶挨連山後州縣,不在許與之限。據所許民户土地甚多,自來攻伐安撫,將帥士卒艱苦不少,今來别無再索。"會編:三月甲寅朔,金銀尤可至館。五日,入見。奉使錄:詣王黼第議事。使言:"通好後,不知或爲弟兄、叔姪、知友。"諭以敵國往來,用知友之禮。又乞西京賞設,上諭以二十萬。戊申,詔平州官與宋使一同分割所與燕京六州之地。

三月辛未,宋使盧益、趙良嗣、馬擴以誓草來。奉使錄:至涿州,詔瓦郎君②、高慶裔來傳摘改誓草,隨奏改定。至燕,差李靖、劉嗣卿充館伴,至寨門,入見畢。楊璞傳粘罕指揮云:"近有燕京職官趙温訊③、李處能、王

---

① "西"原作"南",今據三朝北盟會編卷一四改。
② "詔"原作"紹",今據三朝北盟會編卷一五引燕雲奉使錄改。
③ "訊"原作"信",今據三朝北盟會編卷一五引燕雲奉使錄改。

碩儒、韓昉越境來南,張鈍帶銀牌走過南界,先以見還。"兀室傳旨云:"若戶口不盡數發來①,請勾回涿、易人馬。朕將巡邊。"便令使副朝辭。良嗣云:"未定之事有五:一答誓書,二交燕日分,三符家口立界,四山西進軍日時,五西京西北軍州未定,兼銀絹二十萬在涿州未交,安得便辭。"楊璞來云:"三相公再奏,已著下撒盧母②、楊元壽同龍圖去。"良嗣遂行。弔伐錄宋主誓書云:"維宣和五年歲次癸卯,三月甲寅朔,四日丁巳,大宋皇帝誓書於大金大聖皇帝闕下:天之所助者順,人之所助者信,履信思乎順,則自天祐之,吉無不利。昨以大金大聖皇帝創興,併有遼國,遣使計議五代以後陷入契丹燕地,幸感好意,特與燕京涿、易、檀、順、薊并屬縣所管民戶。緣遼國尚爲大金所有③,以自來與契丹銀二十萬兩,絹三十萬匹,并燕京每年所出税利,五六分中只算一分,計錢一百萬貫,合值物色④,常年搬送南京界首交割,色數已載前後往復議定國書。每年并交綠礬二千栲栳。兩界側近人戶不得交侵,盜賊逃人彼此無令停止,亦不得密切間諜,誘擾邊人。若盜賊捉敗,各依本朝法令科罪訖,贓罰。雖盜賊不獲,蹤迹到處,便勒留償。若有暴盜,或因別故,合舉兵衆,須得關報沿邊官司。兩國疆界各令防守,兩朝界内地各如舊,不得遮堵道路。至如將來殊方異域人使往來,無致禁阻。所貴久通懽好,庶保萬世。苟違此約,天地鑒察,神明速殃,子孫不紹,社稷傾危,專具披達,不宣。謹白。"又回宋書云:"今差去軍官節次議取被掠逃去人戶,雖令宣撫交付,却只推延,不得早發,至今未結實,恐引惹紊亂,有失將來懽好。若再敢如此,合仰所司疾速發遣。又契丹主在陰山,回离保在奚部,只據分捕兩路重兵,合銷米一十萬石⑤,宜早處分,取月日於檀州、歸化州兩處搬送。"大金國志:盧益奉使時,國主賜益等花宴,如契丹之儀。

四月乙酉,遣撒盧拇、楊天壽同趙良嗣往索戶口,宋以趙

---

① "數"字原脱,今據三朝北盟會編卷一五引燕雲奉使錄補。
② "盧"字原脱,今據三朝北盟會編卷一五引燕雲奉使錄補。
③ "國尚爲大金所有"字原闕作三字空格,今據大金弔伐錄卷上南宋誓書補。
④ "合"原作"今",今據大金弔伐錄卷上南宋誓書改。
⑤ "一十萬"原作"二十萬",今據大金弔伐錄卷上回南宋國書改。

溫訊還。會編:七日庚寅,金得趙溫訊①,遂交賞軍銀絹,並定交割燕山日。遣使借糧十萬石,並誓書來。兀室遣人將到秤一連,云:"舊例交割銀五十兩五分者,皆不受直,到五十一兩方受。今來此秤係五十一兩,却只五十兩,莫若別作一連五十兩五分秤②,將五分作錢耗,將五分作潤官,如何?"對以朝廷賞軍,非歲賜比,且莫依平交割。又借糧十萬石,搬送至檀州、歸化兩處,早些教來,因問交割燕京日分,却云十一日先令交割的官員過來,其軍兵只於盧溝河南下寨,等待幾日,得我指揮,發過河來。**壬辰,遣楊璞復誓書於宋**。弔伐録回宋誓書云:"惟信與義,取天下之器也,以通神明之德,以除天地之害。昨以契丹國主失道,生民塗炭,肆用興師,事在除暴。貴國遣使航海計議,若將來併有遼國,願還幽燕故地,當時曾有依允。迺者親領兵馬,已至全燕,一方城池,不攻自下。尚念始欲敦好,特以燕京涿、易、檀、順、薊并屬縣所管民户與之如約。今承來書,"緣以遼國尚爲大金所有,以自來交與契丹銀二十萬兩,絹三十萬匹,并燕京所出税利,五六分中只算一分錢,一百萬貫文,合值物色,常年搬送南京界首交割,色數已載前後往復議定國書。每年并交綠礬二千栲栲。兩界側近人户不得交侵,盜賊逃人彼此無令停止③,亦不得密切間諜,誘擾邊人。若盜賊并臟捉敗,各依本朝法令科罪訖,臟罰。雖不獲,蹤迹到處,便勒留償。若有暴盜,或因別故,合舉兵衆,須得關報沿邊官司。兩國疆界各令防守,兩朝界内地各如舊。不得遮堵道路,至如將來殊方異域使人往來,無得禁阻,所貴久通歡好,庶保萬世。本朝志在協和萬邦,大示誠信,故與燕地,兼同誓約。苟或違之,天地鑒察④,神明速殃,子孫不紹,社稷傾危。如有變渝,一准誓約⑤,不以所與爲定。"茅齋自敘:十一日,朝辭,報許。十四日,交割燕山。是日丁酉,宣撫司差統制官姚平仲、康隨交割地界。金人索常勝軍郭藥

---

① "訊"原作"信",今據三朝北盟會編卷一五改。
② "一連五十兩五分秤"原作"一五十兩十分秤",今據三朝北盟會編卷一五改。
③ "彼此無令"原作"無令彼此",今據大金弔伐録卷上回賜誓書乙改。
④ "鑒"原作"監",今據大金弔伐録卷上回賜誓書改。
⑤ "誓"原作"示",今據大金弔伐録卷上回賜誓書改。

師等八千餘户,宣撫請代以<u>燕</u>人,<u>金</u>人從之。宣撫又差<u>李嗣本</u>提兵馬入<u>燕</u>。十七日庚子,<u>童</u>、<u>蔡</u>入<u>燕山府</u>。<u>會編</u>:十九日壬寅,<u>金</u>遣使齎御押地圖來。<u>弔伐錄</u>:<u>宋</u>來書所云糧食,特於内地撥那米五萬石,二萬石令<u>河北</u>宣撫於<u>古北口</u>外交割,三萬石令<u>河東</u>宣撫於<u>歸化州</u>或<u>應州</u>以北交割,並於七月一日節次輦致前去,計會貴國軍下官員般取。五月甲寅,<u>南京留守張覺叛入於宋</u>。<u>會編</u>:五月二日甲寅,<u>平州</u>節度使<u>張覺</u>陰叛<u>金</u>人,殺<u>燕京</u>宰相<u>左企弓</u>等。六月五日丙戌,<u>張覺</u>詣宣撫司納土。八月二十一日壬寅,<u>金</u>欲交我<u>武</u>、<u>朔</u>、<u>蔚</u>三州,而國主告殂,不及付三州而去。

太宗　天會元年癸卯,<u>宣和</u>五年。　　十一月癸亥,割<u>武</u>、<u>朔</u>二州與<u>宋</u>。庚午,<u>宗望</u>敗<u>張覺</u>於<u>南京</u>,<u>覺</u>奔<u>宋</u>,入於<u>燕京</u>。十二月甲午,遣字堇<u>李靖</u>告哀於<u>宋</u>。<u>謝維新合璧事類後集</u>:真宗上仙遣<u>薛貽廓</u>使<u>遼</u>,于是有告哀之名。遣<u>薛田</u>使<u>遼</u>,于是有遺留禮物之名。遣<u>任中行</u>使<u>遼</u>,于是有告登寶位之名。遣<u>劉諧</u>、<u>趙賀</u>使<u>遼</u>,于是有皇太后、皇帝回謝禮物之名。

二年甲辰,<u>宣和</u>六年。　　<u>會編</u>:正月六日乙卯,<u>金</u>訃書至,遣國信大使奚人<u>富謨古</u>、副使漢人<u>李簡</u>來。正月丙子,貽<u>宋</u>書,索俘虜叛亡。<u>弔伐錄</u>:正月二十七日丙子,與<u>宋</u>書云:"<u>西南</u>、<u>西北</u>兩路、<u>奚王府</u>路、<u>南</u>路各都統等節次申乞,勘會,所據隨處州縣,因官寄客居<u>契丹</u>人户,并逃亡招過,及上件邀回劫掠偷遞職官百姓工匠,驅使婦女孳畜財物等,如敦誓約,請依在邊帥臣所牒交付,仍指揮逐處禁止,乞回示。"<u>宋徽紀</u>:正月戊寅,遣<u>連南夫</u>弔祭<u>金國</u>。三月己酉朔,<u>金</u>人來匀粮,不與。四月乙亥,<u>宋</u>始遣太常少卿<u>連南夫</u>等來弔祭。<u>直齋書錄解題</u>:宣和使金錄一卷①,太常少卿<u>安陸連南夫鵬舉</u>弔祭<u>阿骨打</u>奉使所紀,時<u>宣和</u>六年。<u>迺賢河朔訪古記</u>:<u>趙州</u>城南大石橋曰<u>安濟</u>,華表柱上,<u>宋</u>臣使<u>金</u>者刻題甚多,不能盡讀。有刻曰:"<u>連鵬舉</u>使<u>大金</u>,至絶

---

① "宣和使金錄"原作"宣和奉使錄",今據<u>直齋書錄解題</u>卷七傳記類改。

域,實居首選,宣和六年八月壬子題。"洪皓松漠紀聞:金人待中朝使副,日給
細酒二十量罐,羊肉八斤①,果子錢五百,雜使錢五百,白麵三斤,油半斤,醋二
升,鹽半斤,粉一斤,細白米三升,麵醬半斤,大柴三束,白米二升。三節常供酒
五量罐,羊肉二斤,麵一斤,雜使錢一百,白米一升半。以高尤僕古等充
遣留國信使,高興輔、劉興嗣等充告即位國信使如宋。會編:四
月□日,斡离不遣使來借糧,不與。五月二十七日癸卯,金使辰州管内都字蕫
富謨古、副清州防禦李簡來告嗣位,差黄潛善、王宗澁充館伴。八月乙巳
朔,以字蕫烏爪乃、李用弓爲賀宋生日使。宋徽紀:十月十日爲天
寧節。會編:我軍移燕山,朔州節度韓正、應州節度蘇京、蔚州土豪陳翊等争叛
金人,納土歸宋。八月,粘罕、斡离不逐去蘇京,孫團練取蔚州,殺陳翊,又陷飛
狐、靈丘兩縣,絶交割之意。又牒責我招納叛人張覺,拘收户口、職官,及不付
所許糧二十萬石。蔡絛北征紀實:朔②、武、應、蔚諸州者,直我河東路,與代州
對境,金人實不與我。及譚稹出師,至太原,經營山後。是時,金主死,粘罕暫
歸,未暇撫治,故三州守臣皆通我,遣河東將李嗣本以兵戍焉。是冬,粘罕歸,
諸將率反以歸金,金兵至,嗣本大敗脱走。會編:九月十九日壬辰,秘書郎賀允
中充賀金正旦國信使。二十七日庚子,禮部員外郎王昂充接伴。宋徽紀:九月
庚子,金遣富謨弼等以遺留物來獻。十月戊午,宋使賀天清節。宋史
衞膚敏傳:宣和六年,假給事中賀金生辰。答曰:"金人不聞入賀,反先已失國
體。"至燕,金賀使果不至,置幣而反③。會編:十一月□日,童貫遣保州廉訪馬
擴、岳州觀察辛興宗見粘罕④,議交割雲中事。三十日癸卯,擴至雲中,不見兀
室而回。十二月,擴自雲中還太原。

　　十二月戊申,字蕫高居慶、大理卿丘忠爲賀宋正旦使。會

---

① "肉"原作"子",今據松漠記聞卷下改。
② "朔"字原脱,今據三朝北盟會編卷一九引北征紀實補。
③ "幣"原作"節",今據宋史卷三七八衞膚敏傳改。
④ "岳"原闕,今據三朝北盟會編卷一九補。

編：十七日庚申，盧益館伴<u>金</u>賀正旦使，令先次上殿。

　　<u>三年乙巳</u>，<u>宣和</u>七年。　　正月癸酉朔，宋使賀<u>允中</u>賀正旦。

弔伐録事目劄子云："正旦使賀<u>允中</u>於御前奏達①，'傳語'二字，深涉輕易。"

<u>會編</u>：正月二十日壬辰，差奉議郎、司封員外郎<u>許亢宗</u>充賀<u>大金</u>登寶位使，武義

大夫、<u>廣南西路</u>廉訪使<u>童緒</u>副之。管押禮物官<u>鍾邦直</u>。<u>許亢宗奉使行程録</u>：奉

使事並同契丹條例，用祖宗舊制，隨行三節人，除副外，許八十人，都轄一、醫

一②、隨行指使一、譯語指使二③、禮物祗應一、引接祗應三、書表司二④、習馭

直二、職員二、小底二、親屬二、龍衛虞侯六、宣撫司十將一⑤、察視二、節級二、

翰林司二、儀鸞司一、太官局二、馳務二、槽頭一、教駿三、後苑作匠一、鞍轡庫

子一⑥、虎翼兵士五、宣武兵士三十。冗仗雜載車三、雜載駝十、粗細馬十二、

禮物御馬三、鍍金銀鞍轡副之，象牙玳瑁鞭各一、鍍金平鈒八角銀酒斛二隻

（蓋杓全）、鍍金平鈒八角酒瓶十隻（蓋全）、鍍金大渾銀香獅三隻（座全）、著

色繡衣三襲、果子十小籠⑦、蜜餞十甕、牙茶三斤⑧。<u>會編</u>：二十四日丙申，<u>金</u>

賀正旦使盧州觀察字董<u>高居慶</u>、副使守大理卿<u>楊意</u>入見。三十日壬寅，<u>粘罕</u>以

擒<u>天祚</u>遣人獻捷。宣撫司請於歲幣中借銀絹二十萬賞軍，從之。

　　六月辛丑朔，宋龍圖閣直學士<u>許亢宗</u>等賀即位。奉使行程

録：咸州謝表云"祗造鄰邦"⑨。中使謂之曰："使人輕我<u>大金</u>也，表詞不當用

'邦'字。<u>論語</u>云'蠻貊之邦'。"使長正色而言曰："書不云乎'協和萬邦'，詩

不云乎'周雖舊邦'，皆'邦'字，而中使止誦此一句以相問。表不可換，須到闕

---

① "達"上原衍"對"字，今據<u>大金弔伐録</u>卷上次事目劄子刪。
② "醫"原作"監"，今據<u>三朝北盟會編</u>卷二〇引<u>宣和乙巳奉使行程録</u>改。
③ "二"原作"一"，今據<u>三朝北盟會編</u>卷二〇引<u>宣和乙巳奉使行程録</u>改。
④ "司"字原脱，今據<u>三朝北盟會編</u>卷二〇引<u>宣和乙巳奉使行程録</u>補。
⑤ "宣撫司十將"原作"宣撫什將"，今據<u>三朝北盟會編</u>卷二〇引<u>宣和乙巳奉使行程録</u>改。
⑥ 按<u>三朝北盟會編</u>卷二〇引<u>宣和乙巳奉使行程録</u>無"一"字。
⑦ "籠"原作"合"，今據<u>三朝北盟會編</u>卷二〇引<u>宣和乙巳奉使行程録</u>改。
⑧ "牙"原作"子"，今據<u>三朝北盟會編</u>卷二〇引<u>宣和乙巳奉使行程録</u>改。
⑨ "咸州"原作"成州"，今據<u>三朝北盟會編</u>卷二〇引<u>宣和乙巳奉使行程録</u>改。

下，當與讀書人理會，中使無多言。"中使無以答。庚申，遣李用和等以滅遼，告慶於宋。會編：七月壬辰，金人以獲天祚，遣告慶使渤海李孝和、王永福，差馬擴、李子奇充接伴。弔伐錄報南宋獲契丹昏主書：係裏面抄白降到云："六月□日，大金皇帝致書于大宋皇帝闕下：大寶之尊，允歸公授，守不以道，怒集人神。故先皇帝舉問罪之師，迨眇躬盡繼承之略。尤賴仁鄰之睦，生獲昏主之身。人心既以懽和，天下得以治定。爰馳使价，庸示披陳，逖惟聞知，諒同慶慰。今差復州管內都字董李用和，知太常禮院、駙馬都尉王永福充告慶國信使副，專奉書陳謝。不宣。"

七月甲申，以耶律固等爲報謝宋國使。會編：八月十四日癸丑，詔賀金正旦使副差宣武郎王觀、校書郎吳安國，候入辭，令上殿。九月二十四日壬辰，金報謝使入國門，詔宇文虛中、高世則充館伴。十月，詔吏部員外郎傅察充接伴①，金國賀正旦使蔣噩副之。

十月甲辰，詔諸將伐宋。會編：十月五日壬寅，奏到中山府探報，女真國相與余睹副統於本國將兵前來蔚州，大點軍兵。壬子，宋使賀天清節。宋史衛膚敏傳：七年，復假給事中以行，爭押璽、雙跪等事，幾爲所留。靖康初，始還。周煇清波雜志：宣和五年，既從金人乞盟之請。明年，遣秘書省校書郎衛膚敏假給事中往賀金主生辰，竣事而旋，常賚外，別贈使介各一玉錢。金主即燕坐起，離席躬奉之。左右傳觀，皆驚愕太息，錢之製如今之大者，其文皆蕃書，不可識，不知爲何，禮重如此。時金已萌寒盟，開兵端，豈虞我或覘其國，故外示厚禮，俾叵測與？錢今藏衛氏。宋徽紀：十一月乙亥，遣使回慶金國。會編：十一月十九日丙戌，宣撫差馬擴、辛興宗持書移粘罕，議交蔚、應二州，及探南侵意。二十一日戊子，斡离不自平州起兵至清州界，執接伴賀正使傅察使拜，死之。二十八日乙未，執奉使賀允中鎖之，副使武漢英髡而降之。十二月一日戊戌，馬擴回太原。三日庚子，粘罕使王介儒、撒盧拇充使副來，宣

———————————

① "察"原作"蔡"，今據三朝北盟會編卷二二改。

撫司差宗彦通、馬擴充館伴。撒拇言："元帥國相軍馬自河東路入，二太子軍馬自燕京路入，只是傳檄撫定。"弔伐録：十一月三十日丁酉，元帥府與宣撫童貫書。又牒宋問罪云："近差寧昌軍節度蕭慶等，專往理會所索户口事。准回牒稱：'本朝幅員萬里，人居散漫，若再行根究，難指有無。'又據馬擴、辛興宗所説，亦同。棄德負義，橫暴顯然。今議聊整問罪之師，且報納土之由[1]，仍依回誓，收復原賜京鎮州縣。於二十九日起發前進。今差昭文館學士王介儒、字董撒盧拇等前去。牒到。請照驗。先行歸還朔、武等州縣，一切聽命無違公文回示，仍請貴司就近，親見商議結約。如或難依，即請先期某地，以決勝負。"又下檄書云："帥府伐遼之日，官軍所至，有逆拒者，或至傷殘，或舉城邑，部伍效順歸款者，厚加恩撫，不次録用。居民則省徭役，輕刑罰，各安其業，諒已知悉。今議指揮：下宋國官寮、僧道、耆老、軍人、百姓等，指揮到日，就便遞相曉諭，善爲去就。各以所部京州縣鎮[2]，邨野邑社，部伍寺觀，蘭若山場，迎軍納款，必加恩賞。所有軍人、百姓、僧尼、道士、女冠等，一切如舊，惸獨鰥寡以身歸誠，厚爲存恤。所據關市之征，山澤之禁，須爲急務。内有不便於民，無名之斂，仰所在官司狀申削去。已上處分條件，出自至誠，不昧神理。已指揮南京路都統施行，逐處准此。"北征紀實：時金人欲犯我，遣小使來，謂張孝純曰："欲見童大王。"即馳報上，童貫遂亟行，宣和七年冬也。既見貫，則曰："中國背盟，本朝弔民罰罪，國相二太子不可當也。皇帝煞是怒郎君們[3]，念兩國生靈，煞是顧不得[4]，故來約大王，須是告他使得。"貫失措不敢詰，倉皇發小使詣闕下，貫亦遁。

十二月，宋遣給事中李鄴等奉金百鋌，請復修好。北征紀實：貫歸後，金有兩小使來，大臣不敢引見天子，遂創小使之禮。大臣自見於尚

---

① "由"原作"役"，今據大金弔伐録卷上牒南宋宣撫司問罪改。
② "京"原作"軍"，今據大金弔伐録卷上元帥府左副元帥右監軍右都監下所部事迹檄書改。
③ "是"原作"時"，今據三朝北盟會編卷二三引北征紀實改。
④ "是"原作"時"，今據三朝北盟會編卷二三引北征紀實改。

書省廳事,語大不遜,厚禮遣行。<u>李鄴</u>上書請奉使議和,勾金三萬兩。上出内帑金甖二,各重五千兩,命鎔爲牌子,授鄴令去。<u>甲辰</u>,<u>宗望</u>敗<u>宋</u>兵於<u>白河</u>,遂取<u>燕山</u>州縣。<u>會編</u>:十一月戊申,<u>幹里不</u>遣<u>蕭三寶奴</u>、<u>王芮</u>①、<u>張愿恭來</u>②。二十二日己未,除<u>宇文虛中</u>爲保和殿大學士,充<u>河北河東</u>宣諭使,依宰執例施行。二十三日,上内禪,太子即帝位。

　四年丙午,<u>宋欽宗靖康</u>元年。　正月己巳,<u>宗望</u>諸軍渡河。庚午,使孛菫<u>吳孝民</u>入<u>汴</u>,問<u>宋</u>取首謀<u>平山</u>者。<u>弔伐録事目劄子</u>云:"肇我<u>大聖皇帝</u>起義,弔伐亡<u>遼</u>,<u>燕薊</u>一方,最爲强大。天兵一日忽至城下,不血一刃,舉土歸命。爰有<u>宋</u>人航海遣使,起初結好,請復<u>幽燕</u>故地,即時割與。惟少摘官吏、强族、工巧,不滿萬數,徙之東行,良不得已,乃常勝軍相易之故。著在誓書:'盜賊逃人,彼此毋令容納。苟有違者,社稷傾覆,子孫不紹。'不踰月,而棄德負惠,手詔逆賊<u>張覺</u>,陰相結構,殺我四執政大臣,邀迫我官民以歸。歲交金幣,罔不逾期。及正旦使<u>賀允中</u>於御前奏達③,'傳語'二字,深涉輕易。其於本國,窮奢極侈,上下相蒙,恣行無道,不忍多言。殘虐海内,人怨神恫。此天奪之鑒,假手於我<u>大金</u>。前月二十九日,師次<u>邯鄲</u>,才有使人<u>李鄴</u>等將到三省樞密院所奉聖旨文牒,歸罪邊臣,全非當理。泪審求的意,方云:'聞大軍前至④,自省愆尤,不敢有負<u>天金</u>⑤,前月二十三日,當已傳禪。'兩項歸過,特有不同,難爲准信。又奈使人悃愊酸辭,懇言本國君臣,深自責恨前日之非。但念人誰無過,過而能改,善莫大焉。兼所奉宣旨,如<u>趙王</u>深自悔過,再乞懽和,仰就便酌中施行,宜加恕道,用存大義。若不能誠心悔罪,重乞懽盟,可囚縛首先謀取<u>平山童貫</u>、<u>譚稹</u>、<u>詹度</u>⑥,並逆賊<u>張覺</u>、<u>李石</u>、<u>衞甫</u>、<u>趙仁彦</u>等來詣軍

① "芮"原作"簡",今據<u>三朝北盟會編</u>卷二四引<u>陷燕記</u>改。
② "愿"原作"彦",今據<u>三朝北盟會編</u>卷二四引<u>陷燕記</u>改。
③ "達"上原衍"對"字,今據<u>大金弔伐録</u>卷上<u>次事目劄子</u>刪。
④ "聞大軍前至",今檢<u>大金弔伐録</u>卷上<u>次事目劄子</u>無此文。
⑤ "不敢有負天金",今檢<u>大金弔伐録</u>卷上<u>次事目劄子</u>作"不敢枝負大變"。
⑥ "度"原作"慶",今據<u>大金弔伐録</u>卷上<u>次事目劄子</u>改。

前,以謝天下。自北界亂離以來,及<u>南京</u>叛亡諸職官、工匠、教坊、百姓續次發遣前來。仍以<u>黄河</u>爲界,先請皇弟<u>鄆王</u>與太少宰一員權且爲質,亦候交割了絕,審觀情狀,別無猜忌,即使遣還。外歲輸金幣并賞軍物,然後計議施行,如或不遵依從,可預爲捍備,指日相見,却冀端的回示。"<u>癸酉,諸軍圍汴,宋使鄭望之等至軍前</u>。<u>弔伐録</u>:正月七日,宋三省密院劄子:據探報,<u>大金</u>人馬漸次前來,侵近京城,欲行禦逐。緣<u>大金</u>已差使人,見到國門講和,未委上件人馬前來,有何因依者。右差<u>魏康</u>、<u>劉鎬</u>前去,直至<u>大金</u>人馬見今盤泊去處取回文,速申回札。<u>會編</u>:七日癸酉,工部侍郎<u>鄭望之</u>充計議使,<u>高世則</u>充副使,使於<u>斡离不</u>軍前。<u>李綱靖康前録</u>:時議遣使,倉卒無可使者,乃以侯栖筠爲正使,召至都堂,逡巡間不知所在,偶<u>鄭望之</u>來,遂執之以行。<u>鄭望之城下奉使録</u>:正月七日,<u>望之</u>約到都堂,少宰<u>張邦昌</u>執手曰:"<u>鄭郎</u>中可往。"即奏令去。白云:"不知何事。"<u>邦昌</u>云:"適奏到,<u>金</u>人已到城北,朝廷遣使出勞軍,却恐有商量。"又乞見上得使旨乃行。<u>邦昌</u>云:"有甚旨,且往軍前看他如何。"俄内官傳旨,借工部侍郎充使,副<u>高世則</u>。<u>邦昌</u>顧小史,取公服,假鞍轡金帶坐。上馬至軍前,傳聲可遣人來打話,有燕人<u>吳孝民</u>來云:"皇子郎君如今來南,只似買賣。"<u>望之</u>問:"買賣之説如何。"<u>孝民</u>云:"要割<u>大河</u>爲界,更要犒軍金帛。"<u>望之</u>言:"既要金帛,又要割地,而彼無一物與我,豈可謂之買賣,只是强取。"<u>孝民</u>便入城,至都亭驛。<u>甲戌,吳孝民與鄭望之入汴,宋遣知樞密院事李梲及望之再使軍前,奉書謝罪,且請修好</u>。<u>城下奉使録</u>:孝民入見,奏云:"皇子郎君截得赦書之意,今來講和,要一大臣過去。"尋同<u>李梲</u>再對。上云:"若及割地,即許三五百萬不妨。"論及犒軍,又命<u>梲</u>押賜金一萬兩及酒果與<u>斡离不</u>。晚出<u>萬勝門</u>,夜宿孳生監。有<u>蕭三寶奴</u>、<u>耶律忠</u>、<u>張愿恭</u>三人來[1]。<u>三寶奴</u>云:"皇子言,和議須要一親王爲質,割地只要以<u>黄河</u>爲界。""又須犒軍,逐人得兩鋌銀、一錠金,方好去。"<u>會編</u>:是日,<u>斡离不</u>移寨<u>萬勝門</u>,移牒朝廷。九日乙亥,<u>梲</u>等見<u>斡离不</u>議事。齎和議、犒師、割地事目回來。是

---

[1] "愿"原作"彦",今據三朝北盟會編卷二九引城下奉使録改。

日,二太子南向坐,桄等北面再拜,膝行而前,良久。遣王汭云:"京城破在頃刻,欲存趙氏宗社,須犒師物金五百萬兩、銀五千萬兩、絹綵各一千萬匹、馬駝之屬各以萬計。尊國主爲伯父,燕雲之人在南者悉歸之,割太原、中山、河間三鎮地。又以親王、宰相爲質,乃退師。"出事目一紙付桄,桄唯唯,不能措一詞而還。城下奉使録:望之求書,不得見。又論金銀牛馬如何應付得足,辨論久之,即催上馬,同三寶奴、耶律忠、王汭等來。會編:朝廷答移牒,及事目云:"職官、人口,盡行發遣,大金人馬抽回,議定更不以黄河爲界,只將土地税賦所出,改添歲幣七百萬貫。賞軍銀五百萬兩,絹五百萬匹、金五十萬兩。"丙子,宗望許宋修好,約質,割三鎮地,增歲幣,載書稱伯姪,使高彦、張愿恭①、蕭三寶奴同李桄入汴。弔伐録事目云:"自新結好以後,國書往復,並依伯姪禮施行。黄河更不爲界,可於太原、中山、河間府一帶地分,畫立疆至。來示改添歲幣七百萬貫,今减五百萬貫,除自來合交外,擬止歲輸二百萬貫。"已上並入御筆。鄆王權質,候過黄河,便議歸還。太少宰科一員,祇候撥定疆至②,亦便放遣。賞軍物:書五監,金五百萬兩、銀五千萬兩,雜色表裏段一百萬匹③,馬、牛、騾各一萬頭④,駝一千頭。戊寅,宋以康王構、少宰張邦昌爲質。弔伐録上宋主書云:"今月十二日,差李鄴等賜到誓文,皇弟康王并少宰一員至。仰體聖慈,深增信喜。即日一見康王,便如兄弟,相次事過,即時遣還,願勿憂疑。"會編:十四日庚辰,康王、少宰張邦昌使於大金軍前,給事中李鄴爲計議使,高世則副之,齎和議誓書,送伴三寶奴等同行。弔伐録少主新立誓書,正月十五日⑤,姪大宋皇帝桓致書於伯大金

① "愿"原作"彦",今據三朝北盟會編卷二九引城下奉使録改。
② "祇"字原脱,今據大金弔伐録卷上事目及三朝北盟會編卷二九引事目補。按此文引據三朝北盟會編,其中"鄆王權質,候過黄河,便議歸還。太少宰科一員,祇候撥定疆至,亦便放遣"一段,出自天會四年(1126)正月九日回宋書,上述事目則附屬於此。
③ 按大金弔伐録卷上事目及三朝北盟會編卷二九引事目皆稱:雜色表段一百萬疋,裏絹一百萬疋。
④ "各"字原脱,今據大金弔伐録卷上事目及三朝北盟會編卷二九引事目補。
⑤ "十五"原闕,今據大金弔伐録卷上宋少主新立誓書補。

皇帝闕下：今來國書，當依契丹舊例，禮從伯姪施行。已許放黃河，更不爲界。
其太原、中山、河間府一帶所轄州縣①，分畫疆至。別有地圖②。仍比至立了
疆界③，屯兵已前，於内別有變亂處所，當朝自應擒制交送，至於尺土一民，不
令侵犯招納。若與三府以南州軍犬牙出入不齊去處，臨時兩平兑易。應自亡
遼播越之時，北界流離南向，併係大金叛亡諸職官、工匠、教坊、百姓，除原不曾
到併已死亡外，應見在並盡數遣還。在京者令隨逐前去，在外者接續逐處發
遣，一無停匿，殘害錯失。除自來合交銀二十萬兩、絹三十萬匹外，更歲二百萬
貫中，金銀匹帛并雜物折納，決無粗弱愆期。斯言之信，金石不渝，有違此盟，
神殛無赦。又回奏書：差節度寶利、觀察高永義、司農少卿張愿恭。又答書云：
“既復舊約，欲成長久。慮歲輸物多，難以走遠施行。兼奉宣命，若能悔責，委
酌中理會。今又特減放一百萬貫，常行只許納一百萬貫折納，并銀二十萬兩，
絹三十萬匹。仍爲今歲分撥疆至事忙，仍候次年正月依舊例交納。所有誓書，
乞早賜差遣國信使副就赴闕下。當司亦准備具此申奏。”今差都管契丹兵馬
耶律度、福州觀察王沕充計議使副，伏乞照驗。辛巳，宋使沈晦、王仲通
齎所上誓書、三鎮地圖，至軍中。弔伐録：差試給事中沈晦、康州防禦
王仲通充國信使副。又乞約束書：今遣信使齎詣大金皇帝闕下，煩爲差人同
往。歲輸特承減百萬貫，深荷恩意，已於國書具載。若非惇示大信，欲保萬年，
何以及此。又聞大兵已到太原，攻圍未下。和好之後，義同一家，願速約攔人
馬，以全一城生命。又送河東軍前書：元帥在遠，未知的實，今遣使人同皇子郎
君所差親信，尋詣軍前諮白。惟冀早爲抽回軍馬，免致殘害生靈。諒惟英懷，
必能洞照。差右文殿修撰宋彦通④、成州刺史郝抃充河東軍前報和使副。癸
未，諸軍解圍。弔伐録：斡离不上書云：“大軍已到太原，恐河西兵馬乘隙

---

① 按大金弔伐録卷上宋少主新立誓書原文作“所轄縣鎮以北州軍”，奪“以北”二字。
② “有”原作“立”，今據大金弔伐録卷上宋少主新立誓書改。
③ “仍”原作“存”，今據大金弔伐録卷上宋少主新立誓書改。
④ “通”原作“道”，今據大金弔伐録卷上宋少主與左副元帥府報和書改。下文凡稱“宋
彦道”者，皆據此校改。

深入，願速攔約。恭奉敕旨，非敢怠慢。當司已准備發遣先來計議<u>王介儒</u>、<u>撒盧母</u>及親信人，與御前差到<u>宋彥通</u>等同去，融會<u>河西</u>軍兵，就便指約處。所安置定圍城兵馬，今並勾抽還營，應在城側近者，十八日亦令退去。於後輜重，已差約頓，更不許過河。<u>信德</u>、<u>真定</u>等路駐下兵，嚴行鈐束，不得虜掠。<u>燕京</u>知院侍中統押漢軍，續次待來，近已差人指約去訖。又<u>宋少帝</u>差<u>路允迪</u>敕<u>太原</u>守臣詔。又回謝書云："承降到御寶文字'每遇生辰聖節及正旦遣使，專附問訊之儀'。今既事同一家，仍慮百姓有妨農務，所索牛一萬頭，乞行罷去。"城下奉使録：二十二日戊子，召對上殿。上云："國家無許多金銀，却有珠玉，可與商量准折。"便出門到寨，遇<u>王汭</u>，即述上語。<u>汭</u>云："郎君亦極愛，侍郎可辦下，別日將來。"會編：二十四日庚寅，<u>金</u>遣詔陽節度<u>耶律忠</u>、乾文閣待制<u>太平甫</u>充計議使副，奉書奏謝。<u>弔伐録</u>書云："近知<u>李梲</u>等至[①]，懇以金銀闕數，欲將寶貨充折，理當循從。奈士卒失望，甚難於心。復蒙諭云'謂髪膚可捐'，言極感切。且緣大議已定，豈因細故，不終恩意。乃於金内特減一百萬錠，准五十萬兩，兼爲根取糧草，不無後耗，亦合酌減銀一十萬錠，准五萬兩[②]，表裏十萬段匹。上件所減物色，並係合節次交送四停之數。仍على見交六停金一色内，更許准減一百萬錠外者，乞依所指，五日内齎送。所索騾馬應在京刷取肥壯者交送[③]，如或決難如數，當依駝畜例抵折起運前來。至<u>真定府</u>州軍應有係官金帛取索，充填，更或難應，准奉御寶文字續次交送。"二十八日甲午，遣<u>李梲</u>持寶貨折充金銀書云："累日下令於民間根刷金銀。再得金二十餘萬兩，銀二百餘萬兩，通前已報之數，金共五十一萬餘兩，銀共一千四百三十萬二千餘兩。雖未足六停之數，實已竭公私之藏。至表段皆新好之物，可及四十餘萬，馬騾駝數，不惟甚少，類皆病瘦不堪，併冀寬期，許以准折。令有府庫累世所藏珠玉、犀象、寶器等併金銀絲合等物，並令<u>李梲</u>持去。倘蒙容留，准折，一聽裁決。"城下奉使録：二十九日，召對。上言："珠玉煞不少，盡在<u>宣和殿</u>，皆用籠匣盛

---

① "知李梲"，<u>大金弔伐録</u>卷上遣計議使副及回謝書作"知樞密院事李梲"。
② "五萬"，<u>大金弔伐録</u>卷上遣計議使副及回謝書作"五十"。
③ "索"原作"在"，今據<u>大金弔伐録</u>卷上遣計議使副及回謝書改。

放，可與梲同押前去。"二月一日，出城，太師耶律出來相見，逐旋攙過珠玉來。耶律云："郎君教逐件估價。"望之高估值錢百萬緡①。耶律回笑云："皇子已許明日相見。"

二月丁酉朔，夜宋姚平仲以兵襲宗望軍。己亥，復進軍圍汴。會編：二月二日戊戌，斡离不奉書問劫寨。弔伐録上宋主書云："今月一日夜四更時，有步騎軍兵沿孟陽河東、西、南三處，北向奪橋。詰朝，又向大軍營西南劫陣前來。當司量差兵馬，隨路禦逐，曾未逾時，殺傷士卒，所獲器鞍馬，其數甚多。緣當司不識是甚兵馬，又從何來，願示其詳。差檀州刺史張恭禮充計議使奉書。"會編：遣資政殿大學士宇文虛中持報書使軍前，又遣李梲等爲割地使，李梲持國書幷奉地圖，沈晦奉誓書。路允迪割太原，秦檜割河間，程瑀割中山。庚子，宋以駙馬都尉曹晟爲質②。辛丑，宋遣資政殿學士宇文虛中以書來，辯姚平仲兵非出宋主意。弔伐録宋回書云："初二日早，方欲坐朝③，忽報初一日夜有兵馬在城外作鬧，輒至大金軍前。遣人根問，乃知姚平仲作過。今見令人擒捕，俟到即正典刑，以戒貪功誤國之上。今差宇文虛中持書布敘，幷齎所換國書及三府詔書④、地圖前去。"又斡离不上宋書云："去人王汭回狀⑤，審皇帝召以面諭。言輒流涕，謂以執政姦臣姚平仲等，妄生作事，貪功誤國，此輩可日下執送軍前，以塞衆怨。更以皇叔越王、駙馬曹都尉同質軍前，並於太宰李邦彥、樞密吳敏二人内科發遣一員安撫。少宰張邦昌亦候割定疆界發遣。今差福州觀察王汭、安州團練耶律寧充計議使副。"宋回書云："蒙遣使王汭、耶律寧，同宇文虛中至。所諭曹都尉，今謹遣行。輔臣已罷免其衆。惟越王以叔父之尊，平日每所奉侍，以姪遣叔，

① "值"原作"植"，今據廣雅書局叢書本改。
② "曹晟"原作"曹寔"，按宋史卷二三欽宗紀靖康元年（1126）二月庚子曰："命駙馬都尉曹晟使金軍。"今據改。
③ "坐"原作"生"，今據大金弔伐録卷上宋主回書改。
④ "換"原作"稱"，今據大金弔伐録卷上宋主回書改。
⑤ "狀"原作"伏"，今據大金弔伐録卷上宋欽宗索犯夜者書改。

情理不遑。已遣弟肅王樞前去，所有康王望賜先次遣回。姚平仲逆天誤國，已聞死於鋒鏑。所諭犒馬金帛事，已納金五十一萬七千三百兩、銀一千四百三十萬二千六百兩、絹一十萬匹①、表四十七萬匹。盡數於斯，無可再得。驟已納六百頭，馬五百四十七匹，餘皆尫瘵疲瘦。今遣簽樞密宇文虛中，知閤門事王球充報計議使副②。"癸卯，改肅王樞爲質，遣康王構歸。會編：七日癸卯，粘罕駐軍於中路，聞和議之詔，遂止不行。八日甲辰，上賜宴於斡离不軍中，斡离不上書辭別。弔伐錄：二月八日，兵回，差使副代辭書云："承諭越王叔父難以姪遣，姚平仲死於鋒鏑，李綱止從貶謫，須是即日班師。特於原定賞軍物内減金一萬鋌、銀一十萬鋌、表十萬段，以充振乏廣施之用。外有歇下金帛頭匹，望於逐月接續送來。今方言旋，非不欲詣闕展辭，以在軍中，不克如願。謹遣權宣徽韓鼎裔、桂州觀察耶律克恭充代辭使副。"宋回謝書云："崇義軍節度高安仁、隴州防禦耶律忠來，承惠書翰。康王留軍前幾月，極荷管顧，今蒙還歸，甚慰願望。更承減金萬鋌，兹爲厚恩，姑此敘謝。"又乞寬限送納書云："昨者李梲續起發金二十萬兩，實止十九萬四千四百兩，欠少五千六百兩，續起發銀二百萬兩，爲金有欠數，却起過銀二百八十四萬二千六百餘兩，係大起過八十四萬餘兩，至於都數之中更蒙減免外，通計所欠甚多。又有犒馬名件不一。兹審大軍將還，理當送納，敢望矜憐，許令於軍行之後，逐漸送納。"又回謝錢禮書云："今月十日，已令大軍旋旆，所慶陛下社稷載寧，生靈休息。今差靖江節度高僧奴、隴州防禦大迎充賀謝使。"會編：十日丙午，差簽院路允迪、工部侍郎滕茂實使於粘罕河東軍前，交割三關地。弔伐錄宋與高平左副元帥書云："今遣分地界官路允迪往軍前，親解玉帶一條，真珠雙圈繫勒帛一副，遠將信意。并會皇弟康王亦親解玉帶玉魚一副，同致謝緘。"會編：金人退師，十一日丁未，質肅王樞同行。十五日辛亥，發遣應歸朝人還金國。澤州奏，金粘罕兵次高平縣。**壬子，宗望渡河，以滑、濬二州與宋。**會編：十六

---

① "十"原作"千"，今據大金弔伐錄卷上宋主遣報謝使副回書改。
② "球"原作"俅"，按宋史卷二三欽宗紀靖康元年二月辛丑曰："又命資政殿大學士宇文虛中、知東上閤門事王球使之，許割三鎮地。"今據改。

日,命种師道、姚古駐軍滑州,以防粘罕兵。宋欽紀:二月辛酉,命給事中王雲①、侍衛親軍曹曚使金國。弔伐録:宋遺使乞免割三鎮、增歲幣。書云:"致書皇子郎君,太原、中山、高陽三鎮,雖限大河,大遠京邑,其間有遠祖陵城、太宗祠宮,在於子孫,忍不保守。今欲更增廣輸銀絹,以代三鎮租賦,兼前犒軍金銀、表段、騾馬等,除已交納,餘數尚多。若歲輸雜物,又復補發犒軍餘數,力有不逮。已令使人回達②。若許折爲縑帛,却令沿邊依舊設置榷場,許通商販,庶得兩便。今差工部尚書王雲、定國軍承宣使曹曚爲計議使副。"又乞放蕭王樞書。會編:二十六日壬戌,粘罕過澤州,逢奉使路允迪言已割三鎮,乃還太原,築城外舊城居之,號"元帥府"。弔伐録:三月□日,粘罕回宋書:"差利州觀察蕭仲恭、太僕少卿趙倫充回謝使副。"又與宋三省密院牒云:"當府自太原前來,至隆德府,不伏招諭,縱兵攻下,牒到,請照驗。勿以隆德、威勝軍并屬縣鎮不係割數,一似夜犯河北軍營,多方謀害,難保憘盟。外據路樞密專來交割太原府界至。候軍回到彼,從長商議。"又十七日,與宋主書云:"計會路允迪、宋彦通、滕茂寔交割太原。是日,師次南關,有使臣談□、何偉來軍前,稱太原府今來所降詔書,與先奉指揮不同,不伏交割,難便退師。"又移宋省院牒云:"今三月二十八日,游騎來報:'巡到團柏鎮南,不覺撞出南軍,擐帶衣甲衝突,先放弓箭不克,迎戰退敗③,捉將軍一名。問稱隆德府官員已經拏下,前到南關駐劄者。'凡此引惹生事,牒到照驗,早具回示。"宋欽紀,四月壬子,金使賈霆、冉企弓來。弔伐録:六月九日,宋致書國相元帥云:"皇子郎君通好,退師,固嘗申諭三鎮,不得邀遏回兵。而鎮民依死固拒④,堅守不下,本朝雖欲割送,不能使之必從。是以遣使,請以三鎮稅租納充歲幣,其燕雲舊地,則不敢愛。用使南北之民,永享長久之利。深惟統帥,或未悉知,專使詳告本末。"又七月二十三日,左副元帥回書:"因閤門宣贊張亢回,謹奉。"七月戊子,宋以蠟

---

① "王雲",宋史卷二三欽宗紀靖康元年正月己巳作"王寅"。
② "回"原作"面",今據大金弔伐録卷上宋主遺計議使副書改。
③ "退"原作"追",今據大金弔伐録卷上元帥府再與宋三省樞密院牒改。
④ "死"原作"先",今據大金弔伐録卷上宋主再乞免割三鎮書改。

書陰搆右都監<u>耶律余睹</u>，<u>蕭仲恭</u>獻其書。<u>弔伐録</u>黄絹間牒結搆書
云：“<u>大宋皇帝</u>致書于左金吾衞上將軍、元帥右都監<u>耶律太師</u>：昔我烈祖<u>章聖</u>
<u>皇帝</u>與<u>大遼</u>結好於<u>澶淵</u>，敦信修睦，百有餘年，邊境宴然，蒼生蒙福，義同一家，
靡有兵革鬥争之事。通和之久，振古所無。<u>金</u>人不道，稱兵朔方，拘縶<u>天祚</u>，翦
滅其國。在於中國，誓和之舊，義當興師，以拯顛危。而姦臣<u>童貫</u>，違國擅命，
沮遏使信，結搆仇讎，購以金繒，分據<u>燕</u>土。金匱之約，藏在廟桃，委棄不遵，人
神恫怨。致<u>金</u>人强暴，敢肆陸梁，俶擾邊境，達于都畿。職此之故，<u>道君太上皇</u>
<u>帝</u>深悼前非，因成内禪。肆朕初即大位，惟懷永圖，念烈祖之遺德，思<u>大遼</u>之舊
好，輟食興歎，無時暫忘。凡前日大臣之誤國構禍者，皆已竄誅，思欲興亡繼
絶，親仁善鄰，以爲兩國無窮之福。此志既定，未有能達者。而使人<u>蕭仲恭</u>、<u>趙</u>
<u>倫</u>之來，能道<u>遼國</u>與<u>燕雲</u>之遺民不忘<u>耶律氏</u>之德，冀假中國詔令，權立耆老，衆
望所屬，宜乎國人，無如金吾都監太師者。適諧至意，良用忻懌。嘗聞金吾都
監太師前爲<u>遼國</u>將兵，數有大功，謀立<u>晉王</u>，實爲<u>大遼</u>宗社之計。不幸事不克
就，避禍去國。向使前日之謀行，<u>晉王</u>有國，則<u>天祚</u>安享榮養，<u>耶律氏</u>不亡。然
則於<u>天祚</u>不害其爲忠，而於<u>耶律氏</u>之計，則愈忠矣。宗室之英，天人所相，是宜
繼有<u>遼國</u>，克紹前修，以慰遺民之思。方今總兵於外，且有西南招討太師同姓
之助，<u>雲中</u>留守尚書願忠之任[①]，一德同心，足以共成大事。以中國之勢，竭力
擁衞，何有不成。謀事貴斷，時不可失，惟太師圖之。書不盡言，已令<u>蕭仲恭</u>、
<u>趙倫</u>面道委曲。天時蒸溽，更冀保綏。白。靖康元年四月□日。”<u>會編</u>：七月
□日，粘罕起<u>雲中</u>，兵之<u>太原</u>。　八月庚子，詔左副元帥<u>宗翰</u>、右副元
帥<u>宗望</u>復伐宋。丁未，遣<u>楊天吉</u>、<u>王汭</u>以書責宋。<u>弔伐録</u>：八月
十四日，<u>兩元帥差官問罪書</u>云：“迺者差<u>蕭仲恭</u>、<u>趙倫</u>等齎書報復，回日輒受間
諜之語，陰傳結搆之文。敢蹈前非，又在今日。爲此申過朝廷，奉到宣命：‘據
兹釁惡，更踰上皇。仰便差官問罪，從長計度施行。’今差保静節度<u>楊天吉</u>、<u>昭</u>
<u>德</u>節度<u>王汭</u>充問罪使副前去。若深悔前非，請速令皇叔<u>越王</u>、皇弟<u>鄆王</u>、太少

---

① “願”原作“援”，今據<u>大金弔伐録</u>卷上黄絹間牒結構書改。

宰一員齎書同詣行府，陳謝過咎。仍據原割三鎮，即行戒諭，並令開門，以待撫定。"宋欽紀：八月乙卯，遣徽猷待制王雲、閤門宣贊馬識遠使金國，著作劉岑、太常博士李若水分使軍前議和。會編：八月二十四日丁巳，李若水以吏部侍郎充山西軍前和議使，相州觀察王履副之。

九月丙寅，宗翰下太原。會編：九月三日丙寅，粘罕兵下太原，張孝純被執。十五日戊寅，若水見粘罕於榆次縣。李若水山西軍前和議録：見金館伴使太師蕭慶，副使尚書劉思，引見，啓曰："國相，前以姦臣誤國，煞有施行。今日分差兩使前來，以道至誠悔悟之意，願國相以生靈爲念，盟好爲心，早與通和，天下幸甚。皇帝欲以三鎮逐年租賦奉貴朝，休兵請好。"留五日。國相云："若不割得土地人民，決不可和。"即傳與國書云："若差人來交割，即便回軍通和，萬一不從，須索提軍到汴京理會。"會編：九月十九日壬午，金遣王芮等來索三關地。注云："太原既陷，芮持斡离不書來，以爲一鎮既得，兩鎮不可不割。上命將作少監王及之爲陳謝請和使，以禮遣芮還。"

十月戊戌，宗望下真定。宋欽紀：戊午[1]，使馮澥副康王使斡离不軍。康王未至，金軍還。弔伐録左副元帥以黃河爲界書云："近依宣旨，遣師問罪，來書不服[2]，致領重兵，兩路齊進。今月十六日已到澤州，廿四日已過黃河[3]。半年以來，屢變盟言，若不以黃河爲界，終不能久。今議兩路先行收撫，未下州府，請差近上官員前來交割。一面先具凡所聽命國書回示，今差楊天吉、王汭、撒盧拇奉書陳達。"宗翰、宗望會於平定軍。張匯金節要：粘罕自太原東至平定，斡离不自真定西至平定，議再入寇。兀室曰："今得太原、真定，爲兩河領袖，可先取兩河，徐圖東京。"粘罕怫然起，以手去貂帽擲地曰："東京，國

---

① "戊午"原作"戊子"，宋史卷二三欽宗紀靖康元年十月壬子曰："命尚書左丞王寅副康王使斡離不軍，寅辭。"戊午曰："貶王寅爲單州團練副使，命馮澥代行。"今據改。

② 大金弔伐録卷上元帥府書"書"作"意"，疑誤。

③ "廿四日"，據大金弔伐録卷上元帥府書作"十四日"。按元帥府書云："今月十六日已到澤州界，不住前進。及所遣先鋒，今月十四日已過黃河。""十六日"原作"初六日"。據三朝北盟會編卷六三引元帥府書云："今月初六日已到澤州界，不住前進。及遣先鋒，今月十四日已過黃河。"知"初六日"、"十四日"爲是。

之根本，我不得<u>東京</u>，兩河雖得而莫守，若得<u>東京</u>，兩河不取自下。前不得<u>東京</u>，以我不在彼故也"。又舒右手作取物狀曰："我今取<u>東京</u>，如運臂取物，回手得之矣。"<u>斡离不</u>不稱善，入寇之計決。案<u>平定會軍</u>，表脱載，故取節要補。<u>會編</u>：<u>粘罕</u>留<u>銀尤可守太原</u>，率兵下<u>太行</u>，取<u>孟州</u>，渡河入寇。<u>斡离不</u>留<u>韶合</u>、<u>韓慶和守真定</u>，率兵取<u>黎陽</u>，渡河入寇。<u>宋欽紀</u>：十一月乙亥，命<u>王雲副康王</u>使<u>斡离不</u>軍，許割三鎮，奉袞冕、車輅，尊其主爲皇叔，且上尊號。丙子，遣資政<u>馮澥</u>及<u>李若水使粘罕軍</u>。<u>弔伐録宋</u>願割三鎮告和書："差<u>路允迪</u>并交地官<u>滕茂實</u>施行，<u>王履</u>、<u>李若水</u>、<u>馮澥</u>各有狀。"<u>宋欽紀</u>：壬午，<u>斡离不</u>使<u>楊天吉</u>、<u>王汭</u>、<u>撒離喝</u>來①。命<u>耿南仲</u>使<u>斡离不</u>軍，<u>蕭昌</u>使<u>粘罕</u>軍，許畫河爲界。<u>康王</u>至<u>磁州</u>，州人止<u>王</u>，還<u>相州</u>。<u>弔伐録宋</u>回書云：十一月二十二日，致書<u>國相元帥</u>：前承問罪，不勝惶恐。今蒙惠書，省問過惡，皆有事實。今日之咎，自知甚明。准<u>黃河</u>爲界，屬諸<u>大金</u>，兩朝安便。今遣同樞密<u>蕭昌</u>齎詔，令<u>黃河</u>東北路州府軍縣人民悉歸<u>大金</u>，仍依來命，不敢依違。<u>河東</u>路差<u>蕭昌</u>交割，<u>河北</u>路差<u>耿南仲</u>交割。<u>宋主與兩路敕</u>：<u>河東</u>路<u>嵐軍</u>②、<u>隰州</u>、<u>保德軍</u>、<u>憲州</u>、<u>火山軍</u>、<u>忻州</u>、<u>遼州</u>、<u>太原府</u>、<u>汾州</u>、<u>懷州</u>、<u>寧化州</u>、<u>平陽府</u>、<u>石州</u>、<u>平定州</u>、<u>絳州</u>、<u>威勝軍</u>、<u>澤州</u>、<u>隆德府</u>、<u>代州</u>。<u>河北</u>路<u>濬州</u>、<u>衛州</u>、<u>相州</u>、<u>磁州</u>、<u>洺州</u>、<u>邢州</u>、<u>趙州</u>、<u>真定府</u>、<u>中山府</u>、<u>永寧軍</u>、<u>深州</u>、<u>祁州</u>、<u>北平軍</u>、<u>河間府</u>、<u>莫州</u>、<u>安肅軍</u>、<u>順安軍</u>、<u>廣信軍</u>、<u>雄州</u>、<u>保定軍</u>、<u>信安軍</u>、<u>保州</u>、<u>霸州</u>③。樞密院兩路指揮，<u>河北</u>路復有<u>永靜軍</u>、<u>冀州</u>、<u>恩州</u>、<u>青州</u>，<u>河東</u>路復有<u>嵐州</u>、<u>慈州</u>、<u>河陽府</u>、<u>河中府</u>。

十一月丙戌，<u>宗望至汴</u>。<u>宋欽紀</u>：己丑，<u>斡离不</u>遣<u>劉晏</u>來。閏月壬辰朔，<u>宗望</u>敗<u>宋</u>兵於<u>汴</u>城下。癸巳，<u>宗翰至汴</u>。<u>弔伐録</u>：閏十一月三日，二帥與<u>宋主</u>書云："今勘會有數州在河内，來書不入交割，所索官員、家屬，多有漏落。今差<u>保靜</u>節度<u>蕭慶</u>、司農少卿<u>楊貞幹</u>、字堇<u>撒盧母</u>，專往計議。"<u>宋主</u>乞免攻城書、又致<u>國相元帥</u>書。<u>宋欽紀</u>：乙未，<u>金</u>人入<u>青城</u>，<u>馮澥</u>

---

① "撒離喝"原作"撒母"，今據<u>宋史</u>卷二三<u>欽宗紀靖康</u>元年十一月壬午條改。

② "軍"原作"州"，今據<u>大金弔伐録</u>卷下<u>宋主與河北河東</u>敕改。

③ "霸"原作"肅"，今據<u>大金弔伐録</u>卷下<u>宋主與河北河東</u>敕改。

與金蕭慶等來。弔伐録：十三日，二帥與宋主書云：“頃遣使人仰祈親會，而使人來稱大宋皇帝有懷疑惑①，所云躬親出城，豈有他意。前後所言，一無誠信，果若聽命，仍遣親信官同何㮚等來②，不過此月十五日出城，約喻結絶，以後别遣上皇、越王、皇子親弟爲質。再差蕭慶等專去計議。”宋欽紀：己酉，遣馮澥、曹輔與宗室仲温、士誂赴金軍前請和③。靖康紀聞：十九日，曹輔、馮澥出使寨中。宋欽紀：辛亥，金人來議和，要親王出質。弔伐録：二十一日，宋致書於國相元帥：差皇伯士誂、樞密馮澥充報謝使副。二十二日，仍差皇叔祖漢東郡王仲温，同樞密曹輔，回書云：“今之所舉，蓋緣渝約，議定畫河，同去交割，而彼人反謀捉拏。此之無信，甚於去春。遂議出質割城，發送官員，聽命遷都表信，方許通和。人使既回，一無依從，以故仍議進擊。煞念宗社，不忍立墮，聊陳攻具，俟貴朝必當悛改，如或執迷，安危之理，灼然可見。”宋欽紀：乙卯，金復使劉晏來，趣親王、宰相出盟。**丙辰，宗翰、宗望克汴城。**宋欽紀：丙辰，京城陷，衛士執劉晏殺之。弔伐録：宋主差景王杞充請命使，謝克家、李仔副之。二十六日，二帥與宋主書，要近上官員議事，書云：“今再舉師問罪，猶執奸謀，不肯聽命，遂致事勢及此。尚慮都人驚駭，昨日遣李若水同使人入城，以示慰諭。承遣到景王一行，洞悉悛悟，然聽命事大，專俟更遣執政何㮚并近上官堪議事者，共同請命。”又同日，宋主求哀致皇子元帥書：遣濟王栩、中書侍郎陳過庭懇告。又同日，求再造致國相元帥書：遣右僕射何㮚、同濟王栩、陳過庭請命。二十七日，又致二帥求哀請命書云：“比遣何㮚等來書迫懇，必蒙矜憫。㮚等回歸，城内人情惶擾，撫諭不定，敢望存全，少駐兵馬，以安人心，所約事目，謹即聽從。再遣御史中丞秦檜、朝奉郎李若水、武翼大夫王履，求哀請命。”同日，元帥府與宋主要上皇出質書云：“重兵才至，屢望會盟。惟索上皇以下爲質而已，亦不依從，以致兵怒攻擊，一無他詞。但云收兵，其理安在，早冀上皇與皇子出質，别差近上官員交割已畫府州軍縣，更遣逐府州長官血屬

---

① “大宋”原作“大聖”，今據大金弔伐録卷下與宋主書改。
② “同”原作“司”，今據大金弔伐録卷下與宋主書改。
③ “誂”原作“誂”，今據宋史卷二三欽宗紀改。

出質,俾知納土之諭。"二十八日,宋主乞上皇不出書云:"趙桓謹致書于國相、皇子兩元帥:何㬚等還,伏領書示①,欲上皇及皇子出郊。今城已破,生死之命,惟在貴朝,又焉敢拒。但父子之間,心所不忍,如何躬往軍前,求哀請命。如蒙曲賜矜念,更望允從,豈勝至幸。"二十九日,宋主乞親詣軍前書云:"趙桓謹致書國相元帥,孫傅等歸,傳來台旨,欲上皇出郊。切以父子之間,有難言者,今欲親詣軍前,祈哀致請,先遣秦檜馳報。不知當於某日某處會見。如蒙賜諭,即當依從。"庶人實錄:二十九日,又遣皇叔燕王俁②、越王偲、皇弟鄆王楷、景王杞、濟王栩、祁王模、莘王植、徐王棣、沂王㮣、和王栻、信王榛凡十一人,請命,不得見。辛酉,宋帝出詣軍前,舍青城。靖康紀聞:三十日平旦,上擁數騎出南薰門,何㬚、陳過庭、孫傅等從。會編:十二月一日壬戌,金遣蕭慶來索降表。宋欽紀:蕭慶入居尚書省。宣和錄:上在金寨,與二帥未相見,遣使索降表。上命孫覿草表,但言請和稱藩而已。粘罕未是,要四六屬對,於是覿與吳开、何㬚共草成之。略云:"三里之城,遽失藩籬之固,七世之廟,幾爲灰燼之餘。既煩汗馬之勞,敢緩牽羊之請。"又云:"上皇負罪以播遷,微臣捐軀而聽命。"又云:"社稷不隕,宇宙再安。"送示粘罕,方中其意,復抹去"大宋皇帝"字,止稱大金爲皇帝,而不書國號。又改"負罪"爲"失德",又指"宇宙"二字云:"大金亦宇宙也,改爲'寰海'。"悉從之。

十二月癸亥,宋主桓奉表降。是日,歸於汴城。弔伐錄宋主降表云:"臣桓言:伏以今月廿五日,大兵登城,出郊謝罪者,長驅萬里,遠勤問罪之師,全庇一宗,仰載隆寬之德,感恩念咎,俯竭危衷。臣桓誠惶誠恐,頓首頓首。猥以眇躬,奉承天統,懵不更事,濟以學非,昧於知人,動成過舉。重煩元帥,遠至陋邦。三里之城,已失藩籬之守。九廟之祀,當成煨燼之餘。不圖深仁,曲假殘息。茲蓋伏遇伯大金皇帝,乾坤之德甚溥,日月之照無私。不怒之威,既追縱於湯武好生之德,且儷美於唐虞。弗念一夫之辜,特全萬人之命,

① "伏"原作"復",今據大金弔伐錄卷下宋主乞上皇不出書改。
② "俁"原作"侃",今據大金弔伐錄卷下廢宋少主桓爲庶人實錄改。

宇宙載肅,宗社獲安。文軌既同,永託保存之惠[1]。雲天在望,徒深鄉往之誠。無任瞻天望聖,激切屏營之至。謹奉表稱謝以聞,臣桓誠惶誠懼,頓首頓首,謹言。天會四年十二月二日,大宋皇帝臣趙桓上表。"又改定降表云:"臣桓言:背恩致討,遠煩汗馬之勞,請命求哀,敢廢牽羊之禮。仰祈蠲貸,俯切凌競。臣桓誠惶誠恐,頓首頓首。竊以契丹爲鄰,爰搆百年之好,大金闢國,更圖萬世之懽。航使旌,絕海嶠之遙。求故地,割燕雲之境。太祖大聖皇帝特垂大造,許復舊疆。未閱歲時,已渝信誓,方獲版圖於析木,邊連陰賊於平山,搆結大臣,邀回戶口。雖違恩義,尚貸罪愆。但追索其人民,猶夸大其土地。致煩帥府,遠抵都畿。上皇引咎以播遷,微臣因時而受禪。懼孤城之失守,割三府以請和,屢致哀鳴,亟蒙矜許。官軍纔退,信誓又渝,密諭土人,而堅守不下,分遣兵將,以救援爲名,復搆結於使人,見包藏之異意。遂勞再伐,並興問罪之師。又議畫河,實作疑兵之計,果難逃於英察,卒自取於交攻。尚復嬰城,豈非拒命。怒極將士,齊登三里之城。禍延祖宗,將隳七廟之祀。已蠲銜璧之舉,更叨授館之恩,自知獲罪之深,敢有求生之理。伏惟皇帝陛下,誕膺峻命,紹履鴻圖。不殺之仁,既追縱於湯武。好生之德,終儷美於唐虞。所望惠顧大聖皇帝肇造之恩,庶以保全弊宋不絕之緒,雖死猶幸,受賜亦多。道里且修,莫致籲天之請。精誠所格,徒深就日之思。謹於叔燕王俁、越王偲、弟鄆王楷、景王杞、祁王模、莘王植、徐王棣、沂王㮙、和王栻及宰相百僚,舉國士民、僧道、耆壽、軍人奉表出郊,望闕待罪以聞。臣桓誠惶誠懼,頓首頓首,謹言。天會四年十二月二日,大宋皇帝臣趙桓上表。"會編:二日癸亥,奉表於金人,粘罕、斡离不相見於齋宮,講賓主之禮,就坐,酒三行。粘罕曰:"天必未厭趙氏,中原非吾有,但以大河爲界,仍許宋朝用大金正朔禮奉。"上以金銀十六擔、縑帛五十牀、金玉帶各二爲贄。又出內府蹄金,以賜二帥。粘罕笑云:"城既破,一人一物皆吾有,皇帝來議大事,此物何用。"又云:"日已晚,恐城中居民不安,可早回駕與。"庶人實錄:烏陵思謀陪入城。會編:三月甲子,金人遣使致書請喚康王。

---

[1] "惠"原作"意",今據大金弔伐錄卷下宋主降表改。

回書云：“既往不念，過無可追，事至於今，良可驚悸，康王見在河北，可遣大臣一人同使命喚回，未審聖意如何。”四日乙丑，金人遣使檢視府庫，拘收文籍。五日丙寅，金人移文開封府，索良馬一萬匹。金使八人入城，自宿都省或朝堂，不復宿都亭驛。六日丁卯，金人移文索車器。七日戊辰，金人請以大河爲界，朝廷遣陳過庭、折彦質割河北、河東地，又遣臣二十員，特詔行之。弔伐録有宋主告諭兩路交割州府指揮、元帥府告諭兩路撫慰指揮。靖康紀聞：九日庚午，金人索犒軍金帛，又取兩河守臣親屬，又取奸臣家屬。十三日甲戌，金人索酒匠五十人、酒三千瓶，與之。十五日丙子，津搬犒賞絹赴軍前。金人需絹一千萬匹，朝廷盡撥内藏、元豐、左藏三庫所有，如數應付。汴都記：十六日丁酉立春，朝廷送土牛、綵仗往二壁，粘罕不受，曰：“傳語趙王，不用許多禮數。”靖康紀聞：二十三日甲申，金人索監書藏經，如蘇、黄文及資治通鑑諸書。二十四日乙酉，金人持書入城，索金帛。書云：“今欲賞勞諸軍，議定合用金一百萬鋌、銀五百萬鋌、段子衣絹數不限，早望依數應付。”二十七日戊子，金人二十一人詣大相國寺，爇香禮佛。

　　五年丁未，靖康二年，高宗改建炎元年。　會編：正月辛卯朔，命濟王栩、景王杞詣二帥軍前賀正。粘罕遣其子同使八人入内賀正。弔伐録宋主賀行府元日書云：“大宋皇帝桓謹致書於大金國相元帥：一氣才通，三陽交泰。惟五兵之既戢，與萬姓以皆春。茂對休辰，具膺純嘏。”會編：二日壬辰，金人二十一人詣國子監燒香，拜宣聖。四日甲午，金蕭慶就都堂聽講月令、洪範。靖康紀聞：金使乞再詔諭兩路府州交割地界。是晚，遣使持詔書之寨中。八日戊戌，何㮚自金軍回，尚書省揭榜云：“何㮚使大金軍前，懇告乞減金銀、表段之數。”粘罕不從，揭榜再括。宣和録：九日己亥，何㮚勸上親出，上自草敕曰：“孫傅、謝克家輔太子監國，來日車駕出幸軍前。”趙甡之遺史：金遣使來請上詣軍前云：“農務將興，及上徽號事須面議。”乃降詔。弔伐録宋主許面議書云：“承示書辭，金帛已令嚴切根括，接續供納。所有上徽號禮數、冠冕車輅、圖籍印板之類，謹於來日躬往面議。”正月庚子，宋帝復至青城。會編：十日庚子，車駕再幸青城軍前。十二日壬寅，金人索上元燈。遺史：十五日乙

巳,金人於劉家寺放上元燈,請帝觀。宣和録:二月五日乙丑,二帥請皇帝打
毬,酒罷。上起謝曰:"某久留軍前,欲乞早歸。"粘罕曰:"待那里去。"上失色。
斡离不送至行營,曰:"天命如此,無可奈何。"二月丙寅,降宋二帝爲庶
人。會編:五日乙丑,金人變議,遣吳开、莫儔齎文字入城。弔伐録行府下宋
文字云:元帥府,近以宋主降表申奏,今回奉聖旨劄子:"先皇帝有大造于宋,
而宋人悖德,故去年有問罪之師。乃因嗣子遣使軍前,哀鳴祈請,遂許自新。
既而不改前迹,變渝執迷,是致再討,猶敢抗師。洎兵官力擊,京城摧破,方申
待罪之禮。況追尋載書:'有違斯約,子孫不紹,社稷傾危。'父子渝盟,其實如
一。今既伏罪,宜從誓約。宋之舊封,頗亦廣袤。既爲我有,理宜混一。然念
所舉止在弔伐,本非貪土,宜别擇賢人,立爲藩屏,以主兹土。其汴京人民,許
隨主遷居者,聽。"右所降聖旨在前,今請到宋宰執文武百官,一面共請上皇并
后妃以下兒女及諸親王、公主之屬出京,仍勾集在京僧道①、耆壽、軍人、百姓,
遵依聖旨,共議薦舉堪爲人主者一人。不限名位高卑,所貴道德隆茂,有大勳
業者,平素爲衆所服,閑於治民者。雖乏衆善,有一於此,亦合薦舉。當依聖
旨,備禮册命,趙氏宗人,不與此議。應宋之百司,並事新君。其國候得姓名,
隨建國號,所都之地,臨日共議。又廢國取降詔曰:"敕趙桓,省所上降表,汝
與叔燕王俣、越王偲已下宗族及宰臣百僚,舉國士民、僧道、耆壽、軍人,於十二
月二日出郊,望闕稱臣待罪事,具悉。背義,則天地不容,其孰與助? 敗盟,則
人神共怒,非朕得私。肇自先朝開國,乃父求好,我以誠待,彼以詐欺,浮海之
使甚勤,請地之辭尤遜。析木版圖,第求入手。平山僞詔,曾不愧心。罔天罰
以自干,忽載書而固犯。肆予纂紹,猶至涵容,迄悛惡以無聞,方謀師而致討。
猶聞汝承得位,朕望改圖。如何復循父佶之覆車,靡戒彼遼之禍鑒。雖去歲爲
盟於城下,冀今日墮我於書中,賂河外之三城,既而不與,搆軍前之二使,本以
間爲。惟假臣權,不贖父罪,自孽難逃,我伐再張。將臣激怒貳之心,戰士增敵
愾之勇,息君犯五不韙之罪,喪亦宜乎。曁師有三無報之心,倍猶未也。以是

① "仍"原作"乃",今據大金弔伐録卷下行府下前宋宰執舉一人改。

濟河航汴，勢如燎毛，人競覆昏，天莫悔過。誰肯背城而借一，果聞舉族以出
降。既爲待罪之人，自有易姓之事。所有措置條件，並已宣諭元帥府施行。故
兹詔示，想宜知悉。"宣和錄：都人候駕未回，人心大恐。頃有榜傳皇太子令
旨，以皇帝出郊，多日未回。太上來日往軍前懇告元帥，乞駕早還。至晚，金遣
开、傅持金人文字入城，孫傅等數人讀之，號絶欲死。至初六日拂旦，金人來請
上即駕，扈從官整服而進，才出門，忽有徹黃屋者，衆方驚愕。至外，則已望北
方設一香案，隨駕官於百步外排立。上獨前下馬，望香案兩拜，讀詔訖，金人擁
上乘馬而去，每宰執一人，監以二金兵，侍從一人，監以二燕兵，各分散去。丁
卯，宋上皇至青城。會編：七日丁卯，太上皇及太上皇后、諸王、王妃、公
主、駙馬都尉等出宫，幸青城寨。靖康紀聞：初七日午後，有内家車子數十，各
攜被褥於車中，詣南薰門，星馳而去，黃門老卒從行，皆有憂色。靖康要盟錄：
是日，從行者：太上皇后、鄆王、王夫人朱氏，三男六宗姬。肅王、王夫人任氏，
二男二宗姬。景王、王夫人田氏。濟王、王夫人曹氏。康王、王夫人邢氏。莘
王、王夫人嚴氏。徐王、王夫人王氏。沂王、和王、信王。未出閤，則安康郡王
栩①、建安郡王楏②、嘉國公㭬③、昌國公柄、溫國公棟、儀國公桐④、瀛國公
樾⑤。出降帝姬，則曹寅、嘉德帝姬、宋邦光、安德帝姬、曹晟、榮德帝姬、蔡鞗、
茂德帝姬、向子房、成德帝姬、田丕、洵德帝姬、劉文彦、顯德帝姬。未出降，則
華福、惠福、令福、純福、寧福、永福六帝姬。妃嬪，則王貴妃、喬貴妃、韋賢妃、
王婉容、閻婉容、任婉容、王婕好、小王婕好、崔美人；五王宫，則燕王偲、越王
俣、吳王佖⑥、和義郡王偉、永寧郡王儀，獨留皇后、太子主國。會編：八日戊
辰，开、傅自軍前齎文字來，催推戴狀。十日庚午，又齎到元帥劄子并牒。十一

① "郡"字原脱，三朝北盟會編卷七九引靖康要盟錄亦脱，今據建炎以來繫年要錄卷二
建炎元年（1127）二月丁卯條補。
② "楏"原作"模"，今據三朝北盟會編卷七九引靖康要盟錄改。
③ "㭬"原作"椯"，今據三朝北盟會編卷七九引靖康要盟錄改。
④ "桐"原作"椅"，今據三朝北盟會編卷七九引靖康要盟錄改。
⑤ "樾"原作"桐"，今據三朝北盟會編卷七九引靖康要盟錄改。
⑥ "吳"字原闕，今據三朝北盟會編卷七九引靖康要盟錄補。

日辛未,元帥府令百官狀申,乞立<u>張邦昌</u>。皇后、太子出詣軍前。十二日壬申,<u>孫傅</u>等連狀,乞立<u>趙氏</u>,粘罕令押<u>孫傅</u>、<u>張叔</u>夜赴軍前。十三日癸酉,百官具狀請立<u>張邦昌</u>。十四日甲戌,軍前封牒來許立<u>張邦昌</u>爲皇帝。十五日乙亥,<u>王紹</u>草推戴表。十六日丙子,<u>金</u>遣<u>曹少監</u>、<u>郭少傅</u>同<u>開封府徐秉哲</u>治事。二十日庚辰,<u>金</u>人移文再括金銀。二十七日丁亥,<u>金</u>人令勸進<u>張邦昌</u>。三十日庚寅,<u>金</u>人報<u>邦昌</u>明日入城。三月辛卯朔,太宰<u>張邦昌</u>入<u>南薰門</u>。三日癸巳,<u>金</u>人來促勸進,取推戴狀。七日丁酉,<u>金</u>人立<u>張邦昌</u>爲<u>大楚</u>皇帝。十二日壬寅,<u>金</u>人曉諭諸路榜文。十三日癸卯,二帥差<u>高慶裔</u>、<u>李士遹</u>賀<u>楚國</u>。十四日甲辰,<u>邦昌</u>乞免征稅金銀。十七日丁未,又乞免括金銀。二十八日戊午,<u>金</u>與<u>邦昌</u>減免銀絹書。四月庚申朔,<u>宗翰</u>、<u>宗望</u>執<u>宋</u>二主以歸。<u>會編</u>:二十九日已未,上皇、淵聖北狩,上皇同二太子由<u>河北路</u>,淵聖同國相由<u>河東路</u>。

　五月庚寅朔,<u>宋康王構</u>即位於<u>歸德</u>。戊午,<u>宋康王</u>遣太常少卿<u>周望</u>使<u>河北</u>軍前,通問二主。案<u>河北</u>元帥<u>宗望</u>薨於六月,故無回書。據<u>宋高紀</u>月日補。七月丁未,<u>宋</u>遣宣義郎、假工部侍郎<u>傅雱</u>使<u>河東</u>軍前,通問二主。<u>弔伐錄</u>:七月十九日,准<u>黄河</u>南岸遣過兵士<u>丁俊</u>、<u>馬立</u>等,齎到“<u>大宋</u>皇帝奉使國相元帥通問所”牒封,當府照到來上寫“<u>大宋</u>”二字,爲國號不同,不敢收留,已回牒却於原差來人處齎回,及已具申稟元帥府施行。候奉到指揮,別行牒去。<u>傅雱建炎通問錄</u>:時<u>河北</u>使命易通,係已差人下<u>周望</u>①,<u>河東</u>使命難通,被差人多乞辭免。七月盡,到<u>鞏</u>,差人齎牒,去<u>大金國河陽府</u>投下。回牒稱國號不同,難以過河,未敢擅放。至第九日②,方得<u>河陽</u>關報,稱已得指揮,許令南使渡河。<u>金</u>接伴使二人俱至,正使學士<u>王秉彝</u>、副使<u>契丹蕭太尉</u>。既到<u>雲中府</u>,國相遣館伴大理卿<u>李侗</u>相見③,因託關借臺桌共三十,以兩桌載朝廷禮物,二十八桌載使人私覿禮物。次日,引

---

① “下”字原脱,今據<u>三朝北盟會編</u>卷一一〇引<u>建炎通問錄</u>補。
② “至第九日”原作“至九月”,今據<u>三朝北盟會編</u>卷一一〇引<u>建炎通問錄</u>改。
③ “李侗”原作“陳侗”,今據<u>三朝北盟會編</u>卷一一〇引<u>建炎通問錄</u>改。

見,入府前見三人,皆席地重氈趺坐,一是左監軍兀室郎君,一是右監軍余睹,一是國相公。使人當中揖,少立,然後跪膝打話。須臾,高慶裔傳郎君旨,奉使遠來,不知理會甚公事。霧答:"皇帝方即位,使人於貴朝通問,令再三起居郎君,百事草創,禮意未周旋。"語次,郎君云:"使人方來通問,莫非要取二帝?"即答:"皇帝於父兄實不能忘,全在郎君矜念。"有旨即令回館,別聽指揮。霧因館伴,屢懇二帝事:"貴朝諸公,如有甚商量否?"館伴云:"此事必須申去國中,軍前恐決此事不得。"又言:"假有允意,豈肯說盡,今第一次遣二公來,必無便許之理,須有曲折,乃可商量。若欲一次便允,恐無此理。"弔伐錄康王書云:"六月□日,大宋皇帝致書於大金國相帥帳前:痛念本國遠通貴朝,一變歡盟,重罹禍亂。初謂登陴不下,荷德何言,終聞舉族偕行,措躬無地。繼體非心,投告無所。惟國相元帥特擴大度,深矜至衷,資二帝之南還,釋六宮而偕從,無留宗族,併返官聯。上承天地好生之心,俯慰黎元願望之意。有二帝諸后問安表箋,併望指揮①,即令通達。"回康王書云:"十月四日,元帥府右監軍、右都監致書於前宋康王閣下:且以亡宋屢違誓約,故前有城下之盟,今有滅國之舉,擇立賢人,告諭諸路。今閣下身既脫網,亦合守分,輒敢竄入汴邑,僭稱亡號,遣使詣府,一無遜辭。反求父兄宗親官聯②,而陰遣軍兵,頻來戰鬥③,全無追悔之意,獨有力拒之心。況朝廷所立大楚皇帝,不言所在之處。帥府議定割與西夏國陝西諸路之地,有無已未依從,難議允聽。今因使,專書奉達。"案此據宋牒文補,故不詳至日。十一月壬辰,宋遣假刑部侍郎王倫、閤門舍人朱弁充軍前通問使。十二月丙寅,宗輔伐宋。

六年戊申,建炎二年。　正月,宋康王奔揚州。二月丁丑,宋遣試戶部尚書劉誨、合州防禦王賥充軍前通問使。五月丙申,宋遣資政殿大學士宇文虛中、□□□□楊可輔充祈請使。

① "揮"原作"庵",今據大金弔伐錄卷下康王書改。
② "反"原作"及","聯"原作"屬",今據大金弔伐錄卷下回康王書改。
③ "頻"原作"須",今據大金弔伐錄卷下回康王書改。

七月乙巳,宋康王貶號稱臣,遣使奉表。

十月庚辰,宗翰、宗輔會軍於濮。十一月乙未,宋遣假禮部侍郎魏行可、右武大夫和州團練使郭元邁充軍前通問使。案郭元邁,從雲麓漫鈔采入。

七年己酉,建炎三年。　正月己丑,宋遣李鄴、周望、宋彥通、吳德休等充軍前通問使。汪伯彥時政記:是日,上曰:"第四祈請使副宜早發。"朱勝非曰:"奉使須得金帛,方能辦私覿,鄴等私乞支賜,故未便行。"上曰:"合請何傷,今次支賜,優加其數,二聖得歸,朕豈吝金帛?"潛善曰:"第二、三次奉使歸,皆云金人受私覿物,又非昔比,更無回答。又不敢少忤其意,恐害和議,加數甚善。"上曰:"卿即撰書,令早行。"潛善曰:"與元帥書,自來是平文,不用四六。"上曰:"卿早來所撰足矣,不必四六也。"二月戊午,宋遣閤門祗候劉俊民,奉書使軍前,仍持張邦昌約和書以行。案三月庚寅,宋遣王孝迪、盧益爲國信使,辛道宗、鄭大年爲副使[1];黄大本、吳時敏爲先期告請使,此二使爲苗、劉所遣,不行,故附入注。五月乙酉,宋遣朝散郎洪皓爲通問使,龔璹副之。宋高紀:七月癸未,命學士院草大金國表本付張浚。七月丁酉,宋遣試工部尚書崔縱使軍前。八月丁卯,宋遣杜時亮使軍前,假武功大夫宋汝爲副之。九月丙辰,宋遣張邵等充通問使,楊憲副之。十月丁酉,宋壽春安撫使馬世元以城降。十一月戊午,宋遣孫悟等充軍前致書使。壬戌,宗弼渡江。丁卯,宋知江寧府陳邦光以城降。十二月丁亥,宗弼克杭州,阿里、蒲盧渾追宋康王於明州,宋康王入於海。

─────────────

[1] "辛道宗","辛"原闕。"鄭大年","年"原作"均"。今據三朝北盟會編卷一二七引建炎復辟記及建炎以來繫年要錄卷二一建炎三年三月戊子條改。

八年庚戌,建炎四年。

九年辛亥,紹興元年。　宋高紀:九月丁未,詔歲再遣使省謁諸陵,因撫問河南將士。

十年壬子,紹興二年。　會編:八日,金人遣王倫歸。宋高紀:九月壬戌,王倫自金國使還。九月,宋遣潘致堯等爲軍前通問使。宋高紀:附茶藥金幣進兩宮。十月甲辰,潘致堯至楚州,通判州事劉晏劫其禮幣奔劉豫。

十一年癸丑,紹興三年。　會編:四月,潘致堯使金還。宋高紀:五月壬戌,潘致堯還,言金人欲重臣通使以取信。五月丁卯,宋遣端明殿學士韓肖胄、□□□□胡松年充軍前通問使①。宋高紀:十一月甲子,韓肖胄等使還。案雲麓漫鈔,李易安有送兩公北使詩。

十二月,遣職方郎中王翊、□□□□李永壽如宋②。宋高紀:十二月己酉,金元帥府遣李永壽、王翊來見。會編:差趙子晝、館伴胡松年押宴。攻媿集節愍王公倫碑:肖胄使還,金遣李永壽、王翊踵至③。宋禮志聘使儀:十二月,進呈,金使李永壽正旦入見。故事,百官俱入。上曰:"全盛之時,神京會同,朝廷之尊,百官之富,所以夸示。今暫駐於此,事從簡便。舊日禮數,豈可盡行?無庸俱入。"使人見辭,並賜食於殿門外。

十二年甲寅,紹興四年。　正月乙卯,宋遣樞密承旨章誼、

---

① 按建炎以來繫年要錄卷六五紹興三年(1131)五月丁卯云:"尚書吏部侍郎韓肖胄爲端明殿學士、同簽書樞密院事,充大金軍前奉表通問使。給事中胡松年試工部尚書充副使。"知胡松年使金結銜爲試工部尚書。

② "翊"原作"栩",今據宋史卷二七高宗紀四改。按建炎以來繫年要錄卷七〇紹興三年十一月甲子云:"至是左副元帥宗維始遣安州團練使李永壽、職方郎中王翊等九人,與肖胄偕來。"知李永壽結銜爲安州團練使。

③ "翊"原作"栩",今據攻媿集卷九五簽書樞密院事贈資政殿大學士諡節愍王公神道碑改。宋史卷三七一王倫傳亦云:紹興三年,"韓肖胄使金還,金遣李永壽、王翊繼至"。按"王翊"、"王翊",宋朝文獻互見,未執孰是。

中書舍人<u>孫近</u>充奉表通問使。<u>宋史章誼傳</u>:<u>紹興</u>四年,<u>金</u>遺<u>李永壽</u>、<u>王</u><u>翊</u>來①,欲畫<u>江</u>以益<u>劉豫</u>。且遺大臣為報,加<u>誼</u>龍圖閣學士,充奉表通問使,給事中<u>孫近</u>副之。<u>宋高紀</u>:七月辛未,<u>誼</u>等使還入見,<u>粘罕</u>致書約<u>淮南</u>毋屯兵。

八月乙未,<u>宋</u>遺試工部侍郎<u>魏良臣</u>、<u>果州</u>團練使<u>王繪</u>充軍前奉表通問使。<u>王繪紹興甲寅通和錄</u>:<u>繪</u>等此行,人謂使路已通,決無足慮。<u>繪</u>獨憂,其非前日之比,<u>朱勝非</u>曰:"何故?"曰:"前此<u>王倫</u>歸,言<u>金</u>人要遺使商量,故遺<u>潘致堯</u>等行。洎還云<u>金</u>欲大臣往彼,故<u>韓</u>、<u>胡</u>二樞密往,尋<u>金</u>使<u>李永壽</u>、<u>王翊</u>來聘②。所需之事,故以<u>章</u>尚書、<u>孫</u>侍郎往。及還,所議互有可否,獨經界未定。今<u>繪</u>等所授使旨,皆已陳迹,別無可議。此行為逗留之迹明矣。"又曰:"今所攜禮物六分,<u>粘罕</u>以下皆有之,獨不及<u>金主</u>,萬一親到<u>金</u>廷,何以藉手?"九月十九日,朝辭。上曰:"卑辭厚禮,朕且不憚,如歲幣、歲貢之類,不須計較。"十一月十一日③,自<u>鎮江</u>西津渡<u>江</u>。十二日,至<u>揚州</u>,會<u>韓世忠</u>送出北門,夜宿<u>大儀鎮</u>。十三日,早行,午後見胡騎數十人來,放箭,即報以講和使來,箭止。因聯騎往<u>天長</u>去,路次與<u>聶兒</u>萬戶相見,入<u>天長軍</u>。十四日,出南門,轉西,有三百餘騎圍定,拽<u>繪</u>等下馬。萬戶按劍怒問云:"你昨道<u>韓</u>家已回,却因甚來奪橋,豈不是暗地來算害我?"舉斧幾欲加害。<u>繪</u>云:"某等拚命前來講和,豈知<u>世忠</u>計謀,若不見察,願即就死。"萬戶揮手云:"且教你元帥處去。"即差<u>蕭太尉</u>來,同到<u>寶應縣</u>,用黃河渡船擺渡。又見差到接伴官<u>蕭</u>團練<u>褐祿</u>、<u>李</u>少監<u>聿興</u>相見,既問來議何事。<u>繪</u>云:"此來為<u>江南</u>,欲守見存之地,每歲貢銀、絹各二十五萬兩匹④。"論辯久之。<u>聿興</u>云:"元帥要國書看,可將去否。"<u>繪</u>等即以議事、迎請二聖兩書授,幕外人將去。十九日,午來,請上馬同行,見<u>撻懶</u>,向前禮畢。即云:"<u>繪</u>等奉皇帝指揮,至誠懇請,早定和議,迎請二聖。"譯者云:"元帥旨:今次舉兵,為生靈不得安定。"<u>繪</u>云:"大國若以生靈為

① "翊"原作"栩",今據<u>宋史</u>卷三七九<u>章誼傳</u>改。
② "翊"原作"栩",今據<u>三朝北盟會編</u>卷一六一引<u>紹興甲寅通和錄</u>改。
③ "十一日"原作"十日",今據<u>三朝北盟會編</u>卷一六二引<u>紹興甲寅通和錄</u>改。
④ "各"字原脫,今據<u>三朝北盟會編</u>卷一六二引<u>紹興甲寅通和錄</u>補。

念,天下幸甚,<u>江南</u>所以再三懇請<u>上國</u>,正爲生靈不得休息,且告元帥矜存<u>趙</u>氏社稷,憫恤一方生靈。"譯者又云:"元帥令你們且回下處[1],候左帥議定事節,交你們去。"即退。二十六日,<u>褐祿</u>傳元帥指揮,即今日起發回去。<u>繪</u>云:"國書納訖,見有上<u>大金</u>皇帝表、二聖二后表、丞相元帥物録六封,乞留軍前。"譯者云:"上皇帝表留下,其餘將去。"少頃,上馬,萬户送行。二十八日,夜至<u>常州</u>。二十九日,夜至<u>滸市</u>[2]。十二月朔,至<u>平江府</u>。

熙宗 <u>天會</u>十三年乙卯,<u>紹興</u>五年。 五月辛巳,<u>宋</u>遣<u>何蘚</u>、<u>范寧之</u>奉使請和,通問二主。

十四年丙辰,<u>紹興</u>六年。

十五年丁巳,<u>紹興</u>七年。 <u>會編</u>:正月二十五日丁亥,<u>何蘚</u>、<u>范寧之</u>奉使回,得<u>道君皇帝</u>、<u>寧德皇后</u>訃音[3]。

二月庚午,<u>宋</u>遣假<u>徽猷閤</u>待制<u>王倫</u>、武經大夫<u>高公繪</u>充迎奉梓宫使。<u>宋高紀</u>:十二月癸未,<u>王倫</u>等使還,入見,言<u>金國</u>許還梓宫及皇太后,又許還<u>河南</u>諸州軍。十二月丁亥,<u>宋</u>復遣<u>王倫</u>等充奉迎梓宫使。

天眷元年戊午,<u>紹興</u>八年。 五月丁未,遣<u>烏陵思謀</u>、少卿<u>石慶</u>,同<u>宋</u>使<u>王倫</u>等入<u>宋</u>。<u>宋高紀</u>:六月丁丑,<u>烏陵</u>等入見。<u>會編</u>:<u>思謀</u>不出國書,不赴都堂,欲宰執就館議事。<u>趙鼎</u>問:"所議者何事?"<u>思謀</u>曰:"有好公事商議。"<u>鼎</u>曰:"<u>道君皇帝</u>諱日尚不得聞,更有何好公事。"因問其來,曰:"<u>王倫</u>懇之故來。"問割地,曰:"地不可求而得,聽<u>大金</u>還與汝。"<u>鼎</u>以爲非好

---

[1] "下處"原作"下次",今據<u>三朝北盟會編</u>卷一六二引<u>紹興甲寅通和録</u>改。

[2] "滸市"原作"滸墅關",今據<u>三朝北盟會編</u>卷一六三引<u>紹興甲寅通和録</u>改。按<u>紹興甲寅通和録</u>云:"二十九日,夜至<u>滸市</u>。聞<u>張俊</u>舟集岸,遂往請見,舟中坐語甚久。""關"即"聞"訛字,當屬下文。

[3] "何蘚"原作"何蘇",今據<u>三朝北盟會編</u>卷一七七及<u>宋史</u>卷二八<u>高宗紀</u>五<u>紹興</u>七年正月丁亥條改。上文"何蘇"當誤。

謀,遂與議定出國書,引見之禮甚倨。上曰:"朝廷數遣使議和不從,今忽來議和,何也?"思謀曰:"皇帝不欲用兵,恐生靈塗炭。"上曰:"俟朝廷議之。"思謀請上自決。令退館以俟,急召馬擴入館伴之。因序海上相見之好,且屈指舉諸人小字,詢其安否,思謀皆舉其封謐以答。宋禮志聘使儀:金國遣聘使來,就驛議和,詔王倫就驛賜宴。七月乙酉朔,宋復遣端明殿學士王倫、知閤門事藍公佐充奉迎梓宮使。八月己卯,以河南地賜宋,遣右司侍郎張通古、明威將軍蕭哲詔諭江南。會編:十一月二十日甲申,金遣張通古爲江南詔諭使,蕭哲爲明威將軍副之,差起居舍人范同爲接伴使。十二月一日,與王倫偕到館,通古以持金國詔來,許割三京、河南地,還梓宮及太后事①,要與人主抗禮。又欲上面拜金國詔書,故到館旬餘,未得引見。是時朝議未定,或請列祖宗御容,而置金詔於其中拜之,紛紛者累日。通古又索備玉輅迎詔書,百官導從。秦檜獨主其事,坐待漏院中,置輅於殿門外②,命三省吏服銀緋服綠,密院吏服紫腰金,盡赴館候使人出,則咸導從,使人以爲百官也。日高,始出館,馳馬入門。通古持詔,其詞不遜,上皆容忍之,錫賚極厚。宋高紀:十一月戊戌,王倫入見。己亥,復以倫爲國信計議使。十二月乙卯,以宗正少卿馮檝爲副使。乙亥,命韓肖胄等爲奉表報謝使。丙子,張通古至行在,言先歸河南地,徐議餘事。

　　二年己未,紹興九年。　　會編:正月丙戌,以王倫爲同簽樞密院事,迎護梓宮③、奉迎兩宮、交割地界使,藍公佐副之。遣同簽樞密院事韓肖胄爲國信報謝使,錢恫副之,與張通古偕行。案遣王、藍兩使制,見劉一止苕溪集。四月己卯,宋遣端明殿大學士韓肖胄、德慶軍節度錢恫謝賜河南地。岳珂桯史:紹興己未,金人歸我侵地,曲赦新復州縣。文曰:"上穹

---

① "及"原作"反",今據三朝北盟會編一八八改。
② "輅"原作"詔",今據三朝北盟會編一八九改。
③ "護"原作"復",今據三朝北盟會編一九一改。

開悔禍之期,<u>大金</u>報許和之約^①。割<u>河南</u>之境土,歸我輿圖。戢宇内之干戈,用全民命。"<u>兀朮</u>讀之,以爲不歸德其國。明年,遂起兵,復陷而有其地。<u>會編</u>:<u>王倫</u>、<u>藍公佐</u>使<u>金</u>,至京師。以<u>金</u>人已退地去,<u>倫</u>遂權<u>東京</u>留守、知<u>開封府</u>。二月,<u>趙士儴</u>爲朝陵使^②,<u>張燾</u>副之。**八月庚午,<u>宋</u>遣禮部侍郎<u>蘇符</u>等來賀明年正旦。**<u>宋高紀</u>:十二月,<u>兀朮</u>留<u>蘇符</u>等于<u>東京</u>,謀復取<u>河南</u>。十年三月丙申,<u>蘇符</u>還。案此使應入來年首行,因被拘不在賀列。<u>紀</u>、<u>表</u>皆不書,故附於此。**九月壬寅,<u>宋</u>遣<u>端明殿學</u>士<u>王倫</u>、<u>保信軍</u>節度<u>藍公佐</u>奉表乞歸父喪及母<u>韋</u>氏等。**<u>會編</u>:七月,<u>東京</u>留守<u>孟庾</u>至京師,<u>王倫</u>與<u>公佐</u>渡河北去,<u>金</u>人留<u>倫</u>不還^③,獨<u>公佐</u>歸。<u>宋高紀</u>:七月丁亥,<u>金</u>人拘<u>王倫</u>于<u>中山</u>。十月辛未,<u>王倫</u>被拘于<u>河間</u>,遣<u>公佐</u>先歸。<u>史王倫傳</u>:<u>倫</u>至<u>上京</u>,有司詳讀<u>康王</u>表文,不書年,閲進奉狀,稱禮物不言職貢,上使宰相責<u>倫</u>,遂留不遣。

三年_{庚申,}<u>紹興</u>十年。　　<u>會編</u>:正月丙戌,以工部侍郎<u>莫將</u>爲迎護梓宫、奉迎兩宫使,<u>韓恕</u>副之,使<u>金</u>國。**四月癸亥,<u>宋</u>遣禮部尚書<u>莫將</u>、<u>宣州</u>觀察<u>韓恕</u>來迎父喪,及母<u>韋</u>氏等。五月己卯,詔復取<u>河南</u>、<u>陝西</u>。**<u>會編</u>:<u>金</u>人以還我三京、<u>河南</u>爲非便,因大悔悟,遂定議叛盟。復侵三京、<u>河南</u>,以<u>兀朮</u>爲帥,提兵渡河。十一日甲申,寇京師,<u>孟庾</u>叛降,<u>西京</u>留守<u>李利用</u>棄城走,<u>河南府</u>總管<u>孫暉</u>棄城走^④。十三日丙戌,陷<u>拱州</u>。十四日丁亥,寇<u>應天府</u>。二十日癸巳,<u>亳州王彥光</u>叛降。二十六日己亥,<u>劉琦</u>敗<u>金</u>人於<u>順昌府</u>。二十八日辛丑,<u>吴璘</u>敗<u>金</u>人於<u>鳳翔府</u>。**十二月乙亥,復伐<u>宋淮南</u>。**

---

① "報"原作"推",今據<u>桯史</u>卷五<u>劉觀堂讀赦詩</u>改。
② "儴"原作"儀",今據<u>三朝北盟會編</u>卷一九三改。
③ "還"原作"遣",今據<u>三朝北盟會編</u>卷一九七改。
④ "孫暉"原作"縣輝",今據<u>三朝北盟會編</u>卷二〇〇改。

皇統元年辛酉，紹興十一年。　**二月壬申，宗弼克廬州**。會編：
二月三日，陷廬州。宋高紀：二月丁亥，沂中、錡敗兀朮于柘皋。己丑，兀朮戰
於店步，又敗之，復廬州。會編：八月八日，金遣莫將、韓恕回。金元帥第一書
云：“國家推不世之恩，全畀濁河，永圖康乂，豈謂狂謀惑亂，輒肆慢詞，不量己
力。搖蕩邊鄙，剽攘城邑。今者肅將天威，問罪江表，師行期近，義當先告，莫
將等回，惟閣下善圖之。”**九月丙申，宋遣□□□□劉光遠**①**、成州團
練曹勛充通問使**。會編：答書云：“莫將等回，特承惠書，今聞興師問罪，
先事以告，下國君臣，既畏且感，專遣某等特爲敷奏，曲加寬宥，生靈之幸，下國
之願也。”十月，金人陷泗州，又陷楚州。乙亥，元帥第二書云：“今月四日，劉
光遠等來書爲慰，所請有可疑者，行人面語，聽其脫落，果能知非自悔，當遣尊
官名望夙著者，持節而來，齎牘敷陳，萬一可及。”**十月壬午，宋遣魏良
臣、王公亮充稟議使**。會編：答書云：“光遠等回，示書忻感。又承將幣，
益深慚荷，今再遣魏良臣、王公亮充稟議使副，專令聽取鈞誨。顧力可遵，敢不
竭罄，以答再造。”十一月七日辛丑，元帥第三書云：“近魏良臣至，承惠書自訟
前失，良見高懷。昨離闕時，親奉聖訓，許以便宜從事，故本司可與閣下成就此
計。本擬上自襄江，下至於海爲界，重念河南凋弊日久，不如不得淮南，惟唐、
鄧二州，以地勢觀之，亦是淮北，不在所割之數。”來使云：“歲貢銀絹二十五萬
兩匹，既能盡以小事大之禮，貨利又何足道，止以所乞爲定。”今遣蕭毅、邢具
瞻等爲審議使，奉使江南，審定可否之間。有不可言者，一一口授，惟閣下詳
之。**十一月辛丑，遣蕭毅、邢具瞻如宋**。宋高紀：十一月辛丑，兀朮
遣審議使蕭毅、邢具瞻與魏良臣等偕來。壬子，蕭毅等入見，始定議盟誓。宋
禮志聘使儀：十一月，金國遣審議使來。入見，時殿陛之儀議猶未決。議者謂：
“兵衛單弱，則非所以隆國體；欲設仗衛，恐駭北情。”乃設黃麾仗千五百人於

---

① 按建炎以來繫年要録卷一四一紹興十一年九月戊午引紹興講和録云：“專遣廣州觀
　察使、武功縣開國子、食邑五百户劉光遠、成州團練使、武功縣開國子曹勛往布情
　愫。”知劉光遠使金結銜。三朝北盟會編卷二○六作光州觀察使。

殿廊，蔽以帘幕，班定徹帷。**宗弼以便宜與宋畫淮爲界。**李大諒征蒙記：皇統元年，副元帥兀尤誅都元帥撻辣，以割河南地與宋有逆謀，提師過江①，復取河南。回師謂南北行府三帥曰：“吾近因國有叛臣，結連南宋，自領大兵問罪。至亳州，竊慮越淮，無橋，阻遏車騎。吾心熒惑未決，忽淮陰二進士遠來，獻平宋策，急遣龍虎、阿魯保探路先行，韓常、周榮騎兵繼至淮上。吾入盱眙，疑有重兵把守，龍虎使報曰：‘淮南無一人一騎爲備，已遣五千騎越淮，分守盱眙龜山，把截水路兩勢造橋②’。吾大喜，晝夜兼行。至淮上，果橋成六座，分步騎徑濟、淮源，占據運河，擺佈斥堠。細探南耗，東過淮陰，南至六合，西臨昭信，晝夜不絕。因觀宋室新立龜山城寨，臨淮大勢，就山爲隘。若聚粮屯兵，此地據守，吾雖鐵心③，未敢輕舉，但見空壁。吾心自恃，宋室空有建城立勢之心，而無聚糧據守之法。又觀二進士所陳圖策，淮南路盱眙之楚州④，行路窄隘，左有長淮，右臨河渠，糧道遙遠。有過邵伯至山陽，人騎回，惟是獲到菱實、雞頭、蓮子，聞諸軍不避寒酸，踏泥打凍，決池涸港，掘藕拾菱，尋魚摸蚌。又宰殺驢騾，相兼爲食，諸軍飢苦之聲不忍聞，但虛心寬諭而已⑤。又諸將士云輜重俱盡，有食奴婢者。又多言南軍不測，要來淮上，吾心所料，南宋既修起盱眙，尚無守法，安有智謀就敵也，決無渡江之理。獨與蕭平章計議，大言檄書於宋，若從此約，請詣轅門計議；如敢違拒，水陸星電越江。蕭平章去後，日視諸軍飢心嗷嗷，忘失晝夜。龍虎、阿魯保言：‘若南宋受檄，得半軍回；若宋軍渡江，不擊自潰。’答曰：‘爾論正與吾心同。’吾西望糧音⑥，南聽蕭信⑦，心神不寧。如此月餘，忽蕭平章躍騎走報，不覺喜感天神，與南使同來，議畫淮爲界。信誓約定，南使歸，吾班師回，點集軍馬，輜重騾馬依稀四分，奴婢十無

---

① “江”原作“淮”，今據三朝北盟會編卷二一五引征蒙記改。

② “勢”原作“處”，今據三朝北盟會編卷二一五引征蒙記改。

③ “心”原作“人”，今據三朝北盟會編卷二一五引征蒙記改。

④ “之”原作“至”，今據三朝北盟會編卷二一五引征蒙記改。

⑤ “諭”原作“慰”，今據三朝北盟會編卷二一五引征蒙記改。

⑥ “音”原作“運”，三朝北盟會編卷二一五引征蒙記改。

⑦ “蕭信”，三朝北盟會編卷二一五引征蒙記作“蕭毅之信”。

六七,惜哉。軍機至此而不能決,若能決,無一人一騎得回也。吾私心用智,但一檄書下<u>宋</u>取捷,乃萬世不傳之上策。"<u>宋高紀</u>:十一月乙卯,以簽樞密院<u>何鑄</u>充報謝進誓表使。<u>會編</u>:何鑄進誓表。元帥第四書云:"今十一日使來,伏承手示,良可嘉尚,所進誓表,即時津發赴闕。今大事已定,其間一二未盡者,審議使<u>蕭毅</u>等已定議。所有北人各於逐處沿邊州城交割,<u>唐</u>、<u>鄧</u>二州想已差官趁此月下旬交割①,外<u>陝西</u>地界,有犬牙處,請依原約,於明年正月下旬差官於<u>鳳翔府會合</u>,其<u>濠</u>、<u>楚</u>等州縣新附户口,盡數遣復本土,商賈留在<u>淮北</u>者,已令刷歸,所有<u>海</u>、<u>泗州</u>、<u>漣水</u>軍在南百姓,亦望發過<u>淮北</u>。"<u>宋</u>答書云:"垂諭大事已定,非國公以生靈爲念,他人豈能辦此,敢不如命。先次津發<u>耶律温</u>等②,餘當節次發遣,<u>唐</u>、<u>鄧</u>二州已遣<u>莫將</u>、<u>周聿</u>前去③。<u>陝西</u>地界,亦已差<u>鄭剛中</u>前去。"

　　二年壬戌,紹興十二年。　　<u>會編</u>:正月,和議既定,畫淮河中流爲界,故<u>泗</u>、<u>唐</u>、<u>鄧</u>、<u>商</u>州皆係割還<u>金</u>人之地,遣<u>莫將</u>、<u>周聿</u>交割。十八日壬子,與元帥書云:"據邊報,<u>唐</u>、<u>鄧</u>界上,緣本縣騎甲軍到來,<u>陝西隴城</u>寨將官領軍於冶坊鎮打劫,皆不安帖,恐惹生事,敢望尊嚴約束,幸甚。"二月辛卯,<u>宋</u>遣<u>端明殿學士何鑄</u>、<u>容州觀察使曹勛</u>來進誓表,許歲幣銀絹二十五萬兩匹,畫淮爲界。<u>宋高紀</u>:二月癸巳,<u>金</u>主許歸梓宫及皇太后,遣<u>何鑄</u>等還。<u>書録解題</u>:奉使雜録一卷,<u>紹興</u>十二年,<u>何鑄</u>使<u>金</u>所録禮物、名銜、表章之屬。三月丙辰,遣左宣徽使<u>劉筈</u>、禮部尚書<u>完顏宗</u>表策<u>宋康王</u>爲<u>宋</u>帝。左副點檢<u>賽里</u>、都轉運使<u>劉褎</u>以故<u>天水郡王</u>等三喪,<u>高居安</u>以<u>宋</u>帝母<u>韋氏</u>歸於<u>宋</u>。<u>宋高紀</u>:四月甲子朔,遣<u>孟忠厚</u>爲迎護梓宫禮儀使,<u>王次翁</u>爲奉迎兩宫禮儀使。丁卯,<u>金</u>遣<u>完顏宗賢</u>、<u>劉褎</u>護送

---

① "想已"原作"已望",今據三朝北盟會編卷二〇八改。
② "等"上原有"周"字,該字當從下文,作"周聿",今據三朝北盟會編卷二〇八改正。
③ "周"字原舛入上文,今據三朝北盟會編卷二〇八乙正。

梓宮^①，高居安護送皇太后來。宋回鑾事實：差吏部員外郎范同充接伴使，高州刺史劉光遠副之，吏部侍郎魏矼充館伴使，知閤門事藍公佐副之。史劉筈傳：皇統元年，假中書侍郎，充江南封冊使，既至臨安，而宋人牓其居曰“行宮”。筈曰：“未受命而名‘行宮’，非也。”請去牓而後行禮。五月乙卯，遣中書侍郎劉筈，禮部尚書完顏宗表賜宋誓詔。會編：五月三日，沈昭遠假禮部尚書爲賀大金生辰國信使，王公亮假保信軍承宣使副之。金元帥第六書云：“據張中孚節使及弟中彥、鄭億年資政皆常委以近上職任，隨行家眷，乞發來團聚。張孝純、杜充各居外臺之任，及宇文銀青先朝特旨，更不遣還，其妻子亦當聚首，並望津發。”答書云：“惟是烏陵尚書與鄭剛中分畫陝西地界和尚原、方山原兩處，依舊保守。今畫圖兩本，用硃紅擬畫。一本納呈，乞降下烏陵尚書照使，縱有少侵劉某曾占地界去處^②，止是從欲與川路留少藩籬，以安人心，亦乞矜允。其一本已降與鄭剛中遵用，伏乞鈞照。”八月丁卯，詔遣宋使朱弁、張邵、洪皓等歸。宋高紀：八月，以万俟卨充金國報謝使。會編：八月，元帥第七書云：“昨議陝西地界，差烏陵贊謀等同往交割。緣照鳳、成、階、祐四州於彼切近，更不交割。續據本官申：大散關全屬本朝，於關外立爲界首。又據贊謀申：五月中鄭剛中公文稱商州，却以龍門關爲界，與來書所限不同，豈是原約，乞早施行。”宋高紀：八月，鄭剛中分畫陝西地界，割商、秦之半界金國，存上津、豐陽、天水三縣及隴西成紀餘地，棄和尚、方山二原，以大散關爲界。九月丙午，金使劉筈、完顏宗表等九人入見。戊申，藏金國誓書于内侍省，以王次翁充金國報謝使。十月甲寅，始遣楊愿使金賀正旦。會編：十月，楊愿假户部尚書，爲賀金正旦國信使，何彥良假奉國軍承宣使，副之。十一月，宋遣參知政事万俟卨，榮州防禦使邢孝揚奉表謝封冊誓詔。十二月庚午，宋遣參知政事王次翁、德慶軍

---

① “送”原作“宋”，今據宋史卷三〇高宗紀七改。
② “劉某”原闕，今據三朝北盟會編卷二〇八補。此指劉豫。

節度使錢愐奉表謝歸三喪及母韋氏。

　　三年癸亥,紹興十三年。　　正月己丑朔,宋遣中書舍人楊愿、宣州觀察使何彥良賀正旦。會編:皇太后嘗許金國劉皇后首飾頭面珠翠之屬,附走馬天使行。熙紀:以太子喪不御正殿,詣皇極殿遥賀。乙巳,宋遣户部侍郎沈昭遠、福州觀察使王公亮賀萬壽節。熙紀:天會十四年正月乙酉,萬壽節。上本七月七日生,以同皇考忌日,改用正月十七日。李心傳繫年要録:金主亶以七夕生,以其國忌,故錫宴諸路用次日。朝廷每遣使,金人循契丹舊例,不欲兩接使人,因就以正月受禮,自此歲以爲常。大金國志:賀禮金茶器千兩,銀茶器萬兩,錦綺千匹。正旦亦如之。宋高紀:六月庚戌,洪皓、張邵、朱弁來歸。八月己亥,遣鄭朴等使金賀正旦,王師心等賀金主生辰。十一月,遣右宣徽使完顏曄①、秘書少監馬諤爲賀宋正旦使。宋高紀:十二月己酉,金遣完顏曄來賀明年正旦②。宋史楊愿傳:紹興十三年,充賀正旦接伴使,金使完顏畢欲據主席不拜③,以禮折之,就充送伴使。宋禮志聘使儀:特詔内侍省差使臣三員沿路賜御筵,一員於平江府,一員於鎮江府,一員於盱眙軍。尋詔:金國賀正旦使人到闕赴宴等坐次,合與宰相相對稍南,使副上下馬於執政官上下馬處。三節人從並於宮門外上下馬,立班則於西班,與宰相相對立。仍權移西班使相在東壁宰相之東。十四年正月一日,宴金國使人于紫宸殿,文臣權侍郎以上,武臣刺史以上赴坐。自後正旦賜宴倣此。

　　四年甲子,紹興十四年。　　正月癸丑朔,宋遣權兵部侍郎鄭朴、保順軍承宣使何彥良賀正旦。宋高紀:正月丁巳,遣羅汝楫等報謝金國。己巳,宋遣權工部侍郎王師心、解州防禦使康益賀萬

① “曄”原作“華”,今據建炎以來繫年要録卷一五〇紹興十三年十二月己酉條改。
② “曄”原作“華”,今據宋史卷三〇高宗紀七改。
③ 按完顏曄,宋史卷三八〇楊愿傳作完顏畢,宋會要輯稿禮四五之一九亦云:紹興十四年,“正旦使副完顏畢、馬諤”。

壽節。案汪文定集師心銘同。

三月，宋遣吏部尚書羅汝檝、鎮東軍承宣使鄭藻謝賜正旦。四月，遣安國軍節度使烏延和、大理少卿孟浩賀宋生辰。宋高紀：五月己巳，金始遣烏延和等來賀天申節。國志：禮物：珠一囊，金帶一條，衣六對，綾羅紗五百段，馬十匹，自是歲如之。案宋高紀：五月十四日生。禮志，五月二十一日爲天申節。宋禮志：五月，金國始遣賀天申節使來。有司言："照舊例，北使賀生辰聖節使副隨宰臣紫宸殿上壽，進壽酒畢，皇帝、宰臣以下同使副酒三行，教坊作樂。三節人從不赴，既而有請乞隨班上壽，許之，仍賜酒食。遇賀正，人使朝辭在上幸祠宮致齋之內，仍用樂。"宋遣吏部侍郎、假尚書陳康伯，嘉州防禦、假保信軍承宣使錢愷謝賜生辰。宋高紀：八月乙未[1]，遣林保使金賀正旦，宋之才賀金主生辰。

十一月，遣殿前右副都點檢字散溫、東上閤門使高慶先爲賀宋正旦使。國志：禮物：金酒器六事，色綾羅紗縠三百段，自是使命往復，貢物亦循此例。宋高紀：十二月癸卯，金遣字散溫來賀明年正旦。

五年，乙丑，紹興十五年。　正月丁未朔，宋遣權吏部侍郎林保、知閤門事康益賀正旦。癸亥，宋遣權禮部侍郎宋之才、閤門宣贊舍人趙璟賀萬壽節。

四月，遣殿前左副都點檢完顏宗尹、翰林待制程寀賀宋生辰。宋高紀：五月甲子，金來賀天申節。九月辛酉，遣錢周材使金賀正旦，嚴抑賀金主生辰。十一月，遣殿前右副都點檢蒲察說、刑部侍郎吳磐福爲賀宋正旦使。宋高紀：十二月丁卯，金遣使來賀明年正旦。案說即阿虎迭。

六年，丙寅，紹興十六年。　正月辛未朔，宋遣權刑部侍郎錢

---

[1] "乙未"原作"丁未"，今據宋史卷三○高宗紀七改。

周材、閤門祗候俞似賀正旦。丁亥，宋遣權工部侍郎嚴抑、閤門祗候曹浸賀萬壽節。四月，遣彰德軍節度使烏古論海、同知宣徽院事趙興祥賀宋生辰。宋高紀：五月丁亥，金使來賀天申節。八月壬子，遣邊知白使金賀正旦，周執羔賀金主生辰。九月甲戌，命何鑄等爲金國祈請使，請國族。十一月，宋遣端明殿學士何鑄、賓德軍節度使邢孝揚爲祈請使。宋史何鑄傳：再遣使金，事秘不傳。既歸報，許以大用。遣會寧尹盧彦倫、四方館使張仙壽爲賀宋正旦使。宋高紀：十二月辛酉，金遣使來賀明年正旦。

七年丁卯，紹興十七年。　　正月乙丑朔，宋遣權户部侍郎邊知白、閤門宣贊舍人孟思恭賀正旦。辛巳，宋遣權禮部侍郎周執羔、知閤門事宋箴孫賀萬壽節①。四月，遣殿前右副都點檢完顔卞，東上閤門使大珪賀宋生辰②。宋高紀：五月辛巳，金使賀天申節。八月戊申，遣沈該使金賀正旦。詹大方賀金主生辰。十一月，遣殿前左副都點檢完顔宗藩、東上閤門使吴前範爲賀宋正旦使。宋高紀：十二月丙辰，金使來賀明年正旦。

八年戊辰，紹興十八年。　　正月庚申朔，宋遣禮部侍郎沈該、閤門宣贊舍人蘇燁賀正旦③。丙子，宋遣工部尚書詹大方、閤門宣贊舍人容蕭賀萬壽節。案韓淲澗泉日記：紹興戊辰，太常少卿方庭碩使金，展視陵寢。宋高紀、要録、會編皆不載。四月，遣會寧尹蕭秉温、東上閤門使申奉顔賀宋生辰。宋高紀：五月丙子，金使賀天申節。

---

①　“箴”原作“錢”，今據建炎以來繫年要録卷一五五紹興十六年八月甲寅條改。
②　“珪”原作“蛙”，今據建炎以來繫年要録卷一五六紹興十七年五月辛巳條改。
③　“燁”原作“華”，今據建炎以來繫年要録卷一五六紹興十七年八月戊申條改。

閏八月壬申①，遣王墨卿使金賀正旦，陳誠之賀金主生辰。十一月，遣殿前右副都點檢召守忠、同知宣徽院事劉君詔爲賀宋正旦使。宋高紀：十二月庚辰，金使來賀明年正旦。

九年己巳，紹興十九年。　正月甲申朔，宋遣起居舍人王墨卿、惠州刺史蘇燁賀正旦②。庚子，宋遣權禮部侍郎陳誠之、吉州刺史孟思恭賀萬壽節。四月，遣殿前左副都點檢唐括德溫、四方館使高居安賀宋生辰。宋高紀：五月庚子，金使賀天申節。要錄：九月，遣太常少卿張杞、和州團練使趙述使金賀正旦，司農卿湯鵬舉、吉州刺史石清賀金主生辰③。張棣圖經地里驛程：泗州至臨淮縣六十里，臨淮至青陽驛八十里，青陽至虹縣八十里，虹至靈壁縣六十里，靈壁至靜安鎮六十里，靜安至宿州六十里，宿至蘄澤鎮六十里，蘄澤至柳子鎮五十里，柳子至永城縣六十里，永城至鄷陽鎮三十七里，鄷陽至會亭鎮三十七里，會亭至穀熟縣八十里，穀熟至南京四十里，南京至寧陵縣七十里，寧陵至拱州六十里，拱至雍丘縣七十里，雍丘至封丘縣六十里，封丘至胙城縣四十里，胙城至沙店河南鋪四十五里，沙店至滑州四十里，滑至濬州二十五里，濬至裴家莊三十五里，裴莊至湯陰縣四十里④，湯陰至相州三十里，相至豐樂鎮三十里，豐樂至磁州三十里，磁州至臺城鋪三十里，臺城至邯鄲縣三十里，邯鄲至臨洺鎮四十里，臨洺至沙河縣三十五里，沙河至邢州四十里⑤，邢至都城店二十五里，都城至內丘三十里，內丘至范縣店十五里，范店至柏鄉縣二十五里，柏鄉至江店十五里，江店至趙州

---

① "閏"字原脱，今據宋史卷三〇高宗紀七補。

② "燁"原作"華"，今據建炎以來繫年要錄卷一五八紹興十八年閏八月壬申條改。

③ "清"原作"靖"，按建炎以來繫年要錄卷一六〇紹興十九年八月丙寅云："直秘閣、知臨安府湯鵬舉守司農卿充賀生辰使，右武大夫、吉州刺史帶御器械石清副之。"三朝北盟會編卷二一六亦同。今據改。

④ "裴"原作"皮"，今據三朝北盟會編卷二四四引金虜圖經改。"湯陰"原作"安陽"，今據三朝北盟會編卷二四四引金虜圖經改，下同。

⑤ "四"原闕，今據三朝北盟會編卷二四四引金虜圖經補。

三十里，趙至樂城縣三十里，樂城至靈店鋪三十五里，靈店至真定府二十五里，真定至古縣南鋪三十里①，古縣至新縣三十里，新縣至中山府四十五里，中山至望都南七里店四十里，七里店至經陽店四十里，經陽店至保州三十五里（金人改爲徐州），保州至梁門四十五里，梁門至故城店三十里，故城至黃邨鋪三十里，黃邨至澤伴鋪三十里，澤伴至涿州三十里，涿至劉李店三十里，劉李至良鄉縣三十里，良鄉至盧溝河鋪三十里，盧溝至燕京三十里，燕京至交亭三十里，交亭至潞縣三十里，潞至三河縣三十里，三河至下店四十里，下店至邦軍店三十五里，邦軍至薊州三十里，薊至羅山鋪三十里，羅山至玉田縣三十里，玉田至沙流河四十里，沙流至永濟務四十里，永濟至榛子店四十里，榛子店至七箇嶺四十里，七箇嶺至赤峰口四十里，赤峰至平州四十里，平至雙望店四十里，雙望至新安四十里，新安至舊榆關三十里，榆關至潤州三十里，潤至遷州四十里，遷至南新寨四十里，南新至來州四十里，來州至石家店四十里，石店至隰州四十里，隰至楊家館五十里，楊家館至桃花島四十里②，桃花至童家莊四十里，童家至胡家務四十里，胡家至麻吉步洛四十里，步洛至新城四十里，新城至茂州四十里，茂至惕隱寨四十里，惕隱至軍官寨四十里，軍官至顯州五十里，顯至沙河五十里，沙河至兔兒塲五十里③，兔兒至梁魚務三十五里，梁魚至大河六十里，大河至廣州七十里，廣至瀋州六十里，瀋至蒲河四十里，蒲至興州四十里，興至銀州南鋪五十里，銀南至銅州南鋪四十里，銅至咸州南鋪四十里，咸至肅州南鋪四十里，肅南至安州南鋪四十里，安南至夾道店五十里，夾道至楊柏店四十里，楊柏至奚營四十里，奚營至沒瓦鋪五十里，沒瓦至木阿鋪五十里，木阿至信州五十里④，信至威州四十里，威至小寺鋪五十里，小寺至勝州鋪五十里，勝至濟州四十里，濟至東鋪二十里，東鋪至北易州五十里，北易至賓州七十里，渡混同江,賓至報打孛堇鋪七十里^①,孛堇至來流河三十里,來流至阿薩鋪四十里,阿薩至會寧二鋪三十五里,二鋪至頭鋪四十五里,頭鋪至上京三十里。上京至燕二千七百五十里,燕至南京一千三百一十七里,南京至泗州一千三十四里。案此爲泗州至上京五千餘里驛程,當爲畫淮以後,未遷燕以前兩國使臣道里如此,故載入此年末。惟里數與總數不合,必有舛訛,無可校正矣^②。又自榆關以後潤、遷、來、隰等州皆承遼舊名,與皇統初年改併不同。

　　海陵　天德元年己巳,紹興十九年。　十二月,宋賀正旦生辰使至廣寧,遣人諭以廢立之事,于中路遣還。遣殿前右副都點檢完顏充、西上閤門使劉篯爲賀宋正旦使。案充有都亭告病事,見神麓記。

　　二年庚午,紹興二十年。　正月辛巳,以名諱告諭宋國。遣侍衞親軍步軍都指揮使完顏思恭、翰林直學士翟永固爲報諭宋國使。宋高紀:三月庚辰,入見。案思恭有不觀潮事。又丙戌,遣余唐弼賀金主即位。二月甲子,遣兵部尚書完顏元宜、修起居注高懷貞爲賀宋生日使。宋高紀:五月甲午,金使賀天申節。案元宜,紀作思恭。六月丙午朔,宋遣參知政事余唐弼、保信軍節度使鄭藻賀即位,唐弼等回,以天水郡王玉帶歸於宋主。宋高紀:八月辛酉,遣陳誠之使金賀正旦,王曨賀金主生辰。十一月,遣秘書監、左諫議大夫蕭頤,翰林待制王競賀宋正旦。宋高紀:十二月己巳,金使來賀明年正

①　"報"原作"没",今據三朝北盟會編卷二四四引金虜圖經改。

②　按地里驛程蓋係作者張棣拼合不同文獻而成,第一段爲泗州至燕京,第二段則係燕京至會寧府,然史源各異。據考證,其中後者抄自松漠記聞卷下,亦即洪皓於紹興十三年自金源南返親歷驛程。地里驛程末尾驛程總里數,同樣源自松漠記聞"自上京至燕二千七百五十里,燕至東京一千三百一十五里,自東京至泗州一千三十四里"云云。據核算,松漠記聞載分段驛程之和完全吻合上京至燕總數,地里驛程大致相同。燕至東京及東京至泗州總數,則與地里驛程諸驛站及其間隔里程出自不同史源,故而兩不相合。

旦。案蕭頤作西湖行記。

　　三年辛未，紹興二十一年。　　正月癸酉朔，宋遣權禮部侍郎
陳誠之、均州觀察使錢愷賀正旦。案有李和爆栗事。戊子，宋遣
起居舍人權直學士院王曮、和州團練使趙述賀生辰。宋高紀：二
月壬戌，遣巫伋等爲金國祈請使，請修奉山陵，歸淵聖皇帝及皇族，增加帝號等
事。三月庚寅，遣翰林學士、中奉大夫劉長言，少府監耶律爕
爲賀宋生日使。宋高紀：五月戊午，金使來賀天申節。案爕，表作五哥。
六月，宋遣簽書樞密院事巫伋、保信軍節度使鄭藻祈請山陵
等事，不許。會編：巫伋、鄭藻以祈請使使金國。至闕下，引見畢，內殿奏公
事，惟正使巫伋得入。金主問所請何事，伋首言乞修奉陵寢，金主令譯者傳言
自有看墳人。伋第二言迎請靖康帝歸國，又令傳言不知歸後甚處頓放。伋第
三言本朝稱皇帝，又傳言此是你國中事，當自理會。伋唯唯而退，待辭而歸。
宋高紀：八月甲申，遣陳爕使金賀正旦，陳相賀金主生辰。十月，以右副點
檢兀朮魯定方、翰林侍講學士蕭永祺爲賀宋正旦使。宋高紀：十
二月癸巳，金使來賀明年正旦。案定方，表作阿海。

　　四年壬申，紹興二十二年。　　正月丁酉朔，宋遣中書門下省檢
正諸房公事陳爕、惠州刺史蘇曄賀正旦①。壬子，宋遣樞密院檢
詳文字陳相、吉州刺史孟思恭賀生辰。三月，以刑部尚書田秀
穎、東上閤門使大斌爲賀宋正旦使。宋高紀：五月癸丑，金使來賀天申
節。會編：十月，孫仲鼇爲賀正使，陳靖副之。李琳爲生辰使，石清副之②。十

① "曄"原作"華"，今據建炎以來繫年要錄卷一六二紹興二十一年八月甲申條改。
② "清"原作"靖"，今據三朝北盟會編卷二一九改。下文貞元元年（1153）正月丙午條
　亦據此改。按建炎以來繫年要錄卷一六三紹興二十二年八月丙戌曰："尚書司封員
　外郎兼權國子司業孫仲鼇爲大金賀正旦使，閤門宣贊舍人陳靖副之。吏部員外郎李
　琳爲賀生辰使，忠州防禦使帶御器械石靖副之。靖，開封人也。"

月甲申,以太子詹事<u>張利用</u>、左司郎中<u>蓐盌温都子敬</u>爲賀<u>宋</u>正旦使。<small>案利用,表作<u>用直</u>;子敬,表作<u>幹帶</u>。</small>十二月辛未,<u>張利用</u>卒,改遣<u>汴京</u>路都轉運使<u>左瀛</u>爲賀<u>宋</u>正旦使。<small><u>宋高紀</u>:十二月戊子,<u>金</u>使來賀明年正旦。</small>

　　貞元元年<small>癸酉,<u>紹興</u>二十三年。</small>　　正月辛卯朔,<u>宋</u>遣權國子司業<u>孫仲鼇</u>,閤門宣贊舍人<u>陳靖</u>賀正旦。<small><u>海紀</u>:以皇弟充喪,不視朝,命有司受<u>宋</u>貢獻。</small>丙午,<u>宋</u>遣吏部員外郎<u>李琳</u>、忠州防禦使<u>石清</u>賀生辰。四月,以右宣徽使<u>紇石烈大雅</u>,廣威將軍、兵部郎中<u>蕭簡</u>爲賀<u>宋</u>生日使。<small><u>宋高紀</u>:五月辛亥,<u>金</u>使來賀天申節。十月戊午,遣<u>施鉅</u>使<u>金</u>賀正旦,<u>吳槩</u>賀<u>金</u>主生辰。案大雅,表作撒合輦。</small>

　　十一月丙申,以户部尚書<u>蔡松年</u>、右司郎中<u>紇石烈師顔</u>爲賀<u>宋</u>正旦使。<small><u>宋高紀</u>:閏十二月庚戌,<u>金</u>使來賀明年正旦。案師顔,表作婁室,即良弼。<u>中州集</u>,<u>蔡珪</u>作撞冰行。</small>

　　二年甲戌,<u>紹興</u>二十四年。　　正月甲寅朔,<u>宋</u>遣中書門下省檢正諸房公事<u>施鉅</u>、帶御器械<u>冀彦明</u>賀正旦。<small><u>海紀</u>:以疾,不視朝,<u>宋</u>使就館宴。</small>己巳,<u>宋</u>遣左司郎中<u>吳槩</u>、閤門宣贊舍人<u>張彦攸</u>賀生辰。四月辛卯,以工部尚書<u>耶律安禮</u>、吏部侍郎<u>許霖</u>爲賀<u>宋</u>生日使。<small><u>宋高紀</u>:五月辛未,<u>金</u>使來賀天申節。書録解題:館伴日録一卷,無名氏作。<u>宋高紀</u>:十月戊子,遣<u>沈虚中</u>使<u>金</u>賀正旦,<u>張土襄</u>賀<u>金</u>主生辰。</small>十月,以刑部侍郎<u>白彦恭</u>、翰林待制<u>胡礪</u>爲賀<u>宋</u>正旦使。<small><u>宋高紀</u>:十二月乙巳,<u>金</u>使來賀明年正旦。</small>十二月丁未,<u>宋</u>使貢方物。

　　三年乙亥,<u>紹興</u>二十五年。　　正月己酉朔,<u>宋</u>遣國子司業<u>沈虚中</u>、敦武郎<u>張掄</u>賀正旦。甲子,<u>宋</u>遣左司郎中<u>張土襄</u>、閤門宣贊舍人<u>張説</u>賀生辰。三月庚午,以左司郎中<u>李通</u>、同知<u>南</u>

京都轉運耶律隆爲賀宋生日使。宋高紀:五月乙丑,金使來賀天申節。十月壬午,遣王珉使金賀正旦,鄭梄賀金主生辰。案:會編:以鄭梄貪汙,十一月改差徐嘉。又案墨林快事,耶律隆即修石經者。十月己亥,以翰林學士承旨耶律歸一、大理少卿馬楓爲賀宋正旦使。宋高紀:十二月己亥,金使來賀明年正旦。案楓,疑作諷,而本傳略。

正隆元年丙子,紹興二十六年。　正月癸卯朔,宋遣禮部侍郎王珉、閤門宣贊舍人王漢臣賀正旦。戊午,宋遣宗正丞鄭梄、閤門宣贊舍人李大授賀生辰。案會編作徐嘉,而録仍鄭梄。三月庚申,以左宣徽使敬嗣暉、大理卿蕭中立爲賀宋生日使。宋高紀:四月庚寅,遣陳誠之等賀金主尊號。五月己未,金使來賀天申節。五月,宋遣翰林學士陳誠之,假崇信軍節度使、領閤門事蘇曄爲賀尊號使①。宋高紀:十月辛丑,遣李琳使金賀正旦,葛立方賀金主生辰。十一月己巳朔,以右司郎中梁球、左衛將軍耶律諶爲賀宋正旦使。宋高紀:十二月甲子,金使來賀明年正旦。案球,表作銶。諶,表作湛。

二年丁丑,紹興二十七年。　正月戊辰朔,宋遣宗正少卿李琳、侍衛馬軍司幹辦公事宋均賀正旦。癸未,宋遣左司郎中葛立方、閤門宣贊舍人梁份賀生辰。三月,以禮部尚書耶律守素、刑部侍郎許竑爲賀宋生日使。宋高紀:五月癸未,金使來賀天申節。十一月乙丑,遣孫道夫等使金賀正旦。辛巳,遣劉章等賀金主生辰。十一月辛未,以侍衛親軍馬步軍副都指揮使高思廉、户部侍郎阿勒根彦忠爲賀宋正旦使。宋高紀:十二月戊午,金使來賀明年正旦。案思廉,表作助不古。彦忠,表作窊産。

---

① "曄"原作"華",今據三朝北盟會編卷二二一改。

三年戊寅，<u>紹興</u>二十八年。　正月壬戌朔，<u>宋</u>遣太常少卿、假禮部侍郎<u>孫道夫</u>、閤門宣贊舍人<u>鄭朋</u>賀正旦。<u>蔡松年</u>傳有山呼事。丁丑，<u>宋</u>遣起居郎、假祕書少監<u>劉章</u>，閤門宣贊舍人<u>李邦傑</u>賀生辰。案傑，<u>會編</u>作<u>璨</u>。三月辛巳，以殿前副點檢、兵部尚書<u>蕭恭</u>，太府監、工部侍郎<u>魏子平</u>爲賀<u>宋</u>生日使。<u>宋高</u>紀：五月[1]，<u>金</u>使來賀天申節。十月丁亥朔，遣<u>沈介</u>使<u>金</u>賀正旦，<u>黃中</u>賀<u>金</u>主生辰。案<u>會編</u>：有館伴使酒事。<u>岳珂愧郯錄</u>：自<u>景德</u>以來，凡<u>中國</u>使入蕃，必隨所居官小大加借以遣之，所以重王命、綏遠人也。議者或謂：“單于天驕，其報聘也，官雖高，必降秩以示殺禮。”<u>珂</u>嘗考之，其實不然。按<u>李心傳繫年要錄</u>曰：“<u>紹興</u>二十八年五月戊寅，<u>金國</u>賀生辰使驃騎衞上將軍、殿前副都點檢<u>蕭恭</u>，副使中大夫、尚書工部侍郎<u>魏子平</u>入見紫宸殿。<u>子平</u>，<u>弘州奉聖</u>人，中進士第，累遷太府監。”又注其下曰：“<u>魏子平</u>事，以<u>金國</u>翰林直學士<u>趙可</u>所撰墓誌脩入。誌云：‘<u>正隆</u>元年，授太府監。三年三月，充國信副使，使于<u>宋</u>。四年，權右司郎中。’今日曆所書乃云‘工部侍郎’，則是北人亦借官也。”<u>可</u>有文集刊行，<u>心傳</u>得之，以參書繫年事。其言有的據，表之以釋議者之疑。十一月辛酉，以工部尚書<u>蘇保衡</u>、吏部侍郎<u>阿典謙</u>爲賀<u>宋</u>正旦使。<u>宋高</u>紀：十二月壬子，<u>金</u>使來賀明年正旦。案謙，表作<u>和實遜</u>。

　　四年己卯，<u>紹興</u>二十九年。　正月丙辰朔，<u>宋</u>遣祕書少監<u>沈介</u>、閤門祗候<u>宋直溫</u>賀正旦。辛未，<u>宋</u>遣國子司業<u>黃中</u>、閤門祗候<u>李景夏</u>賀生辰。案景，<u>會編</u>作<u>曇</u>。四月，以祕書監<u>王可道</u>、左司郎中<u>王蔚</u>爲賀<u>宋</u>生日使。<u>宋高</u>紀：三月己巳，<u>金</u>使來賀天申節。十一月，遣<u>楊邦弼</u>使<u>金</u>賀正旦，<u>李潤</u>賀<u>金</u>主生辰。七月甲辰，<u>宋</u>遣同知樞密院事<u>王綸</u>、昭信軍節度使<u>曹勛</u>奉表謝賜戒諭。案<u>宋史王綸</u>傳有

① “五月”原作“正月□□”，按<u>宋史</u>卷三一<u>高宗</u>紀八<u>紹興</u>二十八年五月：“<u>金</u>遣<u>蕭恭</u>等來賀天申節。”今據改。

遣使覘敵語。此使，宋高紀、會編皆脱。宋高紀：九月癸卯^①，遣使告哀於金。
十一月丁亥，遣賀允中使金，致遺留物。十一月甲辰，以翰林侍講學士
施宜生、宿州防禦使耶律翼爲賀宋正旦使。宋高紀：十二月丙
子^②，金使來賀明年正旦。案桯史載宜生筆來事，亦見耆舊續聞。翼，表作闥
里剌，即次年受杖、除名者。宋禮志聘使儀：皇太后崩，其賀正使副止就驛賜
宴。見辭日，賜茶酒，並不舉樂。大率北使至闕，先遣伴使賜御筵于班荆館
（在赤岸，去府五十里），酒七行。翌日，登舟，至北郭稅亭，茶酒畢，上馬入餘
杭門，至都亭驛，賜被褥、鈔鑼等。明日，臨安府書送酒食，閤門官入位，具朝見
儀，投朝見榜子。又明日，入見，伴使至南宮門外下馬，北使至隔門內下馬。皇
帝御紫宸殿，六參官起居，北使見畢，退赴客省茶酒，遂宴垂拱殿，酒五行，惟從
官以上預坐。是日，賜茶酒名果。又明日，賜生餼。見之二日，與伴使偕往天
竺燒香，上賜沉香、乳糖、齋筵、酒果。次至冷泉亭、呼猿洞而歸。翌日，賜內中
酒果、風藥、花餶，赴守歲夜筵，酒五行，用傀儡。正月朔日，朝賀禮畢，上遣大
臣就驛賜御筵。中使傳旨宣勸，酒九行。三日，客省簽賜酒食，內中賜酒果。
遂赴浙江亭觀潮，酒七行。四日，赴玉津園燕射，命諸校善射者假管軍觀察使
伴之，上賜弓矢。酒行樂作，伴射官興文使並射弓，館伴、副使並射弩。酒九
行，退。五日，大宴集英殿，尚書郎、監察御史以上皆預，學士撰致語。六日，朝
辭退，賜襲衣、金帶、大銀器。臨安府書送贐儀。復遣執政官就驛賜宴。晚赴
解喚夜筵，伴使與北使皆親勸酬，且以衣物爲侑。次日，加賜龍鳳茶、金鍍合。
乘馬出北關門登舟，宿赤岸。又次日，復遣近臣押賜御筵。自到闕朝見、燕
射^③、朝辭，共賜大使金千四百兩，副使金八百八十兩，衣各三襲，金帶各三條，
都管、上節各賜銀四十兩，中、下節各三十兩，衣一襲，塗金帶一條。使人到闕
筵宴，凡用樂人三百人，百戲軍七十人，築毬軍三十二人，起立毬門行人三十二

---

① “癸卯”原闕，今據宋史卷三一高宗紀八紹興二十九年九月癸卯條補。
② “丙子”原闕，今據宋史卷三一高宗紀八紹興二十九年十二月丙子條補。
③ “燕射”原作“射弓”，今據宋史卷一一九禮志二十二金國聘使見辭儀條改。

人,旗鼓四十人,並下臨安府差;相撲一十五人,于御前等子內差,並前期教習之。案武林舊事與宋志大略相同,而各有詳略,見後大定五年,可互校也。十二月乙卯,宋遣翰林學士周麟之,吉州團練使、知閤門事蘇曄來告其母韋氏哀①。案二老堂雜志載麟之牛魚事。乙丑,以左副點檢大懷忠、大興少尹耨盌溫都謙爲宋弔祭使。

五年庚辰,紹興三十年。　　正月庚辰朔,宋遣起居舍人楊邦弼、榮州刺史張說賀正旦。乙未,宋遣太府卿李潤、閤門宣贊舍人張安世賀生辰。二月壬子,宋遣參知政事賀允中、保信軍節度使鄭藻爲韋后遺獻使。宋高紀:二月乙卯,金使來弔祭。戊午,遣使報謝金國。清波雜志:顯仁上仙,遣使告哀金國,并致遺留禮物:金器二千兩,銀器二萬兩,銀絲合十面,各實以玻璃、玉器、香藥、青紅撚金錦二百匹,玉笛二管,玉觱篥二管,玉簫一攢,象牙拍板一串②,象牙笙一攢,縷金琵琶一副,金龜筒嵇琴一副,象牙二十株。三月,以殿前右副都點檢蕭榮、太子右諭德張忠輔爲賀宋生辰使。四月,宋遣同知樞密院事葉義問、和州防禦使劉允升來謝弔祭。宋高紀:五月丙申,金使來賀天申節。十月丁未,遣虞允文使金賀正旦,徐度賀金主生辰。十一月,以濟南尹僕散懷、翰林直學士韓汝嘉爲賀宋正旦使。宋高紀,十二月丁卯,金使來賀明年正旦。案懷,表作烏者,即忠義。

六年辛巳,紹興三十一年。　　正月甲戌朔,宋遣起居舍人、假工部尚書虞允文,知閤門事孟思恭賀正旦。己丑,宋遣樞密院檢詳文字徐度、帶御器械王謙賀生辰③。四月,以簽書樞密

---

① “曄”原作“華”,今據建炎以來繫年要錄卷一八三紹興二十九年八月癸卯條改。
② “牙”原作“才”,今據清波雜志卷六遺留物改。
③ “生”原作“戌”,今據建炎以來繫年要錄卷一八六紹興三十年十月丁未條改。

院事高景山、刑部侍郎王全爲賀宋生日使。宋高紀:五月辛卯,金
遣高景山、王全賀天申節。全揚言無禮,致其主亮語,求淮、漢地及指取將相近
臣計事,且以欽宗皇帝訃聞。晁公恣敗盟記:五月十九日,駕坐紫宸殿,引見金
人賀生辰使副,高景山、王全捧書升殿,進呈訖,各依位立。王全東壁面北,厲
聲奏曰:皇帝特旨,昨自東昏王時①,兩國講和,朕當時雖年少,未任宰執,事亦
備知。自即位後一二年間,帝仍差祈請使巫伋等來,言宗屬及加帝號等事。朕
以即位之初,未暇及此,當時不允其所言,親屬則爲天水郡王,昨以風疾身故
外②,其餘所請似亦可從。今歲貢銀絹數多,江南出産不甚豐厚,須取民間,想
必難備。朕亦別有裁度,兼爲淮水爲界,私度甚多,其間往來越境者,雖嚴械亦
難杜絕,及江之北、漢水之東③,雖有界至,南北叛亡之人,想常互有,適足引惹
邊事,不知梁王當時何由如此分畫來。朕到南京,方知欲遣人于帝處備諭此
意。近有司奉告,帝以朕行幸南京,欲遣使賀,灼知帝意甚勤厚,就因此使,欲
便諭及④。若只常使前來,緣事稍重,恐不能盡達。兼南京宮闕初秋工畢,朕
以河南府龍門以南地氣稍涼,兼牧水草,亦甚寬廣,于此過夏,擬於八月初旬到
南京。帝於左僕射湯思退、右僕射陳康伯及同知樞密院事王倫,此三人内有可
差一員,兼殿前太尉楊存中最是舊人,練知事務,江以北山川道里,備曾經歷,
可以言事,亦當遣來。又如鄭藻輩并内臣中選擇旁近委信者一名,共四人,同
使前來。不過八月十五日以前到南京。朕當宣諭此事,可從朕言。緣淮南地
里,昔在軍前,頗曾行歷,土田往往荒瘠,人民不多,應有戶口,盡與江南。朕所
言者,惟土田而已,務欲兩國界至分明,不至生惹邊事。至如地界⑤,稍有所
難,朕亦必從,來使回日已後。朕以前來止曾經由泗、壽州地分外,陳、蔡、唐、
鄧邊面不曾行歷,及到彼處,圍場頗多,約于九月末旬前去巡獵。十一月十二

① “王”字原脱,今據三朝北盟會編卷二二八引金人敗盟記補。
② “以”原作“次”,今據三朝北盟會編卷二二八引金人敗盟記改。
③ “北”原作“地”,今據三朝北盟會編卷二二八引金人敗盟記改。
④ “便”原作“使”,今據三朝北盟會編卷二二八引金人敗盟記改。
⑤ “地界”,三朝北盟會編卷二二八引金人敗盟記作“帝意”。

月,却到南京,帝於差來正旦使處,當備細道來。朕知端的,於次年二月三月間,又爲京兆亦未曾知,欲因幸溫湯,經由河東路分,却還中都去,奏訖。降殿朝見畢,駕興。禮房奉聖旨,爲臟腑不和,可移就驛中排辦,仍差參政楊椿押宴。會編:二十七日,北使朝辭。六月廿七日戊辰,樞密承旨徐嘉充稱賀使、知閤門事張掄副之。七月壬辰,宋遣樞密院承旨徐嘉、知閤門事張掄賀遷都,至盱眙詔韓汝嘉諭旨遣還。中興禦侮録:徐嘉等及境,亮不納,遣中靖大夫韓汝嘉齎金牌至,傳僞旨云:"昨令景山、全傳旨,召數大臣等,有所宣諭。今卿等雖來,即非所召者,可便回去,速令原所指定人來,仍限九月初到闕。"九月,以三十二總管伐宋。宋高紀:九月辛卯,金國趣使臣書至楚州,守臣以聞。十月丁未,渡淮。癸亥,次和州。海紀:宋人陷德順州。十一月,進軍揚州。甲午,會師瓜洲渡。乙未,遇弑。

金史詳校卷六

卷六十一

宋交聘表中

世宗　大定元年辛巳,紹興三十一年。　世宗紀:十一月丁酉,宋人陷陝州。宋高紀:十一月戊戌,金遣人持檄詣鎮江軍中議和。會編:金國移牒三省樞密院:大金大都督府牒宋國三省樞密院,國朝自太祖皇帝創業開基,奄有天下,迄今四十餘年,其間講信修睦,兵革寢息,百姓安業,不意正隆失德,師出無名,使兩國生靈皆被塗炭。今奉新天子明詔,已從廢殂,大臣將帥方議班師赴闕,宜各戢兵,以惇舊好。須議移牒,具如前事。須牒宋國三省樞密院照驗。大定元年十一月三十日,銀青榮禄大夫、左領軍都監、開國公蒲察,龍虎衞上將軍、右領軍都監徒單,右領軍監軍崇進□□,左領軍監軍、潘國公徒單[1],儀同三司、右領軍副都督、函國公□□,銀青榮禄大夫、右領軍大都督、開國公□□,太保、左領軍大都督、齊國公□□。

十二月庚申,遣元帥左監軍高忠建,尚書禮部侍郎、德昌

---

[1] “左領軍監軍”原作“右領軍監軍”,今據三朝北盟會編卷二四六改。

軍節度使<u>張景仁</u>以登位罷兵報諭<u>宋國</u>。案<u>烏林荅暉</u>傳：<u>世宗</u>至<u>中都</u>，將遣<u>暉</u>使<u>宋</u>，以罪罷，遣<u>高忠建</u>往。

二年壬午，<u>紹興</u>三十二年。　<u>宋高</u>紀：正月己丑，<u>金</u>遣其臣<u>高忠建</u>來告嗣位。<u>禦侮</u>錄：閏二月十三日^①，詔左司郎中<u>洪邁</u>、知閤門事<u>張掄</u>接伴。<u>邁</u>等次<u>盱眙</u>，<u>金</u>人移文，欲仍舊約，割<u>淮水</u>中分為界，以迓使者。<u>邁</u>等貽書，謂昔兩朝通好，約割<u>淮水</u>為界。故彼此送迓使者，皆於中流接見。今兩國既交兵，則是大義已絕。況本朝所得州軍，乃是去歲與<u>岐王</u>南侵之時用師克復者，當為我疆何疑，如<u>泗州</u><u>臨淮</u>、<u>虹縣</u>等是也。今當以<u>虹縣</u>為我界，<u>宿州</u>為彼界，各於此處送迎使者可也，於是始從。又不肯用敵國禮見，<u>邁</u>等辭不敢納，五返介而後議定。二十一日，各立營幕於兩界首<u>虞姬墓</u>以見。三月十三日，入見，凡有所詢叩，則辭以奉命報登極而已，餘非臣所敢任也。又曰："本朝皇帝寬仁愛物，倘貴朝遣一介之使往議，則無不可矣。"<u>會編</u>：三月十一日，以待制<u>徐嚞</u>^②、知閤門<u>孟思恭</u>館伴，赴都亭驛安泊。十六日，朝見，茶酒五盞。十八日甲寅，賜御筵，樞密<u>葉義問</u>押伴。二十日丙辰，賜宴，同樞密<u>黃祖舜</u>押伴。二十一日，朝辭，茶酒五盞。二十二日戊午，回程，太常少卿<u>王普</u>，帶御器械<u>王謙</u>為送伴。四月六日，過界。<u>世宗</u>紀：二月丁巳，復<u>陝州</u>。閏月丙子，<u>宋</u>人陷<u>原州</u>。三月癸卯，<u>徒單合喜</u>敗<u>宋</u><u>吳璘</u>於<u>德順州</u>。

六月庚辰，<u>宋</u>遣翰林學士、假兵部尚書<u>洪邁</u>，鎮東軍節度使<u>張掄</u>賀登位，書詞不依舊式，詔<u>邁</u>歸諭<u>宋主</u>。<u>禦侮</u>錄：三月十六日，詔<u>洪邁</u>假兵部尚書、<u>張掄</u>借<u>山東道</u>節度使，充賀登寶位使副，且以三事為請，歸<u>欽宗</u>梓宮及天眷，一也；還<u>河南</u>故地，二也；罷臣禮，及歲貢用敵國禮，三也。<u>邁</u>等六月十日至<u>燕京</u>，褻館之於<u>會同館</u>，遣兵部侍郎<u>高文昇</u>等接伴，持所與國書及二使沿路謝表來還云："禮數未是，不敢受，請依前來禮例，國書用表，國信稱臣，方可。不然，臣下不敢奏知皇帝。"<u>邁</u>等對曰："昔本朝皇帝所以

————————

① "三"字原闕，今據<u>中興禦侮</u>錄補。
② "嚞"原作"吉"，今據<u>三朝北盟會</u>編卷二五〇改。

不憚卑屈者,以太母、欽宗之故也,太母、欽宗既已上僊,本朝皇帝又以兩國生
靈之故,不欲遽違盟好,拓循舊例。去歲,岐王首覆盟信,無故興師,兩國既已
交兵,則是大義已絕,安可復舊禮哉。”文昇等曰:“昨岐王無道,師出無名,已
從廢殞矣。今主上仁慈聖德,豈可復與岐王比哉。若國信早換表來,當即爲奏
知,有所議事,庶得早畢,不然,恐國信卒未得見皇帝,亦未有還期。”邁等曰:
“奉命出疆,而擅易國書,當若是耶,且如侍郎他日銜命出疆,還敢以朝廷國書
擅自更易否?”相與辨論,至晚不決,文昇等去,亦不具頓膳,邁等皆不得食者
經夕。至十二日,文昇復來,云:“不知已換書否?”邁等以不敢易對,又云:“若
國信堅執不從,恐爲國別生事端。”邁等對曰:“奉命一介使耳,若貴朝必欲生
事,無過見留,止一死耳。”復爭辨良久,文昇怒,遽揖去云:“國書既不可易,國
信謝表亦不可易耶,請更從長計議,無貽後悔。”文昇既去,邁等議曰:“國書既
已力爭見聽,如換表乃吾臣子之辱耳,似可從。”洎晚,文昇復遣介至,遂署表
國書與之去。俄頃,使押宴至,日已夕矣。至十五日,方見褒,首責以國書之非
禮,所請三事,皆不見允,且言:“大臣議欲留卿輩,朕以卿將命遠來良勞,姑且
歸之,歸爲朕語,倘以舊境見還,復篤鄰好可也。”邁等唯唯而退。世宗紀:七
月丁酉,復原州。七月丙午,宋主内禪。宋孝紀:七月甲辰,遣劉珙等使
金,告即位。八月,宋遣中書舍人劉珙、知閣門事張說來告即位,
不納。禦侮錄:七月二十九日,詔遣劉珙、張說充告登寶位使副往焉。洎抵
界,金人移文,若割還舊界,盡復舊禮歲幣,方許,不然,不敢納使。遣介往來,
辨論幾月,不納而還。世宗紀:九月甲午朔,敗吳璘於德順州。癸亥,宗尹復汝
州。十月己丑,詔左副元帥紇石烈志寧伐宋。十一月癸巳朔,
詔右丞相僕散忠義伐宋。僕散忠義傳:使志寧移牒宋張浚云:“可還所
侵本朝内地,各守自來畫定疆界,凡事一依皇統以來舊約,帥府亦當解嚴。如
必欲抗衡,請會兵相見。”浚復書曰:“疆場之一彼一此,兵家之或勝或負,何常
之有,當置勿道。謹遣官僚,敬造麾下議之。”

　　三年發末,宋孝宗隆興元年。　　　世宗紀:正月癸丑,復取德順州。四

月,取<u>商</u>、<u>虢</u>、<u>環州</u>,宋侵一十六州皆復。五月丙午,<u>宋</u>人破<u>宿州</u>。癸丑,<u>志寧</u>復
<u>宿州</u>。十月,<u>宋</u>遣借宣教郎<u>盧仲賢</u>、<u>李適</u>充計議使。<u>僕散忠義</u>傳:
以書責<u>宋</u>。<u>宋</u>同知樞密<u>洪遵</u>遣計議二輩持與<u>志寧</u>書及手狀①,歸<u>海</u>、<u>泗</u>、<u>唐</u>、<u>鄧</u>
<u>州</u>所侵地,約爲叔姪國。<u>宋孝</u>紀:八月戊寅,<u>金</u>帥<u>志寧</u>以書求<u>海</u>、<u>泗</u>、<u>唐</u>、<u>鄧</u>四州
地及歲幣。丙戌,遣幹辦官<u>盧仲賢</u>奉書至<u>金</u>帥府,戒勿許四州,差減歲幣。十
一月,<u>仲賢</u>以<u>忠義</u>遺省、院書來。庚子,遣<u>王之望</u>等爲通問使。癸丑,以<u>胡昉</u>、
<u>楊由義</u>爲通問國信所審議官。<u>禦侮</u>録:八月十日,督府准<u>金</u>帥移文,欲修和好。
<u>張浚</u>以聞,詔擇機辨者往議,督府薦布衣<u>盧仲賢</u>、<u>李適</u>往,並借宣教郎爲樞密院
計議官使焉。十一月二日,<u>仲賢</u>等還,言以十月一日至<u>汴</u>,見大帥<u>大懷忠</u>,議欲
求割<u>河南</u>地,及所與<u>大金</u>歲幣如舊<u>契丹</u>數,彼此用敵國禮,各不還歸附人四事
爲請。<u>金</u>帥從其二,割地、歲幣二説不見聽,<u>仲賢</u>等與之辨論數日,卒如其議而
歸。二相怒,下二人於獄,詔遣權吏部侍郎<u>王之望</u>、知閣門事<u>龍大淵</u>充和議使,
復往議焉。臺諫力争不可遣使,宰相乞解機政,太上深勸令和,遂決議遣使。
十二月九日,詔别遣<u>胡昉</u>、<u>楊由義</u>充審議使,並借宣教郎先往焉。<u>金</u>人果有求
和之意,則遂遣<u>王之望</u>等往議。

　　四年_{甲申,隆興二年。}　　正月丁酉,<u>宋</u>遣借迪功郎<u>胡昉</u>、從
義郎<u>楊由義</u>充國信審議官。<u>禦侮</u>録:元年十二月二十七日,<u>昉</u>等入北
界。二年正月十一日,<u>昉</u>等見<u>金</u>帥<u>大懷忠</u>,<u>懷忠</u>與數人坐府,詞禮甚倨,北向
坐,<u>昉</u>等於庭首問:"南朝已許割還我侵地,歸我叛亡,及歲幣如舊數,今汝等
復來,何議?"<u>昉</u>等對曰:"此特元帥所欲耳,本朝初未嘗許也,昨<u>盧仲賢</u>等還,
云已議定各不還叛亡,止是歲幣與<u>契丹</u>舊數、約爲叔姪之國耳。"<u>懷忠</u>云:"<u>仲</u>
<u>賢</u>已有供認文字在此,遂取以示。"<u>昉</u>等云:"<u>仲賢</u>擅自妄許,豈足憑信,況彼使
還日,持貴朝所回國書用舊禮不争,尚且重寘憲典,況此將命失辭,朝廷聞之,
豈得不行誅竄。"<u>懷忠</u>復云:"昨爲<u>南宋</u>所侵地,我已漸取了,止<u>唐</u>、<u>鄧</u>、<u>海</u>、<u>泗</u>尚

---

① 按<u>金史</u>卷八七<u>僕散忠義</u>傳原文云:"<u>宋</u>同知樞密院事<u>洪遵</u>、計議官<u>盧仲賢</u>,遣使二輩
　持與<u>志寧</u>書及手狀。"

在彼，我若出師便可得，但惡多殺耳。宋朝若以生靈之故善割地還我以約和，此萬世之利也，不然江南兵弱民困，豈所利哉。"昉云："昉等之來，止奉命審議而已，審貴朝果有尋盟之意，則朝廷已差王之望至此議矣，餘非昉等敢任也。"懷忠曰："宋朝若欲求和，非以此見從不可。"昉等曰："所謂和好，初非本朝求之，以元帥先移文督府來故也。本朝皇帝恐爲貴朝見欺，初不肯遣使，而太上愛惜生靈，不欲杜絕來命，謂既約不還叛亡、不歸侵地，故遣昉等來審之。今元帥復有此議，是果無意於和，特見欺耳。"又與之反覆辯論，殊不少屈。懷忠大怒，命吏引昉等出，被以桎梏，幽窟室中二十餘日，累使人說誘，必令承伏。昉等以死固執不可，至二月二日，以金主命釋歸。遂罷王之望使命，不遣。書録解題：隆興奉使審議録一卷，左奉議郎雍希稷堯佐撰。隆興二年，編修官胡昉、閤門祇候楊由義使金人軍前，審議海、泗、唐、鄧等事，不屈而歸。希稷，其禮物官也。所記抗辯應對之語，多出由義。**胡昉以湯思退書稱姪國，不肯加"世"字，忠義執昉，詔釋之。**僕散忠義傳：四年正月，宋使胡昉以右僕射湯思退書來，宋稱姪國，不肯加"世"字。忠義執昉留軍中，答其書。使使以聞，詔曰："行人何罪。"遣胡昉還國。孝紀：二月乙酉，胡昉自宿州還。初，金帥以昉等不許四郡，械繫之，昉等不屈，金主命歸之。三月丙戌朔，詔王之望等以幣還。**九月，宋遣户部郎中魏杞、知閤門事康諝充通問使。**宋孝紀：八月壬午，遣魏杞等爲金國通問使。禦侮録：八月，大懷忠遣書約和，至軍前，詔遣魏杞、康諝充通問使往焉。及境，志寧拒不納，退換國書至屢易，邀求金帛①，必如舊數。又求割唐、鄧、海、泗之地，朝廷悉皆從之。又渝原約，復求商、秦之地，遣使往來商議，幾月不能決。**辛丑，志寧渡淮，取盱眙、濠、廬、和、滁等州。**宋孝紀：九月辛丑，金人犯邊。乙巳，仍易國書付魏杞。十月甲寅，魏杞至盱眙，金帥以國書未如式，弗受，欲得商、秦地及俘獲人，且邀歲幣二十萬，杞未得進。禦侮録：金帥志寧憤然，揮衆壓境，求割商、秦之地，請還叛亡，復有借兩淮牧馬之言，乘我無備，遣游騎侵掠濠州，守將孔福知

---

① "帛"原作"幣"，今據中興禦侮録改。

盱眙軍,郭淑望風奔北,兩淮震擾。**十一月乙酉,徒單克寧克楚州。**宋孝紀:十月辛巳,金人分道渡淮。十一月丁亥,命杞留鎮江。禦侮録:十一月初三日,金人率步騎數萬,分兩路南寇,一自渦口結筏攻濠州,陷之;一自清河渡河攻楚州,陷之,盱眙、廬、滁相繼失守。克寧傳:是時,宋屢使使請和,尚遷延有請,及克寧取楚州,宋人乃大懼。**閏月丙辰,宋遣假承節郎王抃齎周葵書來約和,議始定。**宋孝紀:十一月丙申,遣國信所大通事王抃持周葵書如金帥府,請正皇帝號,爲叔姪國,易歲貢爲歲幣,減十萬;割商、秦地;歸被俘人,惟叛亡者不與;誓旦大略與紹興同。閏月丙辰,王抃見金二帥,皆得其報書以歸。禦侮録:十一月十五日,志寧移文約和,詔遣王抃借承節郎往。二十七日,入北界,金帥許和,收兵北歸。閏月一日,見金帥於潁濱,定約,並用先朝與契丹澶淵盟誓舊禮書題,稱爲"叔姪",彼此不還叛亡,歲幣減十萬之數,地界如紹興之時,至是還奏。**十二月,宋復遣王抃爲國信參議官,持陳康伯報書來。**宋孝紀:閏月丙子,以王抃爲奉使金國通問國信所參議官,持陳康伯報書以行。丁丑,金遣張恭愈來迓使者。十二月戊子,魏杞始北渡。丙申,遣洪适等賀金主生辰。禦侮録:閏月,詔遣魏杞、康諝充通問和好使副往焉。十二月十三日,魏杞等入北界。僕散忠義傳:和議定,宋遣魏杞、康諝充使,取到宋主國書式并副本,宋世爲姪國,約歲幣爲二十萬兩、匹,國書仍書名再拜,不稱"大"字。

　　五年乙酉,宋改乾道元年。　　**正月癸亥,宋遣通問使禮部尚書魏杞、崇信軍承宣使康諝奉國書及誓書入見。**世宗紀:正月己未,來書不稱"大",稱"姪宋皇帝",稱名,"再拜奉書于叔大金皇帝。"歲幣二十萬。宋史魏杞傳:爲通問使館伴使張恭愈。禦侮録:三月三日^①,杞還,奏金主甚寬和,每言及太上皇帝,必起立,且言:"兩國結好,當彼此守之勿渝。今我與皇帝既爲叔姪,上皇即我兄也,願永以兄事之。"杞曰:"此南北生靈之福

---

① "三日"原作"二日",今據中興禦侮録改。

也。"辭還,撫勞甚渥,云當即遣報使往矣。**二月壬午,以殿前左副都檢點完顏仲、太子詹事楊伯雄報問宋國。**宋孝紀:四月庚子,金報問使完顏仲等入見。攬侮錄:三月二十一日,大金遣驃騎將軍、殿前左副都點檢、侍衛親軍都指揮使完顏仲,翰林直學士、□□大夫、知制誥兼秘書省著作郎楊伯雄充報問和好使副,入界,詔刑部侍郎李若川,知閣門事張説接伴。四月九日,入國門,以商議禮數未定,未肯朝見。蓋昔北使持國書,皇帝下御榻親受之,然後付通事舍人啓緘,今議止令通事舍人受之,發緘以進,故仲等堅持不可。若川諭曰:"昔本朝不得已臣事貴朝,故禮有加,今既爲敵國,豈得復循舊禮。"仲曰:"雖非君臣,要是叔姪耳,亦宜加禮。"相辯論十餘日不決,以太上皇帝命令皇子鄧王受書以進,於是始從。二十三日,廷見,既受書鄧王,皇帝坐而御之,仲等不悦,頗多慢言。參政虞允文與之交論榻前,聲色甚厲。上怒,將留不遣。太上皇不可,群臣皆言兵端未易開,姑已之。二十九日,引辭,所勞遣禮物比舊例差損,仲等堅留館中不去,必欲得如舊數,既與之,始去。然金主褢自得謀修好[1],每使命至,必待以甘言厚禮,惟恐和之不就,而其群下非所願也。故仲等敢肆傲慢者,正欲害其成功。仲傳:五年,爲報問使。請與宋主相見禮儀,世宗曰:"宋主親起立接書,則授之[2]。"至宋,一一如禮。文獻通考:孝宗乾道後,北使每歲兩至,亦用樂[3]。但呼市人使之,不置教坊,止令修内司先兩旬教習。舊例每用樂人三百人,百戲軍百人,百禽鳴二人,小兒隊七十一人,女童隊百三十七人,築毬軍三十二人,起立門行三十二人,旗鼓四十人,相撲等子二十一人。上命罷小兒及女童隊,餘用之。**三月庚戌朔,宋遣禮部尚書洪适、崇信軍承宣使龍大淵賀萬春節。**宋史洪适傳:金既尋盟,首爲賀生辰使。金遣高嗣先接伴。隸釋載适訪碑事。宋孝紀:五月丙子,遣李若川等使金賀上尊號。**八月癸巳,宋遣吏部尚書李若川、寧國軍承宣使**

---

① "謀"原作"講",今據中興攬侮錄改。
② "授"原作"受",今據金史卷七二仲傳改。
③ "亦"原作"必",今據文獻通考卷一四六樂考十九俗部樂改。

曾覿賀上尊號。九月丁未朔，以吏部尚書高衎、大理卿移剌道爲賀宋生日使。高衎傳：五年，爲使，中道得疾去職。宋孝紀：十月己卯，遣方慈等使金賀正旦[1]。丁酉，金遣高衎等來賀會慶節。案宋孝紀：孝宗十月二十二日生。禮志爲會慶節。十一月戊午，以殿前左副都點檢烏古論忠弼、尚書禮部侍郎劉仲淵爲賀宋正旦使。宋孝紀：十二月癸未，遣王曮等使金賀生辰。壬寅，金遣烏古論忠弼來賀明年正旦。武林舊事：北使到闕，先遣伴使賜御筵於赤岸之班荆館，中使傳宣撫問，賜龍茶一觔、銀合三十兩。次日，至北郭稅亭茶酒，上馬入餘杭門，至都亭驛。中使傳宣，賜龍茶、銀合如前，又賜被褥、銀鈔鑼等。明日，臨安府書送酒食，閤門官説朝見儀，投朝見榜子。又明日，入見於紫宸殿，見畢，赴客省茶酒，遂賜宴於垂拱殿，酒五行，從官以上與坐。是日，賜茶酒名果，又賜使副衣各七事，幞頭、牙笏、二十兩金帶一條，并金魚袋韡一雙、馬一匹、鞍轡一副，共折銀五十兩、銀鈔鑼五十兩、色綾絹一百五十匹，餘並賜衣帶銀帛有差。明日，賜牲餼，折博生羅十匹，綾十匹，絹布各兩匹。朝見之二日，與伴使偕往天竺寺燒香，賜沈香三十兩[2]，并齋筵、乳餹、酒果。次至冷泉亭、呼猿洞游賞。次日，又賜内中酒果、風藥、花餳。赴守歲夜筵，用傀儡。元正朝賀禮畢，遣大臣就驛賜御筵，中使傳宣，勸酒九行。三日，客省籖賜酒食，禁中賜酒果，遂赴浙江亭觀潮，酒七行。四日，赴玉津園燕射，命善射者假官伴之，賜弓矢。酒行，樂作，伴射與大使射弓，館伴與副使射弩，酒九行。五日，大宴集英殿，尚書郎官、監察御史以上並與，學士院撰致語。六日，裝班朝辭退，賜襲衣、金帶三十兩、銀鈔鑼五十兩、紅錦二色綾二匹、小綾十匹、色絹三十匹、雜色絹一百匹，餘各有差。臨安府書送贈儀，復遣執政就驛賜宴，晚赴解換夜筵，伴使始與親勸酬，且以衣物爲賄，謂之“私覿”。次日，賜龍鳳茶、金銀合，乘馬出北闕，登舟。又次日，遣近臣賜御筵。自到闕至朝辭，密賜大使銀一千四百兩，副使八百八十兩，衣各三襲，金帶

---

[1] “慈”，宋史卷三三孝宗紀一實作“滋”。
[2] “沈香”原作“銀”，今據後武林舊事卷二人使到闕改。

各三條;都管、上節各銀四十兩、衣二襲;中下節各銀三十兩①、衣一襲、塗金帶副之。案忠弼,表作粘没曷。

六年丙戌,乾道二年。　正月丙午朔,宋遣户部尚書方慈、福州觀察使王抃賀正旦。案"慈",表作"滋"。三月甲辰朔,宋遣吏部尚書王曖、利州觀察使魏仲昌賀萬春節。九月丁未,以户部尚書魏子平、殿前左衛將軍夾谷查剌爲賀宋生日使。宋孝紀:十月乙亥,遣薛良朋等使金賀正旦。辛卯,金遣魏子平等來賀生辰。十一月癸丑,以殿前右副都點檢、駙馬都尉烏古論元忠,少府監張仲愈爲賀宋正旦使。宋孝紀:十二月乙亥,遣梁克家等使金賀生辰。丙申,金遣烏古論元忠來賀明年正旦。

七年丁亥,乾道三年。　正月庚子朔,宋遣試工部尚書薛良朋、昭慶軍承宣使張説賀正旦。三月己亥朔,宋遣翰林學士梁克家、安慶軍承宣使趙應熊賀萬春節。宋孝紀:六月乙亥②,金遣使索被俘人。九月乙丑朔,以勸農使蒲察莎魯窩、東上閤門使梁彬爲賀宋生日使。宋孝紀:十月丁酉,遣唐璉等使金賀正旦。乙卯,金遣莎魯窩等來賀生辰。十一月辛未,以河間尹徒單忠衛等爲賀宋正旦使。宋孝紀:十二月己亥,遣王瀹等使金賀生辰。庚申,金遣徒單忠衛等來賀明年正旦。案忠衛,紀作克寧③。

八年戊子,乾道四年。　正月甲子朔,宋遣試户部尚書唐璉、保寧軍承宣使宋鈞賀正旦。三月癸亥朔,宋遣試工部尚書王瀹等賀萬春節。張景仁傳:八年,爲詳讀官。宋國書中有"寶鄰"字,

---

① "中"字原脱,今據後武林舊事卷二人使到闕補。
② "六"原作"五",今據宋史卷三四孝宗紀二改。
③ "紀"原作"表",按表失載此事,金史卷六世宗紀上大定七年(1167)十一月辛未云:"以河間尹徒單克寧等爲賀宋正旦使。"今據改。

景仁奏“鄰”字太涉平易，上問累年國書有“鄰”字否，命一一校勘。六年書中亦有之，詔有司就諭宋臣王瀹，使歸告其主，後日國書不得復爾。九月癸亥，以右宣徽使移剌神獨斡、太府監高彥佐爲賀宋生日使。宋孝紀：十月壬辰，遣鄭聞使金賀正旦。己酉，金遣神獨斡來賀生辰。十一月，以同簽大宗正事完顏仲仁、尚書右司郎中李昌圖爲賀宋正旦使。宋孝紀：十二月丙申，遣胡元質等賀金主生辰。甲寅，金遣完顏仲仁來賀明年正旦。案，完顏仲仁，表作宗室鬭合土。

　　九年己丑，乾道五年。　正月戊午朔，宋遣試工部尚書鄭聞、明州觀察使董誠賀正旦。三月丁巳朔，宋遣翰林學士胡元質、保康軍承宣使宋直溫賀萬春節。九月甲寅朔，以刑部尚書高德基等爲賀宋生日使。德基傳：爲宋使。及還，宋人禮物外附進臘茶三千胯，不親封署。曰：“姪獻叔，而不署，是無名之物也。”却之。宋孝紀：十月乙酉，遣汪大猷等使金賀正旦。癸卯，金遣高德基等來賀生辰。十一月辛酉，以京兆尹宗室毅、尚書左司郎中牛德昌爲賀宋正旦使。宋孝紀：十二月己丑，遣司馬伋等賀金主生辰。戊申，金遣完顏毅等來賀明年正旦。

　　十年庚寅，乾道六年。　正月壬子朔，宋遣試吏部尚書汪大猷、寧國軍承宣使曾覿賀正旦。書録解題：北行日録一卷，參政樓鑰大防，乾道己丑，待次溫州教授，以書狀官從其舅汪大猷仲嘉使金紀行。曾覿海野集有金人捧露盤詞。北行日録：左宣徽敬嗣暉押伴。三月壬子朔，宋遣試工部尚書司馬伋、泉州觀察使馬定遠賀萬春節。世宗紀：三月丙辰，上命護衛中善射者押賜宋使射弓宴，宋使中五十，押宴者纔中其七。上謂左右將軍曰：“護衛弓矢不習，將焉用之。”宋孝紀：閏五月戊子，使范成大等祈請金國。本表云：“閏五月丁酉，尚書省奏宋祈請使赴闕日期，詔以九月十一日朝見。”九月壬午，以簽書樞密院事移剌子敬、宮籍監張僅言爲賀<u>宋</u>生日使。<u>李心傳</u>建炎以來朝野雜記:故事,北使來朝,例錫花宴,如在大祀齋中,不用樂。<u>乾道</u>三年,<u>金</u>使朝會慶節上壽,在親郊散齋之内。<u>陳正獻</u>請令館伴禮諭之,卒詔<u>垂拱</u>上壽止樂,而正殿爲北使權用。六年,生辰使。十月癸酉,當辭,復在散齋之内①。時<u>趙温叔</u>爲館伴,奏決不可用樂,且言:“萬一使臣不順,臣當奏,乞宣諭敬天之意,若必使樂,乞移此茶酒就驛中管領。”上納用焉,自此始去樂,論者韙之。<u>宋</u>史<u>趙雄</u>傳:<u>金</u>使<u>耶律子敬</u>來賀會慶節,<u>雄</u>館伴。丙戌,<u>宋</u>遣祈請使<u>資政殿</u>大學士<u>范成大</u>、<u>崇信軍</u>節度使<u>康湑</u>至,求免起立接受國書,詔不許。歸潛志:<u>郭志通</u>爲太常博士,<u>宋</u>遣國信使以申議爲名,將有所求也,宰相下其事於禮官,諸公環視未對。<u>子通</u>曰:“申者重也,再也。自<u>大定</u>甲申講和之後,盟約既定,無復再議之事,且以小事大,若有祈請,亦難申議之名,宰相是之。”後<u>宋</u>使之來,改曰“祈請”。議者服其遠識。<u>宋孝</u>紀:十月辛酉,遣<u>吕正己</u>等使<u>金</u>賀正旦。丁卯,<u>金</u>遣<u>耶律子敬</u>來賀生辰。書録解題:攬轡録一卷,參政<u>范成大</u>至能<u>乾道</u>六年使<u>金</u>所記聞見。十一月丁亥,以太子詹事<u>蒲察愿</u>、同知宣徽院事<u>韓綱</u>爲賀<u>宋</u>正旦使。<u>宋孝</u>紀:十一月,遣<u>趙雄</u>等使<u>金</u>賀生辰。十二月壬申,<u>金</u>遣<u>蒲察愿</u>等來賀明年正旦。案<u>愿</u>,表作<u>蒲速越</u>。

　　十一年辛卯,<u>乾道</u>七年。　正月丙子朔,<u>宋</u>遣試工部尚書<u>吕正己</u>、<u>利州</u>觀察使<u>辛堅之</u>賀正旦。三月乙亥朔,<u>宋</u>遣翰林學士<u>趙雄</u>、<u>泉州</u>觀察使<u>趙伯驌</u>賀萬春節。<u>宋孝</u>紀:六年十月,遣<u>趙雄</u>賀<u>金</u>主生辰,别函書請更受書之禮。七年三月乙亥朔,<u>雄</u>至<u>金</u>,<u>金</u>拒其請。攻媿集益國周公碑:<u>趙</u>丞相<u>雄</u>以中書舍人奉使賀<u>金</u>主生辰,宗室<u>伯驌</u>爲升御札使,兼齎國書一封,理會受書。公立具草云:“尊卑分定,或校等威,叔姪情親,豈嫌坐起。”云云。八月丁巳,以尚書刑部侍郎、駙馬都尉<u>烏林荅天</u>

────────────────

① 上文節引失當。按建炎以來朝野雜記乙集卷四北使宴見齋禁不用樂原文曰:“六年,生辰使當辭,復在親郊散齋之内。<u>趙温叔</u>丞相時以起居舍人爲館伴使,面奏決不可用樂。上然之。十月癸酉,北使辭。”

錫,御史中丞<u>李文蔚</u>爲賀<u>宋</u>生日使。<u>宋史虞允文傳</u>:<u>金</u>使<u>烏林荅</u>入見,驕甚,固請上降榻問<u>金主</u>起居,上不許。<u>宋孝紀</u>:十月己酉,遣<u>莫濛</u>使<u>金</u>賀正旦。壬戌,<u>金</u>遣<u>烏林荅天錫</u>來賀生辰①。十一月丁丑,以<u>西南路招討使宗寧</u>、户部侍郎<u>程輝</u>爲賀<u>宋</u>正旦使。<u>宋孝紀</u>:十二月丁未,遣<u>翟紱</u>等賀<u>金主</u>生辰。丙寅,<u>金</u>遣<u>完顏宗寧</u>來賀明年正旦。案"宗",表作"崇"。

十二年壬辰,<u>乾道</u>八年。　正月庚午朔,<u>宋</u>遣試工部尚書<u>莫濛</u>、<u>利州</u>觀察使<u>孫顯祖</u>賀正旦。案<u>濛</u>傳有不簪花事。三月己巳朔,<u>宋</u>遣<u>龍圖閣</u>學士<u>翟紱</u>、<u>宜州</u>觀察使<u>俎士粲</u>賀萬春節。四月丁卯,<u>宋</u>遣試吏部尚書<u>姚憲</u>、<u>安德軍</u>承宣使<u>曾覿</u>賀加尊號。<u>宋孝紀</u>:二月戊申②,遣<u>姚憲</u>使<u>金</u>賀尊號,附請受書之事。七月辛巳,<u>憲</u>至自<u>金</u>,<u>金</u>拒其請。<u>書録解題</u>:<u>乾道</u>奉使録一卷,參政<u>諸暨姚憲</u>令則,<u>乾道</u>壬辰使<u>金</u>日記。九月辛巳,以殿前右副都點檢<u>夾谷清臣</u>、尚書左司郎中<u>張汝弼</u>爲賀<u>宋</u>生日使。<u>宋孝紀</u>:十月丁未,遣<u>馮樽</u>使<u>金</u>賀正旦。丙辰,<u>金</u>遣<u>夾谷清臣</u>來賀生辰。十一月丙子,以户部尚書<u>曹望之</u>、尚書右司郎中<u>紇石烈哲</u>爲賀<u>宋</u>正旦使。<u>宋孝紀</u>:十二月丁巳③,遣<u>韓元吉</u>使<u>金</u>賀生辰。辛酉,<u>金</u>遣<u>曹望之</u>來賀明年正旦。

十三年癸巳,<u>乾道</u>九年。　正月乙丑朔,<u>宋</u>遣試吏部尚書<u>馮樽</u>、<u>泉州</u>觀察使<u>龍雲</u>賀正旦。三月癸巳朔,<u>宋</u>遣試禮部尚書<u>韓元吉</u>、<u>利州</u>觀察使<u>鄭興裔</u>賀萬春節。案<u>絕妙好詞</u>,<u>元吉</u>有<u>汴京</u>好事近詞。八月丙戌,以殿前左副都點檢<u>宗室襄</u>、國子司業<u>張汝霖</u>爲賀<u>宋</u>生日使。<u>宋孝紀</u>:九月庚子,命<u>盱眙</u>軍以受書禮儀牒<u>泗州</u>,示<u>金</u>生辰使,<u>金</u>使不從。十月甲子,遣<u>留正</u>使<u>金</u>賀正旦。庚辰,<u>金</u>遣<u>完顏襄</u>來賀生

---

① "天錫"二字原脱,今據<u>宋史</u>卷三四<u>孝宗紀</u>二補。

② "二月戊申"原作"三月□□",今據<u>宋史</u>卷三四<u>孝宗紀</u>二改。

③ "丁巳"原闕,今據<u>宋史</u>卷三四<u>孝宗紀</u>二補。

辰。丁亥，襄入辭，別函申議受書之禮。十一月甲午，以大興尹璋、客省使高翃爲賀宋正旦使。璋傳：受命使宋，既行，上遣人馳諭璋曰："宋人若不遵舊禮，慎勿付書。如不令卿等入見，即持書歸。若迫而取之，亦勿赴宴，其回書及禮物一切勿受。"璋至臨安，宋人請以太子接書，不從。宋人就館迫取書，璋與之，且赴宴，多受禮物。上怒，杖璋百五十，除名，副使高翃杖百，没入所受禮物。宋孝紀：十二月乙丑，遣韓彦直賀金主生辰。乙酉，金遣完顏璋等來賀明年正旦，以議受書禮不合，詔俟改日。以太上旨，姑仍舊。丁亥，乃入見。

十四年甲午，宋改淳熙元年。　　正月己丑朔，宋遣翰林學士留正、利州觀察使張蕤賀正旦。本表云："癸巳，宋使朝辭，尚書省奏，宋來書語涉平易，遣人就館諭宋使。"齊東野語：淳熙歲幣，又有起發使副土物之費。正使五百貫，銀絹各一百兩匹，副使四百貫，銀絹各一百兩匹。又有公使茶藥等錢，上節銀絹各十五兩匹[①]，中節銀絹各十兩匹，下節銀絹各五兩匹。又有朝辭回程宣賜等費，正副使各金二十五兩，并腰帶笏馬。回程茶藥各二兩，銀合泛賜等物在外。

二月丙寅，以刑部尚書梁肅、趙王府長史蒲察守中爲詳問宋國使。梁肅傳：十四年，以爲詳問使，書略曰："盟書所載，止於帝加皇字，免奉表稱臣稱名再拜，量減歲幣，便用舊儀，親接國書。兹禮一定，於今十年。今知歲元國信使到彼，不依禮例引見，輒令迫取於館，姪國禮體當如是耶？往問其詳，宜以誠報。"肅至宋，宋主一一如約，立接國書。肅還，附書謝，其略曰："姪宋皇帝謹再拜，致書于叔大金應天興祚欽文廣武仁德聖孝皇帝闕下，惟十載遵盟之久，無一毫成約之違，獨顧禮文，宜存折衷。矧辱函封之貺，尚循躬受之儀，既俯迫于輿情，嘗屢伸于誠請，因歲元之來使，遂商榷以從權。敢勞將命之還，先布鄙悰之懇，自餘專使肅控請祈。"攻媿集趙公粹中碑：淳熙元

[①] 此句節引有誤。今檢齊東野語卷一二淳紹歲幣作"銀各五十兩、絹十疋"。

年，金遣泛使來，公充接送伴使。中州集宋楫傳："以省橡從行，作射虎詩，刻石於鎮淮堂。"即此。案守中，表作訛里剌。三月戊子朔，宋遣户部尚書韓彦直、保信軍承宣使劉炎賀萬春節。宋孝紀：三月癸丑，金遣梁肅來計事。四月戊寅，遣張子顔使金報聘。九月乙未，以兵部尚書完顔讓、秘書少監賈少沖爲賀宋生日使。賈益傳：十四年，父少沖充生日副使，益侍行。是時，宋人方争起立接受國書之禮，少沖問曰："即宋人欲變禮，持議不決，奈何?"益曰："守死無辱，可謂使矣。"己酉，宋遣試工部尚書張子顔、明州觀察使劉窸爲報聘使，仍求免起立接書，詔不許。紇石烈良弼傳：梁肅還，宋遣工部尚書張子顔、知閤門事劉窸來祈請，書曰："言念眇躬，夙承大統。荷上國照臨之惠，尋盟遂閲於十年。修兩朝聘問之勤，繼好靡忘于一日。惟是函書之受，當新賓接之儀。嘗空臆以屢陳，飭行人而再請。仰祈眷顧，俯賜矜從。"良弼曰："宋國免稱臣爲姪，免奉表爲書，恩賜亦已多。今又乞免親接國書，是無厭也，必不可從。"即答書，略曰："弗循定分之常，復有授書之請。謂承大統，愈見自尊。奈何以若所爲，尚求其欲。矧曰已行之禮，靡得而更。"其授受禮儀，終不復改。宋孝紀：十月壬戌，遣蔡洸使金賀正旦。乙亥，金遣完顔讓來賀生辰。十一月丙申，以御史中丞劉仲誨、殿前左衛將軍紇石烈奧也爲賀宋正旦使。劉仲誨傳：十四年，歲元使，宋主欲變親起接書之儀，遣館伴王抃來議，曲辯强説，要以必從。曰："使臣奉命，遠來修好，固欲成禮，而信約所載，非使臣輒敢變更。公等宋國腹心，毋僥幸一時，失大國歡。"竟用舊儀，親起接書，成禮而還。宋孝紀：十二月壬戌，遣吳琚使金賀生辰。壬申，金遣劉仲誨來賀明年正旦。

　　十五年乙未，淳熙二年。　　正月甲申朔，宋遣試户部尚書蔡洸、江州觀察使趙益賀正旦。三月壬午朔，宋遣吳琚等賀萬春節。九月己未，以歸德尹完顔禧、客省使盧璣爲賀宋生日使。宋孝紀：八月丁丑，遣左司諫湯邦彦等使金申議。十月乙酉，遣謝廓然使金賀正旦。戊戌，金遣完顏禧來賀生辰。案禧，表作王祥，即元宜子。十一月戊午，以右宣徽使完顏迨、拱衞直都指揮使高運國爲賀宋正旦使。宋孝紀：十二月辛巳，遣張宗元賀金主生辰。甲辰，金遣完顏迨來賀明年正旦。案迨，表作靖。

十六年丙申，淳熙三年。　正月戊申朔，宋遣試户部尚書謝廓然、泉州觀察使黃夷行賀正旦。三月丙午朔，宋遣試工部尚書張宗元、利州觀察使謝純孝賀萬春節。世宗紀：日食，改用明日。壬子，宋遣翰林學士知制誥湯邦彦、昭信軍承宣使陳雷奉書求河南陵寢地，上以書答之，不許。宋孝紀：四月丁酉，湯邦彦等奉使無狀，除名。宋史李彦穎傳：二年閏九月，金使至，上諭使稍變書儀。彦穎曰：“此於國體無損，若去年張子顔之行，不但無益。”右司諫湯邦彦自許立節，他日，遂以爲申議國信使。九月癸丑，以殿前都點檢蒲察通、尚書左司郎中張亨爲賀宋生日使。宋孝紀：十月癸未，以閻蒼舒使金賀正旦，壬辰，金遣蒲察通來賀生辰。十一月戊午，以同知宣徽院事劉玠、近侍局使烏林荅愿爲賀宋正旦使。宋孝紀：十一月庚午，遣張子正使金賀生辰。十二月戊戌，金遣劉玠來賀明年正旦。

十七年丁酉，淳熙四年。　正月壬寅朔，宋遣試吏部尚書閻蒼舒、江州觀察使李可久賀正旦。蘆浦筆記：蒼舒有汴京水龍吟詞。三月辛丑朔，宋遣試户部尚書張子正、明州觀察使趙士葆賀萬春節。周煇北轅録作待制敷文閣張子政。歸潛志：有大雨放朝事。九月辛丑，以殿前右副都點檢完顏忠、提點太醫院曹士元爲賀宋生日使。宋孝紀：十月丙子，遣錢良臣使金賀正旦。丁亥[1]，金遣完顏忠來賀生辰。案忠，表作習泥烈。十一月丙辰，以延安尹完顏炳、左諫

---

[1]　“丁亥”原闕，今據宋史卷三五孝宗紀三補。

議大夫鄭子聃爲賀<u>宋</u>正旦使。<u>宋孝紀</u>:十一月癸亥,以<u>趙思</u>使<u>金</u>賀生辰。十二月壬辰,<u>金</u>遣<u>完顏炳</u>來賀明年正旦。

　　十八年戊戌,<u>淳熙</u>五年。　　正月丙申朔,<u>宋</u>遣翰林學士<u>錢良臣</u>、<u>嚴州</u>觀察使<u>延璽</u>賀正旦。三月乙未朔,<u>宋</u>遣試吏部尚書<u>趙思</u>、<u>宜州</u>觀察使<u>鄭槐</u>賀萬春節。九月辛未,以大理卿<u>張九思</u>、殿前左衛將軍宗室<u>崇肅</u>爲賀<u>宋</u>生日使。<u>宋孝紀</u>:十月庚子,以<u>宇文价</u>使<u>金</u>賀正旦。辛亥,<u>金</u>遣<u>張九思</u>來賀生辰。<u>宋史丘崈傳</u>:爲接伴使,有論晦日事。十一月壬申,以<u>靜難軍</u>節度使<u>烏延察</u>、太府監<u>王汝楫</u>爲賀<u>宋</u>正旦使。<u>宋孝紀</u>:十二月辛卯①,遣<u>錢沖之</u>使<u>金</u>賀生辰。丙辰②,<u>金</u>遣<u>烏延察</u>來賀明年正旦。案查刺傳,有淮上射柳事。

　　十九年己亥,<u>淳熙</u>六年。　　正月庚申朔,<u>宋</u>遣戶部侍郎<u>宇文价</u>、<u>江州</u>觀察使<u>趙鼏</u>賀正旦。三月己未朔,<u>宋</u>遣龍圖閣學士<u>錢沖之</u>、<u>潭州</u>觀察使<u>劉咨</u>賀萬春節。九月戊午,以左宣徽使<u>蒲察鼎壽</u>、尚書刑部郎中<u>高德裕</u>爲賀<u>宋</u>生日使。<u>宋孝紀</u>:十月辛卯,遣<u>陳峴</u>使<u>金</u>賀正旦。乙巳,<u>金</u>遣<u>蒲察鼎壽</u>來賀生辰③。十一月壬戌,以御史中丞<u>移剌愷</u>、東上閤門使<u>左光慶</u>爲賀<u>宋</u>正旦使。<u>宋孝紀</u>:十一月癸未④,遣<u>傅淇</u>賀<u>金</u>主生辰。十二月庚戌,<u>金</u>遣<u>移剌愷</u>來賀明年正旦⑤。

　　二十年庚子,<u>淳熙</u>七年。　　正月甲寅朔,<u>宋</u>遣試禮部尚書<u>陳峴</u>、<u>宜州</u>觀察使<u>孔異</u>賀正旦。三月癸丑朔,<u>宋</u>遣試工部尚書

---

① "十二"原作"十一",今據<u>宋史</u>卷三五<u>孝宗紀</u>三改。
② "丙辰"上原有"十二月",上文已將"十一月"改作"十二月",此處據文例刪。
③ "蒲察鼎壽"原作"富察",富察係清人改譯,今據<u>宋史</u>卷三五<u>孝宗紀</u>三<u>淳熙</u>六年(1179)十月乙巳條回改,并補"鼎壽"二字。
④ "癸未"原闕,今據<u>宋史</u>卷三五<u>孝宗紀</u>三補。
⑤ "移剌",<u>宋史</u>卷三五<u>孝宗紀</u>三<u>淳熙</u>六年十二月庚戌條作"耶律愷"。

傅淇、婺州觀察使王公弼賀萬春節。九月壬戌，以太府監李偁、尚書左司郎中完顏烏里也爲賀宋生日使。宋孝紀：十月戊子，遣葉宏使金賀正旦。庚子，金遣李偁來賀生辰。十一月乙丑，以真定尹駙馬都尉徒單守素、左諫議大夫楊伯仁爲賀宋正旦使。宋孝紀：十一月癸酉，遣蓋經賀金主生辰。十二月甲辰①，金遣徒單來賀明年正旦。

　　二十一年辛丑，淳熙八年。　　正月戊申朔，宋遣龍圖閣學士葉宏、福州觀察使張詔賀正旦。三月丁未朔，宋遣試戶部尚書蓋經、閬州觀察使裴良能賀萬春節。八月乙丑，以殿前右副都點檢完顏寔、尚書左司郎中鄧儼爲賀宋生日使。宋孝紀：十月己酉，遣施師點使金賀正旦。甲子，金遣完顏寔來賀生辰。案寔，表作胡仕賽。十一月，以魏貞吉等爲賀宋正旦使。宋孝紀：十一月丁酉，遣燕世良賀金主生辰。十二月戊辰，金遣魏貞吉等來賀明年正旦。以爭執進書儀，帝還內，遣王抃往諭旨。己巳，奉書入見。

　　二十二年壬寅，淳熙九年。　　正月壬申朔，宋遣假翰林學士施師點等賀正旦。案師點傳有正人眼明語。三月辛未朔，宋遣燕世良等賀萬春節。九月戊寅，以殿前左衛將軍完顏宗回、翰林直學士吕宗翰爲賀宋生日使②。宋孝紀：十月戊戌，遣王蘭使金賀正旦。戊午，金遣完顏宗回來賀生辰。案宗回，表作襌赤。十一月丙子，以吏部尚書孛尤魯正、都水監宋中爲賀宋正旦使。宋孝紀：十一月丙戌，遣賈選賀金主生辰。十二月癸亥，金遣孛尤魯正來賀明年正旦。案正，表作阿魯罕。

　　二十三年癸卯，淳熙十年。　　正月丁卯朔，宋遣試吏部尚書

---

① “甲辰”原闕，今據宋史卷三五孝宗紀三補。
② 按，本表原作吕忠翰。是人本名宗翰，疑避睿宗諱改作忠翰。

王蘭、明州觀察使劉斅賀正旦。三月丙寅朔,宋遣試工部尚書賈選、武奉軍承宣使鄭興裔賀萬春節。世宗紀:四月辛丑,定奉使三國人從差遣格。九月己巳,以同簽大宗正事宗室方、同知宣徽院事劉瑋爲賀宋生日使。宋孝紀:九月乙酉,遣余端禮使金賀正旦。十月壬子,金遣完顏方來賀生辰。閏十一月丁巳[①],遣陳居仁賀金主生辰。閏十一月甲午,以西京留守宗室婆盧火、尚食局使李溰爲賀宋正旦使。宋孝紀:十二月丁亥,金遣婆盧火來賀明年正旦。

二十四年甲辰,淳熙十一年。　　正月辛卯朔,宋遣顯謨閣學士余端禮、宜州觀察使王德顯賀正旦。誠齋集端禮銘作"權吏部侍郎兼太子詹事"。三月庚寅朔,宋遣試吏部尚書陳居仁、隨州觀察使賀錫賀萬春節。八月癸亥,以太府監張大節、尚書左司郎中婆盧火爲賀宋生日使。宋孝紀:八月庚申,遣章森等使金賀正旦。十月乙丑,遣王信等賀金主生辰。丙子,金遣張大節來賀生辰。十一月甲午,詔上京地遠天寒,行人跋涉艱苦,來歲宋國正旦、生日並不須遣使。宋孝紀:十月丙子[②],盱眙軍言:"金人牒,以上京地寒,來歲正旦、生辰使權止一年。"

二十五年乙巳,淳熙十二年。　　十一月甲午,以臨潢尹僕散守忠、御史中丞馬惠迪爲賀宋正旦使。案忠,表作中。

二十六年丙午,淳熙十三年。　　正月庚辰朔,宋遣試禮部尚書王信、明州觀察使吳璘賀正旦。案表高麗下云:"以宣孝太子未大,燒飯,詔停三日曲宴禮,三國人使各賜在館宴。"三月己卯朔,宋遣試户部尚書章森、容州觀察使吳曦賀萬春節。八月辛卯,以益都

---

① "閏"字原脱,今據宋史卷三五孝宗紀三補。
② "十月"原作"十二月",今據宋史卷三五孝宗紀三改。

尹完顔老、左諫議大夫黃久約爲賀宋生日使。宋孝紀:九月□□,遣李巘使金賀正旦。十月甲午,金遣完顔老來賀生辰。案老,表作崇浩。十一月辛亥,以刑部尚書移剌子元、尚書左司郎中馬琪爲賀宋正旦使。宋孝紀:十一月庚申,遣張叔椿賀金主生辰。十二月己亥,金遣移剌來賀明年正旦①。

　　二十七年丁未,淳熙十四年。　正月癸卯朔,宋遣試刑部尚書李巘、漳州觀察使趙多才賀正旦。三月癸卯朔,宋遣試兵部尚書張叔椿、鄂州觀察使謝卓然賀萬春節。九月己酉,以借吏部尚書河中尹田彥皋、近侍局使完顔琥爲賀宋生日使。宋孝紀:九月丙午,遣萬鍾使金賀正旦。案琥,本思陵録,表作鶻殺虎。十月乙亥,宋前主構殂。宋孝紀:十月丙子,遣使告哀於金。戊子,遣使賜遺留物。己丑,金使來賀,詔免入見,却其書幣。十一月庚戌,以殿前左副都點檢崇安、翰林侍講學士兼御史中丞李晏爲賀宋正旦使。宋孝紀:十一月戊申,遣胡晉臣使金賀生辰。案思陵録作"兵部尚書宗卞、秘書少監李晏",不合。宋孝紀:十二月癸巳,入見于垂拱殿之東楹素幄,詔禮物毋入殿,付之有司。十二月壬午,宋遣敷文閣學士韋璞、鄂州觀察使姜特立來告哀。

　　二十八年戊申,淳熙十五年。　正月丁酉朔,宋遣試工部尚書萬鍾、宜州觀察使趙不違賀正旦。癸卯,以左宣徽使駙馬都尉蒲察克忠、户部尚書劉瑋爲宋弔祭使。宋孝紀:二月丁亥,行禮于德壽殿,見帝於東楹之素幄。二月己丑,宋遣試户部尚書顔師魯、福州觀察使高震來進其前主遺留禮物。世宗紀:癸巳,宋使朝辭,以所獻禮物中玉器五,玻璃器二十,及弓劍之屬使還遺宋,曰:"此皆爾國

① "移剌",按宋史卷三五孝宗紀三淳熙十三年十二月己亥條作"耶律子元"。

前主珍玩之物，所宜寶藏，以毋忘追慕。今受之，義有不忍，歸告爾主，使知朕意。”宋孝紀：二月癸巳，遣使如金報謝。三月丁酉朔，宋遣試戶部尚書胡晉臣、鄂州觀察使鄭康孫賀萬春節。五月甲辰，宋遣試禮部尚書京鏜、容州觀察使劉端仁來報謝。九月丙申，以禮部尚書王克温、客省使完顏琥爲賀宋生日使。宋孝紀：九月己酉，遣鄭僑使金賀正旦。十月癸未，金遣王克温來賀生辰。宋光紀：十一月庚子，遣何澹賀金主生辰。案此本思陵録，表作“安武節度使王克温[1]，近侍局鶻殺虎”。十一月甲辰，以吏部尚書田彦皋、戶部郎中耶律仲方爲賀宋正旦使。宋光紀：十二月戊子，金遣田彦皋來賀明年正旦。案此亦本思陵録，表作“河中尹田彦皋[2]、吏部侍郎移剌仲方”。

　　二十九年己酉，淳熙十六年。　　正月壬辰朔，宋遣顯謨閣學士鄭僑、廣州觀察使張時修賀正旦。上大漸，宋正旦使遣還。書録解題：奉使執禮録一卷，進士鄧儼撰。淳熙己酉，中書舍人莆田鄭僑惠叔使金賀正，會其主雍病篤，欲令于閤門進國書，僑不可。已而雍殂，遂回。甲辰，遣大理卿王元德等報哀於宋。張暐傳：兼太常丞，充宋國報諭使。

　　二月，宋主内禪，子惇嗣位。宋光紀：二月壬戌，即位。壬申，遣羅點等使金告登寶位。乙亥，遣諸葛廷瑞使金弔祭。遣張萬公等使宋，賜遺留物。宋光紀：三月丙申，遣沈揆等使金賀登位。癸卯，金遣使來報哀。戊午，金使來致遺留物。三月，遣徒單鎰等使宋告即位。宋光紀：四月戊寅，金使來告即位。四月辛未，宋遣諸葛廷瑞、趙不慢來弔祭。五月壬寅，宋遣羅點、譙熙載來報嗣位。案羅點有不易金

---

[1] “使王克温”原脱，今據金史卷六一交聘表中及卷八世宗紀下大定二十八年（1188）九月條補。

[2] “田彦皋”原脱，今據金史卷六一交聘表中及卷八世宗紀下大定二十八年十一甲辰條補。

帶、稱寶位等事。戊午，遣東北路招討使溫迪罕肅使宋賀即位。案肅，表作速可。閏月庚辰，宋遣沈揆、韓侂胄來賀登位。案蘭亭續考載沈揆買帖事。六月乙卯，敕有司移報宋天壽節。老學庵筆記：淳熙己酉，金邊帥移文境上曰："皇帝生日，本是七月。今爲南朝使臣冒暑不便，已權作九月一日。"宋光紀：七月戊辰，遣謝深甫賀金主生辰。七月辛巳，遣刑部尚書完顏守貞等爲賀宋生日使。宋光紀：八月癸丑，金遣溫迪罕肅來賀即位。案光宗，九月四日生，宋禮志爲重明節。八月丙辰，宋遣禮部尚書謝深甫、□州觀察使趙昂賀天壽節。章紀：以世宗喪不受朝。宋光紀：九月癸亥，金使來賀生辰。甲戌，遣郭德麟使金賀正旦。十一月辛酉，遣右宣徽使裴滿餘慶等爲賀宋正旦使。宋光紀：十二月壬子，金使來賀明年正旦。

卷六十二

宋交聘表下

章宗　明昌元年庚戌，宋光宗紹熙元年。　　正月丙辰朔，宋遣試户部尚書郭德麟、宜州觀察使蔡錫賀正旦。章紀：喪不受朝。宋光紀：六月丁亥，遣丘崈使金賀生辰。宋史楊萬里傳：元年，接伴金賀正使。七月己巳，遣禮部尚書王翛等爲賀宋生日使。八月己酉，宋遣顯謨閣學士丘崈、福州觀察使蔡必勝賀天壽節。宋光紀：九月丁巳，金使來賀重明節。庚午，遣蘇山使金賀正旦。十一月乙卯，遣簽書樞密院事把德固等爲賀宋正旦使。宋光紀：十二月丙午，金使來賀明年正旦。

二年辛亥，紹熙二年。　　正月庚戌朔，宋遣試吏部尚書蘇山、潭州觀察使劉詢賀正旦。章紀:喪不受朝。丙寅,以左副都點檢完顏宬等使宋告哀。章紀:辛酉,皇太后崩。宋光紀:二月壬午,金遣使來告母喪①。三月丁丑,宋遣試禮部尚書宋之瑞、嚴州觀察使宋嗣祖爲皇太后弔祭使、太常少卿王叔簡讀祭文。宋光紀:二月丁未,遣宋之瑞如金弔祭。六月庚辰,遣趙廱使金賀生辰。七月己巳,遣同簽大睦親府事完顏充等爲賀宋生辰使。案宋倪思有重明節館伴語録。八月乙巳,宋遣試户部尚書趙廱、婺州觀察使田皋賀天壽節。章紀:喪不受朝。宋光紀:九月壬子,金使來賀生辰。癸亥,遣黃申使金賀正旦。十一月丁巳,以豳王傅完顏宗璧等爲賀宋正旦使。宋光紀:十二月辛丑,金使來賀明年正旦。

三年壬子,紹熙三年。　　正月乙巳朔,宋遣焕章閣學士黃申、明州觀察使張宗益賀正旦。章紀:喪不受朝。宋光紀:六月甲寅,遣錢之望使金賀生辰。七月辛卯,遣殿前都點檢僕散端等爲賀宋生辰使。八月丁卯,宋遣工部尚書錢之望、廣州觀察使楊大節賀天壽節。章紀:喪不受朝。宋光紀:九月乙亥,金使來賀生辰。戊子,遣鄭汝諧使金賀正旦。十一月戊寅,遣右副都點檢溫敦忠等爲賀宋正旦使②。宋光紀:十二月乙丑,金使來賀明年正旦。

四年癸丑,紹熙四年。　　正月己巳朔,宋遣顯謨閣學士鄭汝諧、均州觀察使譙令雍賀正旦。章紀:喪不受朝。宋光紀:六月癸亥,遣許及之使金賀生辰。齊東野語,鄭汝諧有題盱眙第一山詩。七月己丑,

① 按宋史卷三六光宗紀紹熙二年(1191)二月曰:壬午,遣宋之瑞等使金弔祭;丁未,金遣完顏宬等來告哀。本文"二月壬午,金遣使來告母喪"及下文"二月丁未,遣宋之瑞如金弔祭",與光宗紀原文干支互倒。
② "右"原作"左",今據金史卷六二交聘表下及卷九章宗紀一明昌三年(1192)十一月戊寅條改。

以御史中丞董師中等爲賀宋生辰使。九月甲子朔，宋遣吏部尚書許及之、明州觀察使蔣介賀天壽節。宋光紀：九月己巳，金使來賀生辰。壬午，遣倪思使金賀正旦。十一月戊寅，遣翰林學士完顏匡更名弼等爲賀宋正旦使。宋光紀：十二月己未，金使來賀明年正旦。

　　五年甲寅，紹熙五年。　　正月癸亥朔，宋遣翰林學士倪思、知閣門事王知新賀正旦。容齋三筆：紹興庚申，虜主亶誅宗室七十二王，韓昉作詔，略云："周行管叔之誅，漢致燕王之辟。茲惟無赦，古不爲非，不圖骨肉之間，有懷蠭蠆之毒。皇伯太師宋國王宗磐謂爲先帝之元子，常蓄無君之禍心；皇叔太傅兗國王宗儁、虞王宗英、滕王宗偉等，逞躁欲以無厭，助逆謀之妄作。欲申三宥，公議豈容，不頓一兵，群凶悉殄。已各伏辜，并除屬籍訖。"紹熙癸丑，今虜主誅其叔鄭王，詔曰："朕早以嫡孫，欽承先緒。皇叔定武軍節度使鄭王允蹈，屬處諸父，任當重藩，潛引凶徒，共爲反計，自以元妃之長子，異於他母之諸王，冀幸國災，窺伺神器。其妹澤國公主長樂牽同産之愛，駙馬都尉唐括蒲剌覩狃連姻之私，預聞其謀，相濟以惡。欲寬燕邸之戮，姑致郭鄴之囚。詢諸群言，用示大戒。允蹈及其妻卜玉與男按春、阿辛并公主皆賜自盡，令有司依禮收葬，仍爲輟朝。"二事甚相類。蓋其視宗族至親與塗之人無異也。是年冬，倪正父奉使，館於中山，正其誅戮處，相去一月，猶血腥觸人，枯骸塞井，爲之終夕不安寢云。宋光紀：六月□□，遣梁總使金賀生辰。

　　六月戊戌，宋前主眘殂。宋光紀：庚子，遣薛叔似使金告哀。乙卯，遣使致金遺留物。七月甲子，宋主禪位于子擴。宋寧紀：戊辰，遣鄭湜使金報即位。九月戊午朔，宋遣試工部尚書梁總、明州觀察使戴勳賀天壽節。壬申，宋遣顯謨閣學士薛叔似、廣州觀察使謝淵來告哀。戊寅，以知大興府事尼厖古鑑等爲宋弔祭使。宋寧紀：閏十月戊辰，金使來弔祭。攻媿集内制有金國弔祭使人赴闕口宣：盱眙軍賜御筵、鎮江府銀合茶藥、御筵，平江府御筵，赤岸酒果、御筵、被褥鈔鑼、大銀器、生餼、內中酒果,朝見訖歸驛賜御筵,特賜衣服金帶銀器、內中酒果,特賜射弓酒果、御筵、例物,朝辭訖歸驛賜酒果、御筵,回弔祭國書。又回程口宣賜龍鳳茶銀合并沿路使副冬至節絹、讀祭文官、三節人從等、御筵。

十月庚寅,宋遣户部尚書<u>林湜</u>、<u>泉州</u>觀察使<u>游恭</u>獻遺留物。<u>宋寧紀</u>:十月壬子,遣使使<u>金</u>賀正旦。閏十月戊午朔,<u>宋</u>遣翰林學士<u>鄭湜</u>、<u>廣州</u>觀察使<u>范仲任</u>來報即位。<u>宋寧紀</u>:乙丑,遣使如<u>金</u>報謝。甲戌,以<u>河東南北路</u>提刑使<u>王啓</u>、殿前左副都點檢<u>石抹仲温</u>爲賀<u>宋</u>即位國信使。<u>攻媿集</u>有<u>金國</u>賀登寶位使人赴闕口宣,又回登寶位國書。十一月庚子,以右宣徽使<u>移剌敏</u>、<u>山東東路</u>轉運使<u>高世忠</u>爲賀<u>宋</u>正旦使。<u>宋寧紀</u>:十二月癸酉,<u>金</u>使來賀即位。癸未,<u>金</u>使來賀明年正旦。<u>攻媿集孫逢吉碑</u>:十二月,充館伴<u>金國</u>賀正使。又<u>金國</u>賀正旦使人赴闕口宣,賜使副春旛勝、三節人從春旛勝。

六年乙卯,<u>宋寧宗慶元</u>元年。　正月丁亥朔,<u>宋</u>遣試禮部尚書<u>曾三復</u>等賀正旦。<u>攻媿集</u>有報謝賀正旦國書。二月癸未,<u>宋</u>遣煥章閣學士<u>林季友</u>、<u>明州</u>觀察使<u>郭正己</u>報謝。<u>攻媿集</u>有報謝登寶位國書。<u>宋寧紀</u>:六月己未,遣使賀<u>金</u>主生辰。八月辛未,以吏部尚書<u>吳鼎樞</u>等爲賀<u>宋</u>生辰使。案<u>寧宗</u>十月十九日生,<u>宋禮志</u>爲瑞慶節。九月壬午朔,<u>宋</u>遣試吏部尚書<u>汪義瑞</u>①、<u>福州</u>觀察使<u>韓侂胄</u>賀天壽節。<u>宋寧紀</u>:甲辰,遣使賀<u>金</u>正旦。十月戊辰,<u>金</u>使來賀生辰。案"瑞",表作"端"。又案<u>史達祖梅溪詞</u>有陪節欲行留別社友、水龍吟,當爲隨<u>侂胄</u>出使作。十一月丙申,遣刑部尚書<u>紇石烈正</u>等爲賀<u>宋</u>正旦使。<u>宋寧紀</u>:十

---

① <u>金史</u>卷六二交聘表下及<u>宋史</u>卷三七<u>寧宗紀一慶元</u>元年(1195)六月己未條"瑞"皆作"端",當是。

二月丁丑,金使來賀明年正旦。案"正",表作"貞"。

承安元年丙辰,慶元二年。　　正月辛巳朔,宋遣翰林學士黃艾、均州觀察使柳正一賀正旦。宋寧紀:六月庚戌,遣使賀金生辰。九月丁丑朔,宋遣試工部尚書吳宗旦、湖州觀察使張卓賀天壽節。癸未,遣吏部尚書張嗣等爲賀宋生辰使。宋寧紀:九月丁酉,遣使賀金正旦。十月壬戌,金使來賀生辰。十一月甲午,遣陝西路統軍使完顏崇道等爲賀宋正旦使。宋寧紀:十二月辛未,金使來賀明年正旦。

　　二年丁巳,慶元三年。　　正月乙亥朔,宋遣煥章閣學士張貴謨、嚴州觀察使郭倪賀正旦。案花庵詞選云:"鄭中卿號松窗,隨貴謨使金,有燕谷剽聞二卷。"九月辛丑朔,宋遣試工部尚書衞涇、泉州觀察使陳奕賀天慶節。丁未,遣知歸德府完顏愈等爲賀宋生辰使。宋寧紀:九月辛酉,遣使賀金正旦。十月丙戌,金使來賀生辰。十一月丁未,遣趙介等使金告祖母喪。十一月,以奧屯忠孝等爲賀宋正旦使。宋寧紀:十二月乙未,金使來賀明年正旦。

　　三年戊午,慶元四年。　　正月己亥朔,宋遣煥章閣學士曾炎、鄂州觀察使鄭挺賀正旦。章紀:日食,改辛丑賀。又癸卯,諭有司,凡館接伴并奉使者,毋以語言相勝,務存大體,奉使者亦必得其人。攻媿集曾南仲碑合。乙丑,宋遣試禮部尚書趙介、利州觀察使朱龜年以祖母喪告哀。二月辛巳,以武衞軍都指揮使烏林荅天益等爲宋弔祭使。宋寧紀:三月乙丑,金使來弔祭。四月,遣使如金報謝。六月己巳,遣楊王休使金賀生辰。八月癸未,宋遣試刑部尚書湯碩①、福州

---

① "碩"原作"石",今據金史卷六二交聘表下及宋史卷三七寧宗紀一慶元四年四月條改。

觀察使<u>李汝翼</u>來報謝。九月丙申朔，<u>宋</u>遣<u>顯謨閣</u>學士<u>楊王休</u>、<u>利州</u>觀察使<u>李安禮</u>賀天壽節。是日，遣<u>中都路都轉運使孫鐸</u>等爲賀<u>宋</u>生辰使。<u>宋寧紀</u>：九月丁未，遣使賀<u>金</u>正旦。十月戊子，<u>金</u>使來賀生辰。十一月丁未，遣太常卿<u>楊庭筠</u>等爲賀<u>宋</u>正旦使。<u>宋寧紀</u>：十二月己丑，<u>金</u>使來賀明年正旦。

　　四年己未，<u>慶元</u>五年。　　正月癸巳朔，<u>宋</u>遣工部尚書<u>馬覺</u>、<u>廣州</u>觀察使<u>鄭蓋</u>賀正旦。<u>宋寧紀</u>：六月癸亥，遣使賀<u>金</u>生辰。九月庚寅朔，<u>宋</u>遣試工部尚書<u>李大性</u>、<u>泉州</u>觀察使<u>金湯楫</u>賀天壽節。<u>宋寧紀</u>：九月丙辰，遣使賀<u>金</u>正旦。己未，遣知<u>東平府</u>事<u>僕散琦</u>等爲賀<u>宋</u>生辰使。<u>宋寧紀</u>：十月丙子，<u>金</u>使來賀生辰。十一月甲寅，遣知<u>濟南府</u>事<u>范楫</u>等爲賀<u>宋</u>正旦使。<u>宋寧紀</u>：十二月甲申，<u>金</u>使來賀明年正旦。

　　五年庚申，<u>慶元</u>六年。　　正月戊子朔，<u>宋</u>遣<u>煥章閣</u>學士<u>朱致知</u>、<u>福州</u>觀察使<u>李師摯</u>賀正旦。<u>宋寧紀</u>：六月壬辰，遣使賀<u>金</u>生辰。遣使如<u>金</u>告哀①。八月辛卯，<u>宋</u>前主惇殂。<u>宋寧紀</u>：甲午②，復遣使如<u>金</u>告哀。九月甲寅朔，<u>宋</u>遣戶部尚書<u>趙善義</u>、<u>鄂州</u>觀察使<u>厲仲祥</u>賀天壽節。<u>宋寧紀</u>：丙子，遣使致<u>金</u>遺留物。十月戊子，遣使賀<u>金</u>正旦。十月庚子，<u>宋</u>遣試刑部尚書<u>吳旰</u>③、<u>利州</u>觀察使<u>林可大</u>來告母喪。十一月己巳，<u>宋</u>遣<u>煥章閣</u>學士<u>李寅仲</u>、<u>福州</u>觀察使<u>張良</u>

---

① 此句原衍"七月□□"，按<u>宋史</u>卷三七<u>寧宗紀</u>一<u>慶元</u>六年六月戊子，"太上皇后<u>李氏</u>崩。壬辰，遣<u>趙善義</u>賀<u>金</u>主生辰，<u>吳旰</u>使<u>金</u>告哀"。今刪。

② "甲午"原作"甲子"，按<u>宋史</u>卷三七<u>寧宗紀</u>一<u>慶元</u>六年八月甲午，"辛卯，太上皇崩。甲午，遣<u>李寅仲</u>使<u>金</u>告哀。"。今據改。

③ 按<u>宋史</u>卷三七<u>寧宗紀</u>一<u>慶元</u>六年六月壬辰條曰："<u>吳旰</u>使<u>金</u>告哀。"<u>金史</u>卷六二交聘表下作<u>吳旰</u>。

顯來告前主喪。乙卯,遣工部尚書烏古論誼等爲宋弔祭使。宋寧紀:十二月己亥,金使來弔祭。癸卯,遣使報謝。辛未,遣殿前右副都檢點紇石烈忠定等爲賀宋正旦使。十二月癸未,遣河南路統軍使完顏兖等爲宋弔祭使[1]。宋寧紀:十二月戊申,金使來賀明年正旦。

泰和元年辛酉,宋改嘉泰元年。　正月壬子朔,宋遣寶謨閣學士林楁、利州觀察使王康成賀正旦。宋寧紀:正月丙子,金使完顏兖來弔祭。壬戌,宋遣試工部尚書丁常任、嚴州觀察使郭俠進遺留物。宋寧紀:二月壬辰[2],遣使報謝。三月乙亥,宋遣試刑部尚書虞儔、泉州觀察使張仲舒來報謝。宋寧紀:六月辛巳,使金賀生辰。八月丙申,宋遣試户部尚書俞烈、福州觀察使李言報謝。九月戊申朔,宋遣試吏部尚書陳宗召、廣州觀察使寶夔賀天壽節。宋寧紀:九月辛未,使金賀正旦。是日,遣右宣徽使徒單懷忠等爲賀宋生日使。宋寧紀:十月甲午[3],金使來賀生辰。十一月庚申,遣殿前右衞將軍紇石烈真等爲賀宋正旦使。宋寧紀:十二月癸卯,金使來賀明年正旦。案宋史作真,表作七斤。

二年壬戌,嘉泰二年。　正月丁未朔,宋遣煥章閣學士李景和、福州觀察使陳有功賀正旦。宋寧紀:六月丙子,使金賀生辰。九月壬寅朔,宋遣試工部尚書趙不覤、鄂州觀察使黃卓然賀天壽節。甲寅,以拱衞直都指揮使完顏瑭、侍講學士張行簡爲

---

① “完顏兖”,金史卷一一章宗紀承安五年(1200)十二月癸未條、宋史卷三八寧宗紀二嘉泰元年(1201)正月丙子條皆作“完顏兖”。

② “月”原作“年”,今據宋史卷三八寧宗紀二改。

③ “甲午”原作“甲辰”,今據宋史卷三八寧宗紀二改。

賀宋生日使。<u>章紀</u>:戒之曰:"兩國和好久矣,汝不宜争細故,傷大體。"<u>宋</u>
<u>寧紀</u>:十月戊子,<u>金</u>使來賀生辰。乙未,使<u>金</u>賀正旦。十二月癸酉,遣<u>安</u>
<u>武軍</u>節度使<u>徒單公弼</u>等爲賀<u>宋</u>正旦使①。<u>宋寧紀</u>:閏十二月丁未,
<u>金</u>使來賀明年正旦。

　　三年癸亥,<u>嘉泰</u>三年。　　正月辛未朔,<u>宋</u>遣試吏部尚書<u>魯</u>
<u>鉗</u>、<u>利州</u>觀察使<u>王處久</u>賀正旦。<u>劉頮傳</u>:有<u>魯鉗</u>對、雙跪事。<u>宋寧紀</u>:
六月壬寅,使<u>金</u>賀生辰。九月丙寅朔,<u>宋</u>遣試禮部尚書<u>劉甲</u>、<u>泉州</u>
觀察使<u>郭倬</u>賀天壽節。壬申,以刑部尚書<u>完顏奕</u>、<u>近侍局</u>奉
御<u>完顏阿魯帶</u>爲賀<u>宋</u>生日使。<u>宋寧紀</u>:九月己丑,遣使賀<u>金</u>正旦。十
月壬子,<u>金</u>使來賀生辰。案<u>宋史</u>作<u>奕</u>,表作<u>承暉</u>。十一月辛未,以簽樞
密院事<u>獨吉思忠</u>等爲賀<u>宋</u>正旦使。<u>宋寧紀</u>:十二月辛酉②,<u>金</u>使來賀
明年正旦。又是冬③,<u>金國</u>多難,懼朝廷乘其隙,沿邊聚糧增戍,且禁<u>襄陽</u>榷
場,邊釁之開,自此始。

　　四年甲子,<u>嘉泰</u>四年。　　正月乙丑朔,<u>宋</u>遣試吏部尚書<u>張孝</u>
<u>曾</u>、<u>容州</u>觀察使<u>林伯成</u>賀正旦。表云:"丁丑,<u>張孝曾</u>迴至<u>慶都縣</u>卒,
賻贈絹、布各二百二十匹,差防禦使<u>女奚烈元</u>充敕祭使,館伴使<u>張雲</u>護送以
還。"<u>宋寧紀</u>:六月癸巳,使<u>金</u>賀生辰。八月乙卯,以知<u>真定府</u>事<u>完顏</u>
<u>昌</u>等爲賀<u>宋</u>生辰使。九月庚申朔,<u>宋</u>遣試禮部尚書<u>張嗣古</u>、
<u>廣州</u>觀察使<u>陳焕</u>賀天壽節。<u>宋寧紀</u>:九月壬午,使<u>金</u>賀正旦。十月壬
寅,<u>金</u>使賀生辰。十一月丁卯,遣殿前右副都點檢<u>烏林荅毅</u>等爲
賀<u>宋</u>正旦使。表云:"癸未,<u>寶雞</u>、<u>鄿縣</u>被<u>宋</u>抄掠。"<u>宋寧紀</u>:十二月乙卯,<u>金</u>

---

① <u>金史</u>卷六二<u>交聘表</u>下、卷一一<u>章宗紀</u>三<u>泰和</u>二年(1202)十二月癸酉皆作"<u>武安軍</u>節
　度使<u>徒單公弼</u>"。按<u>金</u>無<u>武安軍</u>,而<u>冀州</u>軍號曰<u>安武</u>,疑是。
② "辛酉"二字原闕,今據<u>宋史</u>卷三八<u>寧宗紀</u>二補。
③ "冬"原作"年",今據<u>宋史</u>卷三八<u>寧宗紀</u>二改。

使來賀明年正旦。

五年乙丑，宋改開禧元年。　正月己未朔，宋遣試吏部尚書鄧友龍、利州觀察使皇甫斌賀正旦。表云："庚申，宋兵入遂平縣。二月己酉，宋兵掠泌陽。三月戊午朔，宋兵焚平氏鎮。庚午，宋兵掠鄧州白亭。辛巳，宋兵入鞏州來遠鎮。丁亥，唐州獲宋諜。"四月癸巳，命樞密院移文宋人，依誓約撤新兵，毋縱入境。宋寧紀：五月，金人以邊民侵掠及增邊戍來責渝盟。五月甲子，平章政事僕散揆宣撫河南，籍諸道兵備宋。宣撫司移文宋三省樞密，問用兵之故，宋以鐫諭邊臣爲辭。乃罷宣撫司，僕散揆還京師。章紀：甲申，宋楚州安撫戚拱破漣水縣。宋寧紀：六月己亥，使金賀生辰。九月甲申朔，宋遣試吏部尚書李壁、廣州觀察使林仲虎賀天壽節。案壁題王安石白溝行云："頃因使燕，過所謂白溝者，河甚淺狹，可涉，地屬涿州。"即此。宋寧紀：九月丁未，使金賀正旦。戊子，遣河南路統軍使紇石烈子仁等爲賀宋生辰使。章紀：戊戌，宋兵焚比陽①。甲辰，焚黃潤。十月丁丑，襲比陽。十一月乙酉，入內鄉。宋寧紀：十月庚午，金使賀生辰。十一月己丑，遣太常卿趙之傑，兵部郎中完顏良弼爲賀宋正旦使②。宋寧紀：十二月戊寅，入見，禮甚倨。韓侂胄請帝還內，詔使人更於正旦朝見。章紀：十二月，宋吳曦窺關隴，皇甫斌擾淮北。

六年丙寅，開禧二年。　正月癸未朔，宋遣試刑部尚書陳克俊、知閤門事吳琯賀正旦。章紀：丁亥，朝辭，遣御史大夫孟鑄就館諭克俊等曰："大定初，世宗皇帝許宋世爲姪國，朕遵守遺法，和好至今。豈意爾國屢有盜賊犯我邊境，以此遣大臣宣撫河南軍民。及得爾國有司公移，稱已罷黜

---

① 按金史卷一二章宗紀四泰和五年九月戊戌原文云："宋兵三百攻比陽寺莊。"
② "兵部郎中"四字原闕，按宋史全文卷二九下宋寧宗二開禧元年（1205）十二月戊寅云："金主遣吏部尚書趙之傑、兵部郎中完顏良弼來賀明年正旦。"今據補。

邊臣,抽去兵卒,朕方以天下爲度,不介小嫌,遂罷宣撫司。未幾,盜賊甚于前日。比來群臣屢以爾國渝盟爲言,朕惟和好歲久,委曲涵容。恐姪宋皇帝或未詳知。若依前不息,臣下或復有云,朕雖兼愛生靈,事亦豈能終已。卿等歸國,當以朕意具言之汝主。"丙辰,吳曦圍抹熟龍堡。庚戌,宋人入撒牟谷。三月己酉,攻靈壁。四月丙辰,圍壽春。甲子,攻天水界。乙丑,入東柯谷。四月丙寅,詔平章政事僕散揆行省于汴,督諸道兵伐宋。十月庚戌,僕散揆出潁、壽。章紀:統軍使紇石烈子仁出渦口,元帥匡出唐、鄧,紇石烈執中出清口,監軍充出陳倉,蒲察貞出成紀,完顔綱出臨潭,石抹仲温出鹽川,完顔璘出來遠。十一月丁亥,克安豐軍。壬辰,次廬江,宋丘崈遣劉祐乞和。完顔匡傳:祐申和議于揆,揆曰:"稱臣割地,獻首禍之臣,然後可。"庚子,宋復遣忠訓郎林拱持書乞和於僕散揆。僕散端傳作皇甫拱。癸卯,宋復遣武翼郎宋顯等以書幣乞和於揆。十二月癸丑,宋吳曦納款于完顔綱,賜詔褒諭。己未,宋丘崈復遣陳璧奉書乞和,揆以其辭尚倨,不見。乙丑,揆班師,封吳曦爲蜀王。曦遣郭澄、任辛奉表及蜀地圖志、吳氏譜牒來上。

　　七年丁卯,開禧三年。　章紀:正月庚寅,僕散揆還至下蔡,有疾。丙申,以崇浩代行省于汴。二月,宋安丙殺吳曦。二月丁巳,宋張巖遣方信孺以書詣行省乞和。崇浩傳:以辭旨未順却之,仍諭以稱臣、割地、縛送原謀姦臣等事。五月丙申,宋復遣方信孺以書詣都元帥府,請增歲幣。宋寧紀:六月癸亥[1],以林拱辰爲金國通問使。又遣富瑄使金告哀。又遣劉彌正賀金主生辰。八月戊申,宋復遣方信孺,以其主誓書稿來乞和。崇浩傳:張巖復遣方信孺齎其主趙擴誓稿來,且言併發三使,將賀天壽節及通謝,仍報其祖母謝氏殂,致書崇浩云:"方信孺還,遠貽報翰。

───────

① "癸亥"原作"癸卯",今據宋史卷三八寧宗紀二改。

私竊自喜,旋奉上旨,亟遣信使通謝宸庭,仍令信孺,再請定議。兵端之開,雖本朝失于輕信,悔艾之誠,不爲不早。惟是名分之諭,今昔事殊,況關係至重,豈臣子所敢言。<u>江</u>外之地,恃爲屏蔽,倘如來諭,何以爲國。所有歲幣,前書已增<u>大定</u>所減之數。物之多寡,諒不深計,其歸投之人,往往竄匿,不知存亡,尚容拘刷。欲望力賜開陳,捐棄前過,歡好如初,海内寧謐。重惟<u>大金</u>皇帝誕節將臨,禮當修賀,兼之本國多故,合遣使人,接續津發,已具公移,企望取接。誓書副本,就以録呈。"<u>浩</u>復<u>張巖</u>書云:"<u>信孺</u>書來,惟言還<u>泗州</u>驅掠而已。至於責貢幣,欲以舊數爲增,追叛亡,欲以橫恩爲例,而稱臣、割地、縛送姦臣三事,並設虛言,弗肯如約。乃者彼國犯盟,侵我疆場,帥府出師,皆不勞而復。據今申報,犯邊十餘次,斬獲以億計。遂乃移書僥幸句和,豈理也哉。其言名分之諭,<u>大定</u>固殊,而<u>皇統謝</u>章,亦可概見。若云非臣子所敢言,在<u>皇統</u>時何以獨敢? 又謂<u>江</u>外之地將爲屏蔽,割之則難爲國。昔<u>後周</u>、<u>南唐</u>皆畫<u>江</u>爲界,割地亦奚不可? 又言通謝禮幣之外,別備錢一百萬貫,折金銀三萬兩,以塞再增幣之責。又言歲幣添五萬兩匹,其言無可准信。況彼國自言,叔父姪子與君臣不遠,如能依舊稱臣,即許<u>江</u>、<u>淮</u>之間取中爲界。如欲世爲子國,即當盡割<u>淮</u>南,直以<u>大江</u>爲界,<u>陝西</u>邊面並以已占爲定。原謀姦臣,必使縛送,可令函首以獻。外歲幣雖添五萬兩匹,<u>止</u>是<u>皇統</u>舊額,可令再添五萬兩匹,以表悔謝之實。<u>方信孺</u>不足信,如<u>李大性</u>、<u>朱致和</u>、<u>李璧</u>、吳琚輩似乎忠實,可遣詣軍前稟議。"<u>章紀</u>:九月甲戌朔,<u>崇浩</u>薨於軍,以<u>完顏匡</u>行省於汴。**十一月丙子,宋韓侂胄遣王枏以書詣元帥府。**<u>完顏匡</u>傳:九月,代<u>崇浩</u>行省於汴。初,<u>崇浩</u>移書宋人:"果欲請和,當遣<u>朱致和</u>等來。"<u>侂胄</u>大喜,乃遣左司郎中<u>王枏</u>來,至<u>濠州</u>,匡使人責以稱臣等數事。<u>枏</u>以宋主、<u>侂胄</u>情實爲請,依靖康故事,世爲伯姪國,增歲幣爲三十萬兩匹,犒軍前三百萬貫,蘇師旦等俟和議定當函首以獻。<u>枏</u>至汴,以書上元帥府。<u>匡</u>復詰之。察其不妄,乃具奏。章宗詔匡移書,當函<u>侂胄</u>首贖淮南地,改犒軍錢爲銀三百萬兩。於是,宋人定計殺<u>侂胄</u>,和好自此成矣。**壬辰,宋錢象祖、李璧以誅侂胄移書行省議和。**<u>章紀</u>:詔匡檄宋,函<u>侂胄</u>首以贖淮南故地。宋寧紀:十二月癸卯,以<u>許奕</u>爲通問使。

八年戊辰，宋改嘉定元年。 二月乙巳，宋錢象祖遣王柟以書上行省，復請川、陝關隘。完顏匡傳：書云：“惟東南立國，吳、蜀相依，今川、陝關隘大國若有之，則是撤蜀之門戶，不能保蜀，何以固吳？已增歲幣至三十萬，通謝爲三百萬貫。又蒙聖畫改輸銀三百萬兩。今大國又欲斬送侂胄，是未知其已死也。侂胄實本庸愚，怙權誤國，而致侂胄誤國者蘇師旦也。近師旦已行斬首，倘大國終惠川、陝關隘，所畫銀兩悉力祗備，師旦首函，亦當傳送，以謝大國。”又王柟狀稟，如蒙歸川、陝關隘，韓侂胄首必當函送，遵上國之命。匡具奏，得報，乃遣柟還。復書曰：“昨奉聖訓，如能斬送侂胄，徐議還淮南地。來書言侂胄已死，將以師旦首易之，飾詞相紿如此。至于犒軍銀兩欲俟歸關隘然後祗備，是皆有咈聖訓。及王柟狀稟，如歸川、陝關隘，侂胄首必當函送。聖訓令斬送侂胄首者，本欲易淮南地，陝西關隘不與焉。王柟所陳亦非原畫，具奏，奉旨‘朕已貰宋罪，既能函送韓侂胄首，陝西關隘可以還賜’。”四月甲寅，宋復遣王柟以書上行省。完顏匡傳：書曰：“大金皇帝前日聖旨，如能斬送侂胄首，沿淮之地並依已畫爲定。今來聖旨，既能送首，陝西關隘可併還賜。欲望上體聖旨，先賜行下邊屬，候侂胄首到界上，即便抽軍，歸還淮南、陝西地界。其使人禮幣已起發至真、揚閒，伺報，以俟取接。”匡得書具奏，詔曰：“侂胄、師旦首函及諸叛亡至濠州，即聽通謝使人入界，軍馬即當撤回，川、陝關隘候歲幣犒軍銀兩至下蔡，畫日割賜。”匡即諭宋人，使如詔從事。閏月乙未，宋函韓侂胄、蘇師旦首，贖淮、陝侵地，元帥府露布以聞，宋請叔姪爲伯姪國，增歲幣至三十萬兩匹。章紀：五月癸亥，詔移天壽節於十月十五日。六月癸酉，宋遣試禮部尚書許奕、福州觀察使吳衡奉誓書通謝。章紀：七月戊申，宋使朝辭，致答通謝書及誓書於宋。宋寧紀：六月丙子，遣使賀金生辰。丁酉，以左副都點檢完顏侃、禮部侍郎喬宇爲宋諭成使。宋寧紀：九月辛丑，金使入見。八月己丑，以戶部尚書高汝礪等爲賀宋生日使。宋寧紀：九月甲子，遣曾從龍使金賀正旦。十月辛巳,宋遣户部尚書鄒應龍、泉州觀察使李謙賀天壽節。案鄒伸之奉使記,見大金國志。宋寧紀:十月癸未,金使來賀生辰。十二月,遣裴滿正如宋告哀。遣蒲察知剛賜宋遺留物。遣使如宋告即位。宋寧紀:十二月戊寅,改曾從龍爲金弔祭使。己丑,遣宇文紹彭使金賀即位。

衞紹王　大安元年己巳,嘉定二年。　正月,宋使曾從龍來弔祭。宋寧紀:正月辛丑,金使裴滿正來告哀。庚申,金使蒲察知剛來致遺留物。二月己巳,金使來告即位。二月,宋使宇文紹彭來賀即位。宋寧紀:六月己巳,使賀金生辰。八月,宋使俞應符賀萬秋節。遣使賀宋生辰。宋寧紀:九月己未,遣使賀金正旦。十月丁丑,金使來賀瑞慶節。十一月,遣使賀宋正旦。宋寧紀:十二月丙戌,金使來賀明年正旦。

二年庚午,嘉定三年。　正月庚戌朔,宋遣費培賀正旦。宋寧紀:六月癸亥,遣使賀金生辰。八月,宋使黄中賀萬秋節。遣使賀宋生辰。宋寧紀:九月癸丑,遣使賀金正旦。十月壬申,金使來賀生辰。十一月,遣使賀宋正旦。宋寧紀:十二月辛巳,金使來賀明年正旦。

三年辛未,嘉定四年。　正月乙酉朔,宋使錢仲彪賀正旦。宋寧紀:六月丁亥,遣余嶸賀金主生辰,會金國有難,不至而返。書録解題:使燕録一卷,尚書户部侍郎龍游余嶸景瞻撰。嘉定辛未,使金賀生辰,會有韃寇,行至涿州定興縣而回。宋寧紀:九月丁丑,遣使賀金正旦。十一月,遣使賀宋正旦。宋寧紀:十二月乙巳,金使來賀明年正旦。是歲,金國有難,賀生辰使不至。

崇慶元年壬申,嘉定五年。　正月己酉朔,宋使程卓、趙師喦賀正旦。程卓使金録:嘉定四年九月二十八日,有旨:以朝散郎、尚書刑部員外郎程卓假朝請大夫、試工部尚書、清化郡開國侯、食邑一千户、食實封一百户、賜紫金魚袋,充賀<u>金國</u>正旦國信使,<u>忠州</u>防禦使、知大宗正事<u>趙師嵒</u>假<u>昭信軍</u>承宣使、左武衛上將軍、<u>天水縣開國伯</u>、食邑七百户,充賀<u>金國</u>正旦國信副使。十一月二十四日,至<u>盱眙軍</u>。二十八日丙子,遣掌儀<u>高宗愈</u>等過淮傳衙,繼同北書表<u>張震亨</u>,先排書表<u>完顏速</u>,傳接伴使副名銜。使大中大夫、尚書户部郎中<u>李希道</u>,副廣威將軍、東上閤門副使<u>蒲察信</u>。二十九日丁丑,入<u>泗州</u>驛,二更登車,夜行六十里。三十日戊寅,早頓<u>臨淮縣</u>驛,即行八十里,至<u>青陽鎮</u>,已二更。十二月一日己卯,早頓<u>虹縣</u>,沿<u>汴河</u>行八十里,至<u>靈壁縣</u>宿,夜行六十里。二日庚辰,早頓<u>静安鎮</u>驛,六十里,<u>至宿州永豐驛</u>,在州治側,左有司候司,右有司獄司,夜行四十五里。三日辛巳,早頓<u>蘄澤鎮</u>,四十五里,至<u>柳子鎮</u>宿,遇北使數車南上,乃賀本朝正旦使也,夜行六十里。四日壬午,早頓<u>永城縣</u>,七十里,至<u>會亭鎮</u>宿,夜行四十五里。五日癸未,早頓<u>穀熟縣</u>,四十五里至<u>南京</u>,今改爲<u>歸德府</u>①,入<u>陽熙門</u>,至<u>睢陽</u>驛,夜行六十里。六日甲申,早頓<u>寧陵縣</u>,入<u>永寧</u>驛,今<u>長寧</u>,六十里至<u>拱州</u>,今<u>睢州</u>,夜行六十里。七日乙酉,早頓<u>雍丘縣</u>,今<u>杞縣</u>,六十里至<u>陳留縣</u>宿,過<u>空</u>桑驛,甚壯,云<u>是</u>張邦昌所居,夜行四十五里。八日丙戌,黎明,至<u>東京</u>門外,入<u>安利門</u>,過<u>儲祥宮</u>,入<u>賓曜門</u>,過<u>大相國寺</u>,宿<u>會通館</u>。九日丁亥,在館。十日戊子,賜酒果及宴,内使閤門祗候<u>唐括元佐</u>,押宴<u>沁南軍</u>節度使<u>劉思誼</u>,夜行四十五里。十一日己丑,<u>郭橋鎮</u>早頓,四十五里至<u>陽武縣</u>宿,夜行三十五里。十二日,<u>延津縣</u>三十里,至<u>黄河</u>,先過一小河,亦有小橋,<u>至黄河</u>浮橋,名<u>天漢橋</u>,用九十六巨舟,一舟十碇,每六舟一鋪。有人居守,設幕次於其側,從例下車祭河,<u>李希道</u>傳示不必,委都轄投文,祭於橋中。四十里至<u>衞州淇澤驛</u>,三更,行四十五里。十三日,<u>衞縣</u>,七十里至<u>湯陰縣</u>,夜行四十里。十四日,頓<u>相州</u>安陽驛,六十里至<u>磁州</u>,夜行六十里。十五日,<u>邯鄲縣</u>,四十五里至<u>臨洺鎮</u>宿,夜行三十五里,至<u>沙河縣</u>,換驢夫,又行二十五里。十六日,<u>邢州邢臺縣</u>,四十五里至<u>内丘縣</u>,夜行六十里。十七日,頓<u>柏鄉縣彭川</u>驛,二十里過<u>趙州</u>石橋,宿<u>趙州</u>,夜行四十五里。十八日,<u>欒城縣</u>,三十

---

① “<u>歸德府</u>”,按<u>程卓</u>使<u>金</u>録原文作“<u>歸德州</u>”。

五里至滹沱河，又五里，宿真定府。十九日，在館。二十日，賜宴，内使閣門祇候紇石烈德剛，押宴安德軍節度郭瀚。二十一日，新樂縣，四十五里至中山府，夜行五十五里。二十二日，慶都縣，七十里至保州，入雞川門，宿金臺驛，夜行四十五里。二十三日，安肅軍梁臺驛，二十里白溝河，十里大白溝河，二十里宿定興縣，夜行五里。二十四日，涿州留。二十五日癸卯，立春，傳宣撫問，内使中衞大夫孫公弼，夜行六十里。二十六日，良鄉縣，賜銀合、湯藥，内使師憲。二十七日，至恩華館，館伴正使吏部侍郎張仲仁、副少府少監完顏良弼，賜果内使閣祇烏論古正臣，賜宴内使兀林荅守道，同入會同館，撫問，内使高希愈。二十八日，賜酒果，内使閣祇姚里鐸、習儀移剌居寬。二十九日，進國書，歸館赴宴，押伴左宣徽使張衎。三十日，賜酒果，閣祇紇石烈德暉，賜宴蒲察温，押宴太府監張繹。五年正月一日己酉，朝賀。二日，在館。三日，赴宴。四日，射弓宴。五日，朝辭，受書出。十一日，真定府，賜酒果，内使閣祇孫安民，押宴横海軍節度温迪罕二十。宋寧紀：六月癸未①，遣使賀金生辰。八月，宋使傅誠賀萬秋節②。衞紀：以兵事不設宴。遣使賀宋生辰。宋寧紀：九月辛未，遣使賀金正旦。十月戊子，金使來賀生辰。十一月，遣使賀宋正旦。宋寧紀：十二月己亥，金使使來賀明年正旦。

至寧元年癸酉，嘉定六年。　　正月癸卯朔，宋使應武賀正旦。宋寧紀：六月丁丑，遣董居義賀金主生辰，會金國亂，不至而還。

宣宗　貞祐元年癸酉，嘉定六年。　　閏九月辛未，以武衞軍都指揮使烏林荅與、尚書户部侍郎高霖爲報諭宋國使。宋寧紀：十月戊申，遣真德秀賀金主即位，會金國亂，不至而返。庚戌，遣李寊使金賀正旦，不至而還。甲子，金使來告即位。十一月，遣使賀宋正旦。宋遣李寊爲賀正旦使，入境有期，以大兵在近，姑停之，令有司

---

① "癸未"原闕，今據宋史卷三九寧宗紀三補。
② "誠"原作"諴"，今據宋史卷三九寧宗紀三改。

移報。宋寧紀:十二月癸亥,金使來賀明年正旦。

　　二年甲戌,嘉定七年。　　正月丁丑,宋遣刑部尚書真德秀等賀即位,駐境上,以中都被圍,諭罷之。宋寧紀:正月戊子,金人來,止賀生日使①。二月,遣使如宋督二年歲幣。宋寧紀:三月庚辰,金國來督二年歲幣。六月,遣使如宋報遷都。宋寧紀:七月乙亥,金人來告遷于南京。庚寅②,真德秀奏罷金國歲幣。

　　七月,復遣使如宋督歲幣。宋寧紀:八月癸卯,金國復來督歲幣。十一月辛酉朔,遣使賀金正旦。十一月,遣使賀宋正旦。宋寧紀:十二月丁巳,金遣使來賀明年正旦。

　　三年乙亥,嘉定八年。　　正月辛酉朔,宋遣顯謨閣學士聶子述、廣州觀察使周師銳賀正旦。宣紀:癸亥,賜曲宴。宋寧紀:正月己卯,遣使賀金生辰。三月壬申,宋遣寶謨閣學士丁焴、利州觀察使侯忠信賀長春節。表云:“丙子,宋使朝辭,因言宋主請減歲幣如大定例。上以本自稱賀,不宜別有所請,諭遣之。”九月己巳,以左諫議大夫把胡魯、工部侍郎徒單歐里白爲賀宋生日使。宋寧紀:十月壬寅,金使來賀生辰。十一月癸亥,遣使賀金正旦。十一月庚辰,以拱衛直都指揮使蒲察五斤、尚書禮部侍郎楊雲翼爲賀宋正旦使。宋寧紀:十二月辛亥,金使來賀明年正旦。

　　四年丙子,嘉定九年。　　正月乙卯朔,宋遣試工部尚書施累、廣州觀察使陳萬春賀正旦。宣紀:三年十二月壬辰,詔免元日朝賀。甲寅,禮官奏,宋使來賀,不宜報朝。命舉樂③,服色如常儀。宋寧紀:正

---

① 此事實繫於宋史卷三九寧宗紀三嘉定七年(1214)三月戊子下。

② “寅”原作“辰”,今據宋史卷三九寧宗紀三改。

③ “命”原作“不”,今據金史卷一四宣宗紀上改。

月乙亥,遣使賀金生辰。三月丙寅,宋遣華文館學士留筠、宜州觀
察使師亮賀長春節。九月乙未,以中衞尉完顏奴婢、太子少
詹事納坦謀嘉爲賀宋生日使。宋寧紀:十月丙寅,金使來賀生辰。十
一月庚寅,遣使賀金正旦。十一月甲辰,以尚書工部侍郎内族和
尚、尚書右司郎中僕散毅夫爲賀宋正旦使。宋寧紀:十二月乙亥,
金使來賀明年正旦。

　　興定元年丁丑,嘉定十年。　　正月己卯朔,宋遣煥章閣學士
陳伯震、福州觀察使霍儀賀正旦。宋寧紀:正月庚子,使金賀生辰。
三月庚寅,宋遣試工部尚書錢撫、潭州觀察使馮炳賀長春節。
四月丁未朔,以宋歲幣不至,命烏古論慶壽等經略南邊。宣紀:
十月壬戌,右司諫許古疏,請先遣使與宋議和。戊辰,上命古草議和牒,宰臣以
其徒示微弱,議寢。

　　二年戊寅,嘉定十一年。　　宣紀:正月癸未,訛可報唐州之捷。戊子,
賽不報破宋之捷。二月丙午,桓端上光州、信陽之捷。壬子,賽不報裏陽之
捷。癸丑,阿鄰報皂郊堡之捷。丙寅,牙吾塔上盱眙俘獲之數。五月丙戌,
陝西行省言:"四月中,鞏州帥府分道伐宋,皆克捷還。"十二月甲寅,朝
議乘勝與宋議和,以開封府治中吕子羽、南京路轉運副使馮
璧爲詳問宋國使,行至淮水中流,宋人拒止之,自此和好
遂絶。

　　三年己卯,嘉定十二年。

　　四年庚辰,嘉定十三年。

　　五年辛巳,嘉定十四年。

　　元光元年壬午,嘉定十五年。

　　二年癸未,嘉定十六年。

哀宗　正大元年甲申，嘉定十七年。　　三月，以邊帥意，遣忠孝軍三百，送省令史李唐英往滁州通好。宋人宴犒旬日，以奏稟爲辭，和事竟不成。六月，遣樞密判官移剌蒲阿以文榜遍諭宋界軍民更不南伐，自是宋人亦斂兵。

二年乙酉，宋理宗寶慶元年。

三年丙戌，寶慶二年。

四年丁亥，寶慶三年。

五年戊子，宋改紹定元年。

六年己丑，紹定二年。

七年庚寅，紹定三年。　　宋揚州制置趙善湘遣黃謨詣京東帥府約和，朝廷以寧陵令王渥往議，凡再往，約竟不成。

八年辛卯①，紹定四年。

天興元年壬辰，紹定五年。

二年癸巳，紹定六年。　　九月癸未，假蔡州都軍致仕内族阿虎帶同簽大睦親府事，如宋借糧，宋人不許。

三年甲午，宋改端平元年。　　正月己酉，國亡。

卷六十

西夏交聘表上

太祖　收國元年乙未，乾順雍寧二年。　　案乾順在位，已有天儀治平四年，天祐民安八年，永安三年，貞觀十三年。雍寧一

---

① “辛卯”原作“辛未”，今改。

年,至次年方入紀。

天輔三年己亥,夏改元德元年。

太宗　天會二年甲辰,元德六年。　稱藩　此下當加"以下寨以北,陰山以南,乙室耶刮部吐禄灤西之地與之①"。

三月　此下當加"辛未"。

閏三月　此下當加"戊寅朔"。

遣王阿海　案本傳有爭儀物事。

十月　此下當加"甲辰朔"。

謝賜誓詔　此下當加"并論宋所侵地"。

三年乙巳,元德七年。　致奠於和陵　此下當加"并賀即位"。

五年丁未,改正德元年。　賀正旦　此後當加"三月,割地賜夏國"。宋史本傳:先是,金人滅遼,粘罕遣撒拇使夏國,許割天德、雲内、金肅、河清四軍及武州等八館之地,約攻麟州,以牽河東之勢。靖康元年三月,夏人遂由金肅、河清渡河取天德、雲内、武州、河東八館之地。繼而金貴人兀室以數百騎陽爲出獵,掩至天德,逼逐夏人,悉奪而有其地。夏人請和,金人執其使。歲丁未九月,金帥兀尤回雲中,遣保静軍節度使楊天吉約侵宋,乾順許之。十月,通問使傅雱見金左監軍希尹於雲中,希尹以國書授雱,爲夏國請熙寧以來侵地。蓋彼既奪其地,乃責償于宋以報之。

七年己酉,正德三年。　正月庚寅朔　"寅"當作"辰"。

熙宗　天會十三年乙卯,改大德元年。　正月　此下當加

①　"乙室耶刮部",按金史卷三太宗紀天會二年(1136)正月甲戌作"乙室耶剌部"。

“夏使武功郎<u>没細好德</u>、宣德郎<u>季膺</u>賀正旦”。

　　遣使如夏報哀　　此上當加“癸酉”①。此下當加“及報即位”。案紀，三月，<u>齊</u>、高麗有弔祭使，四月有賀使，而此皆無文，且三月有詔“諸國使賜宴，不舉樂”。十二月，又定三國使朝賀、賜宴、朝辭儀。<u>紀</u>或可略，而<u>表</u>不合失載，大抵脱刊耳。

　　<u>天眷</u>三年_{庚申，}<u>仁孝</u><u>大慶</u>_{元年。}　賀萬壽節　此後當加“五月己卯，詔册<u>李仁孝</u>爲<u>夏國王</u>”。

　　九月　此下當加“庚申”。

　　復謝封册　此上當加“戊辰”。

　　<u>皇統</u>元年_{辛酉，}<u>大慶</u>_{二年。}　賀萬壽節　此後當加“己未，請置権場，許之”。又當加“十二月癸巳，賀受尊號”。

　　四年甲子，改<u>人慶</u>_{元年。}　正月癸卯朔　“卯”當作“丑”。

　　五年乙丑，<u>人慶</u>_{二年。}　爲横賜夏國使　案“横賜”二字，始見<u>史記孝文紀</u>“酺五日”注。

　　六年丙寅，<u>人慶</u>_{三年。}　賀萬壽節　此後當加“庚寅，以邊地賜之”。案此即<u>麟</u>、<u>府</u>等州。

　　八年戊辰，<u>人慶</u>_{五年。}　賀萬壽節　此後當加“二月壬子，以<u>哥魯葛波古</u>等爲横賜<u>夏國</u>使”。

　　九年己巳，改<u>天盛</u>_{元年。}

　　<u>海陵</u>　<u>天德</u>二年_{庚午，}<u>天盛</u>_{二年。}　以名諱告諭夏　事見<u>完</u>

---

① “癸酉”原作“甲戌”，按<u>金史</u>卷四<u>熙宗紀</u><u>天會</u>十三年正月：“甲戌，詔中外。詔公私禁酒。癸酉，遣使告哀于<u>齊</u>、高麗、<u>夏</u>及報即位。”今據改。

顔撒改傳。

三年辛未，<u>天盛</u>三年。　賀正旦　此後當加"戊子，<u>夏</u>使賀生辰"。

以經武將軍修起居注蕭彭哥爲<u>夏</u>生日使　此上當加"庚戌"。案官志有信武、顯武、宣武，無經武，未詳①。又此爲賜<u>夏</u>生日之始，此後生日使，紀有表無則補，紀無亦略。

<u>貞元</u>元年癸酉，<u>天盛</u>五年。　正月辛卯　此下當加"朔"。

受<u>夏</u>貢獻　此後當加"丙午，<u>夏</u>使賀生辰"。

<u>正隆</u>二年丁丑，<u>天盛</u>九年。　四月宿直將軍温敦斡喝　"月"下當加"戊戌以"。"斡"當作"幹"。

六年辛巳，<u>天盛</u>十三年。　賀生辰　此後當加"八月，遣<u>蕭誼忠</u>爲<u>夏國</u>生日使②"。

卷六十一

西夏交聘表中

<u>世宗</u>　<u>大定</u>二年壬午，<u>天盛</u>十四年。　四月　此下當加"乙亥"。

賀萬春節　<u>世宗紀</u>：辛巳，宴<u>夏</u>使<u>貞元殿</u>。三節賜食不精，杖掌食官。此後當加"癸未，<u>夏</u>使朝辭，乞互市，從之"。

<u>夏武功大夫至賀正旦</u>　十九字，當改入"三年"格内。又

---

① 按，<u>三朝北盟會編</u>卷二四五引<u>攬轡録</u>引<u>大定</u>二年（1162）武散官有"信武、顯武、經武、宣武"云云，而<u>金史百官志</u>則敘後期制度，故無經武階。

② "忠"字原脱，今據<u>金史</u>卷五<u>海陵紀</u>補。

“夏”上當加“正月壬辰”。

　三年癸未，天盛十五年。　三月壬辰朔　當作“二月庚寅”。

　五月　“五”當作“六”。

　僕散習尼　“尼”下當加“列”。

　四年甲申，天盛十六年。　九月　此下當加“己亥”。

　五年乙酉，天盛十七年。　三月庚戌夏使賀萬春節　“戌”下當加“朔”。此後當加“八月癸巳，夏使賀尊號”。

　九月　此下當加“庚戌”。

　六年丙戌，天盛十八年。　爲橫賜使　“賜”下當加“夏國”。

　九年己丑，天盛二十一年。　五月丙辰　此下當加“朔”。

　九月以宿直將軍僕散忠　“月”下當加“甲寅朔”。“忠”上當加“守”。

　十年庚寅，改乾祐元年。　丁丑詔以夏奏告使於閏五月十六就行在　此上當加“五月”。案“閏五月十六”即下文乙未日，在丁丑後十九日，此先與刻日者，蓋預知賜醫却禮後夏國必有中變故也，行在即柳河川，爲咸平路韓州柳河縣，奏急，故須就行在。

　庚寅　此上當加“九月”。

　十一年辛卯，乾祐二年。　三月乙亥　此下當加“朔”。

　丁卯以近侍局使劉琬爲夏國生日使　“丁卯”當改作“八月己巳”。案紀在八月，與遣使宋同日，此作“丁卯”，又承三月下誤。

　十三年癸巳，乾祐四年。　三月癸巳朔夏武功大夫芭里安仁宣德郎焦蹈等賀萬春節　案此使銜名與十四年全同，以下條例之,當亦誤也。

　　九月乙未以宿直將軍宗室崇肅爲夏生日使　"乙未"當作"辛卯朔"。"宗室崇肅"當作"胡什賚"。案此文乃涉十四年而誤,據紀文改正。

　　十四年甲午,乾祐五年。　乙未　此下當加"以"。

　　十五年乙未,乾祐六年。　賀正旦　此後當加"三月壬午朔,夏使賀萬春節"。

　　斜也和尚　"也"當作"卯"。

　　十六年丙申,乾祐七年。　癸酉　"酉"當作"丑"。

　　十七年丁酉,乾祐八年。　九月丁酉朔　當作"九月癸卯"。

　　十月　此下當加"己巳"。

　　十一月　此下當加"庚戌"。

　　十九年己亥,乾祐十年。　以太子左衞率府裴滿胡剌　"府"下當加"率"。

　　二十年庚子,乾祐十一年。　正月庚申朔　當作"甲寅朔"。

　　少府監　"少"上當加"以"。"監"上當加"少"。

　　二十一年辛丑,乾祐十二年。　賀正旦　此後當加"壬子,夏國請復綏德榷場,詔許就館市易"。

　　二十二年壬寅,乾祐十三年。　三月辛未朔　此前當加"正月壬申朔,夏國使賀正旦"。

　　九月乙酉　紀作"戊寅"。

　　二十四年甲辰,乾祐十五年。　二月甲戌　"甲"當作"丙"。

　　十月丙辰朔　紀作"十一月甲午"。

　　二十七年丁未,乾祐十八年。　兊德昭　"兊",元作

“黿”，是。

十二月　此下當加“甲午”。

二十九年己酉,乾祐二十年。　夏使遣還　此後當加“甲辰,遣使報哀於夏”。

三月　此下當加“癸丑”。

四月　此下當加“己巳”。

五月　此下當加“壬寅”。

押進使　此後當加“六月乙卯,敕有司移報夏天壽節九月一日”。

賀天壽節　此後當加“九月戊辰,以隆慶宮衞尉把思忠爲夏國生日使”。

卷六十二

西夏交聘表下

章宗　明昌元年庚戌,乾祐二十一年。　賀正旦　此後當加“五月丙辰,以鷹坊使移剌寧爲橫賜夏國使”。

謝橫賜　此後當加“九月己未,以武衞軍副都指揮使烏林荅謀甲爲夏國生日使”。

二年辛亥,乾祐二十二年。　宣德郎　元脱“郎”字。

許使貿易三日　紀作“一日”。此後當加“丙寅,遣使報哀於夏”。

八月丁丑朔　當作“乙巳”。案此據使臣到闕日也,前後皆然,作丁丑朔似太早,紀在乙巳,宋、高麗同,故改。

賀天壽節　此後當加"丁巳,以西上閤門使白琬爲夏國生日使"。

三年壬子,<u>乾祐</u>二十三年。　賀天壽節　此後已加"九月甲戌,以郊社署令<u>唐括合達</u>爲<u>夏國</u>生日使"。

四年癸丑,<u>乾祐</u>二十四年。　賀正旦　此後當加"五月丙寅朔,以尚厩局使<u>石抹貞</u>爲橫賜<u>夏國</u>使"。

謝橫賜　此後當加"九月戊辰,以西上閤門使<u>大磐</u>爲<u>夏國</u>生日使"。

十一月壬申　當作"庚寅"。

奉遺進禮物　"遺"下當加"表"。此後當加"甲辰,以西上閤門使<u>大磐</u>爲<u>夏國</u>敕祭慰問使"。

五年甲寅,<u>純佑天慶</u>元年。　充夏國王<u>李純佑</u>封册起復使案<u>李仲略</u>傳:"授左司都事,爲立<u>夏國</u>王讀册官。"即此。

賀天壽節　此後當加"閏十月丙戌,以引進使<u>完顏衷</u>爲<u>夏國</u>生日使"。

六年乙卯,<u>天慶</u>二年。　賀天壽節　此後當加"九月辛卯,以尚書左司郎中<u>粘割胡土</u>爲<u>夏國</u>生日使①"。

承安元年丙辰,<u>天慶</u>三年。　賀正旦　此後當加"五月壬辰,以尚藥局副使<u>粘割忠</u>爲橫賜<u>夏國</u>使"。<u>章紀</u>:七月乙酉,敕今後夏使入見敷奏,令新設通事具公服,與閤門使上殿監聽。

賀天壽節　此後當加"九月乙巳,以國子監丞<u>烏古論達吉不</u>爲<u>夏國</u>生日使"。

---

① "土",按<u>金史</u>卷一〇<u>章宗紀</u>二<u>明昌</u>六年(1195)九月辛卯條原文作"上"。

二年丁巳，_{天慶四年。}　奏告権場　此後當加"九月乙巳，詔許之"。又當加"十月丙申，以禮部員外郎蒙括仁本爲夏國生日使"。

三年戊午，_{天慶五年。}　賀正旦　此後當加"五月戊申，以客省使移剌郁爲夏國生日使"。案純佑生日使，上文多在十月，而此與四年皆作五月，至五年後仍書十月，未詳。

四年己未，_{天慶六年。}　賀正旦　此後當加"五月壬寅，以兵部郎中完顏撒里合爲夏國生日使"。又當加"庚申，以宿直將軍徒單仲華爲橫賜夏國使"。

五年庚申，_{天慶七年。}　正月戊子夏武節大夫連都敦信宣德郎丁師周賀正旦　"子"下當加"朔"。案此使與下賀天壽節同。

謝恩　此後當加"再賜醫藥"。又當加"十月丁未，以宿直將軍完顏觀音奴爲夏國生日使"。

泰和元年辛酉，_{天慶八年。}　八月戊寅朔　當作"九月戊申朔"。案此與上明昌二年八月丁丑朔、下泰和七年八月甲辰朔同，第二年有紀文"乙巳"，可改。七年有高麗表"壬申"，可改。此則宋表作"丙申"，然與報謝使同至，故"丙申"不足據，高麗表八月，又不紀日，或疑夏國閏差，然考辛亥、辛酉、丁卯三年，皆非閏年，説又不合，直據紀文正節改正。

賀天壽節　此後當加"十月甲辰，以刑部員外郎完顏綱爲夏國生日使"。案本傳有命齋三詔事。

二年壬戌，_{天慶九年。}　謝橫賜　案紀無橫賜事，當是謝再賜醫藥耳。此後當加"十月壬辰，以宿直將軍紇石烈毅爲夏國生日使,瀛王府司馬獨吉温爲横賜夏國使”。

三年癸亥,天慶十年。　賀天壽節　此後當加“十月壬戌,以薊州刺史完顔太平爲夏國生日使”。

四年甲子,天慶十一年。　八月己丑　“己”當作“癸”。

賀天壽節　此後當加“十月甲寅,以提點尚衣局完顔孌爲夏國生日使”。

五年乙丑,天慶十二年。　謝横賜　案上文無横賜使,必係脱刊。又下文十月無生日使,亦係脱刊,然考紀亦無文。

六年丙寅,天慶十三年。　乙丑　此上當加“六月”。

六月戊戌　“六”當作“七”。

辛丑　此上當加“九月”。

七年丁卯,安全應天元年。　賀正旦　案高麗傳:“是年正月夏亦有故,獨高麗遣正旦使,詔不賜曲宴。”與此不合。

八月甲辰朔　當作“八月壬申”。

賀天壽節　此後當加“十二月丙午,以符寶郎烏古論福齡爲夏國生日使”。

八年戊辰,應天二年。　三月甲申夏樞密使李元吉觀文殿大學士羅世昌等奏告　案紀:“十月,夏國有兵,遣使來告。”此使或亦告兵事。

十月己酉　“酉”當作“卯”。

謝横賜　案上無横賜使,又下無生日使,亦係脱刊,殆以傳位事故略耶?

衛紹王　**大安二年**庚午,改皇建元年。

三年辛未,遵頊光定元年。

宣宗　貞祐二年_{甲戌，光定四年。}案紀：八月，夏人入邊，移文責之。又十一月辛未，答夏國牒。

興定四年_{庚辰，光定十年。}案紀，八月丙子①，陝西行省議和。

元光二年_{癸未，德旺乾定元年。}案遺山集馮延登碑，爲夏國接送伴使。又李獻能傳有議和語。

哀宗正大元年_{甲申，乾定二年。}　十一月　紀作"十月戊午"。

二年乙酉，_{乾定三年。}　十二月　此下當加"癸亥"。

三年丙戌，_{王晛元年。}　十一月甲戌遣人使夏賀正旦　案此使當即趙秉文。

卷六十

高麗交聘表上

太祖　收國元年_{乙未，王俁文孝十年。}

二年丙申，_{文孝十一年。}　正月　"正"上當加"閏"。

高麗遣蒲馬至聽爾自取　二十三字當改入天輔元年格內。又"高"上當加"八月癸亥"。

天輔二年戊戌，_{文孝十三年。}　十二月遣字菫尤菫　"月"下當加"甲辰"。"尤菫"當作"尤孛"。

四年庚子，_{文孝十五年。}　詔使習顯至并貢方物　四十七

---

① "八"原作"九"，今據金史卷一六宣宗紀改。

字,當改入七年格内。

七年癸卯,_{王楷恭孝元年。}

天會四年丙午,恭孝四年。　　六月　此下當加"丙申朔"。案韓昉傳有索進誓表事。

七月　此下當加"丙寅"。

十一月遣高隨等爲賜高麗生日使　"月"下當加"庚申"。案此爲賜高麗生日之始。

五年丁未,恭孝五年。　　八月以耶律居謹張淮爲宣慶高麗使　案趙子砥燕雲録:丁未九月,金人遣燕人直史館王樞奉使高麗,令吴鼎是南官撰册文①。與此不同。

七年己酉,恭孝七年。　　正月庚寅朔　"寅"當作"辰"。

賀天清節　此後當加"十一月乙卯,高麗遣使來貢"。

熙宗　天會十三年乙卯,恭孝十三年。　　正月　此下當加"丙午朔,高麗使衛尉少卿李仲衍賀正旦"。

遣使如高麗報哀　此上當加"癸酉",此下當加"及報即位"。

祭奠弔慰　此後當加"戊戌,詔諸國使賜宴,不舉樂"。

賀登寶位　此後當加"十二月癸亥,始定朝賀、賜宴、朝辭儀"。

十四年丙辰,恭孝十四年。　　賀正旦　此後當加"頒曆於高麗"。

賀萬壽節　此後當加"三月丁酉,高麗遣使來弔太后

---

① "是"原闕,今據三朝北盟會編卷九八引燕雲録補。"是南官"三字宜改作小注。

喪”。

吴激爲賜高麗生日使　案<u>中州集</u>有詩。

皇統四年_{甲子,恭孝二十一年}。　正月癸卯朔　“卯”當作“丑”。

六年_{丙寅,恭孝二十四年}。　祭弔高麗　此下當加“并起復嗣王<u>晛</u>”。

七年_{丁卯,晛莊孝元年}。　謝弔祭　此下當加“起復”。

八年_{戊辰,莊孝二年}。　賀萬壽節　此後當加“二月壬子,以<u>哥魯葛波</u>等爲橫賜<u>高麗</u>使”。又當加“甲寅,以大理卿<u>宗安</u>等爲<u>高麗王晛</u>封册使”。

海陵　天德二年_{庚午,莊孝四年}。　三月丙戌　當作“六月丙午朔”。

三年_{辛未,莊孝五年}。　賀正旦　此後當加“戊子,<u>高麗</u>使賀生辰”。

九月　此下當加“庚戌”。

四年_{壬申,莊孝六年}。　九月　此下當加“丙午”。

貞元元年_{癸酉,莊孝七年}。　正月辛卯　此下當加“朔”。

受高麗貢獻　此後當加“丙午,<u>高麗</u>使賀生辰”。

九月　此下當加“丁亥朔”。

二年_{甲戌,莊孝八年}。　謝橫賜　當作“賀遷都”。

正隆二年_{丁丑,莊孝十一年}。　四月　此下當加“戊戌”。

六年_{辛巳,莊孝十五年}。　八月　此下當加“癸亥”。

卷六十一

高麗交聘表中

世宗　大定二年壬午,莊孝十六年。　十二月至賀正旦　十五字,當改入三年格内。又"十二月"當作"正月壬辰朔"。

三年癸未,莊孝十七年。　三月壬辰朔高麗　七字當削。案紀作"二月庚寅"。

四年甲申,莊孝十八年。　九月以太子詹事烏古論三合"月"下當加"辛亥"。"詹"上當加"少"。

五年乙酉,莊孝十九年。　賀正旦　此下當加"因朝辭,諭以邊事"。

三月庚戌　此下當加"朔"。

賀萬春節　此下當加"詔罷使人私進禮物"。

十月　此下當加"辛巳"。

七年丁亥,莊孝二十一年。　賀萬春節　此後當加"九月辛巳,以都水監李衛國爲高麗生日使"。

九年己丑,莊孝二十三年。　五月　此下當加"丙辰朔"。

謝橫賜　北行日録:乾道五年十二月二十九日,高麗使人同見。即此。

十一年辛卯,皓光孝元年。　并以兄睍喪求封　"喪"當作"病"。案高麗史云:"使臣工部郎中庾應圭。"表略。

五月　此下當加"辛卯"。

丁卯　此上當加"十二月"。

張明翼　傳作翼明。

十二年壬辰,光孝二年。　衞尉少卿蔡祥正賀加上尊號　十
二字當削。

十三年癸巳,光孝三年。　爲高麗生日使　案本傳,皓,正月
十九日生,故以十一月遣使。

十四年甲午,光孝四年。　丙戌　此上當加“二月”。

乙亥　此上當加“四月”。

十五年乙未,光孝五年。　九月　此下當加“辛卯”。

遣徐彥等　“彥”下當加“寧”①。

辛酉　此上當加“閏月”。

奉表告奏　案拙軒集送田元長接伴奏告使詩,即此。

十六年丙申,光孝六年。　十一月　此下當加“甲子”。

戶部尚書至陳謝　二十七字,當改入十七年格內賀正旦
文下。

二十年庚子,光孝十年。　正月庚申朔　當作“甲寅朔”。

以太常卿　“卿”上當加“少”。

二十一年辛丑,光孝十一年。　賀萬春節　此後當加“十一
月,以□□□□爲高麗生日使②”。

二十二年壬寅,光孝十二年。　三月辛未朔　此前當加“正
月壬申朔,高麗使賀正旦。二月,高麗進奉”。

---

① 按金史卷一三五高麗傳云:大定十五年(1175),“高麗西京留守趙位寵叛皓,遣徐彥
寧等九十六人上表”。本表據此補“寧”字。然據高麗史卷一〇〇趙位寵傳云:“位寵
復遣徐彥等如金上表。……今勘得所遣人徐彥等狀。”此人名當作徐彥,無“寧”字。
② 按高麗史卷二〇明宗世家二明宗十二年壬寅(大定二十二年)正月戊子云:“金遣耶
律仲方來賀生辰。”知使節名耶律仲方。

二十四年甲辰,光孝十四年。　十月丙辰朔　紀作“十一月甲午”。

二十六年丙午,光孝十六年。　以宣孝太子至各賜在館宴二十六字,當削。

爲橫賜高麗使　此後當加“十一月戊辰,以拱衛直副都指揮使韓景懋爲高麗生日使”。

二十七年丁未,光孝十七年。　趙可爲高麗生日使　案中州樂府有詞。

二十九年己酉,光孝十九年。　高麗使遣還　此後當加“甲辰,遣使報哀于高麗”。

并祭奠　此後當加“敕有司,移報高麗天壽節,九月一日”。

八月　此下當加“丙辰”。

賀天壽節　此後當加“九月庚午,以尚輦局使崇德爲橫賜高麗使”。案見張行簡傳。

謝橫賜　此後當加“十一月丁丑,以西上閤門使移剌邤爲高麗生日使”。

卷六十二

高麗交聘表下

章宗　明昌元年庚戌,光孝二十年。　八月己酉　此前當加“正月丙辰朔,高麗使賀正旦”。

賀天壽節　此後當加“十一月辛未,以西上閤門使移剌撻不也爲高麗生日使”。

二年辛亥,光孝二十一年。　賀正旦　此後當加“丙寅,遣使報哀于高麗”。

檢尚書右僕射　“檢”下當加“校”。

進奉　此後當加“十一月丙寅,以近侍局副使完顏匡爲高麗生日使”。

三年壬子,光孝二十二年。　賀正旦　此後已加“五月壬申朔,以尚書禮部員外郎孛朮魯子元爲横賜高麗使”。

八月辛丑朔　當作“丁卯”。

進奉　此後當加“十二月癸卯,以東上閣門使張汝猷爲高麗生日使”。案拙軒集送張仲謀使三韓詩,即此。

四年癸丑,光孝二十三年。　進奉　此後當加“十二月甲辰,以紇石烈珵爲高麗生日使。”

五年甲寅,光孝二十四年。　八月己丑朔　當作“九月戊午朔”。

謝賜生日　此後當加“辛酉,以户部郎中李敬義爲賜高麗生日使”。

六年乙卯,光孝二十五年。　賀天壽節　此下當加“十二月乙卯,以知登聞檢院賈益爲高麗生日使,户部員外郎納蘭昉爲横賜使”。

十二月丁丑　本傳立春前二日,此“十二月”當削。

承安元年丙辰,光孝二十六年。　賀正旦　章紀:七月乙酉,敕今後高麗使入見敷奏,令新設通事具公服與閣門使上殿監聽。

進奉　此後當加“十二月庚戌,以同知登聞檢院阿不罕德剛爲高麗生日使”。

二年丁巳,_{光孝二十七年。}　進奉　此後當加“十月庚辰,尚書省奏高麗牒報,其王以老疾,令母弟晭權國事”。

三年戊午,_{晭靖孝元年。}　遣使宣問　四字當改“四月丙申,以侍御史孫俁爲宣問高麗王晧使”。

晧薨　“薨”當作“廢”。

四年己未,_{靖孝二年。}　正月丁酉高麗告哀　八字當削。案史皓薨於靖孝五年,實泰和二年也。此年特疾廢耳,安得有告哀使耶,且紀亦無文。本表下文又無弔使,乃作表者自造之説,不足據。

三月　此下當加“己亥”。

八月己酉　“酉”當作“丑”。

五年庚申,_{靖孝三年。}　進奉　此後當加“十月辛丑,以禮部郎中劉公憲爲高麗生日使”。

泰和元年辛酉,_{靖孝四年。}　賀正旦　此後當加“五月戊寅,以直東上閤門劉頍爲橫賜高麗使”。

謝賜生日　此後當加“高麗使謝橫賜”。又當加“十月戊戌,以武衞軍都指揮使判官納合鉉爲高麗生日使”。

二年壬戌,_{靖孝五年。}　謝賜生日　此後當加“十月壬辰,以尚輦局副使李仲元爲高麗生日使”。

三年癸亥,_{靖孝六年。}　郭公儀賀天壽節　“賀”下當加“正旦。八月甲子,高麗使賀”。

謝賜生日　此後當加“十月丙辰,以尚食局使師孝爲高麗生日使”。

　四年甲子,靖孝七年。　賀正旦　案傳有梨刀事。

　三月庚寅　當作“正月辛卯”①。

　告哀　此後當加“四月戊午,以西上閤門使張俌等爲故高麗國王王晫敕祭使,東上閤門使石慤等爲高麗國王王韺慰問起復橫賜使”。

　八月乙丑　“乙”當作“癸”。

　五年乙丑,韺孝成元年。　賀天壽節　此後當加“十月庚申,以刑部員外郎李元忠爲高麗生日使”。

　十一月辛巳　“一”,元作“二”,是。

　六年丙寅,孝成二年。　賀天壽節　此後當加“十月□□,以□□□□爲高麗生日使”。

　衞尉卿金升　此上當加“十二月”。

　七年丁卯,孝成三年。　賀正旦　本傳不賜曲宴。

　謝賜生日　此後當加“十月辛亥,以武庫令尤甲法心爲高麗生日使”。

　八年戊辰,孝成四年。　賀正旦　此後當加“十月辛未,以吏部郎中郭郛爲高麗生日使”。

　十月乙酉　當作“己卯”。

　衞紹王　**崇慶元年**壬申,禖元孝五年。此年當加“□月□□,

---

① 按高麗史卷二一熙宗世家曰:神宗七年甲子(泰和四年,1204)正月“己巳,受內禪即位。丁丑,神宗薨。二月庚申,葬于陽陵,遣郎中任永齡如金告喪”。金史卷六二交聘表下泰和四年三月庚寅條云“禮部侍郎王永齡來告哀”,告喪事兩者相合,知“王”當作“任”,蓋以形近致訛。然卷一二章宗紀四泰和四年正月辛卯云:“高麗國王王晫没,嗣子韺遣使來告哀。”按是月乙丑朔,辛卯爲二十七日,神宗薨於丁丑十三日,旋即有告哀使來至金,殊不可信。本紀稱“正月辛卯”當誤,當以本表“三月庚寅”爲是。

高麗遣中書舍人<u>李儀</u>奉求封。□月□□,遣大理卿<u>完顔惟基</u>爲<u>高麗</u>封册使"。

　　<u>宣宗</u>　<u>貞祐</u>二年^{甲戌},<u>熙安孝</u>元年。

　　<u>哀宗</u>　<u>天興</u>三年^{甲午},<u>安孝</u>二十一年。

金史詳校卷七

卷六十三

后妃傳上

目　世祖簡翼皇后　　“簡翼”已作“翼簡”。

熙宗悼平皇后　案熙宗母惠昭皇后不立傳。

序　國初諸妃皆無位號　葉子奇草木子云：“元朝立后，自正宮之下，復立兩宮。其稱亦曰二宮皇后、三宮皇后。三日一輪，幸即書宣以召之。苟有子則爲驗，遵大金之遺制也，與趙宋之法不同。”案序語，葉説非矣。

明昌以後大備内官制度　案官志：宣徽院孝靖宫，章宗五妃位云：“端妃位真妃徒單氏、慧妃位麗妃徒單氏、貞妃位桑妃唐括氏、靚儀位昭儀夾谷氏、才媛位修儀吾古論氏。”又大氏傳：順、寧、文三妃皆有別稱。序略。

惟太宗景宣熙宗章宗室祔一后　案景宣后蒲察氏，謚惠昭，已見熙紀。

　　貞慈光獻昭聖雖庶姓皆以子貴　"貞慈"當作"慈獻貞懿"。案海陵母大氏謚慈獻,世宗母李氏謚貞懿,及衛王母光獻李氏,宣宗母昭聖劉氏,四人皆非貴族,至哀宗母明惠王氏亦庶姓,以賜氏溫敦。故下文別言之,胥手倒書脱寫,義解遂廢矣。

　　始祖明懿皇后　天會十五年追謚　"五"當作"四"。紀、志

　　世祖簡翼皇后挐懶氏　"簡翼"已作"翼簡"。

　　大安元年　"元"已作"九"。

　　蕭宗靖宣皇后蒲察氏　"靖",禮志作"静"。

　　太祖聖穆皇后唐括氏　天會十三年追謚　集禮:遣攝太尉大司空昱,上謚册文云:"有開必先,篤生皇考,立子以嫡,肆及眇躬。"皇考,指景宣也。

　　太祖光懿皇后裴滿氏　天會十三年追謚　集禮:昱上謚册,皇統四年二月,待制高士談撰謚册文。

　　太祖欽憲皇后紇石烈氏　"憲",熙紀作"獻"。集禮:攝太尉行會寧牧鄭國公裴滿達上謚册。

　　太祖宣獻皇后僕散氏　大定元年追謚　"元"當作"二"。集禮:大定二年四月二十六日①,降詔云:"恭惟祖妣,作合太尊,慶育睿考。以朕心嚴父之孝,推聖懷念母之誠。"章紀:明昌五年二月戊戌,祭社,以忌辰,樂縣不作。即此。

　　崇妃蕭氏　尊封太妃　此下當加"號壽安宮"。集禮:天

────────────

① "二十六日","二"字原脱,今據大金集禮卷六追謚后宣獻皇后補。

德二年正月二十五日,册太皇太妃,命特進宗睦①、宗厚充册
使副②,左丞宗義攝侍中,參政劉麟攝中書令,直學士劉長言
撰文,禮部王競篆寶。二月五日,設太皇太妃壽安宮導從二
十人。四月二十九日,敕每年隨宮錢二萬貫。

　　并殺所生子任王隈喝　　"生"當作"養"。

　　入稱后　　"入"下當加"廟"。

　　乃封崇妃云　　集禮:大定十九年八月,奉旨,故石抹妃追
封太皇太妃③。有司奏,晉成帝貴人周氏生哀帝④,即位,尊爲
皇太妃。孝武母李氏,孝武即位,加爲皇太妃。二妃皆以子
貴,故稱"太"。又唐皇后傳:入廟稱"后"係夫,在朝稱"太"
係子,與今蕭妃事不同,恐難稱"太"。兼照到太祖妃烏古論
氏曰元妃、太宗妃耶律氏曰崇妃,今依已行故事,追封妃號,
詔從之。

　　太宗欽仁皇后唐括氏　　二年崩於明德宮　　"二"已作
"三"。

　　謚曰欽仁　　集禮:皇統三年八月二十二日,命待制高士
談撰册文,都點檢元告廟,太尉裴滿達上册寶,中書令韓企先
進册,平章奕攝侍中,左丞宗憲、右丞蕭仲恭攝門下中書侍
郎,大理卿馬諤讀寶⑤,待制趙洞舉册。

---

① "睦"字原空,今據大金集禮卷七册太皇太妃補。
② "厚"原作"后",今據大金集禮卷七册太皇太妃改。
③ 石抹妃,大金集禮卷七追封原文作磨撒妃。
④ "成"原作"武",今據大金集禮卷七追封改。
⑤ "馬"原作"焉",今據大金集禮卷六追謚后欽仁皇后改。

熙宗悼平皇后裴滿氏　　案集禮:册后制云:夢月方娠,生而固異。傳略。

熙宗即位封貴妃天眷元年立爲皇后　　"即位封貴妃"五字當削。案紀:天眷元年四月,封貴妃。十二月,立爲皇后。

册爲慈明恭孝順德皇后　　集禮:皇統元年,舉册禮,遣太尉裴滿胡塔攝司徒,昂持節授册寶,又賜册禮太師宗幹、胡塔等金銀、絹段等物。

上遣大興國　　"大",北作"太",非。

海陵嫡母徒單氏　　俱尊爲皇太后　　集禮:天德二年正月,差禮部員外郎王競等造册寶印,禮部侍郎胡礪等造匣盝牀,直學士劉長言撰册文,禮部員外郎王競書篆册寶,命大師勗、太尉裴滿達充奉册太尉,太保宗本、右丞同古辯充奉寶司徒。

天德二年太后父蒲帶　　"天德"當削。"年"當作"月"。

久闕溫清　　"清",元、北並作"清",非。

自扶掖之　　"掖",元作"腋",非。

海陵母大氏　　尊謚曰慈憲皇后　　"憲",集禮作"獻"[1],徒單貞傳作"憲",與此同。集禮:貞元三年九月八日,差侍講胡礪撰謚議,學士施宜生撰謚册,禮郎王競書篆册寶。十月□日,命太師思忠充大禮使,右相師恭、左相張浩攝侍中,奉寶、讀寶,平章張暉、蕭玉攝中書令,奉册、讀册。

---

[1] 按大金集禮卷四追加謚號下雜録作"慈獻"。該書卷六追謚后永寧宮則云:"貞元三年十月二十一日,上永寧宮謚曰慈憲。視民如子曰慈,行善可紀曰憲。""大定二年四月九日,改德宗爲明肅,永壽宮贈爲哀皇后,慈憲未改舊謚。"慈獻、慈憲並見。

大定七年降封海陵太妃　“七”當作“二十”。案集禮,二十年十二月九日,有司奏,海陵庶人所生母尚有慈獻皇后名稱,俱爲未當。則非七年也。

與順妃李氏寧妃蕭氏文妃徒單氏　案此名與熙宗三妃及海陵十二位不同,未詳。

廢帝海陵后徒單氏　九月立爲皇后。案禮志作“十月九日”。

海陵爲人　不必提行。

昭妃阿里虎　此上當加“諸嬖”。

詔遣阿里虎歸父母家　“阿里虎”當削。

以告海陵　“海陵”當削。

吾必殺阿里虎　“阿里虎”當削作“之”。

海陵私忌　“海陵”當削作“以”。

聞海陵將殺之也　“海陵”當削。

阿里虎已委頓　“阿里虎”當削。

貴妃定哥　傳語定哥曰　“定哥”二字當削。

具以海陵言告定哥　八字當削作“具以告”。

定哥大恐　“定哥”當削作“因”。

已葬烏帶　“烏帶”當削。

海陵嬖寵愈多　“海陵”當改作“既而”。

海陵陽爲不聞　“海陵”當削。

嘗以衣服遺乞兒　“乞兒”當削作“之”。

定哥使比丘尼　“定哥”當削作“因”。

傳旨定哥　“定哥”當削。

賂藥師奴使無言與乞兒私事　　十二字當削,改作"賂之使勿言"。

藥師奴於法不可恕　　"藥師奴於"四字當削。

累官襄城縣令　　"官",北作"宮",非。

柔妃彌勒　見彌勒身形　　"彌勒"當改作"其"。

既而詭以彌勒之召召擇特懶　　"以彌勒之召"五字當削。

兵後　　"兵",北作"其",是。

昭妃阿懶　莎魯剌妻　　"剌",紀作"啜"。

胡失來妻　　"來",紀作"打"。

自熙宗時　　"自"上,北有"海陵",是。

壽寧縣主什古　在外爲淫泆　　"泆",北作"迭",非。

卷六十四

后妃傳下

睿宗欽慈皇后蒲察氏[①]　　案傳無事蹟,無卒年。

貞懿皇后李氏　別爲尼院居之　　集禮:承安四年四月五日,奉職留住於禮部傳奉聖旨,東京清安寺有原賜與靜因院錢一千貫,每年三道戒牒,都撥與靜因院交收,別請長老作主。每年太后忌辰五百貫錢也交與,令東京留守提控,如闕,以次同知少尹提控作齋行者。

張景仁作清安寺碑　　集禮:大定十八年,東京大清安禪

---

① "欽慈"原作"欽憲",今據金史卷六四后妃傳下改。

寺立貞懿皇后功德碑,其殿曰報德,門名同。

　　起神御殿　此下當加“名曰孝思”。案集禮:大定十三年三月十三日,奏東京垂慶寺太后影殿曰孝思。

　　幸清安垂慶寺　元好問右丞耶律履碑云:“二十六年,世宗母貞懿皇后,睿宗厭世,即爲比丘尼,朝臣有以孝寧宫碑所載遺訓‘當用出家禮葬,不可違改’爲言者,事下禮部講求。公言:‘往時主上在潛,貞懿身奉釋教,業已受朝命,必當別葬,無可議者。尚以人情所難,恐傷主上孝心,故出明訓,使之遵行,出于母慈,灼然可見。本不知有今日之事而然,今則子爲天子,母后稱號不得不尊。國師之命,固已革去矣。向使主上登極之後,貞懿萬福尊崇之數,自有典常,母后聖情明達,必不重違有司之請,以從桑門之教,以此言之,碑文所載不可質於今日,明矣。’從之。”案碑文云云,傳末似脱書遷祔事。第考世宗紀大定二年十月,明載奉遷睿宗梓宫、改葬景陵等事。欽慈傳亦云祔葬。而自二十六年以後,孝寧遷祔,紀中迄無明文,大抵世廟倦勤,空存此議耳,遂使遼陽塔廟,永隔房山,史官略去,亦非過誤也。

　　世宗昭德皇后烏林荅氏　父石止黑　“止”,元作“土”,是。

　　頗酒酗　“酒酗”當作“酗酒”。

　　后得問即自殺　長安客話:固節驛以縣得名,金主亮荒淫不道,召葛王烏禄妃烏林荅氏。妃謂烏禄曰:“妾不行,上怒必殺王,我當自裁,不以相累。”行至良鄉驛,妃問何名,左右以“固節”對,妃曰:“我得死所矣。”遂自殺。李嘉賓有詩紀之。

大定二年追册爲昭德皇后　集禮：四月二十六日。

利涉軍節度副使　刑志無“副”字。

前改葬太后父母　案貞懿傳略。

立皇后別廟於太廟東北隅　“北隅”二字當削。

十一月甲寅　案宋孝紀淳熙六年十一月乙卯朔。

諸妃祔焉　案集禮：大定二年四月二十六日①，詔故夫人僕散氏可追封元妃。即忠義之妹。此下三傳皆無文，當在祔列。

元妃張氏　生趙王永中　“趙”當作“鎬”。“中”下當加“越王永功”。

大定二十五年　“大定”當削。

明昌二年　“二”當作“五”。

高陁斡　案路鐸傳作郝忠愈。

元妃李氏　豫王允成　“豫”上當加“而”。

顯宗孝懿皇后徒單氏　忒里闊剌人也　“里”，徒單貞傳作“黑”，非。

累官開府儀同三司　“官”，元作“宫”，非。

妹并國夫人　案伯嘉傳作晉國。又承暉傳之吾也藍，當即其夫。

昭聖皇后劉氏　追謚昭聖皇后　案宣紀：貞祐二年四月戊戌，奉遷皇后枢於新寺。癸卯，權厝于新寺。三年十二月

---

① “二”字原脱，今據大金集禮卷六追謚后昭德皇后、卷七妃追封補。

乙未,敕贈皇后三代官爵。傳略。

章宗欽懷皇后蒲察氏　譙國公　阿虎迭傳作楚國①。

尚熙宗鄭國公主　"宗"下當加"女"。

後進封妃崩　"妃"下當加"二十六年,生子絳王洪裕,三歲薨,大定末。"洪裕傳。

元妃李氏師兒　章宗知其跋扈而屢斥屢起　"而"下當有脫句,否則紇石烈執中屢斥屢起,與師兒何涉。

優人有瑇瑁頭者　張炎山中白雲詞題末色褚仲良寫真蝶戀花云:"諢砌隨機開笑口,筵前戲諫從來有。"東維子集優戲錄序:"錢唐王曄集歷代之優詞有關於世道者,自楚國優孟而下,至金人瑇瑁頭,凡若干條。"云云。

使使亳州　下"使"字當作"襄"。

忒隣生滿月　"滿月"當作"百日"。忒隣傳

用元旦禮儀　"元旦"當作"天壽"。忒隣傳

五品以上　"五"當作"三"。忒隣傳

至大定八年　"大定"已作"泰和"。

承御賈氏　衞紀文同,又絳山傳有承御石盞氏,而官志無此名。

宣宗皇后王氏　立爲皇后　宣紀:興定元年二月庚戌,后生辰,詔百官免賀。三年正月丁亥,諭生日免百官賀。

父彥昌　宣紀:興定三年三月己丑,追賜后父彥昌姓溫

---

① "虎"原作"胡",今據金史卷一二〇蒲察阿虎迭傳改。按蒲察阿虎迭傳曰:"海陵親臨葬,贈譚王。正隆例贈特進、楚國公。"章宗封贈三代曰譙國公,與正隆例所降楚國公並非一事。

敦,與此傳上文貞祐二年七月賜后姓溫敦氏別一時事,傳略。

　　尊后爲皇太后號其宮曰仁聖　　“尊后”當作“並尊兩后”。
“聖”下當加“姊宮曰慈聖”。

　　歡然而罷　　案邵經邦弘簡錄列傳,於此文下即將下明惠
傳“后性端嚴”文接入,抹去本傳天興後事,遂使兩后一傳,崩
北不分,古人文字率意竄改,此何意也。

　　宣宗明惠皇后　　及宮中　　“宮中”已作“中宮”,與元
本合。

　　葬汴城迎朔門外五里　　案哀紀:天興元年四月,陵被發,
復葬之。傳略。

　　諡明惠皇后　　滏水集有挽詞四十首,又有諡議及諡册。

　　哀宗皇后徒單氏　　宣宗聞而嘉之　　案宣紀:興定元年二
月乙卯,皇孫生。傳略。

卷六十五

始祖以下諸子傳

　　目　　輩魯　　此下當加注“孫劾者”。

　　謝里忽　　此後當加“獻祖六子”。

　　麻頗注子謾都本　　此下當加注“孫惟鎔”。

　　斡者注孫瑾　　“瑾”當作“璋”。

　　昂注本名吾都補　　“吾”,元作“吳”,本傳仍作“吾”。

　　輩魯　　胡率之子劾者與景祖長子韓國公劾者同名　　案
史中同名人見於一傳者,如謝庫德傳兩盆納,婆盧火傳兩婆

盧火，阿魯補傳兩阿魯補，蒙古綱傳兩張林，官奴傳兩把奴申，粘割韓奴傳兩余睹①，梅和尚傳兩和尚，窩斡傳兩老和尚，略有數處，至兩傳者不勝數矣。

謝庫德　白達　案此即婁室之父，壯義碑作白荅，傳同。

勃菫　案“菫”疑作“革”，乃“勒”之省文。毛詩“如鳥斯革”，韓詩作“勒”。作“菫”，恐訛字也。唐碑“特勒”，有作“特勤”，見金石文字記。然遼金史相傳作“菫”，未敢執己見也，姑識之。

皆天會十五年追贈　八字當削。

又有朝論加古部　“朝”已作“胡”，與元本合。

謝里忽　烏薩扎部　案歡都傳作烏扎薩。

列鞢者腰佩也　案遼史國語解：“鞨鞢帶，武官束帶也。”東京夢華録云：“大遼大使服紫窄袍、金蹀躞者。”類是。

次曰烏古出　“古”，元作“骨”。目及本傳仍作“古”。

跋黑　欲死則附於劾里鉢　“劾”，北作“刻”，非。

劾者阿离合懣別有傳　“劾者”二字當削。

劾孫　降封鄭國公　“鄭”當作“沂”②。案上提綱作“沂”，宗室表同。

阿里保太孿　“孿”當作“孿”。

奧燉按打海　“奧燉”即“奧屯”。

天會間爲司空　集禮：天會十三年三月，上太宗尊謚，以司空攝太尉，即此。

　　例封豫國公　此下當加“大定十八年，圖像衍慶宮，謚襄毅”。

　　麻頗　與闍母攻興中府　案謾都本攻興中，有與遼節度和尚招道溫事，見宗望傳末，此略。

　　謾都訶　屢從征代　案太宗紀：善射遠者。次子謀里野，見宗義傳。

　　例封鄭國公　此下當加“大定間，定亞次功臣，圖像衍慶宮”。

　　蠻覩　表作“謾睹”。“蠻”，北作“麻”，非。

　　生郢王昂　此下當加“斜也、闍母別有傳”。

　　斡帶　案有孫活里甲，見宗義傳。

　　斡賽　遣納根涅字董　“根”，北作“粮”，非。

　　追封衛國王　宗室表作鄭王，尤魯傳同。

　　宗永　遷加伐宋士官賞　“遷”字當削，“士”上當加“將”。

　　斡者　北本不提行，非。

　　於是宋人據原州　宋高紀：紹興三十二年閏二月丙子，姚仲復原州。三月辛酉，金人攻原州。四月丁卯，姚仲兵救原州。五月壬寅，姚仲及金人戰于原州，敗績。

　　獲甲矢萬餘　“矢”，元作“午”，非①。

　　璋等入原州　宋孝紀：六月乙未晦，金人屠原州。世宗

①　今核本書引元本作“午”，南監本據此改作“失”，至正初刻本作“二”，是。

紀：大定二年七月丁酉，復取原州。

　　京兆尹烏延蒲离黑　　"京兆尹"當作"順義節度"。傳

　　寧州刺史赤盞胡速魯改　　"寧"當作"丹"。世宗紀、合喜傳

　　戰於張義堡　　世宗紀：七月壬戌，璋敗宋將吳璘于張義堡。

　　與璘軍復戰　　宋孝紀：八月丙寅，吳璘與金人戰于德順軍。

　　璘遣兵據東山堡　　宋孝紀：九月甲午，金人攻德順軍東山堡。

　　兵古查剌　　"兵"已作"夾"，與元本合。

　　守秦州　　"秦"，北作"泰"，非，已改。

　　璘乃引歸　　宋孝紀：十二月丙寅，詔棄德順城。

　　十三年　　當改入上"改大興尹"文上。

　　鄆王昂　　本名"吾都補"。表作"烏特"。

　　監護都部降人　　"都"當作"諸"①。

　　封鄆王是歲薨　　當作"是歲薨，追封鄆王"。紀

---

① 按金史卷二太祖紀天輔七年(1123)正月甲子，詔諭班勃極烈曰："比遣昂徙諸部民人于嶺東，而昂悖戾，騷動煩擾，致多怨叛。其違命失衆，當置重典。若或有疑，禁錮以待。"卷四六食貨志一亦載此事曰："天輔六年，既定山西諸州，以上京爲内地，則移其民實之。又命耶律佛頂以兵護送諸降人于渾河路，以皇弟昂監之，命從便以居。七年，以山西諸部族近西北二邊，且遼主未獲，恐陰相結誘，復命皇弟昂與宇堇稍喝等以兵四千護送，處之嶺東，惟西京民安堵如故，且命昂鎮守上京路。既而，上聞昂已過上京，而降人復苦其侵擾多叛亡者，遂命宇堇出里底往戒諭之，比至，而諸部已叛去。"上文有云"諸部民""諸降人""諸部族""諸部"等等，故校改"都"爲"諸"是。(轉下頁注)

鄭家　宋史作鄭家奴①。

至松林島　宋元通鑑作陳家島②。

卷六十六

始祖以下諸子傳　卷首當加"肅宗靖宣皇后生溫國公耨酷款、崇國公蒲魯虎"。案二名見宗室表，無事迹不立傳，據前獻祖、後康宗例補。又當加"穆宗貞惠皇后生左副元帥撻懶、齊國公蒲察、崇國公蒲里迭、銀青榮禄大夫撒枕、太師領三省事烏野。撻懶別有傳。"案五名亦例補。

晸　定汴州　"州"當作"京"。

宗翰好訪問女直老人　案老人指阿离合懣等③。

自先君與高麗通　"君"當作"王"。

職貢不闕　"職"，北作"識"，非。

十五年爲尚書左丞　神麓記：吳乞買病，其子宗磐稱："是今主之元子，合爲儲嗣。"阿孛宗幹稱："係是太祖武元長子，合斷原約作嗣君。"粘罕、宗維稱："於兄弟最年長功高，合當其位。"吳乞買不能與奪者累日，有楊割太師幼子烏野完顏

（接上頁注）又據卷七〇習不失傳云："天輔七年，太宗與習不失居守，鄆王昂違紀律失衆，法當死。"鄆王昂傳"天輔六年"當據此改作"天輔七年"。

① "鄭家奴"原作"正嘉奴"，今據宋史卷三二高宗紀九紹興三十一年（1161）七月及十月丙寅條改。又該書卷三七〇李寶傳云："斬其帥完顏鄭家奴等六人。"

② 按宋史卷三二高宗紀九紹興三十一年十月丙寅云："李寶遇金舟師于膠西縣陳家島，大敗之，斬完顏鄭家奴等五人。"

③ "合"字原脱，今據金史卷三二阿离合懣傳補。

勗,受師于本朝主客員外郎范正圖,略通文義,奏太宗曰:"臣請爲籌之,初太祖約稱原謀弟兄輪足,却令太祖子孫爲君,盟言猶在耳,所有太祖正室聖穆皇后親生男聖果早卒[1],有嫡孫喝囉,可稱按班字極列,立以爲儲,見年一十五歲矣。"粘罕、悟室利於幼小易制,宗幹係伯父續其母如己子也,遂共贊成其事,是故除宗磐爲忽魯字極列,除宗幹爲固論字極列,除宗維爲異辣字極列,遂遷烏野爲左丞,以賞之。案此文似非不實,而爲大定史臣於實録中諱削殆盡,故紀、傳及本傳皆無明文。又此"左丞"文上,傳文並不書官爵。集禮:天會十三年九月,上徽宗尊謚,攝中書令奉册,止稱"郎君勗"是也。

加鎮東軍節度使　案鎮東軍即咸平府銅山縣。

宗秀　不受　二字當改入下"却之"文下。

生龍虎上將軍隈可　此下當加"謀良虎別有傳"。

隈可亦作偎喝　北本不提行,非。

取寧江州　"寧江",北作"江寧",非,已改。

興平軍節度使　此下當加"皇統六年,封王"。

以兄謀良虎子喚端　"子"當作"孫"。表、傳

上京路　此上當加"并"。

改曷速館節度使　"曷",北作"遏",非。

胡十門　子鈎空　"空"已作"室"。

以其父所管七部　"七",北作"十",非。

合住　再遷静江中正軍節度使　案史中如趙瑾、興祥傳

---

① 聖穆皇后,三朝北盟會編卷一六六引神麓記作慈惠皇后。

文。**王伯龍**、天輔四年留後，五年真授。**李師夔**、天輔末留後。**盧彦倫**、天會初留後，知咸州，遷節度。**孔敬宗**、天會五年節度。**蕭王家奴**、天會八年節度、謀克。**郭企忠**、天會三年桂州觀察，六年留後，已下皆遥領者。**高彪**、天會五年節度，亦遥領。**赤盞暉**、天會四年桂州觀察，六年節度，亦遥領。**張玄素**天眷元年節度，亦遥領。皆授此軍①。又弔伐録：天會四年二月十日，謝餞書，差高僧奴。又遼天祚紀：天慶四年十月，以蕭嗣先爲都統，並加此銜。而遼史各志及本史地志、官志皆無此名。又考盧彦倫傳，爲留後，知咸州煙火公事。似屬咸平路，而皇統省併，止及州縣，其更名當在天德升府時，或以海陵事，率不詳耶。

　　摑保　問之以缺知之　"以"字下空缺六字，已補"他肉對昭祖心"。

　　袞　世祖曾孫祖霸合布里　"曾"上當加"族"。案袞若爲世祖曾孫，則霸合布里當爲世祖子矣，何以前列世祖諸子中無此名，且宗室表不見"袞"字，大抵族人，與上摑保同。

　　大定中　此上當加"袞"。

　　尋爲夏國王李仁孝封册使　"封册"當作"敕祭"。案仁孝封册，在天眷三年。若純佑封册，自有劉璣、慶裔皆非也，當爲敕祭慰問大礐之副，在明昌四年冬②。

　　齊　父胡八曾　"曾"當作"魯"。表

　　以族改　"改"當作"次"。

---

① "玄"原作"元"，今回改爲本字，下同。
② 按金史卷一〇章宗紀二明昌五年閏十月丙戌云："以引進使完顏袞爲夏國生日使。"或指此事。

其寬明大體　“大”當作“有”。

乃以齊傅充王　“充”，元作“兗”，是。案即永成。

三國潘輔　“三”當作“王”。“潘”當作“藩”。

尤魯　蘇州　即復州化成縣。

胡石改　德州復叛　西京大同府宣寧縣。

於歸化之南　西京宣德州。

澤州諸部　北京大定府神山縣。

宗賢　本名阿魯　此下當加“宗室子”。

卞　誦唐張在詩　見澠水燕談及中州集。

奕　梁襄傳有宗室奕事，當即此。

改左司都點檢　“司”當作“副”。

卷六十七

石顯傳　孩懶水　即耶懶。

自山　“自”當作“白”。

桓赧傳　亦居是官焉　“官”，北作“宫”，非。

責讓蕭宗失利之狀　“失利”，北作“利失”，非。

不左軍中　“左”，北作“在”，是。

石魯通於卜灰之妾　此上當加“初”。

烏春傳　以被甲九千　“千”已作“十”，與元本合。

匹古數水　“數”，元作“敦”，是。案上桓赧傳作“敦”，即鼇故德之轉音。

居烏延部　“居”字當削。

　　留可傳　安春之忽沙渾之子也　九字當削作"安春之子也"。

　　以四十甲與謾都訶　"訶",北作"阿",非。

　　阿疎傳　金初亦有兩劾者至後贈特進云　二十八字,當削。案文已見輩魯傳。

　　畋於上溫水　"上",元、北作"土",是。

　　奚王回离保傳　遼本傳:"奚回离保,一名翰,字授懶,奚王忒鄰之後。善騎射,趫捷而勇,與其兄鼇里剌齊名①。大安中,車駕幸中京,補護衛,稍遷鐵鷂軍詳穩。天慶間,徙北女直詳穩,兼知咸州路兵馬事,改東京統軍。既而諸蕃入寇,悉破之,遷奚六部大王,兼總知東路兵馬事。保大二年,金兵至,天祚播遷,回离保率吏民立秦晉國王淳爲帝,淳僞署回离保知北院樞密事,兼諸軍都統,屢敗宋兵。淳死,其妻普賢女攝事。是年,金兵由居庸關入,回离保知北院,即箭笴山自立,號奚國皇帝,改元天復,設奚、漢、渤海三樞密院,改東、西節度使爲二王,分司建官。時奚人巴輒、韓家奴等引兵擊附近契丹部落,劫掠人畜,群情大駭,會回离保爲郭藥師所敗,一軍離心,其黨耶律阿古哲與其甥乙室八斤等殺之,僞立凡八月。"

　　奚有五世族　"世",元作"王",是。

　　贊　有遥里氏伯德氏奥里氏梅知氏揣氏　五代會要:五

---

① "名"字原脱,今據遼史卷一一四奚回離保傳補。

部，一阿薈、二啜米①、三奧質、四奴皆、五黑訖支。契丹國志：
奚分五部，每部一千人，由古北口至中京北，皆奚境。遼營衞
志：初爲五部：曰遥里、伯德、奧里、梅只、楚里。案遥里氏，史
作瑶里，亦作姚里，與伯德氏皆有列傳。奧里氏，見遺山集蕭
漢傑詩序。又續夷堅志有奧里光禄。梅知氏②，史作梅只③，
見粘割貞傳。惟楚里氏，史作擩氏，似爲急讀音，姓不經見。

卷六十八

歡都傳　獨不念愛弟蒲陽温與弟婦乎　"愛弟"二字當
削。案下文云蒲陽温者，漢語云幼弟也，亦見國語解。下元
傳上曰："蒲陽温胙王元"是也。此加"愛弟"，語複。

避疾於米里每水　"每"當作"海"。

代國公　此下當加"大定間，定亞次功臣，圖像衍慶宫"。

冶訶傳　系出景祖　案世紀：冶訶同時來歸者，如斡泯、
泰神、統門三水人，即在景祖時，不得云"系出"明矣。"景"
字，當爲"獻"字或"昭"字之訛。

與同部人　此上當加"景祖時"。

統八門水　案紀作統門。

阿魯補傳　時康王留相州　"康王"當作"宋主"。

康王既渡淮　"康王"當作"宋主"。

---

① "啜米"原作"啜末"，今據五代會要卷二八奚改。

② "梅知"原作"梅只"，今據上文改。

③ "梅只"原作"梅知"，今據金史卷一二二粘割貞傳改。

絹三百匹　此下當加“復定亞次功臣，圖像衍慶宫”。

骨赧傳　從討桓赧散達烏春窩謀罕留可之叛　案冶訶傳：子阿魯補、骨赧。似弟兄以次列者。而阿魯補傳云：“未冠從軍”。爲太祖甲午年事。此傳云：“從討桓赧。”則係世祖庚午年事。不應弟反先兄二十餘年。更考阿魯補死於天德二年，僅五十五歲，而骨赧卒於天眷中，已八十歲。是此弟兄兩傳倒次可知矣，宗室表次亦誤。

訛古乃傳　豪刺唐古部　“豪”當作“迭”①。

蒲查傳　撒改南征　撒改，紇石烈志寧傳作撒曷輦。

西北路招討使卒　北、表作“南”。“卒”下當加“大定間，定亞次功臣，圖像衍慶宫，追贈濟國公”。

卷六十九

太祖諸子傳

目　元　此下當加注“本名常勝”。

蜀王宗敏　“蜀”已作“曹”。

生鄴王斡忽　此下當加“景宣、睿宗自有紀”。

宗幹宗望宗弼自有傳　案松漠紀聞云太祖八子，神麓記

---

① 按遼史卷三三營衛志下謂聖宗三十四部有鶴刺唐古部，節度使屬西南面招討司。卷三五兵衛志中衆部族軍西南路招討司條亦有鶴刺唐古部。據卷九六耶律仁先傳云：重熙中，“改鶴刺唐古部節度使”。契丹小字耶律仁先墓誌第九至一〇行寫作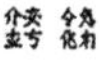，正對譯本傳“鶴刺唐古部節度使”，亦即金豪刺唐古部，則音譯“豪”。知金史卷六八訛古乃傳作“豪刺”不誤。

云九子,皆非也。惟節要云三后、三妃、十六子,是①。

宗雋　爲東京留守　此下當加"十五年封王"。紀

宗傑　後爲上京留守　集禮:皇統元年正月七日,遣上京留守奭,告天地社稷。

子阿楞撻楞　"楞",表作"懶"②。

宗强　爲燕京留守　集禮:皇統元年正月七日,遣析津尹宗强告太廟。

封衞王太師皇統二年十月薨　當作"皇統元年五月,拜太師,封衞王,六月薨"。案熙紀:五月己西,宗幹薨,宗强當於是月進拜、改封。然不及四十六日亦薨,傳皆不合,據紀改訂。

爽　留守師　"守"當作"京"。

可喜　以宗室子　四字當削。

海陵遣使殺之　"陵"下當加"將"。

將兵往東京　"東"當作"南"。

昭武大將軍幹論　"武",合住傳作"毅"。

表圖事幹論　"表",元作"憙",是。

俱不自安　四字當改入下"居京師"文下。案此傳敘事

---

① 按三朝北盟會編卷一八云:"節要曰阿骨打有子十餘人,今記其八。……金國太祖實錄曰三后三妃,十有六子。"因節要、金國太祖實錄兩書前後相屬而易混淆,此處"節要"當改作"金國太祖實錄"。

② 阿楞與阿懶、及弟撻楞與達懶並見於金史。按金史卷六九胙王元傳云"海陵乘此并擠阿楞殺之。阿楞弟撻楞",卷一三二唐括辯傳作"鄧王子阿楞"。然卷四熙宗紀皇統九年(1149)十一月戊辰曰:"殺故鄧王子阿懶、達懶。"及卷五海陵紀追述皇統九年事有云:"鄧王子阿懶","海陵乘此構常勝、查剌、阿懶、達懶。"

無法。

與熙宗殺逆　“殺”，元作“弑”，是。

完顏布輝爲副統　“爲”上當加“同”。

阿瑣　以宗室子　四字當削。

卷七十

目　忠　此後已加“習失”。

撒改傳　破遼師千萬于鴨子河　“千”當作“十”。

追封燕國王　此下當加“天德二年，配享太祖”。志

子宗翰宗憲　此下當加“扎保迪”。

宗憲傳　本名阿懶　松漠紀聞：粘罕庶弟宗憲，名吉甫，好讀書，甚賢。又節要：粘罕以弟石寙馬之乳母妻烏陵思謀。

而意甚與我合　“而”當作“爾”。

俄拜平章政事　集禮：大定三年十月，增上睿宗尊謚，命右平章宗憲攝太尉，行禮。

習不失傳　與昭順皇后徒單氏　“昭”當作“威”。

以弓弰繫馬首而去　“繫”當作“擊”。

世祖至蘇素海春　“春”當作“旬”。

獻馘於遼人賞功　“遼”下，元有“遼”，是。

三月世宗生　“三月”當作“是日”。案太祖紀：天輔七年三月甲寅朔，將誅昂。世宗紀：大定四年三月丙戌朔，萬春節。則在是朔。正隆事迹云“三月一日寅時生”，是也。故郢王昂傳亦有國慶之語。若作三月，則一諸王孫耳，何獨言國

慶哉。

今即至矣　此下當加"天德二年,配享太祖"。

配饗太祖廟廷　"六字當削"。

諡曰忠毅　"忠毅"當作"毅武"。志。此下當加"圖像衍慶宮"。

宗亨傳　天輔初　"輔"當作"眷"。

爲淑溫特宗室將軍　淑溫特即溫忒[1],見官志。

澤州定　三字當削。

改澤州定國軍節度使　"澤"當作"同"。案澤爲刺史州,無軍事。定國乃同州。

領武陽軍都總管　"陽"當作"揚"。

以手詔班賜宗亨　"班"字當削,元作"以",亦非。

授右宣徽使　"右",窩斡傳作"左"。

札八詐稱降　"稱"字當削。

括里札八亡入於宋　宋孝紀[2]:紹興三十二年十月甲申,契丹招討蕭鷓巴來奔。

宗賢傳　從都統杲取中原　"原"當作"京"。

撒合戰没　撒合,上文不見。

賽里兵會之　此下似有脱文。

未幾復官　此下當有"遣送宋天水郡王喪事",傳略。

海陵雖尊　"尊"當作"專"。

---

[1] 今檢金史卷五五百官志一大宗正府條,"溫忒"上有"東"字。
[2] "孝"原作"高",今據宋史卷三三孝宗紀一改。

石土門傳　父直离海　表作淬不乃。

將五千人迎擊之　"千"當作"十"。

封金源郡王　此下當加"大定間，定亞次功臣，圖像衍慶宮"。

完顏忠傳　二年以耶懶地薄斥鹵　此上當加"天會"。

追封金源郡王　此下當加"十五年，圖像衍慶宮，諡明毅"。

習室傳　習失　元作習室，是。

習室摧鋒力戰　"摧"，元作"惟"，非①。

略定山　"山"下當加"西"。

諡威敏　禮志作威敬。此下當加"配享太祖廟廷"。

思敬傳　押懶河人金源郡王神土懣之子辭不失弟也　十八字當削。案此傳當別一作手，不知神土懣之即石土門，"懣"與"門"音近，會編稱"我們"，亦作"我懣"。辭不失之非習室，下文云兄習室。以致敘載複雜。考異云重出，是也。

涉渡河　"渡河"當作"河清"。

俄爲北路都統　"北"上當加"西"。

各隨所受地主　"主"當作"土"。

無功授猛克者　"猛"已作"謀"。

卷七十一

斡魯傳　案此下二卷傳文，乃至拙之手所作。

① 今核本書引元本作"惟"，洪武覆刻本作"摧"，是。

斡魯亦對築九城　“斡魯”當削。

詔斡魯統諸軍　“斡魯”當削。

進攻瀋州　“瀋州”當削。

斡魯進兵　“斡魯”當削。

斡魯上謁于婆魯買水　“斡魯”當削。

幸斡魯第　“斡魯”當削作“其”。

殺酬斡僕忽得　此下當加“事見忠義傳”。

酬斡宗室子至與酬斡同被害　一百三字,當削。案二人事入忠義傳,或是時未立忠義傳目,故與高永昌事同附見之,至立傳後,應將複文削去,此總裁失檢。

斡魯至石里罕河　“斡魯”當削。

天眷中至贈昭義大將軍　二十字,當削。

斡魯從都統　“斡魯”當削。

斡魯與鶻巴魯　“斡魯”當削作“乃”。

使李仁輔　“仁”當作“良”。

已遣楊璞徵糧於宋　宋徽紀:宣和五年四月,金遣楊朴以誓書及燕京六州來歸,本史耨盌温敦思忠傳“楊朴潤色”,即此。

斡魯奏曰　“斡魯”當削。

追封鄭國王　此下當加“六年立碑”。

配享太祖廟廷　此下當加“大定八年,圖像衍慶宮,謚剛烈”。

斡魯古傳　十四大彎　“大”,元作“太”,是。石顯傳“蒲馬太彎”,高麗傳“麻懃太彎”,婁室、夾谷吾里補傳“太彎照撒”等①。

合斡魯古咸州兵　“斡魯古”當削。

南永昌　“南”，元作“高”，是。

太祖聞斡魯古軍中　“太祖”當削作“又”。

遺斡魯古書　“斡魯古”當削。

亦告孛堇　“堇”當作“菫”。

闍哥亦宗室子也既代斡魯古治咸州　十五字當削。

大定十五年　“定”下當加“八年圖像衍慶宮”。

婆盧火傳　至阿里門河　“門”當作“閔”。

渡蘇袞河　“蘇”上當加“合”。

婆盧火石古乃討平之　“石”當作“習”。案上文作“習”，下卷婁室、海里②、阿离補三傳又並作“石”。

并賜其子剖叔　案剖叔似即上婆速之異文，故宗室表止云婆速。第考下文云“子剖叔，襲猛安”。又云“婆速，官特進”，則似兩人矣，疑傳誤分一人爲二人也。

駐烏骨迪烈地　“地”當作“部”。

謚剛毅　此下當加“大定間定亞次功臣，圖像衍慶宮，贈齊國公”。

吾札忽傳　與廣寧尹僕散渾坦　案窩斡傳，又有同知北京留守完顏骨只，此略。

闍母傳　斡魯征伐之　“征”當作“往”。

---

① 金史卷八一夾谷吾里補傳作“太彎照三”。
② 按金史卷七二海里傳無石古乃，同卷上有仲傳云“石古乃”。即指此傳。

闍母以所部先濟　"闍母"當削作"獨"。

闍母破之於首山　"闍母"當削。

闍母代之於是闍母爲咸州路副統　十四字當削作"闍母代爲副統"。

又爲四輪革車　案婁室碑云："樓車鞏之以革，施四輪其上①，出陣堞以瞰敵。"是也。

闍母使士卒　"闍母"當削。

覺將以兵脅遷來潤濕四州之民　"濕"當作"隰"。

問闍母敗軍之狀　"闍母"當削。

語在宋事中　五字當削。

以監戰事　"以"，元作"已"。

大軍克汴州　"州"當作"京"。

闍母爲元帥左都監　"闍母"當削。

天會六年薨　"六"當作"七"。紀

徙封魯王　此下當加"三年，配享太祖，八年圖像衍慶宮"。

宗敍傳　宗敍至汴　"宗敍"當削作"從"。

契丹撒八反　"契"，元作"奚"，非。

領左翼都統　"左"當作"右"。

烏延查剌　四字當削。忠義②、窩斡傳。

右翼都統宗亨　"右"當作"左"。

---

① "上"原作"下"，今據柳邊紀略卷四完顏婁室神道碑改。

② 按金史卷八七僕散忠義傳無烏延查剌，同卷上有紇石烈志寧傳云"右翼萬户烏延查剌擊賊少却"。即指此傳。

恐宋人乘間扇誘搆爲邊患　案魏子平、斡特剌傳載宗叙
是年入見,奏邊事,傳略。

十一年奉詔巡邊　世宗紀,在十年八月。

綵四十端　此上當加“重”。

卷七十二

婁室傳　婁室　案史中同名者,凡有十婁室,本傳及大磐、
永成、志寧、石抹榮、仲元、韓奴并大小中三傳。九桓端,“桓”通作“喚”。本
傳及按荅海、宗雄、張行信、石倫、仲德、粘没曷、尼厖古、賽不、三婁室傳。八
銀尤可,本傳及宗尹、永蹈、克寧、安貞、桓端、石倫、列女、獨吉等傳。七阿
鄰,本傳及紀天輔六年、爽、宗固、移剌道、從彝、郭等傳。六阿魯,宗賢、宗
彊、宗尹、宗本、斡魯古、締達等傳。六阿魯補,“魯”通作“里”。紀大定十
年及冶訶、宗敏、光英、移剌道本傳。六撻懶,二本傳及宗傑、斡英、安禮、德
温等傳。五蒲速越,紀大定元年,又三年,又十年,及大磐、移剌道等傳。
四撒改,本傳、思敬、訛論、洪衍傳。四撒合輦,本傳、蠻睹、志寧、獨吉義
傳。四阿海,謝奴、定方、襄、安貞傳。四撻不也,宗亨、大臬、特离補、志
寧傳。三阿里合懣,本傳、克寧、永中傳。三蒲剌都。本傳、仲端、安貞
傳。至一二同名者不勝計。柳邊紀略:船廠西二百里薄屯山,
有金完顏婁室神道碑。碑楷書,文曰大金故開府儀同三司左
副元帥金源郡壯義王完顏公神道碑,翰林直學士王彥潛撰
文,大名府兵馬都總管判官任詢書碑,東上閤門使左光慶
篆額。

使隸左翼宗翰軍　“左”當作“右”。碑

攻黃龍府　案此文下碑有云：“賜誓券，恕死罪。”殆非鑄鐵者，與後賜不同，故傳略耳。

與習失拔离速往　“習失”，碑作“習不失”，訛。

將至野　此下當加“谷”。

离石　碑作“靈石”。

天會八年薨　碑云：“卒於涇州，歸葬於濟州之東南奧吉里①。”

改贈金源郡王　此下當加“大定十六年，圖像衍慶宮，明年大祫”。

謚莊義　“莊”當作“壯”。碑

活女傳　活女常從婁室圍太原　“活女常”三字當削。

活女率軍三百　“活女”當削。

歷京兆尹　婁室碑：官至儀同三司、京兆尹、本路兵馬都總管。金石萃編有京兆府重修廟學碑，題府尹完顏胡女，即此。

年六十一　此下當加“大定間，定亞次功臣，圖像衍慶宮”。

謀衍傳　窺取北京　“窺”當作“規”。

而謀衍子斜哥　婁室碑作“斜魯”。

改東京留守　婁室碑云“官至崇進”。

仲傳　蕃部不敢寇邊　“蕃”，北作“藩”，非。

復有罪　“復”當作“後”。

①“奧吉里”原作“陳”，今據柳邊紀略卷四完顏婁室神道碑改。

改北京留守卒　婁室碑云："金吾衛上將軍"。

海里傳　海里從徙於執吉訛母　即<u>熟結濼</u>[1]，見<u>紀收國</u>元年。

追及遼主於朔州阿敦山　即<u>可敦館</u>，見<u>婁室傳</u>。

銀朮可傳　爲燕京留守　<u>松漠紀聞</u>：<u>金法</u>：北人官<u>漢</u>地者，皆置通事。上下重輕，皆出其手，得以舞文招賄，二三年皆致富，民俗苦之。有<u>銀珠哥</u>大王者，以戰多貴顯，而不諳民事，嘗留守<u>燕京</u>。有民數十家，負富僧金六七萬緡，不肯償。僧誦言欲申訴，逋者大恐，相率賂之。通事曰："汝輩所負不貲，今雖稍遷延，終不免，苟爲厚謝我，爲汝致其死[2]。"衆皆欣然許諾。僧既陳牒[3]，跪聽命。通事潛易他紙，譯言曰："久旱不雨，僧欲焚身動天，以蘇百姓。"<u>銀珠</u>笑，即書牒尾稱"賽哏"者，再庭下已有牽攏官二十輩，驅之出。僧莫測所以，扣之則曰"賽哏，好也。"狀行矣。須臾出郭，則逋者已先期積薪，擁僧以上，四面舉火。號呼稱冤，不能脫，竟以焚死。

配饗太宗廟廷　此下當加"<u>天德二年</u>"[4]。

謚武襄　志作"襄武"，訛。

改配享太祖廟廷　此下當加"圖像衍慶宮"。

毅英傳　拔离速追宋孟后於江南　<u>宋高紀</u>：<u>建炎</u>三年七月壬寅，命<u>李邴</u>、<u>滕康</u>扈從太后如<u>洪州</u>，<u>楊惟忠</u>將兵百人以

---

① "熟結濼"原作"執吉濼"，今據金史卷二太祖紀收國元年(1115)十二月丁未條改。

② "其"字原脫，今據松漠紀聞卷上補。

③ "陳"字原脫，今據松漠紀聞卷上補。

④ "二"原作"三"，今據金史卷三一禮志四"功臣配享"改。

衛。八月己未①,太后發建康。閏丁酉②,太后至洪州。十月辛丑,金人自大冶縣趨洪州。十一月壬子,太后退保虔州。戊午,金人陷洪州。辛酉,太后至吉州。乙丑,發吉州,至太和縣③。金人至太和,太后自萬安陸行如虔州。十二月乙未,金人屠洪州。四年二月乙未,金人陷潭州,將吏王畯等戰死,向子諲率兵奪門亡去,金人大掠,屠其城。四月,金人犯江西者,自荆門軍北歸,統制牛皋擊敗之。

　　觳英以選兵　　“觳英”當削。

　　觳英將騎三千五百　　“觳英”當削。

　　以本部破宋五萬人　　“宋”下當加“兵”。

　　宗弼用觳英策　　“觳英”當削作“其”。

　　宋吳玠擁重兵據涇州　　“玠”當作“璘”。案此文在復取河南、陝西後,爲天眷三年事。即宋高宗紹興十年。宋史玠傳卒於九年,安得有涇州之戰耶。撒离喝傳但云宋人而已。

　　吳玠必取鳳翔　　“玠”當作“璘”。

　　吳玠兵果自西原來　　“玠”當作“璘”。

　　吳玠左右軍少退　　“玠”當作“璘”。

　　遂敗玠軍　　“玠”當作“璘”。

　　阿魯瓦見觳英　　六字當削作“詔至”。

　　觳英不得已　　“觳英”當削。

　　詔觳英　　“觳英”當削。

---

① “八月”二字原脱,今據宋史卷二五高宗紀二補。
② “閏”原作“八月”,今據宋史卷二五高宗紀二改。
③ “和”原作“湖”,今據宋史卷二五高宗紀二改。

至南京　部曲録：完顏撻懶，銀朮大王之孫，任西北路招討，知大興府。亮死，爲河南兵馬副元帥。

拔离速傳　至古北口　"古"，北作"右"，非。

謚敏定　此下當加"大定間，定亞次功臣，圖像衍慶宫"。

習古迺傳　遼梁王在紇里水雅里自立　"雅里"二字，當改入在"紇里水"文上。

築新城於契丹周特城　城見地志上京路。

天輔六年　"輔"當作"會"。紀

鎮高麗　此下當加"大定間，定亞次功臣，圖像衍慶宫，追贈濮國公"。

卷七十三

阿离合懣傳　自此至宗道傳，皆敘景祖後。

阿离合懣功居多　"阿离合懣"當削。

使阿离合懣獻馘于遼　"阿离合懣"當削。

疾病　"病"當作"革"。

大定間　此下當加"圖像衍慶宫"。

賽也子宗尹　此下當加"宗寧，斡論子宗道"。

晏傳　景祖之孫阿离合懣次子也　十一字當削。案考異云："何須更著世系。"是也。下宗寧、宗道傳同。

宗尹傳　爲右衛將軍　案繫年要録：紹興十五年夏，以左副都點檢爲賀宋生辰使①。傳略。

卿等尚未信也　"信"當作"仕"。

宗寧傳　系出景祖太尉阿离合懣之孫　十二字當削。

授隆州路和團猛安　"隆"，北作"降"，非。

即遁云　"云"，元、北並作"去"，是。

宗道傳　本名八十　案史中以數名者，烏延胡里改傳其子<u>五十六</u>，溫敦思忠傳贊謨女<u>五十九</u>，溫迪罕締達傳子<u>二十</u>，石盞女魯歡傳本名<u>十六</u>，溫敦昌孫傳衞尉<u>七十五</u>之子，徒單傳子<u>十六</u>②，略有數人。

系出景祖太尉訛論之少子也　十二字當削③。

右丞相烏論元忠左將軍僕散揆等嘗燕集有所竊議宗道即密以聞　"左"下當加"衞"。案元忠之出，揆之罷，皆當由此。

駕馬八百餘匹　"駕"，元作"賀"，是。

宗雄傳　自此至按荅海傳敘康宗後。

此兒風骨非常　"此"，北作"比"，非。

可取也　三字當改入下"而我兵擒之"文下。

摧鋒力戰　"摧"，元作"推"，非。

當右軍者已却　"右"當作"左"。紀

至馳門　"馳"當作"馳"。

---

① 按宋史卷三〇高宗紀七紹興十五年(1145)五月甲子云："金遣完顏宗尹等來賀天申節。"

② 徒單傳即金史卷一三二徒單貞傳。

③ 訛論即斡論，即晏。按金史卷六世宗紀上大定二年(1162)四月己丑，晏爲太尉。

與斜也俱取泰州　"斜",北作"斜",非。

包其土　"土",北作"上",非。

以宗雄等言其地可種藝也　十一字當削。

葬於歸化州　"歸化州"當作"上京"。

齊國公　"公",元作"王"。

大定二年　"二"當作"八"。志

以問宰相　此上當加"上"。

阿鄰傳　上即位于遼陽　"上"當作"世宗"。

按荅海傳　宗雄次子也　五字當削。

希尹傳　歡都之子也　神麓記:悟室與國同姓完顏氏,母姓三十箇月生,名曰悟室。乃三十也①。長而身七尺餘,言如巨鐘,面貌長而黃色,少鬚髯,常閉目坐,怒睛如環。創撰女真文字,動静禮法,軍旅之事暗合孫吳,自謂不在張良、陳平之下。

　　賜希尹詔　節要:誅兀室、蕭慶詔:朕席祖宗之基,撫有萬國,仁燾德覆,罔不臣妾,而帷幄股肱,敢爲奸欺。開府儀同三司、尚書左丞相、陳王希尹猥以軍旅之勞,寖備宰輔之列,陰愎險忍,出其天資,蔑視同僚,事輒異論,頃更法令之始,永爲朝廷之規,務合人情,每爲文具,比其改革,不復遵承,幾喪淳風,徒成苛政,至乃未稟詔諭,遽先指陳,或托旨以宣行。每作威而專恣,密植黨與,肆爲誕謾。僭□玉食之尊,

---

① "乃三十也"原爲正文,今改作小注。

荒怠梟鳴之構①，獨擅家國之利②，内睽骨肉之恩。日者帥臣密奏，奸狀已萌，早弗加誅，死目不瞑，顧雖未忍，灼見非誣，心在無君，言宣不道。遂燕居而竊議，謂神器以何歸，稔於聽聞，迄至彰敗，躬蹈前車之既覆，豈容蔓草之弗圖。特進尚書左丞蕭慶迷國罔悛，欺天相濟，將置於理，咸伏厥辜，嗚呼！賴天之靈，既誅兩觀之惡，享國無極，永保億年之休。咨爾臣民，咸體予意。神麓記：初兀朮在祁元帥府，朝辭既畢，衆官餞於燕都檀州門裏，兀朮甲第，夜闌酒酣皆各歸，唯悟室獨留嗜酒，齧兀朮首曰：“爾鼠輩。豈容我齧哉，汝之軍馬，能有幾何，天下之兵皆我也。”言語相及，兀朮佯醉如厠，急走騎告秦國王宗幹云：“兄援我。”秦國王與悟室從來膠漆，及謀誅魯、宋之後，情轉相好，遂言語遮護云：“悟室實有酒，豈可信哉。”兀朮出，次早以辭皇后爲名，泣告皇后如前，后曰：“叔且行，容款奏帝爾。”兀朮遂行，后具以語白東昏。使兀朮親弟燕京留守紀王阿魯追兀朮至良鄉，及之回，兀朮至，密奏。帝曰：“朕欲誅老賊久矣，奈秦國王方便援之至此。自山後沿路險阻處今朕居止，善好處自作捺鉢，以我骨肉不附己者，必誣而去之，自任其腹心於要務之權，此姦狀之萌，惟尊叔自裁之。”是夜，詐稱有密詔，入兀室所居宅第，執而數之，賜死。同男卧魯、南撒、瀛虛、哥滋四子遇害，右丞蕭慶并子男亦被誅。

<hr>

① “構”字原闕，三朝北盟會編卷一九七引金虜節要小注曰“廟諱”，即避宋高宗趙構諱。按呻吟語引此詔書作“荒怠梟鳴之構”。今據補。

② “獨”原作“外”，今據三朝北盟會編卷一九七引金虜節要改。

師臣密奏　"師"當作"帥"。節要①

遂致章敗　"遂",節要作"迄"。

諡貞憲　此下當加"圖像衍慶宮,配享太祖廟庭"。

守貞傳　後張汝弼妻高陀韓獄起　"韓"當作"斡"。

古人常刑　"人"當作"有"。

遷知都府事　"都"當作"大興"。

君子故相完顏守貞　中州集:周昂冷巖行賦:冷巖相公所居。詩注云:"冷巖,賢宰相宗室守貞自號也。"亦見歸潛志。

守能傳　守能被執　北盟會編:紹興三十一年十月二十日,王彥克商州,獲知州昭毅大將軍完顏守能②。

卷七十四

目　宗翰注子斜哥　"子"當作"孫"。

室望　"室",元作"宗",是。

宗翰傳　宗翰　宋史作宗維。沈良靖康遺錄:孫覿自青城還,説二帥之狀,粘罕魁偉,蜂目豺聲,二太子黑而短,其言如僧家念咒。

撒改使宗翰及完顏希尹來賀捷　"宗翰"當削。"及"當作"與"。

---

① 今檢諸鈔本三朝北盟會編卷一九七引金虜節要皆作"師臣",蓋即宗弼。

② "毅"字原闕,今據三朝北盟會編卷二三六補。

宗翰爲右軍　太祖紀作“中軍”。

上顧謂宗翰曰　“宗翰”當削。

竟用宗翰策　“宗翰”當削作“其”。

蒲家奴宗翰魯宗翰宗磐副之　“宗翰魯宗翰”五字,當改作“宗翰、宗幹、宗望”。案監本衍“魯”字,訛“幹”字,脫“宗望”字。據紀改。元本作“蒲家奴、宗翰、宗幹、宗盤副之”。亦脫“宗望”字,又訛“磐”字。

宗翰駐軍北安　“北安”二字當削。

殺其子晉王敖魯翰　“翰”,元作“幹”。

宗翰使耨盌温都　“宗翰”當削作“因”。

宗翰勸杲　“翰”,元作“幹”,是。

宗翰弟札保迪　“宗翰”當削。

宗翰請曰　“宗翰”當削。

給宗翰軍　“宗翰”當削作“其”。

請分宗望撻懶石古乃精兵　“石”當作“迪”。案迪古乃,即完顏忠。

宗翰發自河陰　“宗翰”當削。

宗翰乃還山西　“宗翰”當削。

宗翰克太原　“宗翰”當削。

宗翰至汴　“宗翰”當削。

使皆執其手以勞之　案遼國語解:執手禮,將帥有克敵功,上親執手爲慰勞。若將在軍,則遣代行此禮。如聖宗獎諭貫寧是也。史宗惟、宗雄則太祖親執,此與宗望,太宗使勖代行。又宗弼傳:命撒改往軍中勞之。丞相襄傳:謀衍握其手。亦同。

與大軍北還　宋欽紀：靖康二年夏四月庚申朔，金人以帝及皇后、皇太子北歸。凡法駕、鹵簿，皇后以下車輅、鹵簿，冠服、禮器、法物，大樂、教坊樂器，祭器、八寶、九鼎，圭璧，渾天儀、銅人、刻漏，古器、景靈宮供器，太清樓秘閣三館書、天下州府圖及官吏内人、内侍、技藝、工匠、娼優，府庫蓄積，爲之一空。

賜宗翰鐵券　"宗翰"當削作"以"。

從宗翰行　"宗翰"當削。

其四月七日兩書　"日"當作"月"。

歸德叛都統大幻里平之　十字當削。案此係宗弼傳文，非史官誤入，即胥手誤鈔，亦不詳其故。

熙宗即位　此下當加"入朝"。案據集禮，當在天會十三年二月。

天會十四年薨　"四"當作"五"。案張匯金節要載粘罕獄中上書及下粘罕詔，以爲誅死，與史不合，乃宋人誣詞，不足據。

謚桓忠　此下當加"圖像衍慶宫"。

宗望傳　已克中都　"都"當作"京"。

逐越盧孛古野里斯等　野里斯，即雅里斯，見太祖紀天輔六年。

使希尹奏請徙西南招討司諸郡于内地　"郡"，元作"部"，是。

泥及遼主於石輦驛　"泥"當作"追"。

蒲家奴爲後繼　　此下當加"至烏里質鐸不及"。紀

宗望婁室　　"宗望"當削作"與"。

宗望與當海四騎　　"宗望"當削作"復"。

太祖嘉宗望功　　"宗望"當削作"其"。

宗望欲移書督之　　"宗望"當削。

上召宗望赴闕　　"上"當作"會"。"宗望"當削。

宗望至軍　　"宗望"當削作"既"。

宗望爲南京路都統　　"宗望"當削作"詔以"。

宗望奏曰　　"宗望"當削。

宗望至三河　　"宗望"當削。

宗望留軍中　　"宗望"當削。

宗望請任以軍事　　"宗望"當削作"亦"。

語在宋事中　　五字當削。

宗望至河上　　"宗望"當削。

奔時　　"時"當作"睹"。

詔宗望曰　　"宗望"當削。

是月宗望薨　　"是"當作"六"。案太宗紀,天會十五年六月庚辰,薨。趙子砥燕雲録:丁未七月初二日,太子往御寨,離燕山七百里,到涼殿,病傷寒亡殁。族人皆劈面號泣,其尸載來燕山。八月初[①],歸本國。

諡桓肅　　此下當加"圖像衍慶宮"。

齊傳　授鎮國上將軍　　"上",北作"王",非。

---

① "八"原作"九",今據三朝北盟會編卷九八引燕雲録改。

京傳　判大宗正事　案海紀：貞元三年，如上京遷梓宮。傳略。

卿兄文　案文既爲京兄，京傳似當列文傳後，殆以所生母爲次。

文傳　賜錢二萬貫　即石哥事。

文召敲仙詰問　“文”當作“聞”，“聞”下當加“之”。“召”，元作“名”，非。

降伈南軍節度副使　“伈”當作“沁”。

文知本府使至　案文防禦德州，屬山東西路，而稱河北東路河間府爲本府，則當時必有割據事。地志失詳。

卷七十五

盧彥倫傳　此卷敘遼降臣，地名多存遼舊。

初取臨潢　“初”上當加“國”。

盡殺城中契丹　案遼蕭乙薛傳：“彥倫以城叛，乙薛被執。”即此。

知新城事　即會平州，實古乃所築者①。

爲宋國歲元使　宋高紀：紹興十六年皇統六年。十二月辛酉②，金遣盧彥倫等來賀明年正旦。繫年要録作會寧尹。紀、表皆失載。

---

① “實”原作“習”，今據金史卷三太宗紀天會二年（1124）四月戊午條改。
② “皇統六年”原作“皇統五年”，今改正。“辛酉”原作“辛未”，今據宋史卷三〇高宗紀七改。

　改禮部尚書　　集禮時享：天德二年四月，盧彥倫攝光禄卿，終獻。

　毛子廉傳　遣謀克辛斡持刺　"持"當作"特"。即前盧彥倫傳辛訛特刺。

　曾不念國王定策之功耶　"功"當作"事"。案國王，指海陵父宗幹。

　李三錫傳　金兵次萊州　"萊"已作"來"。

　改知嚴州　北京興中府興城。

　進官汝州防禦使　"汝"，元作"女"，非①。

　李師夔傳　奉聖永興人　西京德興府德興縣。

　天輔六年　"輔"，北作"府"，非。

　沈璋傳　授太常少卿　此上當加"璋招集居民遷業者三千餘家"。余睹傳

　左企弓傳　再遷萊州觀察判官至知三司使事　七十六字，當削。案金臣傳中雜敘遼事，喻如改嫁之婦，嘵嘵述故夫家事，縱極張皇，有何興趣，且恐聽者亦應耳倦，不如緘口之爲愈也。

　太祖入城受降企弓等猶不知　案企弓與虞仲文、曹勇義、康公弼三人皆由進士出身，致位宰輔，畏金之威，畔命改節，史臣曲筆，乃於款降時下"猶不知"三字，語亦刻矣。他日世宗有言曰："燕人自古忠直者鮮，遼兵至則從遼，宋人至則

---

① 今檢至正初刻本實作"安"，"女"字乃"安"形訛，南監本臆改作"汝"。考三錫任安州防禦使在天會三年(1125)十二月至五年四月間，此沿遼州舊稱，皇統三年(1143)改歸仁縣。

從宋，本朝至則從本朝，其俗詭隨，有自來者。"即指若輩。更
考太祖紀，復有樞副張彥忠，此傳不詳，或即張琳。而遼本傳
不載其字。

諡恭烈　此上當加"賜"。

濟國公　此下當加"仲文、勇義、公弼並賜諡文正、文莊、
忠肅。天會七年，贈中書令、太保、侍中。正隆二年，改贈特
進、濮國、定國、道國公"。

虞仲文傳　當全削。中州集有詩，又李之純虞舜卿送橙
酒詩注云："爲仲文之裔。"

曹勇義傳　當全削。

康公弼傳　當全削。大金國志：天會元年夏，張瑴叛。
粘罕謂公弼曰："吾欲擒張瑴何如？"公弼曰："是趣之叛也。"
親見瑴，諭金國之意。瑴曰："契丹八路，今特平州存耳，敢有
異志？所以未釋甲者，防蕭幹也。"公弼達其語于粘罕。案此
事應入公弼傳。第考太宗元年無夏，且破燕山時，粘罕自在
雲中，國志附會之說不足取。又史臣於左企弓傳總敘降事，
故三傳略去，專述遼事，不意"卒諡"文上竟抹去降殺等文，遂
使遼官金贈一片模糊，雖起三人於地下，自讀之，亦當不解，
真不知限斷極矣，不如削併爲合例。

企弓子泌瀛淵　案泌、淵有傳，瀛事無考。惟僞齊錄：差
除燕人左瀛禮部侍郎。交聘表：天德四年，爲賀宋正旦使。
郭安國傳：爲都轉運，杖一百除名。當是。

左光慶傳　再轉西上東上閤門使　此下當加"遣使高
麗，又使宋還"。

平時喜爲善言　此上當加“光慶”。

卷七十六

宗磐傳　宗磐與斡魯宗翰宗幹魯爲之副　“斡魯”二字當削。下“魯”字當作“皆”。

而宗雋　此下南、北本皆存空白一頁,已據永樂大典補。今録於後。

遂爲右丞相,用事。撻懶屬尊,功多,先薦劉豫,立爲齊帝,至是復唱議以河南、陝西地與宋[1],使稱臣。熙宗命群臣議,宗室大臣言其不可。獨宗磐、宗雋助之[2],卒以與宋。其後宗磐、宗雋、撻懶謀作亂,宗幹、希尹發其事,熙宗下詔誅之。坐與宴飲者,皆貶削決責有差。赦其弟斛魯補等九人,并赦撻懶,出爲行臺左丞相。皇后生日,宰相諸王妃主命婦入賀。熙宗命去樂,曰:“宗磐等皆近屬,輒搆逆謀,情不能樂也。”以黃金合及兩銀鼎獻明德宮太皇太后,并以金合、銀鼎賜宗幹、希尹焉。

宗固本名胡魯。天會十五年爲燕京留守,封豳王。宗雅本名斛魯補,封代王。宗偉本名阿魯補,封虞王。宗英本名斛沙虎,封滕王。宗懿本名阿鄰,封薛王。宗

[1] “復”,今檢永樂大典卷六七六五陽字韻十八王字目引金史無此字。
[2] “獨”,今檢永樂大典卷六七六五陽字韻十八王字目引金史無此字。

本本名阿魯,封原王。鶻懶封翼王①。宗美本名胡里甲,
封豐王。神土門封鄆王。斛孛束封霍王。斡烈封蔡王。
宗哲本名鶻沙,封畢王。皆天眷元年受封。宗順本名阿
魯帶,天會二年薨,皇統五年,贈金紫光禄大夫,後封徐
王。宗磐既誅,熙宗使宗固子京往燕京慰諭宗固。既而
翼王鶻懶復與行臺左丞相撻懶等謀反伏誅②。因降封太
宗諸子,且下詔曰③:"燕京留守豳王宗固等,或謂當絶屬
籍,朕所不忍。宗固等但不得稱皇叔,其母妻封號從而
降者,審依舊典。"皇統二年,復封宗雅爲代王。宗固爲
判大宗正三年④。

凡二十行有奇,計四百三十五字。"三年"與後葉首"爲太保"
文接⑤。

　　復倡議以河南陝西地與宋　　元無"復"字。"倡",元作
"唱"。元無"地"字。

　　皆言其不可　　元無"皆"字。

　　獨宗磐宗雋　　元無"獨"字。

　　宗固傳　封原王　"原"當作"陳"。

　　復與行臺左丞相撻懶等謀反　　元無"等"字。

────────────

① "翼"原作"冀",今據永樂大典卷六七六六陽字韻十八王字目引金史改。
② "等",永樂大典卷六七六六陽字韻王字目引金史無此字。
③ 今檢現存永樂大典卷六七六六陽字韻王字目引金史無"因降封太宗諸子且下"九字。
④ "三年",金源劄記卷下宗磐傳云"當作'六'"。按此文云:"宗固爲判大宗正,三年,
　爲太保、右丞相兼中書令。"據金史卷四熙宗紀皇統六年(1146)四月庚子云:"以同判
　大宗正事宗固爲太保、右丞相兼中書令。"校改作"六年"是。
⑤ "葉"原作"頁",今據廣雅書局叢書本改。

因降封太宗諸子且下詔曰　元無“因降封太宗諸子且下”九字。案永樂大典所據乃真初本，今所借校之元刊本已不免脫訛，考其脫去十四字可見矣。

三年爲太保　“三”當作“六”。

是歲薨　當作“七年薨”。

而宗磐尤跋扈　“而”字當削。

熙宗厚於宗室　“熙”上當加“而”。

使攝右將軍　“右”上當加“衛”。

宗本傳　宗幹謀誅宗尭　“尭”當作“雋”。

使尚書省令史蕭玉　“令”，紀作“譯”。

與玉言大計　“玉言”，北作“言王”，非。

本名胡里甲　五字當削　案文已見前。

北京留守卞　案宋高紀：紹興十七年五月辛巳，金遣完顏卞賀天申節。繫年要錄云右副都點檢，即此人，與列傳者不同。

海陵使太府監完顏馮六　案傳中雜入馮六、劉景事至二三百字，無謂。

蕭玉傳　朕今欲伐江南　案玉爲海陵腹心，豈有至南京後方諭以伐宋事，而議始不合耶。蓋玉與張浩共事，必於海陵弑後，私相傅會，以成其說，冀掩後人耳目，史官不察，遂因此議不列於佞幸傳，非也。

符堅百萬付晉　“符”已作“苻”。

杲傳　杲爲昃勃極烈　“昃”，太祖紀作國論。

下金山縣　案地志：北京路泰州有金安縣，無金山縣。

詔曰遼政不綱至津發赴闕　九十字,當削。案文全見<u>太祖紀</u>。

則欲視我兵少則迎戰　"則欲視"三字,當改作"議覘我"。

詔曰汝等提兵於外至使知朕意　九十一字,當削。案文已見<u>太祖紀</u>。

趨擣里撻　"撻"字已削。

使使完顏希尹等　上"使"字已作"杲"。

見上于大濼西南　"大",北作"太",非。

大定十五年　此下當加"圖像<u>衍慶宮</u>"。

宗義傳　其子宗安　"其子"二字當削。

宗幹傳　本名幹本　"幹"當作"斡"。

封梁宋國王　<u>禮志</u>作<u>唐殷國王</u>。

及葬臨視之　<u>趙伯璘</u>撰<u>完顏固碖墓誌</u>,<u>宇文虚中</u>書,<u>高士談</u>篆額,見<u>松漠紀聞</u>。

改謚明肅皇帝　<u>集禮</u>:<u>大定</u>二年四月九日,有司擬用原謚最下一字稱"明皇帝",奉旨改爲"明肅"。二十一年閏三月二十五日,禮部奉聖旨,<u>明肅皇帝</u>御容交著<u>太祖</u>閣下者。二十八日,户部關禮部文云:"<u>聖武</u>位崇聖閣下,<u>明肅皇帝</u>黄羅帷幄一座,紫羅地褥一片。"

瘞之閑曠　"曠",北作"壙",非。

充傳　母李氏　<u>松漠紀聞</u>:予頃與千户<u>李靖</u>相知,<u>靖</u>二子亦習進士舉,其姪女嫁爲<u>悟室</u>子婦。<u>靖</u>之妹曰<u>金哥</u>,爲<u>金主</u>之伯<u>固碖</u>側室,其嫡無子,而<u>金哥</u>所生今年約二十餘,頗好

延接儒士,亦讀儒書,以光禄大夫爲吏部尚書。其父死,託宇
文虚中、高士談、趙伯璘爲誌,高、宇以趙貧,命趙爲之,而二
人書篆,其文額所濡甚厚。

拜右丞相　　"右"當作"左"。紀、表

檀奴傳　　元奴爲宗正丞　　六字當削。案文見下本傳。

永元傳　　蠱獄訟　　"蠱"上脱一字。

瞽亂賦役　　"瞽"當作"瞀"。

寧國家婢醜底　　案寧國似公主封號,而官志無是名,疑
定國之訛。

相棣順義　　當作"棣順義相"。

兗傳　　羅都元帥府　　"羅",元作"罷",是。

衮傳　　西京兵馬　　此下當加"都監"。

與蒲家姻戚　　"姻",北作"奴",非,已改。

乃上變告之　　"告之"二字當削。

須吕　　二字當有訛。

卷七十七

目　撻懶　　當作"昌"。

宗弼傳　　宗弼軍復先登　　"宗弼軍"三字當削。

宗弼乃得至江寧　　"宗弼"當削。

援宗弼　　"宗弼"當削作"之"。

宗弼發江寧　　"宗弼"當削作"遂"。

宗弼察撻懶　　"宗弼"當削。"察"下當加"知"。

詔宗弼爲太子　五字當削作"加太保"。

太師宗幹以下　"斡"已作"幹",與<u>元</u>本合。

並加忠承校尉　"承"已作"勇"。

宗弼已啓行　"宗弼"當削。

北還軍　"北",<u>元</u>作"比"。

宗弼以便宜　"宗弼"當削作"遂"。

往軍下勞之　"下"已作"中"。

三年二月　"三"當作"二"。

今天其悔過　"過"已作"禍"。

皇統三年　"三"已作"七"。

皇統八年薨　"皇統"二字當削。<u>征蒙記</u>:<u>兀朮</u>曰:"吾近因賊徒激惱氣衝,守<u>順昌</u>日[1],箭瘡發作,遇陰風,痛連骨髓。"忽承詔報<u>宇文</u>國相連中外官守七十餘員,欲乘邊事未息及遷都之冗謀反,幸得萬戶司寇惟可也首告,捕獲<u>宇文</u>等,請元帥暫歸朝議事。至十月[2],宣到皇叔都元帥<u>遼國王</u>病篤親筆,遺四行府帥曰:"吾天命壽短,恨不能與國同休。少年勇銳,冠絶古今,事先帝南征北討,爲大元帥左都監,行營號'太子軍'。東游海島,南巡<u>杭越</u>,西過<u>興元</u>,北至小不到<u>雲城</u>,今<u>契丹</u>、<u>漢</u>兒侍我歲久,服心於吾。吾大慮者,南<u>宋</u>近年軍勢雄銳,有心争戰。聞<u>韓</u>、<u>張</u>、<u>岳</u>、<u>楊</u>列有不協,國朝之幸。我今危急,雖有其志,命不可保。遺言於汝等,我死後,<u>宋</u>若敗盟,大

---

[1] "順昌"原作"信昌",今據<u>三朝北盟會編</u>卷二一五征蒙記改。

[2] "十"字原脱,今據<u>三朝北盟會編</u>卷二一五征蒙記補。

舉北來,乘勢惑中原人心,復故土如反掌,不爲難矣。吾術付汝等,切宜謹守,勿忘我戒。如宋兵果勢盛敵强,擇兵馬破之。若制禦所不能,向與國朝計議,擇用智者爲輔,遣天水郡王安坐汴京,其禮無有弟與兄爭①。如尚悖心,可輔天水郡王併力破敵,如此又可安中原人心,亦未深爲國患,無慮者一也;宋若守我誓言,奉國朝命令,時通國信,益以和好,悦其心目,不數歲後,供需歲幣,色色往來,竭其財賦,安得不重斂於民,江南人心奸狡,既擾亂非理,人情必作叛亂②,無慮者二也;十五年後,南軍衰老,縱用賢智,亦無驅使,無慮者三也;俟其失望,人心離怨,軍勢隳壞,然後觀其舉措,此際汝宜一心選用精騎,謀用材略,備其水陸,取江南如拾芥,何爲難哉。爾等切記吾囑。吾昔南征,目見宋人兵器,大妙者不過神臂弓,次者重斧,外無所畏,今付樣造之。"元帥死,贈大孝昭烈皇帝。案紀作"越國王",諸書多稱"遼王"。施宜生傳:撰太師梁王宗弼墓銘。傳皆失載。

　　配享太宗廟庭　此下當加"圖像衍慶宫"。祠堂碑見元一統志。

　　亨傳　以亨爲右衛將軍　"亨"當削。

　　謂亨曰　"亨"當削。

　　其實忌亨也　"亨"當削作"之"。

　　即捕繫亨以聞　"亨"當削。

---

① "禮"原作"理",今據三朝北盟會編卷二一五征蒙記改。
② "情"原作"心",今據三朝北盟會編卷二一五征蒙記改。

夜至亨囚所　“亨”當削。

亨比至死　四字當削作“比死”。

張邦昌傳　宋史叛臣傳第四百七十五卷，文繁不錄。

宋史有傳　四字當削。案史中回离保、耶律余睹，遼史有傳，此與劉豫、宇文虚中、王倫，宋史有傳。考元修宋史，成於至正三年，在遼金史後，不應先下此語。

天會五年　“五”當作“四”。

劉豫傳　宋史叛臣傳同上。

仕爲河北西路提刑　“西路”二字當削。案宋史，此路不分東、西。

以九月朔旦授策　七字當削作“詔授豫策”。

臣宗翰臣宗輔議　兩“臣”字當削。

降淮寧永昌順昌興仁府俱爲州　永昌降州未詳。

二將由此必不和　“和”，元作“知”，非。

宋主閤門宣贊舍人徐文　十字當削作“宋將徐文”。案下徐文本傳云“浙西沿海水軍都統制”，此乃舉其他官，不如宋史豫傳之言明州守將爲直捷也。

三年進封曹王　“三”當作“二”。

皇統三年薨　“皇統”二字當削。“三”當作“六”。

劉麟傳　復爲興平軍節度使　案地志，濟南自作興德。

昌傳　牙卯　即斜卯阿里。

不能安輔其衆　“輔”，元作“輯”，是。

後爲右副元帥　六字當削。案熙紀：天會十五年十月，以元帥左監軍爲左副元帥。則知十五年之前未爲右副元帥也[①]。

　　爲詔論江南使　“論”作“諭”，是。

　　乃下詔誅之　案張匯金節要載誅粘罕詔，乃千古誣案。今考繹詔文，定爲誅撻懶詔，改正録之於後。下撻懶詔：門下，先王制賞議罰，賞所以褒有功，非濫恩也；罰所以誅有罪，非溢怒也。朕惟國相撻懶，輔佐先帝，曾立邊功。迨先帝上仙，朕繼承丕祚[②]，眷惟元老，俾董征誅，不謂持吾重權，陰懷異議，國人皆曰“可殺”。朕躬非敢私徇，奏對悖慢，理當棄磔，以彰厥過。嗚呼！四皓出而復興漢室，二叔誅而再造周基，去惡用賢，其鑒斯在，布告中外，咸使聞知[③]。

　　畫淮爲界乃罷兵　案此卷主敘宗弼畫淮事，故中附張邦昌、劉豫，而於撻懶傳末敘出本意作結。考異謂三人並載，失其旨矣。

卷七十八

劉彥宗傳

　　父宵至中京留守　案癸辛雜識以侍中爲劉

① 此結論有誤。宋史卷四七五劉豫傳云，紹興四年（1134）九月，“乃以宗輔權左副元帥，撻辣權右副元帥，調渤海、漢軍五萬應豫”。皇宋十朝綱要卷二二高宗紹興四年九月癸酉云：“劉豫遣人請以戎主晟，乞兵入寇，晟以窩里嗢權左副元帥，撻懶權右副元帥，提兵應豫”。及建炎以來繫年要録卷八一紹興四年十月己丑及卷八三十二月丁亥皆稱“右副元帥昌”。據此，昌（撻懶）自紹興四年（天會十二年）確曾以右副元帥身份領兵。按建炎以來繫年要録卷九三紹興五年九月，“金主以右副元帥魯王昌爲左元帥、左監軍。”結合熙宗紀天會十五年十月乙卯條，知昌於天會十三至十五年間任左監軍，後拜左副元帥。
② “祚”原作“業”，今據三朝北盟會編卷一七八引金虜節要改。
③ 詳見本書卷末史論五答答一辨粘罕誣案。

霄^①,誤。

　　擢進士乙科　　案中興禦侮録云:"得我叛臣劉彦宗。"則以爲宋人,非。

　　邪律雅里　　"雅"已作"捏"。

　　留宗翰都統軍事　　"留"當作"以"。

　　中京等兩路　　"中"當作"南"。宗望傳

　　皆承制注授　　燕雲録:金國渤海、漢兒、契丹等,若差知州、通判、知縣、場務官^②,更有元帥府亦差除郎外,如知州、知縣,若兩處朝廷差官,元帥府更差,即是三人互相爭權,乞取財物,乃至料物錢供輸^③,皆出民間。有公事在官,先漢兒、次契丹,方到公人。丁未冬,宰相劉彦宗差一人知燕山玉田縣,國裏朝廷亦差一人來,交割不得,含怒而歸,無何。國裏朝廷遣使命至燕山,拘取劉彦宗賜死,續遣一使來評議^④,彦宗各賂萬緡乃已^⑤。

　　執二帝以歸　　此下當加"彦宗表請復立趙氏,不許"。案太宗紀:天會五年正月乙未,劉彦宗上表請復立趙氏,不聽。張邦昌傳同。弔伐録載其表文,此説良非附會,且"以歸"下必係脱文,否則此語無著。至秦湛回天録載金朝劉彦宗侍中云:"一千年後,亦不得説著'趙'字^⑥"。燕雲録云:"近來遣

---

① 今檢癸辛雜識別集下褚承亮不就試云:"劉侍中名宵産,遼咸雍中狀元。"此實謂宵産。
② "若"原作"皆",今據三朝北盟會編卷九八引燕雲録改。
③ "料物錢"原作"科錢",今據三朝北盟會編卷九八引燕雲録改。
④ "評"原作"詳",今據三朝北盟會編卷九八引燕雲録改。
⑤ "萬"原作"百",今據三朝北盟會編卷九八引燕雲録改。
⑥ "字"原作"氏",今據三朝北盟會編卷九二引回天録改。

使數輩,皆不得達。劉彦宗曰:'金國止納楚使,焉知復有宋也。'"此等語皆不足信。

謚英敏　此下當加"圖像衍慶宮,配享太宗廟庭"。

劉萼傳　彦宗季子也　案下筈傳云次子,則此傳似當次筈後,然筈傳云:"從父兄出降。"疑"季"爲"長"字之訛。

劉筈傳　八年　"年"當作"月"。

丁父憂明年　當作"六年,丁父憂"。

皇統元年　"元"當作"二"。紀、表

五年　"五"當作"六"。紀

諸將請約之　"約"當作"納"。

海陵即位　"即位"二字當削。

劉頍傳　魯館對拜時並雙跪有足疾似單跪者　案此下當有"申明改使王處久所以不復報改"之語,必係脫文。

時立愛傳　父承謙　"謙"當作"諫"。程卓使金録:時諫,墓在縣東北二里。本遼人,金贈鎮東節度使兼侍中。金李晏時立愛墓誌銘①:公父諱承諫,積累巨萬,發倉貸人,每折其券,負郭沮洳,常阻行路,創石爲界,人得平步,善慶攸鍾,是生我公。案遼史拾遺引新城縣志本此②。

---

① "晏"原作"安",今改正。

② 今檢程卓使金録無時諫墓及時立愛墓誌銘。按遼史拾遺卷一四地理志四"南京道"云:新城縣"白溝河"(補),時承諫墓(補)。程卓正惠公使金録曰:"嘉定四年十二月二十三日,過白溝河,昔與遼人分界。又十里過大白溝河,亦名巨馬河。"何濟新城縣志曰:"白溝河,在縣南三十里,出山西代郡淶山,由淶水、定興爲馬河,至新城南爲白溝河,即宋、遼分界處。"又曰:"時承諫,墓在縣東北二里,本遼人,金贈鎮東節度使兼侍中。"金李晏時立愛墓誌銘曰:"公父諱承諫,積累巨萬,發倉貸人,每折其券,負郭沮洳,常阻行路,創石爲梁,人得平步,善慶攸鍾,是生我公。"知此處節取不當,將何濟新城縣志所載時承諫墓諸事誤爲程卓使金録內容。又時立愛墓誌銘當作時立愛神道碑,明昌六年(1195)李晏撰,該碑現存河北省新城縣北場村。

遼太康九年　此上當加"立愛"。

今遣斡虢阿里等　"虢"，元作"羅"。

遂去平州　此下當加"歸鄉里"。

立愛既去平州歸鄉里　九字當削。

從宗望軍數年　節要：斡里不建樞密於燕山，以劉彥宗主之；粘罕建樞密於雲中，以時立愛主之。人呼爲"東朝廷"、"西朝廷"。案傳無主雲中事，不合。

韓企先傳　回翔不振　當改作"仕未達"。案傳筆太文，非史體，史官盜襲碑語。

必咨於王　"王"當作"企先"。案上文如"損益舊章，博通經史，或因或革，咸取折衷。獎勵後進，推轂士類，甄別人物。彌縫闕漏，密謨顯諫"等句，皆全盜碑語，已與史例有違。而此句并下一"王"字，企先封濮王，碑必作於皇統間。真贓敗露矣。中州集載元光末李長源從事史院[①]，見新進纂修，輒危坐其傍，大呼曰"看秉筆"。大率此等作手。又揮塵後録云："哲宗實録其舊書率崇寧間貴游子弟預討論，於名臣行事多略，而新書復急於成書，不加搜訪，有一傳而僅載歷官先後者。又止據各家碑誌，傳中合書名，猶稱'公'者"。此傳之稱"王"，亦此類也。

韓鐸傳　字振女　"女"，元作"文"，是。

———————

① "元光末"原作"正大中"，今據中州集卷一〇李講議汾改。

金史詳校卷八上

卷七十九

酈瓊傳 北渡淮 "北",元作"比",是。

兵馬鈐轄 "轄"當作"轄"。

附于齊 鶴林玉露:紹興中,劉光世在淮西,軍無紀律。張魏公爲都督,奏罷之,命參謀呂祉往廬州節制。光世頗得軍心。祉,儒者,不知權變,繩束頗嚴,諸軍憤怨。統制酈瓊率衆縛祉,渡淮歸劉豫。魏公方宴僚佐,報忽至,滿座失色。公色不變,徐曰:"此有説,第恐彼覺耳[1]。"因樂飲至夜分,乃爲蠟書,遣死士持遺瓊言:"事可成,成之,不可,速全軍以歸。"豫得書[2],疑瓊,分隸其衆,困苦之,邊賴以安。

知拱州 僞齊録廢齊後差除合。

　　頗聞秦檜當國用事　　案金源植檜，陰肆狡謀，故帝紀中絶不一見，而瓊論及之，真不知者以爲爲肉者，宗弼喜爲知言，瓊適墮其元中而不自覺也。

　　委其鈐鐯衛經　　"鐯"當作"轄"。

　　八年　　此上當加"皇統"。

　　李成傳　　累官淮南招捉使　　"捉"，北作"提"，非。

　　齊廢　　僞齊録差除：爲殿前太尉，知許州。

　　起爲真定尹　　案會編云中山府，非。

　　年六十九　　直齋書録解題：征蒙記，金人明威將軍、登州刺史李大諒撰，建炎鉅寇之子，隨其父成降金者也。中州集史學優傳："妻李氏，國初河南尹成之孫女[1]，小詩殊有思致。學優嘗客京師，有所眷，久而不歸。李作詩寄之云：'百年風樹底，誰淚到君前。'學優得詩，即日命駕。"案成以盜起家，而能善其後，其去孔彥舟遠甚，史臣指爲盜賊之靡，概以爲不足責，過矣。

　　孔彥舟傳　　齊國廢　　僞齊録差除：爲步軍都指揮使，兼知東平府[2]。

　　改南京留守　　"南"當作"西"。案會編，正隆元年，知西京。

　　竟死於汴　　煬王江上録：有人譖彥舟者，賜酒酖之，彥舟捧爵跪飮。見其背上彫青，問曰："何物也?"彥舟曰："臣少時

―――――――――――

[1] "孫女"原作"女孫"，今據中州集卷七史學傳改。
[2] "知"字原脱，今據僞齊録卷下金虜廢齊後差除補。

不成器，教人刺來。"曰："卿如今成器，敢做甚。"彥舟股慄，命充南京留守①，起行至路，藥發而死。

　　徐文傳　人呼爲徐大刀　部曲録：徐文，本朝舊人，"徐大刀"是也，知萊州以控海道。

　　齊國廢　僞齊録差除：爲汴京總管府水軍都統制。

　　施宜生傳　桯史：施宜生，福人也，少游鄉校，有僧過焉，與之言，引之鱣堂下，風簷呆日，援手周視曰："面有權骨，可公可卿，而視子身之毛，皆逆上，且覆腕，然則必有以合乎此，而後可貴也。"時范汝爲訌建、劍，宜生心欲以嚴莊、尚讓自期，而未脫諸口，聞其言大喜，杖策徑謁。汝爲恨得之晚，亟尊用之，亡何而汝爲敗，變服爲傭，渡江至泰。有大姓吳翁者，家僮數千指，宜生傭其間，三年，人莫之覺也。翁獨心識之，一日，屏人問曰："天下方亂，英雄鏟迹，亦理之常。我觀汝非傭，必以實告，不然，且捕汝於官。"宜生不服。翁曰："汝動作皆傭，而微有未盡同者。余日者燕客，執事咸餕，而汝獨遜諸儕，撤器有噫聲，此魚服而角也。我固將全汝，而何以文爲。"宜生驚汗，亟拜曰："主實生我，不敢匿。"遂告之由。翁曰："官購方急，圖形遍城野，汝安所逃？龜山有僧，可託以心，予交之舊矣。介之入北，策之良也。"從之，翁贐之金，隱之衲，至寺，服緇童之服以求納。主僧者出，儼然鄉校之所見也，啓緘而留之數旬，夜濟宜生于淮曰："大丈夫富貴命耳，予無求報心，得志毋忘中國，逆而順，天所祐也。"金法無驗不可

────────────

① 三朝北盟會編卷二四三引燡王江上録原文作西京留守。

行,遂殺一人于道,而奪其符,以至于燕。金有附試畔歸之士,謂之"歸義",試連捷①。逆亮時有意南牧,校獵國中,一日而獲三十六熊,廷試多士,遂以命題。宜生奏賦曰:"聖天子,講武功,雲屯八百萬騎,日射三十六熊。"亮喜,擢第一。不數年,仕至禮部尚書。宜生方顯時,龜山僧至其國,言於亮而尊顯之,俾乘驛至京東視海舟,號"天使國師",不知所終。案宜生事,又見耆舊續聞。

　　爲本部郎中　癸辛雜識,汴梁普賢洞記石碑甚雅,金皇統四年四月一日,奉議大夫、行臺吏部郎中、飛騎尉施宜生撰并書。

　　召爲翰林直學士　日下舊聞考:萬壽寺戒壇前,已泐金碑一,翰林直學士施宜生撰,貞元三年立。

　　竟從范汝爲於建劍　事見耆舊續聞六卷。

　　試一日獲熊三十六賦　貴耳集:施宜生改名方人也,入大金,曾爲奉使來,館伴因語三十六熊賦云:"'雲屯八百萬騎'。以'八百萬騎'對'三十六熊',何其鮮哉。"宜生語塞,大抵南北二使皆不深書,司射所載,"熊"即"侯"也,非獸也。

　　張中孚傳　趙德麟侯鯖録:老种太尉師道豫知金人反覆,上進二詩,多爲張六太尉者收藏,不達。劉祁歸潛志:國初,張六太尉鎮西邊,有鄧千江上望海潮詞。案中孚行六,即此。

　　乃獨率步曲　"步",元作"部",是。

────────────

① "連"原作"遂",今據桯史卷一施宜生改。

天會九年　"九"已作"八"。

齊國廢　僞齊録差除：爲涇原安撫。合。

中孚遂入宋　北盟會編：紹興九年三月，永興軍路經略安撫使張中孚及其弟中彦來朝。郭奕爲之詩曰："張中孚、張中彦，江南塞北都行徧，教我如何作列傳。"人皆道之。

至汴　會編金元帥第六書：據張中孚節使及弟中彦、鄭億年資政，各係汴梁及陝右人氏，早歲朝廷皆嘗委以近上職任，與餘人不同，今逐家親族及地産俱在本鄉。此三人者，幸乞指揮，并隨行家眷起發前來團聚復業。

中孚天性孝友　案贊中譏中孚、中彦忘親事讎，反復趨利，不顧綱常。傳乃稱其"孝友"，何其矛盾。

張中彦傳　爲本路兵馬鈐轄　"轄"，元作"鎋"，非。

爲秦鳳經略使　僞齊録差除：爲秦鳳安撫。

與環慶趙彬　僞齊録差除合。

以爲龍神衞四廂都指揮使清遠軍承宣使提舉佑神觀靖海軍節度使　二十八字當削。案詳敘宋官，似屬無謂。

訟牒紛緒　"緒"，元作"紜"，是。

轉真定尹　部曲録：張忠彦，本朝發還人，亮寇淮甸，除步軍都統，後除真定總管。

宇文虛中傳　宋史三百七十一卷有傳。閭山懸巖寺題名，見滏水集詩。

且視康王安否頃之臺諫以和議歸罪虛中罷爲青州復下遷祠職建炎元年貶韶州　三十三字當改作"且往來議割三鎮，宋以不職，貶其官"。

二年康王　　當改作"天會六年,宋康王"。

詔復資政殿大學士爲祈請使　　"資政殿大學士"六字當削。

實天會六年也　　此句當削。

朝廷方議禮制度　　王繪紹興甲寅通和録:金接伴官李聿興言:"本朝目今制度,並依唐制,如衣服官制之類皆是,宇文相公同蔡大學并本朝十數人相爲平議。"某問:"蔡大學見任何職?"答曰:"乾文閣待制。他兒子松年,見在三太子處作令史。近來本朝又爲於燕山一萬貫錢買一所宅子。大學云勝於他汴京宅子。"又言:"宇文相公直歡喜,嘗説道得汴京時歡喜,猶不如得相公時歡喜,如今直是通家往來,時復支賜,宅庫裏都滿也。"

明年洪皓至上京見虛中甚鄙之天會十三年　　十八字當削。

惟孟庚　　"庚"當作"庾"。

攜家北來　　此上當加"因之"。

俱有文集行于世　　案虛中文有證類本草序,又有增謚册文,集禮云。又大同府興雲橋記,學古録引之。又濟陽雜記,敬齋古今黈引之。

王倫傳　　宋史有傳,與宇文虛中同卷。

王勉玄孫　　"王"字當削。"勉"當作"旭"[1]。

---

[1] 按宋史卷二六九王祐傳云:"祐子三人:曰懿,曰旦,曰旭。"旭字仲明。而卷三七一王倫傳則稱其名爲"勗"。

撻懶太祖從父兄弟至宗雋太祖子也　七十九字，當削。

撻懶宗磐宗雋三人　"懶"下當加"與"。

宋以倫爲端明殿學士簽書樞密院事　十五字當削作"宋遣倫"。

保信軍節度使藍公佐副之　十一字當削。

皆以謀反屬吏至捕而殺之于祁州　七十七字，當削作"皆以謀反誅"。

閱進奉狀稱禮物不言職貢　案建炎通問録云："以兩桌載朝廷禮物，以二十八桌載使人私覿禮物。"紹興通和録云："所攜禮物六分，粘罕以下皆有之，獨不及金主萬一，親到金廷，何以藉手？"又云："有上大金皇帝表、二聖二后表、丞相元帥物録六封，乞留軍前。譯者言：'上皇帝表且留下，其餘將去。'"蓋當時國裏朝廷節制甚遠，宋人但知東、西兩朝廷進奉而已[1]，及至兩國議和後，親至上京，表文失檢，其積弊然也。富鄭公有云："兩國和好，則利歸人主；不和，則利歸臣下。"此言確盡情事。

遣其副藍公佐歸至已渡淮　二十七字，當削。

宋人請和　四字當改作"宗弼伐宋，畫淮，許宋和"。

三年二月宋端明殿學士何鑄容州觀察使曹勛　"三"當作"二"。"宋"下當加"遣"，"端明殿學士"五字當削，"容州觀察使"五字當削。

年六十一　案修史者六人，沙剌班、王理、伯顏、趙時敏、費著、商

---

① "東"、"兩"原脱，今據金源劄記卷下王倫傳補。

企翁。此人稍讀宋人雜書者,故于宋事小詳,但忘其爲金史列傳,與宋何涉耶? 宇文虛中傳同。又以撻懶、宗磐、宗雋等事詫爲罕見,行間夾敘入之,不知諸人自有本傳,何勞載筆。

卷八十

目　熙宗二子　"二"當作"諸"。

大莫　"莫",元作"臭",是。

濟安傳　丁巳羃髥奏告天地宗廟　詳集禮。

道濟傳　命爲中京留守　案高楨爲同判,見本傳。

贊　謂班勃極烈者漢語云最尊官也　十三字當削。

斜卯阿里傳　阿里乘之　"阿里"當削作"遂"。

阿里先登　"阿里"當削。

斡塞　即斡賽。

阿里兵少　"阿里"當削作"我"。

牛馬相食其騣尾　"騣"當作"鬃"。

告急於阿里　"於阿里"三字當削。

阿里以騎兵邀擊　"阿里"當削作"復"。

阿里以八謀克兵　"阿里"當削作"將"。

聞阿里來救　"阿里"當削。

阿里散篤魯忽盧補三猛安　"阿里"當削作"與"。

阿里與婁室　"阿里"當削。

阿里與謀克常孫陽阿　"阿里"當削。

還攻趙州降之　事在天會五年十二月,名始見紀。

時康民　此上當加"宋將"。

阿里使諸軍　"阿里"當削作"乃"。

阿里與蒲盧渾　"阿里"當削。

阿里斜喝韓常三猛安　"阿里"當削作"與"。

詔賜阿里錢　"阿里"當削。

諡智敏　此上當加"大定間,定亞次功臣,圖像衍慶宮"。

阿里終與之　"阿里"當削。

突合速傳　生擒其將　此下當加"還"。

宗輔駐師鄧州　"宗輔"當作"銀尤可"。

贈應國公　此上當加"大定間,定亞次功臣,圖像衍慶宮,贈特進"。

烏延蒲盧渾傳　遂將漢兵千　"千"下當加"人"。

睿宗爲右輔元帥至遂拔和尚原　"輔"當作"副"。二十二字,當削。

并親管謀克　此下當加"後定亞次功臣,圖像衍慶宮"。

赤盞暉傳　故嘗以張爲氏　案山東通志:密州諸城縣學碑,貞元間,副樞密張暉建,即此。又海紀多作張暉。

後家萊州　"萊"已作"來"。

領萊隰遷潤四州　"萊"已作"來"。

加桂州管內觀察使　見上合住傳,未詳。

出爲興平軍節度使　此下當加"改北京留守"。紀[1]

---

[1] 按金史卷五海陵紀正隆三年(1158)四月丙辰,"樞密副使烏古論當海罷,以北京留守張暉爲樞密副使"。此稱其用漢姓張。

謚曰武康　　此下當加"定亞次功臣，圖像衍慶宮"。

大臬傳　吳王使臬　"吳王"當作"闍母"。

吳王聞而壯之　"吳王"當作"闍母"。

信德府　　此上當加"以"。

軍至濬州　　此上當加"明年"。

明年再伐宋　"明年"當作"八月"。

臬爲河間路都統　節要：建炎元年七月，勃海萬戶大撻不也屯兵河間。

拜尚書右丞相　此下當加"兼中書令"。

梁國公　　此下當加"大定間，定亞次功臣，圖像衍慶宮"。

大磐傳　以大臣子　案磐爲右驍騎副都指揮使，討單州賊，見海紀。海陵被弒，驍騎指揮使大磐來救，見完顏元宜傳。傳略。

除嵩州刺史　案移剌趙三傳，本刺登州，以治狀不善下遷。傳略。

員思忠　三字當削。紀

削四官　見世宗紀大定二十三年。

阿离補傳　爲行臺左丞相　"左"當作"右"。

徐國公渾黜　無傳。太祖紀甲午十一月，遼將赤狗兒戰于賓州，僕虺、渾黜敗之。天輔六年八月辛丑，中軍將完顏渾黜敗契丹、奚、漢軍六萬于高州。婁室傳：攻黃龍府，上使完顏渾黜等以兵四千助之。銀朮可傳同。拔离速傳：天輔六年，遼兵奄至古北口，使婆盧火、渾黜各領二百擊之。渾黜請濟師，宗翰欲自往。希尹、婁室曰："此易與耳，請以千人爲公破之。"渾黜以騎士三十人前行,至古北口,遇其游兵,遂入山谷,遼人以步騎萬餘迫戰,亡騎五人,渾黜退據關口。拔离速奮擊,大破之。希尹傳同。

石古乃　"石"當作"習"。

蒲察石家奴　案諸傳止稱蒲察,突合速傳稱石家奴,全稱者唯此傳。

銀青光禄大夫蒙适　"光"當作"榮"。無傳。太祖紀:收國元年十二月,追遼,至護步荅岡。完顏蒙刮身被數創[1],力戰不已,功論最。闍母傳:孛堇蒙刮等獲契丹九斤,興中平。又取南京,時使僕虺、蒙刮兩猛安屯潤州。麻吉傳:屯兵高州,以兵援蒙刮孛堇。烏延婆盧渾傳:將兵千人隷完顏蒙适[2],攻真定。宋主在揚州,與蒙适將萬騎襲之。烏孫訛論傳:從蒙刮攻東京及廣寧。又再伐宋,蒙刮戍開州。撻懶傳:蒙刮取趙州。

阿魯補　此冶訶子。

鎮國上將軍烏林荅泰欲　無傳。太宗紀,天會五年十二月,泰欲敗宋將李成于淄州。闍母傳:泰欲又破敵于靈城鎮。宗翰傳:遣泰欲、馬五襲宋主于揚州。拔离速傳同。兀朮傳:泰欲攻王善軍二十萬,克濮州。又宗弼至江寧,泰欲以兵來會。烏延吾里補傳:與孛堇泰欲破賊王義軍于州南[3]。

金吾衛上將軍耶律馬五　亦作"馬哥",無傳。余睹傳:

---

[1] "蒙刮",本段原皆作"蒙括",今據金史改。

[2] "蒙适"原作"蒙括",今據金史改。

[3] 按金史卷八二烏延吾里補傳原文云:"吾里補與孛太欲敗賊王義軍十餘萬于州南。"

天輔元年,與都統馬哥軍于渾河,銀尤可、希尹拒之,馬哥遁
去。盧彥倫傳:遼將馬哥取臨潢,彥倫拒守。蒲家奴傳:助撻
懶擊遼都統馬哥。沃側傳:從拔离速擊遼將馬五,敗之。杲
傳:遼主西走,都統馬哥奔撚里。昌傳同。宗賢傳:宗翰使撻
懶襲馬哥。宗翰傳:諸將獲馬哥,宗翰歸之京師。遼天祚紀:
保大四年正月,馬哥被執①。太宗紀:天會六年正月,伐宋,馬
五取房州。八年十一月,馬五等擊吳玠于隴州。宗翰傳:襲
宋主于揚州,馬五以五百騎先至城下。銀尤可傳:招討都監
馬五破宋兵于文水。突合速傳同。穀英傳:與都統馬五徇地
漢上。北盟會編、節要:建炎元年七月,屯兵于平陽。四年四
月,牛皋擒金馬五太師。

　　驃騎衛上將軍韓常　無傳。大金國志本傳,字元吉,燕
山人也。父慶和,在遼為統軍。太祖入燕,常隨父降,俱授千
戶。慶和入侵江南,屢戰有功,授副統,屯真定,正授雄州觀
察使。常善射,以挽強見稱,射必入鐵。兀尤渡江,常為先
鋒。至河南②,與向子諲戰,子諲不能敵,攻圍八月,城破。兀
尤自江、黃間南渡③,令常先趨衢、信,以為援兵。兀尤攻明
州,常以兵從,與張俊戰于高橋,俊遁。兀术自江南歸,論功,
仍陞為萬戶都統。屯河中府,未幾,隨兀尤之陝西,攻仙人
關,為宋吳玠所敗,常被南軍射損左目,衆不能支,遂回軍。
然亦以此受知于兀尤,兀尤首尾陝西凡數年,常必隨從。其

---

① “馬哥”原作“馬五”,今據遼史卷二九天祚皇帝三保大四年(1124)正月改。
② “河南”,大金國志卷二七韓常傳作“湖南”。
③ “江”原作“光”,今據大金國志卷二七韓常傳改。

後,順昌之戰,常在白龍洲渦下寨①,距城三十里,宋劉琦以千餘騎擊之,衆頗死傷。兀朮既敗,以常守潁昌府。方兀朮未征南之先,常爲濬州守。一日,與其判官宮茵論南北兵戰之事,茵曰:"此非南人所能敵,蓋決之也。"常曰:"不然,今昔事異,昔我強彼弱,今我弱彼強。所幸者,南人未知北間事耳。"至順昌之敗,其言始驗。阿魯補傳:宗弼與許州韓常會於汴。斜卯阿里傳:睿宗趨熙河②,阿里、斜喝、韓常三猛安爲前軍。宗弼傳:戰富平,陷重圍中,韓常流矢中目,怒拔去其矢,血淋漓,以土塞創,躍馬奮呼搏戰,遂解圍,與俱出。海紀:正隆六年十月,宋人逆戰,猛安韓常軍却③,遂失利。高昌福傳:許州都統韓常用法嚴,好殺人。兵志:正隆間,嘗罷諸路漢軍,所存者猶有威勇、威烈、威捷、順德及韓常之軍。北盟會編:建炎四年七月,太行義士石子明與金萬戶韓常戰于真定,大敗常軍。紹興三十一年七月,崔陟上劄子云:"陳、許二州兩千戶,乃韓將軍弟韓定遠④,九百餘人,前年已放散歸國。"又宋史李全傳有韓常軍。案韓慶和降在天輔二年,國志非。

　　方傳　累官京兆少尹　　"官"下當加"同判大宗正"。光英傳

　　詔戒之曰　案上文不載年次,遂不知何帝之詔。

　　簽書樞密院事　此上當加"使宋還,改"。表

---

① 按建炎以來繫年要錄卷一三五紹興十年(1140)五月壬寅云:"韓將軍在白龍渦下寨,距城三十里。"此地名中無"洲"字。
② "熙河"原作"熙州",今據金史卷八〇斜卯阿里傳改。
③ 按金史卷五海陵紀正隆六年(1161)十月丁未原文誤作"韓棠",以形近致訛。
④ "軍"字原脱,"韓定遠"原作"韓致遠",今據三朝北盟會編卷二三〇引上兩府劄子改。

初阿魯當授謀克未封而薨　　"魯"下當加"補"。案即上
阿魯補,然上傳云"世襲謀克",不合。

卷八十一

鶻謀琶傳　與弟胡麻谷渾坦　見斜卯阿里傳。

迪姑迭傳　乙里補字菫　案太祖紀收國元年作阿离本。

阿徒罕傳　年六十五卒　當作"卒年六十五"。

夾谷謝奴傳　長身多髯　"髯"當作"力"。案下文云:
"既冠,不應多髯"。

首一父　元作"隨其父",是。

西京未下　此上當加"天輔六年"。

宗弼復取河南陝西　此上當加"天眷三年"。案此傳全
不紀年,略補之。

大定初卒　此下當加"子查剌"①。

黃摑敵古本傳　吾春被圍於西山　吾春未詳。

蒲察胡盞傳　十三年　"三"已作"二"。

夾谷吾里補傳　暗土渾河人　即庵吐渾津。

救斡魯古于威州　"威"已作"咸"。

遼主杲　"主"當作"王"。

累官字特木部族節度使　"木",元、北並作"本",是。

劇賊嘯聚　"劇",北作"據",非。

---

① 按金史卷八一夾谷謝奴傳作納魯悔河人,卷八六夾谷查剌傳則作失撒古河人。

<u>王伯龍傳</u>　三年　"三"已作"四"。

獲馬五百匹　"百",北作"十"。

四年　"四"已作"六"。

五年　當作"<u>天會</u>元年"。<u>紀</u>。案此傳紀年多誤。

進破孔彥舟酈瓊衆三萬於洺州　"進"當作"還"。

十五餘萬　"餘"字當削。

劉立　"立"當作"平"。

天眷元年　"元"當作"三"。

<u>高彪傳</u>　辰州渤海人　當作"<u>渤海辰州</u>人"。案<u>遼</u>、<u>金</u>兩地志,<u>辰州</u>並無<u>渤海縣</u>,此乃書<u>渤海國</u>之舊貫也。

及仙人闕　"闕",<u>元</u>作"關",是。

改忻州防禦使　"忻"當作"沂"。<u>普照寺碑</u>

<u>溫迪罕蒲里特傳</u>　隆州移離閔阿胡勒出寨人也　"阿"當作"河"。<u>奔睹傳</u>之<u>移里閔</u>、<u>崇浩傳</u>之<u>因閔</u>,並是。

皇統元年　當作"<u>天會</u>六年"。案文上自<u>天輔</u>壬寅至<u>皇統</u>辛酉,不應二十年無從征事,且<u>皇統</u>止<u>宗弼</u>畫淮一舉耳,亦不應尚有<u>唐州</u>、<u>大名</u>等戰事,意改之。

南京路遇敵軍　"南"當作"汴"。案金有兩<u>南京</u>,<u>平州</u>稱<u>南京</u>,<u>天會</u>四年已更名,<u>汴梁</u>稱<u>南京</u>,<u>貞元</u>元年始建號,是時別無此路。再<u>燕山</u>爲<u>遼</u>之<u>南京</u>,亦安得有此無名兵事。審之,究屬<u>汴京</u>,乃史官謬用追書法,其病與<u>吾里補傳</u><u>顯州</u>之作<u>廣寧</u>同。

改武衞軍都總管　案<u>海紀</u>三十二總管無此名。

<u>伯德特离補傳</u>　及招降平州蘇州境內　"蘇"已作"薊",

與元本合。

安肅軍改爲州　　“改”當作“陞”。“州”上當加“徐”。志

耶律懷義傳　其子神都斡　即移剌神獨斡[1]，見世宗紀及窩斡、子敬等傳。

蕭王家奴傳　祈州河間　“祈”當作“祁”。

趙隇傳　隇子孫司徒張通古子孫皆不肖　劉静修遺詩同仲韞飲北溪詩注：源泉者，北溪也，金大行人張通古故居，今爲巫覡所據。

卷八十二

目　烏古論合三　“合三”，元作“三合”，是。

郭藥師傳　甄五臣　中興叛逆傳作楊可世。

藥師乃降　賈子莊陷燕記：郭藥師降表略云：“臣素提一旅之師，偶遭百六之運。大金有難通之路，亡遼無可事之君。宋主載嘉[2]，秦官是與，念一飯之恩必報[3]，而六尺之軀可捐。雖知上帝之是依[4]，敢思困獸之猶鬭[5]。昔也東征，雖雷霆之怒可犯，今焉北面[6]，祈天地之量并容。”

---

[1] “獨”原作“都”，今據金史卷六世宗紀上大定八年（1168）九月癸亥、卷八九移剌子敬傳及卷一三三窩斡傳改。

[2] “嘉”原作“加”，今據三朝北盟會編卷二三引陷燕記改。

[3] “必”原作“未”，今據三朝北盟會編卷二三引陷燕記改。

[4] “雖”原作“固”，今據三朝北盟會編卷二三引陷燕記改。

[5] “思”原作“忘”，今據三朝北盟會編卷二三引陷燕記改。

[6] “焉”原作“也”，今據三朝北盟會編卷二三引陷燕記改。

太宗以藥師爲燕京留守　　北盟會編：靖康元年六月二十日丙辰，斡离不發常勝軍歸本貫，至松亭關盡殺之，以郭藥師爲燕京留守。斡离不至燕，令常勝軍納馬及器甲、弓劍，南歸。所部軍三千人，行至涿州，亦令納器甲。至燕山，又令納馬。四月十八日榜云：“先起郭藥師常勝軍皆鐵州人，久離鄉土墳墓，仰于四月二十日盡歸本處居住①。”其千人長、百人長等數十人往辭，斡离不曰：“天祚待汝如何？”曰：“待我等厚。”“趙皇如何？”曰：“待我等尤厚。”斡离不曰：“天祚待汝等厚，汝反天祚；趙皇待汝等厚，汝反趙皇。我無金帛與汝等，汝定亦反我，我無用爾等。”皆惶悚而退。既行，遂遣女真四五千騎，以搜檢器用爲名，至松亭關路，無問老幼，皆棓殺之，取其財物，由是起義八千人皆盡。而藥師平日所謂爪牙者無類矣。

賜姓完顏氏　　案賜姓完顏者，郭藥師、郭仲元、郭阿鄰、董才、汪三郎、王狗兒、李霆、梁佐、李咬住、張甫、張進、張開、國用安、移剌衆家奴、耶律慎思及子元宜。

詔賜諸姓者　　“賜諸”當作“諸賜”。

郭安國傳　　燒延殆盡　　“燒延”已作“延燒”。

以完顏元宜爲都統　　此下當加“制”。

皆殺之　　部曲録：郭安國，燕人藥師之子，亮寇淮日爲先鋒。郭瑞孫，安國之子，亮時爲右護軍。

贊　　公叔座　　“座”已作“痤”，與元本合。

耶律塗山傳　　遙里相温　　案相温當即遼官常袞、敞穩、

---

① “二十日”原作“十八日”，今據三朝北盟會編卷四六改。

詳穩之轉聲,亦見茅齊自敘。考異云即"相公",是也。

　　爲西北路招討使　　案弔伐録宋主結搆余睹書云:"且有西南招討太師同姓之助。"當即此人,但"西南"、"西北"不符,未知孰是。

　　烏延胡里改傳　此傳專載軍賞。

　　獲車四百兩　"兩",北作"輛"。

　　天德改同知平陽尹　"德"下當加"間"。

　　改歸順軍節度使　"順"當作"德"①。

　　烏延吾里補傳　曷懶路襌嶺人也　"襌"下當加"春"。

　　與孛太欲　"孛"下當加"菫"。

　　入阿隴　"阿"已作"河"。

　　蕭恭傳　坐問禁中起居狀　此上當加"天德初"。

　　亦猶不謹　"猶"已作"由"。

　　僕散渾坦傳　除慈州刺史　"慈"當作"磁"。

　　汝有功舊　"功舊"當作"舊功"。

　　鄭建充傳　知慶州　"州"當作"陽"。

　　烏古論三合傳　再遷太子少詹事　案表,大定四年奉使高麗。傳略。

　　贊　自收國用兵至于大定和宋以前用命之士雖細必録案文云云,何以完顏渾黜、完顏蒙刮②、烏林荅泰欲、耶律馬五、韓常等不立專傳。

――――――――――――

① 金無歸順軍,按金史地理志北京路有瑞州歸德軍節度使,西京路有蔚州忠順軍節度使。"歸順軍"或爲其一之誤。

② "蒙刮"原作"蒙括",今改。

蕭仲恭傳　宋人意仲恭耶律余睹　"恭"下當加"與"。

領三省事　案海紀：天德元年十二月罷。傳略。

蕭拱傳　案此傳止敘海陵納妃穢事，當削。

戒傳者曰　"傳"已作"使"。

蕭仲宣傳　卒六十四　"六"上，北有"年"，是。

高松傳　阿瑣　"瑣"當作"璋"。

光英傳　養于同判大宗正方之家　方即阿里補子，見本傳。

應國爲杞國　案大金國志，應天門改爲通天，當亦此時事[①]。傳略。

宋亦改光州爲蔣州光山縣爲期思縣光化軍爲通化軍云　案宋地志合。案此光化軍，宋隸襄陽，與隨州之廢光化縣不同。

元壽傳　天德元年　"元"當作"二"。

矧思阿補傳　本欲殺汝　"殺"，元作"授"，非。

卷八十三

張通古傳　除中京副留守　案僞齊録廢齊後差除，爲行臺右丞。傳略。

極力辨止　"止"當作"正"。

子沈　案通古子孫不肖，見趙隩傳。

---

① 今檢大金國志卷三三燕京制度原文作"至通天門，後改名應天樓"。此謂"應天"改"通天"，則本末倒置。據金史卷二四地理志上中都云："應天門舊名通天門，大定五年更。"與避光英嫌名無涉。

張浩傳　遼陽渤海人　當作"渤海遼陽人"。案辨訛已見高彪傳。又高楨、高德基、高衍同。

兼侍中　當作"兼中書令"。海紀

進拜左丞相　此下當加"兼侍中"。海紀

海陵時時使宦者梁珫　北盟會編:紹興三十一年七月,崔涉上兩府劄子:金主新修燕京大內將畢,復朔修京師,其委任丞相張浩,彈壓官統軍駝滿俄里衍,提點官係內官梁大使。

子汝爲　部曲錄:張汝爲字仲宣,汝霖之兄,浩長子。石琚榜及第,葛王立,貶爲庶人。次年復官,除戶部侍郎。

汝能　案中州集張汝霖傳作汝翼。

汝方　王庭筠傳:與秘書郎張汝方品第法書、名畫。即此。

汝猷　即仲謀,見章紀明昌三年。

張汝霖傳　字仲澤　部曲錄:汝霖字仲澤,遼陽人,太師浩之子。亮時,特賜及第,尋復正奏名,在翰林院。葛王立,遷吏部侍郎。

兼禮部郎中　案表,大定十三年八月,以國子司業兼尚書戶部郎中,爲賀宋生日使。與傳歷官不合。

若治丞者　"治"已作"右"。

蓋七月七日爲係景祖忌辰　"祖"當作"宣"。案太宗紀:天會二年七月壬午,皇子宗峻薨。是月丙子朔,壬午正七日也。

更用五月　"五"當作"正"。

今與宋搆好日久　"搆"當作"講"。

完顏守道　"道"當作"貞"。傳

如能酗酌得中　"酗"當作"斟"。

張玄素傳　玄素在東京　此上當加"前"。

張汝弼傳　初以父蔭補官　"官",北作"軍",非。

起復吏部郎中　此下當加"使宋還"。表

耶律安禮傳　未嘗一日怠溫清　"清",北作"凊"。

明年冬爲宋國歲元使　"冬"當作"夏"。"歲元"當作
"生日"。紀、表

被詔治鞫　"治鞫"當作"鞫治"。"鞫",元作"鞠",非。

納合椿年傳　改秘書監　案椿年有上壽太后、致祭裴滿
達等事。傳略。

正隆初　當作"貞元初"。案下文遷猛安、奉山陵、拜參
政等事,海陵、兵志皆係貞元間。

婁室後賜名良弼至號賢相焉　二十二字,當削。案良弼
自有傳。

椿年薨　"椿年"當削。

溫都思忠子長壽　"子"當作"孫"。食志

祁宰傳　案瀅水集有祁忠毅傳,即史傳所本也。

巳歲自刑　案此指辛巳歲,爲正隆六年。紀,宰殺于四
年,此預計耳。

綦戬　部曲録:字天錫,山東膠東人。少被虜,亮特賜及
第,授應奉翰林文字。葛王立,遷待制。

尚書省橡　"橡"當作"掾"。

伏見故贈資政大夫祈宰　"祈"當作"祁"。

卷八十四

目　耨盌温敦思忠注子乙迭　"乙迭"當作"謙"①。

奔睗　當改作"昂"。

杲傳　使撒离喝總之　李心傳建炎以來繫年要録:紹興元年,更以副統撒离喝爲陝西經略使,即此。説見潛研堂金石跋尾都統經略郎君碑。

連破吴玠諸軍于饒風關　案宋高紀紹興三年云四川大震,即此。

擒其兩將撒葛枳等　"將"下當加"還"。"等"下當加"又"。案順文讀之,似所擒即撒葛枳矣②,有是理乎,此史官失檢句法,或係鈔脱。

天眷二年　"二"當作"三"。

擊走宋軍　案是時,同州李世輔有獻甲、劫執事,見觳英、門都等傳,此諱。

與其子宗安　熙紀:皇統八年,以大理卿爲高麗封册使。

潞王斡者孫耶魯　"潞"已作"魯"。

官爲營葬　此下當加"圖像衍慶宫"。

耨盌温敦思忠傳　案考異以爲四字姓,非也。今考官志吏部,白號之姓温敦烏春傳"後爲温敦氏。"次在徒單後,耨盌遼國語

---

① "迭"字原脱,今據金史卷八四卷目及謙傳補。按,乙迭,漢名謙。
② "似所",金源劄記卷下杲傳作"則"。

解:耨斡麼,"耨斡",后土稱,"麼",母稱。次在撒合烈前,不相連續,且史中以姓爲名者非一,如夾谷必蘭、宣紀興定四年。完顏蒲察、又九月。烏古論蒲鮮、哀紀天興二年。唐括唐古出、河渠志。徒單烏古論、昭后傳。完顏移剌屋、烏延吾里補傳。耶律納合、安禮本傳。完顏移剌古、移剌道傳。徒單移剌古、斡勒忠傳。移剌粘合、白華傳。古里甲蒲察、郭文振傳。蒲察移剌都、本傳。阿勒根兀惹、官奴傳。尤虎移剌荅鶴壽傳。皆是。此或一人而兼兩姓也。

　　思忠與烏林荅贊謀　　節要:烏陵思謀者,本北遼合蘇款女真,居遼地,俗呼熟女真,知陝西熟番户是也。女真烏陵之姓最微賤,小名撒盧拇。女真初起時,思謀方賣柴,爲粘罕得之,嘉其爲人,遂以其弟石窟馬之乳母妻之,命爲都提點。思謀奸狡多智,善以周身,女真之中,素稱辨點,機術至深可取,粘罕用之爲心腹。宣和間,往來奉使,作計議使,燕地賦税及舉兵南侵等事,皆預其謀,爲用事之人。後以門下被掠人洛陽進士吳矗、蘇閤立名曰思謀,字仲遠。粘罕以思謀累充奉使有勞,令樞密院白身差權太原少尹。

　　楊抄潤色　　"抄"已作"朴"。

　　與習泥烈僧行　　"僧"字當削。

　　元帥府在陝西有　　"有"已作"者"。

　　爲行臺尚書左丞　　此上當加"齊國廢"。案僞齊録廢齊差除云。

　　因構譖殺之　　"構"當作"搆"。"譖"上當加"贊"。

　　大德三年　　當作"貞元元年"。

　　貞元二年　　"貞元"當削。

契丹撒八斡窩果反 　"斡窩"當作"窩斡"。

張浩進言被杖 　案浩之進言不及思忠遠甚,安足計哉,必有附會。

與思忠有隙 　當作"思忠與有隙"。

耨盌溫敦謙傳 　案交聘表,正隆四年十二月乙丑,大興少尹耨盌溫都謙爲宋弔祭副使,即此。傳脱載。

癸巳 　已作"辛卯"。

延燒太和神龍殿 　案世宗紀,有厚德殿,無神龍殿。

耨盌溫敦兀帶傳 　案章紀:泰和四年八月有溫敦按帶,乃溫敦氏者,爲別一人。

轉行臺右司郎中 　此下當加"使宋"。案表在天德四年,傳略。

侍郎敵斡郎中骨赧 　案上文彦忠、兀不喝有傳,此二人未詳。

昂傳 　太祖平燕策功賜甲第一區 　十一字當改入下"其事遂定"文下。案平燕在天輔七年,不得倒敘六年文上。

趙鈐轄 　即趙世昌,見移剌成傳。

海陵庶人從母姊也 　"姊"當作"女"。案據下汝弟文改。

高楨傳 　判廣寧尹 　見刑志。

謀克別木者 　"木",元作"尢",是。

白彦敬傳 　初名彦恭避睿宗諱改焉 　"睿"當作"顯"。

張景仁傳 　字壽甫 　部曲錄:張景仁字受甫,廣寧人,劉仲淵榜別試及第。久在翰苑,葛王立,除侍讀學士。歸潛志:予高祖南山翁女長姑,及筓,將適人,一時貴顯者爭求之,翁

皆不許。張御史景仁時在布衣，以所業詣翁，翁嘉之。俄翁
爲有司取士，張賦甚佳，爲鄰坐者剽之，盡坐同而黜，已而翁
知其然，遽以長姑嫁焉，家人輩皆慍，翁不恤也。後三年，翁
復爲有司御試，張擢別試魁，驟歷清華，以文章顯當世。案傳
累官文上太略，故採入。

宋國書中有寶鄰字　案歐陽修集賀契丹正旦書云：“玉
曆正時，布王春而兹始，寶鄰敦契，講信聘以交修。”此類甚
多。弔伐録，天輔七年三月，宋國書云：“永治鄰歡。”四月，回
宋書云：“得親仁善鄰之美。”行程録，天會三年六月，咸州謝
表云：“祇造鄰邦。”會編，七月，告慶書云：“尤賴仁鄰之睦。”
亦間有之。大約自紹興稱臣後，此字始革，至大定稱“姪”，宋
人復有此語。

景仁有文藝　集禮：大定六年，直學士撰尊號册文。十
一年，學士院又撰尊號册文。十九年，禮部尚書撰孝成皇帝
諡册文。

元忠尚豫國公主　即魯國大長公主。

卷八十五

永中傳　大定元年封許王五年判大興尹　集禮：大定五
年八月十二日，以判宗正英王文職從一品，王爵正一品，次
國。判府皇子許王職正三品，王爵正一品，大國。每遇朝參，
不見如何班次。下太常，檢討唐宋公式，親王，大國許王班位

在次國英王上^①。

　　進封趙王　此下當加“授猛安”。紀

　　拜樞密使　案世宗紀,大定十四年有買馬事。傳略。

　　視章宗　此上當加“護”。

　　進封漢王　元文類元好問右丞相耶律履碑云:“章宗朝,太府少監字特里爲漢王長史,吏卒苦其苛暴,誣以怨望,語連漢王,有司論當死。公上封事言:‘陛下飛龍之始,當以親親爲先。字特里之獄,本出構成,就使實如所論,猶當以漢王之故容之,況疑似之間乎?’書奏,即日原之。”案此事與下置王傅府尉官關照,不容略去。

　　再賜永中修公廨錢三百萬　案秋澗集上世祖書云:“昔亡金世宗諸王有以不給而請告者。世宗曰:‘汝輩何駭,不知府庫之財乃百姓之財耳。我但總而主之,安敢妄費?’”世宗如此,而章宗初年,所賜金銀錢絹不下數十萬,大非祖訓矣,致有後日之禍。

　　初置王傅府尉官名爲官屬實檢制之也　十六字當改入上“而嫌忌自此始矣”文下。“初”上當加“丙午”。案王傅劉仲洙、府尉裴滿亨,見本傳。

　　幸　已作“輦”。音“郭”。

　　永中子孫禁錮　案官志,巡把衞王、鎬王兩宅,有都鈐轄四員,興定三年設。又把胡魯傳,有巡護衞王宅都將把九斤。

————————

① 今檢大金集禮卷三一班序原文云:“唐宋公式令,若親王任卑官職事者,仍依王品。見得親王不合依判宗、京尹品秩,只合依大國許王品序班位在次國英王之上。”此處節引失當。

宣紀：徙衞紹王、鎬厲王家屬于鄭州，在貞祐二年五月。至四年十月，築垣牆於隙地，又徙京師。陵川集青城行云："城荒國滅猶有十仞牆，牆頭密匝生荊棘。"即此。

天興初詔弛禁錮　遺山集夾谷公銘：明昌以來，鎬厲王、衞紹王族屬皆終身禁錮，男女幽閉，絕婚嫁之望。公建言："二族儗辱既久，賤同匹庶，就有詭謀，誰與同惡？宜釋其夙怨，弘以大度，使之各就人道，遂生化之性。夫國君不可以仇匹夫，仇之，則通國皆懼。匹夫且然，況骨肉乎？"陵川集青城行云："最苦愛王家兩族，二十餘年不曾出。朝朝點數到堂前，每向官司求米肉。男哥女妹自夫婦，覿面相看冤更酷。一旦開門見天日，推入行間便誅戮。"案二族自天興元年四月甲子聽自便，至二年四月癸巳及難，止三百三十日。

永蹈傳　未期月　"月"字當削。

以衞王永濟子按辰爲永蹈後　宣紀：貞祐三年九月，命司屬令和尚護治鞏國公第。上曰："按辰所爲不慎，或至犯法，舍之則理所不容，治之則失親親之道，但當設官以防之耳。"官志有"提控鞏國公家屬"。案此文不應略去。

永功傳　好法書名畫　續夷堅志：米元章華陀帖二十八字，靖康之變，流落民間，歷三四傳，乃入越王府。王懽爲内府所收，祕之二十年，無知者。泰和末，都城閤貫道與文士輩請仙，元章降筆。貫道因問先生："華陀帖神迹超越，輝映今古，汴京破，失所在。先生於平日得意書，定知爲何人所祕，願以見告。"即批云："當就越邸求之。"龐都運才卿，王妃之弟，貫道以爲言。才卿請於妃，果獲一見。王薨於汴，門禁隨廢,文士得從王之子<u>密公</u>游,往往見焉。<u>東坡</u>夢<u>杜子美</u>自解八陣圖,謂爲書生習氣,以此事觀,非訛言。又<u>遺山</u>集<u>寶章</u>小集注云:"<u>越邸</u>有<u>柳公權</u>紫絲鞋、<u>歐陽率更海上</u>、<u>楊凝式</u>乞花等帖。"

進封曹王　　此下當加"詔親視事,以習爲政"。_紀

十七年授<u>活活土</u>世襲猛安　　<u>世宗</u>紀在十一年。

老嫗與男婦　　此上當加"有"。

其栲掠足以稱殺牛之科矣　　"栲"已作"拷"。

判中山府事　　案王傅<u>高竑</u>。_傳

初爲<u>興陵崇妃</u>養子　　案章紀:<u>明昌</u>四年四月,幸<u>崇妃</u>第。必舍<u>璟</u>而立從<u>彝</u>爲<u>執輦</u>後。故此云"初"也。此事在設府尉官後,在<u>永蹈</u>逆謀將發前,<u>章宗</u>疑忌諸王,已見于此。<u>璹</u>爲<u>璟</u>同父弟,親見此事,故<u>密公</u>終身以蒙晦自居。

<u>璹</u>傳　本名<u>壽孫</u>　　此下當加"又名<u>祖敬</u>"。_碑

正大初進封密國公　　"初"當作"中"。案<u>遺山</u>集九歌遺音詩注云:"<u>正大</u>三年,胙國公書。"則封密非初年矣。此傳全錄<u>歸潛志</u>文,因承其謬。

<u>璹</u>乃盡載其家法書名畫　　雲煙過眼錄:<u>喬仲山</u>藏<u>李伯時</u>女孝經,後有"<u>大金密國公</u>樗軒收附題字"。<u>遺山</u>集摘瓜圖詩題云"樗軒家物"。困學齋雜錄:<u>喬仲山</u>藏有<u>郭忠恕</u>飛仙故實,宣和印,樗軒題。潛溪集:<u>蘇長公</u>書眉子石硯歌一卷,後題"開府<u>密國公</u>家藏",後有跋,末書"樗軒"二字。

<u>永德</u>傳　大定二十五年　　"定"下當加"十七年封<u>薛王</u>"。

二十七年封<u>薛王</u>明年除秘書監　　十三字當削。

三年進封酈王　"三"當作"二"。

永成傳　母昭儀梁氏　五字當削。案文已見提綱。

王彥潛　部曲録：河間人，亶時狀元及第，是年出文以足言行而遠賦①。葛王立，除翰林待制。

十六年　案世宗紀，是年有徒單妃以姦伏誅事。傳略。

坐率軍民圍獵解職　章紀：明昌元年正月丁巳，制諸王任外路者許游獵五日，過此禁之。二月，詔出獵毋踰本境。

謚曰忠獻　此下當加"子瑋、瑭"。案見宗室表。又宣紀，貞祐四年二月壬子，任國公瑋薨。傳失載。

有文集行于世云　案章紀，泰和四年二月己亥，命購豫王遺文。傳略。

允升傳　改名永升　四字當削。

授山東西路按必出虎必剌猛安　"按必出虎"之"必"當削。

改封曹王　此下當加"奉命宴賜北部。六年七月，上幸其第"。李愈傳、章紀

上親臨奠　此下當加"子璀"。案見宗室表。

卷八十六

李石傳　天眷元年　已作"天會十五年"。

直起中都　"起"，元作"赴"，是。

衞紹王永濟　此下當加"潞王永德"。

---

① "而"原作"乃"，今據三朝北盟會編卷二四五引族帳部曲録改。

九年進拜太尉尚書令　"九"已作"十"。范成大攬轡録：見金主之日，略得其廷臣名氏曰："領省、太尉、尚書令李石，元妃之父也，稱'皇丈人'。起復左丞相紇石烈良弼，右丞相紇石烈志寧，左、右平章完顏合喜、完顏夕剌，左、右丞石琚、孟浩，皆兼太子師傅①，參政魏子平、完顏德壽②，左、右宣徽使敬嗣暉、耶律後③，同知宣徽院韓綱，殿前都點檢完顏習列，左、右副點檢烏古論忠弼、烏古論元忠，判宗正壽王，不知其名④。吏部尚書王宇、户部耶律道、禮部楊伯雄、兵部高壽星、刑部高德基、工部張恭愈、御史中丞李天瑀⑤、工部侍郎張汝霖、侍御史完顏德温、梁肅，翰林待制鄭子聃，秘書監楊邦基，太府監兼客省使梁彬，都水監耶律實，大理卿李昌國，閤門使盧珙，内藏庫使兼國子監祭酒王可道，左司員外郎張汝弼，右司張亨，兵部郎中田彦皋。族帳部曲録：李受，渤海人，葛王母舅，嘗爲參政。

有司謂兵爲國根本　"國"下當加"家"。

趣有司拯問　"拯"當作"按"。

達可　"達"，北作"逹"，非。

---

① "皆"原作"並"，今據三朝北盟會編卷二四五引攬轡録改。

② "德壽"原作"德受"，今據三朝北盟會編卷二四五引攬轡録改。按金史卷七一宗敍傳云："本名德壽。……（大定）十年，召至京師，拜參知政事。"

③ "後"原作"没"，今據三朝北盟會編卷二四五引攬轡録改。明鈔本作"厚"。

④ "壽"原作"受"，今據三朝北盟會編卷二四五引攬轡録改。"不知其名"四字原爲正文，今據文例改作小注。檢金史卷六九爽傳曰：世宗即位，"進封壽王。……判大宗正事……進封英王"。據卷三三禮志六别廟云：大定十五年（1175）四月十七日，"夏享太廟，同時行禮，命判宗正英王爽攝太尉，充初獻官"。知大定間爽判大宗正事並封壽王，攬轡録所稱"壽王"蓋即此人。

⑤ "瑀"原作"瑞"，今據三朝北盟會編卷二四五引攬轡録改。

　　李獻可傳　累官户部員外郎　此下當加"明昌初，爲右司諫"。案孟鑄傳，明昌元年，御史臺奏薦户部員外郎李獻可，詔除右司諫。據此，則下文坐事乃由司諫矣，傳脱載。

　　完顏福壽傳　授定遠大將軍　"大"，北作"太"，非。

　　獨吉義傳　上嘉納之　北無"嘉"字，非。

　　充護衞　"充"，北作"克"，非。

　　烏延蒲轄奴傳　詔益兵七千　案此與蒲离黑並見合喜傳①。前傳統兵救德順州，宋吳璘初圍德順時事，此慶陽請益兵，乃再圍德順時事。

　　烏延查剌傳　烏延查剌銀青光禄大夫蒲轄奴子也　十五字當削作"查剌"。

　　人號爲鐵簡萬户　中州集密國公璹黄華古柏詩注云："鐵萬户以神射名天下②。"即此。

　　宗亨軍來援　"亨"當作"敘"。

　　李師雄傳　齊廢爲汴京馬軍都虞候　案僞齊録差除合。

　　尼厖古鈔兀傳　由胡陵　"由"，北作"田"，非。

　　副統渾　此下當加"坦"。案世宗紀大定元年十一月癸未，及吾札忽傳皆作僕散渾坦。

　　思敬爲東京留守　"東"當作"北"。傳

　　北路招討使　五字當削。

　　李尤魯定方傳　材勇絶倫　案下文云"世襲猛安"，此上

---

①　"合喜"原作"合住"，按金史卷八七徒單合喜傳有"順義軍節度使烏延蒲离黑"、"慶陽尹烏延蒲轄奴"，今據改。

②　"鐵萬户"原作"鐵簡萬户"，中州集卷五黄華畫古柏無"簡"字，今據删。

失載先世事。

擢殿前右副點檢　此下當加"使宋還"。

蒲察斡論傳　石抹突剌　"突"上當加"尤"。紀

突剌使士卒下馬　"突"上當加"尤"。

突剌進逼之　"突"上當加"尤"。

夾谷查剌傳　父謝奴官至工部尚書　此下當加"自有傳"。

改左衛將軍　此下當加"使宋還"。表

如此才鮮矣　"才",元作"者",是。

卷八十七

紇石烈志寧傳　族帳部曲録:主兵官紇石烈志寧,字從道。以護衛將軍出身,授保州同知,因窩斡逼燕山,召爲右翼統軍,既滅窩斡,拜尚書右丞相、天下兵馬副元帥①。爲人有兀尤風氣。

上京胡塔安人　"安"上當加"猛"。

爲西北面都統　"西"字當削。

扎八乃勸之　"乃"當作"反"。

與萬户夾谷清臣　"與"當作"令"。

陷靈山同昌慶和三縣　"慶"當作"惠"。

志寧復敗之　"志寧"當削。

---

① "拜尚書右丞相天下兵馬副元帥"原闕,今據三朝北盟會編卷二四五引族帳部曲録補。

遂陷宿州　當作“勸攻宿州”。

謀克賽一至遂原其死　四十三字，當削。案闕文無謂。

世輔自以爲得志日與括里扎八置酒高會　“自以爲”三字當削。“括里”二字當削。

世輔乘夜脱走　此下當加“遂復宿州”。

徒單克寧取盱眙　此下當加“及”。

猛安三百貫至七十貫　三十七字，當削。案亦闕文。

志寧召至京師　“志寧”當削。

志寧復還軍　“志寧”當削。

僕散忠義傳　繫年要録作僕散懽，中興禦侮録作大懷忠。

元妃之兄也　案元妃，紀、傳皆無考，惟集禮大定二年追封故夫人僕散氏爲元妃。説見昭德后傳。

攻大明府　“明”，元作“名”，是。

賞馬五匹至領親軍萬户　十九字，當削。

超寧遠大將軍　“寧”當作“安”。

承其父　三字當削。

在郡不事田獵燕游以職業爲務　十三字當改入上“公餘”文上。

再徙濟南尹　此下當加“使宋還”。表

兵久不決　四字當削。

賊得水草善地至賊軼出山西　二十三字，當削。

軍中將士有犯連職之外　案“連”字未詳，疑有訛。

忠義追之　“忠義”當削。

窩斡既敗遂入于奚中　九字當削。

高忠建敗奚于栲栳山　"敗"上當加"復"。

自海陵遇弒至及窩斡敗　二十二字,當削作"自窩斡敗"。

傳位于宗室子眘是爲宋孝宗　十二字當削作"傳位"。

忠義將行陛辭　"將行"二字當削。

宋宣撫使張浚復書志寧曰　十一字當削作"宋復書曰"。

請隳其城至芻牧許汝間　九十四字,當削改作"宋人燒夷方城、葉縣以來田野,忠義命芻牧許、汝間,俟來歲取淮南"。

忠義入奏事　"忠義"當削。

無何還軍中　五字當削。

與宋相持日久　六字當削。

使人還汴　"人還汴"三字當削。

忠義還　此下當加"軍"。

宋同知樞密院事洪遵計議官盧仲賢　十五字當削作"宋洪遵盧仲賢"。

報書期十一月至請俟十一月行成　二十六字,當削作"報十一月行成"[1]。

以其事馳奏　"以其事"三字當削。

世宗以詔諭之曰　七字當削作"世宗詔曰"。

前後凡七　四字當削。

忠義移大軍至宋人懼　二十八字,當改入下"乃定南界官員、百姓歸附遷賞格"文下。案此據中興禦侮録。

先是忠義乞增金銀牌至銀牌各二　八十一字,當削改作

_____

[1] "十一月行成",金史卷八七僕散忠義傳原文作"十二月行成"。

“遂增給元帥府以下金銀牌”。

乃定南界官員　“乃”當作“并”。

元帥府獲宋諜人至中更洪遵湯思退　八十七字，當削。

於是宋知樞密院周葵同知樞密院事王之望書　十九字當削改作“於是宋周葵、王之望書來”。

大定五年正月魏杞康湑入見　十二字當削作“五年正月入見”。

其存留馬步軍　“存留”當作“留屯”。

是月薨　“是”當作“二”。案沂國公之將材相業[1]，不下裴令公，當史局者幸得備員載筆，諒必粉墨碑本。妄思作一篇極大文字，無奈筆力冗弱，不覺滿紙蕪詞，或問冗弱在何處？答曰：“元妃不係何宗，符忠不見處置，‘在郡’‘移軍’二段倒敘，此筆弱也；‘兵久不決’與下‘久無功’語複，‘入于奚中’與上‘遁入奚中’語複，‘還軍中’與下‘忠義還’語複，此筆冗也；至于賞馬牛，得水草，海陵遇弒，泗、壽雟城，以及請牌獲諜等文，皆所謂蕪詞也。”

徒單合喜傳　真元二年　“真”，元作“貞”，是。

乃解初德順在圍中至蒲里海之功爲多　四十字，當削改作“城中猛安溫敦蒲里海身先力戰，其功爲多”。

斬首五千餘級　“千”，北作“十”，非。

吳璘聞赤盞速魯改　“盞”下當加“胡”。

駐水洛城東　案水洛城，宋屬秦鳳路，慶曆中築，今在甘

① “國”字原脱，今據金史卷八七僕散忠義傳補。

肅<u>静寧州</u>西南。

猛安階昭毅以下至贈官賜錢有差　一百九十字,當削作"賜官遷賞有差"。

十年薨　"十"下當加"一"。紀

卷八十八

紇石烈良弼傳　<u>繫年要錄</u>作<u>師顏</u>。

必令良弼傳旨　"良弼"當削。

詔良弼　"良弼"當削。

就以良弼爲南京留守　"良弼"當削。

世宗謂良弼曰　"良弼"當削。

世宗謂良弼曰　"良弼"當削。

以母憂去起復舊職　案文與<u>攬轡錄</u>合。

以問宰相良弼　"良弼"當削。

視其當不　"不"當作"否"。

徙居烏古里石壘部　八字當改作"徙置<u>上京</u>、<u>濟州</u>等路"。案預亂者徙<u>濟州路</u>,詳<u>唐括安禮傳</u>,自屬十六年事。<u>世宗紀</u>,十七年詔書云"已行措置",是也。若徙<u>烏古里</u>者乃不預亂之人,爲十七年後事,無因雜入<u>兵志</u>,可以渾言之。傳文自當分別,方與上文分散逆黨合。

堯有九年之水　案此"堯"字與上"封宗國公"之"宗"字,全不避諱。下<u>石琚傳</u>亦有"堯親九族"字,可知<u>大定</u>時法尚寬。

大定十五年圖像衍慶宮諡武定　十三字當削。案此乃志寧傳文誤入者。

完顏守道傳　守道　"守"上當加"完顏"。

乃祖勳在王室　"室"，北作"宗"，非。

因陳請手接書事　"手"當作"免"。

特賜宴于慶春殿　"春"當作"和"。

石琚傳　字子美定州人　部曲録：石琚，字子美，中山人。宣朝狀元及第，是年出君子能盡人之情賦題①。葛王立，除參政。

沉厚好學父皋　"父皋"二字當改入"沉厚"文上。

唐縣人王八謀作亂　案續夷堅志載石公陰德事，與此不同。

擢左諫議大夫　案世宗紀大定二年八月，詔廉察河北東路。傳略。

拜參知政事　案紀四年五月己酉，命北郊禱雨。傳略。

丁母憂尋起復　案紀，六年十一月丁卯罷，七年正月辛亥起復，凡四十五日。

蔚州采地蕈役數百千人琚奏之　案紀八年作"上諭"云云，小異。

曾傅戩劉宣　"傅"，北作"傳"，非。

堯親九族　堯，紀作陶唐。

琚嘗舉室紹先　"室"上當加"宗"。

---

① "盡"原作"近"，今據三朝北盟會編卷二四五引族帳部曲録改。

顯宗亦思之因琚生日寄詩以見意　　詩見中州集一卷。

唐括安禮傳　大興府獄空　　玉堂嘉話:燕城西南門曰端禮,有大定末劉無黨所撰左丞唐括安禮碑,有云"尹大興時,迎午休吏,燕雀語堂下,人不知有官府"之詞。

拜參知政事　五字當改入上"七年"文上。紀。部曲録:唐括安禮,字仲和,亮之妹壻也。自陝西總管入拜參政,極能文,知兵。

罷爲橫海軍節度使　　北行日録:乾道五年十二月十八日,聞接伴使安德之兄安禮罷爲滄州刺史。初,安禮娶金主之妹。妹死,欲妻以女,辭以不當復娶妻姪,强之不可,金主怒,以抗敕坐之。案本傳略去。

張滿餘慶　"張",元作"裴",是。

上京濟利等路安置　"利"當作"州"。

駙馬都尉賽一昭武大將軍尤魯古金吾衞上將軍蒲都案即忠義傳之蒲睹、賽里、尤里骨①。

移剌道傳　還本部郎中　"還",元作"遷",是。

頃之　"頃",元作"須",非。

爲同知北京轉運使　"使",元作"事"。

道往山東　"道"下當加"使宋還"。

上曰箠楚之下　"上",元作"二",非。

民業尚未獲舊　"獲",元作"復",是。

---

① "尤里骨"原作"尤魯骨",今據金史卷一二一温迪罕蒲睹傳改。

卷八十九

蘇保衡傳　雲中天成人　“雲中”當作“西京”。部曲録：蘇保衡，雲中人。亮寇淮，爲水軍都統。葛王立，除右丞，跛一足矣。

被讒構下獄且死　“構”當作“搆”。“且”當作“幾”。

入爲太常卿遷禮部尚書　十字當削。案兩官皆傅慎微事。

拜參知政事三年　“三年”二字當改入“拜”字上。

翟永固傳　中都良鄉人　部曲録：翟永固，燕山良鄉人。亮與葛王時，皆爲相。

以燕歸宋　此下當加“因隨入宋”。

金破宋　“金”當作“及”。

考試貞元元年進士　“元年”當作“二年”。

與直學士韓汝嘉俱召至内殿問以將親伐宋事　桯史：金國正隆丁丑之明年夏五月，召李通及翰林學士承旨翟永固、宣徽使敬嗣暉、翰林直學士韓汝嘉入見薫風殿，問曰：“朕欲遷都于汴，遂以伐宋，使海内一統，卿意如何？”通以天時人事不可失機爲對，亮大悦。永固却立楹間，亮顧見之，問之故，徐進曰：“臣有愚慮，請殫一得。本朝自海上造邦，民未見德，而黷兵是聞。皇統亦知其不戢之自焚也，故雖如梁王之武毅，猶以和爲長策。今宋室偏安，天命未改，金繒締好，歲事無闕，遽欲出無名之師，以事遠征，臣竊以爲未便。兼中都始成,未及數載,帑藏虛乏,丁壯疲瘁,營汴而居,是欲竭根本富庶之力,以繕征戰丘墟之地,尤爲非宜。臣事陛下,不敢不以正對。”因伏地請死。亮以問暉、汝嘉,暉是通,汝嘉是永固。亮大怒,拂袖起,傳宣二臣殿側聽旨,繼而召翰林待制綦戩講漢史,戩及陸賈新語事,亮怒稍霽,乃赦之。明日,通爲右丞,暉爲參知政事,永固遂請老。又明年,左丞相張浩及暉,與叛臣孔彥舟、内侍梁漢臣卒營汴焉。帝衹之禍寔昉此。汝嘉又二年來盱眙,傳命諭,却我使人徐嘉等,歸而微諫,竟不免戮①。案中州集,韓汝嘉有傳。

　　海陵朝永壽宮　　“永壽”當作“壽康”。案據太后本傳稱②,其地乃壽康也。

　　魏子平傳　弘州人　　部曲録:魏履元,奉聖州人,狀元石琚榜。葛王立,除參政。

　　爲賀宋主生日副使　　愧郯録文見交聘表。

　　海陵不悦　此下當加“四年,權右司郎中”。墓銘

　　澤州刺史劉德裕祈州刺史斜哥至遂降詔焉　　八十五字,當改入上“用此優卿耳”文下。“祈”當作“祁”。案世宗紀,此事係六年九月,不應反在八年拜參政後,豈降詔在八年後耶?

　　孟浩傳　充行臺吏禮部郎中　　此下當加“爲賀宋生辰使”。繫年要録:紹興十四年夏,金以大理少卿孟浩爲賀生辰

―――――――――――――――――――――

① 據岳珂桯史卷九正隆南寇曰:“余讀張棣正隆事迹,博考它記,而得其顛末。”三朝北盟會編卷二四二引正隆事迹同。
② “傳”原在“據”字上,今據文義乙正。“太后本傳”即金史卷六三海陵嫡母徒單氏傳。

副使。案是歲甲子爲皇統四年,傳略。

皆松年等構成之　“構”當作“搆”。

惟浩與毅兄毅王補馮煦王中安在　案上云“孟浩等三十四人”。又云“浩等三十二人”,此所載五人外,可考者復有李之翰、中州集。王仲通、同上。馬柔德、馬百禄傳。任才珍遺山集任君碣。數人。詳金源雜興黨錮詩注。部曲録:田榖,廣寧人,狀元石琚榜及第。宣朝坐欺罔黨錮,貶爲庶人。葛王立①,復官,除工部員外郎。王中安,見王賁傳。

梁肅傳　宛平趙植上書　案秋澗集盧龍趙氏家傳云:“植,字景道。明昌中,號建春徵君者。”即此。

守道自濱州刺史　“濱”當作“蓟”。

肅中都轉運副使　“中”上當加“自”。

四年通檢東平大名兩路户籍物力　案食志,十五年有命肅推排事。此殆爲副使耶,而下“濟南尹”文反略。

河決李固　此下當加“渡”。

改大理卿　案攬轡録:大定十年,爲侍御史。集禮雜録有十三年十二月二十三日,大理卿梁肅議秋冬行刑事。傳並略。

與釘玟匠　“玟”當作“鉸”,元作“校”,亦非。

移剌愈傳　大凡一千一百九十餘　“餘”下當加“條”。

摘徙山東猛安至置牛給之　三十七字,當改入下“遷刑部

---

① “立”字原脱,今據三朝北盟會編卷二四五引族帳部曲録補。

尚書”文下。案官志係二十二年①，不應在十九年文上。

　　兼同修國史　　此下當加“使宋還”。

　　移剌子敬傳　　移剌因　　“因”當作“固”②。案此即耶律固，見蕭永祺傳。

　　遷翰林待制　　“待”，北作“侍”，非。

　　起居注修史如故③　　案世宗紀大定七年閏七月甲戌④，詔經略北邊。傳略。

　　出爲河中尹　　此上當加“使宋還”。

卷九十

　　趙元傳　　辟元爲本院令史　　“元”字當削。

　　元曰　　“元”字當削。

　　凡嘗仕宣和者皆除名籍　　宋濂潛溪集義俠歌云：“德興董國度，其字爲元卿。宣和舉進士，籍籍多文聲。初調膠水簿，其地近東溟。居官未一載，金人忽渝盟。中原相繼陷，無由遂歸耕。是時金人令，南官不自鳴。便差縣官縛，藁街受極刑。”云云。亦是。

---

① 今檢金史百官志無此事，按金史卷四七食貨志二曰：大定二十二年（1182）九月，“遣刑部尚書移剌慥于山東路猛安内摘八謀克民，徙于河北東路酬斡、青狗兒兩猛安舊居之地，無牛者官給之”。“官志”當作“食貨志”。卷四四兵志兵制繫此事於大定二十三年。

② 今檢百衲本金史卷八九移剌子敬傳作“固”。

③ “修史”二字原脱，今據金史卷八九移剌子敬傳補。

④ “甲戌”原作“戊申”，今據金史卷六世宗紀上改。

授行兵部郎中　　案僞齊録廢齊差除,杜宗爲兵部郎中。元乃後選者。

行臺徙大名再徙祁州　　案此乃以河南地與宋故也。紀、志皆略。

賦調兵食取辦　　"取"當作"趣"。

移剌道傳　本名按　　案世宗紀,大定八年十二月有定武節度。當別一人。

改禮部郎中　　案交聘表,六年四月有右司郎中使高麗事。紀同。惟考年例不甚合,然較之八十八卷者差近,不然則有三移剌道矣。

石抹勒家奴　　"勒",元作"靳",是。案石抹榮傳亦作"靳"。

監邦彦　　"監"當作"權"。

高德基傳　命德基攝燕京行臺省都事　　"德基"當削。

十年改中都路都轉運使　　"十"當作"七"。

德基上疏　　"德基"當削。

自大定十一年八月　　"八"已作"十一"。

馬諷傳　部曲録:馬倬,燕人,石琚榜及第。亮時爲御史中丞,葛王立,爲御史大夫。

入爲大理少卿　　此下當加"使宋"①。

完顏兀不喝傳　吾始聞汝名　　"吾"當作"朕",元本

① 建炎以來繫年要録卷一七〇紹興二十五年(1155)十二月己亥云:"金國賀正旦使奉國上將軍、太子詹事耶律歸一,副使左中大夫、行大理少卿馬楓見於紫宸殿。"馬楓,本書卷五宋交聘表上貞元三年(1155)條疑作馬諷。

脱去。

累遷右司郎中　海紀正隆六年作"左司"。

賈少沖傳　調營州軍事判官　營州,即地志平州昌黎縣。

上以意諭少沖　"少沖"當削作"之"。

移剌斡里朵傳　囚得脱還　"囚",元作"因",是。

阿勒根彦忠傳　七年　此上當加"皇統"。

海陵庶人　"庶人"二字當削。

度宜安置堡戍七　"七"當作"十"。紀①

嘗使宋　案交聘表貞元元年彦忠以吏部郎中使高麗,此正隆二年又以户部侍郎使宋。傳並略。

張九思傳　再遷大理少卿　此下當加"使宋"。紀、表

世宗從九思議　"九思"當削作"其"。

改工部郎中　案河志:大定十二年,詔太府少監監護工作。或即此人。

高衎傳　擬彦潛大榮　"大",元作"天",非。

大奉國臣者　即楊邦基傳之興國奴。

楊邦基傳　撞邦基面　"邦基"當削作"其"。

乘德　"乘"當作"秉"。

---

① 按金史卷六世宗紀上大定五年(1165)正月乙卯,"詔泰州、臨潢接境設邊堡七十,駐兵萬三千。"同書卷二四地理志上邊堡條曰:"大定二十一年三月,世宗以東北路招討司十九堡在泰州之境,及臨潢路舊設二十四堡障參差不齊,遣大理司直蒲察張家奴等往視其處置。"臨潢、泰州合計四十三堡。世宗紀云僅接境有"七十",恐非。阿勒根彦忠傳作"七",是。

邦基降坊州宜春簿① "邦基"當削。

丁暐仁傳　改祈州刺史祈州爲定武支郡　"祈"並當作"祁"。

陝西西路轉運使　此上當加"遷"。

卷九十一

完顏撒改傳　天德元年　"德"當作"眷"。案海陵于皇統九年十二月十一日改元天德,僅二十日,安得有下文郎君詳穩、後爲萬户、戍邊爾許事。據上"睿宗爲右副元帥"文,當屬熙宗初年。

二年　此上當加"天德"。

海陵庶人　"庶人"二字當削。

爲武震軍都總管　"武震"當作"震武"②。

龐迪傳　舉迪權知懷德軍　地志無此軍,殆皇昌所立。

已而權淮南東路馬步軍副總管　案此路亦皇昌名,見僞齊録。毛碩傳作淮東路。

郡人立碑紀其政績　碑見金石文字記。

---

① "宜春"誤,當作"宜君"。按金史卷九〇高衎傳云:"兵部員外郎攝吏部主事楊邦基降宜君縣主簿。"卷二六地理志下鄜延路坊州有宜君縣。

② 此校改有誤。按"震武"爲代州軍號,天會六年(1128)置,據金史卷四四兵志兵制云:"(正隆)六年,南伐,立三道都統制府及左右領軍大都督,將三十二軍,以神策、神威、神捷、神鋭、神毅、神翼、神勇、神果、神略、神鋒、武勝、武定、武威、武安、武捷、武平、武成、武毅、武鋭、武揚、武翼、武震、威定、威信、威勝、威捷、威烈、威毅、威震、威略、威果、威勇爲名,軍置都總管、副總管及巡察使、副各一員。"知武震軍都總管即爲三十二軍之一種。

七年　此上當加"皇統"。

溫迪罕移室㦲傳　此傳當改入忠義。

定遠阿補　"定遠",武散官階名。下"安遠"同,文略欠明析。

神土㦲傳　率秦州兵　"秦",元作"泰",是。

戰霧鬆河　"霧",北作"露",非。

移剌成傳　其苗裔曰董氈　宋史吐蕃傳,唃厮囉者,緒出贊普之後,名欺南陵溫篯逋,宋累授保順河西節度,洮、涼二州刺史。第三子董氈嗣。董氈傳:母喬氏,厮囉之妻。九歲,命爲會州刺史。其二妻李氏,生瞎氈及磨氈角。李氏寵衰,二子奔宗哥。磨氈角,終思州團練使。子瞎撒欺丁,爲順州刺史。瞎氈居龕谷①,授澄州團練使。子木征居河州。母弟瞎吳叱。厮囉地既分,董氈最強②,獨有河北之地,嗣爲保順節度。子簡逋比,爲錦州刺史。元豐四年,以討夏功,封武威郡王,養子阿里骨嗣。阿里骨傳:爲河西節度,子瞎征嗣。瞎征傳:即邦彪篯也,爲河西節度。嗜殺,部曲睽貳,大酋欽氈并董氈疏族溪巴溫入青唐,立木征子隴栙爲主。宋以隴栙爲唃厮囉嫡曾孫,以爲河西節度,封武威郡公③,賜姓名曰趙懷德。其弟邦辟勿丁呕,曰懷義。後瞎征徙居鄧州。趙思忠傳:即瞎氈之子木征也,居安江城。嘉祐中,王韶經略熙河,以熙寧七年,舉洮、河二州來降,賜以姓名,拜榮州團練使。

---

① "瞎氈"原作"磨氈角",今據宋史卷四九二董氈傳改。

② "董氈"原作"木征",今據宋史卷四九二董氈傳改。

③ "公"原作"王",今據宋史卷四九二瞎征傳改。

弟董谷,賜名繼忠,結吳延征,賜名濟忠,瞎吳叱曰紹忠,巴氈角曰醇忠,巴氈抹曰存忠,長子邦辟勿丁呕曰懷義,次子蓋呕曰秉義。思忠後遷合州防禦使。

李昌國等　"國"當作"圖"。案上文作"圖",粘葛斡特剌傳同①。

石抹卞傳　使人召卞卞不往　兩"卞"字並當削。

卞爲武毅軍都總管　"卞"字當削。"都"下,北有"督",非。

至獎州　"獎"當作"蔣"。案宋改光州爲蔣州,見光英傳。海紀同。

劫卞還舍於獎水之曲　"獎"當作"蔣"。

楊仲武傳　仲武與鄜延路兵馬都監鄭建充俱降　"仲武"當削。"充",北作"克",非。已改。

爲安塞堡　案地志,堡屬延安府②。據官志,此下當云"部將"或"隊將",係鈔脫。

乃從數騎　"乃"當作"曾"。

及仲武至　"仲武"當削。

乃舉酒酹天　"天"當作"地"。

蒲察世傑傳　海陵篡位即立以爲護衛　元本"位"作"立",無下"立"字,是。

海陵謂世傑曰　"世傑"當削。

---

① 三朝北盟會編卷二四五引攬轡錄亦作"大理卿李昌國"。
② 按金史卷二六地理志下鄜延路延安府有安塞堡,并無安塞堡。

令伐兄弟有異志者　"令伐",元作"今我",是。

郡人無長吏　"郡人",元作"邢久",是。

使世傑領水軍百人　"世傑"當削。

世傑以兵二百四十　"世傑"當削。

世傑以刀斷其鎗　"世傑"當削。

宋兵捍絕樵路　"樵",北作"修",非。

糶米麵　"糶"當作"糴"。

蕭懷忠傳　奚人也　此下當加"貞元初"。

初爲罪首　"爲"當作"非"。

追復贖懷忠禿剌斡魯保官爵　案文中惟師恭不書復官,以皇統逆黨故也。

贖弟安州刺史贖求襲頤之謀克　"贖求襲頤",元、北並作"頤求襲贖",是。部曲録:蕭頤,契丹人,右丞贖之弟[1],爲京兆尹,兼右翼都監。

移剌按荅傳　入爲兵部侍郎　案表,大定六年有使高麗事。傳略。

能如卿乎　"能"上當加"誰"。

李斛魯阿魯罕傳　忠義使阿魯罕往　"阿魯罕"當削。

薦阿魯罕有才幹可任　"阿魯罕"當削作"其"。

入爲吏部尚書　此下當加"使宋還"。表

召爲參知政事　案世宗紀,大定二十八年四月丁丑,拜,

---

[1] "贖"原作"酹",三朝北盟會編卷二四五引族帳部曲録作"頤",按金史卷五海陵紀貞元三年(1155)二月壬午云"參知政事蕭贖爲右丞",正隆六年(1161)八月癸亥,被誅。今據改。

至八月庚辰,罷。吏員入相止此人。

趙興祥傳　據郡作亂　“郡”,北作“群”,非。

乃自柳城　案遼金志皆無此縣名,此乃唐柳城縣,即本志北京興中府興中縣地,若遼志南京道營州廣寧縣云漢柳城縣爲本志平州之昌黎縣地,與此不同。

轉右宣徽使　此上當加“使宋還”。案繫年要錄,紹興十六年夏,金遣同知宣徽院趙興祥賀生辰。即皇統六年也。

石抹榮傳　宗室神谷　“神谷”當作“谷神”。

榮就養於神谷家　“神谷”當作“谷神”。

銀朮可白　“白”當作“曰”。

靳家奴前爲單州刺史　案事見移剌道傳。

敬嗣暉傳　部曲錄:敬嗣暉,易州人,石琚榜下及第。亮時,爲宣徽使,尋除參政。亮死[1],貶爲庶人,次年復爲宣徽使。

久之拜參知政事正隆六年　十一字當改作“正隆初,使宋。三年,拜參知政事,六年”。案交聘表,三年有命諭夏奏告使事。傳略。

惡嗣暉巧佞　“嗣暉”當削作“其”。

嗣暉降通議大夫　“嗣暉”當削。

尚食官　此上當加“每月朔”。

---

[1] “死”原作“廢”,今據三朝北盟會編卷二四五引族帳部曲錄改。

卷九十二

毛碩傳 僚屬皆不能堪 "僚",北作"遼",非。

碩以陝右邊荒 "碩"字當削。

李上達傳 累東平府司户參軍 "累"下當加"遷"。

上達給軍須 "達"下當加"降"。

上達隨地入宋 "上達"當削。

上達爲同知大名尹 "上達"當削。

上達到官 "上達"當削。

猾吏不能欺 北無"吏"字,非。

曹望之傳 運米八十萬斛 此上當加"又"。

工部郎中移剌道 案道傳作"禮部"。

即以五百里内軍大補之 "大"當作"夫"。

要在平估而已 此下當加"十一月爲賀宋正旦使"。

質身於東宫留守 "宫",北作"京",是。

大懷貞傳 十八人 "十"上當加"二"。案據上"亢宿"加。

盧孝儉傳 并人稱之 "并"當作"秦"。

盧庸傳 案此爲章、宣時人,當改次蒲察移剌都傳後。

郊爲阤塞 "塞",北作"寨",非。

徒單克寧傳 宋作"忠衞"。

構致其罪 "構"當作"搆"。

詔克寧 "克寧"當削。

克寧與善射二十餘人　“克寧”當削作“乃”。

復追及賊于霜霙河　“霜”，北作“霧”，非。

克寧令軍士　“克寧”當削作“因”。

以平章政事僕散忠義　“平章政事”已改“右副元帥”。

師將發　當作“師自陷泉捷後”。案忠義帥後有花道、陷泉之捷，克寧以不與戰事，無庸詳敘，若不略用補筆，止云“將發”，則下文“聲言乞降”，有何關會？列傳中此病甚多，未免草率。

乃與克寧出中路　“與克寧”三字當削。

克寧除太原尹　“克寧”當削。

克寧至　“克寧”當削作“既”。

於是克寧　“克寧”當削。

曳一植木　“一”當作“其”。

徹去沈船　“徹”當作“撤”。

克寧麾兵前戰　“克寧”當削。

克寧以猛安賽剌　“克寧”當削作“復”。

及克寧取楚州　“克寧”當削。

歷河間東平尹　“間”下當加“尹，使宋還，遷”。紀

嫁爲潘王永成妃　“潘”當作“豳”。

克寧不悦　“克寧”當削作“因”。

上將復相克寧　“克寧”當削作“之”。

上謂克寧曰　“克寧”當削。

十九年　當作“二十年”。

克寧辭曰　“克寧”當削。

克寧出朝　"克寧"當削作"既"。

謂克寧曰　"克寧"當削。

克寧於左丞相　"於",元作"爲",是。

克寧復以年老爲請　"克寧"當削。

上謂克寧曰　"克寧"當削。

詔克寧　"克寧"當削。

克寧表請立金源郡王爲皇太孫　"克寧"當削。

出汝弼爲廣平尹　"平"當作"寧"。

因使克寧輔導之　"克寧"當削。

止五百萬貫　"止",元作"正",非。

克寧社稷之臣也　"克寧"當削。

克寧還朝　"克寧"當削。

故克寧及之　"克寧"當削。

及茶器刀劍等　"刀",紀作"弓"。

上幸克寧第　"克寧"當削作"其"。

克寧固辭　"克寧"當削。

詔畫克寧像　"克寧"當削作"其"。

謂克寧曰　"克寧"當削。

詔克寧　"克寧"當削。

詔克寧襄汝霖　"克寧"當削作"與"。

徙封爲東平郡王　"東"當作"廣"①。

---

① 據金史卷九章宗紀一大定二十九年(1189)七月丁卯云:"以太尉、尚書令東平郡王徙單克寧爲太傅,改封金源郡王。"徙單克寧傳作東平郡王合。此處校改作"廣平郡王"誤。

克寧固辭　“克寧”當削。

必爲克寧設坐　“克寧”當削。

進拜太傅　此下當加“改封<u>金源郡王</u>”。紀

故克寧言及之　“克寧”當削。

明昌二年　“二”當作“元”。

克寧頓首謝曰　“克寧”當削。案傳文四千餘言,本名“克寧”二字,凡九十見,可厭極矣,今稍節去三十餘處,尚未明净也。

是歲二月薨　當作“明年正月薨”。

金史詳校卷八下

卷九十三

目　宣宗王子　“王”當作“諸”。

郇王琮傳　封裕陵充華　案充華之名,與下從彝傳之溫妃、從憲傳之茂儀、玠傳之婉儀,皆不見于官志,大抵東宫妃號。

章宗即位　案永中傳“與諸弟各賜金、銀”云云,即指琮等,惟永中等皆封王出到任所,諸弟皆封王留京師而已,傳文互見。

霍王從彝傳　溫妃石抹氏　案官志宣徽院内侍局有裕陵溫妃,即此。

詔追封故魯王永功爲趙王以從彝爲趙王後　十八字當改作“幸崇妃第,以顯宗母弟故魯王斡輦爲妃養子,追封趙王,以從彝爲之後”。案永功傳卒於興定五年,當明昌時,不得言追言故,一也;又永功八改封,鄭、隋、曹、冀、魯、鄆、譙。終于越王，並無追封文，二也；永功自有三子，福孫、壽孫、粘没曷。不必立後，三也。史官脱去章宗幸第、追封、改立等事，又誤孰輦爲永功，遂致紀、傳不合，説已見章紀。

　　瀛王從憲傳　本名吾里不　案世宗紀，大定二十三年十月庚戌，賜皇孫吾都補洗兒禮。即此。傳略。宗室表作吾里補。

　　洪靖傳　明昌三年　此下當加"生"。

　　洪熙傳　本名訛魯不　"魯"，北作"會"，非。

　　加開府儀同三司　北無"加"字，非。

　　洪輝傳　承安二年五月生　案章紀有詔降死罪、釋徒以下、報祀高禖等文。傳略。

　　作普天大醮七日　案雲光集王處一事。見金源雜興皇嗣詩注。

　　忒隣傳　亳州太清宫　案滹南集太乙度師事①。亦見雜興詩注。

　　衞紹王子傳　按辰　案永蹈傳同，衞王紀作按陳，地志蓋州云"辰"、"陳"同音，是也。

　　鞏王　案移剌福僧傳，至寧元年，除鞏王傅。又宣紀，貞祐三年，令司屬令護治鞏國公第，殆即按辰之降封。

　　餘勿傳　案宣紀，貞祐三年四月壬子，芮國公從厚薨。宗室表不載。又高霖傳爲韓王傅，乃大安初所封者。移剌塔不也傳，爲曹王傅亦在大安、崇慶時。考世、顯二宗諸子皆無

---

① 王若虛滹南遺老集卷四二題作"太一三代度師"。

此封,則芮國、韓、曹或即六子之勿傳者耶。

　　從恪爲左丞相　　“左”當作“右”。<u>紀</u>

　　莊獻太子傳　　二年四月　　“四”已作“五”。

　　留守中京　　“京”當作“都”。

　　召至汴　　案官志宣徽使下有“<u>懿安</u>家令、丞”,<u>貞祐</u>三年,爲<u>莊獻太子</u>設。傳略。

　　謚莊獻　　案<u>宣</u>紀,<u>興定</u>元年二月丙子,議置太子廟。傳略。

　　立其子鏗爲皇太孫　　案<u>宣</u>紀,<u>貞祐</u>二年九月壬戌朔,生。三年五月辛未,立。七月丙子,省奏給歲賜錢,上不從。傳略。

　　十二月薨　　案<u>宣</u>紀,癸丑薨,以殤,無祭享之制。

　　荆王守純傳　　奴失不處死除名　　“處”當作“免”。

　　天興元年二月　　“二”當作“三”。<u>紀</u>

　　獨古思忠傳　　本名千家奴　　此下當加“初名<u>永忠</u>,避諱改”。<u>紀</u>

　　入爲簽樞密院事　　此上當加“<u>泰和</u>初”。<u>表</u>。此下當加“使<u>宋</u>還”。<u>紀</u>、<u>表</u>

　　彼將誤也　　“也”當作“我”。

　　思忠坐解職　　“解職”當作“除名”。

　　承裕傳　　歷<u>會州</u><u>惠州</u>刺史　　案<u>惠州</u>,即<u>地志</u><u>大定府</u><u>神山縣</u>,<u>承安</u>二年置。

　　屯<u>成紀</u>界　　案<u>章</u>紀,<u>泰和</u>六年伐<u>宋</u>,作屯<u>隴州</u>、出<u>來遠</u>①。

---

① 今檢<u>金史</u>卷一二<u>章宗紀</u>四<u>泰和</u>六年(1206)十月庚戌原文作“<u>隴州</u>防禦使<u>完顔璹</u>以本部兵五千出<u>來遠</u>”。

斬楊雄李珪于陣　　“珪”，北作“瑾”，非，已改。

遷河南東路統軍使兼知歸德府事　　案南京分東、西路，地志不見。

　　贊　承裕　“裕”，北作“祐”，非。

　　僕散揆傳　尚韓國大長公主　“大長”二字當削。

赫沙阿　“阿”當作“河”。

罷職　事見宗道傳。

性喜静好事　“好”上當加“不”。

乃免死除名　案章紀，明昌六年十二月，丞相襄率駙馬都尉僕散揆進軍大鹽濼。揆不書官，即除名，事且與下文兩戰功合。

拜參知政事　案章紀，承安四年三月乙卯，請罷提刑。五月庚戌，以不雨待罪。傳略。

所親獲鹿尾舌爲賜　“所”當作“以”。

宋人服罪即罷宣撫使　九字當削，取章紀泰和五年“時宋殿帥郭倪至新置弓箭手”一百三十八字改入此。

命揆爲右副元帥　“右”當作“左”。

十一月　“一”字當削。

果奉書乞和　“奉”，北作“奏”，非。

引大醫診視　“大”，元作“太”，是。

　　抹撚史扢搭傳　此傳當改入忠義。

郭倬李汝翼　此上當加“宋”。

　　内族宗浩傳　爲賜宋主趙眘生日使　“趙眘”二字當削。

所部必列土　“必”，元作“迪”，是。

撒與廣吉利部長　　"利"當作"剌"。

盡令徹戍而南　　"徹"當作"撤"。

豈基元元無窮之困　　"豈"當作"是"。

斂軍徹戍　　"徹"當作"撤"。

突我守圍　　"圍"當作"圉"。

向汴陽乞和時　　"陽"當作"梁"。

金五百萬兩銀五千萬　　"兩"字當削。

如李大性朱致和　　"大"，北作"犬"，非。"和"，元作
"知"。

卷九十四

夾谷清臣傳　烏古孫麻發　　"發"當作"潑"。

河南統軍宗正　　"正"已作"尹"。

遷烏古十壘部族節度使　　"十"當作"石"。

授右副都點檢　　此下當加"使宋還"。紀、表

兼知京兆府事　　臨潼縣九陽鐘銘，大定二十一年重鑄，
銜列京兆尹本路兵馬都總管。即此。

內族襄傳　丞相襄　　當作"內族襄"。目

率右翼　　"右"當作"左"①。

---

① 此校有誤。按金史卷九二徒單克寧傳曰："克寧與紇石烈志寧爲殿，與賊遇于長濼。
謀衍使伏兵于左翼之側。……左翼萬户襄與大軍合擊之，賊遂敗，追奔十餘里，二年
四月一日也。越九日，復追及賊于霧靈河。左翼軍先與賊戰，克寧以騎二千追掩十五
里，賊迫澗不得亟渡，殺傷甚衆。"及卷一三三移剌窩斡傳云："窩斡趨濟州，知大軍取
其輜重，乃還救，遇于長濼。既陣，謀衍別設伏于左翼之側，賊四百餘騎（轉下頁注）

是用委以政機　　"政機"當作"機政"。

由是二稅户多爲良者　　食志：<u>明昌</u>元年六月，奏<u>北京</u>等路所免二稅户，凡一千七百餘户，萬三千九百餘口。

嘯取北京臨潢之間　　"取"，<u>元</u>作"聚"，是。

解所服玉貝佩刀以賜　　"貝"，<u>元</u>作"具"，是。

乃移諸糺居之近京地　　案此及下文"裔戰失律"事，知<u>李愈</u>傳言"北部侵我舊疆千有餘里，不謀雪恥"云云，非虛言也。

"明年"　　二字當削。

時議北討　　<u>元史太祖紀</u>：會<u>塔塔兒</u>部長背<u>金</u>約，<u>金</u>主遣<u>完顔襄</u>率兵逐之北走。即此。

及后土方嶽　　此下當加"既而止之"。<u>師兒傳</u>

次芝田之府店　　"店"，<u>北</u>作"唐"，非。

夾谷衡傳　尋出行省于撫州　　案時爲<u>明昌</u>六年十月，此

（接上頁注）突出左翼伏兵之間，<u>徒單克寧</u>射却之。是日，别部諸將與賊對者，勝負未分，相去五里許而立。左翼萬户<u>襄</u>與賊戰，賊陣動，<u>襄</u>麾軍乘之，突其後，俱與大軍不相及。<u>襄</u>以善射者二十騎，率衆自賊後擊之，賊不能支，乘勢麾軍擊其一偏，賊遂却。……<u>窩斡</u>率其衆西走，<u>謀衍</u>追及之于<u>霧靈河</u>。"此即<u>大定</u>二年四月<u>長濼</u>、<u>霧靈河</u>戰事，<u>襄</u>時任左翼萬户，本傳亦謂"戰于<u>肇州</u>之<u>長濼</u>"、"賊走渡<u>霧鬆河</u>"云云。又是年六月大敗<u>窩斡</u>于<u>嫋嶺西陷泉</u>，卷八六<u>烏延查剌</u>傳云："西過<u>嫋嶺</u>，追及於<u>陷泉</u>。賊先犯左翼，<u>查剌</u>迎擊之，賊退走。"卷八七<u>紇石烈志寧</u>傳云："<u>忠義</u>以爲然，遂過<u>移馬嶺</u>，進及<u>嫋嶺西陷泉</u>。賊見左翼據<u>南岡</u>爲陣，不敢犯。右翼萬户<u>烏延查剌</u>擊賊少却，<u>志寧</u>與<u>夾谷清臣</u>等擊之，賊衆大敗，涉水走。"卷一三三<u>移剌窩斡</u>傳亦曰："<u>僕散忠義</u>、<u>紇石烈志寧</u>以大軍追及于<u>嫋嶺西陷泉</u>。明日，賊軍三萬騎涉水而東。大軍先據<u>南岡</u>，左翼軍自岡爲陣，迤邐而北，步軍繼之，右翼軍繼步軍北引而東，作偃月陣，步軍居中，騎兵據其兩端，使賊不見首尾。是日，大霧晦冥，既陣霧開，少頃晴霽。賊見左翼據<u>南岡</u>不敢擊，擊右翼軍，<u>烏延查剌</u>力戰，賊稍却。"<u>内族襄傳</u>："<u>襄</u>復從<u>忠義</u>追賊至<u>嫋嶺西</u>之<u>陷泉</u>，及之，率右翼身先奮擊，賊大潰，人馬相蹂而死，<u>陷泉</u>幾平。"與上述記載相合，知右翼軍敗退<u>窩斡</u>。"右翼"、"左翼"、"步軍居中"實係作戰排兵之法，與官稱無涉，此役中左翼萬户<u>襄</u>率右翼軍，蓋臨陣敵制變也。

行省之始。

完顏安國傳　安國沉雅[①]　“雅”，元作“雄”，是。

選充虞王府掾　虞王，即夔王允升，大定十一年封。

賜虎符還邊　“還”當作“巡”。

瑤里孛迭傳　案回离保傳，奚姓五族有遥里氏。世宗紀，大定二十四年有侍御史遥里特末哥，耶律塗山傳遥里相温，伯德宨哥傳姚里鴉胡、姚里鴉兒，元史耶律留哥傳妻姚里氏，使金録有内使閤祇姚里鐸，皆是。

遷徐王府掾　案世宗子永蹈、永升同封徐，皆大定十一年。

後授鎮寧軍節度使　“後”當改作“二年”。_{志撫州}

承安二年　四字當削。

戰移密河勝　移密河，即宗浩傳之移米河。“勝”下當加“之”。

卷九十五

移剌履傳　卿不見劉仲晦張汝震耶　“晦”，元作“誨”，是。“震”，元作“霖”，是。

初議以時務策設女直進士科　案盛如梓庶齋老學叢談引其語。

轉尚書禮部員外郎　此下當加“爲高麗使”。案遺山集

---

① “安國沉雅”原作“姿國沈雅”，今據金史卷九四完顏安國傳改。

右丞碑文作"奉使江左"，非。

　　皆聖賢純全之道　"全"，碑作"一"，是。

　　移梓宮壽安宮　案是年宮名尚未改，碑作萬寧宮，非。

　　河溢曹州　案此對碑文不載。

　　是日履所生也　六字當削。案碑文無。

　　張萬公傳　就陞司直　案遺山集壽國碑文，有十九年遷武寧節度副使，二十一年召爲右司都事，又攝同知登聞檢院。傳略。

　　尋爲彰國軍節度使　案萬公自中丞出爲節度，非責降也。元碑引諫立后語，并援諸人事以證其外補，與時事不合。史不取之，是也。

　　且捧書言曰　"且捧"當作"因上"。

　　可斂不及民而無待於奪民之田　"而"下當加"足"。碑

　　蒲察通傳　案此與粘割斡特剌、程輝、黃久約三傳，皆當改次八十八卷移剌道傳後。　中都路胡土愛割蠻猛安人也　"土"，北作"上"，非。

　　授頓舍　此下當加"使"。

　　令通率騎　"通"字當削。

　　賜以金　此下當加"帶"。紀

　　除殿前都點檢　此下當加"爲賀宋使"。紀、表

　　欲令通爲之　"通"字當削。

　　封任國公　案靈巖寺滌公開堂疏後題"平章政事宗國公蒲察通"，山左金石志引官志，避諱易任，是也。傳似不應略去。

舉太子率府完顔守貞　“府”下當加“率”。案守貞傳不載是官。

監察御史裔　案裔無傳，章紀，大定二十九年正月，山東統軍裔以私過都城不赴哭臨，笞五十，降授彰化節度。承安二年，北京留守裔以行省失職，杖一百，除名。似不得爲名臣。

粘割斡特剌傳　轉右將軍　“右”下當加“衞”。

及射往馬一　“往”已改“生”。

程輝傳　再遷户部尚書　此下當加“爲賀宋使”。紀[①]、表

何以辭爲　“辭爲”當作“爲辭”。

世宗怒監察不舉劾　“劾”，北作“核”，非。

視彼无重　“无”，元作“尤”，是。

神童嘗添壽者　“嘗”當作“常”。

劉瑋傳　徙知大明府　“明”當作“名”。

入拜尚書右丞　案禮志雜儀有“拜數”之對，傳略。

董師中傳　召爲太理卿　“太”，元作“大”，是。

迺罷北幸　“迺”，北作“遣”，非。

上欲復用　此下當加“之”。

王蔚傳　汝在海陵時行事多不法　見李通傳。

馬惠迪傳　超授御史中丞　此下當加“宋使還”。表

時烏底改叛亡　案此與世宗紀大定二十六年文小複。

馬琪傳　前令要介　案介，字伯升，見遺山集忻州學疏。

---

① 按金史卷六世宗紀上大定十一年（1171）十一月丁丑云：“以西南路招討使宗寧等爲賀宋正旦使。”不載副使程輝。

然性吝好利　　見胥持國傳。

楊伯通傳　弘州人　　案伯通墓在弘州,宣府志以爲遼人,非也。

尼厖古鑑傳　召授國子助教　　案完顏匡傳有策題事。

明昌五年　　此下當加"九月使宋還"。表

卷九十六

黃久約傳　升待制　　重修中嶽廟碑題銜充翰林待制同知制誥黃久約撰文,即此。

爲賀宋生日副使　　紀不載,表在大定二十六年八月。

見貢新枇杷子者　　"新枇杷子"當改作"荔支"。案久約使還在冬時,知非枇杷子也。紀作"荔支",無"新"字,當作"乾荔支"耳。

未可使去左右　　"使"當作"便"。

遷太常卿　　"太",北作"大",非。

豈能皆有知人之監　　"監",北作"鑒",是。

李晏傳　皇統六年登經義進士第　　中州集作"二年"。

調岳陽丞　　"岳陽",中州集作"臨汾"①。

丁內艱　　"內"已作"外"。

除西京副留守　　拙軒集有送之任雲中詩,即此。

---

① 據成化山西通志卷一五許安仁李文簡公神道碑銘云:"登皇統六年第,調平陽府岳陽縣丞。……改臨汾丞。"知中州集卷二李承旨晏傳"皇統二年經義進士,釋褐臨汾丞"有誤。

諭之曰　"之",元作"旨"。

闞王年少　即永成。

錦州龍宮寺　中州集作"遼東閭山"。

於是獲免者六百餘人　中州集作"三百家"。

尋爲賀宋正旦國信副使　紀不載,表在大定二十七年十一月。

爲澤州刺史以便侍養　案此與張萬公之東平,張大節之震武,路伯達之安武同。

承安二年卒　秋澗集過游仙李節使墳詩:"大定明昌五十年,當時人物玉堂仙。朝來書案山前路[①],瞥見堂封一慨然。"即此。

李仲略傳　爲立夏國王讀册官　明昌五年正月。

兼翼王傅俄兼宛王傅　"翼"當作"冀"。即永功、永升。

李愈傳　授曹王傅　即永升。

愈嚮陳備禦北邊策言甚荒唐　"策"下當加"甚可嘉,朕故用之。至議河決,徒能張皇水勢,月日尚不知"。案上文愈奏北事,上嘉其忠,不應有荒唐之諭,乃胥手脱寫一行,抹去河渠志議河文字,是以上下文不貫,中間補明數語,則"荒唐"二字自有歸宿,且與守貞前後兩對正合。

尋爲賀宋正旦副使　案明昌後,紀、表皆不載副使,此當爲承安四年范楫、五年紇石烈忠定、泰和元年紇石烈七斤之副。

_____

① "路"原作"過",今據秋澗集改。

　　三叉尤近北陲　　世宗紀大定六年七月次三叉口，八年七月次三叉口。完顔綱傳，三叉口置捺鉢。

　　許安仁傳　獻州交河人　案中州集云：“河間樂壽人。”獻州本樂壽縣地，舊屬河間，惟安仁於大定七年中第，而立縣即在是年，史承其科第籍貫也。

　　故爲時人所稱云　金石後録重建唐德宗詩碑，許安仁撰并行書，大定十六年七月，在濟源。

　　梁襄傳　此傳當改入九十七卷韓錫傳後。

　　召爲薛王府掾　即永德。

　　奪攘蹂躙　“躙”當作“躪”，元作“蹦”，尤非。

　　川有高殿廣宇　“川”當作“非”，元作“亦”，尤非。

　　坐致宋敝　“敝”當作“幣”。

　　太康畋於洛汭　“太”，北作“大”。“畋”當作“畋”。

　　畏魏徵而停　“停”上當加“遂”。

　　則有後難必矣　“難”當作“艱”。

　　以遂水草牧畜爲業　“遂”，元作“逐”，是。

　　上京之人　“上”當作“燕”。

　　坐失察宗室弈事　弈即名三寶者，有傳，在六十六卷。

　　路伯達傳　字仲顯　案靈巖詩刻題冀州節使路伯達，中州集作“字伯達”，非也。

　　博學能詩　案中州集，伯達有母爲買書事。傳略。

　　會安軍節度使王克溫　“安”下當加“武”。案此據紀大定二十八年文，交聘表及中州集作“武安”，非。

右丞劉璋①　　"右丞"當作"參政"。案此議移天壽節諸臣,詳張汝霖傳,據改。

嘗使宋回　　案使事當在明昌、承安間,紀、表於副使多不載,遂不可考,惟獻所得金銀,可爲故實。

字叔和　　當作"字和叔"。

卷九十七

裴滿亨傳　　内侍梁道兒　　見李妃傳。

斡勒忠傳　　兼沂王傅　　即從彝。

張大節傳　　擢天德三年進士第　　中州集作"天眷中",非。

進工部郎中　　案河渠志,大定十八年有修隄、董役事。傳略。

留知大興府事　　案中州集復云歷咸平尹、吏部尚書,傳不見。

張巖叟傳　　字孟弼　　"孟",中州集作"夢"。

退寓洛陽卒　　中州集作"終於集慶軍"。

張亨傳　　累遷尚書左司郎中　　案表,大定十二年,以右司員外郎使高麗。十六年,以左司郎中使宋。傳並略。

已而復謂宰臣曰　　"復"當作"上"。

韓錫傳　　四遷尚書户部侍郎　　"户"當作"工"。案此據

① "璋",至正初刻本作"璋",是。

正隆二年正月授杖文，且下文皆言工部事。

鄧儼傳　其命儼往　案表，大定二十一年，爲宋副使。紀略，傳亦不書。

賀揚庭傳　南人礦直敢爲漢人性姦臨事多避難　“礦”當作“獷”。案世宗此論以河南、山東爲南人，故上文懿州鄧儼、大興張亨皆稱漢官。迨元世，則以契丹、高麗、女直、竹因歹、竹赤歹、尤里闊歹、竹温、渤海八種爲漢人，中國爲南人。

閻公貞傳　累進大理卿　案刑志，明昌五年，爲律義覆定官。

焦旭傳　四遷都水監　案河志稱“户部郎中”。

劉仲洙傳　陞爲定海軍節度使　案元梁宜順州廟學記云：明昌初，提刑萊州。“提刑”似訛。

仲洙兄仲淵　部曲録：仲淵，字介石，燕山人。宣朝狀元及第，是年出日月得天能久照賦。亮時，爲翰林待制。葛王立，遷直學士[1]。

李完傳　以六部令史久者補吏[2]　“吏”字當削。

有治劇材　“材”，元作“林”，非。

馬百禄傳　父柔德　族帳部曲録：馬柔德，字周卿，廣寧人。狀元劉仲淵榜及第，宣時，坐田毅等欺罔黨錮，貶爲庶人。葛王立，復官，授刑部員外郎。案孟浩傳不載柔德事，本傳但云“復召用”，不詳何官，故取范録補。

---

[1] “直”原作“知”，今據三朝北盟會編卷二四五族帳部曲録改。
[2] 至正初刻本“久”字下有“次”。

季京　"季",元作"李"。

劉瑋傳　字仲璋　部曲録:劉瑋,字仲章,益都府臨朐縣人。幼年被掠在葛王家,葛王父潞王放從良,應舉,狀元楊建中榜及第。葛王立,授左拾遺,凡事多取謀於彼。其人足於智略,又以溫粹,士多歸之。

汝職掌教道　"道"當作"導"。

朕聞瑋在北京　"朕",北作"脱",非。

轉國子祭酒　此下當加"爲册夏王使"。紀、表

劉玠傳　庶幾能贊朕致太平矣　"致",北作"至",非。

再轉近侍局使　此下當加"使夏還"。表

召爲同知宣徽院事　此下當加"爲賀宋使"。表

與張僅言　"僅"已作"謹"。

襄事　此下當加"畢"。

以其弟太府監瑋爲同知宣徽院事　"太府監"當作"户部郎中"。案瑋傳同,知宣徽在大定二十三年,太府監在二十四年,據傳改。

移剌益傳　召爲樞密院知法三遷翰林修撰　案孟鑄傳:明昌元年,御史薦益以應奉翰林文字,詔除修撰。党懷英傳:以應奉爲遼史編修官。傳略。

卷九十八

完顏匡傳　蓋取宗翰與睿宗定策　"宗翰與睿宗"當作"睿宗與宗翰"。

二月甲辰　"二",元作"三"。

歷本局副使　此下當加"使高麗還"。

局使　此上當加"進近侍"。

再兼大理少卿　"大",北作"太",非。

佐匡宴會費　"匡"字當削。

守尚書左丞　案章紀:匡于承安四年正月爲右丞,泰和三年正月轉左丞。傳略。

進世宗實錄　"世"當作"顯"。

侂胄嘗再爲國使　表,大定二十九年閏五月,爲賀登位使。明昌六年九月,爲賀生辰使。

於是罷河南宣撫司僕散揆還朝　十三字當改入上"今黜之矣"文下。案紀、表載揆還朝在五年八月,傳安得書於九月。紇石烈子仁使宋還之後,且與上文"有備無患"語意不貫,此係抄胥之稍解文字者誤脫而率補於此。

烏古孫乃屯　"乃"當作"兀"。

雲夢漢川　"夢"下當加"孝感"。紀

詔匡權尚書右丞　"匡"字當削。"丞"下當加"相"。

詔匡先取襄陽　趙萬年襄陽守城錄:開禧二年四月,荆鄂都統趙公淳被命守襄陽。十七日,聞金人欲於白河口過江。公單騎至江頭,看有無船筏。至中途,遇統領董□、張珍報:"隔江有金人叫言:'完顏相公欲請招撫打話。'"及到江頭,完顏果至。緣水隔一洲,公即渡往洲上,相去四五十步,有打紫纖稱都統相公者,完顏匡也。其人身材長大,年約五十以上,前後人從整整圍繞數重。公只將數人,亦張蓋立于

洲上。彼傳語云：“招撫管軍不易。”又言：“我屠襄陽，下光
化，席卷神馬坡。又發人馬去取隨、信、德安，招撫可及？早
拜降。”公答云：“自古用兵有勝負，你有軍馬，我亦有軍馬，所
在爲備，你何曾取了我州府？這般言語，只是恐嚇得百姓莊
農。本朝軍馬已於下江清河口，殺北軍甚多，燒了船千百隻，
想你不知。”彼又言：“你師出無名。”公答云：“兩國和好多年，
我本朝亦要寧息，爲因南北榷貨相通，商旅因買賣或生仇隙，
至相殘害。我朝廷曾降黄榜①，約束邊民，如有輒過北境者，
依軍法處斬。緣小人喜亂，南北之人互相抄掠牛馬，因而引
惹生事，遂至今日。”彼又言：“都是皇甫斌。”公云：“正緣是他
容蔽此事，朝廷已將他遠竄海外。”彼言：“好！好！招撫説得
分曉。”又言：“我得皇帝聖旨，不殺南邊百姓。”公云：“你將我
邊民殺了許多，却如何道不殺。”彼言：“不曾，都自安業爲一
家人。”又言：“我北軍東已自海、泗，西已自川、蜀，有二三百
萬軍馬，分頭併取你州府，席卷而來。襄陽雖有城池，亦不可
恃，招撫太尉如此分曉，豈不察天意。我得指揮取襄陽，且看
襄陽許多生靈面上，早日拜降。我也不及襄陽府城，便自回
去。”公即叱之曰：“各事其主，惟當以死報國，安有降理。我
只有韋孝寬故事。你有軍馬，我亦有軍馬，我更有長江之險，
無限戰船，以待你來。”完顏語塞，遂言“招撫好將息”。上馬
搖鼓而去。案宋書張暢守彭城，與北魏李孝伯對語；齊書崔
慶遠守壽陽，與魏孝文帝酬答。而史載趙淳止有焚樊城遁去

---

① “黄”原作“真”，今據襄陽守城録改。

一事。此録乃其幕客所作,語多附會,未足盡據。

　　以屏蔽蜀漢　此下當加"詔略曰:陝西一面雖下四州,吳曦之降朕所經略。自大軍出境,惟卿所部力戰爲多,方之前人無所愧謝。今南伐之事責成卿等,區區俘獲不足羨慕,果能爲國建功,豈止一身榮寵,後世子孫亦保富貴。"案詔文見完顏綱傳,力戰語指襄陽等事,俘獲語指女口事。此語匡之詔,不應謬入綱傳。

　　匡久圍襄陽　"匡"下當加"克荊門軍,兼左副元帥"。紀

　　轉左副元帥　五字當削。

　　兼左副元帥　"左副"二字當改作"都"。

　　僕散揆初至汴　"初"字當削。案上文已有"初"字。

　　宗浩以方信孺輕佻不可信　四朝聞見録:方信孺使金。金元帥頗能詩,索方聯句。敵以失蜀調方云:"儀秦雖舌辯,隴蜀已脣亡。"方即應之曰:"天已分南北,時難比晉唐①。"案録稱"元帥",若指宗浩,未必能詩。若指匡,自匡當局後,信孺已遣歸久矣。語恐附會。又此帥或即紇石烈子仁,蓋子仁在南征時,曾作上平南樂府,見齊東野語。然信孺詩語,非能有加於金,特強顏之詞耳,本不足稱述也。

　　當遣朱致和吳琯李大性李壁來　案四人皆比年使北者,致和承安五年正旦,琯泰和六年正旦②,大性承安四年生辰,壁泰和五年生辰。

① "晉"原作"漢",今據葉紹翁四朝聞見録乙集函韓首及金源劄記卷下完顏匡傳改。
② "六"原作"元",今據金史卷六二交聘表下改。

但邊隙既開和議區區悔艾之實　　“議”下當加“方始”。

本欲易南地　　“南”上當加“淮”。

四月乙未　　“四”當作“閏”。

其遺詔略曰至擇可立者立之　　一百二字，當改入衛紀“立衛王”文上。

完顏綱傳　　累官左拾遺　　案綱爲監察御史，見斡特剌傳。此略。

詔奏爲一道　　“詔奏”當作“奏詔”。

术虎高琪　　“琪”，北作“祺”，非。

攻鹽州　　“州”當作“川”。紀

曹普賢真授同知洮州事　　“真”，北作“貞”，非。

宋吳曦將馮興至皆爲金軍所殺　　一百四十三字，當削。案此戰自屬承裕事，已見本傳。雖爲綱所提舉，然與銀尤可傳督兵唐、鄧文下載薩謀魯諸人戰功，殊異。

初吳玠吳璘至與綱等諸軍相拒　　一百九字，當削作“是時”。案曦戰鹽川、秦州已見上文，何煩再敘。原其意，因下文有經略等事，必先布置，然引世系官銜，如此莊敘，總屬閒文。

上聞韓侂胄忌曦威名　　“聞”下當加“曦爲璘孫，世守西土”。

固宜世胙大帥　　“帥”，北作“師”，非。

綱遣前京兆府録事張　　“張”下，元有“仔”，是。

詔略曰至乃移兵趨襄陽　　八十六字，當削。案此詔應入完顏匡傳。

大定間汝主嘗以事入覲　　交聘表,二十六年,賀萬春節副使。

詔高琪曰至勿有違枉生事　　四十二字,當削。案此詔自見高琪本傳。

詔徹五州之兵　　案上文作"四州"。

以近侍局直長　　案此文下脫人名。

完顏阿失　　"完",元作"兀",與紀合。

命綱子安和　　紀作和尚。

贊　　富貴之感人　　"感",元、北並作"惑",是。

卷九十九

徒單鎰傳　　九年　　當作"十三年"。

奚盬　　玉篇,"盬",籀文"頤"字。

楊克忠　　締達傳作"張克忠"。

兼吏部侍郎　　此下當加"使宋"。案據宋光紀補。

鎰言人生有欲　　此上當加"章宗銳意治平,嘗諭宰臣:'何以使民棄末而務本'"[1]。案文有脫訛,故前言無因,後語無次。今據紀補正。

章宗銳意於治平鎰上書　　十字當削作"復上書"。

嘗陳隔塞之九弊　　"九弊"當作"弊九"。

---

[1] "諭"原作"論","而"字原奪,今據金史卷九章宗紀一明昌元年(1190)八月戊戌條改補。

或命節度定武　"或"當作"故"。

淑妃李氏　"淑"當作"元"。

烈風昏曀連日　章紀：承安五年十月。志同。

不惑於近習之靡　"惑"，元作"或"，非。

光武再造漢業在位三十年無沈湎冒色之事　忘却陰麗華事。

自中都至真定平陽置者至達於益都府　七十五字，當改入官志"兵部""遞鋪"文下。案此等事不應略於志而詳於宰輔傳。

宋王秞　"秞"當作"柚"。

素號富貴　"貴"當作"實"。

平章政事移剌　案氏下脱其名。

頃之鎰墜馬　"頃之"當作"未幾"。案文與上"頃之"下"少頃"字複，故變文。

賈鉉傳　鉉上書曰　此上當加"時重修律義，有詔覆定"。案文與上刊修遼史不貫，故據刑志補。

按察官其檢察不如法者　"按察"當作"提刑"。"其檢察"當作"檢察其"。

然竟用即康焉　章紀：承安五年有山東括地事。傳略。

朕令以日合天統爲賦題　楊奂還山遺稿跋趙太常擬試賦稿後云："大定中，君臣上下，以醇德相尚，學校自京師達於郡國，專事經術教養，故士大夫之學，少華而多實。明昌以後，朝野無事，侈靡成風，喜歌詩，故士大夫之學，多華而少實。上病其然也，當泰和丙寅春二月二十五日，萬寧宮試貢

士,總兩科,無慮千二百輩①。上躬命賦題曰日合天統。侍臣
初甚難之,而太常卿北京趙公適充御前讀卷官,獨以爲不難,
即日奏賦,議乃定。既而中選者才二十有八人。僕時甫冠,
獲試廷下,而席屋偶居前列,朝隙,聞異香出殿棱間,一紫衣
人顧予,起,問題之難易及名氏、里貫、年齒而去。少頃,復相
慶曰:'適駕至矣。'薄暮出宫,傳以爲希遇,嘗退而志之②。後
四十五年,僕以河南漕長告老於燕③,過太常之孫承祖家,得
所擬賦,感念存歿,不能不惘然爲序其末,并以舊詩歸之。所
謂'月淡長楊'云云。予少作也,無可取,以其紀一時之事,庶
附趙氏家傳後,或見於後世云。"萬寧宫詩云:"月澹長楊曉色
清,天題飛下寂無聲。南山霧豹文章在,北海雲鵬羽翼成。
玉檻玲瓏紅霧重,金爐縹緲翠烟輕。誰言夜半曾前席,白日
君王問賈生。"

　　欲使自令積致學業而已　"令",元作"今",是。

　　遂用之　此下當加"九月,乞致仕,不許"。

　　致仕　此下當加"崇慶元年,起復參知政事"。紀

　　貞祐元年薨　此下當加"謚貞憲"。

　　孫鐸傳　爲右都管使宋　案都管官卑,紀、表例不載,此
當在章宗大定二十九年二月報哀、五月賀宋兩使中,下文知
檢院在六月可據。

　　每朝日奏十事　此下當加"又諫罷圍獵,上嘉納之"。紀

---

① "二"原作"三",今據楊奐還山遺稿卷上跋趙太常擬試賦稿後改。
② "志之"原作"去",今據楊奐還山遺稿卷上跋趙太常擬試賦稿後改。
③ "漕長"原作"漕書",今據楊奐還山遺稿卷上跋趙太常擬試賦稿後改。

鐸爲選首　此下當加"尋使宋"。紀

鐸心少之　"鐸"字當削。

誦古人詩　"古人"當作"張在"。案已見下傳。

泰和七年　案食志,五月與高汝礪論幣。傳略。

孫即康傳　上問即康參知政事賈鉉　"康"下當加"及"。

若將示字　此上當加"不"。

充字　此上當加"顯宗廟諱"。

下字從世　"世"當作"亝"。

有詔勿問　"勿",北作"復",非。

李革傳　李革　歸潛志作"李鞏"。

同知州事　此下當加"某"。

拜參知政事　此下當加"爲修奉太廟使。六月,詔決京師冤獄"。紀

卷一百

孟鑄傳　徒單繹　案與世戚傳者別一人。

區種法自此始　案章紀,承安元年四月戊午,初行區種法。此泰和四年,不得言始。

陳克俊　"克"已作"景"。

今尚書省左右司官宿直　"今",北作"令",非。

宗端脩傳　章宗避睿宗諱上一字凡太祖諸子皆加山爲崇　章宗,中州集作衞王,非。"太祖諸子"當改作"睿宗兄弟"。案史名"宗"加"山"者,不獨太祖子,如崇成、崇浩,皆昭

祖後。

改宗氏爲姬氏　又見忠義姬汝作傳。滏水集姬平叔墓表云：“避簡肅皇帝廟諱，改字曰‘姬’”。

大定二十二年進士第　“二十二”當作“二十五”。表釋之　案章紀有學博、杖贖等事，見下路鐸傳。此略。

爲節度副使　“爲”下當加“磐安軍”。案據中州集及汝作傳。

治氣養心而已　中州集作“治心養氣”，是。

完顔閭山傳　殺三百餘　此下當加“人”。

三年朝廷以晉安行元帥府陀滿胡士門暴刻以閭山代之　“年”當作“月”。紀。案胥鼎傳有晉安清野事。傳略。

路鐸傳　尚書左丞完顔守貞　此上當加“先是”。

鐸上書　“鐸”下當加“獨”。

頃之尚書省奏　“頃之”當作“既而”。案上下文皆有“頃之”。

問趙晏所言十事　“趙”當作“李”。

貞祐初城破投沁水死　案宣紀不載孟州城破死節事，當在二年正月元兵徇懷州時。

完顔伯嘉傳　捕他盜不獲誣以準罪耳　當作“捕真盜不獲，假他盜誣贓以準罪耳”。案文有脫訛，致不明順。

乏兵食　“兵”字當削。

次沔池土濠村　“沔”當作“澠”。

無爲他人所主　“主”，元作“先”，是。

皆不足恃矣　案宣紀有六月行院許州事。傳略。

四年　案紀有四月提控防城事。傳略。

與平陽公史詠　案宣紀,元光元年十二月有救平陽文。

興定二年　"二"當作"元"。

術虎筠壽傳　案此本遺山集墓銘傳者,止載毬杖細事,可削。

贊　而不悟也　"悟",北作"悮",非。

張煒傳　泰和八年　"八"已作"六"。

王謙　侯摯傳作"王說"。

會河東兵敗　"東"當作"堡"。

高竑傳　轉儀鸞局少府少監　案官志,兼官。

李復亨傳　滎州河津人　"滎州"二字當削。案此州爲貞祐三年所升,故從李革傳例節去。

轉河東北度支判官　"北"下當加"路"。"度支"當作"支度"。

丁母憂　案歸潛志云:"拜參政,父母俱存。"與此不合,或其父更娶後母也。

實河南府三司使侯摯總之　"河南府",歸潛志作"開封府",非。

鄧州南　此下當加"陽"。

趙秉文嘗請致仕至致仕　二十二字,當削。案秉文事自見本傳,與此何涉。

復亨罷爲安國軍節度使　"復亨"當削。"安"當作"定"。

卷一百一

承暉傳　宋史作"奕"。

召爲刑部尚書　此下當加"使宋"。紀、表

紇石烈執中伏誅　七字當改入上"貞祐初"文下。案宣紀，執中誅於元年十月辛亥，至十一月庚午承暉始拜右丞[①]。

右副元帥蒲察七斤以其軍出降中都危急詔以抹撚盡忠爲平章政事兼左副元帥三年二月詔元帥左監軍永錫將中山真定兵　五十一字當改作"中都危急，詔以抹撚盡忠爲平章政事，兼左副元帥，遣元帥左監軍永錫將中山、真定兵進援。三年正月，右副元帥蒲察七斤以其軍出降。"案盡忠拜官、永錫援兵，紀皆載於二年冬，不應反在三年正月事後，又七斤即前守通州者。

元帥左都監烏古論慶壽　此上當加"復遣"。

字术魯德　此下當加"裕"。

當不衍於旌賞　"衍"當作"愆"。

侯摯　"摯"，北作"縶"，非，已改。

抹撚盡忠傳　重綵百段　"百"，北作"十"，非。

二年進拜都元帥左丞如故　十一字當削。

胡沙虎之子　"子"當作"事"。

---

① 按至寧元年（1212）九月甲辰紇石烈胡沙虎曾拜都元帥，金史卷一〇一承暉傳云"紇石烈執中伏誅。進拜平章政事，兼都元帥"，伏誅後當由承暉繼任，即敘述其緣由，並非時序有誤。

遂并吾里也誅之　北無"里"字,非。"誅"之下當加"罪狀告中外"。紀

僕散端傳　轉都點檢　此下當加"使宋"。紀、表

宋使皇甫拱　表作"林拱"。

章宗遺詔　"宗"下當加"崩"。

泰和八年　四字當削。

二十日章宗崩　六字當削。

太醫副使　"太",北作"大",非。

端進拜右丞相　案衞紀十二月爲左丞相,三年十二月罷。崇慶元年五月,以南京留守爲河南、陝西安撫使。傳略。

明年中都失守　六字當削。

無何　二字當削。

未幾　二字當削。案文不及行半,連用"頃之"、"無何"、"未幾"三虛語,可厭,故存其一,而削其二。

納丹出　"丹",下文作"坦"。

端招遙領通安軍節度使完顏狗兒　"安"當作"遠"。

招諭臨洮苲黎五族都管青覺兒　案移剌成傳之結什角,爲木波、隴逋、厖拜、丙離四族長,其地北接洮州、積石軍,事在大定九年。完顏綱傳之青宜可,居古疊州,四十三族,亦云北接臨洮、積石,事在泰和六年。此青覺兒苲黎五族亦近臨洮,事在貞祐四年。

汪三郎賜姓完顏後爲西方名將　十三字當削。案三郎,元史有傳。

興定四年　"四"當作"元"。案紀及承裔傳皆在元年。

趙楠　　見<u>李俊民</u>題登科記後詩語。

耿端義傳　轉太常博士　"太",北作"大",非。

中都解圍　"圍"當作"嚴"。

李英傳　其先遼陽人　北重"陽"字,非。

中明昌五年進士第　北無"中"字,非。

事勢可知　此上疑有脫文。

足以取給　"給",<u>元</u>作"絡",非。

招募軍民　亦見<u>侯摯傳</u>。

因獻十策　案下文止九策,必有脫文。

詔曰扈從軍馬朕自總之事有利害可因近侍局以聞　此數語又見<u>把胡魯傳</u>。

士卒殲焉　"士",北作"土",非。

字术魯德裕傳　市物虧直　此下當加"解職"。

烏古論慶壽傳　從右副元帥　"右",北作"古",非。

頃之完顏匡軍次白虎粒　"頃",<u>元</u>作"須",非。"頃之"二字當削。

久之起爲保安州刺史　"久之"當削作"復"。

頃之宣宗還汴　"頃之"二字當削。

頃之中都不守　"頃之"二字當削。

遷元帥右監軍　"右"當作"左"。<u>紀</u>、<u>夏傳</u>

卷一百二

僕散安貞傳　十二月辛亥　<u>紀</u>作"乙卯"。

没烈　即惟鎔,見六十五卷。

二年十月　“十月”已作“十二月”。

晝定期日　四字當作“三年正月”。

下詔伐宋　宋寧紀,嘉定十二年,是春,金人圍安豐軍、滁濠光三州。遂分兵自光州犯黄州之麻城,自濠州犯和州之石磧,自盱眙軍犯滁州之全椒、來安及揚州之天長、真州之六合。淮南流民渡江避亂,金人游騎數百至東采石、楊林渡,建康大震。李全自楚州,季先自漣水軍來援,金人乃解去。案文下敘戰事太簡,并宣紀所載破梁縣、石堌山、塗山等皆略去,故引宋紀補之。

三年閏月　“三年”二字當削。

并其二子殺之　“二”,紀作“三”。

田琢傳　調寧邊荏平主簿潞州觀察判官　中州集田琢燕子圖詩自序云:“明昌丙辰,予從軍塞外合虜里山。明年,受代歸。又八年泰和甲子,任潞州觀察判官。”

易州刺史蒲察　此下脱書名。

十月琢兵敗　“月”下當加“元兵取成州”。案文但云“琢敗”,不詳與誰戰。考是時元兵攻蔚州靈丘縣,紀文用新陞名書成州是也。據補。

琢移軍沃州　此上當加“三年”。紀

貞祐三年　四字當削。

完顔弼傳　太名軍變　“太”,元作“大”,是。

保濟南勤子堌　紀作“大沫堌”。

四年　當作“八月”。

封密國公　　此下當加“邦佐，泰定軍節度”。紀

歌詠投壺以爲常　　“投壺”二字當削。案弼無好士名，即所辟如承裔、胡土門、牙吾塔等皆麤材，安知所謂投壺者，此史官率筆。

蒙古綱傳　　本名胡里綱　　案元史作何立綱，大約以爲“何”其姓，“立綱”其名，而忘其氏族矣①。

拜右副元帥　　案紀有擅械轉運李秉鈞事，傳略。

乃没烈復前職　　當作“乃奏復没烈前職”。

綱以山東　　“綱”當作“復”。

都俊　　“俊”已作“統”。

遣總領字术魯留住等　　此下當加“牙吾塔”。

攻破承安青陽寨　　“安”當作“縣”。志

侯進　　元文類郭松年侯府君夫人李氏祠堂碑云：夫人生二子，曰進、曰慶。金主徙汴，進以吏事明敏，爲宗室完顏公所知，表授下邳帥府經歷，以功累遷保静節副。癸巳，没王事。

必蘭阿魯帶傳　　既而詔釋義軍　　“詔”，北作“招”，非。

卧沔池　　“沔”當作“澠”。

行尚書省於益都　　案傳不言“卒”，宣紀興定二年九月，拜行省，十二月，元兵平益都，殆不知所終。

---

① 按遺山先生文集卷二六東平行臺嚴公神道碑作“何立剛”，元史卷一四八嚴實傳則作“和立剛”，皆係“胡里綱”同名異譯，非誤作漢姓。

卷一百三

完顏仲元傳　計約從坦等軍　從坦自有傳,即阿鄰傳涿州刺史。

臣得摧鋒　"摧",元作"推",非。

令提控完顏阿鄰　"完",元作"兀",非①。

出兵使李辛可也　李辛即温撒辛,白華傳爲歸德行院。哀紀,天興二年自汴出奔、伏誅者。

顏盞蝦蟆　即郭蝦蟆②。

完顏阿鄰傳　本姓郭氏　歸潛志:郭阿里,俗號"郭三相公"。

以功勞賜姓完顏　七字當削。

遷通州防禦使　"防禦使"當作"刺史"。案地志,通本刺史州,興定二年改③。未南渡前,不合預書"防禦"。

賜姓完顏　四字當削。

徐州機察副使　"察",北作"密",非。

守興平縣監酒　"監",北作"祭",非。

改輝州經略使阿鄰　當作"阿鄰改輝州經略使"。

出秦州　此上當加"二年"。"秦",北作"泰",非。

守皂角堡　宋寧紀:嘉定十一年二月丙午,金鳳翔副都

---

① "兀顏阿鄰"是,南監本臆改"兀"爲"完",當誤。

② "蟆"原作"蟆",今據金史卷一二四郭蝦蟆傳改。

③ "二"原作"三",今據金史卷二四地理志上改。

統軍完顔贇破皂郊堡,死者五萬人。三月戊子,統制王逸復皂郊堡,沔州郭雄斬贇首。

據山之鎮　　“之”當作“爲”。

金兵敗　　“金”字當削。

阿鄰戰没　　案宣紀,三月癸巳,戰没。宋紀亦云“斬首”。歸潛志言“馬倒被擒,不知存没”,非也。

完顔霆傳　　本姓李氏　　案宋李全傳作李二措。

劉璋説霆使出降　　此上當加“乣軍”。案完顔佐傳有乣軍張暉、劉永昌招佐等事。此上必有脱文,據加。

賜姓完顔氏　　案李全傳云:“金遣完顔霆爲山東行省。”

斬高太尉彭元帥於陣　　彭元帥即義斌。

元光二年卒　　宋濂翰苑續集棣州高氏先塋表:金季有諱溫者,善騎射,膂力絶人。元兵攻棣州,溫聚民爲兵,退之,以功授漢軍謀克,佩銀印①。已而,帥師勤王,遂入宿衛,從完顔霆與元戰,累授山東經略副使。金亡,仰天哭曰:“國亡,我何生爲。”將自到,左右奪刃,勸之曰:“爾死無益於國,徒傷二親心,君親一也,曷若存餘息,以奉菽水乎。”君收淚,謝之。間關歸鄉里,取戎器銷毁,躬耕隴上,日以娱親爲務。案此人當附霆傳末,但諛墓之文,恐不免濫美耳。

烏古論長壽傳　　充緋翮趨軍千户　　“趨”當作“翅”,亦見完顔綱傳。

取床川寨　　“床”即“牀”之别體,見一切經音義。

---

① “佩”字原脱,今據宋濂翰苑續集卷一〇棣州高氏先塋表辭補。

三年賜今姓　案宣紀，九月，賜包世顯、包疙疸爲烏古論氏。疙疸即長壽。

抿渭堡　“渭”下當加“源”。志、夏傳

進攻西和洲　“洲”當作“州”。

完顏佐傳　貞祐二年　“二”當作“三”。紀

烏古論禮傳　充習騎　未詳。

奥屯襄傳　意其協力盡公　“協”，北作“脇”，非。

完顏蒲剌都傳　徙安國軍移糺詳穩　“移”下當加“剌”。

遷鎮武軍節度　“鎮”，元作“震”，是。

初置東西面經略司　此上當加“貞祐”。

夾谷石里哥傳　往宿遷取妻子　“遷”當作“州”。

術甲臣嘉傳　二月破宋兵三千於漸湖灘　此上當加“二年”。紀

遣張聰　“聰”，北作“聽”，非。

二年賞征南功　“二年”當作“七月”。紀

紇石烈桓端傳　徙東路宣撫司　“東”上當加“遼”。

復掠上古城　“古”當作“京”。

攻萬奴之衆於大寧鎮　即蓋州秀巖縣。

出宜風及易池　“風”，志作“豐”。“易”，元作“湯”，是。

改邳州刺史　案遼海節度每改刺邳州，殆棄官而奔者。

賊政萬圍沂州　“政”，元作“數”，是。

分兵攻其山寨水堡　“攻”，北作“破”，是。

完顏阿里不孫傳　歷越王濮王傅　指永功、守純。

五斤留江山守肇州　江山見完顏匡傳，即左翼提控。

改陝西行省參議官　八字當改作"棄官奔南京"。案移剌都不書棄官而書改官,不知史臣何緣作此諱筆,其弊與紀書"右丞"同,故正之。

海奴　見張行信傳,即薦王澮者。

溫迪罕青狗　元史耶律留哥傳:甲戌,金遣使青狗誘以重祿使降,不從。青狗度其勢不可,反臣之。丙子,青狗叛歸於金。

納合裕真授左都監　"合"已作"坦"。

完顏鐵哥傳　適萬奴伐承充　"伐",元、北並作"代",是。

納蘭胡魯剌傳　襄稱能　"能"上當加"其"。

料才壯爲鄉兵　"才"當作"丁"。

贊　往往在焉　"焉",元作"爲",非。

卷一百四

納坦謀嘉傳　轉少詹事　此下當加"使宋"。

興定元年　當作"貞祐四年"。

鄒谷傳　尚書省奏擬大理司直　"擬",北作"議",非。

李炳　案炳乃與李妃通譜者,宰臣畏其橫,不敢言,谷議亦輕,何況胥持國、紇石烈執中乎。

高霖傳　遷官三階　此下當加"即爲賀宋使"。案紀、表皆在閏九月辛未,知南迎諸妃後即使宋也。

二年　此上已加"貞祐"。

知大興府事　“大”,北作“太”,非。

孟奎傳　改都轉運度支判官　“度支”當作“支度”。

遼東契丹判余里也　“判”下當加“官”。

嘗殺驛使大理司直　“大”上當加“及”。

其一曰　此下當加“縣令佐”。

旱詔審録中都路冤獄　“旱”上當加“夏”。

烏林荅與傳　武衛軍都指揮使　此下當加“使宋”。表

郭俁傳　澤州人　“澤”,北作“潭”,非。

溫迪罕達傳　駐兵合思罕　復州關名,見齊傳。

王擴傳　調鄧州録事潤色律令文字　“事”下當加“不遣仍令”。案遺山集碑文云:“釋褐鄧州録事,時朝廷更定律令,留公不遣。”傳文太節,則似在鄧州修律矣,可乎?

擇望重者一人萬户　“人”下當加“爲”。

往商虢　此下當加“偕”。

移剌福僧傳　按察司專一體究　此上當加“乞敕”。

舊有宿望雄辨者　“辨”,北作“嚭”,非。

奧屯忠孝傳　勾集妨農軍　當作“勾集防河軍妨農事”。

復爲沁南軍　此下當加“使宋”。案忠孝之使,傳既不書,紀、表皆脱,惟宋寧紀慶元三年承安二年。載爲賀宋使,又不書何官,無從考補,約略計之,當在此時。

拜參知政事　案宣紀貞祐元年不載。

忠孝再括之　“孝”,元作“存”,非。

不獨歸咎有司　“獨”,北作“得”,非。

及論特末也　特末也,即紀貞祐元年十月補外者。

蒲察思忠傳　累遷涿州刺史　“涿”，北作“琢”，非。

二年春享于太廟　案紀，貞祐二年正月，有司請權止今年禘享朝獻原廟。此殆奏告時享之禮。

紇石烈胡失門傳　興定二年　“二”當作“三”①。

輒進兵　此下當加“大掠，大軍過之”。

野無所掠　“掠”當作“資”。

完顔寅傳　俱爲司天官　“俱”當作“供”。

斡勒合打傳　調陰山尉　“陰山”已作“山陰”。

遙授彰德軍節度使　“德”當作“國”②。

蒲察移剌都傳　武衞軍斡轄　“斡”當作“鈐”。

兼左副元帥　案元史耶律留哥傳：甲戌，金左副元帥移剌都以兵十萬攻留哥，拒戰，敗之。傳不載。

卷一百五

目　孔璠注子拯　“拯”下當加“總，孫元措”③。

溫迪罕締達　此下當加注“子二十”。

---

① 按金史卷一○四紇石烈胡失門傳云：“興定二年，伐宋，充元帥左都監紇石烈牙吾塔參議官。”參酌卷一五宣宗紀中興定二年（1218）二月丙寅云：“紇石烈牙吾塔破宋人于盱眙軍，上俘獲之數。”及卷一一一紇石烈牙吾塔傳云：“興定二年正月，宋兵萬餘攻泗州，牙吾塔赴援，至臨淮，遇宋人三百，掩殺殆盡。”據此，本傳作“興定二年”不誤。

② 南監本、北監本及殿本作“德”，百衲本作“國”。據金史卷一○○完顔伯嘉傳云：貞祐四年三月，“以同知太原府斡勒合打爲彰國軍節度使、宣撫副使”。當作“彰國軍”。

③ 按孔氏祖庭廣記卷一二党懷英故贈正奉大夫襲封衍聖公孔公墓表、卷一先聖世次皆曰：“摠，字元會。”大定十三年四十九世孫迪功郎權襲封墓稱孔璠，“次子摠”。知金史全書均作“總”，當非。

程寀傳　歷翰林待制　此下當加"使宋"。案繫年要録：紹興十五年爲賀宋生辰使。紀、表、傳並略，當爲皇統五年。

臣聞善醫者不視他人之肥瘠察其脈之病否而已　語本昌黎雜説。

虞舜不告而娶二妃　此上當加"又曰"。案文論廣嗣，當與上論紀綱分條。

而必行　此下當加"之"。

議贈上太祖尊謚　"贈"當作"增"。

任熊祥傳　部曲録：任熊祥，燕人，遼時及第。葛王立，除少師。

金人取均房州　"金人"當作"及"。

及御題　"題"已作"試"。

孔璠傳　熙宗即位　"即位"二字當削。

是時熙宗至萬世高仰如此　八十九字，當削。案文已見紀，與璠無涉。

皇統三年　"三"已作"二"①。

孔拯傳　元措歷事宣宗哀宗後歸大元終焉　養新録云："孔氏祖庭廣記十二卷，先聖五十一代孫、襲封衍聖公元措夢得所編。前載元豐八年四十六代孫、朝議大夫、知洪州軍州事宗翰家譜舊引，宣和六年四十七代孫、朝散大夫、知邠州軍州事傳祖庭雜記舊序。家譜、雜記本各自爲書，元措始合爲

---

① 按孔氏祖庭廣記卷一先聖世次"孔璠"條云："天眷三年卒，年三十八，葬祖墓西南。"孔璠子摠，據該卷先聖世次"孔摠"條云："明昌元年，卒，五十三。"參党懷英故贈正奉大夫襲封衍聖公孔公（摠）墓表云："公三歲而孤。"亦知孔璠卒於天眷三年（1140）。

一,復增益編次,冠以圖象,并載舊碑全文,因'祖庭'之名,而更稱廣記,蓋仙源之文獻,至是始備。書成於正大四年,前尚書左丞致仕張行信爲之序。此本最後有五行,書'大蒙古國領中書省耶律楚材奏准皇帝聖旨,於南京特取襲封孔元措,令赴闕里奉祀,來時不能挈負祖庭廣記印板,今謹增補校正,重開以廣其傳。壬寅年五月望日'。"案宣紀貞祐三年乙亥,召元措爲太常博士,或言宣聖墳廟在曲阜,宜遣奉祀。上念山東寇盜,恐罹其害,故有是命。哀紀,天興元年壬辰,元人理索元措等二十七家。本傳略去。是編書後云"聖旨於南京特取",正其官太常時也。又考滏水集張左丞碑文,次女嫁孔元措,則行信爲丈人行。正大四年丁亥作序時,已再致仕矣。

　　以主簿奉祀致仕　元無"祀"字,是。

　　范拱傳　案僞齊録廢齊後差除作"范恭"。

　　劉豫鎮東　"東"下當加"平"。

　　而推轂士　"士"下當加"類"。

　　張用直傳　繫年要録作"張利用"。

　　以教宗子　"宗"下當加"室"。

　　召爲簽書徽政院事　"徽政"當作"宣徽"。

　　劉樞傳　蔚州刺史　此下當加"某"。

　　王翛傳　四遷大興府治中　中州集:曹王尹大興,翛然爲少尹。永功傳,大定十八年。

　　出爲同知北京留守事　中州集:王移鎮北門,復以同尹從。永功傳,大定二十三年。

　　使宋　表在明昌元年。

固可從 "可"上當加"不"。

改知大興府事 "大",北作"太",非。

特授定海軍節度使 案中州集作"定國軍",非。下文"舊人鎮撫"等語,以其前爲泰定故也,與同州何涉哉。

若殿年降敘 "若"當作"苦"。

楊伯雄傳 部曲録:楊伯雄,咸平府人,狀元劉仲淵榜及第。葛王立,除翰林直學士。

後隨晉主北還 "還"當作"遷"。

皇子慎思阿不虁 即矧思阿補。

遂以太子詹事 此下當加"使宋還"。表在大定五年。

有事可否 "有事"當作"事有"。

楊伯淵傳 知泰安軍 "安"當作"寧"。案即兗州,後改泰定者。

蕭貢傳 字真卿 "真",北作"貞"。

巧于案牘 "巧"上當加"以"。

大安末 "大",北作"太",非。

興定元年致仕 案移剌福僧傳有訪問時政事。傳略。

溫迪罕締達傳 子二十 累官左諫議大夫 使金録:嘉定五年崇慶元年。正月,真定押宴横海軍節度溫迪罕二十。即此。

遷武勝州節度使 "州"當作"軍"。

張翰傳 大定間 "大",北作"太",非。

行省 此下當加"備邊"。

贊 事宋事齊太祖皆見禮遇 已作"曾事宋、齊,至金皆見禮遇”。

父子並列舊學　“父”上當加“海陵”。“列舊”當作“承師”。

卷一百六

張暐傳　充宋國報諭使　紀、表皆略，當爲章宗大定二十九年報哀使，王元德之副。

明昌元年　“元”當作“二”。

太祖時享　此上當加“然”。

禮部尚書孫即康鞫治鎬王永中事還奏有詔復訊群臣舉暐及兵部侍郎烏古論慶壽上使參知政事馬琪諭暐曰百官舉閱實鎬王事要勿屈抑其人亦不可虧損國法上因謂宰臣曰鎬王視永蹈爲輕馬琪曰人臣無將由是永中之獄決矣　九十四字當改作“三年，遷太常卿。上問古三恪典故，暐具以聞，進拜禮部尚書。六年，中丞孫即康鞫鎬王事，還奏，有詔復訊，咸舉暐。上使諭之。曰：‘百官舉閱實鎬王事，要勿屈抑其人，亦不可虧損國法。’暐奏如即康議。尋以出師，遣告廟社，並充軍事計議官。復進大金儀禮。”案“禮部尚書”四字上下無著，必有脫文。鎬王獄事，即康已決，詔復訊者，不過掩人耳目，其諭旨語氣抑揚可見。暐雖有情見，亦僅如議而已。上謂宰臣下數語，乃閑文，與暐無涉。且行間漏去遷太常卿及告廟、議軍、進禮等事，此何謂耶，今並據紀改補。又案，“烏古論慶壽”乃“慶裔”之誤。

明昌六年　四字當改作"是年"。

上復問曰僧道三年一試至是爲得中矣　八十二字,當改入下"頃之"文下。案議郊文中不應雜入此文,細審之,乃倒寫耳。又案官志"禮部"注①:"凡僧尼官見管人及八十②,道士、女冠及三十人,放度一名。"與此文但云"八十取一"小異。

起爲安武軍節度使致仕　中州集,元德明有張冀州致政還鄉詩。即此。

爲士族儀表　此下當加"四年十二月卒,謚清獻"。案卒年,據張行信傳。又遺山集御史張汝明墓表云:"日照清獻張公父子。"當即暐謚。

張行簡傳　比遣使報哀　此下當加"又曰"。

轉翰林修撰　"修撰"已作"直學士"。

群臣屢請上尊號章宗不從將下詔以示四方行簡奏曰往年飢民棄子　案文詔却尊號、奏論飢民,上下似不相屬。第考章紀明昌四年四月辛亥,請尊號不許,下即云"丁巳,賑河州飢"。又五年十月表請不允,下亦云"遣户部賑河決被災人户"。則詔奏相因,例與紀合。

以後不得復取　此上當加"既棄"。

詔中書行之　"中書"當作"尚書省"三字,元作"書中",亦非。

須群官　"須"已作"領"。

---

① "志"字原脱,今據廣雅書局叢書本補。
② "凡僧尼官見管人及八十"原作"僧尼見管及八十人",今據金史卷五五百官志一改。

七年　案章紀正月有對殿事。傳略。

累遷太子太保　案衛紀,大安末有宿禁議軍事①。傳略。

尚書修史如故　案行信傳,崇慶中有同修章宗實錄事。傳略。

右丞賈益謙　"益",北作"謚",非。

是歲卒　中州集楊之美撰墓銘,滏水集有神道碑。

贈銀青榮禄大夫　碑作"金紫光禄大夫"。

賈益謙傳　字彦亨　中州集作"亨甫"②。

移刺郝　"郝"當作"都"。

既而以議衛王事　"衛"當作"鎬"。

喻之曰　"喻",北作"諭",是。

移鎮河中　中州集有守絳州事③。傳略。

三年召爲尚書省右丞　"省"字當削。案右丞之拜,宣紀失書,無月可據,詳下文。"宜嚴河禁"語,當在四月後七月前,蓋紀四月有勿拒河北避兵民諭,七月有譏察求財聽渡事。

三年八月　此上當加"興定"。

興定五年　"興定"當削。

及是史官　"及是"當作"正大初"。案中州集云"哀宗即位,史官乞因宣宗實錄,遂及衛紹王。"考上文以章錄進呈,尚書省奏集,以宣錄始事,史官有言,然其遣官就訪,的在正大

---

① "事"字原脱,今據文例補。

② 歸潛志卷六亦作"彦亨"。

③ 今檢中州集卷九賈左丞益謙傳無守絳州事,有云"南渡後召拜左丞,尋致仕,居鄭州",知"絳州"當爲"鄭州"之誤。

初,不得混兩事爲一事。

大定三十餘年　"三"當作"二"。

劉炳傳　保障國家惟都城與附近數郡耳此地不守是無河朔矣黃河豈足恃哉①　"都城"當作"河朔"。"河朔"當作"都城"。案貞祐國勢,必藉河北以障河南,未有守河南可保河北者,炳策斷不出此。興定初,僕散毅夫請建都城四輔,宣宗尚不然之,而高琪當局,久已棄置河北,此必其私人竄改奏語。與宋王安石硃、墨實録同。下文更加"河北城邑,何術可保"一問,以泯其迹,思與河間城孤、貞祐三年七月。平陽城大、三年八月。請築南京裏城四年十二月。等議合。而不知文理之不通矣,史官不察,濫入傳文,尤不足校。

术虎高琪傳　及素蘭請　此下當加"見"。

素蘭奏曰至慎無泄也　三百十九字,當削改作"語詳素蘭傳"。此下當加"三年,中都久圍,自李英潰後,諸將皆顧望無援兵,承暉困守告急。上議遣親軍救之,高琪復忌功不發,以致都城不守。"案不救中都,乃高琪一大罪案,雖散見他傳,而本傳不容反略。

兵踰潼關崤沔　"沔"當作"澠"。

遂寢　二字當削。案此傳中有三"遂寢",下文許古請和宋,胥鼎諫伐宋並云然,然細審之,實皆贅語耳。

興定元年十月　"興定元年"四字當削。

不足取遂寢　"遂寢"當削。

---

① "此",百衲本影印洪武覆刻本作"北",是。

無復可議遂寢　“遂寢”當削。

自不兼樞密元帥之後常欲得兵權　案宣紀,貞祐四年二月甲申朔,詔皇太子控制樞密院事。乙酉,平章政事高琪表乞致仕,不允。即此。

尚書省都事僕散奴失不以英王謀告高琪論死　十九字當削改作“僕散奴失不論死”。案文已詳上,何勞再敍。

移剌塔不也傳　伐西夏攻威靈安會等州　“伐”上當加“議”。“攻”上當加“命”。案西夏傳徒有其文,實無其事。

贊　謀之不密又爲外臣所知以告敗軍之將　案高琪爲護衞宿直,本近侍局舊人,宮中密謀,且預知之,何俟胡魯、訛出之泄哉,斬首以獻,名雖請罪,且自以爲功,宣宗下詔,乃歸功近侍,并不爲高琪出罪,史臣未免不察。

卷一百七

高汝礪傳　上從之　此下當加“轉戶部侍郎”。

是歲十月　此下當加“命爲講議所官”。

語在食貨志　案食志,泰和七年五月,議交鈔。七月,言辨鈔。十月,議昏鈔。十一月,議置市及納鈔,又田制文內,泰和八年八月有定佃荒田長制議。傳略。

拜汝礪爲參知政事　案宣紀,以按察轉運使爲參政。其由戶部出莅外任者,乃衞王時事。傳略。

反招謗侮而已① 　此下當加“甲寅,命修章宗實錄”。

以賈全苗道潤等相攻不和 　案苗道潤傳作“賈仝”。

末流至有算舟車 　“末”,北作“未”,非。

賜金鼎一 　此上當加“裏城畢工”。

十二月上復諭曰至上然之 　五百三十八字,當削。案文滿紙諛詞,何煩簡牘。

五月 　此上當加“元光二年”。

配享宣宗廟 　此下當加“廷”。

爲人慎密廉潔 　“爲”上當加“汝礪”。“廉潔”二字當削。案下文有“爲相十餘年”、“貪戀不去”等語,似不得稱廉潔,然傳中屢書乞致仕、不許,則譏其貪戀不去,又似過當,史臣率意著筆,不自知其矛盾也。

張行信傳 　行信以皇嗣未立 　“信”下當加“上崇節儉、廣聽納、明賞罰三事,又”。

若我軍時肯進戰 　“時”下北有“有”字,非。

仍諭忠孝曰至姑從人便可也 　二十九字,當削。案文已見忠孝傳,此數語尤屬閑文。

上曰朕始即位至忠孝不恤也 　四十四字,當削,同上。

其勢漸消矣 　“其勢漸消”四字當削。

夫舊者人所素服 　“夫”,北作“矣”,非。

參議官王澮 　宣紀:貞祐二年正月乙酉,徵隱士王澮,不

---

① “招”原作“遭”,今據南監本改。

至。三年九月丁卯,詔授隱士王澮右諫議大夫[1],充遼東宣撫參謀官[2]。四年三月己卯,處士王澮以右諫議大夫復遷中奉大夫、翰林學士,賜詔褒諭。

有司論罪　"司",北作"同",非。

今一軍充役　此上當加"又曰"。

言事稍不及前　案哀紀,正大元年有奏改的決事。

游詠其間　"間",北作"問",非。

卷一百八

胥鼎傳　求仕官　"官"字當削[3]。

劉伯林　元史有傳,乙亥歲同木華黎攻燕京者。

通販物料　"料",元作"斛",是。

今入河南　"入"上當加"北兵"。

臣以身先士卒　"以"當作"已"。

鼎以將率兵赴援京師　"以將"二字當削。"京師"二字當削。

及山西河東　"山"當作"陝"。

上命鼎選兵　"鼎"下當加"移鎮陝西"。李革傳

---

[1] "右"字原脱,今據金史卷一四宣宗紀補。

[2] "謀"原作"議",今據金史卷一四宣宗紀改。

[3] 今檢金史卷一〇八胥鼎傳,"官"字當屬下文,作"官、監户從良之類"。按金史卷四六食貨志一云:"凡没入官良人,隸宮籍爲監户,没入官奴婢,隸太府監爲官户。"吏學指南卷六良賤孳産云:"官、監户,謂前代以來配隸相生,或今朝配役,隸屬諸司州縣無貫者,即今之斷按主户是也。其斷没者,良人曰監户,奴婢曰官户。"

語在德升傳　案德升傳無議西征狀。

鼎以祖父名章乞避職　案宋史，慕容延釗父名章[①]，授以同中書門下三品，去“平章”字。吳延祚同。

然軍馬氣勢　“然”字當削。

宜揚國威　“宜”，元作“宣”，是。

遂詔諭之胥　“之胥”，元作“承裔”，是。

令百里之内　元無“之”字。

臣愚不知其可　元無“愚”字。

乃遣侍官　“侍”上當加“近”。

七月薨　此下當加“謚惠簡”。案遺山集内相銘云：“公娶胥氏，左丞通敏之孫、平章惠簡之女。”中州集胥莘公神道碑，雷淵撰。

侯摯傳　以代張惲　“惲”，元作“煒”，是。

而貞定守帥　“貞”，元作“真”，是。

故有是命　案宣紀有命招邢州賊程邦傑事。傳略。

皆楊安兒劉三祖散亡之餘　“三”，元作“二”，是。

擬駐兵於長清縣之靈巖寺　滁公開堂疏云：“利洽鄒齊，襟吞兖魯。二百年叢林浩浩，三千里香火憧憧[②]。”即此。

十月先是邳州　“十月先是”四字當削。

扇其軍爲　“爲”下當加“變”。

至是以聞　“至是”當作“十月”。

---

① “延”原作“元”，今據宋史卷二五一慕容延釗改。
② “憧憧”原作“幢幢”，今據大定二十三年（1183）滁公開堂疏拓本（國家圖書館藏“各地4857”）改。

　　把胡魯傳　不詳其初起　案<u>奧屯忠孝</u>、<u>張行信</u>兩傳皆云“右司郎中”，爲<u>貞祐</u>二年四月在諫議前。

　　二年　“二”當作“三”。

　　是年十月　四字當削改作“十一月”。<u>紀</u>，又合<u>達傳</u>。

　　因而肆赦　<u>紀</u>，<u>興定</u>四年六月甲戌。

　　以有開立功①　<u>守純傳</u>：上崩。<u>哀宗</u>入，宰相<u>把胡魯</u>遣人止<u>高汝礪</u>，不聽入宮。<u>撒合輦傳</u>：<u>素蘭</u>言：“策功第一，非右丞相無以酬之。”故命中輟。

　　四月薨　“四”當作“五”。<u>紀</u>

　　師安石傳　以遺衆託安石　“衆”當作“表”。

　　決杖追官　此下當加“尋詔免罪”。<u>紀</u>

卷一百九

　　目　<u>許古</u>　此下當加注“<u>陳岢</u>附”。

　　完顏素蘭傳　付左丞彖多以留□事　<u>南本</u>空缺一字，<u>元</u>作“後”，是，<u>北</u>作“同”，非。

　　福興□多　<u>南本</u>空缺一字，<u>元</u>作“彖”，是，<u>北</u>作“素”，非。

　　春官新設師保贊諭之官　“新”，<u>元</u>作“所”，是。

　　陳規傳　宜於太陽孟津等渡　“太”，<u>元</u>作“大”，是。

　　詔兩渡委官取其八　案物斛北渡，官取其八，<u>紀</u>始於<u>貞祐</u>三年八月乙卯，罷於四年四月丙申。

---

① <u>至正</u>初刻本作“册”，<u>南監</u>本作“開”，字訛。

而所存猶四十二萬有奇歲支粟三百八十餘萬斛　案高汝礪傳云:"百萬口,半給其直。"則爲五十萬口,歲支粟三百萬石,乃約計之而取成數耳。又食志作"四十四萬八千餘口",小異。

頃次則排門擇屋　"頃"當作"頓"①。

其令御史臺諭之　案紀,十一月有充安撫捕盜官事,胥鼎傳同。傳略。

四年三月　"三"當作"四"。撒合輦傳

十月規與右拾遺李大節至朝廷快之　四十八字,當削。案此文凡四見。

又與大節言三事　"又與"當改作"與李"。

後出爲中京副留守未赴卒　寰宇訪碑録:中京副留守陳規墓誌銘,段成己撰,正書,憲宗八年,稷山。

許古傳　登明昌五年詞賦進士第　案澤州青蓮寺題名,承安五年爲鈞州幕官。傳略。

臣頃看讀陳言　"臣"上當加"又曰"。

此萬世不易論也　"易"下當加"之"。

朕姑含容者衆　"衆"字當削。

迺未見也　"迺",元作"殆",是。

特免殿　"殿"下,元有"年"字。

致仕　灤水集有致仕制。

---

① 歷代名臣奏議卷六五治道引金史陳規傳作"頓"。

金史詳校卷九

卷一百十

楊雲翼傳　簽上京東京等路按察司事　案食志，八年八月有言一貫以上用鈔事。選志又言別路書吏薦申選補事。傳並略。

遷翰林侍講學士　遺山集內相碑作“侍讀”。

鄜廷帥臣　“廷”，元、北並作“延”，是。

正大三年　“三”當作“二”。

雲翼乃建言曰　案雲翼諫伐宋奏議在泰和初年，元碑可據，史家乃改屬貞祐中，未免牽合[1]。

弓箭之手在西邊者　“之手”當作“手之”。

---

[1] 元好問內相文獻楊公神道碑銘云：“貞祐以後，主兵者不能外禦大敵，而取償于宋，故頻歲南伐。有沮其兵者，不謂之與宋爲地，則疑與之有謀。進士至宰相，于他事無不言，獨論南伐，則一語不敢及。公爲太學博士，泰和初建言。”按雲翼於泰和元年（1201）召爲太學博士，知金史楊雲翼傳節取碑銘，而省“泰和初”三字，非史官改纂。

勾股機要　“股”，北作“段”，非。

趙秉文傳　遷翰林修撰　此下當加“考滿，留再任”，案遺山集閑閑銘云。又滏水集有甲子元日早朝詩，當爲再任時作。

十月出爲寧邊州刺史三年改平定州至全活者甚衆　六十六字，當改入下“宣德果以敗聞”文下。“三年”當作“二年”。案滏水集黃河九昭序云：“大安元年，予出守寧邊。”湧雲樓記云：“大安二年夏四月，來涖平定。”遺山集游懸泉詩注云：“閑閑守平定，于大安庚午來游。”故元銘序入“敗聞”下，與序、記皆合。若依傳文，則“大安元年十月”竟作“泰和二年十月”，“大安二年”竟作“泰和三年”矣，有是理乎？

坐取進士盧亞　“亞”當作“元”。案此科爲興定五年，見李復亨傳，與正大四年之盧亞不同。

金自泰和大安以來至而秉文竟以是得罪　一百二十四字，當削。案元銘無此文，乃作者漫引歸潛志一條，以助波瀾，而不知年代之誤，試問秉文以是得罪，爲盧亞乎？爲李獻能乎？無謂之甚。

五年復爲禮部尚書　“五年”當作“未幾”。

日以時事爲憂雖食息頓不能忘　“日”，元作“曰”，非。“頓”，元作“頃”，是。

號滏水集者三十卷　“三”當作“二”。

韓玉傳　其先相人曾祖錫仕金以濟南尹致仕　“仕金”二字當削。案九十七卷有韓錫，亦以知濟南府告老，惟爲漁陽人，與此相人不合。

又作元勳傳　案世善堂書目云“十卷”，疑僞。

有臣子之當然　“然”，中州集作“爲”①。

馮璧傳　四年　此上當加“泰和”。案見遺山集内翰銘。

淡剛　“淡”當作“談”。

五年自東阿丞　“五”當作“七”。案此泰和七年。

總領撒合問　“問”當作“門”。

四年以宋人拒使者於淮上　“四年”當作“興定三年”。

故兵所至　“兵”上當加“大”。

李獻甫傳　至以歲幣爲言　“幣”，北作“弊”，非。

雷淵傳　閭巷間　“閭”，北作“問”，非。

例迴谷之役　“例”，元作“倒”，是。

擊豪右　“擊”，北作“繫”，非。

程震傳　召百官　“召”當作“詔”。

卷一百十一

目　古里甲石倫　此下當加注“粘葛全周、蘇椿”。

内族思烈　此下當加注“王仲澤”。

紇石烈牙吾塔　此下當加注“康錫”。

古里甲石倫傳　詔禮罷職　案烏古論禮傳無文②。

當大軍初入　“大”，北作“太”，非。

---

① 今檢中州集卷八韓内翰玉作“然”。
② “論”原作“倫”，今據金史卷一〇三烏古論禮傳改。

就其糧五千石　　“千”，北作“十”，非。

權元帥右都監抹撚胡剌　　宣紀興定二年十二月作“右監軍胡魯剌”。

本欲視朝廷以己有兵糧　　“視”與“示”同。

而執政以爲賞功罰罪　　“罰罪”，北作“罪罪”，非。

清擣敵壘　　“清”，元作“潛”，是。

又召寧邊軍節度姚里鴉鶻　　案地志，寧邊州，貞祐三年隸嵐州，四年陞防禦。或興定間陞節度耶？又案此鴉鶻，即伯德窊哥傳之鴉胡，初除寧邊節度判官，後奏權同知武州節度者，第兩州皆“刺史”，而並稱“節度”。殆以兵事授官，倉卒陞置，故志不備列也。

六月遷金安軍節度使　　“六月”二字當削。案文上已書“六月”。

圍青龍堡　　案胡天作傳同。地即霍州，見王佐傳。

珪因持在州軍馬糧草數日　　“日”當作“目”。

正大二年九月自大名奔汴　　“九”當作“五”。紀

完顏訛可傳　　時有兩訛可　　案紀、傳中所載訛可不一。考紀，興定三年十一月，同簽樞密院事，行院河北。正大六年十二月，詔權簽院事救慶陽。八年十二月，河中府破，權簽院事，死之。此本傳之草火訛可也。正大三年十一月，召陝州總帥議兵事。四年八月，遣守盱眙。七年正月，屯邠州。八年十二月，河中破，杖死。此本傳之板子訛可也。又興定二年正月，近侍局副使報南師捷。二月，敗宋防山，拔龍門關等處。三月，敗光化軍，入桐柏境。四月，遣赴遼東，訪万奴事。

十一月,權右都監,行帥息州。元光元年二月,左監軍行帥府
伐宋,時全副之。五月,軍敗削官。十一月,同州破,同知節
度自盡。即素蘭傳稱内族者,當别一人。又元光元年四月,
以勸農使、簽樞密院事,又别一人。又張行信傳,貞祐二年,
權右都監,護糧通州,兵潰,又别一人。又白華傳,天興二年,
爲首領官發詔量決,又别一人。又守純傳,長子封曹王出質,
又别一人。

　　正大八年九月至故自將攻河中　四百四十二字,當改作
“貞祐初,宣宗議遷都,朝臣謂可都河中。主議者以在河朔,
又無宫室,議寢。二年,詔元帥都監内族阿禄帶行帥府事。
未幾,絳州破,河中城孤不可守,阿禄帶遂棄之。宣宗累命完
復,隨守隨破。至是,以兩訛可將兵三萬守之。大兵既破鳳
翔,睿宗期以明年正月合南北軍攻汴梁,故自將攻河中,時正
大八年九月也。”案史文自“正大八年九月”至“議遂寢”一段
一百二十一字,空論河中形勢。“宣宗既遷河南”至“將兵三
萬守之”一段一百六十二字,序阿禄帶棄河中事。“大兵謀取
宋武休關”至“故自將攻河中”一段一百五十九字,序拖雷攻
河中事。然雜序無法,未免顧彼失此,冗濫不可讀,故改訂
如右。

　　十二月河中破初　七字當削。

　　尋有赦詔將佐以下　“赦詔”當作“詔赦”。

　　決杖二百　此下當加“死”。

　　劉祈曰至終至亡國　“祈”當作“祁”。一百十四字,當
削。案史家全録歸潛志文,不敢竄一字,苟圖文字暢達,可以

塞責,誰知茫茫一片,皆不切之陳言,且一傳中用四"初"字,尤屬無此文法。

撒合輦傳　宣宗朝　案輦爲近侍局要人,高琪傳有奏圖胡沙虎事,宣紀貞祐三年八月有諭簽軍事。傳略。

輦猶升二品云　"猶"當作"獨"。

大元既滅西夏　"滅"當作"困"。

召尚書温迪罕壽孫　"召"下當加"右丞相賽不"。陳規傳

朝廷得清水之報　案地志,縣名見秦州,未知所報何事①。

閉之壅城中　"壅"當作"甕"。

少之　"少"當作"頃"。

强伸傳　案伸當入忠義傳,史家因中京而類及之,非。

以壯士五千人　"千"當作"十"。

人不過一陷　"陷"當作"啗"。

伸拗頭南向　"拗",元作"物",非②。

烏林荅胡土傳　國初以三千騎由此路趨汴　北盟會編:趙賜與姚太守書云:"粘罕自孟津涉河。尋得一石底,皆乘馬浮河而過。"

大兵圍蔡　"大",元作"太",非。

内族思烈傳　轉樞密院經歷官　案白華傳,王仲澤有召

---

① 據元史卷一太祖紀太祖二十二年(1227)六月云:"帝次清水縣西江。秋七月壬午,不豫。己丑,崩于薩里川哈老徒之行宫。"上文"清水之報"繫於是年八月,指鐵木真死事。

② "物",至正初刻本作"扬",即"揚"字,是。

諭事。傳略。

紇石烈牙吾塔傳　真祐間　"真"，元、北並作"貞"，是。

三年正月敗宋人於濠州之香山村二月又敗於滁州斬首千級拔小江寨殺統制正大篷等斬三萬俘萬餘人又拔輔嘉平山寨斬首數千俘五百餘人獲馬牛數百糧萬斛三月提控奧敦吾里不大敗宋人于上津縣兵還至濠州宋人以軍八千拒戰牙吾塔迎擊敗之獲馬百餘匹　"又敗"下當加"之"。"正大篷"，"正"，元作"王"，是，"篷"當作"蓬"。"斬三萬"，"斬"下當加"首"。案紇石烈胡失門傳，二改作"三"。年，伐宋，牙吾塔至楚州，不受行省安貞節制，輒進兵。安貞劾奏，詔原之。馮璧傳：四改作"三"。年，南伐，詔牙吾塔攻盱眙，不從命，乃由滁州略宣化，縱兵大掠。行省奏故違節制，璧鞫之。璧入軍，奪其金符，攝之。入獄，擬斬以聞。此事宣紀及安貞傳不載，唯見于二傳，而本文抹去。則馬牛糧草，皆違制掠奪之物，而奏成俘獲之功，可乎？又宣紀，是年四月，牙吾塔開府宿州[1]。傳亦略去，史官止圖順文直寫，全不照料，何以謂之信史。

有胡論出者　"胡"，北作"故"，非。

至聊林　"聊"當作"柳"。

汴流由是復通　案紀，是年七月，請帥幕職有過得自決，不允。九月，請由壽州渡淮，擣宋，不從。十一月，報臨淮破

---

[1] 今檢金史卷一五宣宗紀中興定三年（1219）四月無此事，是年九月甲午條云："詔單州經略使完顏仲元屯宿州，與右都監紇石烈德同行帥府事"。卷一○三完顏仲元傳亦云：興定三年，"詔屯宿州，與右都監紇石烈德同行帥府事"。按牙吾塔名志，而與紇石烈德無涉。

宋之捷。傳並略。

於是宋鈴轄高顯　“鈴”當作“鈐”。

及梟提控金山八打首　“梟”，北作“曩”，非。

正大三年　案牙吾塔自宿移鎮靈寶，當在正大元、二年。
紀、傳並脱。

五年圍慶陽　“五”當作“六”。紀

六年十月　“六年”二字當削。

卷一百十二

完顏合達傳　充護尉　“尉”當作“衛”。

共壁平州　地志臨潢府云：“貞祐二年，僑置于平州”。
平州云：“貞祐二年①，置經略司。”

夏人犯通秦　此下當加“塞”。

斬首數十級　“級”，北作“及”，非。

陷其西北隅　“北”當作“南”。紀

寖及榮解之境　“榮”當作“滎”。

竊見河中榮解　“榮”當作“滎”。

正大二年　“大”下當加“元年三月，權參知政事，行省于
延安，兼統河東兩路②。”案此文紀訛、傳脱，今據白撒傳補。

---

① “二”原作“三”，今據金史卷二四地理志上中都路平州條改。
② 按金史卷一七哀宗紀上正大元年（1224）三月甲寅云：“以延安帥臣完顏合達戰禦有
功，授金虎符，權參知政事，行尚書省事于京兆，兼統河東兩路。”此處當改“延安”爲
“京兆”。

四年　"四"當作"六"。

以平章政事妨職樞密副使　"妨職"當作"改權"。

欲合而一之　"欲"當作"詔"。案紀在正大五年。

自陝以西　指陝州。

屯豐陽州　"州",元作"川",是。

又宣徽使奧敦阿虎至宣宗甚憂之　六十一字,當改入上"以爲聲援"文下。又"宣徽使"當作"先是宣徽使"。

金軍懼其乘虛襲京城　"金"當作"我"。

襄陝　"陝"當作"郟"。案此即許之襄城,汝之郟城也。

金軍由鄧而東　"金"當作"我"。

移剌蒲阿傳　初哀宗爲皇太子　"初"字當削。

皇太子異母兄　"皇太子異母"五字當削。

屯於艮嶽　"艮嶽"當作"東華門"。傳

正大四年　"大"下當加"元年九月,復澤、潞。二年十月,敗宋人于光州。三年八月,復曲沃及晉安。""四年"下當加"二月,復平陽府"。案蒲阿雖有罪,而其戰功不容抹去,據紀補。

至游騎十餘　"至",北作"遇",是。

以微言取怒　"以"上當加"亦"。

蒲阿再復潞州　"蒲阿"當削。

蒲阿東還　"蒲阿"當削。

詔蒲阿　"蒲阿"當削。

戰北兵於太昌原　"太"當作"大"。

更勿似太昌原　"太"當作"大"。

皆謂蒲阿此言爲然　“蒲阿”當削。

散如雁翅　“翅”，<u>元</u>作“翅”，是。

金兵不得不戰　“金”當作“我”。

金兵幾不成列　“金”當作“我”。

金以萬人　“金”當作“我”。

金軍適值之　“金”當作“我”。

金軍奪橋　“金”當作“我”。

金軍縱擊　“金”當作“我”。

金軍欲盤營　“金”當作“我”。

金軍不能得食　“金”當作“我”。

合達又議陳和尚先擁山上大勢　“山上大勢”當作“上山觀大勢”。

金軍已接　“金”當作“北”。

金軍遂進　“金”當作“我”。

北兵果却三峰之東北西南　“却”當作“據”。

止有三峰之東　“東”下當加“可行”。案傳文敘法頗似演義小說，自“<u>合達又議</u>”以下數行，細讀不解，必有脱誤，稍以意訂正之，尚未滿志也。

槍槊結凍如掾　“掾”，<u>元</u>作“椽”，是。

乘金困憊　“金”當作“我”。

金軍遂潰　“金”當作“我”。

金軍無一人得逃者　“金”當作“我”。

沃衍澤英皆死　“沃衍”二字當削。案<u>沃衍</u>與<u>陳和尚</u>皆走，死于<u>鈞州</u>，不與<u>澤英</u>同死。

卷一百十三

目　完顏賽不　此下當加注“楊居仁”。

完顏賽不傳　爲寧化州刺史　“化”當作“邊”。

宋將皇甫斌遣率步騎數萬　“遣”下已加“曹統制”。

深州刺史　“史”，北作“使”，非。

不尊安撫使達吉不節制　“尊”當作“遵”。

俄爲元帥右都監　“監”，北作“總”，非。

上以宋歲幣不至　“幣”，北作“帑”，非。

詔勿問　案紀有猶子詿論，唐州兵敗，亦不之罪。傳略。

轉尚書右丞相　此下當加“封莘國公”。

楊居仁　案哀紀，天興元年有奉使不職、具獄、釋之事①。又合喜傳有犒師事。

尚書左丞顏盞世魯　紀作“太常卿”，即合喜傳命作江水曲者。又見石抹世勣傳、張特立傳②。

五年行尚書省于京兆　“五”當作“六”。

天興九年　“九”當作“元”。

---

① 按金史卷一二四烏古孫仲端傳云：“正大五年（1232）十二月，知開封府事完顏麻斤出、吏部郎中楊居仁以奉使不職，尚書省具獄，有旨釋之備再使。”卷一七哀宗紀上天興元年四月丁巳云：“遣戶部侍郎楊居仁奉金帛詣大元兵乞和。”知此誤將兩條記載合爲一事。

② 今檢金史卷一一四石抹世勣傳無顏盞世魯事，同卷斜卯愛實傳有云：“愛實憤時相非其人，嘗歷數曰：‘……右丞顏盞世魯居相位已七八年，碌碌無補，備員而已。患難之際，倚注此類，欲冀中興難矣。’於是，世魯罷相，賽不乞致仕，而白撒、合喜不恤也。”據此，“石抹世勣傳”當作“斜卯愛實傳”。

二年七月　"七"當作"六"。

十月甲申詰旦　紀作"癸未"。蓋癸未夜襲,明旦城破也。

恐與對面語乎　"恐"當作"忍"。

贊　洎秉鈞衡　"衡",北作"衝",非。

內族白撒傳　三年破虎頭關　"年"下當加"三月"。

雞冠關　"冠",北作"寇",非。

邊事益急　"益急"當作"稍緩"。案白撒駐平涼,所禦者夏兵耳。正大初,和議方始矣,若京兆、鳳翔他邊之急,不過空言塞責,其材力亦不及此,史臣未免失考。

性愎貪鄙　"愎"當作"復"。

諸軍敗績於三峰山大兵與白坡兵合　十五字當削改作"聞大兵"。案三峰敗在十六日丁酉,下文棄衛州爲十一日壬辰,修京城爲十三日甲午,不合先聞敗狀。

棄衛州　"棄"上當加"節度斜捻阿不"。"州"下當加"來奔"。案此人乃白撒黨,即後日斬人鎮地者,其棄州來奔,必已密授意指,若但云"棄衛州",與本傳何涉。

初大兵破衛州至隨爲大兵所據　六十二字,當削。案此文爲棄衛州注腳,亦似爲攻衛州張本,然改築新城、以石包之等,語意終屬夾雜。

裹城或不測可用　"或"字、"測"字皆當削。

尚不能徧　"徧",北作"偏",非。

截長補短假借而用　八字當削。案文下語不倫,夫壤地有長短,軍官可以截補乎,且簽軍亦不必言假借。

行統帥府事　　“統”，元作“總”，是。

隸總帥百家　　五字當削。案總結見下文。

兼合剌合總領　　合剌合即合里合。

官奴遂奏　　“遂”當作“還”。

以糧糗三百餘船　　女魯歡傳作“一千五百石”。

留親衞軍三千　　“三”當作“二”。

能捭闔　　“捭”，北作“押”，非。

赤盞合喜傳　　及楊幹烈等　　“幹”當作“斡”。

烏古論世鮮　　紀作“世顯”。

且搆宋統制程信等　　宋寧紀：嘉定十三年九月戊戌，利州副都統程信出長道。乙巳，信引兵與夏人會鞏州。丁未，攻城不克。壬子，信及夏人攻鞏州不克。十月丁巳朔，信邀攻秦州，夏人不從，信引還，諸將皆罷兵。

飾兵嚴備　　“飾”當作“飭”。

僅能禦之　　此下當加“圍解，升左監軍，授大名路猛安”。紀

立十三都尉　　“三”當作“五”。志

攻具已辦　　“辦”，北作“辨”，非。

壬辰　　已作“壬寅”。

置炮百餘枝　　“枝”當作“枚”。

其攻城之具　　“攻”當作“守”。

壬午　　當作“壬戌”。

合喜怒欲笞其掾　　“怒”，北作“恕”，非。“掾”，北作“椽”，非。

上貸其死　“貸”，北作“貸”，非。

常鞅鞅不樂　此下當加“崔立變後”。

卷一百十四

白華傳　二年九月　“九”已作“四”。

十月　當作“十一月”。

義深東平郡王成進膠西郡王　案哀紀天興元年九月作臨淄郡王王義深、廣平郡王范成進，當係紀訛。成進事無可考，而寰宇訪碑錄有膠西郡王范成進殘碑，正書，至元十三年，在山東濰縣，不知碑敘何事。

五年秋增築歸德至李辛賜姓也　五十字，當改入下“時陝西兵”文上。

六年以華權樞密院判官　十字當改入下“國制文”上。

留脱或欒駐慶陽　“或”當作“國”。案即牙吾塔傳之斡骨欒。

其奏每嫌辭費　“其奏”二字當削。

五月以丞相賽不　“五”當作“二”。紀

上謂白華曰　“白華”當削作“之”。

華如期而還　“華”當削。

華曰向日用兵　“華”當改作“對”。

華真授樞密判官　“華”當削。

金軍自閿鄉　“金”當作“我”。

因遣白華　“白”字當削。

華等既到　　“華等”二字當削。

華至京　　“華”當改作“及”。

必到八里莊城門爲期　　宋史地志：楚州淮陰縣，嘉定七年，徙治八里莊。

華幾不得還　　“華”當削。

送款于金　　“金”當作“我”。

既而宋人至亦以盱眙降宋　　案文一百五十四字，尤與華傳無涉，可削。但惜徒單塔剌罘山亭死事無他見，故存之。宋理紀：紹定四年十月戊子，金人以盱眙軍來降，改爲招信軍。

不若經往河中　　“經”，元作“徑”，是。

華曰臣愚見如此　　“華”當改作“對”。

聞華言　　“華”當削。

金軍北渡　　“金”當作“我”。

金制　　“金”當作“舊”。

即白華所居　　“白”字當削。

華附奏人耕稼已廢　　“華”當改作“因”，“人”當作“今”。

於是起華爲右司郎中　　“華”當削。

召華諭之曰　　“華”當削。

召賽不合周訛出烏古孫卜吉完顏正大議　　“大”，元作“夫”，是。

其後十五日　　“五”當作“四”。紀

華遂問其由　　“華”當削。

曾與金軍接戰　　“金”當作“我”。

　　上在歸德　　案此下華有送符息州事,見婁室傳,傳略。又案此傳是元好問壬辰雜編中爲華一篇辨冤文字,篇中五“金”字,是國亡後筆。

　　斜卯愛實傳　金兵遂合　“金”已作“大”。

　　不逢一人騎　“人”字當削。

　　衞紹宅四十年鎬厲宅二十年　“四”當作“二”,“二”當作“四”。

　　且三斗六升之餘　“斗”,元作“升”;“升”,元作“斗”,是。

　　已而復用　案紀云息州刺史。

　　四年以御史大夫權尚書右丞　案紀貞祐四年二月,以宣撫副使簽樞密院權右丞,九月,以簽樞密院爲御史大夫,領兵赴陝西。不合。

　　留沔池數日　“沔”當作“澠”。

　　諸皇族百餘人上章救之　見從坦傳。

　　至是爲參知政事　紀興定三年三月錄用罪廢官七十人,即此。

　　石抹世勣傳　收充擎執　元毅傳作“侍儀司承應”。

　　登詞賦經義南科進士　“南”,元作“兩”,是。

卷一百十五

　　完顏奴申傳　奉使大元　案正大五年爲蒙古戊子,太祖已殂,拖雷監國,太宗未稱元。

十二月還　此上當加"六年"①。

倉庫匱乏②　"庫"當作"廩"。

冬十月　當作"十一月"。

完顏習捏阿不　即正月棄衞州之斜捻阿不。

管宮掖事　"宮",北作"官",非。

完顏阿撒　即崔立傳之阿散。

溫敦阿里　即崔立傳之溫屯阿里。

裴滿阿虎帶　即崔立傳之阿忽帶。

近侍　此下當加"局使"。

中京副留守愛實等　"實",元作"失"。

十二月　三字當削。

辛丑　紀作"庚子"③。

多行乞於市　"市",北作"是",非。

---

① 按完顏奴申傳云:正大五年(1228)九月,"改侍講學士,以御史大夫奉使大元,至龍駒河,朝見太宗皇帝。十二月,還。明年六月,遷吏部尚書,復往。"歸潛志卷六敍述奴申事迹曰:"由吏部侍郎使北朝,凡再往。"意謂兩次出使蒙古,分別爲正大五年九月、六年六月。據聖武親征録載:戊子(1228),"金主遣使來朝";元史卷二太宗紀元年己丑(1229),"是歲,金復遣使來聘。不受"。兩書分別記戊子、己丑金主遣使,與金史完顏奴申傳亦正相合。此"十二月"臆補"六年",則"明年六月"順推爲七年再使蒙古,當誤。按卷一七哀宗紀上正大五年十二月壬子云:"完顏訥申改侍講學士,充國信使。"此記述奴申復命,中間或有脱文。

② "倉"原作"金",今據改。

③ 此敍哀宗出京,留守官及京城父老從至城外奉辭。金史卷一八哀宗紀下天興元年(1232)十二月庚子,"上發南京,與太后、皇后、諸妃别,大慟"。辛丑,"至開陽門外,麾百官退"。完顏奴申傳作"辛丑",與此吻合,本紀庚子條則爲始發事。

正月戊辰　“戊辰”，已作“丙寅”①。

祁字京叔渾源人　七字當削。

崔立傳　案此當入叛臣傳。考異云。

性淫姣　“性”上當加“立”，“姣”當作“狡”。案“姣”與“淫”義複。

孛术魯長哥出省　紀作長河。“出”當作“入”。

衞紹王太子承恪　“承”當作“從”。紀

韓鐸都元帥　“都”當作“副”。紀

張軍奴　此下當加“完顏合荅”。紀

納一都尉夫人　案考異引歸潛志爲監軍王守玉妻。

以天子袞冕后服上進　“上進”當作“送軍前”。

三月壬辰　“三”當作“四”。

四月　二字當削。

李琦者　案女魯歡傳有守歸德事。

傳近境有宋軍　齊東野語端平入洛云：“元年，命全子才舉兵赴汴。七月二日，抵東京二十里劄寨。初五日，整兵入城。行省李伯淵先期以文書來降，願與國用安、范用吉納約。至是，乃殺所立大王崔立，率父老出迎，見兵六七百人。”

———————

① 按本卷完顏奴申傳贊曰：“劉京叔歸潛志與元裕之壬辰雜編二書雖微有異同，而金末喪亂之事猶有足徵者焉。”知此二書即該傳之史源。完顏奴申傳本段“或曰是時外圍不解，如在陷穽，議者欲推立荆王以城出降，是亦春秋紀季入齊之義，況北兵中已有曹王也。衆憚二人無策，但曰‘死守’而已。忽聞召京城士庶計事，奴申拱立無語，獨阿不反覆申論，‘國家至此無可奈何，凡有可行當共議之’，且繼以涕泣。”采自歸潛志録大梁事天興二年正月條。其餘内容奴申與其好問對答之語甚詳，蓋據壬辰雜編，此書“正月戊辰”，或引據原文如此。完顏奴申傳鈔撮諸書而致時序錯亂。

前御史中丞蒲察世達　　"中丞",紀作"大夫"。

同簽樞察院事　　"察",元作"密",是。

聶天驥傳　　遣宿州總帥　　"州"下,北有"衞"字,非。

赤盞畏忻傳　　"赤盞",宣紀作"石盞"①。

權許州統軍使　　"統",北作"統",非。

五年致仕　　案紀不書,當在七月。

卷一百十六

目　蒲察官奴　　此下當加注"冀禹錫"。

徒單兀典傳　　此傳敍陝州。

不知其所始　　案考異引抹撚盡忠傳徒單吾典事,是也。

駐鄧州　　三字當削。

駐洛陽　　三字當削。

邊民爲之搔動　　"搔"當作"騷"。

高平都尉苗秀　　"高"當作"安"。案苗秀,下文作苗英。

運靈寶硤石食粟　　"食",元作"倉",是。

兀典發閿鄉　　此下當加"至陝"。

慮爲金軍所據　　"金"當作"我"。

金兵知必死　　"金"當作"我"。

素蘭竄歸　　此下當加"陝州"。

---

① "宣紀"原作"哀紀"。按金史卷一六宣宗紀下元光二年(1223)三月丙辰云:"以户部尚書石盞畏忻爲參知政事,兼修國史。"今據改。

獻能字欽叔貞祐三年進士　十一字當削。

明年五月麥熟　六字當改入下“省劄令偉”文下。

石盞女魯歡傳　此傳敘歸德。

金兵常不得利　“金”當作“我”。

及上來歸德　此下當加“二月以爲樞密副使、權參知政事”。紀

二月戊辰朔　“二”已作“三”。“朔”字已削。

且出所有金貝　“貝”，北作“具”，非。

及蒲察皎住等　“住”，北作“往”，非。

蒲察官奴傳　以其新自河朔來　“新”，北作“親”，非。

幾獲鎮州大將　指史天澤。

劫直長把奴申於上前　下文又有經歷把奴申，乃別一人。

字京甫　“甫”，北作“用”，非。

分軍五七十出柵外　“五”，北作“伍”，非。案五七十乃約略之詞，若作“伍”，則複衍矣。

投城下以走　“城”當作“階”。

內族慶山奴傳　名承立　案傳中忽稱慶山奴，或稱承立，殊不合史法。

三年四月　案宣紀興定二年七月，有奏選寄居守闕丁憂官總兵事。三年二月，有獲夏人文移事。傳並略。

復擊走之　案紀四年四月，以爲右監軍權參知政事，同行尚書省元帥府于京兆，六月，上封事。又楊雲翼傳：十一月，奏大兵前拒平涼數州，皆破，承立擁兵不進，以罪免官。傳並略。

十月慶山奴棄京兆還朝　"十"當作"九"。紀

行次楊驛店　"楊",紀作"陽"。

遇小乃觩　元史作肖乃台,武仙傳作笑乃觩。

卷一百十七

目　國用安　此下當加注"張介"。

徒單益都傳　此傳敘徐州。

與河間張祚　"祚",北作"作",非。

高臘哥　案紀又有李宣。

豈有改易髺髮　"髺"當作"髻"。

徐州既歸海州　海州指楊妙真。

惟安國不改髺髮　"安國",北作"益都",非。"髺",元作"髻",是。

粘哥荊山傳　此傳敘亳州。

大兵石總管　即元史石天應。

惟城父令李用宜不降　陵川集金源十節士歌李豐亭云:"士爲有用學,有志終有爲。先生乃不幸,一第當時危。腐儒苟且皆畏避,奔走要門求内地。趦趄冀得升斗禄,靦面只爲妻子計。先生守臣聽銓選,不避畏途羞自便。一通誥命令城父,即駕柴車出畿甸①。甫能到縣敵已至,意色不動即視事。

---

① "出"原作"自",今據陵川集卷一一金源十節士歌改。

排牆拔樹爲守禦，馬嘶動地人鼎沸①。團兵僅得二千人，開門轉戰箭滿身。見星麾出據大林，人蔽一樹氣益振②。弓折矢盡樹無技③，重圍百匝何所依。飲血復鼓更格鬭，揮戈慷慨指落暉。力竭衆斃付一死，以身報國真烈士。君不見汴梁諸生不出門，手把付身皆餓死。"齊東野語端平入洛云：六月二十二日，"至城父縣，縣中有未燒者十餘家，官舍兩三處，城池頗高深，舊號小東京云"。

　　送之出城　"送"，北作"逸"，非。

　　既而崔七斤爲亂　即下傳之崔復哥。

　　是年六月　"是"當作"明"。

　　宋人來攻春出降　齊東野語端平入洛云：六月"二十四日，入亳州，總領七人出降。城雖土築，尚堅"。元史地志：亳州，"金亡，宋復之"。

　　王賓傳　亦敘亳州。

　　初調蘭陵主簿　"主"，北作"王"，非。

　　坐事罷　即張特立事，見歸潛志。

　　天興元年正月　"正"當作"五"。

　　賓與前譙縣尉王進　此上當加"二年四月"。

　　進嘗應荆山之募　此上當加"初"。

　　至汴　"汴"當作"亳"。

　　大赤圍亳　"大"，元作"太"，非。"赤"，北作"兵"，非。

---

① "馬"上原有"胡"字，"地"字原脱，今據陵川集卷一一金源十節士歌改補。
② "益"原作"乃"，今據陵川集卷一一金源十節士歌改。
③ "樹"原作"更"，今據陵川集卷一一金源十節士歌改。

五月甲子　“五月”二字當削。案此傳前半敘王賓，後半敘王進，並係天興二年四月後事，與他傳先後者不同，乃史官不用夾敘法，似本兩傳併爲一傳，加以年月脱訛，致令眉目不清。

國用安傳　誓歸金朝　“金”當作“本”。

於是復金朝衣冠　“金”當作“本”。

既而選人　“選”當作“遣”。

於是因世英以用安終不赴援至贈汝州防禦使　三十四字，當削。案文已見紀，且此等死事何足算，徒見冗雜。

即改從宋衣　“衣”下當加“冠”。

時青傳　考異云“不足立傳”。

正月二十五日　“二十五”當作“十三”。紀

正月二十六日　“六”當作“一”。紀

卷一百十八

目　武仙　此下當加注“魏璠、移剌瑗附”①。

苗道潤傳　與賈全　“全”，元作“仝”。案他傳“仝”、“全”錯出，未知孰是。

移次衆家奴　“次”當作“剌”。

興定三年　“三”當作“二”。

詔百官　此上當加“三年正月”。

---

① 本卷魏璠事取資汝南遺事卷一“詔答恒山公仙請誅魏璠”條，移剌瑗事取資歸潛志卷六“移剌樞密粘合”條。

王福傳 　四月紅襖賊 　"四"當作"五"。

移剌衆家奴傳 　封河間公 　"間",北作"澗",非。

河間 　"間",北作"澗",非。

別遣總領提領 　"提領"當作"提控"。

詔從之 　案下文不言不知所終,其爲遷官、病卒、降元、奔宋皆不可考,必係脫訛。至守信安事略見元史,爲北平公張進。別見張甫傳後。

武仙傳 　仙率鄉兵 　"仙"字當削。

詔仙 　"仙"當削。

遷洺州防禦使 　"洺",北作"洛",非。

遙授河平軍節度使 　此下當加"復請給金銀符賞有功,從之"。紀

大元大將笑乃觸討仙 　"仙"當改作"之"。

仙乃奔汴京 　"仙"當削。

仙遜歸 　"仙"當削。

遂走南陽留山 　案北盟會編:建炎二年二月十九日,冀德、韓清乘金人入寇,嘯聚出没于汝、洛之間,屯于留山寺及艾蒿平,翟興以輕兵間進,抵留山寺,一擊而潰。即此地。

仙即按軍眉山店 　"仙"當削。

仙至留山 　四字當削作"既至"。

烏古論忽魯召仙 　"魯"下當加"剌"①。"仙"當改作

---

① 按金史卷一六宣宗紀下興定五年(1221)五月壬寅作"御史烏古論胡魯"、卷一七哀宗紀上正大五年(1228)三月乙酉作"監察御史烏古論不魯剌"、卷一一五完顔奴申傳作"監察御史烏古論石魯剌",皆爲同一人。疑即卷一一八武仙傳天興元年(1232)十一月"刑部主事烏古論忽魯"、"忽魯剌"。其名或脫"剌"字。

“之”。

詐以書約仙取裕州　“仙”當削。

哀宗走歸德　當作“哀宗將親出”。

以待仙　“仙”當削。

完顏四和有謀敢斷嘗徵兵鄧州　即紀天興二年正月白華事。

禦牧使　當作“防禦使”。

仰給于鄧州總帥　“鄧州”二字當削。

張伯直　見中州集。

以女女仙　“仙”當改作“之”。

仙率帳下百餘人　“仙”當削。

至是樂琢妄謂將納款于嵩之之語泄矣　“妄謂將”三字當削。“于嵩之”三字當削。

徙淅川之石穴　嘉靖河南志：“石穴巖①，在淅川縣石門山，金將武仙所置砦，甚險，其址尚存。”

遣近侍兀顏責仙赴難　即紀七月魏璠事。

仙復謂衆曰　“仙”當削。

軍士亡者八九　“八”上當加“十”。

皆散去　陵川集中令楊維中碑②，“金亡，恒山公武仙潰于鄧州，餘黨散入太原、真定間，據大明川，用金國開興年號，

---

① “巖”字原脫，今據嘉靖河南通志卷二一古迹補。

② “陵川集”原作“秋澗集”，今據郝經陵川集卷三五故中書令江淮京湖南北等路宣撫大使楊公神道碑銘改。

衆至數萬,出没劫掠數千里①。詔會諸道兵討之②,不克。公仗節開諭,降其渠帥,其黨悉平。"

爲澤之戍兵所殺　李俊民莊靖集和子榮悼恒山公詩云:"功名人比漢淮陰,猛虎俄因犬輩擒。星落旄頭兵似火,雲屯細柳士如林。豈期虞虢乖脣齒③,謾倚良平作腹心④。灑盡英雄憂國淚,變風那得不傷今。"案哀宗天興狩後,大勢已去,所倚者仲德、武仙兩援兵耳。仲德孤軍,自鞏數千里,間關入救。而仙坐擁選鋒,偷安山寨,連詔徵兵,如思烈、忽魯剌、魏璠、四和、白華、兀顔六七輩死,不勤王,又殺李汾、盧芝、石玠三義士,真一賊耳。莊靖比之淮陰,形于和什,已屬大謬,而元大德間復有重刻李孝純哀恒山公武仙詩碑,寰宇訪碑録:正書,大德四年,在山西鳳臺。殊不可解。

張甫傳　邢琿　"邢",北作"刑",非。

無何李癩驢歸順大元　"李癩驢歸順大元"七字當削。案紀元光二年正月,四方館使以罪罷,授恒州刺史者,即此人。或因張甫得兵,召與内職,迨改授後,乃降元耳,則不得以"無何"二字了之,莫如削去爲妥。

柴茂　紀興定四年十一月詔柴茂、蓋仁貴行帥府于真定者,即此。

---

① "千"原作"十",今據陵川集卷三五故中書令江淮京湖南北等路宣撫大使楊公神道碑銘改。

② "會"原作"令",今據陵川集卷三五故中書令江淮京湖南北等路宣撫大使楊公神道碑銘改。

③ "乖"原作"亡",今據莊靖集卷二和子榮悼恒山公韻改。

④ "謾"原作"漫",今據莊靖集卷二和子榮悼恒山公韻改。

大成　　"成"當作"城"。

始賜姓完顔　　宋史李全傳：劉慶福在山陽，與李福互相猜貳。福偶病，慶福不往。張甫者，素厚慶福，約同往問疾。及寢，遙見福卧不解衣，心恐，而身已至牀前，牀頭見鞘刀。慶福口問疾而手按鞘，福拔刀起，傷慶福。甫救之，被害。甫者，金元帥高陽公。金亡河北，甫據雄、霸、清、莫、河間、信安。信安出白溝，距燕二百里而阻巨淲，大元兵不能涉，後歸李全者。案甫傳，賜姓後不詳所終，故錄宋事以補之。

張進亦遷元帥左監軍賜姓完顔　　元史楊傑只哥傳：己丑，正大六年。阿尤魯攻信安。信安城四面阻水，其帥張進數月不降，傑只哥曰："彼恃巨浸，我師進不得利，退不能歸，不若往説之。"進見其來，怒曰："我斬二使，汝不畏死耶。"傑只哥從容言曰："今齊、魯、燕、趙，地方數千里，郡邑聞風納降，獨君恃此一城，内無軍儲，外無兵援，亡可立待，爲君計者，不如請降，可保富貴而免死亡。"進默然曰："姑待之。"凡三往，乃降。張榮實傳：霸州人，父進，金季封北平公，守信安城。壬辰歲，天興元年。率所部降。何伯祥傳：太宗定河朔[1]，惟保定王子昌、信安張進堅守不下。伯祥生擒子昌，進聞之，亦遁。又張禧傳：東安州人。父仁義，金末徙家益都，太宗下山東，仁義乃走信安。時燕、薊已下，獨信安猶爲金守，其主將用之左右，國兵圍信安，仁義率敢死士三百，開門出戰，圍解，以功署軍馬總管。守信安踰十年，度不能支，乃與主將舉城

---

[1] "太宗"，元史卷一五〇何伯祥傳原文作"太祖"。

內附。案進爲元臣張榮實之父，困守信安踰十年，皆在完顏不終①、張甫入宋後事。進雖不與九公之列，而北平之號必爲正大繼封，史贊復引他書載滄海、易水二爵，或傳聞異詞耶？故備錄元傳以補之。

　　靖安民傳　孫資孫　當作"孫資深"。

　　頃之封易水公至東安寨隸焉　四十一字，當改入上"三月安民上書"文上。案苗道潤傳封九公在四年二月，又此三月文下已有"冒濫封拜"等語。

　　郭文振傳　招降太原東山二百餘村　紀興定三年六月，遼州總兵領提控唐括狗兒復太原，即此。

　　十月權元帥右都監　"都監"當作"監軍"。案上文已云"左都監"，不合此反權右，必爲"監軍"之訛。

　　元光元年　案紀三月表言："南北合兵攻河、陝。"傳略。

　　胡天作傳　隰州之仵城鎮　"州"，元作"川"，是。

　　詔誅忽失來子之南京者　"南"上當加"在"。

　　張開傳　遙授同知青州防禦事　"青"，元作"清"，是。

　　開復青州　"青"，元作"清"，是。

　　推杜仙爲招撫使　遺山集有送還西山詩，即此。

　　內無儲待　中州集秦略穀靡靡詩上黨公府作。

　　燕寧傳　紅襖賊五公喜　"五"當作"王"。

　　贊　河間公移剌中哥　案他書所載張進已見上文，郭棟或爲文振之族，惟移剌中哥，遺山集張公第二碑作"衆哥"，疑

_____

① "完顏"，金源劄記卷下張甫傳作"移剌"。

"中"爲"衆"聲之轉,"哥"爲"家奴"之切,或即一人,然不敢臆斷矣。

卷一百十九

粘葛奴申傳 此敘陳州事。

提控劉某知害 "知",元作"加",是。

完顔婁室傳 此敘息州事。

時以其名同 案紀興定三年正月鄧帥提控有罪削爵者,未知於大、中、小三人何屬。

以烏古論忽魯 紀作蒲鮮。

朝廷以參知政事抹撚兀典 此上當加"八月丙戌"。紀

八月壬辰行省遣人奏中渡店之捷初 十五字當削。案史臣紀事多不用直敘法,每先一語提綱下文,必用"初"、"先是"等字以原之,復用"至是"等字以補之,自謂可稍見眉目,然筆端拙鈍,可厭極矣。列傳中此類不少,舉之以示一隅。

斬獲甚衆 此下當加"遣使奏捷"。案文如此,豈不簡快,且區區小捷何足繫日[1]。

桓端 案紀天興二年九月作阿虎帶。

烏古論鎬傳 參政天綱亦然 六字當改入下"又薦以自代"文下。案此係胥手倒寫未經改正者。

小婁室自息來迓 案上傳乃中婁室。

---

[1] 按此文取資汝南遺事卷三。

　　蔡八兒副之　　紀作元志①。

　　因出入長大主家　　“長大”當作“大長”。

　　張天綱傳　　爲宋將孟拱得之　　“拱”當作“珙”。

　　後不知所終　　陳霆兩山墨談:“孟珙滅金,俘其參政張天綱以歸云云。續綱目載其事,末云不知所終。偶閱長編傳是樓書目:續通鑑長編一百八卷,李燾撰,英宗治平四年止。宋史全文續資治長編三十六卷,少帝德祐元年止。絳雲樓目同。是年四月甲午,樞密院奏,乞令殿前司借補張天綱武翼大夫充計議官,完顏好海保義郎本司副將②,並給袍笏鞾帶,從之。”然則宥罪之後,固嘗受宋禄秩矣。抑老于是職與。案陳書吳明徹傳爲周師所執,憂憤卒,南史謂周封懷德郡公③。魏書穆紹傳,元顥入洛,以爲兗州刺史,北史諱之。此傳諱其仕宋,亦此類也。

　　完顏仲德傳　　詔授仲德鞏昌行省　　“仲德”當削。

　　軍次黄陵　　此下當加“岡”。

　　初完顏胡土至敏修入徐　　二百三十字,當削。案嚴禄反正事,略見上文。此必壬辰雜編中原文,史官無筆,節序以

────────────

① 今檢金史卷一一九烏古論鎬傳:天興二年(1233)九月,“大兵圍蔡,鎬守南面,忠孝軍元帥蔡八兒副之”。此謂蔡八兒爲鎮守南面烏古論鎬副手,非也。按卷一八哀宗紀下:天興二年九月庚辰,“分軍防守四面及子城,以總帥孛术魯婁室守東面,内族承麟副之;參知政事烏古論鎬守南面,總帥元志副之;殿前都點檢兀林荅胡土守西面,忠孝軍元帥蔡八兒副之。”源出王鶚汝南遺事卷三“分軍防守四面并子城”條。卷一二四蔡八兒傳亦云:“上令分軍防守四城,以殿前都點檢兀林荅胡土守西面,八兒副之。”知蔡八兒本係守西面兀林荅胡土副將,而非南面烏古論鎬,烏古論鎬傳節録史文失當。

② “好”原作“阿”,今據兩山墨談卷一〇改。

③ “郡”字原脱,今據南史卷六六吳明徹傳補。

入,而又苟欲湊成長篇,不忍汰去,疊牀架屋,成何文法。

詔仲德赴行在　"仲德"當削。

詔仲德議遷蔡　"仲德"當削。

八月定進馬遷賞格　"八"當作"七"。紀

白之仲德　"仲德"當削。

上諭仲德曰　"仲德"當削作"之"。

九月　此下當加"庚戌"。紀

十一月辛丑　此下當加"朔"。

蔡既受圍　四字當削。

鼓吹相接　"接",北作"桱",非。

家素貧　北無"素"字,非。

卷一百二十

世戚傳

序　世宗時　"世"當作"章"。傳

石家奴　蒲察部人　案紀、傳所載多稱蒲察,不稱石家奴。如太祖紀甲午十一月,敗遼軍于祥州東。太宗紀天會四年十月,克平定軍,六年十月丁丑,敗宋于臨真,十一月庚寅,取延安府,七年四月,取鄜、坊二州。斡魯傳,與闍母伐高永昌。希尹傳,西京降,使守之。宗翰傳,西京復叛,先擊之,又帥師平陝西。婁室傳,追遼帝以二十騎候敵①,又降壽陽,取

① "二十"原作"二千",今據金史卷七二婁室傳改。

平定及樂平,招降遼州,及榆社①、遼山、和順諸縣。又命專事
陝西,又克丹州,破臨真,克延安府,降綏德軍及靜邊、懷遠等
城寨十六,還守蒲州。西夏傳,軍威戎東,皆是也。惟宗雄傳
詔合札千户駙馬護喪,突合速傳初隸萬户麾下,粘割韓奴傳
遣討大石則稱石家奴。若太宗紀天會九年正月辛亥之討張
萬敵,杲傳克中京後之往迎遼兵,稱蒲察者當别一人。

　　世祖外孫　　"世"當作"景"。

　　護齊國王謀良虎之喪　　"王"當作"公"②。

　　封魯國公　　此下當加"大定間,定亞次功臣,圖像衍慶
宮"。

　　裴滿達　　婆盧木部人　　"木"當作"火"③。

　　從滿家奴　　"滿",元、北並作"蒲",是。

　　爲燕京留守　　"燕"當作"中"。

　　徒單恭　　斜也以贓免　　"斜也"當削。

　　海陵后徒單氏　　"海陵"二字當削。

　　凡斜也所言　　"斜也"當削作"其"。

　　未嘗有如斜也專恣者　　"斜也"當作"此人"。

　　海陵杖之二十　　"海陵"當削。

---

① "榆社"原作"榆次",今據金史卷七二婁室傳改。

② 謀良虎未封齊國公。按宗雄本名謀良虎,天輔六年(1122)薨,據金史卷七三宗雄傳
云:"天眷中,追封太師、齊國王。"石家奴傳即行用追封王爵,故作"齊國王"無誤。

③ 婆盧火係人名,非部族名,此校改有誤。按金史卷二太祖紀收國二年(1116)九月乙
巳曰:"南路都統斡魯來見于婆盧買水。"卷七一斡魯傳亦記此事:"斡魯上謁于婆盧
買水。"卷六七膩醅傳曰:"穆宗自庵吐渾津度江,遇敵于蒲盧買水。"婆盧買、婆魯
買、蒲盧買同名異譯,即婆盧木無疑,該部族以水命名。

言斜也强率取部人財物　"斜也"當改作"其"。

保魯鞫不以實　"保魯"二字當削。

斜也謀取其兄家財　"斜也"當改作"因"。

嘗怨詈斜也　"斜也"當改作"之"。

乃譖兀魯於海陵后徒單氏　十一字當削作"乃譖于后"①。

曾韓王亨　"王"，北作"玉"，非。

亦以怨望指斥誣兀魯　九字當削作"亦以指斥誣之"。

海陵使蕭裕　"海陵"當作"乃"。

得幸于徒單后　徒單二字當削。

遂殺兀魯　"兀魯"當削作"之"。

大定間皆追正之　七字當削。

遂杖斜也　"斜也"當削作"之"。

進拜太保　"太"，北作"大"，非。

斜也從海陵獵于順州方獵聞斜也薨　十五字當削作"從獵于順州方獵聞訃"。

先斜也卒　"斜也"當削。

烏古論蒲魯虎　昭寧公主　諸嬖傳作壽寧。

唐括德溫　上京率河人也　率河即帥水。

烏古論粘没曷　宋史作忠弼。

常侍左右　"左右"，北作"右右"，非。

加駙馬都尉　此下當加"爲右副點檢使宋"。表

上謂宗安　四字當削。

駙馬都尉公説　案刑志二十二年有省寺斷案事，傳略。

蒲察阿虎迭　五年使宋爲賀正旦使　繫年要録紹興十五年金遣殿前右副都點檢説，即此。紀、表皆脱載。

楚國公　此下當加“子鼎壽”。

烏林荅暉　從宗弼北征　“北”當作“南”。

詔以暉第三子天錫　案表大定十一年，以刑部侍郎使宋賀生日。昭德后傳，爲太尉石土黑後。傳並略。

蒲察鼎壽　尚熙宗女鄭國公主　案胙王元傳有“皇統七年四月阿虎特子尚主，進禮物，賜宴便殿”事，即此。

以海陵女弟慶宜公主子　慶宜公主即阿虎迭傳之鄧國長公主崔哥。

改左宣徽　此下當加“使宋還”。紀

徒單思忠　父賽一　見安禮、蒲睹傳。

大定初世宗使思忠　“大定初”三字當削，案上已有“大定初”。

徒單繹　授隆安府路合扎謀克　“隆安”當作“黃龍”。

奪古阿鄰猛安　案續通考云“太宗女嫁奪阿鄰”，不知此乃猛安名，大謬。

以母鄂國公主憂　集禮大定七年六月十三日，檢奏帝女例封公主，奉敕旨武靈皇帝妹鄂國公主依舊封，海陵姊妹，明肅女並封郡公主。

烏古論元忠　後封魯國大長公主　“大”，北作“太”，非。

乃拜平章政事　案張景仁傳有奏決斷六品官事，傳略。

尋復詔爲右丞相　案紀,已考定爲二十二年六月①。

駕東幸　案世宗紀二十五年四月有預宴上壽事②,傳略。

汝心叵測　案此即宗道傳竊議密聞事,此傳但云責諭,不敘源委,未免鶻突。

今預晏　"晏",元作"宴",是。

誼　及父廢亡　"及",元、北並作"乃",是。

尚顯宗女廣平郡主　爽傳:鄆國下嫁賜宴慶和殿。即此。

徒單公弼　大定二十七年尚世宗女息國公主　克寧傳:二十六年十一月,納幣賜宴慶和殿。即此。

駙馬都尉　"駙",北作"附",非。

封定國公　此上當加"崇進"。紀

罷知中山府事　當貞祐二年四月。

太孫太師　案紀貞祐三年五月,立皇孫鏗爲皇太孫。

徒單銘　性重默寡言　"性"上當加"銘"。

移河東北路按察使轉運使　"察"下"使"字當削。

俄拜尚書右丞　宣紀脫載。

徒單四喜　正大九年正月丁酉　"正大九"已作"天興二","丁"已作"辛"。

內侍馬福惠　"內"上當加"與"。"馬",北作"焉",非。

如栗黃者　"栗",北作"粟",非。

壬寅　"壬"已作"丙"。

---

① 按金史卷八世宗紀下大定二十二年(1182)六月丁巳,"右丞相致仕石琚薨"。二十三年三月丙子:"尚書右丞相烏古論元忠罷。"據此可推導此處結論。
② "五年"原作"四年",今據金史卷八世宗紀下大定二十五年四月丁丑條改。

遲回間　“間”，北作“問”，非。

癸卯　“癸”已作“丁”。

問汝是放忠孝軍出門者耶　“放”，北作“於”，非。

卷一百二十一

忠義傳一

目　胡沙補　此下當加注“<u>撒八</u>”。

特虎雅　“雅”字當削。

僕忽得　此下已加注“<u>酬斡</u>”。

溫迪罕蒲覩　此下已加注“<u>鶴壽</u>等”。

訛里也　此下已加注“<u>閭孫、史大</u>等”。

魏全　此下當加注“<u>蒲烈古</u>”。

鄯陽　此下已加注“<u>石古乃</u>”。

和速嘉安禮　“安”，北作“加”，非。

九住　此下已加注“字果速”。

齊鷹揚　此下當加注“<u>楊敏中</u>等”。

术甲法心　此下當加注“<u>溫迪罕咬查剌</u>等”。

序　死其官守　“其”字當削。

<u>胡沙補</u>　太祖疑之　“太”，北作“大”，非。

會高禎降　“高”，北作“尚”，非。

<u>特虎</u>　自臨潢班師　“自”上當加“太祖”。

<u>僕忽得</u>　寧江州　此下當加“破”。

招撫三坦石里很跋苦三水鼊古城邑　<u>太祖紀</u>作<u>讒謀水</u>。

粘割韓奴　壁于龍門東　“壁”，北作“璧”，非。

時天輔六年也　“六”當作“七”。

遼詳穩撻不野來降[1]　遼屬國表保大四年。

且不知大石所往也　此下當加“九年，和州回鶻執大石黨撒八、迪里、突迭來獻”。紀

曹珪　案此傳文已詳世宗紀大定四年，史官復載于此，徒取篇幅之長而已。

溫迪罕蒲睍　西北路契丹　“西”上當加“正隆末”。

徒單賽里[2]　安禮傳作賽一。

完顏尤里骨　安禮傳作尤魯古。

老和尚　當作那也。

皆被殺　案傳不載贈官，係脫訛。考安禮傳，世宗稱昭武大將軍尤魯古、金吾衞上將軍蒲都，似已經加贈，而鶴壽、賽一則仍稱群牧都尉，不可解，或當時贈官未能徧及耶？又案諸傳不載贈官者如此，與烏古孫尢屯、宋宸、高錫、伯德窊哥、奧屯醜和尚、陀滿斜烈、尼厖古蒲盧虎、尢顏可畏、尢顏訛出虎、粘割貞、徒單航、楊沃衍、烏古論黑漢、禹顯、張邦憲、劉全等皆是，乃史臣之草率也。

納蘭綽赤　相與拒括里于改渡口　“改”上當加“伊”。

魏全　宋季爽　“季”已作“李”，與紀合。

以騎二千人　“千”，北作“十”，非。

---

① “野”原作“也”，今據金史卷一二一粘割韓奴傳改。
② “賽”原作“塞”，今據金史卷一二一溫迪罕蒲睍傳改。

鄗陽　賞銀一定　“定”當作“鋌”。

詔削官爵　“削”當作“加”①。

符寶衹候　“符”，北作“付”，非。

夾谷守中　歷嵩涿北京臨洮路按察副使　案嵩、涿安得有按察副使，或副使分駐二州耶？疑嵩、涿下當有脫文。

移彰德軍　“德”當作“化”。案此指涇州，下云移軍未行仍守鞏州，則表及西夏、盧庸等傳作涇州，非也。紀並脫載②。

按行秦中　“秦”，北作“泰”，非。

石抹元毅　使省檄　“使”當作“被”，元作“裰”，亦非。

復何面目朝廷乎　“目”下當加“見”。

伯德梅和尚　瀂水集有挽詩。

烏古孫兀屯　撒虎帶　“撒”，北作“散”，非。

---

① 元朝史官作忠義傳，當係抄撮而成。本卷鄗陽傳云：“執中死，詔削官爵。詔曰……”，語焉不詳，易滋歧義。按金史卷一三衛紹王紀至寧元年（1213）八月辛卯云：“胡沙虎矯詔以誅反者，招福海執而殺之，奪其兵。壬辰，自通玄門入，殺知大興府徒單南平、刑部侍郎徒單沒撚於廣陽門西。福海男符寶鄗陽、都統石古乃率衆拒戰，死之。”執中擁立宣宗。是年十月辛亥，“元帥右監軍朮虎高琪殺胡沙虎于其第。胡沙虎者，紇石烈執中也。宣宗乃下詔削其官爵。贈石古乃順州刺史，鄗陽順天軍節度副使，凡從二人拒戰者，千户賞錢五百貫，謀克三百貫，蒲輦散軍二百貫，各遷官兩階，戰没者贈賞付其家。……石古乃子尚幼，給俸八貫石，敕有司，俟其年十五以聞。”蓋取資宣宗實録。鄗陽傳詔削官爵者紇石烈執中，非鄗陽等，徑直迻録史文，節取失當所致。

② 金史卷六二交聘表下貞祐元年（至寧元年，1213）十二月癸亥云：“夏人陷涇州，節度使夾谷守中死之。”卷一三四西夏傳亦云：貞祐元年十二月，“陷涇州”。卷九二盧庸傳亦云：“至寧元年，改陝西按察副使。夏人犯邊，庸繕治平涼城池，積芻粟，團結土兵爲備。十一月，夏人掠戎，陷涇、邠，遂圍平涼。”按鎮戎州、平涼府皆屬鳳翔路，涇州、邠州同隷慶原路，四地相毗鄰，而鞏州隷屬臨洮路，與此四地相距有五百餘里。中州集卷八韓内翰玉傳謂：大安三年（1211）後，“夏人連陷邠、涇。陝西安撫司檄温甫，以鳳翔總管判官爲都統府募軍，旬月得萬人”。此文亦稱涇州。將夾古守中傳文中鞏州校作涇州，“遂載而西，至平涼”云云，此語方可通。

五月　此下當加“賜兀屯總押鄧州軍馬”①。紀

軍士多亡　“士”下，北重一“士”字，非。

王維翰　檢括户籍　“括”，北作“桰”，非。

兼潞王傅　“傅”，北作“傳”，非。

妻姚氏　案鉅野縣志有謝天香事，乃傅會之説。

移剌古與涅　安化軍節度使　“安”上當加“累官”。案執中傳：泰和六年十月，兵出清口，遣副統移剌古與涅克淮陰。傳略。

宋扆　歷蘇曹景州刺史　“蘇”當作“薊”。

李演　詔有司爲立碑云　遺山集有詩。寰宇訪碑録：濟州刺史李演碑，崔禧撰，趙秉文正書，貞祐四年八月，在山東濟寧。

王毅　大興人　“大”上當加“字之綱”，滏水集有銘。函山旅話：李俊民同年録中有王毅知綱，中都大興人。

贈曹州刺史　案滏水集，與雞澤尉楊過叔黨合銘，傳宜附載，此亦史臣之疏也。

王晦　遷霍王傅　“傅”，北作“傳”，非。

樞密副使　此下當加諡“剛忠”。

爲筆硯承奉　案秋澗集跋同載傅霖守臨潢事，史亦失于附載。

齊鷹揚　敏中乞驢　“敏”上當加“與”。

高錫　遷遼東路轉運度支判官　“度支”當作“支度”。

卷一百二十二

忠義傳二

目　從坦　此下已加注“郭用”。

女奚烈斡出　此下已加注“王謹”。

梁持勝　此下已加注“賽不等”。

移剌阿里合　此下已加注“孔祖湯”。

烏古論德升　權參知政事　案紀貞祐三年四月，有奏夏至免朝事。傳略。

權元帥左監軍　案紀貞祐四年正月有招太原降民事，又胥鼎傳西征失計狀事，傳略。

乃自縊而死　續夷堅志：烏古論德升第進士，興定戊寅，以參知政事行臺太原，九月六日，城陷遇害。以其日受生慶陽移剌倉使家兒，四五歲能説前身事，沈厚寡言，人傳爲異事。德升家一大奴，從太原逃出。就倉使家來問，兒望見，名呼之，奴爲之慟。但説其死不同，奴言德升被斫而死，兒言赴井死。游麟之言，當是聞城陷，一心赴井，神識已逝，不復知被斫耳。一僧云：“不然，赴井者蓋投胎耳。”案史云自縊，則非赴井，亦非被斫也，似當以史文爲據。

馬驤　時致祭　“時”當加“歲”。

伯德宪哥　河東北路行元帥府　此指古里甲石倫。

寧遠軍節度副使　石倫傳作“寧邊”。第武州有寧遠縣，或即以縣爲軍。

興定元年　"元年"當作"改元"。

從坦　宗室子　案下卷馬肩龍傳上書所救宗室從坦,當即此。

孟州經略使　此下當加"萬户宋子玉叛,率兵敗之"。

留沔池數日　"沔"當作"澠"。

納合蒲剌都　力戰而死　案紀興定二年十一月又有參議官王良臣,傳亦宜附載。

時茂先　沙溝酒籃　"籃",元作"監",是。

紅襖賊方郭三①　"方郭"當作"郭方"。

方郭三聞而執之②　"方郭"當作"郭方"。

温迪罕老兒　以其姪墨厮　"墨",元作"黑",是。

梁持勝　興定初　當作"貞祐中"。

賈邦獻　"獻"當作"憲",案目及傳中俱作"憲"。

竟能成功　"竟"當作"僅"。

移剌阿里合　泰定軍節度使　"泰",北作"恭",非。

紇石烈鶴壽　興定五年十月　"十"已作"閏",案紀在閏十二月。

女奚烈資禄　攻破武林關　"林",元作"休",是。

趙益　保聚山陝　"陝"當作"硤"。

不可計　"計"上當加"勝"。

---

① "方郭三"原作"方郭山",今據金史卷一二二時茂先傳改。
② "方郭三"原作"方郭山",今據金史卷一二二時茂先傳改。

侯小叔 小叔盡護農民入城 此上當加“十月軍變”。案紀有孫仲威據城叛事,傳略。

詔權元帥左都監 “左”當作“右”。

完顏賽不 “賽”,北作“塞”,非。

王佐 元光二年七月 “七”當作“四”。紀

黃摑九住 案此後七傳顛倒無次,據紀年先後,此傳當改次上卷宋宸傳前,下烏林答乞住、陀滿斜烈、尼厖古蒲盧虎三傳當次上卷高錫傳後,又兀顏畏可傳當次本卷完顏六斤傳前,又兀顏訛出虎傳當次從坦傳前,又粘割貞傳當次納合蒲剌都傳後,乃史官作傳,成非一時,不復編次,隨手錄入,故草率如此。

累官河東北路按察使轉運使 “察”下“使”字當削。

烏林荅乞住 重幣十端 “幣”,北作“弊”,非。

赴援中都戰歿 合達傳貞祐三年臨潢、全慶軍變是也,傳文既不標年月,又不敘源委,但云戰歿,殊未明析,亦史家之草率也。

陀滿斜烈 斜烈死焉 案中州集,李治中著有彰德死節事,亦宜附書此傳。

尼厖古蒲魯虎 是歲大元兵取潼關 “是歲”當作“十月”。

兀顏畏可 歷全安武勝軍 “全”當作“金”。

是歲 二字當削。

粘割貞 梅只乞奴 回离保傳,奚五姓有梅知氏,遼營衞志作梅只。

卷一百二十三

忠義傳三

目　完顏陳和尚　此下已加注"斜烈"。

楊沃衍　此下已加注"劉興哥"。

姬汝作　此下已加注"楊鵬"。

禹顯　此後當加"張邦憲"，又當加"劉全"。

完顏陳和尚　系出蕭王諸孫　案秉德封蕭王，列女特罕氏、尹氏傳同。

鷙很淩突　"很"，北作"狠"，非。

爲剌掠之事　"剌"，元、北皆作"剽"，是。

斜烈名鼎　不必提行。

搜伏於大竹林中得歐陽脩子孫　案此條爲壬辰雜編原文，見圭齋集。

楊沃衍　本屬唐和迪剌部族　"和"當作"括"。

留下徙　"下"，元作"不"，是。

不死王事　"王"，北作"主"，非。

三年　"三"當作"四"。

西夏罵萬餘騎　"罵"，北作"四"，是。

拔劍斫之　"拔"，北作"枚"，非。

關輔十里　"十"，元作"千"，是。

烏古論黑漢　天興二十年　元作"二年"，無"十"字，是。

內族糾魯　"糾"，元作"斜"，是。

唐之糧多爲鄧州所取　　"唐"上,元有"又"字,是。

鎮防軍　　"防",北作"方",非。

殺蒲察都尉　　即紀云部曲所食者。

時裕州大成山　　"時"當作"惟"。

會鄧帥移瑗　　"移"下當加"剌"。

宗王安撫　　"宗",元作"宋",是。

醜定走蔡州　　"定",元作"兒",是。

<u>陀滿胡土門</u>　蘭州極陳僧等　　"極"當作"程"。

金軍乘之　　"金"當作"我"。

夏人遁去　　此下當加"詔進官三階"。

四年知河中府事　　案胥鼎傳,是年有領軍赴援事,又興定元年西征語。傳略。

<u>姬汝作</u>　是時此州　　"是時"二字當改入下"使傳所出"文上。

汝此輩經百死　　"汝此"二字雙行夾寫,元、北並單行作"此",是。

<u>愛申</u>　逸其族與名　　"族與"二字當削。案官志吏部白號姓有<u>愛申</u>,<u>白撒</u>傳有定<u>西州</u>刺史<u>愛申阿失剌</u>[1],安得云非族乎?

城中惟有義兵鄉軍　　"鄉"字筆畫舛訛,元、北並作"鄉",是。

力盡乃已　　"已",元作"破",是;北作"死",亦非。

初問汝與從坦　　"初",元作"詔",是。

***

① 　"阿"原作"奴",今據<u>金史</u>卷一一三<u>白撒</u>傳改。

搜篍中　"篍",元作"篋",是。

禹顯　願將軍三百人①　"願",元作"顯",是。

嘗集河朔步騎數千　"千",元作"萬",是。

既而戰於王女寨　"王",元作"玉",是。

權元帥府都監　"府",元作"右",是。

顯適與真金一兵相失匿飯山寺中　"真金",元作"負釜",是。"匿",元作"乞",是。

時年四十一　案姚燧牧庵集有楊閏死節事,此傳亦應附載。

秦州人張邦憲字正叔　當作"張邦憲,字正叔,秦州人"。此別一傳,當自提行。

爲永固令　即徐州彭城之厥堌鎮,元光二年升。

劉全者　此亦別一傳,當自提行,"者"字當削。

卷一百二十四

忠義傳四

目　馬慶祥　此下已加注"胥謙等"。

烏古孫奴申　此下已加注"阿虎帶等"。

蔡八兒　此下已加注"毛佺等"。

溫敦昌孫　此下已加注"胡失打"。

馬慶祥　餘無所考　"餘"下元有"亦"字,是。

---

① 　"三"原作"二",今據金史卷一二三禹顯傳改。

术甲脱魯灰　遙授武昌軍節度使　"武昌"當作"昌武"。

大元兵攻藍關　"藍"當作"潼"①。

楊達夫　與衆行及詔避兵于州北之橫嶺　案"詔"字有訛，或有脱文。

烏古孫仲端　安延珍　"延"當作"廷"②。

至西城　"城"，元作"域"，是。案仲端有西使記③，即是時所作，見歸潛志。

烏古孫奴申　吾古孫端　"端"上當加"仲"，案即上烏古孫仲端。

蒲察琦　令改易中鬐　"鬐"當作"鬐"。

蔡八兒　毛佺者　案佺附于蔡八兒傳尾，非別自立傳，不必提行。

時開州刺史賽哥叛　"賽"，元、北並作"賽"，是。

二人皆捐家走城　"城"下當加"中"。

餘各有傳　四字當削。

温敦昌孫　蔡城破　案文與昌孫戰死事不貫，當有脱誤，更思之，蓋史臣以胡失打投水事無所附，遂強綴于昌孫傳

---

① 按元史卷二太宗紀二年（金正大七年，1230）十一月云："是月，師攻潼關、藍關，不克。"大金國志卷二六義宗皇帝紀正大七年事曰："正月，大軍在慶陽、衞州既皆失利，不勝其忿，親領精鋭四十餘萬直攻潼關，數月不克，選四萬人刊石伐木，鑿商淤之山，斡腹入藍關之内，爲合達所敗，喪萬餘人及馬數萬匹。"藍關蓋即藍田關，在藍田縣南九十里，即古嶢關也。

② 按歸潛志卷一三北使記云："興定四年七月，詔遣禮部侍郎吾古孫仲端使於北朝，翰林待制安庭珍副之。"金史卷一六宣宗紀下興定五年（1221）十二月丁巳云："禮部侍郎烏古孫仲端，翰林待制安庭珍使北還。"當以"庭"字爲是。

③ 按歸潛志卷一三引作北使記。

尾耳。

前御史監察　當作"前監察御史"。

完顏絳山　及侍從官巴良弼阿勒根文卿皆從死　"巴"當作"把"。

裹以敝衾　"敝"，元作"弊"，北作"敞"，並非。

畢資倫　如是十四年　"四"當作"三"。

郭蝦蟆　會州爲夏人所據近十年　"十"當作"四"。案紀興定四年八月，夏人陷會州，十月圖復會州。把胡魯傳：興定五年議取會州。元光二年十一月，鞏帥報會州破夏人之捷。

并所遣郭倫哥等物　"并"下當加"賜"。

以粘葛完展　"葛"，紀作"哥"。

甲午春金國已亡　"甲午春"當作"未幾聞"。

金史詳校卷十

卷一百二十五

文藝傳上

序　取汴經籍圖　"圖"下當加"書"。

韓昉　天慶二年中進士第一　遼天祚紀："是年,放進士韓昉等七十七人"。

乾文閣待制　燕雲録:丁未六月,國裏朝廷指揮選南人八員爲太子伴讀,令歸朝官待制韓昉館伴赴御寨。案傳脱書"歸朝"字,遂不知昉以何官入金,或即此待制耶。

明年加昭文館直學士　弔伐録,天會五年,册大楚皇帝文云:"遣使特進尚書左僕射、同知樞密院事、監修國史、上柱國、南陽郡開國公、食邑二千户、食實封三百户韓昉。"案此多借遼銜,並非實職,不足據。

改禮部尚書　弔伐録,天會八年,册大齊皇帝文云:"副使尚書禮部侍郎韓昉。""書"下當加"監修國史"。紀

遷翰林學士　案熙紀天眷二年六月有論唐太宗、明皇語，傳略。

蔡松年　靖以燕山府降元帥府辟松年爲令史　燕雲録：燕山蔡靖其子松年與眷屬同處，金人養濟甚厚。與渤海通事道奴燕市中合開酒店。王繪紹興甲寅通和録：金接伴使李聿興云："蔡大學兒子松年見在三太子處作令史。"

松年爲太子中允　"松年"當削。

松年爲行臺刑部郎中　"松年"當削。

薦松年爲行部員外郎　"松年"當削。

松年素與毅不相能是時宗弼當國　十四字當削。

由是搆怨　此下當加"是時，宗弼當國"。

是歲松年遷左司員外郎　"是歲松年"四字當削。案上文兩"是時"，下文一"是年"，可厭。

而海陵以宗室子在宗弼軍中任使　十四字當削作"海陵同在軍中"。

遂以□□□□□正旦使　空五字，元作"松年爲賀宋"，是；南本注缺四字，非。"松年"當削。案紀、表皆有賀宋文，"松年"字疊見可厭。

海陵愛宋使人山呼聲　張端義貴耳録：孝廟時，取北人于閤門充贊喝，聲雄如鐘，有京洛氣象。嘉定來，多以明、台、溫、越人充，聲皆鮑魚音矣。

子珏　部曲録：蔡珏，字正父，餘杭人。蔡靖之孫，松年之子，狀元楊建中榜及第。葛王立，除刑部侍郎。

初兩燕王墓至據葬制名物款刻甚詳　一百十三字，當改作“初，中都東城外有兩燕王墓，俗傳六國時燕王及太子丹之葬。海陵廣京城圍，墓在東城内。嘗有盜發其墓，東墓柩端題曰‘燕靈王舊’，珪定爲西漢高祖子劉建，‘舊’‘柩’，古字通用。其西墓，蓋燕康王劉嘉也。作兩燕王墓辯，據葬制名物款刻甚詳，時人服其精當”。案文敘次雜亂，爲之易其位置，節其閑文，語氣稍順。夷堅志：“金天德二年五月①，以燕山城隘而人衆，欲廣之。其東南隅曰通州門②，西南曰西京門，各有高丘，俗呼燕王冢，不能知其何代何王也。及是立標埒③，定基址，東墓正妨礙。都民于中夜聞人聲云④：‘燕王遷都。’皆出而觀之，見鑾輅儀衛，前後雜遝，燈燭熒煌，香風襲人，羅列十里，從東丘至西冢遂滅。明日復然。民以白府，留守張君爲請于朝，乃迁枉其壘以避之⑤。”案此宋人傳聞之訛。

　　安國軍節度判官高元鼎至官贖外並的決　一百六十七字，當削作“安國軍節度判官高元鼎以監臨姦事求援，珪坐與王翛、任詢、閻恕、高復亨、翟詢等受請屬，各笞四十”。案文藝傳不合入此等事，且珪係坐累者，總屬閑文，作手止圖文字稍長耳，可厭。

　　有補正水經五篇　歐陽玄圭齋集補正水經序略云：金禮部郎中蔡正甫作補正水經三卷。是書因宇文氏有經傳相混

---

① “二”原作“三”，今據夷堅志支甲卷第一燕王遷都改。

② “通州門”原作“道州門”，今據夷堅志支甲卷第一燕王遷都改。

③ “埒”原作“將”，今據夷堅志支甲卷第一燕王遷都改。

④ “都”原作“郡”，今據夷堅志支甲卷第一燕王遷都改。

⑤ “迁”原脱，今據夷堅志支甲卷第一燕王遷都補。

之説,而因以正蜀板遷就之訛,其詳于趙、代間水①,則因景純之所難。若江自潯陽以北,吳淞以東,則又能使道元之無遺恨者也。案序云三卷,乃知史文五篇之訛,至中州集作補亡四十篇,尤非。

作南北史志三十卷　　中州集作六十卷。

文集五十五卷　　陵川集有書蔡正甫集後詩②。

　　吳激　命爲翰林待制　　此下當加"天會十四年使高麗"。表

　　馬定國　作辯萬餘言　　案定國石鼓辯主宇文周時所造,文佚不得見。姚氏殘語載其略云:"温彦威使三京,得僞劉詞臣馬定國文云石鼓非周宣王時事,乃後周文帝獵于岐陽所作也。史大統十一年獵于白水,遂西狩岐陽。"後人駁之者,復齋碑録、研北雜志、西神脞説、趙古則石鼓釋文序、金薤琳琅、金石史等書;取之者,熊仁本石鼓論、筆乘、通雅、金石文字記等書,紛如聚訟。余謂石鼓乃無年月古刻,其文初未標明周代,徒以文近車攻、吉日之詩臆定爲周宣王,猶以壇山刻石"吉日癸巳"文近穆天子傳,定爲周穆王,實則無徵不信,固屬可疑。乃疑之者又强指爲北周,仍必泥于周代,殊不可解。至定國之文稱西魏文帝爲後周文帝,舛訛如此,而人猶信之,尤不可解。要之,石鼓時代雖難于臆斷,必是先秦古物,鄭夾漈摘岙殹二文,與秦斤、秦權同疑爲秦刻,亦不然也。

---

① "水"原作"者",今據國朝文類卷三六歐陽玄補正水經序改。
② "書"原作"讀",今據陵川集卷九書蔡正甫集後改。

任詢　書高于詩　"書",北作"畫",非。

北京鹽使　案蔡珪傳,宛平主簿。婁室碑,大名路都總管判官。傳略。

趙可　號玉峰散人集　案歸潛志,可有讀碑事。傳略。

蕭永祺　同修國史　此下當加"三年使宋還"。

胡礪　部曲録:胡礪字元化,山東密州人。少被掠,韓昉使從良。狀元及第,是年出好生德洽民不犯上賦題。亮時,爲刑部尚書。葛王立,改翰林承旨。

行臺平章政事高禎之汴　"禎"當作"楨"。傳

禎責之　"禎"當作"楨"。

禎曰　"禎"當作"楨"。

禎壯其言改謝之　"禎"當作"楨"。"改"下當加"容"。

歲民錢五千餘萬　"歲"下當加"徵"。

百官賀於廟堂　"廟"當作"朝"。

再遷侍講學士　集禮,貞元三年十月撰慈憲皇后謚議①。

年五十五　寰宇訪碑録:胡礪碑,劉仲淵撰,張砥正書,明昌七年十一月。鄞范氏拓本。

王競　詔作金源郡王完顔婁室墓碑　"作"當作"校"。高士奇扈從東巡日録云:"大金壯義王婁室墓神道碑,高八尺八寸,寬四尺五寸,厚二尺二寸,頂高三尺。上鐫翰林院直學士、中大夫、知制誥兼行秘書少監、虞王府文學、輕車都尉、太原郡開國伯、食邑七百户、賜紫金魚袋王彦潛撰文;奉政大

---

① "憲"原作"獻",今據大金集禮卷六追謚后永寧宮條改。

夫、**大名府路兵馬都總管判官**①、飛騎尉、賜緋魚袋任詢書丹。
額篆大金開府儀同三司金源郡壯義王完顏公神道碑。考**金**
史，**王彥潛**姓名、爵里俱不載。別載**王競**奉詔作婁室墓碑，
'以行狀盡其實，請國史刊正之'。其名、其爵與此不符，今碑
文鑿鑿可據，足徵**金史**之闕略云。"案**高録**據碑駁傳，是也。
竊意史館撰文必送太常校勘，**無競**爲博士，得預此議，故下文
有"刊正國史，時以爲法"等語，改作爲"校"，庶可爲**澹人**解
惑否？

　　擢禮部尚書　**部曲録**：**王競**字**無競**，相州人，乃本朝**王炎**
親兄，嘗爲禮部尚書。"

　　是歲　當作"十月"。

　　四年卒官　"年"下當加"詔禱雨于**北嶽**"②。

　　競博學而能文　"而"字當削。

　　善草隸書　**集禮**：**天德**二年，篆**永寧**、**永壽**兩宮册寶，又
徙單皇后册寶，又太妃蕭氏册寶。**貞元**三年，篆**慈憲皇后**册
寶③。**大定**三年，增謚**睿宗**并篆寶。

　　兩都宮殿牓題皆競所書　**圖經**：**中都**城各門，外則墨書
粉地，内則金書朱地，皆故禮部尚書**王競**書。

　　楊伯仁　**孟宗獻發解第一**　"孟"上當加"**大定三年**"。

　　稱之　此下當加"曰"。

---

① "府"字原脱，今據扈從東巡日録補。
② "北嶽"原作"北京尋"，今據金史卷六世宗紀上大定四年(1164)五月乙巳條、卷三五
　禮志八祈禜條改。
③ "憲"原作"獻"，今據大金集禮卷六追謚后永寧宫條改。

改著作郎　"改"上當加"伯仁"。

入爲左諫議大夫　此下當加"使宋"。

池寒　"池"當作"地"。

鄭子聃　部曲録：鄭子聃，字景純①，大定人。先于亮初僭時楊建中榜第三人及第，出天錫智勇正萬邦賦，除翼城丞，被召除書畫局直長。至貞元四年，亮令再試，狀元及第。是年，出不貴異物民乃足賦。爲翰林修撰，尋遷修起居注。葛王立，除殿中侍御史，兼侍讀學士。齊乘："金末，内翰鄭子聃知沂州，作十愛詞云："我愛沂陽好，民淳訟自稀。誰言珂筆混萊夷，行見離離秋草鞠圜扉。"案子聃，海、世朝人，于氏以爲金末，誤。

篡戡　"篡"當作"綦"。

兼直學士　此下當加"使宋還"。表

党懷英　應舉不得意　"應"上當加"懷英"。

累除汝陰縣尹　"尹"當作"令"②。

能屬文工篆籀　寰宇訪碑録：憫忠寺禮部令史題名記，大定十八年撰，行書，直隷大興。重建惲國夫人殿碑，二十一年撰，分書，山東曲阜。舊縣村天封寺碑，二十四年撰，正書，山東泰安。石峽村王去非墓表，二十五年撰，分書，山東平陰。祝聖壽碑，明昌元年撰，分書，山東濟寧。普照寺照公開

---

① "景純"原作"純夫"，今據許刻本三朝北盟會編卷二四五引族帳部曲録改。按中州集壬集第九鄭内翰子聃、建炎以來繫年要録卷一七七紹興二十七年（1157）八月引范成大攬轡録亦作景純。

② 按中州集卷三承旨党公傳及滏水集卷一一翰林學士承旨文獻党公碑云："汝陰令。"

堂疏,六年撰,分書,山東濟寧。棣州重修廟學記,六年撰,趙
渢正書,山東惠民。州學王荆公詩刻,六年,篆書,山東濟寧。
重修文宣王廟碑,六年撰,分書,山東曲阜。普照寺照公塔
銘,七年,分書,趙渢撰,山東濟寧。十方靈巖寺碑,七年撰,
分書,山東長清。孔廟"杏壇",承安三年,篆書,山東曲阜。
谷山寺記,泰和元年撰,分書,山東泰安。

六年有事于南郊　"六"當作"七"。

諡文獻　滏水集有文獻党公碑。

卷一百二十六

文藝傳下

目　王庭筠　此下當加注"子曼慶"。

劉從益　此下當加注"子祁"。

趙渢　大定二十二年進士　此下當加"由襄城令入爲應
奉翰林文字。入謝,上謂宰臣曰:'此党懷英所薦耶?'對曰:
'諫議黃久約亦嘗薦之。'"

周昂　年二十四　中州集作"二十一"。

起爲龍州都軍　龍州即隆州。官志:"諸府鎮都軍司,都
指揮使一員,正七品。"

王庭筠　河東人　"河"當作"遼"。案金石萃編博州碑

陰後跋云金之河東與唐、宋異，非也①。

劉昂　李純甫故人外傳云　八字當削。案句法非史家體裁，且考中州集所引屏山外傳語，乃上文張秦娥事，故遺山下此語作結。若下文"昂早得仕"云云，自是遺山自敘，並非外傳文紕謬，抑太甚矣。

宗室從郁　案柏鄉縣尉蘭君碑後有皇叔觀察使從郁詩刻，見河朔訪古記。即此。

劉從益　天會元年詞賦進士　"元"當作"二"。"士"下當加"第一"。

其歲入七萬石　"七"當作"二"。

流亡歸者四千餘家　中州集作"二千"。

呂中孚　中孚有清漳集　"有"上當加"孝友純至，迄今爲鄉人所稱②，累舉不第，以詩文自娛"。案史既特爲中孚立傳，豈得僅以"有清漳集"四字了之，中州集本傳數語，必應補入。

召爲官教　"官"當作"宮"。

李純甫　正大末　當作"元光間"。案此承歸潛志之訛，張子和儒門事親，純甫卒于元光時。

王鬱　少居釣臺　"釣"，北作"鈞"，非。

宋九嘉　入爲翰林應奉　"爲"下當加"右警巡使"。

---

① 按元好問王黃華墓碑："家牒載：其三十六代祖烈，太原祁人，避漢末之亂，徙居遼東。……遼天慶中遷蓋州之熊岳縣，遂占籍焉。"王庭筠傳多取資王黃華墓碑，"河東人"一語蓋據王氏家牒所載，其先太原祁人。

② "迄今"原作"雅"，今據中州集卷七呂中孚條改。

李獻能　文刻意樂章　“文”，元作“又”，是。

王若虛　章宗宣宗實錄成　“章宗”二字當削。

好問張信之喻以立碑事　“好”上當加“元”。

乃令子忠先歸　六字當削作“乃”。案遺山集銘文先有嚴公遣子忠偕行，故後有遣歸之語，本文上既已節去子忠事，下文仍著此語，是何根據？

前行視夷險　“前”，北作“同”，非。

王元節　大定三年　“定”當作“安”。

麻九疇　以誤出　“出”當作“黜”。

及知嘗師九疇　“及”當作“乃”。

盡博其學　“博”，元作“傳”，是。

劉微　“微”當作“徵”。

李汾　呈翰表　“表”當作“長”。

元德明　歷內鄉令正大中爲南陽令　十一字當改作“正大中，爲鎮平令，轉內鄉，丁母憂，再辟南陽令”。案史文先內鄉後南陽，與陵川集銘先南陽後內鄉，皆非也，今據大德碑本改定。又兩碑皆云：“天興初，入翰林知制誥。”第考錄大梁事，崔立變後止稱左司員外郎，縱有此命，亦出立手，史不取之，是也。

卷一百二十七

孝友傳

陳顏　顏艱關渡河　“艱”當作“間”。

孟興　“興”下當加“雲內人”。

王震　　特賜同進士出身　　"特"下當加"明昌三年"。

隱逸傳

序　其立心造行之異同　"同",北作"固",非。

褚承亮　河朔訪古記:真定西關外社壇西北隅,城濠之側,真定縣境上也,有褚先生墓,墓上小碑一通。十二月,謁拜墓下。"

王去非　党懷英醇德王先生墓表:先生諱去非,字廣道,上世東蒙人,系出琅琊諸王。遷居平陰之石峽邨,其先世曾祖友、祖臻、考通皆有隱德①。先生束髮知學問,爲文章不屑爲進取計。嘗試有司不合,即屏去舉業。益探六經百家之言,務爲博贍精詣,雜取老莊、釋氏諸書,采其理要,貫串融會,歸諸大中。要本于吾儒修身養性之道,自信而力行之。其發于情接于物者,求諸古人或難焉。鄉人化服,翕然咸尊之。先生無他營,獨妻孥耕織,以給伏臘,弟子贄獻,資以惠人,十常居八九。人有求貸者,先生不能給,更貸諸富家,約以時償。及期,其人以寠告,先生曰:"信可失乎。"賣田代償之,棄其券不復問。嘗適野,有遺金帛于路者,爲守視不去,須其人還訪與之。門人班忱,親老子稚,不能朝夕,女已及笄,先生爲辦妝具,擇士壻嫁之,因以成家。賴以婚娶者甚衆。比鄰有喪,東出則犯禁而衆不利,南則鄰者忌之,西北則人居不可行。先生曰:"世寧有死而不得葬者,葬而害衆,寧獨任之。"乃壞其蠶室之壁出焉。里中惡少嘗遇,醉酒嫚罵,

① "友"原作"及",今據山左金石志卷一九王去非墓表改。

先生恬無慍色，復引之坐，罵益甚，久之始去。明日，惡少來謝，先生爲避不見。或曰："彼恃酒以逞，謂當少加責誚，奈何反避之？"先生曰："彼之來，既知過矣，見之必重其愧，是以避也。"惡少聞之感服，更折節爲善。先生之教人，皆因其材而勉其所可至。凡所答問，得孔子教仁、教孝之意。或挾他道見，則就其所學，而引之正。有問以釋氏之戒定慧、道家之攝生者，則對曰："易之寂然感通，中庸之中和，詩之思無邪，非定慧與？孔子答顔淵，視、聽、言、動勿以非禮，非戒與？易之慎言語、節飲食，孟子之養心寡欲，非攝生與？"蓋未嘗深詆佛、老，而其徒往往自棄其學而學焉。先生制行，不爲崖異，有請焉，無賢不肖，必爲之盡言。或怪其不擇，曰："善者，我進之；不善者，我勉之。誠均入于善，奚必擇焉。"故受業于門者，人皆以爲厚于己也。先生歿，門人議謚之，皆曰"先生之德，所謂大醇者非耶"。乃名曰"醇德"。於是進士楊好古以太山先生李守純之狀，與涿郡軍事判官東平趙渢所録事實來京師，屬鄙文以表諸墓。懷英昔年宦游山東，是時東阿張子羽、茌平馬定國、奉符王頤、東平吳大方，與其兄大年、郭弼憲、趙懿①、申公綽諸公，與先生相友善，講論道義，援據古今，以孔孟所傳爲諸儒倡。其後，出者聞于朝，處者行于鄉，雖隱顯不同，而皆以先生爲歸。諸公相繼棄世幾二十年，先生獨無恙，其力道益强，傳道益宏，信于人者益著。士大夫聞先生之名，過者必見，車者必式。石峽舊以安樂名鄉，後邑之賢者

---

① 此二名原作"郭弼趙憲懿"，今據山左金石志卷一九王去非墓表改。

改曰"居賢"，著其行也。先生有曰："君子得志則行道，不得志則明道，不必與邪説辯。辯而勝，尤激怒之，其害道滋甚，故孰將鬭之，寧自翼之，孰將驅之，寧自扶之。邪説之勝久矣，善爲道者，其在扶而翼之與。"蓋與<u>韓愈</u>、<u>歐陽修</u>同，所以行之或異。二子達而顯，其用力易，故決以剛；先生窮而約，其用力難，故順以化，所遭者然也。故予論其功與二子表裏云。先生性非書無所好，晚歲構堂曰"<u>因拙</u>"①，日以名教自樂，蓋得于性命之説爲深，死生之際，泊然也。<u>大定</u>二十四年十二月二十二日終于家，享年八十有四。諸孤與門人以明年正月二十有五日，奉先生之喪葬于<u>三山</u>先塋之側，先生前是以年得官九品，及葬遂以其服，禮也。葬之日，四方來送者三千餘人叢立，巨崖爲崩。嗚呼異哉！銘曰：曲學搶攘道有裂②，淫慝滅性恣剽竊。已潰不支矧可遏，或激其瀾益善決，惟<u>韓歐陽</u>道未溺。偉哉先生復世出，所遭雖殊用則一。守經會異正塗鬭，有來歸之使順適。儒雅振振被鄉邑，兒童知書曰成德。噫天生賢鮮遏抑，惟窮而隱徒乃集。岳神降靈要終嗇，剨然響裂應菱哲。<u>三山</u>泉谷隱封鬣，不亡者存此其息。高風凜然世所式，以詔後人視諸石。

北鄰有喪　"北"當作"比"。

<u>大定</u>二十四年卒年八十四　案<u>博州廟學記</u>，<u>大定</u>二十一年立，文載<u>去非</u>年八十一，正合。

---

① "因"原作"困"，今據<u>山左金石志</u>卷一九王去非墓表改。
② "曲"原作"古"，今據<u>山左金石志</u>卷一九王去非墓表改。

趙質　案秋澗集家傳作植，易名質。梁蕭傳大定初上書人，即此。

金鏼王絡　"鏼"當作"鑣"。"王"，元、北並作"玉"，是。

薛繼先　字曼卿　此下當加"猗氏人"。

監察御史石玠行部　即武仙傳之行部石子堅。

張潛　案厲氏遼史拾遺引武清縣志以爲遼人，非也。續夷堅志所云張古人，即此。

王汝梅　生徒以法經就學者　"經"，中州集作"理"。

辛愿　自是生事益狼狽　"狽"當作"狽"。

卷一百二十八

循吏傳

序　承海陵彫劾之餘　"劾"已作"劾"，與元本合。

盧克忠　貴德州鳳集人　地志作奉集。

牛德昌　府尹王伯龍　案傳天德三年合。

范承吉　天眷初　"眷"當作"會"。

凡數千人　北無"人"字，非。

所入增十數萬斛　"數"當作"餘"。

王政　辰州熊岳人也　辰州，明昌六年改蓋州，史未追改，故仍遼舊稱辰州。

及金兵伐宋　"金兵"二字當削。

除同知金勝軍節度使事　金勝軍未詳。

遷保靜軍節度使　案地志，北京建州作刺史，非節鎮。

遵古有傳　"有"上當加"子庭筠"。案遵古無傳,僅附見子庭筠傳。章紀承安二年六月,"以澄州刺史王遵古爲翰林直學士"。寰宇訪碑錄,昌寧公廟記,王遵古撰,正書,大定十三年,山西汾陽。

張奕　字彦微　"微"當作"徽"。

都統完顏魯補　"魯"上當加"阿"。

李瞻　以爲興平府判官　"府"當作"軍"。

金兵圍汴　"金兵"二字當削。

劉敏行　凡遷　"凡"下,元有"九"字,是。

傅慎微　喜著書嘗奏興亡金鏡錄一百卷　案世善堂書目有之,疑僞。寰宇訪碑錄,宗城縣宣聖廟記,傅慎微撰,翟炳正書,正隆三年四月,直隸大名。

劉煥　樞密使僕散忽土家有條結工　"條",元作"絛",是。案忽土即師恭。

孫德淵　興中州人也　"州"當作"府"。

趙鑑　案此傳當在孫德淵傳前。

石抹元　僕撒掃合　"撒",元作"散",是。

武都　遷欒州刺史　"欒",元作"灤",是。

由海道漕遼東粟賑山東　案此事爲元人海運之漸。蘇保衡傳:海陵命造舟通州,率師泛海,竟趨臨安。則在前矣。北盟會編:紹興三十一年七月,崔陟上兩府劄子云:"金人戰船係是福建人倪蠻子打造,七百隻皆是通州樣子,已發在濱州蒲臺縣,伺候閱習。"

紇石烈德　肇州升爲武興軍節度　"升"上當加"復"。

__張特立__　元史入隱逸傳。

躬耕杞之韋城　“韋”當作“圉”。案此據地志，歸潛志作“氾之圉城”，尤非。

左丞侯摯　“摯”，元作“墊”，是。

固刻省掾高禎輩　“固”，元作“因”，是。“禎”，元作“楨”，是。案下文作“楨”，歸潛志同。

左遷邳州軍士判官　“士”當作“事”。

__王浩__　洛陽令張特立　此下當加“高陵令宋九嘉、葉令劉從益”。案二人皆列文藝，不得云無傳，想作此傳時未立文藝之目，故止云三人至列傳，後必當改加爲合，乃總裁失檢處。

三人有傳　“三”當作“五”。

高陵宋九嘉　五字當削。

葉縣劉從益　五字當削。

卷一百二十九

酷吏傳

__高閭山__　案考異云：“閭山死國事，可掩其罪，故酷吏傳可省。”而不及合住者，以合住等尤不足録也。

__蒲察合住__　人知其蠹國而莫敢言　“蠹”，北作“蟲”，非。“言”下當加“累官秘書監、權吏部侍郎”。

佞幸傳

__蕭肆__　以手劍釐其口　“釐”當作“劙”。

__張仲軻__　宋余康弼　“康”，元作“唐”，是。案考異亦云當作"唐"。

　　宋賀正旦使施臣　　"臣",元作"巨",是①。案北盟會編作"施鉅,字大任"。

　　李通　累官右司郎中　　此下當加"左司使宋還"。紀、表

　　阿里骨列　　"阿",北作"河",非。

　　拜參知政事　　此下當加"憂制起復如故"。紀

　　曰朕昔從梁王至無懷疑懼　　六十字,當削作"語已見紀"。

　　白晝公行　　"晝",北作"畫",非。

　　大理正耶律道　　此即九十卷名按之移剌道,"正"本傳作"丞"。

　　當厚加旌賞　　"旌",北作"施",非。

　　見白兔　　"兔"已作"鹿"。

　　於是尚書省　　"於是"二字當改作"十一月"。

　　拊髀歎曰　　"拊",北作"推",非。

　　馬欽　嘗仕江南　　案宋高紀:紹興十五年三月甲子,"遣敷文閣待制周襈②、馬觀國、史愿,諸將程師回、馬欽、白常皆還金國"。

　　是日起前翰林待制大穎至故復用穎而放欽焉　　五十二字,當削。案文已見世宗紀。

────────

① 按三朝北盟會編卷二一九曰:紹興二十三年(1153)十月八日癸亥,"施鉅爲大金賀正旦國信使。鉅,字大任,湖州人。"宋史卷三一高宗紀八紹興二十三年十月戊午云:"施鉅賀金主生辰。"及建炎以來繫年要録卷一六五紹興二十三年十二月戊午云:"中書門下省檢正諸房公事充大金賀正旦使施鉅等入辭。"諸書皆作施鉅。知此處"巨"字誤。

② "周襈"原作"周京",今據宋史卷三〇高宗紀七改。

蕭裕　海陵爲中京留守與裕相結　"中京"二字當削①。"裕"當削。

密謂海陵曰　"海陵"當削。

海陵竟成弑逆之謀者　"海陵"當削。"竟"當作"後"。

除裕兵部侍郎　"裕"當削。

海陵雖自良鄉召還　"雖"當作"乃"。

以裕爲秘書監　"裕"當削。

傾險巧詐　四字當削。

海陵殺宗本　"海陵"當削作"遂"。

海陵既詔天下　六字當削。

海陵賞誅宗本功以裕爲尚書左丞　"海陵"當削。"裕"當削。

海陵以命裕謂裕曰　"以"字當削。"謂裕"二字當削。

裕爲右丞相　"裕"當削。

裕在相位　"裕"當削。

藥師以其言奏海陵　"奏"上當加"入"。"海陵"當削。

海陵以爲忌裕者衆不之信又以爲人見裕弟蕭祚爲左副點檢　"爲忌裕者衆不之信又以爲"十一字當削。

爲左衛將軍　"左",北作"在",非。

海陵弟太師兗　"海陵弟"三字當削作"又"。

而海陵猜忌嗜殺裕恐及禍　"而海陵"當改作"且見其"。"裕"當作"終"。

---

① "中京"原作"東京",今據上文改。

往結西北路招討使蕭好胡好胡即懷忠　　“好胡好胡即”五字當削。

招折前爲中丞以罪免以此得詣懷忠　　十五字當削。

懷忠問招折　　“招折”當削。

因執招折收朗　　“招折”當削作“之并”。

遙設亦與筆硯令史白荅書　　“遙”上當加“會”。

使白荅助裕　　“白荅”當削。

命殺白荅于市　　“白荅”當削。

點檢徒單貞　　“點”上當加“適”。

遇見白荅問其故因止之徒單貞已奏變事　　十七字當削作“遂”。

海陵使宰相　　“海陵”當削作“復”。

裕即款伏　　“裕”當削。

引見裕　　三字當削。

海陵復問曰　　“海陵”當削。

海陵復謂裕曰　　“謂裕”二字當削。

又謂之曰　　“謂之”二字當削。

屯納往之詳荼扎家　　“之詳”當削。

罪當贖　　“罪”上當加“議”。

藥師嘗奏裕有怨望至是賞之云　　十三字當削。案傳文凡一千四百言，三十九“裕”字，三十三“海陵”。與前昭妃傳三百四十言，十一“海陵”，十一“阿里虎”；定哥傳七百六十言，十五“海陵”，二十四“定哥”，八“藥師奴”；彌勒傳一百六十言，八“彌勒”，五“拱”字；徒單恭傳六百七十言，二十三“斜也”，十四“海陵”，十“兀魯”；與後秉德傳七百八十言，二十四“秉德”，十二“海陵”；唐括辯傳五百四十言，二十六“辯”字，十三“海陵”；烏帶傳四百六十言，十四“烏帶”，十“海陵”；大興國傳五百八十字，十三“興國”，十“海陵”；徒單阿里出虎傳四百六十言，九“阿里出虎”；僕散師恭傳六百七十言，九“師恭”，十四“忽土”，九“海陵”；徒單貞傳一千四十言，三十四“貞”字，十四“海陵”；李老僧傳二百九十言，十“老僧”，十“海陵”等。同爲一副筆墨，不知此種拖沓文法何自得來。大抵世宗喜暴海陵蟄惡，是以史臣多迎合上旨，不厭費辭，專取明白易曉，便可求得美官，一時遂爲風尚，而圭齋失于删削矣。

胥持國　使宋　案此使紀、表不詳，當在明昌二三年。

承安三年　“三”當作“二”。

同知安豐軍節度使事　案全州磐安軍節度使治安豐縣，或承安始立時曾名安豐耶。

起知大名府事　“名”當作“興”。紀

不宜典軍馬　“軍”，北作“君”，非。

如貨酒樂平樓　“樂平”，元作“平樂”，是。案官志作平樂。

卷一百三十

列女傳

阿鄰妻　案阿鄰失詳氏族。

韓慶民妻　慶民不屈而死　案慶民節度宜州，已降復

叛，太祖紀天輔七年正月，宜州降，二月，復叛。故本紀書法與殺平州
張敦固同例，太宗紀天會二年十一月，闍母下宜州，殺節度使韓慶民。世
宗節操一語，專指其妻言也。傳云不屈死，非實録。又案遼
史拾遺云：“天祚亡，殉國者寥寥，故遼史無忠義傳，慶民亦忠
義中一人，史何以不爲立傳。其妻不屈於金而死，宜改入遼
史列女傳。”余謂慶民妻當入遼史是也，慶民則遼史不應立
傳，但以其降金復叛被殺事附見其妻傳中可也。

　　雷婦師氏　　刲臂肉　　“刲”，北作“封”，非。

　　阿魯真　　乃冒險自拔南走　　“冒”，北作“胃”，非。

　　獨吉氏　　千家奴之女　　千家奴即思忠。

　　蒲察氏　　鄜州帥訥申之女　　“帥”，北作“人”，非。

　　完顏仲德妻　　親運矢石於城下　　陵川集仲德行院詩云：
“夫人徒步自拔來，命婦般礮自我始。”是也。

卷一百三十一

宦者傳

　　序　　惟海陵時有梁珫章宗時有梁道李新喜天政　　“天”，
元作“干”，是。

　　梁珫　　以閹豎事海陵　　“豎”當作“豎”。案考異云“當附
佞幸傳”，是也。

　　宋珪　　案考異云“當附忠義傳”，是也。

方伎傳

　　目　　案改次已見總目，以下傳次亦隨改焉。

馬貴中 海陵伐宋 "海"上當加"五年正月"。

去年十月甲戌熒惑順入太微至屏星留退 宋志：紹興二十九年十月辛未，熒惑，"順行犯太微垣西上將"。十二月辛酉，"留太微垣內屏西南星"。

鎮戎軍地震 "鎮"上當加"二月辛未"。志

伏陰逼陽 五行志作"伏陽逼陰"，非。

二月甲辰朔日有暈珥戴背 十一字當改作"七月乙酉，月食。九月丙申，太白晝見。先是"。志

前年八月二十九日太白入太微右掖門九月二日至端門九日至左掖門出 宋志：紹興三十年八月癸亥，太白"順行犯權大星。丁巳，犯權左角少民星①"。

十年十一月 此上當加"九年爲高麗生日使"。

武禎 哀宗至蔡州 "哀"上當加"天興二年六月"。

天興二年 四字當削。

宋帝問曰 "宋"，元作"末"，是。

李慶嗣 洺人 "洺"，北作"洛"，非。

所著傷寒纂類四卷改證活人書二卷 並見世善堂書目，疑僞。

針經一卷 亦見世善堂書目，疑僞。案諸家書目每好妄列亡書，以誇收藏之富，未足盡信。

紀天錫 大定十五年上其書授醫學博士 案輟耕録作"宋人"，非。

_____

① "權"原作"掖"，今據宋史卷五五天文志八改。

劉完素　乃撰運氣要旨論至注二萬餘言　四十一字,當改作"大定中,嘗自序其説云:自漢末南陽張仲景述傷寒方論,以詔後學,近世朱奉議本之作活人書,間有未合處,由未知陰陽變化之道。所謂木極似金,金極似火,火極似水,水極似土,土極似木者。故經曰:亢則害,承乃制。謂已亢過極,則反似勝己之化也。世人誤"似"作"是",以陽爲陰,失其意矣。因編集九篇三卷,勒成一部,名曰內經運氣要旨論。復宗仲景傷寒雜病脈症方論,集成一部三卷,名曰醫方精要宣明論,且以識病之法,歸于五運六氣之化。謹率經言,二百餘字,特舉二百七十七言,獨爲一部,名曰素問元機原病式。又著傷寒直格十卷、素問病機氣宜保命集三卷"。

然好用涼劑　江湖長翁集題養老書云:"諸子得此書,其術中國所傳,藥食好涼,中土宜用之,東南當審處之。"

以降心火益腎水爲主　"腎",元作"賢",是。

自號通元處士云　此下當加"章宗承安間,詔徵不就,賜號高尚先生"。"云"字當削。案河間醫學不獨爲金源一代偉人,自可卓立千古,史家敘次率略,并時代不詳,大非知人論世之旨,故取其自序,并附逸事繫年以補之。

張元素　自爲家法云　此下當加"大定末,與完素齊名,號曰'劉張'。時論謂完素用藥,推陳致新,不使稍有怫鬱,正造化新新不停之義。苟學者未悉其蘊,則劫效目前,陰損正氣,遺禍後日者多矣。元素用藥,依準四時陰陽升降而增損之,正內經四氣調神之義,苟學者未盡其妙,則瞑眩之藥終不敢投,失機後時者多矣。能用其長而無其弊,則庶幾乎。子雲岐子璧能世其業"。案潔古不著書,此采其弟子李東垣評語,庶可見潔古之學,自足與河間抗衡當世。

張從正　其法宗劉守真　"守真"當作"完素"。

多取效　此下當加"宣宗朝,召入太醫院,旋告去,名重東州"。

號張子和汗下吐法　北無"法"字,非。

此庸醫所以失其傳之過也　"所以"二字當削。

有六門二法之目　"二"當作"三"①。

卷一百三十二

逆臣傳

秉德　起復爲兵部尚書　"復"下,北有"後"字,非。

乃與秉德謀弒熙宗　"秉德"當削。

以秉德爲右丞相　"秉德"當削。

時秉德方在告　"秉德"當削。

以秉德首謀廢立　"秉德"當削作"其"。

言秉德有福　"秉德"當削作"其"。

貌類趙太祖　案宋使見宗翰有此語,子忠以其孫,遂附會之。

秉德妻　"秉德"當削作"其"。

秉德招刑部侍郎漫獨曰　"秉德"當削作"又"。

---

① 按本傳部分源自歸潛志卷六張子和條,謂"使子和論説其術,因爲文之,有六門三法之目,將行于世。"據張從正儒門事親卷一二三法六門,有吐劑、汗劑、下劑三法,及風門、暑門、濕門、火門、燥門、寒門六門。

殺秉德 "秉德"當削作"之"。

追復秉德官爵 "秉德"當削。

施爲佛寺 即壽康宮。

唐括辯 海陵謂辯曰至將如我何 一百三十二字,當削改作"語詳海陵紀,熙宗怒"。

俱會於辯家 "辯"當削作"其"。

辯等以刀藏衣下 "辯等"二字當削作"各"。

辯嘗言 "辯"當削。

辯因設饌 "辯"當削。

嘗與辯觀太祖畫像 "辯"當削。

海陵指示辯曰 "辯"當削。

由是疑辯益忌之 "疑辯"二字當削。

與徒單拔改 即下阿里出虎父。

後辯子孫上書 "辯"當削作"其"。

烏帶 言本名烏帶 案諸本並以"言本名"三字綴于上唐括辯傳尾,"烏帶"二字提行,大誤。考異云可笑之甚,是也。

烏帶爲平章政事 "烏帶"當削。

烏帶妻 "烏帶"當削作"其"。

故出秉德已而殺之 八字當削改作"故殺秉德"。

以秉德世襲猛安謀克授烏帶 十二字當削。案此授複見下文,縱世襲與本封或異,亦何必兩番敍出。

進右丞相 "進"上當加"遂"。

海陵與烏帶告秉德事 "與",元、北並作"以",是。"烏帶”當削作“其”。

烏帶獨免　　“烏帶”當削。

知烏帶率百官出朝惡之　　十字當削改作“知而惡之”。

詐爲烏帶哀傷　　“烏帶”當削。

子塘　　“塘”，元作“瑭”是。

大興國　　且度興國無罪被杖　　“興國”當削作“其”。

興國固辭不敢　　“興國”當削。

興國取符鑰　　“興國”當削。

以興國爲廣寧軍　　“興國”當削。

再賜興國錢千萬　　“興國”當削。

徒單阿里出虎　　遂許以女妻阿里出虎子　　“阿里出虎”當削作“其”。

以阿里出虎爲右副點檢　　“阿里出虎”當削。

尚榮國公主合女　　合女未詳。

阿里出虎伏誅　　“阿里出虎”當削作“遂”。

僕散師恭　　本名忽土　　“本”上當加“或作思恭”。案“師”、“思”音近，乃異文歧出，史以爲改名，非也。傳首既題師恭，傳中亦作師恭，明師恭與思恭無異也。又此傳敘事，前半俱稱忽土，後半俱稱師恭，判若兩人，殊乖史法。

忽土許之　　“忽土”當削。

忽土爲左副點檢　　“忽土”當削。

賜忽土第一區　　“忽土”當削。

命忽土與蕭懷忠北伐　　“忽土”當削。

忽土入辭寧德太后　　“忽土”當削。

斡魯補　"補",北作"袖",非。

師恭臨刑　"師恭"當削。

遂族滅之　"族",北作"旋",非。

兄渾坦　此下當加"自有傳"。

<u>徒單貞</u>　忒黑闥剌人也　"黑"當作"里"。案<u>顯宗后</u>傳作"里"。

貞與海陵　"貞"當削。

以貞爲左衛將軍　"貞"當削。

封貞妻　"貞"當削作"其"。

正隆二年　"二"當作"四"。

至貞第　"貞第"二字當削。

召貞詰之　"貞"當削。

降貞爲安武軍節度使　"貞"當削。

拜貞御史大夫　"貞"當削。

以貞女爲皇太子妃　"貞"當削作"其"。

除貞爲太原尹　"貞爲"二字當削。

貞即引伏　"貞"當削。

貞停職否　"貞"當削作"已"。

降貞爲博州防禦使　"貞"當削。

降貞妻爲清平縣主　"降貞"二字當削作"其"。

轉何中尹　"何",<u>元</u>作"河",是。

賜貞妻　"貞"當削作"其"。

帶以妻殞　"帶"上當加"烏",<u>元</u>作"言以妻殞"。案<u>言</u>即<u>烏帶</u>之名,然本傳及各傳俱稱<u>烏帶</u>。

貞妻梁國夫人　　"貞"當削。

無何　此下當加"改葬"。王翛傳

貞妻進封梁國公主　　"貞"當削。

李老僧　海陵以爲省令史　　"海陵"當削。

使老僧結興國　　"老僧"當削。

終爲海陵取符鑰　　"爲海陵"三字當削。

以老僧爲同知廣寧尹事　　"老僧"當削。

馬牛各二百　　"二",北作"一",非。

老僧由是不忍致亨死罪　　"老僧"當削。

再使小底訛論促老僧　　"老僧"當削作"之"。

老僧乃與亨家奴六斤　　"老僧"當削。

故榜殺之　此下當加"耶"。

海陵以老僧　　"海陵"當削作"又"。

遂降老僧爲易州刺史　　"老僧"當削。

完顏元宜　部曲録:耶律勸農使,人不知其名,止以"勸農"呼之①。亮寇淮甸,除威勝統軍,弑亮者,此人首謀也。葛王立,除平章政事。又耶律母里哥,勸農之子,自宿直將軍殺亮,後除蠡州刺史,又除右翼都監。

頗涉煩碎　　"頗",北作"顔",非。

紇石烈執中　詔左丞相襄征伐　　"詔"下當加"從"。"征伐"當作"北征"。

---

① 按金史卷一二三完顏元宜傳云:"天德三年,詔凡賜姓者皆復本姓,元宜復姓耶律氏。歷順義、昭義節度使,復爲兵部尚書、勸農使。"

淶州人　"州"當作"水"。

李炳　"炳"當作"仲略"。傳

貪殘專恣至豈容有跋扈之臣　九十七字,當削改作"語見鑄傳"。

武衞軍鈐轄　"鈐",元作"鈴",是。

由玄通門入　"玄通",元作"通玄",是。

遽召漢軍　"漢"上當加"大"。

永定軍節度使　"永",北作"水",非。

獨文學田廷芳奮然曰　"文學",紀作"拾遺"①。

以爲右副元帥　"右",紀作"左"。

泰寧軍節度使　"泰",北作"奉",非。

論　世家聲其罪　"家"當作"宗"。

國欲不亡　"亡",北作"云",非。

卷一百三十三

叛臣傳

序　故作叛臣傳　元無"故"字,是。

張覺　何可輒爲叛逆　"可",元作"苦",是。

張敦固等皆加徽猷閣待制以銀絹數萬犒軍　十八字當削。

――――――――――

① 按金史卷一三衞紹王紀至寧元年(1213)九月丁未作"拾遺田庭芳",大金德運圖説貞祐二年(1214)二月三日省劄云"右拾遺田庭芳",此外亦有右拾遺田庭芳議。知"廷"字誤。

入于燕京　此下當加"州人執其父及二子以獻"。紀

責宋安撫司　"安撫司"三字當削。

匿之於甲仗庫　"於甲仗庫"四字當削。

金人識之　"金人"當作"宗望"。

安中不得已至及金人伐宋　六十六字,當削改作"安中不得已殺覺,函其首以與使人,其後伐宋"。案此乃史官襲宋文入金傳,不知其語氣不合也。

子僅言　案昭德后傳作謹言。又考異云不當入此,是也。擬改入敬嗣暉傳後。

役夫掘地　"夫",北作"犬",非。

銀汞　"汞",北作"永",非。

贈輔上將軍　"輔"下當加"國"。

耶律余睹　遼史本傳:一名余都姑,國族之近者也。慷慨尚氣義。保大初,歷官副都統,其妻天祚文妃之妹,文妃生晉王,最賢,國人皆屬望。時蕭奉先之妹亦爲天祚元妃,生秦王。奉先恐秦王不得立,深忌余都,將潛圖之,適耶律撻葛里之妻會余都之妻於軍中,奉先諷人誣余都結駙馬蕭昱、撻葛里,謀立晉王,尊天祚爲太上皇。事覺,殺昱及撻葛里妻,賜文妃死,余都在軍中聞之,懼不能自明被誅,即引兵千餘,并骨肉軍帳叛歸女直。會大霖雨,道途留阻。天祚遣知奚王府蕭遐買、北宰相蕭德恭、太常袞耶律諦里姑、歸州觀察使蕭和尚奴、四軍太師蕭幹追捕甚急。至閭山,及之。諸將議曰:"蕭奉先恃寵,蔑害官兵,余都乃宗室雄才,素不肯爲其下。若擒之,則他日吾輩皆余睹矣。不如縱之。"還,紿云追襲不

及。余覩既入女直，爲其國前鋒，引婁室孛堇兵攻陷州郡，不測而至。天祚聞之大驚，知不能敵，率衛兵入夾山。余覩在女直爲監軍，久不調，意不自安，乃假游獵，遁西夏。夏人問："汝來有兵幾何？"余覩以二三百對，夏人不納，卒。

太祖於國中　"國"下當加"書"。

沈璋招集居民還業者三千餘遷太常少卿　十七字當改入沈璋傳。

今聞汝謀叛　"叛"，北作"判"，非。

殺萬餘人　此下當加"四年，宋主因國信使蕭仲恭付以蠟書，託搆余覩。仲恭歸，上其書，而余覩不知也。"案太宗之見疑，余覩之終叛，職此之由，豈容略去，故據紀補。其宋人黄絹間諜結搆書，全文載弔伐録，今已録入交聘表注。

余覩留西京　案八年有追討大石事，見韓奴、石家奴傳，此略。

余覩謀反　金節要：兀室獵居庸關之東，憩于山上，遥見二騎馳遞者，相遇于道，立馬交談，久而分去。兀室疑之，命數騎追一人至，詰曰："爾何人也？"曰："余覩使者，以軍事前詣燕山槁里統軍司①。"兀室曰："爾適相遇者，彼何人也？"曰："彼乃槁里統軍司之詣余覩者。"兀室曰："爾等適立馬話及何事？"曰："問候。"兀室曰："非也，問候之語無許久。"又曰："話別。"兀室曰："亦非也，話別之語無許久。"又曰："敍家事。"兀室曰："家事故非立馬敍。"又曰："敍往事。"兀室曰：

---

① "事"字原脱，今據三朝北盟會編卷一九七引金虜節要補。

“往事亦非立馬敍。”馳者詞窮面赧，又且戰慄不已。兀室察其言色，兼素疑余睹、槁里皆契丹反覆之徒，因以詐折之曰：“我知爾二人爲余睹羣議者[1]，近有人密告，余睹、槁里反期，于今日各有使至，我故來此伺之，果得爾羣，夫何隱焉？”馳者果余睹議反者也。彼謂兀室果知，故不敢隱，余睹之叛由是敗。粘罕自燕山令兀室西捕余睹，兀室至雲中，余睹已走，兀室盡誅余睹殘黨。

蕭特謀　　“謀”下當加“葛”[2]。紀

移剌窩斡　　語在鶴壽傳中　　“鶴壽”當作“蒲睹”。

括里收餘衆趨京　　“京”上當加“東”。

討平之　　“平”字當削。

蕭頤　　“頤”當作“頥”。紀

於是白彦恭爲北面兵馬都統紇石烈志寧副之　　“白”上當加“樞密副使”。“紇”上當加“開封尹”。

完顔毃英　　“完”上當加“中都留守”。

世宗使移剌扎八　　此上當加“大定元年十月”。

正隆六年　　四字當削。

吾扎忽　　案本傳，復有僕散渾坦、神土懣，此略。

詔曰尚書省　　“詔曰”當作“又詔”。

授真定總管　　“定”字當削。

及屯川州武平縣　　“平”當作“安”。

---

[1]　“議”原作“諜”，今據三朝北盟會編卷一九七引金虜節要改。

[2]　按大金國志卷七太宗文烈皇帝五：天會十年（1132），“蔚州守蕭特毛可殺粘罕使者，既叛而獲之”。蕭特毛可即蕭特謀葛，此處譯作“特謀”，蓋脱落尾音。

淄州刺史尼厖古鈔兀　"淄州刺史"當改作"慶陽少尹"。傳

賊罟餘騎　"罟"已作"四百"。

爲驍騎萬户　"爲"上當加"烏延查剌"。紀

右宣徽使亨　"亨"上當加"宗"。

以紇石烈志寧爲元帥右監軍　此下當加"右副元帥完顏謀衍"。紀

謀衍里斜哥　"里",元作"男",是。

起運在中都弓萬五千箭一百五十萬至懿州　十八字當改入上"發驍騎軍二千"文上。

平章政事移剌元宜寧昌軍節度使宗敍入見詔使自中道却還軍中宣諭元宜謀衍注意經略邊事師久無功　四十三字當削改作"先是,平章元宜將入見,詔使自中道還軍,令宣諭謀衍,師久無功,注意經略邊事,及寧昌軍節度使宗敍入見,備奏謀衍用兵不合事機狀"。案文敍次不明,今據紀、傳改訂。

尚書右丞僕散忠義　"尚"上當加"會"。

忠義拜平章政事　"忠義拜"當作"即拜忠義"。

以大名尹宗尹爲河南路統師使　十三字當削作"以"。

蠹費財用　"蠹",北作"矗",非。

以兵五千　思敬傳作"二千"。

宗亨統之　"亨",北作"京",非。

與右翼軍戰　"與"上當加"復"。"右"當作"左"。

又其部族皆降　此下當加"窩斡西走,志寧、宗敍追躡至

七渡河,敗之。踰渾嶺,復襲之"。案文兩戰不容略去,據紀、傳補。

温迪空阿魯帶　　"空",元作"罕",是。

詣右都監完顏思敬　　此下當加"降"。

其後宋季世輔　　"季",元作"李"是。

卷一百三十四

外國傳上

西夏　事具遼史　案入紀,收國元年乙未爲乾順雍寧二年,其歷世改元已詳交聘表,兹不錄。

奉詔有之　　"之"當作"云"。

天會二年乾順遣把里公亮等來　　"天會二年"已作"三月辛未"。

獲二帝　　此下當加"立張邦昌爲楚國"。

乃畫陝西分界　　案文詳弔伐錄,已載入地志。

涇原　　此下已加"路"。

乃知爲夏將李遇　　宋本傳:延安帥臣王庶遣諜間其用事臣李遇。即此。

天眷二年國王乾順薨　　宋本傳:紹興九年六月四日殂,謚曰聖文皇帝,廟號崇宗,墓號顯陵,在位五十四年,長子仁孝立。

請置榷場許之　　此下當加"六年正月,復賜以邊地"。紀初王阿海等至始遣使賜之　　九十一字,當改入下"如舊禮”文下。案據紀、表改移。

初暴洧以環州降至詔書責讓之　五十四字,當改入上“皇統元年”文上。“暴洧”當作“慕洧”,元作“暴有”,尤非。案洧奔夏國在天眷元年,夏人族洧在天眷二年,與宋本傳紹興十一年六月夏樞密使慕洧弟濬謀反伏誅正合。

詔書嘉獎　此下當加“乞互市從之”。紀

完顏達吉不　“不”字當削。

夏遣其武功大夫細卧文忠等　“細”當作“紐”。表

屢以爲請　案表大定四年梁惟忠①、六年李克勤兩奏,是也。

任得敬抗禦有功遂相夏國二十餘年　宋本傳:紹興三十年即正隆五年,夏天盛十二年。夏,封其相任得敬爲楚王。

宋以蠟丸書答得敬　宋本傳:乾道三年五月,夏臣任得敬遣間使至四川宣撫司,約共攻西番,虞允文報以蠟書,七月,使再至,夏人獲其帛書送于金人。六年,得敬以謀簒伏誅。

乃減罷保安蘭安榷場　“蘭安”當作“蘭州”。

先是尚書奏　“書”下當加“省”。

明昌四年仁孝薨　宋本傳:紹熙四年九月二十日,仁孝殂,年七十,在位五十四年,諡聖德皇帝,廟號仁宗,墓號壽陵,長子純佑立。

承安六年　“六”已作“五”。

泰和六年三月仁孝弟仁友子安全廢純佑自立　宋本傳:

───────────────

① “惟”原作“維”,今據金史卷六一交聘表中改。

開禧二年正月二十日廢,遂殂,在位十四年,諡昭簡皇帝,廟號桓宗,墓號莊陵,崇宗孫、越王仁友子安全立。

大安三年安全薨 宋本傳:嘉定四年八月五日殂,在位六年①,諡敬穆皇帝,廟號襄宗,墓號康陵,族子遵頊立。

族子遵頊立 宋本傳:齊國忠武王彥宗之子②。

金兵敗績于會河堡夏人乘其兵敗侵略邊境而通使如故 "金"當作"我"。"其"當作"我"。案衛紀大安二年八月,侵葭州。韓玉傳三年有陷邠、涇,圍平涼事。又案紀崇慶元年三月,遣使冊李遵頊為夏國王,十二月謝封冊。表同,傳略。

攻保安州 此下當加"犯慶陽府"。紀

陷涇州 "涇"當作"鞏"。夾谷守中傳

詔移文答之 案宣紀貞祐二年八月丁未作"責之"。

移文責問 案紀十一月辛未作"答夏國牒"③。

三月攻環州 "三"當作"二"。紀

三月詔議伐夏 紀在五月。

優給其有 "有",元作"直",是。

起析橋 "析",元作"折",是。

斬馘其眾 "其",元作"甚",是。

詔封還其牒 "詔",北作"討",非。

慶山奴 "奴",北作"如",非。

---

① "六"原作"四",今據宋史卷四八六西夏傳改。

② "宗"原作"忠",今據宋史卷四八六西夏傳改。

③ "夏國"二字原脫,今據金史卷一四宣宗紀上貞祐二年(1214)十一月辛未條補。

敗夏兵于寇安堡　　"寇安"當作"安塞"。紀、傳

宣宗與皇太子議伐夏　　案胡土門、石倫、慶山奴三傳皆無文，惟塔不也傳有此語，亦空言耳。

五月夏人入葭州　　案紀：正月乙酉①，歸國人言元兵攻夏王城，遵頊出走西涼。傳略。

三年閏月　　"閏"當作"四"。

金師敗績　　"金"當作"我"。

是月詔有司　　"是月"當作"丙子"。

乃解去　　此下當加"十月，犯綏德州，合達敗之"。紀、傳

詔樞密院　　"樞"，北作"摳"，非。

白撒連敗之　　此下當加"十一月，攻安塞堡，合達追襲之，大潰"。紀

遣人伐將　　"伐"當作"代"。

三年二月遵頊死　　宋本傳：嘉定十六年，遵頊自號上皇，寶慶二年殂，年六十四，在位十二年，謚英文皇帝，廟號神宗，子德旺立。

七月德旺死　　宋本傳：丙戌七月殂，年四十六，在位四年，廟號獻宗。

嗣立者史失其名　　宋本傳："清平郡王子南平王晛立，二年丁亥秋，爲大元所取，國遂亡。"案宋、金二史皆元代所修，夏主名晛見于宋史，而史臣全不檢照，以爲失名，疏略乃至于此。

---

① "正月"原作"五月"，今據金史卷一五宣宗紀中興定二年（1218）正月乙酉改。

卷一百三十五

外國傳下

高麗　高麗國王王楷　案高麗史,蕭宗明孝王諱熙,立于丁丑,爲女真穆宗四年。下文有使聘等事。睿宗文孝王諱俣,立于丙戌,爲女真康宗四年,下文有攻戰等事,且入紀。收國元年乙未,文孝已在位十年,不應率然以王楷冠首,據始事當云國王王熙,據入紀當云國王王俣。又歷世改元,亦詳交聘表。

保東年山　"年"已作"牟",與元本合。

穆宗時　東國史略:蕭宗明孝王諱熙,字天常。二年,東女真寇鎮溟縣,東北面兵馬使金漢忠遣判官姜拯與戰①,克之,斬首四十級。案此戰事,傳略。明孝二年戊寅,爲穆宗五年。

醫者歸至高麗　史略:有東國醫自完顏部來,言女真居黑水者,部族日强,兵益精悍,王遣使相通②。即金之先也。

部族日彊　"彊",元作"疆",非。

復遣斜葛與斡魯罕往聘　史略:明孝八年,東女真太師盈歌來朝。案往聘來朝,各成史法,史略作八年,非。當在明孝八年癸未,即穆宗十年,方與世紀及本傳合。

---

① "姜拯"原作"康極",今據高麗史卷一一蕭宗世家一蕭宗二年七月壬申條改。
② "遣"原脫,今據朝鮮史略卷三蕭宗明孝王補。

　　二年甲申高麗來攻　　史略：明孝八年，命門下侍郎林幹伐<u>女真</u>。<u>女真</u>者，本<u>靺鞨</u>遺種，散居山澤，未有統一。<u>盈歌</u>、<u>烏雅束</u>爲其長①，頗得衆心，界上有連山險絶，人馬不得渡，間有一徑，俗謂“瓶項”。若塞其徑，則<u>女真</u>路絶，故邀功者獻議請出師平之。<u>幹</u>與<u>女真</u>戰于<u>定州</u>城外，敗績。初內侍<u>林彦</u>主出兵之議，直史館<u>李永</u>曰：“兵凶戰危，不可妄動。<u>彦</u>當無事時，欲出兵生釁，不可也。”王不聽，<u>幹</u>又邀功，引不教之兵②，遽出與戰，遂敗。復以<u>尹瓘</u>爲東北面行營兵馬都統，與<u>女真</u>戰，斬三千餘級，我軍死傷陷没者過半，軍勢不振，遂卑詞請和，結盟而還。

　　輒至杖蔓　　“杖”，元作“枝”，是。

　　其嘗陰與高麗往來　　“其”，北作“兵”，非。

　　康宗以爲能　　史略：明孝九年乙酉，王薨，太子即位。諱<u>俁</u>，字<u>世民</u>，<u>肅宗</u>子，<u>睿宗</u>。案此即康宗三年。

　　築九城　　史略：<u>睿宗</u>文孝二年，時<u>咸州</u>以北没于<u>女真</u>，<u>睿宗</u>有恢復之志，將伐<u>女真</u>，發兵十七萬，以<u>尹瓘</u>爲元帥，<u>吳延寵</u>副之，<u>瓘</u>與中軍兵馬使<u>金漢忠</u>、左軍兵馬使<u>文冠</u>、右軍兵馬使<u>金德珍</u>各統兵，由<u>定州</u>分道而進。<u>梁惟善</u>③、<u>鄭崇甫</u>、<u>甄應陶</u>等領兵船出<u>鱗道浦</u>會之④，擊破<u>女真</u>一百三十五村，斬四千九百四十級，虜一千三十人，乃相地築<u>英州</u>、<u>雄州</u>、<u>福州</u>、吉

---

① “烏”字原脱，今朝鮮史略卷三肅宗明孝王補。
② “教”原作“戰”，今據朝鮮史略卷三肅宗明孝王改。
③ “惟”原作“維”，今據朝鮮史略卷三睿宗文孝王改。
④ “鱗道浦”原作“鱗浦道”，今據朝鮮史略卷三睿宗文孝王改。

州、咸州、宜州及通泰、平戎、公嶮鎮等九城。使林彦作記，勒功于英州廳壁，又立碑于公嶮鎮以爲界。凱旋，王賜功臣號，迎勞之。案二年丁亥，爲康宗五年。

　　罷九城之戍　史略：文孝四年，還女真九城。初朴景緯、金漢忠皆以兵深入敵境，多置城鎮，爲難守禦，尹瓘不聽，卒如其言。再出師，亦未免敗軍之責。時群議多不同，王猶豫未決，諫議金緣曰：“人主之取土地，本欲育民也，今爭城而殺人，莫如還其地而息民。”王然之，盡以九城還之，女真來謝，獻金。案四年己丑，爲康宗七年。

　　命如右撒喝　“右”，元作“古”，是。

　　即當別議　史略：文孝十二年，改抱州爲義州防禦使，以鴨涤江爲界，置關防。金兵攻遼，遼耶律寧與常孝孫等牒我寧德城，以來遠、抱州二城歸之①，遂泛海而遁，我兵入其城，收兵仗、錢穀甚多。案十二年丁酉，爲太祖天輔元年，歸城事，傳略。

　　增築長城三尺　史略：文孝十四年，增築長城三尺，金邊吏發兵止之，不從。金主飭邊吏，毋得侵軼生事。

　　可常遣人偵伺　史略：文孝十七年癸卯②，王薨，太子即位，諱楷，字仁表，睿宗子，仁宗。案此即天輔七年，亦天會元年。

　　使習顯　此上當加“七年”。案下文稱先父國王當爲恭

①　“二”原作“三”，今據朝鮮史略卷三睿宗文孝王改。
②　“十七年”原作“十八年”，今據朝鮮史略卷三睿宗文孝王改。

孝,嗣位改元之癸卯歲。

此與先文國王之書　　"此",北作"比",非。"文"當作
"父"。案二國盟誓未定,訃報不通,故有此誤。

高隨斜野至命高隨等還　案文五十八字,又見表。

同知南路都統鶻實荅奏至雖捷必罰　案文五十四字,又
見紀。

一依事遼舊制　史略:仁宗恭孝六年,宋遣刑部尚書楊
應誠等來諭假道迎問二帝于五國城。王答書曰:"若使節假
道入境,金必猜疑生事,不敢奉命。"且附表以謝,應誠不受而
去。案恭孝六年,即天會六年,此事與本傳有涉,故附錄。

六年楷薨　史略:恭孝二十四年丙寅,王疾大漸,傳位太
子睍,薨。太子即位。字日昇,仁宗子,毅宗。

亮麗使者別有私進禮物　案此事與宋史本傳紹興二年
崔惟清同①。

王睍弟翼陽公皓廢睍自立　史略:毅宗莊孝二十四年八
月,幸普賢院,武臣鄭仲夫等殺扈從文官,以王還宮,迎王弟
翼陽公皓即位,放王于巨濟縣。初金使來,相金敦中甚驗,毅
宗異之,亦使人問曰:"寡人壽幾何?"使曰:"滿朝臣盡逝,然
後有臨川之患。"及庚寅之亂②,文臣皆被害,而王亦遇淵上之
變。又皓字之旦,毅宗母弟,明宗。

---

① "二"原作"三",今據宋史卷四八七高麗傳改。
② "庚寅之亂",今檢朝鮮史略卷四明宗光孝王三年作"庚癸之亂",即因襲高麗史卷一
　九明宗世家三年十月庚申條文。按鄭仲夫叛亂爲毅宗二十四年庚寅年,此謂"庚寅
　之亂"是。

太宗正丞糺　"太"，元作"大"，是。

其言與前表大概相同　史略:明宗光孝元年,遣工部郎中庾應圭如金,作前王使,上表告以讓位。金主曰:"廢兄篡位,造飾虛詞,欺罔上國,合行天討。"應圭辯對不屈,不食五日,立庭待命。金主嘉其忠,乃授回詔,慰而送之。仍遣完顏靖詢問前王傳位事,故王稱前王已避位,出居他所,病篤不能就位拜命,路又險遠,非使者所宜往,以故不得見前王。王乃具前王表附靖行。案光孝元年辛卯,即世宗大定十一年,世宗紀及本傳皆不載庾應圭事,史略似屬緣飾,即其事果真,亦篡賊之死黨耳,何忠之有。

是歲十二月將盡　"月",北作"年",非。

詔執徐彥寧等①　"執",北作"報"。

王晧定趙位寵之亂遣使奏謝　史略:光孝四年,西京留守趙位寵,起兵討鄭仲夫、李義方,檄召西路諸城,岊嶺以北皆應之。平章事尹鱗瞻率三軍至岊嶺與戰,敗績,西兵陷和州,西北郡皆陷。後三年②,鱗瞻與將軍杜景升、玄德秀等攻拔西京城,斬位寵。案四年後一年,爲大定十五年。王寂拙軒集送田元長接伴高麗奏告使詩云:"蝸國弄兵貪裂地,螳臣將命自呼天。"即此。

晧權國事　史略:光孝二十七年秋九月,崔忠獻廢王③,

① "寧"字衍,當刪。參金史卷一三五高麗傳校勘記四。
② "三年"原作"一年",今據朝鮮史略卷四明宗光孝王改。按高麗史卷一九明宗世家,趙位寵於明宗四年甲午九月起兵,六年丙申六月被斬。下文"大定十五年"當作"大定十六年",即丙申年,則與高麗史紀事繫年相合。
③ "崔忠獻"原作"崔獻宗",今據朝鮮史略卷四明宗光孝王改。

放于<u>江華</u>,立王弟<u>平涼公旵</u>,改名<u>暭</u>。<u>靖孝</u>元年,<u>金</u>宣問使<u>孫俁</u>來詰遜位事,必欲親見前王授詔,門下侍郎<u>趙永仁</u>曰:“前王養疾南州,計程三十日乃至。”<u>俁</u>曰:“苟如是,不必親授。”遂傳于王。

　　是歲晧薨　“晧”下當加“廢,<u>泰和</u>二年”。<u>史略</u>:<u>靖孝</u>五年,前王薨于<u>昌樂宫</u>。案五年壬戌,爲<u>章宗</u><u>泰和</u>二年。

　　<u>暭</u>嗣立　<u>史略</u>:<u>暭</u>字<u>至華</u>,<u>明宗</u>弟,<u>神宗</u>。

　　王<u>暭</u>薨子<u>韺</u>嗣立　<u>史略</u>:<u>靖孝</u>七年,王患疽,傳位太子,移御<u>德陽侯</u>邸,薨。又<u>孝成王</u>諱<u>德</u>,改<u>韺</u>,字<u>不陂</u>,<u>神宗</u>子,<u>熙宗</u>。

　　詔從之　此下當加“<u>崇慶</u>元年,王<u>韺</u>廢,<u>漢南公禛</u>嗣立”。<u>史略</u>:<u>元孝王</u>諱<u>禛</u>,字<u>大華</u>,<u>明宗</u>子,<u>康宗</u>。又<u>崔忠獻</u>廢王[1],立<u>漢南公貞</u>,改名<u>禛</u>。<u>康宗</u><u>元孝</u>元年,遣中書舍人<u>李儀</u>如<u>金</u>,奉表請命。<u>金</u>遣大理卿<u>完顏惟基</u>來册立,<u>金</u>使欲入自<u>儀鳳正門</u>,知奉事<u>琴儀</u>往諭曰:“天子巡狩方岳,自古有之,若大國駐小國,當入自何門耶?”使答曰:“天子出入,捨中門而何?”<u>儀</u>曰:“然則人臣由正門可乎?”使屈,乃入西門。

　　王<u>韺</u>薨嗣子未行起復　“<u>韺</u>”當作“<u>禛</u>”。案王<u>韺</u>廢後,不詳薨年,此乃<u>禛</u>也。據下文及<u>史略</u>可考。<u>史略</u>:<u>元孝</u>二年,王不豫,傳位于太子<u>瞋</u>,薨,太子即位。又<u>安孝王</u>諱<u>瞰</u>,字<u>大明</u>,舊諱<u>瞋</u>,又改<u>晊</u>,<u>康宗</u>子,<u>高宗</u>。案<u>安孝</u>元年,爲<u>宣宗</u><u>貞祐</u>二年。

---

① “忠獻”原作“獻忠”,今據<u>朝鮮史略</u>卷四<u>熙宗成孝王</u>改。

又不可以草土名銜署表　　“土”,北作“上”,非。

興定三年　　案宣紀,興定二年四月,蒲察五斤表奏:遼東便宜阿里不孫貸糧高麗,不應,以兵掠其境。上命五斤詔諭,使知興兵非上國意。又表以詔付行省必闌出諭貸糧、開市二事。傳略。

然自是不復通問矣　　史略:安孝七年,義州別將韓恂①、郎將多智等殺其防守將軍以叛,附東女真。兵馬使金君綏遣使寄書于元帥亏哥②,下誘誅之。案安孝七年,爲興定四年。

國語解

官稱　都勃極烈　　“勃極烈”已作“貝勒”,滿洲語管理衆人之稱,下“孛堇”義同。案官志,三字官長之皆稱。撒改傳云“尊官也”,解云“猶漢冢宰”,似附會。

諳版　　已作“按班”,滿語“大臣”也。舊作“夷离畢”。案熙宗諸子傳贊:“漢語云最尊官也③。”官志云“尊大之稱”。

官之尊且貴者　　“且”,北作“漢”,非。

國論　　案此官獨有兼稱,斜也兼昃,撒改兼忽魯,阿离合懣兼乙室,餘不多見。

移賚　　“賚”當作“賚”。

乙室　　已作“伊實”,唐古特語“智慧”也。案與解“迎迓

---

① “韓恂”原作“韓珣”,今據高麗史卷二二高宗世家七年二月丙子條改。
② “亏哥”原作“弓哥”,今據高麗史卷二二高宗世家七年二月丙子條改。
③ “最”字原脫,今據金史卷八〇熙宗諸子傳贊語補。

之官”異。

札失哈　當作“阿舍”。_{紀、志、傳}

詳穩　已作“詳衮”，索倫語“理事官”也。案説已見塗山傳。

烏魯古　案官志群牧注：“言滋息也。”

〔補〕

合札，“親軍也”。蒲里衍，謀克之副。_{兵志}

聞剌，漢語“行人也”。_{耨盌温敦思忠傳①}。案説已見官志。

又官志詳穩注“麽忽、習尼昆”。群牧注“掃穩脱朵”，並無解。

人事　蒲陽温曰幼子　已作“費揚古”。案歡都、胖王元傳皆云“幼弟也”。解小異。

按荅海客之通稱　已作“塔哈”，滿語“客”也。案元太祖紀注：“按荅，華言交物之友。”

什古乃瘠人　已作“實庫乃”，滿語撒袋内襯格也。解異。

撒合輦黟黑之名　已作“薩哈”，滿語小園也。解異。

阿里孫　“里”下當加“不”。

阿里喜圍獵也　案兵志，“士卒之副從”。

拔里速角觝戲者　已作“巴爾斯”，滿語巴爾虎也。

兀尤曰頭　已作“烏珠”，滿語頭也。

粘罕心也　已作“尼雅滿”，滿語心也。又作“尼堪”，滿

---

① “耨盌温敦思忠”原作“安禮”，今據金史卷八四耨盌温敦思忠傳改。

語漢人也。案宗翰傳本名粘没喝,漢語訛爲粘罕。

石哥里　當作"石里哥"。

烏古出方言曰再休　案本傳云"殘忍非義"。

凡事之知者曰石倫　"知",元作"先",是。"石",北作
"后",非。

習矢　"矢",元作"失",是。

〔補〕

僕鷰,漢語惡瘡也。世紀

搖手而拜爲"撒速"。禮志

烏魯、幹魯、注思版,皆福壽語。烏魯傳

"烏古廼",厚有福德。烏古出傳

子爲"阿渾"。宗義傳①

"賽哏",好也。國志。柳邊紀略:寧古塔俗尚少者遇老者于
途,必鞠躬垂手,而問曰"賽音"。賽音者,漢言好也。金史作"賽痕"。

夫謂妻爲"薩那",妻謂夫爲"愛根"。國志

〔附〕

大石　已作"達什",唐古特語吉祥也。

烏禄　已作"烏嚕",滿語是也。

斜也　已作"舍音",滿語色白也。

撻懶　已作"達蘭",蒙古語七十數。

幹离不　已作"活里布",滿語使留也。

烏帶　已作"烏達",滿語買也。

① "宗義傳"原作"宗義杲傳",按宗義係杲第九子,金史卷七六杲傳後附宗義傳。據此
刪"杲"字。

痕德　　已作"赫德",滿語渣滓也。

習古迺　　已作"實古納",滿語審問也。

唐古　　已作"唐筶",滿語百數也。

阿魯帶　　已作"阿嚕岱",蒙語山陰也。

婆盧火　　已作"博勒和",滿語潔净也。

鐸刺　　已作"道喇",蒙語下也。

突呂不　　已作"圖魯卜",蒙語形勢也。

阿尤魯　　已作"額蘇倫",蒙語梵天也。

阿忽帶　　已作"阿固岱",蒙語寬也。

速魯　　已作"蘇嚕克",蒙語牧群也。

合住　　已作"和卓",滿語美好也。

佤頭　　已作"奎騰",蒙語冷也。

蒲捏　　已作"佛寧",滿語群也。

穀英　　已作"固雲",滿語才能也。

孛迭兒　　已作"拜達勒",蒙語形象也。

咬查刺　　已作"伊札爾",蒙語根源也。

法心　　已作"佛紳",滿語柄也。

涅兒　　已作"蕭爾",蒙語和也。

忙哥　　已作"孟克",蒙語經常之經也。

斡赤　　已作"鄂齊爾"①,蒙語金剛也。

阻鞻　　已作"準布",滿語提撕也。

斛羅　　已作"呼魯",滿語手背也。

────────

① "鄂齊爾"原作"鄂爾齊",今據日下舊聞考卷五二城市泰定元年四月條改。

高琪　　已作“果勒齊”，<u>滿</u>語中心也。

屋質　　已作“烏珍”，<u>滿</u>語重也。

習捏　　已作“實納”，<u>滿</u>語新也。

乃蠻　　已作“奈曼”，<u>蒙</u>語□□也。

撒都剌　　已作“薩都拉”，<u>滿</u>語結親也。

夔离不　　已作“庫哩布”，<u>滿</u>語被唬住也[①]。

也速　　已作“伊蘇”，<u>蒙</u>語九數也。

察八　　已作“徹伯爾”，<u>蒙</u>語廉潔也。

脱出　　已作“達春”，<u>滿</u>語敏捷也。

敕例[②]　　已作“錫里”，<u>滿</u>語選拔也。

忽剌出　　已作“呼喇楚”，<u>蒙</u>語積聚也。

捏古剌　　已作“尼古喇”，<u>蒙</u>語罪孽也。

哇　　已作“斡”，<u>滿</u>語氣味也。

伯　　已作“拜”，<u>蒙</u>語不動之謂也。

卜魯罕　　已作“布爾罕”，<u>滿</u>語佛也。

素温　　已作“索琿”，<u>滿</u>語黃色也。

高十　　已作“果實”，<u>滿</u>語疼愛也。

霸突魯　　已作“巴圖魯”，<u>滿</u>語勇也。

鄗陽　　已作“善延”，<u>滿</u>語色白也。

捺鉢　　已作“巴納”，<u>滿</u>語地方也。

回离保　　已作“和勒博”，<u>滿</u>語聯絡也。

———————————

① “唬”原作“咬”，今據<u>日下舊聞考</u>卷四<u>世紀蕭幹</u>條改。
② “敕例”原作“捨例”，今據<u>日下舊聞考</u>卷三<u>世紀太宗皇帝</u>條改。

剌履　　已作"拉里",滿語爽利也。

木華黎　　已作"穆呼哩",滿語禿尖也。

敵列　　已作"迪里",索倫語頭目也。

物象　案此條與下"物類"何異,而分門陋矣,中間改去
"太神"、"斜魯"、"活臘胡"三解,入上"人事",其餘皆可與下
"物類"併爲一條。

忒鄰海也　　已作"特里",蒙語齊整也。解異。

銀尤可珠也　　已作"尼楚赫",滿語珍珠也。

沙剌衣襟也　　已作"舒嚕",滿語珊瑚也。解異。

〔補〕

納葛里,漢語居室也。

活羅,漢語慈烏也。世紀。列鞦,腰佩也①。謝里忽傳。

必剌,河稱。說見地志遼陽下。又世宗紀大定二十五年
十一月速撒海,無解。

〔附〕

婁室　　已作"洛索",滿語極濕難耕地也。

達魯河　　已作"達倫",滿語飲馬處也。

魯不古　　已作"羅卜科",滿語淖泥也。

野里　　已作"伊爾",滿語鋒刃也。

渾黜　　已作"琿楚",滿語冰牀也。

留斡　　已作"瑠和",滿語海白魚也。

散覩　　已作"索多",蒙語鳥翅大翎也。

---

① "腰佩"原作"腰帶",今據金史卷六五謝里忽傳改。金源又劄即作"腰佩"。

阿速　　已作“阿蘇”,滿語網也。

喝魯　　已作“赫嚕”,滿語車輻也。

粘没罕　　已作“尼瑪哈”,滿語魚也。

拽剌　　已作“伊喇”,蒙語黍也。

窩斡　　已作“斡罕”,滿語袖頭也。

阿散　　已作“阿薩爾”,蒙語閣也。

矧思　　已作“舒蘇”,蒙語高粱也。

胡沙虎　　已作“呼沙呼”,滿語鷗鴉也。

實理門　　已作“實勒們”,滿語鷂子也。

阿興　　已作“愛新”,滿語金也。

鬆哥　　已作“蘇赫”,滿語斧也。

粘合　　已作“聶赫”,滿語鴨也。

鐵哥　　已作“特爾格”,滿語車也。

禿剌　　已作“圖剌”,蒙語柱也。

訛魯不兒　　已作“烏蘭巴兒”,蒙語紅虎也。

斜軫　　已作“色軫”,滿語車也。

白荅　　已作“布達”,滿語飯也。

奚底　　已作“希達”,滿語門簾也。

葛巴剌　　已作“噶布拉”[1],蒙語天靈蓋也。

訃古　　已作“托果”[2],蒙語釜也。

不吾剌　　已作“保剌”,蒙語雄駝也。

---

[1] “葛巴剌”原作“巴葛剌”,“噶”原作“喝”,今據日下舊聞考卷九七郊坰改。

[2] “訃古”原作“托古”,“托果”原作“託古”,今據日下舊聞考卷三世紀乾亨元年(979)三月條校改。

抹只　已作“穆濟”,<u>滿</u>語大麥也。

懇篤　已作“罕都”,<u>滿</u>語稻也。

蒲莧　已作“布希”,<u>滿</u>語膝也,又去毛鹿皮也。

〔補地志〕

<u>得勝陀</u>,國言忽土皚葛蠻。<u>會寧</u>注

<u>化成關</u>,國言曷撒罕酉①。<u>曷蘇館</u>注②

<u>東梁河</u>,國名兀魯忽必剌③。<u>遼陽</u>注

<u>清河</u>,國名叩隈必剌。<u>堨塿</u>注

<u>陷泉</u>,國言落字魯。<u>臨潢</u>注

<u>龍駒河</u>,國言喝必剌。<u>長泰</u>注

<u>白瀪</u>,國言勺赤勒。<u>桓州</u>注

<u>燕子城</u>,國言吉甫魯灣。<u>柔遠</u>注

<u>北羊城</u>④,國言火唵。<u>柔遠</u>注

<u>狗瀪</u>,國言押恩尼要。<u>寶山</u>注

<u>日月山</u>,國言涅里塞一山⑤。<u>寶山</u>注

<u>古北口</u>,國言留斡嶺。<u>密雲</u>注

<u>松亭關</u>,國言斜烈只。<u>灤州</u>注

<u>合廝罕關</u>。<u>齊傳</u>,<u>復州</u>。

<u>居庸關</u>,國言查剌合攀。<u>昌平</u>注。已作<u>齊喇哈番</u>。查剌,<u>滿</u>語嚴也,合攀,<u>滿</u>語官也。

---

① “酉”,<u>金史</u>卷二四地理志上校改作“關”。
② “館”字原脱,今據<u>金史</u>卷二四地理志上補。
③ “兀”原作“瓦”,今據<u>金史</u>卷二四地理志上改。
④ “北羊城”上原衍“苑”字,今據<u>金史</u>卷二四地理志上删。
⑤ “涅”原作“捏”,今據<u>金史</u>卷二四地理志上改。

　　姓氏　此文全本陶九成輟耕録，爲數三十有一，皆譯姓者。案世、章兩朝詔女直人不得譯爲漢姓，如完顔曰王，蒲察曰李，石抹曰蕭，移剌曰劉，雖有譯語，仍禁改稱。若徒單稱孟氏，尤要甲訛趙氏，古里甲易吳氏，烏古論改劉氏，女希烈、孛尤魯爲高氏，耶律爲王氏，此則不用譯語，竟自改稱，故尤禁之也。

金史詳校卷末

史論五答

楊拙園手錄全謝山與杭堇浦論金史五帖見示，并書云："南宋雜著小種甚多，而宋、金二史率不取之。識疑久矣。比讀謝山內、外集，見其引辯詳博，有契於心，錄呈備考。"因作此以答之，行間雜入小注，亦以書事稍僻，惟恐不出於人之意，時重光協洽壯月也。

答一内集第三帖

金初國裏朝廷獨重部族郎君，漢人不得厠其間，雖劉彥宗、時立愛等能得君而居大位，僅鎮平州、燕京，不入上京。其召入上京在帝左右者，惟韓企先一人。後韓昉亦入上京侍熙宗。企先於天會十二年拜右相，奈紀文脱略，太宗紀天會十二年脱書拜右相事，熙宗紀皇統六年薨，前不見一名。傳語盜襲，嫌田毅黨禍，碑文多齟齬語，傳襲用之，故止五百字。治功多失詳。本傳：世宗云："企先關決大政,不使外人覺知。"第據入見時,<u>太宗</u>篤異,有"朕昔夢此人,今果見之"之語。<u>熙宗</u>方位諳版,視同四皓,其内廷祖孫授受,明良際會,密議良多,惟是<u>西京</u>元帥功高勢横,蔑視本朝,隱爲心腹大患,夜半前席,當必借籌及之。明年,<u>太宗</u>崩,<u>熙宗</u>即位,幼主年少氣鋭,忌權畏逼,日夕刺心。不改元、不立后、不春水等事。設使調劑偶疏,君臣間隙一開,或致猖狂犯闕,非若後日<u>宗磐</u>、<u>撻懶</u>之叛,可以一旅悉殄者。會<u>粘罕</u>一聞哀詔,奔喪入朝,此事紀、傳皆失載。據<u>集禮</u>,知當在二月。乃一大關節。即留任太保,獨領三省,隆王爵而放兵權,猛虎入穽,稍就束縛。又爾時武功將戢,文治漸興,朝章設施,大典並舉。追謚<u>太祖</u>后妃,改葬<u>太祖</u>,定三國朝儀,太皇太后崩葬,追尊九代祖,頒<u>大明曆</u>等。雖其猋鷙性成,儼在駿奔,未執異議。<u>集禮</u>:十三年三月,尊謚<u>太宗</u>,右丞相<u>宗翰</u>攝中書令,進册。九月,尊謚<u>徽宗</u>,右丞相<u>宗翰</u>攝太尉[1],奉寳。且自念勳業小就,亦不肯輕肆狂謀,迷其進退,優柔饜飫,盡粹兇鋒,不二年而<u>高</u>、<u>劉</u>伏法,竟以隱忍没地。十五年七月。乃知<u>企先</u>坐鎮中朝,潛消黯奪,能使少主無殺大臣之名,而大臣得以功名終,可謂得賢相之體,審是而<u>粘罕</u>事可知矣。惟<u>粘罕</u>之待<u>宋</u>人貪暴已極,南人恨之入骨,意謂必受惡報,誰料其得保首領以殁,而好事者<u>張匯</u><u>金虜節要</u>。因撰造牙軍一敗,獄中一書。<u>粘罕</u>獄中上書云:"臣聞功大則謗興,德高則毁來,此言是也。自振古之論,以<u>周</u>

---

[1] "右丞相",<u>大金集禮</u>卷三<u>天會</u>十三年奉上太宗謚號、天會十三年奉上景宣皇帝謚號原文作"左丞相"。按<u>金史</u>卷四<u>熙宗紀</u><u>天會</u>十三年(1135)九月己卯,"以元帥左監軍<u>完顏希尹</u>爲尚書左丞相兼侍中"。<u>天眷</u>元年(1138)七月壬寅,"左丞相<u>希尹</u>罷"。據此,<u>天會</u>十三年九月前,<u>宗翰</u>當爲左丞相,此處"右丞相"係誤改。

公之聖也,當成王即政之日,以言其業,則未盛也;以言其時,則未太平也;以言
其君,則幼君也。周公是時建功立事,制禮作樂,盡忠竭力,勤勞王家。公之功
德,編于詩書,流傳于天下,自古及今,于世無愧焉。尚有四國流言,誅弟之過
也,況後世不及周公者乎。臣今所慮者,輒敢辨于陛下,念臣老矣。臣于天會
之初,從二先帝破遼攻宋,兵無五萬之衆,糧無十日之儲,長驅深入,旌旗指處,
莫不請命降。遼、宋二主及血屬,並歸囚虜。遼、宋郡邑,歸我版圖,方今東瀕
大海,西徹狼溪,南連交、廣,北底室韋,罔不臣妾。然以大金創基洪業,繼治盛
朝,先帝所委,臣之勢也。又扶持陛下幼沖,以臨大寶,南面天下,成王之勢也。
臣之功勤,過于周公之日,賴成王之聖慮也。今臣雖出其言,在陛下察其情。
臣再陳前日之罪,御林牙兵,忽然猖獗,干冒陛下。用臣出師之任,臣受命,欲
竭駑鈍之力,盡淺鮮之謀,以狂孽指日可定。不期耶律潛伏沙黨,復反交攻,凡
三晝夜,勝負未分,猶可力戰,奈杜充糧草已斷,人馬凍死。御林牙兵知我深入
重地,前不樵蘇,後又糧斷,所以王師失利。又副將外家,心生反逆,背負朝廷。
外家之反叛,有其由也,知父兄妻子並作御林牙軍,兩軍發難,其外家將軍下數
千騎,自亂我軍,使臣不得施,此大敗之罪也,非臣怠慢。願陛下察臣之肝膽,
念臣有立國之功,陛下有繼統之業,貸臣螻蟻之命。嗚呼! 功成名遂身退,天
之道也,臣嘗有此志,貪戀陛下之聖意,眷慕陛下之宗廟,躊躇猶豫,以至于此,
使臣伊、呂之功,反當長樂之禍。願陛下釋臣縲絏之難,願成五湖之游[1],誓竭
犬馬之報。"汙以卑辭,并高慶裔臨刑數語,慶裔臨刑,粘罕哭別之,慶
裔曰:"我公早聽某言,事豈至今日。某今死矣,我公其善保之。"誣爲謀反
確證,必使身敗名裂而後已,特不知牙軍何賊,戰敗何地,逞
兹小醜,何勞都帥親征,偶爾小負,何遽大功鑄没。又書所引
"成王"、"周公"、"交廣"、"五湖"等字,繆陋不堪,乃南宋蒙
師之稍能把筆者爲之。即慶裔之語,不過宵小私恩,勸其初

---

[1] "願成"原作"成臣",今據三朝北盟會編卷一七八粘罕獄中上書改。

不奔喪,繼乞西帥,免受朝廷節制耳。抑不知果有此語否,豈得即以謀反陷之乎。且諦觀答詔意旨,下粘罕詔:門下,先王制賞議罰,賞所以襃有功,非濫恩也;罰所以誅有罪,非溢怒也。朕惟國相粘罕輔佐先帝,曾立邊功。迨先帝上仙,朕繼承丕業,眷惟元老,俾董征誅,不謂持吾重權,陰懷異議,國人皆曰可殺。朕躬非敢私徇,奏對悖慢,理當棄磔,以彰厥過。嗚呼!四皓出而復興漢室,二叔誅而再造周基,去惡用賢,其鑒如在,布告中外,咸使聞知。與獄書風馬不涉,此乃誅撻懶天眷二年八月。詔文,傅會成獄者。文云“曾立邊功”,指撻懶六部都統事,粘罕不止邊功也。“眷惟元老”,指其屬尊,非必高官。“陰懷異議”,指其倡議以河南地與宋。獄書辨冤,有何異志。“皆曰可殺”,指上變者。“二叔”即宗磐、宗雋。七月誅。“四皓”即企先,皆援實事,非泛引也。或曰能造僞書,不能撰僞詔乎?非也。宋、金誓約,凡大詔令,兩界必有關牒,故藉詞牽合,以陰巇之則可,若竟杜撰,奈當日耳目何?又威烈皇帝,本傳不載,不知兀尤亦謚昭烈皇帝。見征蒙記。皇統濫爵,已爲正隆削降。又或以熙宗厭惡老臣,夫粘罕豈止厭惡哉。然天眷以來,熙宗尚未酒荒,至其孫秉德復爲右相,乃中海陵奸謀,是時真酒荒矣。大抵宋人承紀遼餘習,元好問耶律貞銘:通鑑長編及亡遼錄、北顧備問等書,多敵國誹謗之詞,可盡信耶?其說金事之謬有三:一曰傳聞,一曰附會,一曰誹謗,皆不甚足憑。史世紀:凡叢言、松漠紀聞、張棣志等書皆無足取。而數百年讀書人多惡視金源,左袒南宋,每得無稽之野史,其尤謬者,鈔本無名氏竊憤、南遷二錄。予金源雜興第二卷僞書詩中深斥之,即刊本宇文懋昭大金國志亦不可盡信。咸喜談而樂道之。而金史又多脫略嫌諱,尤非易讀,讀者稍加涉獵,輒嗤爲疏謬，雖大家不免。即此誣獄一事，熙宗紀中宗翰傳後本無可載，無已，因細疏熙宗初政右相韓企先當日事狀，作粘罕對證，其誣可立辨矣。<small>予雜興第一卷粘罕誣獄詩注已略言之。</small>惟以獄書爲江南蒙師所撰，答詔自屬撻懶，無與粘罕事，爲作僞者鼠合。古來未經道破，此係鄙解，不識有當否。

答二<small>外集第一帖</small>

范石湖高宗輓詩注載亶、亮二主皆在聘使中，帖云語甚荒唐，是也。考弔伐錄，金初與宋通使，例遣字菫一人，遼、渤海各一人，專取桀黠有口辯者，借官以出。惟時郎君總事，貴重卿相，拜不爲禮，豈肯輕使下國。故熙宗皇統以前入宋者，並無完顏，與主亶已自無涉。更據交聘表<small>原表甚略，用鄙著本①。</small>皇統二年，至海陵天德二年，多在紹興時，完顏使宋者凡九人。二年三月，册宋使禮部尚書宗表，無傳。宗室表"宗"字兄弟行二十六人中，無此名，係同部人。梓宮使、點檢賽里<small>宋高紀作宗賢。</small>乃斡魯孫，見本傳末。三年十一月，賀正使宣徽曄<small>宋楊愿傳作曓。</small>無傳②，表亦無名，亦部人③。五年四月，生辰使點檢宗尹，乃斡論子④，有傳。七年四月，生辰使點檢卞，爲太宗後，表云世次無考，<small>北京留守，見海紀、宗本傳。</small>與列傳者不同。十一月，正旦使點檢宗藩，無傳。二十六人中無此名，亦部

---

① "著"，廣雅書局叢書本作"注"。
② "曄"原作"華"，今據建炎以來繫年要錄卷一五〇紹興十三年（1143）十二月己酉條改。
③ 按建炎以來繫年要錄卷一五〇紹興十三年十二月己酉條云："曄，金主大父行也。"
④ 按金史卷七三阿离合懣傳云："子賽也、斡論。賽也子宗尹。"此稱"乃斡論子"誤。

人。天德二年正月，報諭使指揮思恭，即思敬，石土門子，有傳。二月，生日使兵部尚書元宜，乃耶律氏，賜姓，俗呼勸農使者，見逆臣傳。自此至紹興末，遂無之，與主亮又奚涉哉。惟天德元年十二月，賀正使點檢充，本名梧桐，時海陵方行弒逆，畏宋伐謀，重其事，故遣親弟，因在都亭病巫，不克入賀，遣使追回，以副使劉箴代行，蓋因此事致有附會之説。第石湖究以使事未實，此詩竟不經進改本以呈，是條辨正，已與劉一止苕溪集、陸放翁劍南集等詩辨略，載入金源雜興第一卷齊國劉豫詩注矣。

答三外集第二帖

宇文虛中兩傳，金史以才負謗死，宋史以忠被誣死，説者多據在金三詩，以證其忠，豈知三詩非出于一時，不盡然也。其一云云，滿腹詩書漫古今，頻年流落易傷心。南冠終日囚軍府，北雁何時到上林。開口摧頹空抱樸，脅肩奔走尚腰金。莫邪利劍今誰在，不斬奸邪恨最深。指恨王時雍、耿南仲輩庸奸誤國，為天會四年計議使被留時作。其二云云，遥夜沈沈滿幕霜，有時歸夢到家鄉。傳聞已築西河館，自許能肥北海羊。回首兩朝俱草莽，馳心萬里絶農桑。人生一死渾閒事，裂眥穿胸不汝忘。蓋痛徽、欽北狩，辭氣悲壯，似有徇節之意，為六年祈請使再留未降時作，無如金人優廩宋官，縻以好爵。王繪甲寅通和録載李𡐖興言：“本朝制度多是宇文相公所定，真是喜歡，時復支賜，宅舍都滿。”虛中自念故國已非，新恩甚渥，遂爾負才惜死，忍汙朝命，即有議禮制度，答粘罕詔、書武元碑、撰增謚册文見集禮。等事。其三云云，不堪垂老尚蹉跎，有口無詞可奈何。強食小兒猶解事，學妝嬌女最憐他。故衾愧見霑秋雨，短褐寧忘折海波。倚杖循環如可待，未愁來日苦無多。乃皇統初，家屬北歸後作，蓋虛中去國已十餘載，春來何處，風吹不歸。王灼碧鷄漫志有詞云："寶幡綵勝堆金縷，雙燕釵頭舞。人間要識春來處①，天際雁，江邊樹。故國鶯花又誰主②，念憔悴③，幾年羈旅④。把酒祝東風，吹取人歸去。"舊許爲牧羊之蘇，今改而爲循環之李，英雄氣短，兒女情長，尤無俚之甚矣。且金人以遼亡，不懼遼，故二韓相繼入相，宋未亡，尚懼宋，故宇文輩止領閒職，不假重權，何自有國師之命，陰結死士謀挾故主南奔之事。其當辨者凡有五焉，自廢齊差除後，酈、李、孔、徐、張、趙諸將，馬、祝、馮、李諸官，散處各路。少主又居上京，皆遠隔百千里外，不知所約何時何地，一也。又金人諜知南朝深鑒明受之禍，因流言少主，脅制高宗，彼岳武穆尚以小皇一奏，觸忌斃獄，果使虛中挾之南歸，實逼較甚，何處頓放，其才且出海陵下，我知斷不爲此，二也。又諸書言兵仗南奔，先發不克，似以兵死者，而宋傳被誣焚死，乃與金傳略同，三也。又言連結中外官守，多至七十餘人，何以鞫治？時其家一無書字蹤迹，止取圖書爲反具，四也。周益公二跋，亦祇痛宇文以流言掇禍，一門并命，極表其忠，深著賊檜之惡。乃謂虛中真有雁足帛書而不得遂，夫諸留人刺事上京，張孝純獻策中州，皆達臨安，試問此書果誰寄之，而誰復得之耶？説更

①"要"原作"那"，今據碧鷄漫志卷二宇文叔通條改。
②"又"原作"問"，今據碧鷄漫志卷二宇文叔通條改。
③"念"原作"歟"，今據碧鷄漫志卷二宇文叔通條改。
④"年"原作"番"，今據碧鷄漫志卷二宇文叔通條改。

誣矣,五也。要之,宋事無徵,而金史之言謗訕則可據。蓋宋人南渡,受侮已極,朝野冤聲,尤多著録,土印活板,濫刻甚衆,傳本之入北者,大率叫囂怒罵慢侮北人之語,宇文家籍良必有之,即謗書爲反具,抑復何疑。更考虛中入金所著不概見,可見者,惟此三詩一詞。惟劉壎隱居通議載北人龍波子琴譜一序,語極揶揄口角。竊意"龍波"當爲虛中晚年自號"龍溪"之訛,故定爲宇文作,亦可據之一節也。善夫椒丘何氏曰:"金人得于所見,而不能無所諱。宋人得于所聞,而亦未究其心,要難與死節者比。"此論最合,豈有舍洪忠宣、朱觀如之鄙棄爲未實,而反據程宏圖之疏、李大諒之記爲足憑乎?後之説者,當詳味三詩,核諸時事,思過半矣。高士談在金曾撰欽仁謚册文最佳。見集禮。又篆固硿墓額見松漠紀聞。及藏金儒鳴玉寶琴者,見雲煙過眼録。亦虛中一流人,而以爲同謀,則非也。

答四外集第四帖

于侍郎欽非地志家,著齊乘一書多臆説,即志濟南,豈獨劉豫墓蝦哉。顧亭林山東考古録指其誤"華不注"爲"靡笄",誤"平臺城"爲"故軍"。不識漢志句讀,以"鄒縣"改"鄒平";不識晉志闕文,以"梁鄒"入"鄒縣";不識唐志錯刻,以"管城"爲"營城"。又元魏城西之大明湖,謂即宋城内之大明湖。唐之匯山湖亭,謂即宋城上之匯山亭,引水經湖水"側城北注"文下即接"上承東城歷下泉"語,湖、歷相混,歷城志並訛之,是也。又言:"金初,劉豫置濟陽縣。大定六年,避金主允濟諱,改曰清陽。"夫以皇子諱改縣名,必無此例,史志亦無改清陽之文,且允濟終于太子,未爲金主,況在世宗朝,而豫稱太子爲金主,有是理乎? 去金亡不數十年,其帝系已誤矣。惟記濟南讀書堂有王秋澗題"當年齊相讀書堂,此日金華表佛幢。碧色尚餘書帶草,綺疏猶是聚螢窗"一詩,是爲豫作,他無可證。竊意嶰山墓蠍固屬訛傳,而御莊石馬自在,必謂上京兩世不能歸骨阜城,亦非篤論。蓋阜昌諸孫,有千户暉、權府事恩、總管濟等,見于遺山集、賦山水及書懷詩,又江城子詞。學古録福建總管墓碑。二書,載其世爲大名人,土著尚如舊也。更考松雪集有送于思容詩云:"若到濟南行樂處,城西泉上最關情。"題爲山東廉訪照磨,正其官所著書時乎?

答五外集第五帖

河渠志載始于大定初年,故云:"金克宋,兩河悉畀劉豫。豫亡,入金。數十年,決塞遷徙無定。"亦知熙、海二朝曾有河事,多順文略去,而天會間劉豫事,尤不數及。若非齊乘載其堰灤水分響河以益小清,則阜昌治績墟矣。惟于氏以導灤水爲導小清,并改大清爲古濟水,則大非。蓋北清河故道,濟水最南,漯水在中,河水最北。禹貢錐指引黃子鴻説,與閻百詩同。此古來河流遷變之大端,亦古來志水家承傳之經論,豈可以臆見撰造,漫誣後人哉。鄙著詳校中自引齊乘堰灤外,略采諸書,如大金國志李固渡一則、夷堅志陽武下埽一則、齊乘馬車瀆一則,爲皇統時事,中州集劉迎河防行一則,爲正隆時事,並據原文注入。小小補綴,難免罣漏,謬承足下愛我,録文備

考。敢不竭所見以對,奈諸書自寓灾被焚後,無由再輯,如上
數篇,半從記憶而得。畫影橅題,何以仰副盛意。足下今之
<u>謝山</u>,弟其敢謬承<u>董浦</u>耶,中有未是處,幸更有以教我。

附　録

施國祁,字韭熊,號北研。烏程庠生,工詩文,矻矻窮年,自少至老,手未釋卷,其好學蓋出天性也。尤熟于金源時事,著有金源札記、又札、金史答問三種,湖城楊拙園明經見而代付劂氏,元遺山詩集箋注同里蔣枕山慨然付梓。年逾七十而卒,無子,其侄寶葊能善守,以世其家。

（道光南潯鎮志卷七人物志文學）

施國祁,字韭熊,號北研。縣學生,好學不倦。南潯備志。工詩古文,善填詞。志稿。尤熟于金源事實,嘗病金史無雜,擬考正之,有所得,輒爲紀錄。年逾四十,遂棄舉子業,專力以著書自任。攬莔山房漫記。積二十餘年之久,南潯備志。書成,名曰金史詳校。繼以卷帙繁多,乃列舉條目爲金源劄記。又以其餘緒作元遺山集箋、金源雜興詩。漫記。家極貧,少嘗授經于外,中年忽樂市隱,寓於潯北。南潯備志。爲人經理生業,設吉貝肆,市中有一樓,顔曰吉貝居,孫燮南潯三先生傳。所著書多成于其中。嘉慶己巳秋,不戒于火,著述盡付一炬,今所存者大半出于記憶補録之餘耳。卒年七十餘，無子。_{南潯備志。}南潯備志。

（咸豐南潯鎮志卷一三人物志二）

施北研先生傳

施先生國祁，字非熊，號北研。烏程諸生，好學不倦，于經史皆能悉心穿穴，而尤致力于金源一代文獻。先生之言曰：金史文筆高簡，敘次不失其實，紀載亦較詳，非宋、遼二史可比。然元時修史，已在順帝之世，及其既成，發行省刊刻，後值盜起，未嘗繳進。明嘉靖初，南祭酒張邦奇等請校刻史書，命將監中十七史舊板考對修補，仍取廣東宋史板付監。瀛案，此明成化時總督朱英重刻之本，若元板亦浙江行省所刻。遼、金二史無板者，購求善本翻刻，其時金史止有浙江祖刻本，即元時未進之本，其板已亡，流傳絶少，久而後得。十一年刻成，祭酒林文俊等表進。至神宗之世，北監亦刻，于是士大夫家始有其書。故前明諸公集中，舍宋金華、王義烏大家外，未有論及金源事者，以未見正史故也。

然板雖有二，校勘不精，訛舛彌甚，且有不知而妄改者，較十七史尤爲難讀。因爲之辨體裁，考事實，訂字句，或從本書紀、表、志、傳參互而得者，或從宋、遼、元三史比較而得者，或從金人歷朝著述及宋元人之有關史事而得者，積二十餘年之久，讀凡數十徧，漸積成書，爲條四千餘，爲卷十，名曰金史詳校。家貧不能全梓，因節鈔二百餘條，更名劄記，分爲二卷，刊以行世。近有太倉蕭曇著經史管窺，内論金史諸條，全襲劄記，亦可知此書之善矣。又以金源僻佐，其典章制度，既莫能詳，遺文佚獻,尤無論矣。且後人偏祖南宋,紀載多誹謗之詞,因仿南宋雜事詩例,作金源雜興詩八卷,詳爲之注,大旨紀遺佚,辨誣僞,以詩繫事,以事存詩而已。時青浦湯運泰仿楊、李樂府體作金源紀事詩八卷。瀛嘗舉以爲問,先生曰:“詩自佳,但半詠南宋事,良以金史未熟,無所發明,因取給于續通鑑綱目中以足卷帙耳。”非深于此者不能道。金史之纂,多本之元遺山,故遺山詩文集與金史相出入,因以讀史之餘,取元集箋注之,考之史傳,證之中州集,又證之劉祁歸潛志等書,約數百,博采精取,亦積十餘年而始成文集二十六卷,詩集十四卷,卷目仍依原書。年譜一卷,補附一卷。其徵引本事縿詳,典故稍略。方茶山方伯觀察蘇、松時,聞先生有此書,遣人徵聘。蓋方伯亦注元集未成,見先生所著,大喜,自以爲不及,欲彙刻之。適方伯陞任河南,欲邀與俱往,先生以不能遠涉辭,遂録其年譜及精要者以去。會同里蔣君枕山願刻是書,且聘先生訓其子,先生欣然就之,遂于道光壬午先刻詩集箋注及年譜、補附等,已風行於世,其文集箋注方將以次刊刻,旋以先生歸道山不果。

先生生平服膺漢學,古文似潛研堂集,詩喜隸事,枵腹者讀不能終篇,要以五古爲勝。而先生所自信者惟詞,嘗謂吳君半峰曰:“潯上詩餘,久推王鶴野先生,然終不脱竹垞、伽陵窠臼,且少靈氣往來。”可見先生之精于此矣。所著周易考異未成,禮耕堂文集多釋經之作,外集則酬應之文,詩集、詞集、會計會二册,皆未刻,藏于友人家。惟論金史五帖及吉貝啌唱附刻劊記後。

案先生家極貧,少年嘗授經于外,中年棄舉業,樂市隱,寓于潯北,顔曰吉貝居。暇時與里中楊秋室、邢書城、張秋水、范白舫諸先生相倡和,而城中楊拙園、驥村嚴鐵橋亦常過從。所著之書,亦多成于其中,致足樂也。己巳之秋,不戒于火,其著述盡付一炬。今所存者,大半多出于記憶補録之餘,而先生亦不能安席于是矣。

自秋室先生之逝,瀛等以吾里存者年皆篤老,失今不以時見,後悔何及。適先生館蔣氏,因與孫、許諸君不時造訪。先生亦以故交淪落,樂與後進接,其爲人誠意真摯,每見必諄諄勉以力學,無馳騖之談。惟不喜宋學,嘗曰:"宋儒空言無補,從其教,凡先儒訓故傳注皆可束之高閣矣。"又曰:"毛西河集不可不看,雖所見稍偏,然推己及人,亦見其不欺人之處。"猶憶甲申春月,金丈山甫作十憶詩。先生見之曰:"余老矣,亦當贈諸君各一首,念他日毋相忘。"後惟金、孫兩詩先脱稿,餘皆成而未繕寫。蓋是年夏先生已苦目眩,不能細書。及邢先生卒,先生哭之慟,遂徧詣諸友家,意盡然若無意于人世者。及秋病痢,不二日即卒,年七十有□①,無子。嗣子某亦無出,相繼而歿。嗚呼!何學之崇而所遇之窮耶!

昔者何學士義門校兩漢三國諸書最有名,乾隆初,從方侍郎望谿請,令寫付國子監附校勘中。至若汪越之讀史記十表,邵泰衢之史記疑問,無名氏之三國志辨誤,杭世駿之三國志補注、諸史然疑,厲鶚之遼史拾遺,皆附正史之後,身入天禄、石渠之室者,又能登其著作,固士人之榮遇,生不能入而

---

① "七十有"後爲一墨釘,周子美施北研年譜後附沈登瀛施北研先生傳作"七十有二"。

死後登其著作,亦不可謂非稽古之榮。今先生所校金史不減義門,且無泛作史評之譏,安知他日無方侍郎其人,取以進呈,或録附校勘,或全附正史之後耶。先生之著述不亡,先生之心亦可稍慰,是所望于世之取藏其稿者。

（沈登瀛深柳堂文集）

國祁,字菲熊。與鳳苞皆廩膳生。國祁病金史蕪雜,積二十餘年,成金史詳校。以其帙繁,乃列舉條目爲金源劄記。又作元遺山集箋、金源雜事詩。國祁工詩文,善填詞。家貧,爲人主計市肆中。有一樓,顏曰吉貝居,著書其中,燬於火,著述多燼。

（清史稿卷四八六文苑傳三）

施先生國祁

施國祁字菲熊,號北研,烏程人。諸生,家極貧,嘗出授經。四十後棄舉業,隱於市,爲人營棉肆,顏其室曰吉貝居,著書其中。尤熟於金源史事,積二十年之力,書成,曰金史詳校。又列舉條目,爲金源劄記。以其餘緒作元遺山集箋、金源雜興詩。所著書並行於世。參湖州府志。

（清儒學案卷一一九鐵橋學案）

施國祁,周易考異、金史詳校、金源札記、金源又札、金史答問、元遺山詩集箋注、蔣炳刊。文集箋注、遺山年譜、吉貝居暇唱、禮耕堂詩文集、禮耕堂外集、金源雜興詩、言情簫譜詞。

施綺舟泿江樓詩稿附。

（道光南潯鎮志卷九藝文志）

施國祁，見人物傳。周易考異，佚。金史詳校十卷，寫本，存，汪曰楨校錄。金源劄記二卷，刊本，存，辛未自序。金源又劄一卷，刊本，存。史論五答一卷，刊本，存，即金史答問。禮耕堂叢説一卷，寫本，存，汪曰楨編錄。元遺山詩集箋注十四卷，刊本，存，卷首爲原序、例言、本傳、墓銘、世系、年譜，卷末爲附錄、補載，實十六卷。范志云蔣炳刊。元遺山文集箋注，佚。金源雜興詩八卷，寫本，存。吉貝居暇唱一卷，刊本，存，自序。禮耕堂詩集三卷，寫本，存，許旦復校寫。禮耕堂文集，未見。禮耕堂外集一卷，寫本，存。禮耕堂文外集一卷，寫本，存。言情簫譜詞。未見。

（咸豐南潯鎮志卷三〇著述二）

金史板刻説

烏程施北研國祁。熟精金元史事，所注元遺山詩及金源劄記皆已刊行，其禮耕堂叢説余所見者僅三十七篇，未知是足本否。有金史板刻説云：元人徐一夔始豐稿載俞子中墓碣云：“至正初，四年甲申。朝廷修三史，移文江浙行省，繕寫鏤版，遣翰林應奉張翥視工，屬子中校正。”子中名和，號紫芝。即書王蒙芝蘭室圖記并題如此江山亭詩卷首籀文者，清河書畫舫：紫芝書白石續書譜。又少嘗作松雪僞書，幾于逼真，松雪遂留賞焉。晚年專臨晉帖，及見獻之十三行真迹，刻意模擬，遂名家。續夷堅志王起善跋云：“至正戊子，八年。武林始刊金史，始獲一覿。”殆以宋史卷帙繁重，遼、金史政事僻陋，故止浙中一刻，無他本，行世遂少。日知錄載："嘉靖初，國子監官張邦奇請刻廿一史，云十七史取舊板修補，宋史取廣東板，遼、金史求善本翻刻。"蓋廣東版不刻遼、金史，而浙版已亡，止存印本，求善本者乃取初印耳。戊春在吳門，從友人借得浙刻元本，書凡廿冊，每冊卷首鈐"楊氏家藏書畫私印"八字篆文長印，或即明楊南峰奚囊手鏡物耶？與南本相校，其字形、行格、每頁廿行，每行廿二字。低行、天會十五年。錯卷哀紀、刑志等。皆同。惟衞紀大安三年。"大元"字提行，而完顏合達傳百十二卷。後凡"北兵"字又皆不提行。是書不全，書賈取南本補入者。大抵取浙版印本翻作監版無疑，故其文字互訛不及二百字，總目尾頁載列校勘官彭衡、倪中、麥澄、岳信、楊鑄、牟思善、卜勝、李源、揭模、丁士恒。案九人未詳，惟揭模似爲文安從子。十人，百官志二五十六卷。尾頁載軍須庫、典牧司、圉牧司、提舉牧圉所四官，兩監本皆脫去，且其末頁直書卷目于下格，若本無此四職者，乃鈔胥之弊。又禮志六三十三卷。原廟下、列傳七十六卷。宗磐傳下兩監本皆脫一頁，並存空白一版，而所校浙本兩頁皆存，想當日所取翻刻之本偶缺耳。曾記元人張昱輦下曲云："院官賜宴挏酒黃羊，禮待諸臣亦殊優渥。"其間總裁失檢，纂修紕繆，姑置弗論，至史成後不付監刻，移文浙省，僅令張、俞二人視校，不過取名下士，抑具員而已，此元臣之草草也。至明人復惜謄寫之工，箋紙之費，徒取舊印槧模，一任工司刪脫，即此四頁亦非難覓之物，竟不咨查採補，致北監本每頁廿二行，每格廿一字。踵成其謬，自監官林文俊表進以前，諒必無一人寓目者，以一代要典，視爲奉行故事，此明臣之草草尤甚者。兹據徐銘玉跋知此史自金亡百有十年，_{蒙古太宗}七年乙未至_{順帝至正}四年_{甲申}。始有<u>浙</u>本，又隔百八十六年_{明世宗嘉靖}八年己丑。始有南本，其間不絕如綫，是可嘆也。

（<u>蔣光煦東湖叢記</u>卷一<u>雜考類</u>）

引用文獻

古籍

遼史,中華書局點校本二十四史修訂本,2017年。

金史,中華書局,1975年。

宋史,中華書局,1977年。

元史,中華書局,1976年。

清史稿,中華書局,1977年。

契丹國志,賈敬顔、林榮貴點校,中華書局,2014年。

大金國志校證,崔文印校證,中華書局,1986年。

大金弔伐録,四部叢刊三編本。

大金弔伐録校補,金少英校補,中華書局,2001年。

松漠記聞,宋洪皓撰,顧氏文房小説本。

汝南遺事,元王鶚撰,畿輔叢書本。

歸潛志,金劉祁撰,崔文印點校,中華書局,1983年。

三朝北盟會編,宋徐夢莘撰,上海古籍出版社影印許涵度刻本,1987 年。

三朝北盟會編,宋徐夢莘撰,中華再造善本影印明鈔本。

建炎以來繫年要録,宋李心傳撰,中華書局,1988 年;胡坤點
校本,中華書局,2013 年。

元朝秘史(校勘本),烏蘭校勘,中華書局,2012 年。

聖武親征録(新校本),賈敬顔校注、陳曉偉整理,中華書局,
2020 年。

高麗史,朝鮮鄭麟趾撰,首爾亞細亞文化社影印延世大學藏
本,1972 年。

朝鮮史略,萬曆四十五年(1617)刻本。

遼史拾遺,厲鶚撰,廣雅書局叢書本。

廿二史考異,清錢大昕撰,方詩銘、周殿傑校點,上海古籍出
版社,2004 年。

金源劄記,清施國祁撰,潯溪吉貝居藏板,嘉慶十七年(1812)。

金源又劄,清施國祁撰,潯溪吉貝居藏板,嘉慶二十一年。

大金集禮,任文彪點校,浙江大學出版社,2019 年。

文獻通考,宋馬端臨撰,上海師範大學古籍研究所、華東師範
大學古籍研究所點校,中華書局,2011 年。

宋會要輯稿,清徐松輯,中華書局,1957 年。

建炎以來朝野雜記,宋李心傳撰,徐規點校,中華書局,2000 年。

吏學指南,楊訥點校,浙江古籍出版社,1988 年。

歷代名臣奏議,永樂十四年(1416)内府刻本。

孔氏祖庭廣記,金孔元措撰,蒙古壬寅年(1242)刻本。

清儒學案,徐世昌等編纂,沈芝盈、梁運華點校,中華書局,

2008 年。

游城南記校注,宋張禮撰,史念海、曹爾琴校注,三秦出版社,
　　2003 年。

輿地廣記,宋歐陽忞撰,李勇先、王小紅校注,四川大學出版
　　社,2003 年。

元豐九域志,宋王存撰,王文楚、魏嵩山點校,中華書局,1984 年。

元一統志,趙萬里校輯,中華書局,1966 年。

大元混一方輿勝覽,元劉應李原編,詹有諒改編,郭聲波整
　　理,四川大學出版社,2003 年。

河朔訪古記,元廼賢撰,武英殿聚珍版叢書本。

齊乘校釋,元于欽撰,劉敦愿點校,中華書局,2012 年。

析津志輯佚,元熊夢祥撰,北京圖書館善本組輯,北京古籍出
　　版社,1983 年。

武林舊事,宋周密撰,知不足齋叢書本。

成化山西通志。

道光南潯鎮志,南林叢刊影印本,杭州古舊書店,1982 年。

咸豐南潯鎮志。

同治湖州府志。

日下舊聞考,清于敏中等,北京古籍出版社,1981 年。

柳邊紀略,清楊賓撰,仰視千七百二十九鶴齋叢書本。

扈從東巡日録,清高士奇撰,康熙二十年(1681)刻本。

晉唐兩宋行記輯校,李德輝輯校,遼海出版社,2009 年。

宋代日記叢編,顧宏義、李文整理,上海書店出版社,2013 年。

金元日記叢編,顧宏義、李文整理,上海書店出版社,2013 年。

金石萃編,清王昶編,嘉慶十年刻本。

寰宇訪碑録,清孫星衍撰,嘉慶七年刻本。

金石録補,清葉奕苞撰,道光二十四年(1844)別下齋刻本。

山左金石志,清畢沅輯,嘉慶二年刻本。

遼代石刻文編,向南編,河北教育出版社,1995 年。

直齋書録解題,宋陳振孫撰,徐小蠻、顧美華點校,上海古籍
　　出版社,1987 年。

法苑珠林校注,唐釋道世撰,周叔迦、蘇晉仁校注,中華書局,
　　2003 年。

重編群書類要事林廣記,長澤規矩也編,和刻本類書集成第
　　一輯,上海古籍出版社,1990 年。

永樂大典,明解縉編,中華書局,1986 年。

儒門事親,金張從正,萬曆二十九年刻本。

夷堅志,宋洪邁撰,何卓點校,中華書局,1981 年。

續夷堅志,金元好問撰,常振國點校,中華書局,1986 年。

癸辛雜識,宋周密撰,吳企明點校,中華書局,1988 年。

齊東野語,宋周密撰,張茂鵬點校,中華書局,1983 年。

老學庵筆記,宋陸游撰,李劍雄、劉德權點校,中華書局,
　　1979 年。

鶴林玉露,宋羅大經撰,王瑞來點校,中華書局,1983 年。

清波雜志,宋周煇撰,劉永翔校注,中華書局,2011 年。

桯史,宋岳珂撰,吳企明點校,中華書局,1981 年。

四朝聞見録,宋葉紹翁撰,沈錫麟、馮惠民點校,中華書局,

1989 年。

玉堂嘉話,元王惲撰,楊曉春點校,中華書局,2006 年。

趙秉文集,金趙秉文撰,馬振君整理,黑龍江大學出版社,2014 年。

磻溪集,金丘處機撰,金刻本。

滹南遺老集,金王若虛撰,四部叢刊本。

元遺山文集校補,金元好問撰,周烈孫、王斌校注,巴蜀書社,2012 年。

元遺山詩集箋注,施國祁箋注,道光二年南潯瑞松堂蔣氏刻本。

中州集,金元好問編,蕭和陶點校,華東師範大學出版社,2014 年。

莊靖集,金李俊民撰,北京大學圖書館藏清鈔本。

鄱陽集,宋洪皓撰,台灣商務印書館影印文淵閣四庫全書本。

水心文集,宋葉適撰,四部叢刊本。

攻媿集,宋樓鑰撰,宋刻本。

國朝文類,元蘇天爵編,四部叢刊本。

陵川集,元郝經撰,正德二年(1507)刻本。

還山遺稿,元楊奐撰,嘉靖元年刻本。

秋澗先生大全文集,元王惲撰,四部叢刊本。

湛然居士集,元耶律楚材撰,謝方點校,中華書局,1986 年。

圭齋文集,元歐陽玄撰,四部叢刊本。

金華黃先生文集,元黃溍撰,元刻本。

道園學古録,元虞集撰,四部叢刊本。

梧溪集,元王逢撰,元刻明修本。

迺賢集校注,元迺賢撰,葉愛欣校注,河南大學出版社,
2012 年。

滋溪文稿,元蘇天爵撰,陳高華、孟繁清點校,中華書局,
1997 年。

新安文獻志,明程敏政輯,何慶善、于石點校,黃山書社,
2004 年。

宋濂全集,明宋濂撰,羅月霞主編,浙江古籍出版社,1999 年。

嘉定錢大昕全集(增訂本),清錢大昕撰,陳文和主編,鳳凰出
版社,2016 年。

鮚埼亭集外編,清全祖望撰,嘉慶十六年刻本。

深柳堂文集,清沈登瀛撰,叢書集成續編影印適園叢書本。

玉鑑堂詩集,清汪曰楨撰,吳興叢書本。

聽秋聲館詞話,清丁紹儀撰,同治八年(1869)刻本。

禮耕堂詩集,清施國祁撰,國家圖書館藏清鈔本。

雪橋詩話餘集,清楊鍾羲編,求恕齋叢書本。

研究論著

施北研年譜,周子美撰,南潯人物珍稀年譜,浙江攝影出版
社,2018 年。

清代金源史學家施國祁生平小考,王耘撰,哈爾濱師範大學
社會科學學報 2018 年第 2 期。

十年鴻迹,吳藕汀撰,吳小汀整理,中華書局,2010 年。

校史隨筆,張元濟撰,商務印書館,1990 年。

百衲本二十四史校勘記金史校勘記、新五代史校勘記,張元
　濟撰,王紹曾等整理,商務印書館,2004 年。

校勘學釋例,陳垣撰,中華書局,2004 年。

關於金朝翰林待制以下帶"同知制誥"銜的考辨,王曾瑜撰,
　宋史研究論叢第 6 輯,河北大學出版社,2005 年。

金史兵志辨證二則,康鵬撰,隋唐遼宋金元史論叢第三輯,上
　海古籍出版社,2013 年。

釋金史"豪刺唐古",陳曉偉撰,民族研究 2014 年第 1 期。

金代前期散官制度——以三朝北盟會編中的攬轡録爲綫索,
　李鳴飛撰,漢學研究第 29 卷第 4 期。

中國行政區劃通史遼金卷,余蔚撰,復旦大學出版社,2012 年。

契丹小字解讀四探,劉鳳翥撰,第三十五届世界阿爾泰學會
　會議記録,臺北聯合報國學文獻館,1993 年。

女真語言文字研究,金光平、金啓孮著,文物出版社,1980 年。